Bernd Schünemann

Leipziger Praxiskommentar Untreue – § 266 StGB

Überarbeitete und ergänzte Sonderausgabe 2017

De Gruyter Kommentar

Bernd Schünemann

Leipziger Praxiskommentar Untreue – § 266 StGB

Überarbeitete und ergänzte Sonderausgabe 2017

Kommentar

DE GRUYTER

Dr. Dr. h.c. mult. Bernd Schünemann, em.o. Professor für Strafrecht, Strafprozessrecht, Rechtsphilosophie und Rechtssoziologie und Gesch.-führender Direktor des Instituts für Anwaltsrecht an der Universität München

Zitiervorschlag: z.B. Schünemann, LPK-Untreue, Rn 29

ISBN 978-3-11-030670-5
e-ISBN (PDF) 978-3-11-030679-8
e-ISBN (EPUB) 978-3-11-038817-6

Library of Congress Cataloging-in-Publication Data
A CIP catalog record for this book has been applied for at the Library of Congress.

Bibliografische Information der Deutschen Nationalbibliothek
Die Deutsche Nationalbibliothek verzeichnet diese Publikation in der Deutschen Nationalbibliografie; detaillierte bibliografische Daten sind im Internet über http://dnb.dnb.de abrufbar.

Datenkonvertierung und Satz: jürgen ullrich typosatz, Nördlingen
Druck und Bindung: Hubert & Co. GmbH und Co. KG, Göttingen
♾ Gedruckt auf säurefreiem Papier
Printed in Germany

www.degruyter.com

Vorwort

Die Untreue ist das zentrale Wirtschaftsdelikt in einer entwickelten Industriegesellschaft, die durch die exponentielle Vervielfachung des unkörperlichen gegenüber dem körperlichen Vermögen sowie die Trennung von Eigentums- und Verwaltungszuständigkeit gekennzeichnet ist. Weil das sonst zum Schutz des Vermögensinhabers dienende Zivilrecht hierdurch als Vehikel der Tatbegehung missbraucht werden kann, während der in archaischen und vorindustriellen Gesellschaften ausreichende strafrechtliche Eigentumsschutz durch die Tatbestände des Raubes und des Diebstahls für die modernen Vermögensgegenstände blind ist, bildet der Untreuetatbestand auf diesem Feld nicht nur die *Ultima*, sondern die *Sola Ratio* des Rechtsgüterschutzes. Umso überraschender erscheint es deshalb auf den ersten Blick, dass das bis vor 20 Jahren spärliche, seitdem aber explodierende Schrifttum zum quantitativ größeren Teil eine sich verbal geradezu überschlagende Tatbestandsschelte betrieben hat. Auf den zweiten Blick ist freilich zu erkennen, dass diese Majorität durch eine nirgendwo sonst in dieser Intensität im Strafrecht anzutreffende Publikationstätigkeit professioneller Strafverteidiger sowie als Of counsel in deren Kanzleien tätiger Strafrechtslehrer gebildet wurde, deren Argumentation in der Tatsachen- und Revisionsinstanz dadurch eo ipso ein Echo in der Literatur fand, das begreiflicherweise auch an der Rechtsprechung nicht spurlos vorüber gegangen ist. „Der Beitrag forensisch erfahrener Wirtschaftsstrafverteidiger“, der „für die Entwicklung der Untreuedogmatik nicht hoch genug eingeschätzt werden kann“ (NK-WSS/*Jahn/Ziemann*, § 266 StGB Rdn. 10), kulminierte bereits im *Mannesmann*-Verfahren und ist seitdem notorisch, wobei die Fürsprachepflicht des Strafverteidigers auch für die dogmatische Argumentation die (einseitige) Richtung vorgibt.

Obwohl das Untreueunrecht in § 266 StGB als vorsätzliche Schädigung anvertrauten Vermögens objektiv nicht weniger prägnant umrissen ist als das Betrugsunrecht in § 263 StGB (wo der Täter den Vermögensinhaber als Werkzeug benutzt und die schädigende Handlung selbst vornehmen lässt, während der Täter bei der Untreue vom Vermögensinhaber zuvor als Obhutsgarant eingesetzt worden ist und nunmehr die schädigende Handlung selbst vornimmt), wurde die Behauptung seiner verfassungsrechtlichen Unbestimmtheit nach Art des älteren *Cato* permanent wiederholt, bis sie vom Bundesverfassungsgericht im Ergebnis zutreffend zurückgewiesen worden ist. Die dabei vom BVerfG geforderte, schon seit der Neufassung des Tatbestandes durch eine gesetzesvertretende Verordnung von 1933 die Rechtsprechung ganz überwiegend kennzeichnende restriktive Interpretation des Tatbestandes ist selbstverständlich nicht durch eine kasuistische „Straffreistellung wo immer möglich“, sondern durch eine systematische Entfaltung des gesetzlich festgelegten Unrechtstypus zu leisten. Dieser Typus besteht in nach Wortlaut, Entstehungsgeschichte und Schutzzweck des § 266 eindeutiger Weise in dem vorsätzlichen Verletzungsdelikt eines Obhutspflichtigen (von mir sog. *Garantensonderdelikt*) und wird deshalb im Kern verzeichnet, wenn man wegen der nach dem Grundsatz der Einheit der Rechtsordnung selbstverständlich auch im Strafrecht zu berücksichtigenden zivilrechtlichen Erlaubnisse die ratio essendi des strafrechtlichen Unrechts in der Verletzung einer außerstrafrechtlichen Pflicht als solcher sehen möchte. Das wäre eine paradoxe Wiederkehr der formellen Rechtspflichttheorie, die in der allgemeinen Dogmatik der Garantendelikte seit 80 Jahren mit Recht obsolet ist und nicht dadurch wieder hoffähig wird, dass sie bei fruchtloser Suche nach speziell kodifizierten zivilrechtlichen Pflichten scheinbar Munition für eine Tatbestandseinschränkung liefert.

Die Ordnung und Einordnung der Rechtsprechungskasuistik in das systematisch entfaltete Untreueunrecht und deren Verprobung darin sind deshalb Aufgabe und Ziel der von mir in der 11. Auflage des Leipziger Kommentars 1998 begonnenen, in der 12. Auflage 2012 fortgesetzten und in dieser Neubearbeitung weitergeführten Kommentierung des § 266 StGB. Wegen der stürmischen Entwicklung der Judikatur und Literatur auf dem gesellschaftlich wichtigsten Anwendungsfeld der Organuntreue haben es Verlag und Verfasser als vordringlich angesehen, durch diese Sonderausgabe der Praxis ein aktualisiertes Hilfsmittel an die Hand zu geben, das die Linien der Rechtsprechung nicht kappt, sondern weiterführt, das die heutigen Kontroversen herausarbeitet und anhand der vom Gesetz festgelegten Unrechtsstrukturen zu entscheiden trachtet und das auf diese Weise zu jener in den nächsten Jahren fälligen endgültigen Positionierung beitragen möchte, die auch nach den Entscheidungen des Bundesgerichtshofes zu den spektakulären Fällen des letzten Jahrzehnts und ihren teils auf der Oberfläche, teils in der Tiefenstruktur der Begründungen erkennbar uneinheitlichen Tendenzen und Widerströmungen noch aussteht.

Wegen dieser praxisbezogenen Zielrichtung habe ich die nachfolgende Kommentierung gegenüber der Bearbeitung im Leipziger Kommentar an drei Stellen gestrafft, nämlich durch eine Streichung des heute nicht mehr relevanten Teils der Entstehungsgeschichte, der rechtsvergleichenden Hinweise und der Reformüberlegungen. Ferner habe ich den Zugriff auf konkrete Fälle und Problemlagen weiter ausgebaut und erleichtert, indem nicht nur mit dem Rechtsprechungsalphabet ab Rdn. 146 und dem ausführlichen Sachregister ab S. 207, sondern auch dem detaillierten Inhaltsverzeichnis ab S. VII verschiedene Zugriffsinstrumente verfügbar sind. Durch zahlreiche Verweisungen im Text sind verwandte, aber an verschiedenen Stellen behandelte dogmatische Gesichtspunkte miteinander vernetzt worden. Das Verzeichnis des immer mehr überbordenden Schrifttums ist teils nach Sachgebieten geordnet (s. u. S. XXV), teils nach den 5 von mir gebildeten Epochen (s.u. S. XIII, XIV, XXII). Rechtsprechung und Schrifttum sind bis zum 1. Januar 2017 berücksichtigt worden, in Einzelfällen darüber hinaus.

München, im März 2017 *Bernd Schünemann*

Inhaltsverzeichnis

§ 11
Sonderformen: Amts-, Bank- und Gesellschaftsuntreue

Abkürzungsverzeichnis

aA	anderer Ansicht
aaO	am angegebenen Ort
abgedr.	abgedruckt
abl.	ablehnend
Abs.	Absatz
abw.	abweichend
AcP	Archiv für civilistische Praxis (zit. nach Band u. Seite)
AE	Alternativ-Entwurf eines StGB, 1966 ff
a.E.	am Ende
ÄndG	Änderungsgesetz
Anh	Anhang
a.F.	alte Fassung
AktG	Gesetz über Aktiengesellschaften und Kommanditgesellschaften auf Aktien (Aktiengesetz)
allg.	allgemein
allg. M.	allgemeine Meinung
Alt.	Alternative
aM	anderer Meinung
and.	anders
Angekl.	Angeklagte(r)
Anh.	Anhang
Anl.	Anlage
Anm.	Anmerkung
AöR	Archiv des öffentlichen Rechts
ARSP	Archiv für Rechts- und Sozialphilosophie (zit. nach Band u. Seite)
Art.	Artikel
AT	Allgemeiner Teil des Strafgesetzbuches
Aufl.	Auflage
ausführl.	ausführlich
Az.	Aktenzeichen
b.	bei
BAG	Bundesarbeitsgericht
BayObLG	Bayerisches Oberstes Landesgericht
BayObLGSt	Sammlung von Entscheidungen des Bayerischen Obersten Landesgerichts in Strafsachen
BayVBl.	Bayerische Verwaltungsblätter
BBG	Bundesbeamtengesetz
Bd., Bde	Band, Bände
Begr., begr.	Begründung, begründet
ber.	berichtigt
bes.	besonders, besondere(r, s)
Bespr.	Besprechung
betr.	betreffend
BGB	Bürgerliches Gesetzbuch
BGBl. I, II, III	Bundesgesetzblatt Teil I, II und III
BGE	Entscheidungen des schweizerischen Bundesgerichts (Amtliche Sammlung)
BGH	Bundesgerichtshof
BGHSt	Entscheidungen des Bundesgerichtshofes in Strafsachen (zit. nach Band u. Seite)
BGHZ	Entscheidungen des Bundesgerichtshofes in Zivilsachen (zit. nach Band u. Seite)
BNotO	Bundesnotarordnung

BRAO	Bundesrechtsanwaltsordnung
Bsp.	Beispiel
BT	Besonderer Teil des StGB (auch: Bundestag)
BTDrucks.	Bundestags-Drucksache
BtMG	Gesetz über den Verkehr mit Betäubungsmitteln (Betäubungsmittelgesetz)
BVerfG	Bundesverfassungsgericht
BVerfGE	Entscheidungen des Bundesverfassungsgerichts (zit. nach Band u. Seite)
BVerfGG	Gesetz über das Bundesverfassungsgericht
BVerwG	Bundesverwaltungsgericht
bzgl.	bezüglich
bzw.	beziehungsweise
ca.	circa
CR	Computer und Recht
DB	Der Betrieb
DepotG	Gesetz über die Verwahrung und Anschaffung von Wertpapieren (Depotgesetz)
ders./dies.	derselbe/dieselbe
dgl.	dergleichen
d.h.	das heißt
dies.	dieselbe(n)
Diff., diff.	Differenzierung, differenzierend
Diss.	Dissertation
DJ	Deutsche Justiz, Rechtspflege und Rechtspolitik
DJT	Deutscher Juristentag
DJZ	Deutsche Juristenzeitung (1896–1936)
DÖV	Die Öffentliche Verwaltung
DR	Deutsches Recht, Wochenausgabe (vereinigt mit Juristische Wochenschrift) (1931–1945)
DRiG	Deutsches Richtergesetz
DRiZ	Deutsche Richterzeitung
Drs./Drucks.	Drucksache
DStR	Deutsches Strafrecht (1934–1944); jetzt: Deutsches Steuerrecht
DuR	Demokratie und Recht
DVBl.	Deutsches Verwaltungsblatt
DZWiR	Deutsche Zeitschrift für Wirtschafts- und Insolvenzrecht
ebd.	ebenda
EGStGB	Einführungsgesetz zum Strafgesetzbuch
einschl.	einschließlich
EMRK	Europäische Menschenrechtskonvention
entspr.	entsprechend
Entw.	Entwurf
Erg.	Ergebnis bzw. Ergänzung
ErgBd.	Ergänzungsband
Erl.	Erläuterung
EStG	Einkommensteuergesetz
etc.	et cetera
EU	Europäische Union
EuZW	Europäische Zeitschrift für Wirtschaftsrecht
evtl.	eventuell
EWiR	Entscheidungen zum Wirtschaftsrecht
f, ff	folgende, fortfolgende
FS	Festschrift

G bzw. Ges.	Gesetz
GA	Goltdammer's Archiv für Strafrecht, zit. nach Jahr u. Seite (bis 1933: Archiv für Strafrecht und Strafprozeß, zit. nach Band u. Seite)
GedS	Gedächtnisschrift
gem.	gemäß
GenG	Gesetz betreffend die Erwerbs- und Wirtschaftsgenossenschaften
gesetzl.	gesetzlich
GG	Grundgesetz für die Bundesrepublik Deutschland
ggf.	gegebenenfalls
GmbHG	Gesetz betreffend die Gesellschaften mit beschränkter Haftung
GmbHR/GmbH-Rdsch	GmbH-Rundschau (vorher: Rundschau für GmbH)
grdl.	grundlegend
grds.	grundsätzlich
GrS	Großer Senat
GS	Der Gerichtssaal (zit. nach Band u. Seite)
GVBl.	Gesetz- und Verordnungsblatt
GVG	Gerichtsverfassungsgesetz
HGB	Handelsgesetzbuch
h.L.	herrschende Lehre
h.M.	herrschende Meinung
HRR	Höchstrichterliche Rechtsprechung (1928–1942), bis 1927: Die Rechtsprechung, Beilage zur Zeitschrift Juristische Rundschau
HRRS	Höchstrichterliche Rechtsprechung zum Strafrecht
Hrsg. bzw. hrsg.	Herausgeber bzw. herausgegeben
HWiStR	Krekeler/Tiedemann/Ulsenheimer/Weinmann (Hrsg.) Handwörterbuch des Wirtschafts- und Steuerstrafrechts
i.d.F.	in der Fassung
i.d.R.	in der Regel
i.E./i. Erg.	im Ergebnis
i.e.S.	im engeren Sinn
insb./insbes.	insbesondere
insges.	insgesamt
InsO	Insolvenzordnung
i.S.	im Sinne
i.S.d.	im Sinne der/des
i.S.v.	im Sinne von
i.Ü.	im Übrigen
i.V.m.	in Verbindung mit
i.w.	im Wesentlichen
i.w.S.	im weiteren Sinne
JA	Juristische Arbeitsblätter für Ausbildung und Examen
JBl. Saar	Justizblatt des Saarlandes
jew.	jeweils
JK	Jura-Kartei
JMBlNRW/JMBlNW	Justizministerialblatt für das Land Nordrhein-Westfalen
JR	Juristische Rundschau
Jura	Juristische Ausbildung
JuS	Juristische Schulung, Zeitschrift für Studium und Ausbildung
Justiz	Die Justiz, Amtsblatt des Justizministeriums von Baden-Württemberg
JW	Juristische Wochenschrift

KG	Kammergericht bzw. Kommanditgesellschaft
KJ	Kritische Justiz
KreditwesenG/KWG	Gesetz über das Kreditwesen
Kriminalistik	Kriminalistik, Zeitschrift für die gesamte kriminalistische Wissenschaft und Praxis
krit.	kritisch
KritJ/Krit. Justiz	Kritische Justiz
KritV/KritVj	Kritische Vierteljahresschrift für Gesetzgebung und Rechtsprechung
KTS	Konkurs-, Treuhand- und Schiedsgerichtswesen (jetzt: Zeitschrift für Insolvenzrecht)
KWG	s. KreditwesenG
LG	Landgericht
Lit.	Literatur
LM	Nachschlagewerk des Bundesgerichtshofs, hrsg. v. Lindenmaier/Möhring u.a. (zit. nach Paragraph u. Nummer)
LPK	Lehr- und Praxiskommentar
LS	Leitsatz
lt.	laut
Ltd.	Limited (Private company limited by shares)
LZ	Leipziger Zeitschrift für Deutsches Recht (1907–1933)
m.	mit
m. Anm.	mit Anmerkung
Mat.	Materialien zur Strafrechtsreform (1954). Band I: Gutachten der Strafrechtslehrer. Band II: Rechtsvergleichende Arbeiten
m. Bespr.	mit Besprechung
MDR	Monatsschrift für Deutsches Recht
MedR	Medizinrecht
MK	Münchener Kommentar zum Strafgesetzbuch
m. krit. Anm.	mit kritischer Anmerkung (von)
MoMiG	Gesetz zur Modernisierung des GmbH-Rechts und zur Bekämpfung von Missbräuchen
m.w.N.	mit weiteren Nachweisen
m. zust./abl. Anm.	mit zustimmender/ablehnender Anmerkung
Nachw.	Nachweis
n.F.	neue Fassung
NJ	Neue Justiz
NJW	Neue Juristische Wochenschrift
NJW-RR	NJW-Rechtsprechungs-Report Zivilrecht
NK	Nomos Kommentar zum Strafgesetzbuch
Nr.(n)	Nummer(n)
NStE	Neue Entscheidungssammlung für Strafrecht, hrsg. von Rebmann, Dahs und Miebach
NStZ	Neue Zeitschrift für Strafrecht
NStZ-RR	NStZ-Rechtsprechungs-Report Strafrecht
NVwZ	Neue Zeitschrift für Verwaltungsrecht
NZG	Neue Zeitschrift für Gesellschaftsrecht
NZI	Neue Zeitschrift für das Recht der Insolvenz und Sanierung
NZM	Neue Zeitschrift für Miet- und Wohnungsrecht
NZS	Neue Zeitschrift für Sozialrecht
o.	oben
o.ä.	oder ähnlich

öffentl.	öffentlich
OHG	Offene Handelsgesellschaft
OLG	Oberlandesgericht
OLGSt	Entscheidungen der Oberlandesgerichte zum Straf- u. Strafverfahrensrecht (zit. nach Paragraph u. Seite, n.F. nach Paragraph u. Nummer)
OWiG	Gesetz über Ordnungswidrigkeiten
PartG	Gesetz über die politischen Parteien (Parteiengesetz)
PrGS	Preußische Gesetzessammlung (1810–1945)
Prot.	Protokolle über die Sitzungen des Sonderausschusses für die Strafrechtsreform
RabgO/RAO	Reichsabgabenordnung
Rdn.	Randnummer
RG	Reichsgericht
RGBl., RGBl. I, II	Reichsgesetzblatt, von 1922–1945 Teil I und Teil II
RGRspr.	Rechtsprechung des Reichsgerichts in Strafsachen (1879–1888)
RGSt	Entscheidungen des Reichsgerichts in Strafsachen (zit. nach Band u. Seite)
RGZ	Entscheidungen des Reichsgerichts in Zivilsachen (zit. nach Band u. Seite)
RMG/RMilGE	Entscheidungen des Reichsmilitärgerichts (zit. nach Band u. Seite)
Rpfleger	Der Deutsche Rechtspfleger
Rspr.	Rechtsprechung
RuP	Recht und Politik. Vierteljahreshefte für Rechts- und Verwaltungspolitik
S.	Seite oder Satz
SchKG	Gesetz zur Vermeidung und Bewältigung von Schwangerschaftskonflikten (Schwangerschaftskonfliktgesetz)
SchlH	Schleswig-Holstein
SchlHA	Schleswig-Holsteinische Anzeigen
SchwJZ	Schweizerische Juristen-Zeitung
SchwZStr.	Schweizer Zeitschrift für Strafrecht (zit. nach Band u. Seite)
SGB I, III, IV, V, VIII, X, XI	I: Sozialgesetzbuch, Allgemeiner Teil III: Sozialgesetzbuch, Arbeitsförderung IV: Sozialgesetzbuch, Gemeinsame Vorschriften für die Sozialversicherung V: Sozialgesetzbuch, Gesetzliche Krankenversicherung VIII: Sozialgesetzbuch, Kinder- und Jugendhilfe X: Sozialgesetzbuch, Verwaltungsverfahren, Zusammenarbeit der Leistungsträger und ihre Beziehung zu Dritten XI: Soziale Pflegeversicherung
SK	Systematischer Kommentar zum Strafgesetzbuch
s.o.	siehe oben
sog.	sogenannt(e)
StA	Staatsanwalt(schaft)
StB	Der Steuerberater
StGB	Strafgesetzbuch
StPO	Strafprozeßordnung
str.	streitig, strittig
StRÄndG	Strafrechtsänderungsgesetz (1. vom 30.8.1951) 18. ~ Gesetz zur Bekämpfung der Umweltkriminalität 27. ~ – Kinderpornographie 28. ~ – Abgeordnetenbestechung 31. ~ – Zweites Gesetz zur Bekämpfung der Umweltkriminalität 37. ~ – §§ 180b, 181 StGB 40. ~ – Gesetz zur Strafbarkeit beharrlicher Nachstellungen
StraFo	Strafverteidigerforum

StrafrAbh.	Strafrechtliche Abhandlungen, hrsg. von Bennecke, dann von Beling, v. Lilienthal und Schoetensack
StrRG	Gesetz zur Reform des Strafrechts (1. ~, 2. ~, ... 6. ~)
st. Rspr.	ständige Rechtsprechung
StS	Strafsenat
StV/StrVert.	Strafverteidiger
s.u.	siehe unten
Tz.	Textziffer, -zahl
u.	unten (auch: und)
u.a.	unter anderem (auch: andere)
u.ä.	und ähnliche
umstr.	umstritten
usw.	und so weiter
u.U.	unter Umständen
UWG	Gesetz gegen den unlauteren Wettbewerb
v.	von, vom
VDA bzw. VDB	Vergleichende Darstellung des deutschen und ausländischen Strafrechts, Allgemeiner bzw. Besonderer Teil
Verh.	Verhandlungen des Deutschen Bundestages (BT), des Deutschen Juristentages (DJT) usw.
vgl.	vergleiche
VOR	Zeitschrift für Verkehrs- und Ordnungswidrigkeitenrecht
VwVfG	Verwaltungsverfahrensgesetz
WiB	Wirtschaftsrechtliche Beratung
1. WiKG	1. Gesetz zur Bekämpfung der Wirtschaftskriminalität
2. WiKG	2. Gesetz zur Bekämpfung der Wirtschaftskriminalität
wistra	Zeitschrift für Wirtschaft, Steuer, Strafrecht; dann: Zeitschrift für Wirtschafts- und Steuerstrafrecht
WM	Wertpapier-Mitteilungen
w.N.b.	weitere Nachweise bei
WuM	Wohnungswirtschaft und Mietrecht
ZAkDR	Zeitschrift der Akademie für Deutsches Recht (1934–1944)
z.B.	zum Beispiel
ZGR	Zeitschrift für Unternehmens- und Gesellschaftsrecht
ZHR	Zeitschrift für das gesamte Handelsrecht und Wirtschaftsrecht, begr. v. Goldschmidt
Zif./Ziff.	Ziffer(n)
ZInsO	Zeitschrift für das gesamte Insolvenzrecht
ZIP	Zeitschrift für Wirtschaftsrecht
ZIS	Zeitschrift für internationale Strafrechtsdogmatik
zit.	zitiert
ZMR	Zeitschrift für Miet- und Raumrecht
ZPO	Zivilprozeßordnung
ZRP	Zeitschrift für Rechtspolitik
ZSchwR	Zeitschrift für Schweizerisches Recht
ZStW	Zeitschrift für die gesamte Strafrechtswissenschaft (zit. nach Band u. Seite)
z.T.	zum Teil
zust.	zustimmend
zutr.	zutreffend

ZVG	Gesetz über die Zwangsversteigerung und die Zwangsverwaltung (Zwangsversteigerungsgesetz)
zw.	zweifelhaft (auch: zweifelnd)
ZZP	Zeitschrift für Zivilprozeß (zit. nach Band u. Seite)

Schrifttum

I. Zur Entstehungsgeschichte. *His* Das Strafrecht des deutschen Mittelalters, 2. Teil (1935); *Löning* Der Vertragsbruch im deutschen Recht (1876); *Mayer Hellmuth* Die Untreue im Zusammenhang der Vermögensverbrechen (1926) – zit.: Untreue; *Mommsen* Römisches Strafrecht (1899); *Rentrop* Untreue und Unterschlagung (§§ 266 und 246 StGB): Reformdiskussion und Gesetzgebung seit dem 19. Jahrhundert (2007); *Wrede* Die Untreue von der Peinlichen Gerichtsordnung 1532 bis zum StGB für das Deutsche Reich v. 15.5.1871, Rechtswiss. Studien 73 (1939).

II. Zur ursprünglichen Fassung v. 15.5.1871 (RGBl. 127). *Draheim* Untreue und Unterschlagung, Strafr. Abh. 39 (1901); *Freudenthal* Untreue VDB VIII 105; *Grünhut* Der strafrechtliche Schutz wirtschaftlicher Interessen, Reichsgerichts-Festgabe, Bd. 5 (1929) 116; *Hegler* Die Systematik der Vermögensdelikte, Archiv für Rechts- und Wirtschaftsphilosophie, Bd. 10 (1916/17) 151; *Leopold* Zum Tatbestande der strafbaren Untreue, Strafr. Abh. **94** (1908); *Lore Ehrlich* Die neuere Rechtsprechung zur Untreue des Bevollmächtigten, ZStW 52 (1932) 179; *Mayer Hellmuth* Die Untreue, siehe vorst. zu I; *Schneider-Neuenburg* Die Untreue des Bevollmächtigten, JW **1933** 1701.

III. Zur Fassung v. 26.5.1933 (RGBl. I 295) und den Neufassungen v. 1.9.1969 (BGBl. I 1445) und v. 2.1.1975 (BGBl. I 1). **1. Bis 1945.** *Dahm* Untreue, bei Gürtner Das kommende deutsche Strafrecht, Besonderer Teil[1] (1935);[2] (1936) – zit.: *Dahm* bei Gürtner; *ders.* Verrat und Verbrechen, ZStaatsW **95** (1935) 285; *Hirschberg* Der Vermögensbegriff im Strafrecht (1934); *Kempermann* Untreuebestimmung und konkrete Treuverhältnisse, JW **1936** 3428 mit Erwiderung *Schwinge* JW **1936** 3429; *Kingsley* Das Untreuerecht Deutschlands, Österreichs und der Schweiz, Diss. Basel 1934, gedruckt 1945; *Kohlrausch* Vermögensverbrechen im Wandel der Rechtsprechung und der Gesetzgebung, Festschrift Schlegelberger (1936) 203; *ders.* Vermögensverbrechen. Die Rechtsentwicklung der Jahre 1933 bis 1935/36, zugleich Handwörterbuch der Rechtswissenschaft, Bd. VIII (1937) 739 – zit.: *Kohlrausch* HdR; *Mayer Hellmuth* Die Untreue nach der Strafgesetznovelle v. 26.5.1933 pp., ZBlHR **1933** 145; *ders.* Eigentum an Geld und strafrechtliche Konsequenzen, Nachtrag, GS **104** 124; *Pfeiffer* Die Untreue im zukünftigen Reichsstrafgesetzbuch, Diss. Köln 1932 = Strafr. Abh. 302; *Schäfer Ernst* Das Gesetz zur Abänderung strafrechtlicher Vorschriften, DJZ **1933** 789; *Leopold Schäfer/Richter/Schafheutle* Die Strafgesetznovellen von 1933 und 1934 (1934) (verbesserter Sonderdruck aus *Pfundtner/Neubert* Das neue deutsche Reichsrecht, Bd. IIc) – zit.: *Leopold Schäfer* –; *Schlosky* Die Untreue, DStR **1938** 177, 228; *Schneider-Neuenburg* Die Untreue, GA **1933** 324; *Schwinge/Siebert* Das neue Untreuestrafrecht (1933) mit Besprechung *Gerland*, JW **1933** 2943; *Siebert* Der strafrechtliche Schutz des Treuhandverhältnisses durch den neuen § 266 StGB, JW **1933** 2242; *ders.* Zur Lehre vom Mißbrauch der Vertretungsmacht, ZStaatsW **95** (1935) 629; *Zoller* Ausdehnung und Einschränkung des Untreuebegriffs in der Rechtsprechung des Reichsgerichts, Diss. Tübingen 1940 = Strafr. Abh. 407.

2. Allgemeines Schrifttum nach 1945 bis 1997. *Arzt* Zur Untreue durch befugtes Handeln, Festschrift Bruns (1978) 365; *Baumann* Strafrecht und Wirtschaftskriminalität, JZ **1983** 935; *ders.* Der strafrechtliche Schutz bei den Sicherungsrechten des modernen Wirtschaftsrechts (1956) – zit.: Sicherungsrechte; *ders.* Pönalisierung von Kaufverträgen durch Eigentumsvorbehalt, ZStW **68** (1956) 522; *Bruns* Die sog. tatsächliche Betrachtungsweise im Strafrecht, JR **1984** 133; *Burkhardt* Zu einer restriktiven Interpretation der Treubruchshandlung, NJW **1973** 2190; *Cramer* Vermögensbegriff und Vermögensschaden im Strafrecht (1968); *Dunkel* Erfordernis und Ausgestaltung des Merkmals „Vermögensbetreuungspflicht" im Rahmen des Mißbrauchtatbestandes der Untreue (§ 266 I 1. Alternative) (1976); *Franzheim* Zur Untreue – Strafbarkeit von Rechtsanwälten wegen falscher Behandlung von fremden Geldern, StV **1986** 409; *Geerds* Wirtschaftsstrafrecht und Vermögensschutz (1991); *Gribbohm* Treubruch und Vermögensnachteil bei der Untreue – OLG Braunschweig NJW 1965 1193, JuS **1965** 389; *Güntge* Untreueverhalten durch Unterlassen, wistra **1996** 84; *Haas* Die Untreue (§ 266 StGB) (1997); *Haft* Absprachen bei öffentlichen Bauten und das Strafrecht, NJW **1996** 238; *Hefendehl* Vermögensgefährdung und Exspektanzen (1994); *Holzmann* Bauträgeruntreue und Strafrecht (1981); *John* Der Mißbrauch organschaftlicher Vertretungsmacht, Festschrift Mühl (1981) 349; *Jüngst* Der Mißbrauch organschaftlicher Vertretungsmacht (1981); *Kapp* Dürfen Unternehmen ihren (geschäftsleitenden) Mitarbeitern Geldstrafen bzw. -bußen erstatten? NJW **1992** 2797; *Kiefner* Zur zivilrechtlichen Genealogie des Mißbrauchstatbestands, Festschrift Stree/Wessels (1993) 1205;

Kohlmann/Brauns Zur strafrechtlichen Erfassung der Fehlleitung öffentlicher Mittel (1979); *Kühl* Umfang und Grenzen des strafrechtlichen Vermögensschutzes, JuS **1989** 505; *Labsch* Grundprobleme des Mißbrauchstatbestandes der Untreue (§ 266 I 1. Alt. StGB), Jura **1987** 343 und 411; *ders.* Untreue (§ 266 StGB) – Grenzen und Möglichkeiten einer neuen Deutung (1983); *Lampe* Unternehmensaushöhlung als Straftat, GA **1987** 241; *Mohr* Bankrottdelikte und übertragene Sanierung (1993); *Nelles* Untreue zum Nachteil von Gesellschaften (1991); *Otto* Der Betreute als Opfer der Untreue, § 266 StGB, Jura **1991** 48; *ders.* Die Struktur des strafrechtlichen Vermögensschutzes (1970) – zit.: Struktur; *ders.* Bargeldloser Zahlungsverkehr im Strafrecht (1978) – zit.: ZahlVerk; *ders.* Bankentätigkeit und Strafrecht (1983) – zit.: Bankentätigkeit; *Pauly* Untreue bei vertragswidrigem Eigenverbrauch der Mieterkaution? ZMR **1996** 417; *Richter* Zur Strafbarkeit externer Sanierer konkursgefährdeter Unternehmen, wistra **1984** 97; *Riemann* Vermögensgefährdung und Vermögensschaden (1989); *Sannwald* Der gemeinsame Rechtsgedanke von Mißbrauch- und Treubruchtatbestand des § 266 n.F. StGB, Diss. Tübingen 1953; *Sax* Überlegungen zum Treubruchtatbestand des § 266 StGB, JZ **1977** 633, 702, 743; *Schauer* Grenzen der Preisgestaltungsfreiheit im Strafrecht (1989); *Schreiber/Beulke* Untreue durch Verwendung von Vereinsgeldern zu Bestechungszwecken – BGH NJW 1975 1234, JuS **1977** 656; *Seelmann* Grundfälle zu den Straftaten gegen das Vermögen, JuS 1982 268, 509, 748, 914, JuS **1983** 32; *Tiedemann* Wirtschaftsstrafrecht und Wirtschaftskriminalität 2, Besonderer Teil (1976), S. 54 ff; *ders.* Die Bekämpfung der Wirtschaftskriminalität durch den Gesetzgeber, JZ **1986** 865; *ders.* Untreue bei Interessenkonflikten, Festschrift Tröndle (1989) 319; *Wagner* Strafrechtliche Risiken beim MBO, wistra **1992** 161; *Waßmer* Untreue bei Risikogeschäften (1997); *Wegenast* Mißbrauch und Treuebruch. Zum Verhältnis der Tatbestände in § 266 (1994); *Weinmann* Gesetzgeberische Maßnahmen zur Bekämpfung der Wirtschaftskriminalität, Festschrift Gerd Pfeiffer (1988) 87; *Werner* Vermögens-, Fonds- und Einlagenverwaltung im zivil- und strafrechtlichen Spannungsfeld pp., Kapitalanlagen, Recht und Steuer **1988** 33; *Wittig/Reinhart* Untreue beim verlängerten Eigentumsvorbehalt, NStZ **1996** 467.

IV. Schrifttum von 1998 bis 2011. *Achenbach* Aus der 2003/2004 (pp. bis 2009) veröffentlichten Rechtsprechung zum Wirtschaftsstrafrecht, NStZ **2004** 549; **2006** 614; **2008** 503; **2009** 621; **2010** 621; *ders.* Schwerpunkte der BGH-Rechtsprechung zum Wirtschaftsstrafrecht, Festgabe BGH 50 IV (2000) 593; *Adams* Aktienoptionspläne und Vorstandsvergütungen, ZIP **2002** 1325; *Adick* Zum Gefährdungsschaden und zum Eventualvorsatz bei der Untreue, HRRS **2008** 460; *P.-A. Albrecht* In Treue gegen die Untreue, Festschrift Hamm (2008) 1; *Aldenhoff/Kuhn* § 266 StGB – Strafrechtliches Risiko bei der Unternehmenssanierung durch Banken?, ZIP **2004** 103; *Allgaier* Untreuehandlungen eines Bürgermeisters, DÖV **2003** 121; *Altenhain/Wietz* Die Ausstrahlungswirkung des Referentenentwurfs zum Internationalen Gesellschaftsrecht auf das Wirtschaftsstrafrecht, NZG **2008** 569; *Altvater* § 266 StGB auch heute noch sinnvoll und notwendig, DRiZ **2004** 134; *Alwart* Wirtschaftsstrafrecht im Übergang, JZ **2006** 546; *Arlt* Der strafrechtliche Anlegerschutz vor Kursmanipulation (2004); *Arens* Untreue im Konzern (2010); *Arnold* Untreue durch Schädigung des Unternehmens durch den Vorstand bzw. die Geschäftsführung, Jura **2005** 844; *ders.* Untreue im GmbH und Aktien-Konzern (2006); *Arzt* Siemens: Vom teuersten zum lukrativsten Kriminalfall der deutschen Geschichte, Festschrift Stöckel (2009) 15; *Barta* Die Haftung der depotführenden Bank bei churning des Anlageberaters pp., BKR **2004** 433; *Bauer* Untreue durch Cash-Pooling im Konzern (2008); *Bauer/Arnold* Mannesmann und die Folgen für Vorstandsverträge, DB **2006** 546; *Beckemper* Untreuestrafbarkeit des GmbH-Gesellschafters bei einverständlicher Vermögensverschiebung, GmbHR **2005** 592; *Becker* Das Bundesverfassungsgericht und die Untreue – Weißer Ritter oder feindliche Übernahme, HRRS **2010** 383; *Behr* Kommentar zum Urteil des BGH v. 1.8.2000, BB **2000** 2240; *Beiner/Lanzius* Anmerkung zu BGH v. 13.5.2004 – 5 StR 73/03, NZI **2004** 687; *Berger* Haushaltsuntreue während der Aufbauphase in den neuen Ländern, JR **2002** 116; *Bernsmann* „Kick-back" zu wettbewerbswidrigen Zwecken – keine Untreue, StV **2005** 576; *ders.* Alles Untreue? Skizzen zu Problemen der Untreue nach § 266 StGB, GA **2007** 219; *ders.* Untreue und Korruption – der BGH auf Abwegen, GA **2009** 296; *Beukelmann* Der Untreuenachteil, NJW-Spezial **2008** 600; *Beulke* Wirtschaftslenkung im Zeichen des Untreuetatbestands, Festschrift Eisenberg (2009) 245; *ders. /Witzigmann* Zum Vorsatz und zum Vermögensnachteil bei Untreuehandlungen durch pflichtwidriges Eingehen von Risiken für fremdes Vermögen, JR **2008** 430; *Biegelsack* Zulässigkeit der Zahlung von Erfolgshonoraren durch Verwalter an Steuerberater, NZI **2008** 153; *Biermann* Die strafrechtlichen Risiken der Tätigkeit des (vorläufigen) Insolvenzverwalters (2008); *Birkholz* Untreuestrafbarkeit als strafrechtlicher „Preis" der beschränkten Haftung (1998); *Bittmann* Das BGH-Urteil im sogenannten Bugwellenprozeß – das Ende der Haushaltsuntreue?, NStZ **1998** 495; *ders.* Zum Konkurrenzverhältnis von Bestechlichkeit und Untreue, wistra **2002** 405; *ders.* Kapitalersatz, der 5. Strafsenat des BGH und das Mo-

MiG, wistra **2009** 102; *ders.* Strafrechtliche Folgen des MoMiG, NStZ **2009** 113; *ders.* Strafrechtliche Risiken der Insolvenzverwaltervergütung, ZInsO **2009** 2036; *ders.* Das Ende der Interessentheorie – Folgen auch für § 266 StGB?, wistra **2010** 8; *ders.* Risikogeschäft – Untreue – Bankenkrise, NStZ **2011** 361; *ders. /Richter* Zum Geschädigten bei der GmbH- und der KG-Untreue, wistra **2005** 51; *ders. /Rudolph* Untreue des GmbH-Geschäftsführers trotz Anordnung der Insolvenzverwaltung?, wistra **2000** 401; *Bosch/Lange* Unternehmerischer Handlungsspielraum des Vorstandes zwischen zivilrechtlicher Verantwortung und strafrechtlicher Sanktion, JZ **2009** 225; *Böttcher* Bankvorstandshaftung im Rahmen der Sub-Prime Krise, NZG **2009** 1047; *Bottke* Compliance – Oder: Normbefolgungsbereitschaft von und in Unternehmen, Festschrift Stöckel (2009) 43; *Bräunig* Untreue in der Wirtschaft (2011); *Brammsen* Aufsichtsratsuntreue, ZIP **2009** 1504; *ders.* Vorstandsuntreue, wistra **2009** 85; *ders. /Apel* „Schwarze Kassen" in Privatunternehmen sind strafbare Untreue, § 266 StGB, WM **2010** 781; *Brand* Die Strafbarkeit des Vorstandes gem. § 266 StGB trotz Zustimmung aller Aktionäre, AG **2007** 681; *ders.* EC-Kartenmissbrauch und untreuespezifische Auslegung, WM **2008** 2194; *ders.* Missbrauch eines Geldausgabeautomaten durch den berechtigten EC-Karteninhaber, JR **2008** 496; *ders.* Untreue und Bankrott in der KG und GmbH & Co KG pp. (2010); *ders.* Abschied von der Interessentheorie – und was nun? NStZ **2010** 9; *ders. /Sperling* Strafbarkeitsrisiken im Gläubigerausschuss, KTS **2009** 355; *ders. /Sperling* Legalitätsverstöße in der Aktiengesellschaft als untreuerelevante Pflichtverletzung, AG **2011** 233; *Brandts/Seier* Zur Untreue des Vertragsarztes, Festschrift Herzberg (2008), 811; *Brauer* Die aktienrechtliche Beurteilung von „appreciation awards" zugunsten des Vorstandes, NZG **2004** 502; *Braum* Zur Strafbarkeit des „goldenen Handschlags" wegen Untreue pp., KritV **2004** 67; *Brüning/Samson* Bankenkrise und strafrechtliche Haftung wegen Untreue gem. § 266 StGB, ZIP **2009** 1089; *Burger* Untreue (§ 266 StGB) durch das Auslösen von Sanktionen zu Lasten von Unternehmen (2007); *Busch* Konzernuntreue (2004); *Bussmann/Salvenmoser* Internationale Studie zur Wirtschaftskriminalität, NStZ **2006** 203; *Cappel* Der Straftatbestand der Untreue (§ 266 StGB) in europäischer Perspektive, KritV **2008** 94; *ders.* Grenzen auf dem Weg zu einem europäischen Untreuestrafrecht (2009); *Clemente* Sicherungsgrundschuld und Untreue, wistra **2010** 249; *Coenen* Die Strafbarkeit von Verstößen gegen das Haushaltsrecht bei der Bewirtschaftung öffentlicher Mittel (2000); *Corsten* Erfüllt die Zahlung von Bestechungsgeldern den Tatbestand der Untreue?, HRRS **2011** 247; *ders.* Pflichtverletzung und Vermögensnachteil bei der Untreue, wistra **2010** 206; *Dahl/Schmitz* Haftung des GmbH-Geschäftsführers aus § 64 II GmbHG bei Begleichung von Drittverbindlichkeiten mit zuvor von verbundenen Konzerngesellschaften zur Verfügung gestellten Mitteln, NZG **2008** 532; *Dahs* § 266 StGB – allzu oft missverstanden, NJW **2002** 272; *Daniels* Das Mannesmann-Verfahren – Erwiderung zu Jahn, ZRP **2004** 270; *Dannecker* Die strafrechtsautonome Bestimmung der Untreue als Schutzgesetz im Rahmen des § 823 II BGB, NZG **2000** 243; *ders.* Zur Strafbarkeit verdeckter Gewinnausschüttungen pp., Festschrift Samson (2010) 257; *Degel/Haase* Steuerliche Berücksichtigung von Strafverteidigerkosten im Zusammenhang mit dem Vorwurf der Untreue, DStR **2005** 1260; *Dehne-Niemann* Ein Abgesang auf die Interessentheorie bei der Abgrenzung von Untreue und Bankrott, wistra **2009** 417; *Dierlamm* Untreue – ein Auffangtatbestand? NStZ **1997** 534; *ders.* Neue Entwicklungen bei der Untreue – Loslösung des Tatbestandes von zivilrechtlichen Kategorien?, StraFo **2005** 397; *ders.* Untreue – Ein Korruptionsdelikt?, Festschrift Widmaier (2008) 607; *ders.* Die Vermögensbetreuungspflicht – ihre Expansion über neue außerstrafrechtliche (auch internationale) Pflichtenkataloge, in: Kempf/Lüderssen/Volk, Finanzkrise, 201; *Dittrich* Die Untreuestrafbarkeit von Aufsichtsratsmitgliedern bei der Festsetzung, überhöhter Vorstandvergütungen (2007); *Diversy/Weyand* Insolvenzverwalter und Untreuetatbestand, ZInsO **2009** 802; *Dörfel* Beihilfe zur Untreue ohne Haupttat oder „Strafbarkeitslücke", Jura **2004** 113; *Doster* Strafrechtliche Ermittlungsverfahren gegen Bankmitarbeiter wegen des Verdachts der Untreue, WM **2001** 333; *Eichhorn/Eichhorn-Schurig* Untreue im Kontext der MaK, Kreditwesen **2004** 699; *Eisele* Untreue in Vereinen mit ideeller Zielsetzung, GA **2001** 377; *Emmerich* Anmerkungen zu der Vulkan-Doktrin, AG **2004** 423; *Englisch* Untreue abschaffen – nein danke!, NJW **2005** 2974; *Faust* Zur möglichen Untreuestrafbarkeit im Zusammenhang mit Parteispenden (2006); *Feigen* Untreue durch Kreditvergabe, Festschrift Rudolphi (2003) 445; *Fiebig/Junker* Korruption und Untreue im öffentlichen Dienst: Erkennen – Bekämpfen – Vorbeugen, 2. Aufl. (2004); *Fischer* Der Gefährdungsschaden bei § 266 StGB in der Rechtsprechung des BGH, StraFo **2008** 269; *ders.* Prognosen, Schäden, Schwarze Kassen – aktuelle Diskussionen im Untreue- und Betrugsstrafrecht, NStZ-Sonderheft für Miebach (2009) 8; *ders.* Strafbarer Gefährdungsschaden oder strafloser Untreueversuch – zur Bestimmtheit der Untreue-Rechtsprechung, StV **2010** 95; *ders.* Risikomanagement und objektive Zurechnung, in: Kempf/Lüderssen/Volk, Finanzkrise, 190; *Fleischer* Konzernuntreue zwischen Straf- und Gesellschaftsrecht: Das Bremer Vulkan-Urteil, NJW **2004** 2867; *ders.* Das Mannesmann-Urteil des Bundesgerichtshofs: Eine aktienrechtliche Nachlese, DB **2006** 542; *Flore/Burmann* Gemeinnützige GmbH: Strafrechtliche Risiken und Vorsorgemaßnahmen, GmbH-StB **2000** 339; *Gallandi* Die Untreue von Bankverantwortlichen im Kreditgeschäft, wistra **2001** 281; *ders.* Strafrechtliche Aspekte der Asset Backed Securities, wistra **2009** 41; *Gaßner/Bonmann* Zur Strafbarkeit wegen unterlassener Beitragssatzerhöhung nach § 266 StGB, NZS **2009** 15; *Geerds* Zur Untreuestrafbarkeit von Aufsichtsratsmitgliedern kommunaler Gesellschaften, Festschrift Otto (2008) 561; *Geffers* Die Bedeutung des § 134 BGB für die Tathandlungen der Vermögensdelikte (2004); *Gehrlein* Einverständliche verdeckte Gewinnentnahmen der Gesellschafter als Untreue (§ 266 StGB) zu Lasten der GmbH?, NJW **2000** 1089; *ders.* Strafbarkeit von Vorständen wegen leichtfertiger Vergabe von Unternehmensspenden, NZG **2002** 463; *Gercke* Ist die Mehrfachnutzung kostenloser Internetzugänge strafbar?, ZUM **2001** 567; *Gerkau* Untreue und objektive Zurechnung pp. (2008); *Golombek* Der Schutz ausländischer Rechtsgüter im System des deutschen Strafanwendungsrechts (2010); *Graf/Link* Überhöhte Betriebsratsvergütung – kein neues Betätigungsfeld für Steuerfahnder, NJW **2009** 409; *Grau/Meshulam/Blechschmidt* Der lange arm des US-Foreign Corrupt Practices Act, BB **2010** 652; *Greeve* Korruptionsdelikte in der Praxis (2005); *dies.* Kann der Verstoß gegen die VOB/B eine Untreue sein?, Festschrift Hamm (2008) 121; *dies./Leipold* Handbuch des Baustrafrechts (2004); *Greeve/Müller* Die strafrechtliche Relevanz der Nichteinzahlung des Sicherheitseinbehaltes auf ein Sperrkonto gem. § 17 VOB/B, NZBau **2000** 239; *Grunst* Untreue zum Nachteil von Gesamthandsgesellschaften pp., BB **2001** 1537; *Günther* Die Untreue im Wirtschaftsrecht, Festschrift Weber (2004) 311; *Hadamitzky/Richter* Strafbarkeit bei Missbrauch des Lastschriftverfahrens, wistra **2005** 441; *Haeser* Erfahrungen mit der neuen Rechtslage im Korruptionsstrafrecht und Drittmittelrecht – aus Sicht des Staatsanwalts, MedR **2002** 55; *Hamm* Wie man in richterlicher Unabhängigkeit vor unklaren Gesetzeslagen kapituliert, NJW **2001** 1694; *ders.* Kann der Verstoß gegen Treu und Glauben strafbar sein? NJW **2005** 1993; *Hanft* Strafrechtliche Probleme im Zusammenhang mit der Einmann-GmbH (2006); *ders.* Bewilligung kompensationsloser Anerkennungsprämien durch den Aufsichtsrat einer Aktiengesellschaft als Untreue – Fall Mannesmann, Jura **2007** 58; *Hannich/Röhm* Die Herbeiführung eines Vermögensverlustes großen Ausmaßes im Betrugs- und Untreuestrafrecht, NJW **2004** 2061; *Hantschel* Untreuevorsatz (2010); *Hefendehl* Neutralisationstechniken bis in die Unternehmensspitze, MschrKrim **2005** 444; *ders.* Auslaufmodell „Vermögensgefährdung"?, Festschrift Samson (2010) 295; *Heidel* „Wes Brot ich ess, des Lied ich sing" – Vergütung von Vorständen nach dem Erfolg des Konzerns – Anknüpfungspunkt für strafrechtliche Haftung? Festschrift Mehle (2009) 247; *Hellmann* Risikogeschäfte und Untreuestrafbarkeit, ZIS **2007** 433; *Helmrich* „Cross-Border-Leasinggeschäfte" – ein Fall strafbarer Untreue (§ 266 StGB)?, wistra **2006** 326; *Hentschke* Der Untreueschutz der Vor-GmbH vor einverständlichen Schädigungen (2002); *Hilgard* Churning, WM **2006** 409; *Hillenkamp* Zur Kongruenz von objektivem und subjektivem Tatbestand der Untreue, Festschrift Maiwald (2010) 323; *Höf* Untreue im Konzern (2006); *Hoffmann/Wißmann* Die Erstattung von Geldstrafen, Geldauflagen und Verfahrenskosten im Strafverfahren pp., StV **2001** 249; *Hoffmann-Becking* Vorstandsvergütung nach Mannesmann, NZG **2006** 127; *Höfler* Terminologische und inhaltliche Unterschiede zwischen Zivil- und Strafrecht dargestellt an ausgewählten Beispielen im Rahmen der Untreue und Urkundenfälschung (2009); *Hohmann* Gedanken zur Akzessorietät des Strafrechts, ZIS **2007** 38; *ders./Kiethe* Der strafrechtliche Schutz von Geschäfts- und Betriebsgeheimnissen, NStZ **2006** 185; *Hohn* Die „äußersten" Grenzen des erlaubten Risikos bei Entscheidungen über die Verwendung von Gesellschaftsvermögen, wistra **2006** 161; *ders.* Eigenkapitalregeln, Kompetenzverteilungsordnung und Zustimmungen zu Vermögensschädigungen bei Kapitalgesellschaften, Festschrift Samson (2010) 315; *ders./Rönnau* Die Festsetzung (zu) hoher Vorstandsvergütungen durch den Aufsichtsrat – ein Fall für den Staatsanwalt? NStZ **2004** 113; *Hoppe/Lehleiter* Die Haftung des Bankverantwortlichen bei der Kreditvergabe, BKR **2007** 178; *Hoyer* Rechtlich anerkannter Tauschwert als Vermögenswert, Festschrift Samson (2010) 339; *Hüffer* Mannesmann/Vodafone: Präsidiumsbeschlüsse des Aufsichtsrats für die Gewährung von „Appreciation Awards" an Vorstandsmitglieder, BB **2003** Beilage 7, Heft 43; *Ignor/Rixen* Untreue durch Zahlung von Geldauflagen, wistra **2000** 448; *Ignor/Sättele* Pflichtwidrigkeit und Vorsatz bei der Untreue (§ 266 StGB) am Beispiel der sog. Kredituntreue pp., Festschrift Hamm (2008) 211; *Ischebeck* Die Sorgfalt eines ordentlichen Geschäftsmanns und das Strafrecht in der Unternehmenskrise, wistra **2009** 95; *Jäger* Untreue durch Auslösung von Schadensersatzpflichten und Sanktionen, Festschrift Otto (2008) 593; *Jahn* Lehren aus dem „Fall Mannesmann", ZRP **2004** 179; *ders.* Nach dem Mannesmann-Urteil des BGH: Konsequenzen für Wirtschaft, Justiz und Gesetzgeber, ZIP **2006** 738; *Jakobs* Bemerkungen zur subjektiven Tatseite der Untreue, Festschrift Dahs (2005) 49; *Jerouscheck* Strafrechtliche Aspekte des Wissenschaftsbetrugs, GA **1999** 416; *Jordan* Untreue und Betrug durch Zweckverfehlung, JR **2000** 133; *Joecks* Gefühlte Schäden?, Festschrift Samson (2010) 355; *Jung, A.* Der Sanierungskredit aus strafrechtlicher Sicht (2005); *Kaepplinger* Zur aktienrechtlichen Zulässigkeit von Abfindungszahlungen, NZG **2003** 573; *Kallmeyer* Vorstandsbezüge – viel Lärm um nichts?, ZIP **2002** 1663; *Kargl* Die Missbrauchskonzeption der Untreue (§ 266 StGB) – Vorschlag de lege ferenda, ZStW **113** (2001), 565; *Kasiske* Existenzgefährdende Eingriffe in das GmbH-Vermögen mit Zustimmung der Gesellschafter als Untreue, wistra **2005** 81; *ders.* Aufarbeitung der Finanzkrise durch das Strafrecht? Zur Untreuestrafbarkeit durch Portfolioinvestments in Collateralized Debt Obligations via Zweckgesellschaften, in: Schünemann (Hrsg.), Die sogenannte Finanzkrise – Systemversagen oder global organisierte Kriminalität? (2010) 13; *ders.* Strafbare Existenzgefährdung der GmbH und Gläubigerschutz, JR **2011** 235; *J. Kaufmann* Organuntreue zum Nachteil von Kapitalgesellschaften (1999); *Keller, R.* Strafbare Untreue und Gemeinwohlbindung von Gesellschaftsvermögen, Festschrift Puppe (2010) 1189; *Keller/Sauer* Zum Unrecht der so genannten Bankenuntreue, wistra **2002** 365; *Kempf* Bestechende Untreue?, Festschrift Hamm (2008) 255; *ders.* Schwarze Kassen: Effektiver Schaden? Festschrift Volk (2009) 231; *Kempf/Lüderssen/Volk* (Hrsg.), Die Handlungsfreiheit des Unternehmers: Wirtschaftliche Perspektiven, strafrechtliche und ethische Schranken (2009) – zit.: Handlungsfreiheit; *dies.* (Hrsg.) Die Finanzkrise, das Wirtschaftsstrafrecht und die Moral (2010) – zit.: Finanzkrise; *Kiethe* Die zivil- und strafrechtliche Haftung von Vorstandsmitgliedern eines Kreditinstituts für riskante Kreditgeschäfte, WM **2003** 861; *ders.* Die Grenzen der strafrechtlichen Verantwortlichkeit von Bürgermeistern, NStZ **2005** 529; *ders.* Die Unangemessenheit des Honorars – Haftungs„falle“ für Unternehmensberater und -sanierer?, BB **2005** 1801; *ders.* Die zivil- und strafrechtliche Haftung von Aufsichtsräten für Geschäftsrisiken, WM **2005** 2122; *ders.* Die zivil- und strafrechtliche Haftung von Vorstandsmitgliedern einer Sparkasse für riskante Kreditgeschäfte, BKR **2005** 177; *ders./Hohmann* Der strafrechtliche Schutz von Geschäfts- und Betriebsgeheimnissen, NStZ **2006** 185; *Kindhäuser* Pflichtverletzung und Schadenzurechnung bei der Untreue (§ 266), Festschrift Lampe (2003) 709; *ders./Goy* Zur Strafbarkeit ungenehmigter Drittmitteleinwerbung, NStZ **2003** 291; *Klengel/Rübenstahl* Zum strafrechtlichen Wettbewerbsbegriff des § 299 StGB und zum Vermögensnachteil des Geschäftsherren bei der Vereinbarung von Provisionen bzw. Kick-Backs, HRRS **2007** 52; *Knauer* Die Kollegialentscheidung im Strafrecht (2001); *ders.* Die Strafbarkeit der Bankvorstände für mißbräuchliche Kreditgewährung, NStZ **2002** 399; *Kölbel* Die Einweisungsvergütung – eine neue Form von Unternehmensdelinquenz im Gesundheitssystem?, wistra **2009** 129; *Kort* Das „Mannesmann“-Urteil im Lichte von § 87 AktG, NJW **2005** 333; *ders.* Mannesmann: Das „Aus“ für nachträglich vorgesehene Vorstandsvergütungen ohne Anreizwirkung?, NZG **2006** 131; *Kraatz* „Kick-Back“-Zahlungen als strafbare Untreue, ZStW **122** (2010) 521; *ders.* Zur „limitierten Akzessorietät“ der strafbaren Untreue, ZStW **123** (2011) 447; *Krafczyk* Kick-Backs an Ärzte im Strafraum pp., Festschrift Mehle (2009) 325; *Kramer* Strafbewehrte Vermögensbetreuungspflicht des Alleingesellschafters und seiner Organe zu Gunsten der abhängigen GmbH?, WM **2004** 305; *Krause* Konzerninternes Cash Management – der Fall Bremer Vulkan pp., JR **2006** 51; *ders.* Zur Vermögensbetreuungspflicht entsandter Aufsichtsratsmitglieder (§ 101 Abs. 2 AktG) gegenüber dem Entsendenden, Festschrift Hamm (2008) 341; *Krawczyk* Untreue zum Nachteil einer konzernabhängigen GmbH, NZG **2009** 1176; *Krekeler/Werner* Verdeckte Gewinnausschüttung als Untreue, StraFo **2003** 374; *dies.* Unternehmer und Strafrecht (2006); *Krüger* Zum Risikogeschäft im Untreuestrafrecht und seinen Risiken, NJW **2002** 1178; *ders.* Genossenschaftsuntreue, ZfgG **2010** 221; *ders.* Neues aus Karlsruhe zu Art. 103 II GG und § 266 StGB, NStZ **2011** 369; *Kubiciel* Gesellschaftsrechtliche Pflichtwidrigkeit und Untreuestrafbarkeit, NStZ **2005** 353; *Kuhlen* Untreue, Vorteilsannahme und Bestechlichkeit bei Einwerbung universitärer Drittmittel pp., JR **2003** 231; *ders.* Anwendungsbereich des § 352 StGB bei Honorarvereinbarungen, JR **2007** 202; *ders.* Gesetzlichkeitsprinzip und Untreue, JR **2011** 246; *Kutzner* Einfache gesellschaftsrechtliche Pflichtverletzungen als Untreue – die Kinowelt-Entscheidung des BGH, NJW **2006** 3541; *Lamann*, Untreue im GmbH-Konzern: eine Untersuchung zur Anwendung des Untreuetatbestandes auf die konzernierte Gesellschaft mit beschränkter Haftung (2007); *Lang/Eichhorn/Golombek/von Tippelskirch* Regelbeispiel für besonders schweren Fall des Betrugs bzw. der Untreue – Vermögensverlust großen Ausmaßes, NStZ **2004** 528; *Lange* Die Belohnung von Vorstandsmitgliedern auf Veranlassung des Aufsichtsrats, ArbuR **2004** 83; *Laskos* Die Strafbarkeit wegen Untreue bei der Kreditvergabe (2001); *Lassmann* Stiftungsuntreue (2008); *ders.* Untreue zu Lasten gemeinnütziger Stiftungen – Strafbarkeitsrisiken im Non-Profit-Bereich, NStZ **2009** 473; *Laub* Grenzen der Spendenkompetenz des Vorstands, AG **2002** 308; *Leipold* Strafrechtlicher Pflichtenkatalog des Aufsichtsrats, Festschrift Mehle (2009) 347; *Leipold/Schaefer* Vermögensverschiebung des GmbH-Geschäftsführers in der Krise – Bankrott oder Untreue?, NZG **2009** 937; *Leplow* Zur Feststellung des Nachteils bei der Untreue, wistra **2010** 475; *Lesch* Zweckwidrige Verwendung von Fraktionszuschüssen als Untreue?, ZRP **2002** 159; *ders.* § 266 StGB – Tatbestand ist schlechthin unbestimmt, DRiZ **2004** 135; *Lichtenwimmer* Untreueschutz der GmbH gegen den übereinstimmenden Willen der Gesellschafter? (2008); *Liebers/Hoefs* Anerkennungs-

und Abfindungszahlungen an ausscheidende Vorstandsmitglieder, ZIP **2004** 97; *Livonius* Untreue wegen existenzgefährdenden Eingriffs – Rechtsgeschichte?, wistra **2009** 91; *Loeck* Strafbarkeit des Vorstands der Aktiengesellschaft wegen Untreue (2006); *Louis* Die Falschbuchung im Strafrecht (2001); *Lüderssen* Die Wiederkehr der „Befreiung des Strafrechts vom zivilistischen Denken" – Eine Warnung, Festschrift Hanack (1999) 487; *ders.* „Nützliche Aufwendungen" und strafrechtliche Untreue, Festschrift Müller-Dietz (2001) 467; *ders.* Die Sperrwirkung der fehlenden Vermögensbetreuungspflicht gemäß § 266 StGB für die Bestrafung nach § 263 StGB wegen unterlassener Aufklärung, Festschrift Kohlmann (2003) 177; *ders.* Gesellschaftsrechtliche Grenzen der strafrechtlichen Haftung des Aufsichtsrats, Festschrift Lampe (2003) 727; *ders.* Primäre oder sekundäre Zuständigkeit des Strafrechts?, Festschrift Eser (2003) 163; *ders.* Bemerkungen zum Irrtum über die Pflicht zur Wahrnehmung fremder Vermögensinteressen im Sinne des § 266 StGB, Festschrift Richter II (2006) 373; *ders.* Zur Konkretisierung der Vermögensbetreuungspflicht in § 266 Strafgesetzbuch durch § 87 Abs. 1 Satz 1 Aktiengesetz pp., Festschrift Schroeder (2006) 569; *ders.* Finanzmarktkrise, Risikomanagement und Strafrecht, StV **2009** 486; *ders.* Risikomanagement und „Risikoerhöhungstheorie" – auf der Suche nach Alternativen zu § 266 StGB, Festschrift Volk (2009) 345; *ders.* Regulierung, Selbstregulierung und Wirtschaftsstrafrecht in: Kempf/Lüderssen/Volk Handlungsfreiheit, 241; *Lutter* Zur Rechtmäßigkeit von internationalen Risikogeschäften durch Banken der öffentlichen Hand, BB **2009** 786; *Mansdörfer* Die Vermögensverfügung als Nachteil i.S.d. Untreuetatbestandes, JuS **2009** 114; *Märker/Hillesheim* Brennpunkt Finazkrise: Anlegerschutz in Deutschland, ZRP **2009** 65; *Martin* Bankuntreue (2000); *Matt* Missverständnisse zur Untreue – Eine Betrachtung auch zum Verhältnis von (Straf-)Recht und Moral, NJW **2005** 389; *ders./Saliger* Straflosigkeit der versuchten Untreue, in: Institut für Kriminalwissenschaften Frankfurt a.M. (Hrsg.), Irrwege der Strafgesetzgebung, **1999** S. 217; *Marwedel* Der Pflichtwidrigkeitsvorsatz bei § 266 StGB, ZStW 123 (2011) 548; *Maurer* Untreue bei der juristischen Person unter besonderer Berücksichtigung des Eigenkapital-(ersatz)rechts, GmbHR **2004** 1549; *Maurer/Odörfer* Strafrechtliche Aspekte der GmbH & Co. KG in der Krise (2), GmbHR **2008** 412; *Meyer* Untreuehandlungen im Rahmen kommunaler Aufgabenerfüllung, Hessische Städte- und Gemeindenzeitung **2009** 306; *Michalke* Untreue – neue Vermögensbetreuungspflichten durch Compliance-Regeln, StV **2011** 245; *Mihm* Strafrechtliche Konsequenzen verdeckter Gewinnausschüttungen (1998); *Mödl* Pflichten des einzigen Gesellschafters gegenüber „seiner" GmbH – BGHZ 149, 10, JuS **2003** 14; *Mölter* Untreuestrafbarkeit von Anlageberatern unter spezieller Betrachtung der Vermögensbetreuungspflicht, wistra **2010** 53; *Momsen* Neue Akzente für den Untreuetatbestand – Der Fall „Bremer Vulkan" im Lichte der Abwendung der neueren Rechtsprechung von der Interessentheorie, Festschrift Schöch (2010) 567; *ders./Christmann* Untreue im Fall des Lastschriftwiderrufs durch den Insolvenzverwalter – Potenzielle Strafbarkeitsrisiken für die Beteiligten, NZI **2010** 121; *Mosenheuer* Untreue durch mangelhafte Dokumentation von Zahlungen?, NStZ **2004** 179; *Mosiek* Risikosteuerung im Unternehmen und Untreue, wistra **2003** 370; *ders.* Fremdrechtsanwendung – quo vadis? StV **2008** 94; *ders.* Neues zur Unmittelbarkeit des Untreueschadens, HRRS **2009** 565; *Müller-Christmann/Schnauder* Durchblick: Zum strafrechtlichen Schutz des Gesellschaftsvermögens, JuS **1998** 1080; *Munz* Haushaltsuntreue: Die zweckwidrige Verwendung öffentlicher Mittel als strafbare Untreue gemäß § 266 StGB (2001); *Murmann* Untreue (§ 266 StGB) und Risikogeschäfte, Jura **2010** 561; *Nack* Bedingter Vorsatz beim Gefährdungsschaden – ein „doppelter Konjunktiv"?, StraFo **2008** 277; *N. Nestler* Churning – Strafbarkeit der Spesenschinderei nach deutschem Recht (2009); *Niehaus* Strafrechtliche Folgen der „Bestechung" im vermeintlichen Unternehmensinteresse, in: Graeff/Schröder/Wolf (Hrsg.) Der Korruptionsfall Siemens. Analysen und praxisnahe Folgerungen des wissenschaftlichen Arbeitskreises von Transparency International Deutschland (2009); *Nuß* Untreue durch Marketingkommunikation (2006); *Otto* Keine strafbare Untreue im Fall Kohl, RuP **2000** 109; *ders.* Untreue der Vertretungsorgane von Kapitalgesellschaften durch Vergabe von Spenden, Festschrift Kohlmann (2003) 187; *ders.* Untreue durch Übernahme der mit eine Strafverfahren verbundenen Aufwendungen für Unternehmensangehörige durch ein Unternehmen, Festschrift Tiedemann (2008) 693; *ders.* Ethik, rechtlicher Rahmen und strafrechtliche Sanktionen beim unternehmerischen Handeln, Festschrift Krey (2010), 375; *Paeffgen* Ein Gericht verirrt sich, Festschrift Dahs (2005) 143; *Park* (Hrsg.), Kapitalmarktstrafrecht, 2. Aufl. (2008), zit.: Park-Bearbeiter; *ders./Rütters* Untreue und Betrug durch Handel mit problematischen Verbriefungen, StV **2011** 434; *Pattberg* Die strafrechtliche Verantwortlichkeit des Directors einer englischen Limited in Krise und Insolvenz (2010); *Pauly* Zur Frage des Untreuevorwurfs gegen den Vermieter im Falle zweckwidriger Verwendung der Mieterkaution bei der Gewerbemiete, ZMR **2010** 256; *Peltzer* Das Mannesmann-Revisionsurteil aus der Sicht des Aktien- und allgemeinen Zivilrechts, ZIP **2006** 205; *Pelz* Sponsoring – zwischen Marketing und Korruption, LMuR **2009** 50; *Perron* Das Mannesmann-Verfahren vor den deutschen Strafgerichten, SchwZStr **2007** 180;

ders. Bemerkungen zum Gefährdungsschaden bei der Untreue, Festschrift Tiedemann (2008) 737; *ders.* Probleme und Perspektiven des Untreuetatbestandes, GA **2009** 219; *Piel* Strafbarkeit eines GmbH-Gesellschafters wegen Brandstiftung gem. § 306 StGB – Ausdehnung der Untreue-Rechtsprechung auf Eigentumsdelikte, NStZ **2006** 550; *Poller* Untreue durch Übernahme von Geldsanktionen, Verfahrenskosten und Verteidigerhonoraren?, StraFo **2005** 274; *Preussner/Pananis* Risikomanagement und strafrechtliche Verantwortung – Corporate Governance am Beispiel der Kreditwirtschaft, BKR **2004** 347; *Putzke* Rechtsprechungsänderung zu § 261 StGB und Neues zum Nachteilsbegriff bei § 266 StGB – oder: Lässt sich Wertloses noch wertloser machen und ist die Erfüllung zivilrechtlicher Pflichten strafbar? – Zugleich eine Besprechung zu BGH, Urt. v. 4.2.2010, 3 StR 95/09, StV **2010** 176; *Radtke* Einwilligung und Einverständnis der Gesellschafter bei der sog. GmbH-rechtlichen Untreue, GmbHR **1998** 311, 361; *ders.* Untreue (§ 266 StGB) zu Lasten von ausländischen Gesellschaften mit faktischem Sitz in Deutschland?, GmbHR **2008** 729; *ders.* Strafrechtliche Untreue durch Manager und verfassungsrechtlicher Bestimmtheitsgrundsatz, GmbHR **2010** 1121; *Radtke/Hoffmann* Gesellschaftsrechtsakzessorietät bei der strafrechtlichen Untreue zu Lasten von Kapitalgesellschaften? – oder: „Trihotel" und die Folgen, GA **2008** 535; *Ransiek* Untreue im GmbH-Konzern, Festschrift Kohlmann (2003) 207; *ders.* Risiko, Pflichtwidrigkeit und Vermögensnachteil bei der Untreue, ZStW **116** (2004), 634; *ders.* Untreue zum Nachteil einer abhängigen GmbH – „Bremer Vulkan", wistra **2005** 121; *ders.* Anerkennungsprämien und Untreue – Das „Mannesmann"-Urteil des BGH, NJW **2006** 814; *ders.* „Verstecktes" Parteivermögen und Untreue, NJW **2007** 1727; *ders.* Gewerbsmäßige Untreue als Vortat der Geldwäsche, BGH, v. 24.6.2008 – 5 StR 89/08, JR **2008** 478; *ders.* Soziale Verantwortung von Unternehmen im Wirtschaftsstrafrecht, AG **2009** 782; *ders.* Untreue durch Vermögenseinsatz zu Bestechungszwecken, StV **2009** 321; *ders./Hüls* Strafrecht zur Regulierung der Wirtschaft, ZGR **2009** 157; *ders.* Asset backed securities und Strafrecht, WM **2010** 869; *Reck/Lührs* Das Bürgschaftsrisiko als Untreueschaden, ZAP-Ost, 10 Jg. (1999), 251; *Reese* Vertragsärzte und Apotheker als Straftäter? – Eine strafrechtliche Bewertung des „Pharmamarketings", PharmaR **2006** 92; *Reinhold* Der Arbeitgeber als Opfer nützlicher Aufwendungen seiner Mitarbeiter, HRRS **2009** 107; *Rentrop* Untreue und Unterschlagung (§§ 246 und 266 StGB) (2007); *Rolfs* Insolvenzschutz für Wertguthaben aus Altersteilzeit, NZS **2004** 561; *Rolletschke* Die Steuerhinterziehung des „untreuen" Finanzbeamten, wistra **2005** 250; *Rönnau* Untreue und Vorteilsannahme durch Einwerbung von Drittmitteln? – BGH NJW 2002 2801, JuS **2003** 232; *ders.* „Kick-backs": Provisionsvereinbarungen als strafbare Untreue pp., Festschrift Kohlmann (2004) 239; *ders.* Haftung der Direktoren einer in Deutschland ansässigen englischen private company limited by shares nach deutschem Strafrecht pp., ZGR **2005** 832; *ders.* Untreue als Wirtschaftsdelikt, ZStW 119 (2007), 887; *ders.* Einrichtung „schwarzer" (Schmiergeld-)Kassen in der Privatwirtschaft – eine strafbare Untreue?, Festschrift Tiedemann (2008) 713; *ders.* Untreue durch Einrichtung verdeckter Kassen, Bestechung im geschäftlichen Verkehr im Ausland sowie ausländischer Amtsträger, StV **2009** 246; *ders.* Untreue zu Lasten juristischer Personen und Einwilligungskompetenz der Gesellschafter, Festschrift Amelung (2009) 247; *ders.* Globale Finanzkrise – Quellen möglicher Strafbarkeitsrisiken, in: Schünemann (Hrsg.), Die sogenannte Finanzkrise – Systemversagen oder global organisierte Kriminalität? (2010) 43; *ders.* Untreuerisiken durch Cash Pool-Teilnahme für Geschäftsführer einer faktische abhängigen GmbH – ein Ritt auf der Rasierklinge?, Festschrift Samson (2010) 423; *ders.* (Rechts-)Vergleichende Überlegungen zum Tatbestand der Untreue, ZStW **2010** 299; *ders.* Schadensfiktionen in der Rechtsprechung der Strafgerichte, Festschrift Rissing-van Saan (2011) 517; *ders.* Die Zukunft des Untreuetatbestandes, StV **2011** 753; *ders./Hohn* Die Festsetzung (zu) hoher Vorstandsvergütungen durch den Aufsichtsrat – ein Fall für den Staatsanwalt?, NStZ **2004** 113; *Rose* Die strafrechtliche Relevanz von Risikogeschäften, wistra **2005** 281; *Rotsch* Der Vermögensverlust großen Ausmaßes bei Betrug und Untreue, ZStW **117** (2005), 577; *Rübenstahl* Die Untreue des Rechtsanwalts durch Verwahrung von Mandantengeldern auf eigenen Konten, HRRS **2004** 53; *ders./Wasserburg* „Haushaltsuntreue" bei Gewährung von Subventionen – Zugleich Besprechung des Urteils des BGH vom 8.4.2003, NStZ **2004** 521; *Saliger* Wider die Ausweitung des Untreuetatbestandes, ZStW **112** (2000) 563; *ders.* Grenzen der Opportunität: § 153a StPO und der Fall Kohl pp., Beschluss vom 28.2.2001, GA **2005** 155; *ders.* Parteiengesetz und Strafrecht: Zur Strafbarkeit von Verstößen gegen das Parteiengesetz insbesondere wegen Untreue gemäß § 266 StGB (2005); *ders.* Untreue bei Stiftungen, in: Walz/Hüttemann/Rawert/Schmidt (Hrsg.), Bucerius Law School: Non Profit Yearbook (2005) 209; *ders.* Gibt es eine Untreuemode? Die neuere Untreuedebatte und Möglichkeiten einer restriktiven Auslegung, HRRS **2006** 10; *ders.* Kick-Back, „PPP", Verfall – Korruptionsbekämpfung im „Kölner Müllfall", NJW **2006** 3377; *ders.* Parteienuntreue durch schwarze Kassen und unrichtige Rechenschaftsberichte, NStZ **2007** 545; *ders.* Abstraktes Recht und konkreter Wille – Anmerkungen zur Einstellung des Mannesmann-Verfahrens nach § 152a StPO, ZIS **2007** 476;

ders. Rechtsprobleme des Untreuetatbestandes, JA **2007** 326; *ders.* Die Normativierung des Schadensbegriffs in der neueren Rechtsprechung zu Betrug und Untreue, Festschrift Samson (2010) 455; *ders.* Das Untreuestrafrecht auf dem Prüfstand der Verfassung, NJW **2010** 3195; *ders.* Auswirkungen des Untreuebeschlusses des Bundesverfassungsgerichts v. 23.6.2010 auf die Schadensdogmatik, ZIS **2010** 902; *ders./Gaede* Rückwirkende Ächtung der Auslandskorruption und Untreue als Korruptionsdelikt – Der Fall Siemens als Startschuss in ein entgrenztes internationalisiertes Wirtschaftsstrafrecht?, HRRS **2008** 57; *ders./Sinner* Korruption und Betrug durch Parteispenden, NJW **2005** 1073; *Sänger* Wirtschaftskriminalität im Zusammenhang mit der Wiedervereinigung (1999); *Satzger* Die Untreue des Vermieters im Hinblick auf eine Mietkaution, Jura **1998** 570; *ders.* §§ 263 I, 266 I StGB: Untreue des Mieters, JA **1998** 926; *ders.* „Schwarze Kassen" zwischen Untreue und Korruption pp., NStZ **2009** 297; *Sauer* Zur Strafbarkeit eines Vorstands wegen Untreue auf Grund des Sponsorings eines Sportvereins, wistra **2002** 465; *Schäfer* Schadensgleiche Gefährdung als Vermögensnachteil im Sinne des § 266 StGB, JR **2009** 289; *Scheja* Das Verhältnis zwischen Rechtsanwalt und Mandant im Hinblick auf den Straftatbestand der Untreue gem. § 266 StGB (2006); *Schilha* Die Aufsichtstätigkeit in der Aktiengesellschaft im Spiegel strafrechtlicher Verantwortung (2008); *Schilling* Fragmentarisch oder umfassend? Wege strafrechtlichen Zugriffs bei der Veruntreuung fremden Vermögens am Beispiel des deutschen und des italienischen Untreuestrafrechts (2009); *ders.* Europäische Untreue: das fragmentarische und das umfassende Untreuemodell vor dem Hintergrund europäischer Strafrechtsprinzipien, KritV **2009** 289; *Schlitt* Die strafrechtliche Relevanz des Corporate Governance Codex, DB **2007** 326; *Schlösser* Die Strafbarkeit des Geschäftsführers einer private company limited by shares in Deutschland, wistra, **2006** 81; *ders.* Vertraglich vereinbarte Integritätsklauseln und strafrechtliche Haftung der Unternehmensleitung, wistra **2006** 446; *ders.* Europäische Aktiengesellschaft und deutsches Strafrecht, NZG **2008** 126; *ders.* Der Schaden der Siemens-Entscheidung HRRS **2009** 19; *ders.* Die Darstellung der Schadenshöhe in den Urteilsgründen. Zugleich ein Beitrag zu strafprozessualen Folgen der Rechtsprechung des 1. Senats des BGH zur schadensgleichen Vermögensgefährdung, StV **2010** 157; *ders.* Verfassungsgerichtliche Grenzen einer Subjektivierung des Schadensbegriffs, HRRS **2011** 254; *ders./Dörfler* Strafrechtliche Folgen eines Verstoßes gegen den Deutschen Corporate Governance Kodex, wistra **2007** 326; *Schlüter* Bankenhaftung bei fehlgeschlagenen Immobilienerwerbertreuhandmodellen, DZWir **2002** 96; *Schmid* Treupflichtverletzungen, Haushaltsuntreue, in: Müller-Gugenberger/Bieneck (Hrsg.), Wirtschaftsstrafrecht, 5. Aufl. (2011) 940 – zit.: M-G/Bearbeiter); *Schmitt* Untreue von Bank- und Sparkassenverantwortlichen bei der Kreditvergabe, BKR **2006** 125; *ders.* Zur Untreue durch Kreditbewilligung, Festschrift Nobbe (2009) 1009; *Schnapp* Der Vertragsarzt – Sachwalter der gesetzlichen Krankenkassen? Festschrift Herzberg (2008) 795; *Schnauder* Zum strafrechtlichen Schutz des Gesellschaftsvermögens, JuS **1998** 1080; *H. Schneider* Getarnte „Kopfprämien" – Strafrechtliche Grenzen der Kooperation zwischen niedergelassenen Ärzten und Krankenhäusern, HRRS **2009** 484; *Schramm* Untreue durch Insolvenzverwalter, NStZ **2000** 398; *ders.* Untreue und Konsens (2005); *Schramm/Hinderer* Die Untreue-Strafbarkeit eines Limited-Directors, § 266 StGB, insbesondere im Lichte des Europäischen Strafrechts, ZIS **2010** 494; *Schriever* Sicherheiten für Akquisitionskredite – Das Untreuerisiko beim Leveraged Buyout einer GmbH, wistra **2006** 404; *Schröder* Untreue durch Investitionen in ABS-Anleihen, NJW **2010** 1169; *ders.* Die Komplexität internationaler Finanzmärkte – Einfallstor für Kriminalität, Kriminalistik **2009** 12; *Schünemann* Haushaltsuntreue als dogmatisches und kriminalpolitisches Problem, StV **2003** 463; *ders.* Organuntreue – Das Mannesmann-Verfahren als Exempel? (2004); *ders.* Die „gravierende Pflichtverletzung" bei der Untreue: dogmatischer Zauberhut oder taube Nuss?, NStZ **2005** 473; *ders.* Der Bundesgerichtshof im Gestrüpp des Untreuetatbestandes, NStZ **2006** 196; *ders.* Zur Quadratur des Kreises in der Dogmatik des Gefährdungsschadens, NStZ **2008** 430; *ders.* Die strafrechtliche Beurteilung der Beeinflussung von Betriebsratswahlen durch verdecktes Sponsoring, Festschrift Gauweiler (2009) 515; *ders.* Der Begriff des Vermögensschadens als archimedischer Punkt des Untreuetatbestandes (Teil 1), StraFo **2010** 1, (Teil 2), StraFo **2010** 477; *ders.* (Hrsg.), Die sogenannte Finanzkrise – Systemversagen oder global organisierte Kriminalität? (2010) sowie ibid., S. 71; *Schüppen* Transaction-Boni für Vorstandsmitglieder der Zielgesellschaft – Business-Judgement oder strafbare Untreue?, Festschrift Tiedemann (2008) 749; *Schwaben* Die Bonusmeilenaffäre im Lichte der Untreuerechtsprechung des BGH, NStZ **2002** 636; *Schwind* Zur Strafbarkeit der Entgegennahme von anonymen Parteispenden als Untreue (§ 266 StGB) – dargestellt am Fall Dr. Helmut Kohl, NStZ **2001** 349; *Sedemund* Zivilrechtliche Regressmöglichkeiten bei Verfallsanordnung auf Grund Schmiergeldzahlungen zwecks Auftragserlangung, DB **2003** 2423; *Seier* Die Untreue in der Rechtspraxis, in: Bernsmann/Ulsenheimer (Hrsg.), Bochumer Beiträge zu aktuellen Strafrechtsthemen (2003) 145 – weitestgehend wortgleich auch als: Die Untreue als Allzweckwaffe, in: Kohlmann u.a. (Hrsg.), Entwicklungen und Probleme des

Strafrechts an der Schwelle zum 21. Jahrhundert (2004) 105; *ders.* Untreue, in: Achenbach/Ransiek (Hrsg.), Handbuch Wirtschaftsstrafrecht, 2. Aufl. (2008) 366 – zit.: Untreue; *ders./Martin* Die Untreue (§ 266), JuS **2001** 874; *Seiler* Die Untreuestrafbarkeit des Wirtschaftsprüfers (2007); *Soyka* Untreue zum Nachteil von Personengesellschaften (2008); *Spatschek/Ehnert* Übernahme von Geldsanktionen und Verteidigerhonorar durch Unternehmen bei Strafverfahren gegen Mitarbeiter, StraFo **2005** 265; *Spindler* Vorstandsvergütungen und Abfindungen auf dem aktien- und strafrechtlichen Prüfstand – Das Mannesmann-Urteil des BGH, ZIP **2006** 349; *Steiner* Mannesmann-Prozess: Untreue-Vorwurf wäre rechtlich nicht haltbar gewesen, in: Zeitschrift für das gesamte Kreditwesen (ZfK) **2006** 1264; *ders.* Bankenkrise und strafbare Untreue (§ 266 StGB), ZfK **2009** 709; *ders.* Neues BGH-Urteil zu strafrechtlicher „Untreue" durch Vergabe von Risikokrediten, ZfK **2010** 98; *Strate* Der Preis der Freiheit – strafrechtliche Verantwortlichkeiten in der Finanzkrise, Bucerius Law Journal **2009** 78; *Strelczyk* Die Strafbarkeit der Bildung schwarzer Kassen (2008); *Sünner* Schwarze Kassen und Untreue – ein Synonym?, ZIP **2009** 937; *Szebrowski* Kick-Back (2005); *Taschke* Straftaten im Interesse von Unternehmen – auch strafbar wegen Untreue?, Festschrift Lüderssen (2002) 663; *ders.* Die Strafbarkeit des Vertragsarztes bei der Verordnung von Rezepten, StV **2005** 406; *Tegtmeier* Die Vergütung von Vorstandsmitgliedern in Publikumsaktiengesellschaften (1998); *Thalhofer* Kick-Backs, Exspektanzen und Vermögensnachteil nach § 266 StGB (2008); *Thomas* Untreue in der Wirtschaft, Festschrift Rieß (2002) 795; *ders.* Das allgemeine Schädigungsverbot des § 266 Abs. 1 StGB, Festschrift Hamm (2008) 767; *Tiedemann* Der Untreuetatbestand – ein Mittel zur Begrenzung von Managerbezügen?, Festschrift Weber (2004) 319; *ders.* Zur Klageerzwingungsbefugnis von Aktionären und GmbH-Gesellschaftern, insb. bei Organuntreue, Festschrift Mehle (2009) 625; *ders.* GmbH-Strafrecht. §§ 82–85 GmbHG und ergänzende Vorschriften, 5. Aufl. (2010), Sonderausgabe aus Scholz, Kommentar zum GmbHG, 10. Aufl. (2010); *ders.* Generalklauseln im Wirtschaftsstrafrecht, Festschrift Rissing-van Saan (2011) 685; *Tsambikakis* Aktuelles zum Strafrecht bei GmbH und GmbH & Co, GmbHR **2005** 331; *ders.* Brennpunkt Wirtschaftsstrafrecht: Aktuelles zur Eingrenzung der Untreue – der langsame Abschied vom „Gefährdungsschaden"?, Strafrechtsreport **2008** 443; *Ulsenheimer* Der Vertragsarzt als Sachwalter der Vermögensinteressen der gesetzlichen Krankenkassen?, MedR **2005** 622; *Varwig* Zum Tatbestandsmerkmal des Vermögensschadens (§ 263 StGB) (2011); *Velten* Untreue durch Belastung mit dem Risiko zukünftiger Sanktionen am Beispiel verdeckter Parteifinanzierung, NJW **2000** 2852; *Volhard* Die Untreuemode, Festschrift Lüderssen (2002) 675; *Volk* Untreue und Gesellschaftsrecht. Ein Dschungelbuch, Festschrift Hamm (2008) 803; *von Selle* Parlamentarisches Budgetrecht und Haushaltsuntreue in Zeiten „Neuer Steuerungsmodelle", JZ **2008** 178; *von Westfalen* Ackermann, Esser & Co – Clash of Cultures?, ZIP **2004** 147; *Vortmann* Schadensersatzpflicht der kontoführenden Bank wegen pflichtwidriger Verwendung von Fremdgeldkonten, BKR **2007** 449; *Vrzal* Die Versuchsstrafbarkeit der Untreue de lege ferenda? (2005); *Wagner K.-R./Hermann* Verdeckte Gewinnausschüttung bei der Ein-Personen-GmbH, einmal nicht nur steuerrechtlich, BB **1999** 608; *Wagner T.* Die Untreue des Gesellschafters in der einfachen und konzernierten Einmann-GmbH: zugleich eine strafrechtliche Bestimmung des existenzvernichtenden Eingriffs (2005); *Wattenberg* Zentrales Cash-Management als Untreuetatbestand im Konzernverbund, StV **2005** 523; *Weber* Untreue durch Verursachung straf- und bußgeldrechtlicher Sanktionen gegen den Vermögensinhaber?, Festschrift Seebode (2008) 437; *ders.* Zum bedingten Vorsatz bei der vermögensgefährdenden Untreue – Bemerkungen zum Kanther-Urteil des BGH, Festschrift Eisenberg (2009) 371; *Weidhaas* Der Kassenarzt zwischen Betrug und Untreue, ZMGR **2005** 52; *Wellkamp* Organuntreue zum Nachteil von GmbH-Konzernen und Aktiengesellschaften, NStZ **2001** 113; *Wessing* Compliance – oder wie sich der Staat aus der Kriminalprävention stiehlt, Festschrift Volk (2009) 867; *ders./Krawczyk* Untreue zum Nachteil einer konzernabhängigen GmbH, NZG **2009** 1176; *dies.* Der Untreueparagraph auf dem verfassungsrechtlichen Prüfstand, NZG **2010** 1121; *Windolph* Risikomanagement und Riskcontrol durch das Unternehmensmanagement nach dem Gesetz zur Kontrolle und Transparenz im Unternehmensbereich (KonTraG) pp., NStZ **2000** 522; *Winkelbauer* Strafrechtlicher Gläubigerschutz im Konkurs der KG und der GmbH & Co. KG, wistra **1986** 17; *Witte/Mehrbrey* Aufsteigende Darlehen im GmbH-Konzern, MDR **2007** 7; *Wolf* Die Strafbarkeit der rechtswidrigen Verwendung öffentlicher Mittel (1998); *ders.* Die Strafbarkeit des ehemaligen CDU-Vorsitzenden Dr. Helmut Kohl nach § 266 StGB, KritJ **2000** 531; *Wollburg* Unternehmensinteresse bei Vergütungsentscheidungen oder: Verstieß die Zahlung der Mannesmann-Prämien gegen das Unternehmensinteresse der Mannesmann-AG?, ZIP **2004** 646; *Wölper* Steuerung des Verhaltens von Gemeindebediensteten im Umgang mit öffentlichen Haushaltsmitteln durch Strafrecht? (2006); *Zech* Untreue durch Aufsichtsratsmitglieder einer Aktiengesellschaft (2007); *Zieschang* Haftstrafe für Verwalter wegen Untreue?, NZM **1999** 393; *ders.* Strafbarkeit des Geschäftsführers einer GmbH wegen Untreue trotz Zustimmung sämtlicher Geschäftsführer?, Festschrift Kohlmann (2004) 351; *Zwiehoff*

Untreue durch den Aufsichtsrat bei nichtorganschaftlichem Handeln?, Festschrift Eisenhardt (2007) 57; *dies.* Untreue und Betriebsverfassung – Die VW-Affäre, Festschrift Puppe (2010) 1337.

V. Schrifttum seit 2011. *Achenbach* Aus der 2009/2010 veröffentlichten Rechtsprechung zum Wirtschaftsstrafrecht, NStZ **2011** 615; **2012** 682; **2013** 697; **2014** 695; **2015** 629; *ders.* Vermögen und Nutzungschance – Gedanken zu den Grundlagen des strafrechtlichen Vermögensbegriffs, Festschrift Roxin II (2011) 1005; *Altenburg* Unternehmerische (Fehl-)Entscheidungen als Untreue?: Eine gefährliche (Fehl-)Entwicklung! BB **2015** 323; *Anders* Untreue zum Nachteil der GmbH: Versuch einer strafunrechtbegründenden Rekonstruktion der Rechtspersonalität der Kooperation (2012); *Bachmann* Zehn Thesen zur deutschen Business Judgment Rule, WM **2015** 105; *Bader/Wilkens* Untreue bei spekulativen Derivaten im öffentlichen Sektor, Wistra **2013** 81; *Baluch* Untreue zulasten unselbständiger Stiftungen und ihrer Destinatäre, Verwaltungsrundschau **2012** 37; *Becker* Und ewig lockt die Untreue. Randnotizen zum Stand der Dogmatik des § 266 StGB anlässlich von BGH HRRS Nr. 1153, HRRS **2012** 237; *Bernsmann* Untreue und Gemeinwohl, StV **2013** 403; *ders.* „Untreue und Gemeinwohl" StV **2013** 403; *Beukelmann* Anforderungen an den Untreuevorsatz bei Gefährdungsschaden, NJW-Spezial **2013** 441; *Bittmann* Risikogeschäft – Untreue – Bankenkrise, NStZ **2011** 361; *ders.* Dogmatik der Untreue, insbesondere des Vermögensnachteils, NStZ **2012** 57; *ders.* Quantifizierung des Betrugsschadens und Untreuenachweis im Wege korrigierender Ex-Post-Betrachtung, NStZ **2013** 52; *ders.* Verschleifungsverbot, Quantifizierungsgebot (§§ 263, 266 StGB) und Pflichtwidrigkeit (§ 266 StGB), wistra **2013** 1; *ders.* Aktuelle Problemfelder bei Betrug und Untreue, wistra **2013** 449; *ders.* Betrug und Untreue wistra **2012** 98, **2013** 137, **2014** 173; *ders.* Quantifizierung des Betrugsschadens und Untreuenachteil im Wege korrigierter Ex-Post-Betrachtung, NStZ **2013** 72; *ders.* Dogmatik bei Untreue, insbesondere des Vermögensnachteils, NStZ **2012** 57; *ders.* Betrug und Untreue in der jüngsten Rechtsprechung des BGH, ZWH **2012** 446; *ders.* Selbstbedienung als Vergütungs-Untreue-Pflichtwidrigkeit – angemaßte Zuständigkeit – Zeitpunkt des Nachteilseintritts – Kompensation – Prognoseentscheidung, NZWiSt **2014** 129; *Bräunig* Untreue in der Wirtschaft (2011); *Brand* Der Verstoß gegen § 1 BauFordSiG – auch ein Fall der Untreue?, wistra **2012** 92; *ders./Kanzler* Neues zu Untreue und Bankrott in der GmbH, ZWH **2012** 1; *ders./Petermann* Die Auswirkungen der AUB-Rechtsprechung auf die Untreuehaftung des Aufsichtsrates, WM **2012** 62; *ders./Seeland* Die langen (strafrechtlichen) Schatten des rheinland-pfälzischen CDU-Landtagswahlkampfs 2006, ZWH **2015** 258; *Bülte* Geldwäschetauglichkeit als Vermögensnachteil: Instrumentalisierung der Untreue für die Strafverfolgung?, NStZ **2014** 680; *Burghardt/Bröckers* Bezahlung von Schwarzarbeit und Untreuestrafbarkeit, NJW **2015** 903; *Büttner* Berechnung des illegalen Vermögensvorteils, 2. Auflage (2012); *ders.* Untreue in der Wirtschaft (2011); *Chowdhury* Geschäftsleiteruntreue vor dem Hintergrund von subprime-Investments im Vorfeld der Finanzmarktkrise (2014); *Cordes/Satorius* Der Verjährungsbeginn bei der Untreue – Notwendigkeit einer Neubestimmung, NJW **2013** 2635; *Corell* Strafbarkeitsrisiken trotz geheimer Abstimmungen, Festschrift Imme Roxin (2012) 117; *Cornelius* Zum strafrechtlichen Schutz des Fernmeldegeheimnisses und der Untreuerelevanz datenschutzrechtlicher Verstöße NZWiSt **2013** 166; *Corsten* Einwilligung in die Untreue sowie in die Bestechlichkeit und Bestechung (2011); *ders.* Zur Untreue im Zusammenhang mit einer Beeinflussung der Betriebsratswahl, StraFo **2011** 69; *ders.* Erfüllt die Zahlung von Bestechungsgeldern den Tatbestand der Untreue?, HRRS **2011** 247; *Dinter* Der Pflichtwidrigkeitsvorsatz bei der Untreue (2012); *Fischer* Die Zukunft des Untreuetatbestands, StV **2011** 750; *ders.* Die strafrechtliche Bewältigung der Finanzkrise ZStW **2011** 816; *Fischer/Hoven/Huber/Raum/Rönnau/Saliger/Trüg* (Hrsg.) Dogmatik und Praxis des strafrechtlichen Vermögensschadens (2015) – zit.: Fischer u.a. Dogmatik; *Flämig* Das Damoklesschwert des strafrechtlichen Untreutetatbestands über den Stiftungen, in: Wissenschaftsrecht 45 (2012) 340; *Fornauf/Jobst* Die Untreuestrafbarkeit von GmbH-Geschäftsführer und -direktor im Vergleich, GmbHR **2013** 125; *Gähler* Der Gefährdungsschaden im Untreuetatbestand (2016); *Gericke* Strafrechtliche Sanktionen für Fehlverhalten von Mietvertragsparteien, NJW **2013** 1633; *Gerst* Organuntreue und gesetzeswidrige Zahlungen, WiJ **2013** 178; *Gräwe/Freiherr von Maltzahn* Die Untreuestrafbarkeit von Stiftungsvorstand und -beirat: Vermeidungsstrategien bei stiftungstypischen Maßnahmen BB **2013** 329; *Habetha/Klatt* Die bankrottstrafrechtliche Organhaftung nach Aufgabe der Interessenformel – Zurechnungstheorie oder funktionale Zurechnung?, NStZ **2015** 671; *Habetha* Bankrott und Untreue in der Unternehmenskrise, NSG **2012** 1133; *Hamm* Untreueschaden bei Konzernen, in: Fischer u.a. Dogmatik (2015) 167; *Hauck* Betrug und Untreue als konkrete Gefährdungsdelikte de lege lata und de lege ferenda, ZIS **2011** 919; *Hefendehl* Die Feststellung des Vermögensschadens – auf dem Weg zum Sachverständigenstrafrecht? wistra **2012** 325; *ders.* Vermögensgefährdung und Exspektanzen: oder das scheinbare Schreckgespenst des Normativen, in: Fischer u.a. Dogmatik (2015) 77; *Helmrich/Eidam*

Untreue durch Verzicht auf Schadensersatzforderungen gegen (ehemalige) Führungskräfte einer Aktiengesellschaft?, ZIP **2011** 257; *Hinrichs* Konsequenzen der Vorgaben des BVerfG zur Figur des Gefährdungsschadens, wistra **2013** 161; *ders.* Zur Untreuestrafbarkeit gemeindlicher Vertreter (2011); *Honsell* Die Strafbarkeit der Untreue, Festschrift Roth (2011) 277; *Hoven* Der Schadensbegriff bei Schwarzen Kassen, in: Fischer u.a. Dogmatik (2015) 201; *Hüls* Bestimmtheitsgrundsatz, § 266 StGB und § 370 Abs. 1 Nr. 1 AO, NZWiSt **2012** 12; *Ibold* Unternehmerische Entscheidungen als pflichtwidrige Untreuehandlungen (2011); *Isfen* „Das Leben ist wie ein Schneeball" oder strafrechtliche Relevanz von enttäuschten Zukunftserwartungen im Wirtschaftsverkehr, Festschrift Roxin II (2011) 989; *Kasiske* Der Vermögensschaden bei Risikogeschäften, NZWiSt **2016** 302; *Kempf* Bilanzorientierte Schadensfeststellung, in: Fischer u.a. Dogmatik (2015) 325; *ders./Schilling* Revisionsrichterliche Rechtsfortbildung in Strafsachen, NJW **2012** 1849; *Kirchner* Untreuerisiken beim Einsatz von Zinsswaps und Forward Rate Agreements durch Kommunen, wistra **2013** 418; *Klein* Untreue durch Verstoß gegen die Zahlungsverbote gemäß § 64 S. 1 und § 64 S. 3 GmbHG, BLJ **2014** 30; *Kirkpatrick* Die Target 2-Salden der Deutschen Bundesbank – Ein Fall der Untreue?, wistra **2013** 249; *Klüppelberg* Die Untreuestrafbarkeit des Vorstands bei Verstößen gegen den Deutschen Corporate Governance Kodex und § 161 AktG (2014); *Köhler/Hitz* Die Vermögensbetreuungspflicht des Steuerberaters im Mandat und die Gefahr einer Strafbarkeit wegen Untreue gem. § 266 StGB DStA **2013** 1353; *Kraatz* Der Untreuetatbestand ist verfassungsgemäß – gerade noch!, JR **2011** 434; *ders.* Zur „Limitierten Akzessorietät" der strafbaren Untreue – Überlegungen zur Strafrechtsrelevanz gesellschaftlicher Pflichtverletzungen im Rahmen des § 266 StGB anhand von Beispielen zur „GmbH-Untreue" ZStW **2011** 447; *ders.* Zur Fortgeltung einer Vermögensbetreuungspflicht über das Erlöschen des begründenden rechtlichen Verhältnisses hinaus, JR **2014** 241; *Krause* Die Feststellung des Vermögensschadens – auf dem Weg zum Sachverständigenstrafrecht, wistra **2012** 331; *Krehl* Reichweite und Bindungswirkung der Verfassungsgerichtsentscheidungen zu Schaden und Nachteil bei Betrug und Untreue, in: Fischer u.a., Dogmatik (2015) 133; *Krell* Der Eingehungsschaden bei Betrug und Untreue, NZWiSt **2013** 370; *ders.* Zur Bedeutung von „Drittnormen" für die Untreue, NStZ **2014** 62; *ders.* Das Verbot der Verschleifung strafrechtlicher Tatbestandsmerkmale, ZStW **126** (2014) 904; *ders.* Untreue durch Stellenbesetzungen (2015); *Krüger* Neues aus Karlsruhe zu Art. 103 II GG und § 266 StGB, NStZ **2011** 369; *ders.* Mit Eifersuchtstests zur Untreue verführt, NZS **2016** 841; *ders./Brand/Müller/Raschke* Strafbare Untreue bei Spielertransfers?, causa sport **2012** 137; *Kudlich* Konkretisierungsauftrag erfüllt? – Eine Zwischenbilanz nach den Untreue-Entscheidungen des BVerfG, ZWH **2011** 1; *ders.* Fast wie im richtigen Leben: Wo fängt eigentlich Untreue an?, JA **2011** 66; *Kuhlen* Gesetzlichkeitsprinzip und Untreue, JR **2011** 246; *Ladiges* Strafrechtliche Risiken des „Directors" einer Limited nach dem Fraud Act 2006, wistra **2012** 170; *Leite* Vorsatz und Irrtum bezüglich der Pflichtwidrigkeit bei der Untreue (§ 266) GA **2015** 517; *Kubiciel* Vermögensschaden bei Personengesellschaften – Zur Normalisierung des Vermögensbegriffs, in Fischer u.a. Dogmatik (2015) 153; *Lassmann* Stiftungsuntreue (2008); *ders.* Untreue zulasten gemeinnütziger Stiftungen, NStZ **2009** 473; *Leimenstoll* Vermögensbetreuungspflicht des Vertragsarztes? (2012); *ders.* Der Vertragsarzt – Tauglicher Täter einer Untreue zulasten der gesetzlichen Krankenkassen?, wistra **2013** 121; *Leite* Vorsatz und Irrtum bezüglich der Pflichtwidrigkeit bei der Untreue (§ 266 StGB), GA **2015** 517; *Leitner* Unternehmensstrafrecht in der Revision, StraFo **2010** 321; *Lenger/Bauchowitz* Untreuestrafbarkeit der Geschäftsleitung einer gesetzlichen Krankenkasse durch Abstimmungsverhalten im Insolvenzplanverfahren, NZI **2015** 9; *Lesch/Hüttemann/Reschke* Zur Untreue im Unternehmensverbund, NStZ **2015** 609; *Lewisch* Aktuelle Fragen des Wirtschaftsstrafrechts im Spannungsfeld von Untreue und Korruption, Festschrift Raschauer 235; *Liu* Strafbarkeit der Organmitglieder einer Aktiengesellschaft wegen treuwidrigen Verhaltens in China. Unter Berücksichtigung des § 266 StGB im deutschen Recht, Berlin (2011); *Lösing* Die Kompensation des Vermögensnachweis durch nicht exakt qualifizierbare vermögenswirksame Effekte (2012); *Lohse* Kriterien zur Abgrenzung von erlaubtem und verbotenem Tun im Rahmen des Untreuetatbestandes, in: Gegenwartsfragen des europäischen und deutschen Strafrechts, 3. Karlsruher Strafrechtsdialog, 55; *Marwedel* Der Pflichtwidrigkeitsvorsatz bei § 266 StGB – Jagd nach einem weißen Schimmel, ZStW **123** (2011), 548; *Meier* Die maßgebliche Rechtsprechung zum strafrechtlichen Vorwurf der Haushaltsuntreue gem. § 266 StGB, Der Gemeindehaushalt **2012** 11; *Meister* Entwicklung bei juristischen Personen im Untreuekontext, BLJ **2012** 37; *Michalke* Untreue – neue Vermögensbetreuungspflichten durch Compliance-Regeln StV **2011** 245; *Mitsch* Die Untreue – keine Angst vor § 266 StGB!, JuS **2011** 97; *ders.* Die schadensgleiche Vermögensgefahr im Untreuerecht (2014); *Nattkemper* Die Untreuestrafbarkeit des Vorstands einer AG (2013); *Naucke* Der Begriff der politischen Wirtschaftsstraftat – eine Annäherung (2012); *Nitsch* Die schadensgleiche Vermögensgefahr im Untreuerecht (2014); *Otto* Dolus eventualis und Schaden bei der Untreue, Festschrift Puppe (2011), 1247; *Park/Rütters* Untreue und

Betrug durch Handel mit problematischen Verbriefungen, StV **2011** 434; *Peglau* Vermögensschaden „Vermögensgefährdung" und die neuere verfassungsgerichtliche Rechtsprechung, wistra **2012** 368; *Perron* Die Untreue nach der Grundsatzentscheidung des Bundesverfassungsgerichts, Festschrift Heinz (2012) 796; *ders.* Keine Unmittelbarkeit des Vermögensschadens, ausbleibender Gewinn als Nachteil – liegt der Untreue ein anderer Begriff des Vermögensschadens zugrunde als dem Betrug?, Festschrift Frisch (2013) 857; *ders.* Schwarze Kassen als Vermögensnachteil im Sinne des Untreuetatbestandes, in: Fischer u.a. Dogmatik (2015) 189; *Piel* Einführung in die Dogmatik des Risikogeschäfts, in: Fischer u.a. Dogmatik (2015) 109; *Poguntke* Anerkennungsprämien, Antrittsprämien und Untreuestrafbarkeit im Recht der Vorstandsvergütung, ZIP **2011** 893; *Putzke* Rechtsprechungsänderung zu § 261 StGB und neues zum Nachteilsbegriff bei § 266 StGB – oder: Lässt sich wertloses noch wertloser machen und ist die Erfüllung zivilrechtlicher Pflichten strafbar?, StV **2011** 176; *Radtke/Rönnau* Untreue durch den „Direktor" einer Offshore-Gesellschaft, NStZ **2011** 556; *Reiß* Das „Treueverhältnis" des § 266 StGB, Ein Tatbestandsmerkmal zwischen Akzessorietät und faktischer Betrachtung (2014); *Reschke* Untreue, Bankrott und Insolvenzverschleppung im eingetragenen Verein (2015); *Rönnau* GmbH-Untreue durch insolvenzauslösende Zahlungen, Festschrift Schünemann (2014) 675; *ders./Becker* Untreue (§ 266 Abs. 1 StGB) durch verbotswidrige Zahlungen des GmbH-Geschäftsführers nach Insolvenzreife, NZWiSt **2014** 441; *Safferling* Bestimmt oder nicht bestimmt? Der Untreuetatbestand vor den verfassungsrechtlichen Schranken, NStZ **2011** 376; *Salditt* Untreue und Bilanz: Zur Bedeutung des Faktors Glück, Festschrift Schünemann (2014) 705; *ders.* Der Schaden als dynamischer Prozess, in: Fischer u.a. Dogmatik (2015) 99; *Schell* Der Eingehungsschaden bei Betrug und Untreue, NZWist **2013** 370; *Schlösser* Verfassungsrechtliche Grenzen einer Subjektivierung des Schadensbegriffs, HRSS **2011** 254; *ders.* Die Betrugsdogmatik vor den Schranken des Verfassungsgerichts, NStZ **2011** 473; *ders.* Die Zweckverfehlungslehre des BGH nach den Grundsatzentscheidungen des BVerfG zum Vermögensschaden bei Betrug und Untreue in: Fischer u.a., Dogmatik (2015) 89; *ders.* Verfassungsrechtliche Grenzen einer Subjektivierung des Schadensbegriffs, HRSS **2011** 254; *ders./Mosiek* Anwendbarkeit ausländischen Gesellschaftsrechts im Rahmen der Untreue zum Nachteil einer EU-Auslandsgesellschaft, HRSS **2010** 424; *W. Schmid* Treuepflichtverletzungen, Haushaltsuntreue in: Müller-Gugenberger/Bieneck, Wirtschaftsstrafrecht, 5. Auflage (2011) § 31, (zit.: M-G Bearbeiter); *K. Schmidt* Untreuestrafbarkeit bei der GmbH & Co. KG: Kompliziert oder einfach?, JZ **2014** 878; *C. Schmidt* Die zweckdienliche Verwendung von Fremdgeldern durch einen Rechtsanwalt, NStZ **2013** 498; *H. Schmidt* Persönlicher Schadenseinschlag bei Betrug und Untreue, NJW **2015** 284; *Schneider* Voraussetzungen einer faktischen Geschäftsführerstellung und Untreuestrafbarkeit, HRRS **2013** 297; *Schröder* Die strafrechtliche Bewältigung der Finanzkrise am Beispiel der Untreue ZStW **2011** 771; *Schulz* Neues zum Bestimmtheitsgrundsatz – Zur Entscheidung des BVerfG vom 23. Juli 2010, Festschrift Roxin II (2011) 305; *Schünemann* Einleitende Bemerkungen zum Thema der Abschlussdiskussion „Die strafrechtliche Bewältigung der Finanzkrise am Beispiel der Untreue", in: ZStW 123 (2011), 767; *ders.* Unverzichtbare Gesetzgebungsmaßnahmen zur Bekämpfung der Haushaltsuntreue und der Verschwendung öffentlicher Mittel (2012); *ders.* Die Target 2-Salden der Deutschen Bundesbank in der Perspektive des Untreuetatbestandes, ZIS **2012** 84; *ders.* Wider verbreitete Irrlehren zum Untreuetatbestand, FS Imme Roxin, 2012, 341, auch in ZIS **2012** 183; *ders.* Der Straftatbestand der Untreue als zentrales Wirtschaftsdelikt der entwickelten Industriegesellschaft, Festschrift Frisch (2013) 837; *ders.* Identität des Schadensbegriffs bei Betrug und Untreue, in: Fischer u.a. Dogmatik 2015, S. 61; *Seier* Untreue in: Achenbach/Ransiek/Rönnau (Hrsg.) Handbuch Wirtschaftsstrafrecht 4. Auflage (2015) 722 (zit. Seier); *Soyka* Die „Goldfüller-Gier": Untreue zulasten der Bundesrepublik Deutschland durch Abgeordnete des Deutschen Bundestages?, JA **2011** 566; *Späth* Rechtfertigungsgründe im Wirtschaftsstrafrecht (2015); *Steinert* Die Haushaltsuntreue nach der Schäch-Entscheidung des BVerfG, HRRS **2014** 58; *Talaska*, Übernahme einer Geldsanktion gegen ein Vorstandsmitglied durch die Aktiengesellschaft aus strafrechtlicher Perspektive, AG **2015** 118; *Taschke* Untreue bei der Verschreibung von Hilfsmitteln, MPR **2012** 189; *Theile* Konvergenzen und Divergenzen zwischen Gesellschaftsrecht und Strafrecht, ZIS **2012** 616; *Thoma* Unternehmensverträge i.S.d. §§ 291 ff. AktG mit nichtbeteiligten Dritten – praktikables Instrument zur Konzernleitung oder strafbare Untreue?, Festschrift Hoffmann-Becking 1237; *Thomas* Strafbare Teilnahme an einer Untreue nach § 266 StGB bei gegenläufigen Interessen?, Festschrift Rissing-van Saan (2011) 669; *Tsagkaraki* Die Bildung der sog. „Schwarzen Kassen" als strafbare Untreue gem. § 266 StGB (2013); *Velten* Wert als flüchtige und mehrdeutige Kategorie – Anmerkungen zum Vermögensschaden bei der Untreue, Festschrift Schünemann (2014), 715; *Von Linnen* Der „Mannesmann-Prozess" in der Revision: Ein wertloser Kraftakt?, Festschrift Tolksdorf, 293; *Walischewski* Untreue und Restriktionsgebot Festschrift Feigen (2014) 293; *Waßmer* Grundprobleme der Kompensation beim Vermögensschaden, in: Fischer u.a. Dogmatik (2015) 175; *Wastl* Trennbankengesetz, Strafrecht, verschärfte Sanktionen oder einfach nur ein gesetzgeberisches Paradoxon?, WM **2013** 1401; *Weiß* Strafbarkeit der Geschäftsführer wegen Untreue bei Zahlungen „entgegen" § 64 GmbHG?, GmbHR **2011** 350; *Werner* Der Gefährdungsschaden als Nachteil im Sinne des Untreuetatbestandes (2011); *ders.* Die Untreuestrafbarkeit der Stiftungsorgane ZWH **2013** 348; *Wessing* Untreue durch Begleichung nichtiger Forderungen – Die Telekom-Spitzelaffäre und ihre strafrechtlichen Auswirkungen, NZG **2013** 494; *ders.* Bestechlichkeit und Untreue bei Kommanditgesellschaften NZG **2014** 97; *Wessing/Krawczyk* Grenzen des tatbestandsausschließenden Einverständnisses bei der Untreue, NZG **2011** 1297; *ders.* Feststellung einer die Untreuestrafbarkeit begründenden Gefährdung der Existenz einer GmbH, NZG **2014** 175; *Wirtschaftsstrafrechtliche Vereinigung e. V.* Thesen zur Bankenkrise und zur Untreue (§ 266 StGB), CCZ **2012** 144; *Wittig* Konsequenzen der Ausgleichsfähigkeit und Ausgleichsbereitschaft des Täters für die Untreuestrafbarkeit, Festschrift Imme Roxin (2012) 375; *Wittmann* Selbstbedienung als Vergütungs-Untreue, NZWiSt **2014** 129; *ders.* Risikogeschäft – Untreue – Bankenkrise, NStZ **2011** 361; *Wohlers* Die strafrechtliche Bewältigung der Finanzkrise am Beispiel der Untreue ZStW **2011** 791.

VI. Weiteres Schrifttum siehe Fn. 248 (unsittliche und gesetzeswidrige Rechtsverhältnisse), 481 (Risikogeschäfte), 615 (Untreue und Kredit- und Scheckkartenmissbrauch), 928 (Konkurrenzverhältnis zwischen Untreue und Bankrott), 952 (Depotunterschlagung), 1065 (Anerkennungsprämien), 1074 (englische Limited) sowie vor Rdn. 293 (Amtsuntreue), 303 (Bankuntreue), 305 (Gesellschaftsuntreue).

§ 266
Untreue

(1) Wer die ihm durch Gesetz, behördlichen Auftrag oder Rechtsgeschäft eingeräumte Befugnis, über fremdes Vermögen zu verfügen oder einen anderen zu verpflichten, mißbraucht oder die ihm kraft Gesetzes, behördlichen Auftrags, Rechtsgeschäfts oder eines Treueverhältnisses obliegende Pflicht, fremde Vermögensinteressen wahrzunehmen, verletzt und dadurch dem, dessen Vermögensinteressen er zu betreuen hat, Nachteil zufügt, wird mit Freiheitsstrafe bis zu fünf Jahren oder mit Geldstrafe bestraft.

(2) § 243 Abs. 2 und die §§ 247, 248a und 263 Abs. 3 gelten entsprechend.

§ 1
Entstehungsgeschichte

Zusammenfassung

Die früheste allgemeine Regelung der Untreue als Vermögensschädigungsdelikt findet sich in Art. 170 PGO. Danach gibt es über fast 340 Jahre nur kasuistische Regelungen, bis in dem dem RStGB vorausgehenden StGB für den Norddeutschen Bund durch eine Kombination der Täter-Enumeration im PrStGB mit der Bevollmächtigtenuntreue des sächs. StGB ein der Idee nach umfassender Tatbestand mit zahllosen Varianten geschaffen wurde. Ob das darin geregelte Unrecht in dem Missbrauch einer zivilrechtlichen Rechtsmacht nach außen oder in der Verletzung der nach innen bestehenden Treupflicht bestehe, war äußerst umstritten und wurde 1933 im Zuge der autoritären Gesetzgebung der frühen NS-Zeit durch deren Kumulation entschieden. Das damals geschaffene Zwillingsdelikt aus Missbrauchs- und Treubruchtatbestand ist bis heute bezüglich der Strafe mehrfach, im Unrechtskern aber überhaupt nicht verändert worden.

1. Ein allgemeiner Untreuetatbestand, der in vielen Strafrechtsordnungen bis heute fehlt, findet sich überraschender Weise bereits in der **Peinlichen Gerichtsordnung** Kaiser Karls V. von 1532.[1] Er konnte sich jedoch gegenüber dem eindringenden römischen Rechtsdenken nicht behaupten und ging (wieder) im furtum (rei depositae) des **Gemeinrechts** auf.[2] 1

2. Es ist das Verdienst des **StGB des Norddeutschen Bundes** v. 31.5.1870 (NBBGBl. 197), durch die Kombination der Enumeration in § 246 PrStGB v. 14.4.1851 (PrGS 107)[3] mit 2

---

1 Art. 170: „Item welcher mit eyns andern güttern, die jm inn guttem glauben zu behalten vnd verwaren gegeben sein, williger vnnd geuerlicher weiß, dem glaubiger zu schaden handelt, solch missethatt ist eynem diebstall gleich zu straffen". Zu dessen umstr. Interpretation s. *Rentrop* S. 14 n.w.N.

2 *H. Mayer* Untreue S. 14, 16, 22 f; Mat. I 333 f; *Draheim* § 3; *Dunkel* S. 88 ff; *Sannwald* S. 16; *Wrede* S. 33 ff, 36 ff, 41 f, 58.

3 Die in der Praxis durch die (dogmatisch unhaltbare) Rechtsprechung des preußischen Obertribunals ergänzt wurde, unter die gem. § 255 PrStGB strafbare Unterschlagung von Sachen auch diejenige von Forderungen zu subsumieren (Darstellung und Kritik bei *Goltdammer* GA **1862** 3).

der allgemeinen Regelung in Art. 287 Abs. 2 des sächsStGB[4] einen allgemeinen Schutz von unkörperlichen Vermögensgegenständen zu schaffen (vgl. u. Rdn. 27).

3 **3.** Das **RStGB** v. 15.5.1871 (RGBl. 127) hat den § 266 NBStGB unverändert übernommen. Demzufolge lautete die Vorschrift im Abs. 1: „*Wegen Untreue werden mit Gefängnis, neben welchem auf Verlust der bürgerlichen Ehrenrechte erkannt werden kann, bestraft:*

1. Vormünder, Kuratoren, Güterpfleger, Sequester, Massenverwalter, Vollstrecker letztwilliger Verfügungen und Verwalter von Stiftungen, wenn sie absichtlich zum Nachteile der ihrer Aufsicht anvertrauten Personen oder Sachen handeln;
2. Bevollmächtigte, welche über Forderungen oder andere Vermögensstücke des Auftraggebers absichtlich zum Nachteile desselben verfügen;
3. Feldmesser, Versteigerer, Mäkler, Güterbestätiger, Schaffner, Wäger, Messer, Bracker, Schauer, Stauer und andere zur Betreibung ihres Gewerbes von der Obrigkeit verpflichtete Personen, wenn sie bei den ihnen übertragenen Geschäften absichtlich diejenigen benachteiligen, deren Geschäfte sie besorgen“.

Der Absatz 2 ließ neben der Freiheitsstrafe Geldstrafe zu für den Fall, dass die Tat begangen war, „*um sich oder einem anderen einen Vermögensvorteil zu verschaffen*“.

4 **4.** Diese Regelung bestand bis zum Inkrafttreten (am 1.6.1933) des **Ges. zur Abänderung strafrechtlicher Vorschriften v. 26.5.1933** (RGBl. I 295), das sich durch eine vollständig neue Fassung von der Kasuistik des ursprünglichen Gesetzes zu lösen, durch eine zusammenfassende Umschreibung des Untreuerechts den Tatbestand zu vereinfachen und die auf dem Boden der ursprünglichen Regelung entstandene Kontroverse zwischen Missbrauchs- und Treubruchtheorie (dazu u. Rdn. 19 f) durch deren Kumulation zu überwinden, dadurch aber die Strafbarkeitslücken der bisherigen kasuistischen Fassung zu schließen suchte (Rdn. 20) und die Strafdrohung vor allem durch die Zuchthausstrafe bis zu 10 Jahren für „besonders schwere Fälle“ verschärfte.

5 **5.** Im Kern gilt der damals auf Grund des Ermächtigungsgesetzes geschaffene „Zwillingstatbestand“ aus Missbrauchs- und Treubruchtatbestand, der zwar von Fachleuten im Reichsjustizministerium formuliert wurde, in der Tendenz aber durchaus dem nationalsozialistischen Zeitgeist entsprach, noch heute. Jedoch sind folgende Änderungen eingetreten:

6 **a)** Das **3. StRÄndG** v. 4.8.1953 (BGBl. I 735, Art. 11) strich mit Wirkung v. 1.10.1953 die im Abs. 2 S. 2 aufgeführten Beispiele besonders schwerer Fälle (der Schädigung des Volkswohls, eines besonders großen Schadens, besonders arglistigen Handelns) teils als einer allgemeinen Regelung der Frage vorgreiflich und daher inopportun, teils als nicht schuldbezogen und daher rechtsstaatswidrig. Zugleich bestätigte es von Gesetzes wegen die Rspr. des RG und des BGH, nach der die gegen Angehörige, Vormünder und Erzieher verübte Tat nur auf Antrag zu verfolgen sei (Art. 1 Nr. 26, Art. 2 Nr. 41; Begr. zum E S. 18, 24; siehe auch die Neufassung des StGB v. 25.8.1953, BGBl. I 1083).

---

4 S. dazu Art. 287 Abs. 2 Kgl. Sächs. StGB v. 11.8.1855 in der revidierten Fassung v. 1.10.1868, GVBl. 1855 180; 1868 909; Motive zu § 261 Entw. NBStGB, NBRTVerh. Sten. Ber. Anl. Bd. 3 Aktenstück Nr. 5 S. 76, 78 und Anl. 1 dazu S. CXXVI ff; *Dunkel* S. 80; *H. Mayer* Untreue S. 69 ff; *Sannwald* S. 27; *Wrede* S. 86 f.; *Rentrop* S. 39 ff.

b) Das **1. StrRG** v. 25.6.1969 (BGBl. I 645), das die Freiheitsstrafdrohungen vereinheitlichte (Art. 4), änderte als Folge dieser Maßnahme die Androhung der Gefängnisstrafe im Absatz 1 und der Zuchthausstrafe (für besonders schwere Fälle) im Absatz 2; zugleich fasste es diesen Absatz sprachlich neu (Art. 1 Nr. 78). Kraft seines Art. 8 entfiel die bis dahin im Absatz 1 S. 2 zugelassene Aberkennung der bürgerlichen Ehrenrechte. Der hiernach ab 1.4.1970 gültige Wortlaut ist in der Neufassung des StGB v. 1.9.1969 bekannt gemacht (BGBl. I 1445). 7

c) Mit Wirkung vom 1.1.1975 gab das **EGStGB 1974** dem § 266 die Überschrift, strich deshalb im Absatz 1 die Worte „wegen Untreue", im Hinblick auf § 15 auch das Wort „vorsätzlich" und gab dem Absatz 3 die geltende Fassung (Art. 326, Art. 19 Nr. 138). Die durch das ÄndG v. 26.5.1933 für die Untreue schlechthin und zwingend eingeführte Androhung kumulativer Geldstrafe wandelte es für den einfachen Tatbestand in eine wahlweise Androhung und beseitigte sie ganz für die besonders schweren Fälle (näher Rdn. 275). In dieser Fassung ist das StGB am 2.1.1975 neu bekannt gemacht (BGBl. I 1). 8

d) Durch das **2. WiKG** v. 15.5.1986 (BGBl. I 721) wurden in Art. 1 Nr. 11 die Spezialtatbestände des Vorenthaltens und Veruntreuens von Arbeitsentgelt sowie des Missbrauchs von Scheck- und Kreditkarten (§§ 266a und b StGB) geschaffen, um die zuvor im Nebenstrafrecht verstreute Regelung der sog. Sozialversicherungsuntreue (dazu *Hübner* LK[10] Rdn. 115) zu vereinheitlichen und um die infolge der Rechtsprechung des Bundesgerichtshofes bei der Benutzung von Scheck- und Kreditkarten aufgetretene Rechtsunsicherheit (Rdn. 178) zu beseitigen (*Hübner* LK[10] Rdn. 120 f). 9

e) Durch das **6. StrRG** v. 30.1.1998 (BGBl. I 164) wurden in Art. 1 Nr. 62 die bisherigen Abs. 2 und 3 zusammengefasst und zugleich für die besonders schweren Fälle die Verweisung auf § 263 Abs. 3 ausgesprochen. Zur Begründung ist im Entwurf der Bundesregierung auf die „maßstabbildende Bedeutung" der Regelbeispiele für die tatrichterliche Strafzumessung hingewiesen worden (BT-Drs. 13/8587 S. 42). Die in § 266 Abs. 2 ausgesprochene Verweisung auf die teilweise nur für den Betrugstatbestand, aber nicht für die Untreue passenden Regelbeispiele des § 263 Abs. 3 (Rdn. 278 ff) ist nirgendwo begründet worden. 10

Im Entwurf der Bundesregierung war noch vorgeschlagen worden, „den Versuch unter Strafe zu stellen, um die Vorschrift insoweit dem Betrug gleichzustellen. Die damit verbundene Vorverlagerung des Strafschutzes erscheint vor allem im Hinblick auf Fälle geboten, in denen hohe Schäden – u.U. in Millionenhöhe – drohen." (BT-Drs. 13/8587 S. 43). Diesem Vorschlag wurde jedoch bereits in den Beratungen des Rechtsausschusses nicht gefolgt (BT-Drs. 13/9064 S. 20, ohne Begründung). 11

6. Zu den Gesetzesmaterialien s. die Zusammenstellung bei LK[12]/*Schünemann*, Band 9/ Teil 1, S. 666 f. 12

§ 2
Wesen der Untreue

Zusammenfassung

*I. Dem Untreuetatbestand kommt die Aufgabe zu, die **schutzlose**, d.h. vom Rechtsgutsträger nicht ausreichend absicherbare **Rechtsgutsflanke** gegenüber den gerade zum Schutz des Vermögens bestellten Personen mit den Mitteln des Strafrechts* *zu bewehren. Der den beiden Alternativen des Missbrauchs- und des Treubruchtatbestandes* ***gemeinsame Unrechtskern*** *kennzeichnet deshalb die Untreue als das* ***(Garanten-)Sonderdelikt*** *der vorsätzlichen* ***Schädigung fremden Vermögens von innen heraus****, nämlich durch rechtswidrigen Gebrauch einer fremdnützig anvertrauten rechtsgeschäftlichen Machtstellung oder sonstigen Obhutsherrschaft. Ein solcher Tatbestand ist nicht nur kriminalpolitisch unverzichtbar, sondern stellt auch in Form der* ***Organtreue*** *den wichtigsten Straftatbestand zum Schutz des Vermögens in der modernen Volkswirtschaft mit ihrem* ***Auseinanderfallen von Eigentumszuständigkeit und Management*** *dar, so dass die landläufige, häufig cum ira et studio betriebene Gesetzesschelte verfehlt ist. Freilich muss der in der Praxis zu beobachtenden Erosion des Tatbestandsmerkmals des Vermögensnachteils, das neben der Täterqualifikation die Hauptlast der Abgrenzung des Strafbarkeitsbereiches zu tragen hat, Einhalt geboten werden.*

II. Zwar ist seit 1995 eine deutliche Zunahme der Strafverfahren wegen Untreue zu beobachten, doch ist deren bloße Zahl im Verhältnis zum Betrug oder gar Diebstahl immer noch gering. Die wirkliche kriminalpolitische Bedeutung liegt in dem oft sehr großen Schadensausmaß und in dem vermutlich sehr großen Dunkelfeld.

III. Um den Unrechtskern der Untreue stritten bis 1933 die Missbrauchstheorie, die auf den Missbrauch der im Außenverhältnis wirksamen zivilrechtlichen Rechtsmacht abstellte, und die Treubruchtheorie, die auf die Verletzung einer im Innenverhältnis bestehenden Vermögensfürsorgepflicht abstellte. Der Gesetzgeber von 1933 wollte durch das Nebeneinander von Missbrauchs- und Treubruchtatbestand den nach beiden Theorien anzunehmenden Strafbarkeitsumfang kombinieren, was in der bis 1972 einhellig anerkannten „älteren dualistischen Theorie" zum Ausdruck kam. Im Anschluss an das Scheckkartenurteil BGHSt 24, 386 setzte sich trotz dessen dogmatisch unzulänglicher und zunächst scharf kritisierter Begründung erneut eine monistische Theorie durch, die auch für den Missbrauchstatbestand die Verletzung einer fremdnützigen Vermögensfürsorgepflicht verlangt. Nachdem die Rechtsprechung die daraus folgende Eliminierung eigennütziger Treuhandverhältnisse aus dem Straftatbestand über ein Menschenalter praktiziert hat, würde eine Rückkehr zur alten, an sich gesetzesgemäßen Interpretation das in Art. 103 II GG geschützte Vertrauen der Bürger auf eine ständige Rechtsprechung verletzen, so dass die von der monistischen Theorie aufgerissenen Strafbarkeitslücken nur noch vom Gesetzgeber geschlossen werden können. Daraus folgt aber keinesfalls eine abermalige (doppelte) Einschränkung des Missbrauchstatbestandes durch Übertragung der im Treubruchtatbestand zusätzlich entwickelten restriktiven Täterschaftskriterien, durch die weitere illegitime Strafbarkeitslücken aufgerissen würden. Die dies propagierende „strenge monistische Theorie" ist kriminalpolitisch verfehlt, dogmatisch unbegründet und beruft sich fälschlicherweise auf die sie in Wahrheit nicht stützende Rechtsprechung. Dem geltenden Recht entspricht statt dessen die für den Missbrauchstatbestand (immerhin, aber auch nur) eine fremdnützige Treuhandstellung fordernde „eingeschränkte monistische Theorie".

IV. Das systematische Verhältnis der beiden Tatbestände ist deshalb auch nicht dasjenige von lex specialis und generalis, sondern von unterschiedlichen Ausprägungen des dem Zwillingsdelikt der Untreue zu Grunde liegenden Unrechtstyps der Schädigung zur Fürsorge anvertrauten Vermögens von innen heraus.

V. Die 4 zentralen Merkmale dieses Unrechtstyps sind die Herrschaft über fremdes Vermögen, deren Fremdnützigkeit, die rücksichtslose, d.h. dem Vermögensinhaber gegenüber nicht gestattete Ausübung dieser Rechtsmacht und der dadurch zugefügte Vermögensnachteil. Die Treupflicht im Treubruchtatbestand ist die Folge der

Herrschaft unter Abwesenheit von Kontrolle, wodurch die Untreue abgegrenzt wird von der unselbstständigen Position des Arbeitnehmers, von der Position des Vertragspartners bei einem Austauschgeschäft und vom bloßen Hantieren mit fremden Sachen.

VI. Das Rechtsgut der Untreue besteht ausschließlich im Vermögen.

I. Inhaltsbestimmung und kriminalpolitische Bedeutung

Die Interpretation des Untreuetatbestandes sieht sich mehreren Herausforderungen 13
gegenüber: Zum ersten stellt sich die Aufgabe, ein Gesetz aus der Frühzeit des nationalsozialistischen Staates, das freilich im Kern auf Überlegungen aus der Weimarer Zeit aufbaute, im Geiste der heutigen freiheitlich-demokratischen Grundordnung auszulegen. Ferner muss § 266 als Baustein eines – bis heute nur in Umrissen erkennbaren – Vermögensstrafrechts verstanden und ausgestaltet werden, das die Balance zwischen Handlungsfreiheit, Rechtsgüterschutz durch Strafrecht und ultima-ratio-Prinzip herzustellen hat. Hierbei kommt dem Untreuetatbestand die Aufgabe zu, die unter **viktimodogmatischen Aspekten schutzlose**, d.h. vom Rechtsgutsträger nicht ausreichend absicherbare **Rechtsgutsflanke** gegenüber den gerade zum Schutz des Vermögens bestellten Personen mit den Mitteln des Strafrechts zu bewehren – im Unterschied zu den sozial unerträglichen Angriffsformen „von außen", namentlich den durch die §§ 253 und 263 perhorreszierten Angriffsformen der Gewalt, der Drohung und der Täuschung. Weil sich der Vermögensträger gegenüber seinem eigenen Verwalter zivilrechtlich nicht wirksam schützen kann, wirkt das Strafrecht hier sogar als sola ratio zum Rechtsgüterschutz, wodurch § 266 dem (verfassungsrechtlich verankerten)[5] ultima-ratio-Prinzip insoweit eo ipso genügt. Die Abgrenzung des Strafbarkeitsbereichs zur Handlungsfreiheit des Vermögensverwalters[6] obliegt deshalb vor allem dem Tatbestandsmerkmal des „Vermögensnachteils", das zugleich für die Vereinbarkeit mit dem verfassungsrechtlichen Bestimmtheitsgrundsatz den entscheidenden Prüfstein bildet (näher u. Rdn. 108, 211ff sowie zur neuerdings vordringenden, aber irrigen Auffassung, dass diese Schlüsselstellung dem Merkmal der Pflichtverletzung zukomme, u. Rdn. 109ff).

Weil § 266 zwei Tatbestandsalternativen vorsieht (den sogenannten **Missbrauchs**- und den sogenannten **Treubruch**tatbestand), ist es zwar umstritten gewesen, ob man überhaupt von einem einheitlichen Unrechtsgehalt der Untreue sprechen kann. Auch im Übrigen galt die Untreue lange als das dunkelste und verworrenste Kapitel des Besonderen Teils. Jedoch lässt sich ein beiden Alternativen **gemeinsamer Unrechtskern** herausschälen: Untreue ist das **(Garanten-)Sonderdelikt** der vorsätzlichen **Schädigung fremden Vermögens von innen heraus**, nämlich durch rechtswidrigen Gebrauch einer fremdnützig anvertrauten rechtsgeschäftlichen Machtstellung oder sonstigen Obhutsherrschaft.

Das Delikt der Untreue ist deshalb für die moderne Volkswirtschaft der entwickelten 14
Industriegesellschaft mit ihrem **Auseinanderfallen von Eigentumszuständigkeit und**

---

5 BVerfGE **39** 1, 47; **88** 203, 258; **90** 145, 213 (abw. Meinung Sommer); **92** 277, 326; **96** 10, 25; **120** 224, 239f, 256, 264 (abw. Meinung Hassemer); *Landau* ZStW **121** (2009) 965, 971f; *ders.* Festschrift Schlick (2015) S. 523, 530ff; *ders.* NStZ **2015** 665, 668.

6 Zu dieser dialektischen Struktur einer sowohl den Zweck des Rechtsgüterschutzes als auch das Interesse an Handlungsfreiheit (also das telos der Strafbarkeitseinschränkung) berücksichtigenden umfassenden teleologischen Auslegung im Gegensatz zu einer nur den Rechtsgüterschutzaspekt thematisierenden und deshalb verkrüppelten teleologischen Interpretation siehe *Schünemann* FS Bockelmann S. 117, 128ff; *ders.* FS Schmitt S. 117, 127ff.

Management[7] in Großunternehmen zum kennzeichnenden Delikt der Wirtschaftskriminalität geworden (*Schünemann* Organuntreue S. 7; *Seier* Rdn. 1 [„Grundtyp"]; *Rönnau/Hohn* NStZ **2004** 113) mit einem zu vermutenden enormen Dunkelfeld als Bestandteil der Korruption in Verwaltung und Wirtschaft[8] – womit sich der Kreis zum Reformziel im Jahre 1933 schließt, „die Korruption mit dem gebotenen Nachdruck bekämpfen zu können".[9] Dementsprechend findet sich die exemplarische Ausprägung des Untreuedelikts heutzutage in der **Organuntreue** (im weiteren, die Leitungsebene jeglicher Vermögensverwaltung einschließenden Sinn): Weil eine engmaschige Kontrolle des Handelns trotz der heute unter dem Schlagwort Corporate Compliance intensivierten Installierung vielfältiger interner Überwachungssysteme[10] infolge des gigantischen Wachstums der Wirtschaftsgüter, der Binnen- und Außenkommunikationen und demzufolge der Gesamtkomplexität der Wirtschaftsvorgänge unmöglich ist und weil die etwa die preußische (und darauf beruhend bis 1933 und noch einige Jahrzehnte nach 1945 auch die deutsche) Verwaltung kennzeichnende Pflichtethik[11] in der postmodernen Gesellschaft mehr und mehr durch einen vorwiegend an der homogenen Ertragskategorie des Geldes orientierten Handlungsutilitarismus ersetzt worden ist, wird das Amt des Organs (ähnlich wie das Amt des politischen Machthabers) von seinen Inhabern vielfach als das empfunden, was es in der vormodernen Gesellschaft immer gewesen ist: als eine Pfründe, die um so intensiver auszubeuten ist, je kürzer man die gesicherte Zeit ihres Besitzes veranschlagt.[12] Freilich schlägt sich diese Schlüsselbedeutung des Untreuetatbestandes und speziell der Organuntreue für die entwickelte Industriegesellschaft wegen des im Ausmaß naturgemäß nicht genau bekannten, aber mutmaßlich hohen Dunkelfeldes nur begrenzt in der Kriminalstatistik nieder, die weitaus geringere Zahlen als für den Betrugstatbestand ausweist (näher u. Rdn. 17). Eine Erklärung hierfür liegt in dem viel höheren Entdeckungsrisiko beim Betrug, weil dessen Opfer den Schaden an dem von ihm selbst verwalteten Vermögen und von hier aus einen starken Impuls zur Ursachenforschung verspürt, während die Organuntreue dem Geschäftsherrn ähnlich wie bei der Korruption verborgen bleibt oder vom Opfer typischerweise nicht angezeigt wird (z.B. in Fällen der Kredituntreue innerhalb einer Bank).[13] Aussagekräftiger ist aber ohnehin die quantitative Dimension bei

---

7 Modellhaft ausgeprägt in der Aktiengesellschaft mit ihrer Trennung von Anteilseignerstellung und Vermögensverwaltung (dazu *Lutter* ZIP **2003** 737; *Adams* AG **1990** 63, 76 zum „Managerkartell" über das Depotstimmrecht der Großbanken).

8 Auch wenn Deutschland im „Corruption Perceptions Index 2016" von Transparency International immerhin noch auf Platz 10/11 der am wenigsten korrupten Länder liegt.

9 *E. Schäfer* DJZ **1933** 795. Freilich stellte sich für die damalige autoritäre Gesetzgebung nicht die heute prekäre Frage der Vereinbarkeit mit dem Bestimmtheitsgrundsatz, dazu u. Rdn. 38 ff.

10 Notabene gab es im deutschen Privat- und öffentlichen Recht immer schon eine Fülle von Überwachungssystemen wie den Aufsichtsrat bei Aktiengesellschaften, die Pflichtprüfung der Bilanzen, interne Revisionsabteilungen oder den Umweltschutzbeauftragten; zu deren Ausbau im Zuge der aus den USA übernommenen Idee der Corporate Compliance s. *Görling/Inderst/Bannenberg* (Hrsg.) Compliance (2010); *Hauschka* (Hrsg.) Corporate Compliance (2. Aufl. 2010); *Rotsch* Criminal Compliance (2015).

11 Vgl. exemplarisch *Neugebauer* u. *Hartung* Zur neueren Deutung der preußischen Verwaltung pp. bzw. Zur Geschichte der preußischen Verwaltung im XIX. und XX. Jahrhundert, in Büsch/Neugebauer (Hrsg.) Moderne preußische Geschichte (1981) S. 541 ff, 680 ff; *Meineke* Vom Nimbus der Unbestechlichkeit, in: Jansen/Priddat (Hrsg.), Korruption (2005) S. 141 ff; *Bahners/Roellecke* (Hrsg.) Preußische Stile (2001).

12 *Schünemann* Organuntreue S. 7 ff m.w.N. und unter Hinweis auf den exemplarischen modus operandi des „*kick back*" (dazu i.e.u. Rdn. 215), dessen fundamentale kriminogene Bedeutung als (im Verborgenen bleibendes) Tatmotiv mittlerweile ein Gegenstück gefunden hat in Gestalt der (typischerweise im Bankenbereich) von den Managern mit dem Geschäftsherrn vereinbarten *Boni* schon für die Bewirkung kurzfristiger Buchgewinne durch verlustbringende, aber die Verluste erst später ausweisende Geschäfte (*Schünemann* Finanzkrise S. 96 f) mit dem eklatantesten Beispiel der Deutschen Bank.

13 Vgl. *Eisenberg* Kriminologie, 6. Aufl. 2005, § 26 Rdn. 48; *Schünemann* Organuntreue S. 9.

den förmlich registrierten Untreuetaten, deren enormes Schadensausmaß durch die einschlägigen höchstrichterlichen Entscheidungen der jüngsten Zeit manifestiert wird und in Gestalt des jedenfalls den objektiven Untreuetatbestand erfüllenden „intensiven Schneeballsystems" der sog. Finanzkrise einen dreistelligen Milliardenbetrag ausmacht.[14]

Dieser herausragenden kriminalpolitischen Bedeutung des Untreuetatbestandes als Zentraldelikt des modernen Wirtschaftsstrafrechts zum Trotz, wird von einer zahlenmäßig starken Gruppe von (vielfach als Verteidiger in einschlägigen Verfahren hervorgetretenen) Autoren eine dezidierte Schelte dieser Strafvorschrift und ihrer Anwendungspraxis kultiviert, indem § 266 beispielsweise in den Augen *P.-A. Albrechts* eine „Ruine des Rechtsstaats"[15] bildet bzw. laut *Perron* ein „breites Bett ... und eine Gans, die für Wissenschaft und Strafverteidiger goldene Eier beschert",[16] laut *Beulke, Eisenberg* und *Dierlamm* wegen seiner „Anwendungshypertrophie"[17] und „völligen Konturenlosigkeit"[18] „immer passt",[19] für *Hamm* „wegen seiner Konturen- und Uferlosigkeit gefährlich nahe an die Unbestimmtheit einer Generalklausel heranreicht" (NJW **2005** 1993) bzw. laut *Lüderssen* sogar ein „Beispiel für die Ausreizung generalklauselartiger Straftatbestände" bildet.[20] Auch für *Seier* handelt es sich um eine „Norm von kaum zu überbietender Vagheit und Konturenlosigkeit" mit einer „vielfach nicht nachvollziehbaren, ja fast willkürlich anmutenden Anwendungspraxis" (Bochumer Beiträge S. 145), und *Lesch* und *Matt* haben eine Tendenz diagnostiziert, jeden als „unangemessen" empfundenen Umgang mit Geld und Vermögen durch einen Übergriff der Moral auf den Bereich des Strafrechts in den Bereich des Untreuetatbestandes zu rücken (*Lesch* ZRP **2002** 159, 161; *Matt* NJW **2005** 385, 389 f). Aber was die zunehmende Häufigkeit von Strafverfahren wegen Untreue anbetrifft, so beruht die zitierte Schelte auf einer Verwechselung von Ursache und Wirkung. Denn die nicht zu leugnende Unsicherheit der Rechtsprechung bei der Bestimmung von Grund und Grenzen der Organuntreue läuft jedenfalls in der Revisionsinstanz (trotz einiger sowohl dogmatisch als auch kriminalpolitisch krass verfehlter Überdehnungen, etwa bei den *schwarzen Kassen*, näher u. Rdn. 228 f) insgesamt eher auf eine (mit der Schadenshöhe und Hierarchieebene zunehmend) restriktive Subsumtion hinaus, weshalb es schief ist, wenn man von einer „Mode" bei der Heranziehung des Untreuetatbestandes spricht, die eher durch eine „Mode" ungetreuen Verhaltens seitens der fremdes Vermögen verwaltenden Akteure der zeitgenössischen Volkswirtschaft herausgefordert und von der Praxis der Strafrechtspflege mangels ausreichender Kapazität zur parallelen akribischen Führung allzu zahlreicher Großverfahren nicht einmal in der vom Legalitätsprinzip (§ 152 Abs. 2 StPO) eigentlich erzwungenen Intensität wahrgenommen wird.[21] Vollends depla- 15

14 Eingehend *Schünemann* Finanzkrise S. 71 ff sowie u. Rdn. 140.
15 FS Hamm (2008) S. 1, 7.
16 GA **2009** 219, 220.
17 *Beulke* FS Eisenberg S. 245, 266; *Bernsmann*, GA **2009** 296.
18 *Dierlamm* MK¹ Rdn. 6.
19 So ironisch *Ransiek* ZStW **116** (2004), 634; ähnlich *Bernsmann* GA **2007** 219: „Alles Untreue?".
20 In *Kempf/Lüderssen/Volk* Handlungsfreiheit S. 22.
21 Paradigmatisch die zögerliche Verfolgung der (ohne staatliche Sanierung unvermeidbaren) Selbstzerstörung zahlreicher großer deutscher Banken durch den grob pflichtwidrigen Erwerb von (durch weitgehend wertlose amerikanische subprime mortgages nahezu ungesicherten) Wertpapieren in zweistelliger Milliardenhöhe (notabene pro Bank, näher *Kasiske* u. *Schünemann* Finanzkrise S. 14 ff, 74 ff; *Schröder* NJW **2010** 1169 und u. Rdn. 140), die selbst im krassesten Fall der IKB nur zu einer Anklage und (milden) Verurteilung des IKB-Vorstandsvorsitzenden *Ortseifen* wegen Kursmanipulation geführt hat (LG Düsseldorf v. 14.7.2010, Az. 14 KLs 6/09), während der zentrale Untreuevorwurf von der StA Düsseldorf ohne Durchführung von umfassenden Ermittlungen am 30.6.2009 unter Verneinung des Vorsatzes eingestellt wurde; instruktive Beispiele bieten auch die Großzügigkeit der „Kinowelt-Entscheidung" (u. Rdn. 114, 321) und der Verfahrensablauf im Fall „Bremer Vulkan" (u. Fn. 676).

ziert ist die zitierte Kritik gegenüber dem heutigen Hauptanwendungsfeld des § 266 StGB. Denn die früheren „Fronten" in der Auseinandersetzung um den Untreuetatbestand, die sich etwa daran entzündete, dass § 266 StGB seinem Wortlaut nach auch die Handlungen von Botenjungen oder Kellnern zu kriminalisieren und damit buchstäblich mit Kanonen auf Spatzen zu schießen schien,[22] spielen heute kaum noch eine Rolle, weshalb es neben der Sache liegt, wenn man sich in der neueren Kritik für die gemeinhin geltend gemachte Unbestimmtheit des Untreuetatbestandes auf ältere Stellungnahmen beruft.[23] In der Judikatur des letzten Jahrzehnts geht es vielmehr fast ausschließlich um Fälle der *Organuntreue* i.w.S., also um das Handeln von Organen im zivilrechtlich strikten Sinne und von leitenden Angestellten, bei denen noch niemals zweifelhaft war, dass sie sich im Zentrum der für die Täterqualifikation des § 266 StGB ausschlaggebenden „Geschäftsbesorgung kraft Herrschaftsposition über fremdes Vermögen" befinden.[24]

16 Immerhin besitzt die landläufige Gesetzes- und Gesetzesanwendungsschelte insoweit einen berechtigten Kern, als der Untreuetatbestand der etwa beim Betrug möglichen Einschränkung kraft des ultima-ratio-Prinzips in dessen spezieller Ausprägung der viktimodogmatischen Maxime[25] oder kraft des (eine rechtswidrige Vorteilsabsicht fordernden) subjektiven Tatbestandes nicht zugänglich ist. Weil wiederum die Zufügung eines „Nachteils" in der Regel eo ipso die Vermögensbetreuungspflicht verletzt (zu Differenzierungen eingehend u. Rdn. 108 ff), trägt die Interpretation dieses Erfolgsmerkmals, das beim traditionell gleich ausgelegten Begriff des Vermögensschadens in § 263 eine permanente Erosion und Extension erfahren hat bis hin zur umstrittenen Figur des „Gefährdungsschadens", gemeinsam mit der Täterqualifikation die Hauptlast bei der Abgrenzung des Strafbarkeitsbereichs. Und durch die Institutionalisierung eines Freikaufverfahrens in § 153a StPO und der Urteilsabsprachen in § 257c StPO ist die Versuchung für die Strafverfolgungsbehörden enorm gewachsen, den Interpretationsspielraum aus- oder sogar zu überreizen, um durch den Verfahrensdruck letztlich doch eine Unterwerfung des Beschuldigten nach der einen oder anderen Norm zu erreichen.

II. Zahlenübersichten

17 *Freudenthal* VDB VIII 107 für 1882–1902; Kriminalistische Mitteilungen der (Vorkriegs-)Strafrechtskommission Nr. 11 ohne Datum, S. 14 f für 1902–1910; *Pfeiffer* S. 21 Fn. 2 für 1910, 1914, 1920, 1923, 1926, 1927; *Sauer* Kriminalsoz. S. 497 für 1900, 1913, 1917, 1919, 1921, 1923–1930; *Schwinge/Siebert* S. 15 für 1902–1920 in Dreijahresabständen und für 1923–1930; *Sauer* Krim. S. 387 für 1933–1936; Mat. VIII 544 für 1934–1936, 1950–1956; Bundeskriminalamt (Hrsg.) Polizeiliche Kriminalstatistik Bundesrepublik Deutschland, seit 1953; Statistisches Bundesamt (Hrsg.) Fachserie 10 (Rechtspflege) Reihe 3 (Strafver-

---

22 Vgl. zur älteren Kasuistik, die vor allem die Täterqualifikation betraf, die Nachw. bei *Schünemann* LK[11] § 266 Rdn. 103–130.

23 Typischerweise jene *Hellmuth Mayers*: „Sofern nicht einer der klassischen alten Fälle der Untreue vorliegt, weiß kein Gericht und keine Anklagebehörde, ob § 266 vorliegt oder nicht" (Materialien zur Strafrechtsreform, 1. Band 1954, S. 337), etwa zit. bei *Saliger* ZStW **111** (2000), 563; *Günther* FS Weber (2004) 311, 312.

24 Dazu näher u. Rdn. 90 ff.

25 Grundlegend *Amelung* GA **1977** 1 ff und *Schünemann* ZStW **90** (1978) 11 ff; ferner *Schünemann* in: Schneider (Hrsg.) Das Verbrechensopfer in der Strafrechtspflege (1982) 407 ff; *ders.* FS Faller (1984) S. 357 ff; *ders.* NStZ **1986** 439 ff; *ders.* FS Schmitt S. 117, 128 ff; dagegen vor allem *Hillenkamp* Vorsatztat und Opferverhalten (1981); *Jescheck/Weigend* AT S. 254; abgewogen *Roxin* AT I § 14 Rdn. 15 ff; zur weiteren Diskussion *Schünemann* in Schünemann (Hrsg.), Strafrechtssystem und Betrug (2002) 51 ff; *ders.* in v. Hirsch/Seelmann/Wohlers (Hrsg.), Mediating Principles (2006) 18, 30 ff; *Hörnle* GA **2009** 626.

folgung), seit 1975. Die Untreue hat danach – etwa im Vergleich mit dem immer in die Millionenzahlen gehenden Massendelikt Diebstahl, aber auch im Verhältnis zum Betrug – in der Kriminalstatistik eine zahlenmäßig bescheidene Rolle gespielt, mit 3000 bis 6000 Taten laut polizeilicher Kriminalstatistik zwischen 1978 und 1994 und einer um 1500 schwankenden Zahl an Verurteilten. Ab 1995 weist die polizeiliche Kriminalstatistik dann aber eine dramatische Zunahme aus auf zunächst 9972 und in der Folge konstant über 10000 Fälle jährlich.[26] Über die wirkliche Kriminalitätsbelastung dürften diese Zahlen freilich wenig aussagen, weil nach Erfahrungsberichten aus der Praxis viele Geschädigte keine Strafanzeige erstatten (o. Rdn. 14), vor allem aber die meisten Geschädigten von der Straftat niemals etwas erfahren, weil die Täter zugleich die Repräsentanten der Geschädigten sind: Die heute weit verbreiteten „Kick backs" (Rdn. 215), die sich die für die beteiligten Unternehmen handelnden Manager unter Umständen sogar noch gegenseitig zahlen (selbstverständlich aus der Unternehmenskasse), können nur sehr schwer aufgedeckt werden und bilden deshalb ein Untreue-Dunkelfeld, dessen Gesamtschaden vermutlich in die Milliarden Euro geht.

III. Untreuetheorien

Mit der eingangs (Rdn. 13 a.E.) gegebenen Definition der Untreue wird der Unrechtskern umschrieben, der durch die Neugestaltung des § 266 im Jahre 1933 (Entstehungsgeschichte Rdn. 4) in zwei Deliktsvarianten ausgeprägt worden ist, welche ihrerseits die gesetzliche Verfestigung zweier früher miteinander konkurrierenden Lehrmeinungen darstellten, die sich auf dem Boden des ursprünglichen Gesetzeswortlauts (Entstehungsgeschichte Absatz 3) gebildet hatten. Bei diesen beiden Theorien, die noch heute für das Verständnis des Untreuetatbestandes von Bedeutung sind, handelt es sich um die sogenannte Missbrauchstheorie und die sogenannte Treubruchtheorie, denen nach der bis 1972 völlig herrschenden Auffassung die „Zwillingsstruktur" des § 266 als eines Doppeltatbestandes entsprach. 18

1. Der Theorienstreit zu § 266 a.F. Die auf *Binding* (Lehrb. I § 92 II) als Urheber zurückgehende und trotz gewichtiger Anhänger[27] eine Mindermeinung gebliebene **Missbrauchstheorie** begriff die Untreue als Vermögensschädigung durch Missbrauch rechtlicher *Vertretungsmacht*. In den klassischen Worten *Bindings*: „In einer großen Anzahl von Fällen ist, wer auf Unredlichkeit denkt, in der glücklichen Lage, von Rechts wegen über fremdes Vermögen verfügen zu können; dieses Vermögen findet dann seinen Feind gerade in der Person, der es von Rechts wegen unterstellt ist, und gegen diese bedarf sein Inhaber energischen Schutzes ... Ihr spezifisches Mittel, fremdes Vermögen zu schädigen, ist der Missbrauch der Machtvollkommenheit, die ihnen das Gesetz mittelbar oder unmittelbar im Interesse des nachher Benachteiligten einräumt." (Lb I S. 397). Diese Lehre ist als alleiniges Konzept der strafbaren Untreue unzulänglich. Einerseits leistet sie nicht das gebotene Maß strafrechtlichen Vermögensschutzes – vor allem deshalb, weil sie solche Untreuehandlungen nicht erfasst, die den Schaden nicht durch rechtsgeschäftliches Handeln herbeiführen.[28] Andererseits soll sie nach der seit 1973 wieder herrschenden, in der alten Treubruchtheorie wurzelnden Auffassung über das Maß hinaus- 19

26 Polizeiliche Kriminalstatistik 2009, Tabellen, S. 111 f.

27 *Frank* Anm. 1; *Gerland* § 169; *Grünhut* S. 125; *Hegler* S. 152; *von Hippel* Lehrb. § 71 IV; *Schönke*[1–6] Anm. I.

28 *Dahm* Prot. der 47. Sitzg. der Strafrechtskommission v. 20.9.1934 S. 19; *Grossrau* Niederschriften VIII 135 1. Sp.; eingehend *H. Mayer* Mat. I 340 ff; *Pfeiffer* S. 66 ff; *Weber* FS Dreher S. 565.

greifen.[29] Nach der Auslegung, die sie auf Grund des Änderungsgesetzes v. 26.5.1933 entsprechend der Absicht seiner „Verfasser“[30] gefunden hatte[31] und die bis in die 70er Jahre des vorigen Jahrhunderts von vielen, seitdem nur noch seltener vertreten wird,[32] setzte § 266 1. Alt. keine fremdnützige Vermögensfürsorgepflicht des Täters voraus, was in den Augen der Kritiker auf die Strafbarkeit schlichter Vertragsverletzungen hinauslaufen würde.

20 Die **Treubruchtheorie**[33] schloss zwar die von der Missbrauchstheorie gelassenen Strafrechtslücken, da sie, verallgemeinernd gesprochen, den Unrechtskern der Untreue in der vermögensschädigenden Ausnutzung der Fürsorge für fremdes Vermögen sah. Ihr hing auch das RG an, von den frühesten Entscheidungen[34] in ständiger Rechtsprechung[35] bis zu den letzten Urteilen zu § 266 a.F.[36] Das Reichsgericht konnte aber die wegen der Kasuistik des § 266 a.F. drohenden Ungereimtheiten nur mit Hilfe z.T. gewagter Konstruktionen überwinden.[37] Außerdem ließ sie die Schädigung des Treugebers bei einer eigennützigen Treuhand straflos. Die Treubruchtheorie befriedigte daher in dem damaligen Rechtszustand gleichfalls nicht.[38]

21 **2. Die ältere dualistische Theorie zu § 266 n.F.** Das Bestreben, zur Bekämpfung der Korruption den strafrechtlichen Schutz für das Vermögen möglichst lückenlos zu gestalten,[39] führte in der **Novelle v. 26.5.1933** (RGBl. I 295) Gedanken der Missbrauchs- und der Treubruchtheorie zu dem heutigen Straftatbestand zusammen und ergänzte sie noch um die selbständige Kategorie des (scil. tatsächlichen) „Treueverhältnisses“, weshalb man nicht selten von drei Untreuetatbeständen sprach.[40] Damit war der Grund für

---

29 *Heinitz* S. 434; *H. Mayer* Mat. I 339; *Seebode* JR **1973** 119; *Hübner* LK[10] Rdn. 2; *Dunkel* S. 236; jedenfalls verbal die Rspr. seit BGHSt **24** 386.

30 Nämlich die in der Weimarer Zeit ins Reichsjustizministerium gelangten Beamten *Ernst* und *Leopold Schäfer*, *Richter* und *Schafheutle*, die das im Zuge der sog. autoritären Gesetzgebung von der (bereits nationalsozialistisch dominierten) Reichsregierung erlassene G v. 26.5.1933 ausgearbeitet haben (näher LK[11]/*Schünemann*, § 266 Fn. 23).

31 RGSt **68** 371, 373; **77** 34, 38 (mit einer maximalen Ausdehnung des Missbrauchstatbestandes auf Realakte); RG HRR **1935** 765; *Dahm* Prot. der 47. Sitzg. der Strafrechtskommission v. 20.9.1934 S. 20; *Dohnanyi* 100. Sitzung der Strafrechtskommission v. 16.1.1936, Prot. S. 11, 12; *Niethammer* ebenda; vgl. dazu ferner *Gerland* JW **1933** 2944; *Kempermann* JW **1936** 3428 mit Entgegnung *Schwinge* aaO 3429.

32 Vgl. vorerst nur *Schröder* JZ **1972** 708; *Blei* JA **1972** 790 f; *Bringewat* GA **1973** 363; *Heimann-Trosien* JZ **1976** 551 1. Sp.; *D. Meyer* JuS **1973** 216; *Arzt* FS Bruns S. 365, 382; *Otto* BT § 54 Rdn. 4 ff.

33 *Ebermayer* LK[4] § 266 Anm. 2; *Dahm* Prot. der 48. Sitzung der Strafrechtskommission v. 21.9.1934 S. 7; *Gürtner* ebenda S. 9, 10; *H. Mayer* Untreue S. 119 ff, 167, 187, 217, 246 ff; ZBlHR **1933** 148; Mat. I 343 ff; *Sauer* BT 114, 117. *Sauer* Kriminalsoz. S. 486 Fn. 154. Vermittelnd *v. Liszt/Schmidt*[25] BT § 136 II; *Wachenfeld* Lehrb. § 107 I.

34 RGSt **1** 172, 174 zu § 266 Abs. 1 Nr. 1 a.F.; RGSt **1** 329, 330 zu § 266 Abs. 1 Nr. 2 a.F.

35 RGSt **14** 184, 186; **17** 241, 242; **26** 106, 109; **38** 363, 366; **41** 265, 266; **45** 434; **61** 228, 230 f; **62** 15, 20; JW **1923** 402; RGZ **118** 312, 316.

36 RGSt **68** 304, 305; **69** 223, 225; **69** 333, 334; **71** 31, 32; **71** 155, 156 f; JW **1933** 2007. Die Formulierungen RGSt **65** 333, 334 f; **66** 371 sind von *Grünhut* JW **1933** 1383 und *Gerland* § 169 Fn. 7; JW **1933** 609 für die Missbrauchstheorie missdeutet worden, wie RGSt **65** 401, 403, 405; **68** 304, 305 und **65** 333, 336 selbst beweisen. Auch die i.S. der Missbrauchstheorie missdeutbaren Wendungen RGSt **19** 271, 273; **61** 1, 3; **66** 206, 207 werden durch Hinweise auf das von § 266 geschützte Treue-, Vertrauens-, Innenverhältnis (RGSt **19** 271, 272; **61** 1, 2; **66** aaO), RGSt **61** 1, 3 auch durch die erläuternde Bezugnahme in RGSt **63** 406, 407 paralysiert (zutr. *Terwey* S. 82 ff).

37 Näher LK[11]/*Schünemann*, § 266 Rdn. 6.

38 *Schwinge/Siebert* § 3 1; s. auch *H. Mayer* ZBlHR **1933** 147.

39 *Ernst Schäfer* DJZ **1933** 795; Prot. der 48. Sitzung der Strafrechtskommission v. 21.9.1924, S. 7, Auszug Fn. 1; *Leopold Schäfer* S. 22 zu Ziff. 18 Anm. 1.

40 *Schwinge/Siebert* S. 18 f, 30 mit der Unterscheidung zwischen dem Missbrauchstatbestand, dem zivilrechtlich gebundenen und dem rein strafrechtlichen oder tatsächlichen Treubruchtatbestand; *Dahm*

die bis 1972 unangefochten herrschende Auffassung von der Heterogenität des Missbrauchs- und des Treubruchtatbestands gelegt, dass also in dem einen die Missbrauchstheorie und in dem anderen die Treubruchtheorie fortherrschten und dass deshalb nur beim Treubruchtatbestand eine fremdnützige Vermögensfürsorgepflicht zu fordern sei, während für den Missbrauchstatbestand auch eine eigennützige Treuhand ausreiche.[41]

3. Der Theorienstreit zu § 266 n.F. seit 1972. Seit dem Jahre 1972 hat sich anstelle der 40 Jahre lang unangefochten herrschenden **älteren dualistischen Theorie** eine **monistische** durchgesetzt in Gestalt der Forderung einer fremdnützigen vermögensfürsorgerischen Rechtsbeziehung zwischen Täter und Opfer. Ihr Urheber ist *Hübner* in seiner Kommentierung des § 266 in der 9. Auflage dieses Kommentars[42] sowie in JZ **1973** 407, unter dessen Einfluss (LK/*Hübner* 10. Aufl. Rdn. 9) der 2. Strafsenat des Bundesgerichtshofes in seinem sog. *Scheckkartenurteil* vom 26.7.1972 (BGHSt **24** 386) die dualistische Theorie auf zwei Seiten (S. 387 f) verworfen und sodann auf einer Seite (S. 389) die Zahlung mit einem durch Scheckkarte garantierten, ungedeckten Scheck nicht als Untreue, sondern als Betrug qualifiziert hat. Kernthese dieser monistischen Theorie ist, dass die Vermögensbetreuungspflicht entsprechend dem für beide Tatbestandsalternativen geltenden Relativsatz „dessen Vermögensinteressen er zu betreuen hat" für den Missbrauchstatbestand ebenfalls zu fordern sei, so dass das Innenverhältnis zwischen Täter und Opfer auch hier einen **fremdnützigen**, speziell auf die Vermögensfürsorge zugunsten des Opfers gerichteten Charakter haben müsse – womit im Grunde unter Missachtung des gesetzgeberischen Willens von 1933 die alte „exklusive" Treubruchtheorie reanimiert wurde. Dabei blieb allerdings offen, ob außer der Fremdnützigkeit auch die sonstigen im Laufe der Zeit für den Treubruchtatbestand entwickelten Restriktionen der Täterstellung auf den Missbrauchstatbestand übertragen werden sollten (von mir sog. *streng monistische Theorie*). 22

Nachdem diese monistische Konzeption zunächst ganz überwiegend, bezüglich der Ersetzung der Untreue durch Betrug in BGHSt **24** 386 sogar scharf abgelehnt worden war,[43] ist der weitaus größte Teil des Schrifttums mittlerweile darauf eingeschwenkt.[44] 23

bei *Gürtner* S. 453; *Hübner* LK[10] Rdn. 59, 73 mit der Unterscheidung von Missbrauchs- und Treubruchtatbeständen.

41 *Arzt* FS Bruns S. 366, 367; *Blei* BT § 65 II 2; *Bringewat* GA **1973** 360; *Kirchner* bei Olshausen ErgBd. (1936) Anm. 2; *Otto* Struktur S. 310; *Ernst Schäfer* DJZ **1933** 795; *Leopold Schäfer* aaO; *Schlosky* DStR **1938** 184; *Schröder* JZ **1972** 708; *Schwarz*[21] Anm. 1 A, B; *Schwinge/Siebert* § 4 II 3; *Seebode* JR **1973** 117; *Sieber* S. 242; *Terwey* S. 47 f; *Weber* FS Dreher S. 558 f; *Welzel* § 56 Vor A.

42 Ausgebaut in LK[10] Rdn. 5–18.

43 *Schröder* JZ **1972** 708; *Heimann-Trosien* JZ **1976** 551; *Krey* JA **1973** 605; *Bringewat* GA **1973** 360; *Blei* JA **1972** 790; **1974** 102; zur Betrugskonstruktion *Gössel* MDR **1973** 179; *Seebode* JR **1973** 120.

44 *Arzt/Weber/Heinrich/Hilgendorf* § 22 Rdn. 68; *Dierlamm* MK Rdn. 31; *Dunkel* passim, zusammenfassend S. 128, 236; *ders.* GA **1977** 336, 339; *Gössel* BT 2 S. 489, 499, 500 f; *Haft/Hilgendorf* BT I S. 122; *Hoyer* SK Rdn. 10 ff; *Krey/Hellmann* BT 2 Rdn. 542, 553; *Kindhäuser* NK Rdn. 26; *Lackner/Kühl* Rdn. 4; *Maurach/Schroeder/Maiwald* 1 § 45 Rdn. 11, 18; *Rengier* BT I § 18 Rdn. 2 f, 14; *Saliger* SSW Rdn. 6; *Schmidhäuser* BT 11 Rdn. 60; *D. Meyer* JuS **1973** 215; *Sannwald* S. 46; *Offermann* wistra **1986** 55; *Schreiber/Beulke* JuS **1977** 656; *Seebode* JR **1973** 117, 119; *Vormbaum* JuS **1981** 20; *Wessels/Hillenkamp* BT 2 Rdn. 750; Beschluß der Sachverständigenkommission zur Bekämpfung der Wirtschaftskriminalität und Empfehlung der Unterkommission Tagungsberichte Bd. XIII S. 96, 100, 133; ohne eigene Begründung schließen sich an *Birnbaum* wistra **1991** 255; *Ehrlicher* Der Bankomatenmißbrauch – seine Erscheinungsformen und seine Bekämpfung (1989) 71; *Fabricius* NStZ **1993** 414; *Firgau* HWiStR Untreue S. 1; *Flum* Der strafrechtliche Schutz der GmbH gegen Schädigungen mit Zustimmung der Gesellschafter (1990) 23, 86; *Gössel* JR **1978** 473; *Keller* JR **1983** 516; **1989** 78 f; *Knauth* NJW **1983** 1289; *Kohlmann* JA **1980** 229 f; *Meyer* JuS **1973** 215; *Schmid* § 31 Rdn. 2, 24; *Offermann* JA **1985** 603; *Weller* Das Kreditkartenverfahren (1986) 183 ff; *Wittig* in v. Heintschel-Heinegg Rdn. 5.

Auch die Rechtsprechung huldigt seither dieser Theorie,[45] wobei sie sich aber durch zahlreiche Entscheidungen, in denen völlig getrennte Prüfungen des Missbrauchs- und des Treubruchtatbestandes durchgeführt werden,[46] klar gegen ein streng monistisches Verständnis abgesetzt hat.[47]

24 Im neueren Schrifttum wird die h.M. dagegen vielfach zu der erwähnten **streng monistischen Theorie** zugespitzt, nach der die in der Rechtsprechung beim Treubruchtatbestand herausgearbeiteten, weiteren Strafbarkeitseinschränkungen auf Geschäftsbesorgungsverhältnisse mit einer gewissen Selbständigkeit und Bewegungsfreiheit des Verantwortlichen auch für den Missbrauchstatbestand gelten sollen, die Betreuungsverhältnisse demgemäß in beiden Alternativen des § 266 einen identischen Inhalt hätten und der Missbrauchstatbestand überhaupt nur ein *„ausgestanzter Unterfall"* des Treubruchtatbestandes sei.[48] Daneben wurde auch die ältere **dualistische Theorie** noch eine Zeit lang vertreten,[49] mittlerweise jedoch mit gewissen Abwandlungen in Gestalt der von mir LK[11], Rdn. 11ff entwickelten *typologischen Theorie* und einer *neueren dualistischen Theorie*, die das vermöge des Relativsatzes „dessen Vermögensinteressen er zu betreuen hat" auch für den Missbrauchstäter zu fordernde Innenverhältnis in Gestalt eines Betreuungsverhältnisses zum fremden Vermögen regelmäßig aus der Pflicht zu einem rechtmäßigen Gebrauch der im Außenverhältnis eingeräumten Rechtsmacht folgern will.[50] Einen inhaltlichen Kompromiss enthält schließlich die **eingeschränkt monistische Theorie**, die eine beiden Alternativen des § 266 gemeinsame Minimalbasis in Gestalt der Fremdnützigkeit des Innenverhältnisses verlangt, im Unterschied zur streng monistischen Theorie aber auf weitere Einschränkungen des Missbrauchstatbestandes entsprechend der beim Treubruchtatbestand geforderten Selbständigkeit, Bewegungsfreiheit etc. des Verpflichteten verzichtet.[51] Schließlich gibt es noch – gewissermaßen als **resi-**

---

45 Vgl. BGHSt **33** 244 ff, 250; **35** 224 ff m. Anm. *Otto* JZ **1988** 883 f; BGH NJW **1984** 2539 f; NStE Nr. 9; unter Berufung auf den BGH auch OLG Köln NJW **1978** 713 ff, 714; LG Bielefeld NJW **1983** 1335 ff; ohne nähere Begründung ebenso BGH MDR **1988** 594 ff, 595, und von den Instanzgerichten vgl. etwa KG Berlin NStE Nr. 34; OLG Hamburg NJW **1983** 768 f; OLG Hamm NJW **1984** 1633 ff, 1634; NJW **1977** 1834 ff, 1835; OLG Köln NJW **1988** 503 f, 504; NJW **1988** 3219 f, 3220.

46 BGH wistra **1987** 136 f; **1989** 63 f; BGH NStE Nr. 28, 29; OLG Stuttgart NStZ **1985** 365 f und dazu *Otto* JK § 266 Nr. 5; *ders.* JZ **1985** 1010.

47 Der Sache nach verlassen wurde der Boden der Scheckkartenentscheidung sogar wieder durch die Subsumtion der Treuhandpflichten des Vermieters bezüglich der Mietkaution unter den Treubruchtatbestand in BGHSt **41** 224, 228, denn die gesetzliche Pflicht, das Treugut zu bewahren, hat keine größere Dignität als die Pflicht des Scheckkarteninhabers, das in seine Hand gelegte Vermögen der Bank zu schonen.Die Entscheidung war allerdings im Ergebnis zutr., weil der Angekl. seine Treupflichten als Vermögensverwalter gegenüber den Vermietern verletzt hatte.

48 So unter Übernahme der These *Hübners* (LK[10] Rdn. 17) *Dierlamm* MK Rdn. 31; *Esser* AnwK Rdn. 11; *Hoyer* SK Rdn. 17 f; *Kindhäuser* NK Rdn. 26; *ders.* FS Lampe (2003) 710 ff, 721; *Lackner/Kühl* Rdn. 4; *Maurach/Schroeder/Maiwald* BT 1 § 45 Rdn. 11; *Saliger* SSW Rdn. 6; *Dunkel*, S. 236; GA **1977** 330 ff; *D. Meyer* JuS **1973** 215; *Offermann* wistra **1986** 55 ff; *Schreiber/Beulke* JuS **1977** 657; *Seebode* JR **1973** 119 f; *Vormbaum* JuS **1981** 20 f; *Wessels/Hillenkamp* BT 2 Rdn. 750; *Wittig* in v. Heintschel-Heinegg Rdn. 5; *Fabricius* NStZ **1993** 415; *Gössel* JR **1978** 473; *Keller* JR **1983** 516; **1989** 78 f; *Knauth* NJW **1983** 1289; *Kohlmann* JA **1980** 229 f; *Schmid* § 31 Rdn. 2, 24; *Offermann* JA **1985** 603; *Rengier* BT I § 18 Rdn. 3; *Seier* Rdn. 54.

49 Außer *Schröder* JZ **1972** 708; *Heimann-Trosien* JZ **1976** 550; *Blei* BT § 65 III 1c; *Bockelmann* BT/1 S. 138; *Eser* Strafrecht IV Fall 17 Rdn. 41; auch *Sch/Schröder*[17] Rdn. 4a; *Sch/Schröder/Cramer*[18] Rdn. 2; *Samson* SK Stand Februar 1987 Rdn. 13; *ders.* Strafrecht II S. 157; *Preisendanz* Anm. II 2; *Arzt* FS Bruns S. 382.

50 *Bringewat* GA **1973** 358 ff; NStZ **1983** 458 f; JA **1984** 352 ff; wistra **1984** 196; NStZ **1985** 537; *Eser* Strafrecht IV Fall 17 Rdn. A 41; *Geppert* JK § 263 Nr. 14, 15; *Holzmann* Bauträgeruntreue S. 126 f, 131; *Labsch* NJW **1986** 106 ff; *ders.* Jura **1987** 344 ff; *Otto* Zahlungsverkehr S. 100 f; *ders.* BT § 54 Rdn. 5 ff, 12; JR **1985** 29; **1989** 210; JZ **1985** 73, 1009; JZ **1988** 884; JK Nr. 6, 9; *Ranft* JuS **1988** 673 f; *Sieber* Computerkriminalität S. 240 ff, 2/17 f.

51 Dezidiert und wohlbegründet *Sch/Schröder/Perron* Rdn. 2, 12; *Seelmann* Grundfälle S. 101 f; *Steinhilper* Jura **1983** 408; *Schlüchter* JuS **1984** 675 f; eingehend *Wegenast* S. 134 f; *Mitsch* BT 2/1 § 8 Rdn. 19.

gnative Theorie – eine die herrschende monistische Theorie an sich ablehnende, aber für praktisch nicht mehr änderbar haltende Auffassung.[52]

4. Stellungnahme

a) Eine kritische Analyse dieser jahrzehntelangen Kontroverse zeigt, dass sie zwar nur eine begrenzte (zutr. *Fischer* Rdn. 23), aber doch unleugbare praktische Bedeutung besitzt und, ginge es ausschließlich nach den Regeln der Gesetzesinterpretation, im Sinne der dualistischen Theorie zu entscheiden wäre: Weder der inzwischen durch § 266b speziell geregelte Missbrauch von Scheck-[53] oder Kreditkarten durch den das ausgebende Unternehmen dadurch schädigenden Karteninhaber noch der Missbrauch der Abbuchungsvollmacht im Lastschrift-Einzugsverfahren kann nach der monistischen Theorie unter den Missbrauchstatbestand subsumiert werden, und dasselbe müsste danach auch für die missbräuchliche Forderungseinziehung beim unechten Factoring[54] oder für den fremdnützigen Treuhänder mit einer unbegrenzten Vollmacht, aber detaillierten Handlungsanweisungen im Innenverhältnis gelten, sofern man die für den Treubruchtatbestand übliche (aber auch dort verfehlte, s. Rdn. 98 ff) Forderung eines eigenen Entscheidungsspielraums mit der streng monistischen Theorie auf den Missbrauchstatbestand überträgt.[55] Die monistische Theorie reißt also kriminalpolitisch unbegründete Lücken auf, ohne auch nur mit einem einzigen der für sie von *Hübner* ersonnenen und von seinen heutigen Epigonen kritiklos übernommenen[56] Argumente dogmatisch überzeugen zu können. Denn die Argumente, mit denen *Hübner* die monistische Theorie einst begründete und zu denen seitdem kein neues hinzugekommen ist, gingen durchweg fehl, weil sie im Grunde nur auf den Wortlaut des § 266 rekurrierten und dabei die zivilrechtliche Terminologie verkannten,[57] in logischer Hinsicht eine quaternio terminorum des Ausdrucks „Vermögensbetreuungspflicht" übersahen, in grammatischer Hinsicht die inhaltliche Abhängigkeit des Relativsatzes vom jeweiligen Hauptsatz verkannten und in historischer Hinsicht den realen Regelungswillen der für die Gesetzesformulierung verantwortlichen Personen ignorierten. Aber obwohl sie dementsprechend „eigentlich falsch" ist,[58] darf nach ihrer fast 40-jährigen Herrschaft über die Praxis bei der Rechtsfindung im Strafrecht die generalpräventiv-vertrauensschützende Komponente des in 25

52 *Seier* Rdn. 55 f; wohl auch *Tröndle*[48] Rdn. 14; *Fischer* Rdn. 6–8, 18 f legt zwar die h.M. zugrunde, lässt aber die dogmatische Frage letztlich offen und betont ihre begrenzte praktische Relevanz. Auch *Beukelmann* HK-GS Rdn. 7 lässt den Theorienstreit offen.

53 Wobei es nicht ohne eine gewisse Pikanterie ist, dass die Rechtsfigur der Scheckkarte, die den Auslöser für den Siegeszug der monistischen Theorie gebildet hat, inzwischen abgeschafft worden ist.

54 Vgl. *Fischer* Rdn. 23 m.w.N. und ausführlich unten Rdn. 164.

55 Das monieren mit Recht *Sch/Schröder/Perron*, Rdn. 2, im Anschluss an *Wegenast* S. 89 ff, 107 ff.

56 Denn es wird zumeist nur das (aus den im Text genannten Gründen fehlgehende) Wortlautargument strapaziert, exemplarisch *Saliger* SSW Rdn. 6; *Dierlamm* MK Rdn. 31.

57 Denn die Wendung, „dessen Vermögensinteressen er zu betreuen hat", ist nach ihrem normalen zivilrechtlichen Verständnis gar nicht notwendig auf eine fremdnützige Treuhand („Verwaltungstreuhand") angelegt, sondern deckt ja auch die eigennützige Treuhand („Sicherungstreuhand") ab.

58 Die ausführliche Begründung für diese Kritik findet sich bei LK[11]/*Schünemann*, § 266 Rdn. 11–17. Die Ablehnung der dualistischen Theorie lässt sich entgegen *Kindhäuser* NK Rdn. 25; *Saliger* SSW Rdn. 6; *Dierlamm* MK Rdn. 31, auch nicht auf deren angebliche Verwerfung durch den Gesetzgeber infolge der Einfügung des Spezialtatbestandes des Missbrauchs von Scheck- und Kreditkarten in § 266b durch das 2. WiKG stützen, denn dessen Interpretation als privilegierende lex specialis, die sich durch die geringere Schutzwürdigkeit der (sich üblicherweise durch Sicherheitengestellung selbst schützenden) Bank und damit viktimodogmatisch legitimiert, ist mindestens ebenso plausibel (*Schünemann* Organuntreue S. 12). Noch weniger sticht die bei den zit. Autoren zu lesende Berufung auf den Gesetzeswortlaut, s. Fn. 57.

Art. 103 Abs. 2 GG mit Verfassungskraft ausgestatteten Grundsatzes „nullum crimen, nulla poena sine lege" nicht außer Acht gelassen werden: Das BVerfG hat aus den aus dem **Bestimmtheitsgrundsatz** abgeleiteten Prämissen, dass die Rechtsprechung gehalten sei, Unklarheiten über den Anwendungsbereich einer Norm durch Präzisierung und Konkretisierung im Wege der Auslegung nach Möglichkeit auszuräumen (*Präzisierungsgebot*) und dadurch an der Erkennbarkeit der Voraussetzungen der Strafbarkeit mitzuwirken, die Folgerung von „über die allgemeinen Grundsätze des Vertrauensschutzes hinausgehenden Anforderungen an die Ausgestaltung von Rechtsprechungsänderungen" gezogen.[59] Die damit offenbar intendierte normativ gesteigerte Bestandskraft einer solide etablierten Rechtsprechungslinie verdient mit der Maßgabe Beifall, dass sie nur in bonam partem gilt. Infolge dessen darf die (sei es auch dogmatisch ursprünglich fehlerhafte) einschränkende Forderung einer fremdnützigen Vermögensbetreuungspflicht (auch) für den Missbrauchstatbestand von der Rechtsprechung nicht mehr in malam partem revoziert werden, seitdem man diesbezüglich von einer endgültig gefestigten höchstrichterlichen Rechtsprechung sprechen muss. Wie von mir in LK[11] (§ 266 Rdn. 9) nachgewiesen, traten in dieser Hinsicht noch in den 80er und 90er Jahren des vorigen Jahrhunderts Unklarheiten und Unsicherheiten auf, und nachdem die Kontroverse auch im Schrifttum noch nicht abgeebbt war und so wichtige Fallgruppen wie der Missbrauch des Lastschrift-Einzugsverfahrens höchstrichterlich noch nicht entschieden waren,[60] wäre der Bundesgerichtshof damals durch Art. 103 Abs. 2 GG noch nicht gehindert gewesen, sich von der Durchschlagskraft der am Scheckkartenurteil geübten Kritik zu überzeugen und seine Rechtsprechung noch einmal zu ändern. Mittlerweile ist aber seit dem Scheckkartenurteil mehr als eine (im Interesse zeitlicher Präzisierung mit 33 Jahren anzusetzende) Generation vergangen, und die seither hinzugekommenen Kommentare und Grundrisse des Strafrechts haben sich ihm durchweg angeschlossen.[61] Angesichts der seit langem gänzlich ausbleibenden Anzeichen für eine ernsthafte erneute Überprüfung dieser dogmatischen Frage durch den BGH wird man deshalb zu der Schlussfolgerung kommen müssen, dass diese Einschränkung auch des Missbrauchstatbestandes von der Rechtsprechung nicht mehr rückgängig gemacht werden kann.

26 **b)** Die heutige Auslegung des § 266 StGB muss demnach als Konsequenz aus der in Art. 103 Abs. 2 GG verankerten und vom BVerfG auf die Resultate einer ständigen Rechtsprechung ausgedehnten fragmentarischen Natur des Strafrechts wohl oder übel die (an

---

59 BVerfGE **126** 170 196, 198 f m. Bespr. *Becker*, HRRS **2010** 383 ff; *Saliger*, NJW **2010** 3195 ff; *Wessing/Krawczyk*, NZG **2010** 1121 ff; *Schünemann*, StraFo **2010** 477 ff; *Krüger* NStZ **2011** 369; *Kuhlen* JR **2011** 246.

60 In einer älteren Entscheidung hat zwar das OLG Hamm geglaubt, in allen Varianten des Lastschriftenmissbrauchs den Betrugstatbestand anwenden zu können (NJW **1977** 834, 836), aber die Konstruktion einer Verfügung der mittelbar getäuschten Schuldnerbank über das Vermögen des Schuldners dürfte (wie schon das Scheckkartenurteil, dazu LK[11], Rdn. 128) die konstruktiven Grenzen des Dreiecksbetruges sprengen, weil der Inhaber der Einzugsermächtigung und damit der Täter selbst über das Vermögen des Schuldners verfügt. Außerdem versagt diese Konstruktion (ebenso wie § 263a StGB) bei den heute üblichen Begehungsformen des online-Banking (AG Gera NStZ-RR **2005** 213 ff).

61 *Dierlamm* MK Rdn. 31; *Esser* AnwK Rdn. 11; *Fischer* Rdn. 6; *Hoyer* SK Rdn. 17 f; *Wittig*, in v. Heintschel-Heinegg Rdn. 5; *Kindhäuser* NK Rdn. 26; *Saliger* SSW Rdn. 6; *Jäger* BT Rdn. 388; *Küper* BT S. 362 f; *Rengier* BT I § 18 Rdn. 2 f, 14; *Sonnen* Strafrecht BT S. 187. In rechtssoziologischer Hinsicht bleibt der bemerkenswerte Befund zu notieren, dass im Zeitalter des „copy and paste" dogmatische Positionen eine um so größere Chance auf Übernahme in die immer zahlreichere Kommentar- und Grundrissliteratur besitzen, je holzschnittartiger und einfacher sie formuliert und begründet sind: Das in der Argumentation fast nackte Scheckkartenurteil ist von der neueren Literatur in Bausch und Bogen übernommen worden, ohne dass es durch eine Registrierung, geschweige denn Auseinandersetzung mit der daran von mir in LK[11], § 266 Rdn. 11–19, detailliert geübten Kritik noch auf einen ernsthaften Prüfstand gestellt worden wäre.

sich dogmatisch wie kriminalpolitisch verfehlte) **Einschränkung des gesamten Untreuetatbestandes auf fremdnützige Vermögensbetreuungsverhältnisse** zum (archimedischen) Ausgangspunkt nehmen und den Anwendungsbereich des § 266, der ursprünglich alle Treuhandverhältnisse umfasste, durch Beschränkung auf die Fälle der sog. **Verwaltungstreuhand**[62] i.w.S. in theoretischer Hinsicht halbieren. Die Basis der Interpretation des Untreuetatbestandes wird deshalb von der **eingeschränkt monistischen Theorie** zutreffend bezeichnet, während die **strenge** monistische Theorie nach wie vor historisch, dogmatisch und kriminalpolitisch **verfehlt** ist und sich auch *keinesfalls* auf die *Rechtsprechung* stützen kann (unzutr. *Saliger* SSW § 266 Rdn. 6, der die strenge und die eingeschränkte monistische Theorie weitgehend in einen Topf wirft).

aa) Der Tatbestand der Bevollmächtigtenuntreue des sächsischen StGB als historische 27
Quelle des Missbrauchstatbestandes (s. Entstehungsgeschichte Rdn. 2 sowie u. Rdn. 32) hatte den Zweck, den traditionellen Schutz des Eigentums auf den Schutz von Forderungen und anderen Vermögensrechten gegenüber demjenigen auszudehnen, der im Lager des Geschäftsherrn hierauf einen hindernisfreien Zutritt hatte (näher u. Rdn. 32). An eine nochmalige Einschränkung des Täterkreises war dabei nicht im mindesten gedacht, wie die ausdrücklich gezogene Parallele zur veruntreuenden Unterschlagung beweist, und das mit vollem und in der modernen Volkswirtschaft sogar noch gewachsenem Recht: Der Schutz nicht nur des Eigentums, sondern des Vermögens und damit auch der unkörperlichen Vermögensrechte als Rechtsgüter des § 266 ist gegenüber allen mit einer Obhutsherrschaft ausgestatteten Garanten völlig unabhängig von ihrer Stellung in der Hierarchie (und der davon abhängigen Selbständigkeit und Entscheidungsfreiheit) strafrechtlich notwendig und legitim und mit dem immer größeren Anteil unkörperlicher Gegenstände am Gesamtvermögen in der modernen Volkswirtschaft nur noch dringlicher geworden. Die strenge monistische Theorie missversteht deshalb den Missbrauchstatbestand als eine Art Standesdelikt von Geschäftsführern u.ä. („Vasallendelikt"), verkennt die Schutzwürdigkeit des Vermögens gegenüber allen mit fürsorgerischer Rechtsmacht ausgestatteten Intranei und will Einschränkungskriterien, die bei dem sonst uferlosen Treubruchtatbestand einen Sinn machen und deshalb auch speziell für diesen entwickelt worden sind, funktionswidrig auf den klar umrissenen Missbrauchstatbestand übertragen. Dadurch würden aber sachlich verfehlte Strafbarkeitslücken entstehen, beispielsweise beim unechten Factoring (u. Rdn. 164), bei Kassenhaltern und Inkassobevollmächtigten (u. Rdn. 58, 172) u.v.a.m.

---

62 Im Zivilrecht kannte man schon lange vor der Neufassung des Untreuetatbestandes im Jahre 1933 das Rechtsinstitut der Treuhand, also der Einräumung von mehr Rechten im Außenverhältnis, als nach dem Innenverhältnis eigentlich notwendig und endgültig gewollt ist (Nachweise bei *Enneccerus/Nipperdey* Lehrbuch des bürgerlichen Rechts AT 15. Aufl. (1960) § 148 II; *Siebert* Das rechtsgeschäftliche Treuhandverhältnis (1933); *Gernhuber* JuS **1988** 355 ff), wobei die *eigennützige* oder **Sicherungstreuhand** von der *fremdnützigen* oder **Verwaltungstreuhand** unterschieden wird (*Enneccerus/Nipperdey* Lehrbuch des bürgerlichen Rechts AT 15. Aufl. (1960) § 148 II; *Larenz/Wolf* Allgemeiner Teil des Bürgerlichen Rechts 9. Aufl. (2004) § 46 Rdn. 63 ff; *Hübner* Allgemeiner Teil des Bürgerlichen Rechts 2. Aufl. (1996) Rdn. 1189 ff). Selbstverständlich ist der Treunehmer auch bei der eigennützigen Treuhand nicht dazu befugt, mit dem Treugut nach Belieben zu verfahren, sondern er muss insoweit die Bindungen aus dem Innenverhältnis beachten und schuldet dem Treugeber in diesem Sinne Treue – als Kompensation und zum Zwecke der „Domestizierung" der überschießenden Rechtsmacht, die er eingeräumt erhalten hat. Genau umgekehrt bilden die Treupflichten bei der fremdnützigen Treuhand das originäre Moment, die Rechtsmacht wird hier zum Zwecke der bestmöglichen Erfüllung der primären Treupflichten eingeräumt und folgt diesen also ebenso nach, wie sie ihnen bei der eigennützigen Treuhand vorausgeht.

28 **bb)** Die strenge monistische Theorie kann sich auch **nicht** etwa auf eine ständige *Rechtsprechung* berufen, vielmehr trifft das Gegenteil zu. Die von *Saliger* (SSW Rdn. 7) dafür geltend gemachten BGH-Entscheidungen enthalten nämlich teils nur eine Ablehnung der dualistischen Theorie (wie die Scheck- und Kreditkartenentscheidungen BGHSt **24** 386; **33** 244); zum überwiegenden Teil lautet ihre ratio decidendi lediglich, dass bestimmte Obhutspersonen sowohl den Missbrauchs- als auch den Treubruchtatbestand erfüllen können (wie BGHSt **35** 224, 227) bzw. – für den konkreten Fall – dass „hier" sowohl der Missbrauchs- als auch der Treubruchtatbestand erfüllt wäre (BGH NJW **1984** 2535, 2536: „Kann identisch sein"; NJW **2006** 453, 454: „Stimmen hier überein", ebenso BGHSt **47** 192). *Hübner*s Idee vom „ausgestanzten Unterfall" (LK[10] Rdn. 17) findet sich zwar in der Wendung als „Spezialfall" in der Mannesmann-Entscheidung BGHSt **50** 331, 342, aber als bloßes obiter dictum (denn ein Aufsichtsratsmitglied besitzt natürlich die Täterqualifikation für beide Alternativen, u. Rdn. 323ff), und bezieht sich dort überdies ohne eigene Begründung auf die drei schon erwähnten BGH-Entscheidungen, die aber diese Sicht gerade nicht transportieren (BGH NJW **1984** 2539, 2540 sagt ausdrücklich, dass die jeweiligen Pflichten „identisch sein können", und lässt eine unterschiedliche Bestimmung im Hinblick auf BGH NJW **1954** 1616 ausdrücklich offen). Die Übertragung des für den Treubruchtatbestand entwickelten, im Übrigen auch dort nur ein Epiphänomen beschreibenden (u. Rdn. 98ff) Merkmals der „Selbständigkeit" auf den Missbrauchstatbestand (exemplarisch *Dierlamm* MK Rdn. 61) verlässt deshalb nicht nur den Boden der in den relevanten Kategorien bis heute nicht aufgegebenen Rechtsprechung,[63] sondern übersieht auch, dass die Neuorientierung seit BGHSt **24** 386 nur die Einschränkung des Missbrauchstatbestandes auf fremdnützige Machtpositionen betrifft. Bei der Herausarbeitung der spezifischen Täterschaftsanforderungen des Treubruchtatbestandes ging es regelmäßig auch (nur) um die „differentialdiagnostische" Frage, ob der Realakt der Wegnahme oder Zueignung von Kassenbeständen aus diesem oder aus den Tatbeständen des Diebstahls bzw. der Unterschlagung/Veruntreuung zu bestrafen war (BGH NStZ **1983** 455; BGHSt **13** 315, 318: **18** 312, 313; BGH wistra **1989** 60). Die Autoren, die das Täterkriterium beim Treubruch unbesehen auf den Missbrauchstatbestand übertragen wollen, verkennen dementsprechend, dass sie hierdurch unbegründete Strafbarkeitslücken für die ebenso strafwürdige Schädigung am unkörperlichen Vermögen aufreißen und die dem Missbrauchstatbestand vom Gesetzgeber eingeschriebene Parallelfunktion zur hier von § 246 StGB nicht erfassten Veruntreuung gerade zerstören würden. Dementsprechend führt es auch in die Irre, die Vermögensbetreuungspflicht als allgemeine Kategorie „vor die Klammer zu ziehen", bevor die einzelnen Tatbestandsmerkmale geprüft werden.[64]

29 **c)** Noch weniger zwingt die Rechtsprechungsentwicklung seit der Scheckkartenentscheidung zu dem **Doppelfehler**, die Anforderungen an die *Fremdnützigkeit* der Verwaltungstreuhand von allen Seiten her höher zu schrauben, so dass für § 266 zuletzt nur ein **Schrumpfbereich** im Sinne eines „Vasallendelikts" übrig bleibt und Verwalter der unteren Ebene, namentlich solche mit klarem Verhaltensprogramm, ebenso ausgeschieden werden wie die Fälle einer an untreueirrelevante Austauschverhältnisse **angekoppelten Verwaltungstreuhand.** Die Rspr. hat die von ihr für die Abgrenzung des Treubruchtatbestandes angeführten, in Wahrheit teils nichtssagenden, teils vernebelnden Obersätze (näher u. Rdn. 98ff) aus einem gesunden Judiz heraus niemals in diese Richtung prakti-

---

63 Siehe BGHSt **13** 315; BGH wistra **1993** 61; OLG Köln NJW **1993** 1992; OLG Hamm NJW **1973** 1809.
64 So aber *Hoyer* SK Rdn. 27ff; *Esser* AnwK Rdn. 13ff; *Kindhäuser* NK Rdn. 31ff; *Saliger* SSW Rdn. 18ff; *Beukelmann* HK-GS Rdn. 8ff.

ziert, so dass die sich eigenartiger Weise in der neueren Kommentarliteratur ausbreitende Tendenz, die betreffenden Floskeln in dem engstmöglichen Verständnis für bare Münze zu nehmen,[65] eine seriöse Berücksichtigung der Präjudizien (die nicht die sprachliche Oberfläche, sondern das sachliche Ergebnis zu beachten hat) vermissen lässt. Zusammen mit der in § 266 gerade nicht verlangten Reduzierung auf „gravierende Pflichtverletzungen",[66] die vor allem als Entkriminalisierung der für die moderne Volkswirtschaft kennzeichnenden Organuntreue (o. Rdn. 14) propagiert wird, wirkt das wie eine *Restriktionsobsession*, die weder dogmatisch begründet noch kriminalpolitisch erträglich ist.

IV. Verhältnis des Missbrauchs- und des Treubruchtatbestandes zueinander

Auch die zum systematischen Verhältnis der beiden Tatbestandsalternativen beliebt **30**
gewordene, verführerisch-einprägsame Formel *Hübners*, der Missbrauchstatbestand sei lediglich ein „ausgestanzter Unterfall des umfassenden Treubruchtatbestandes",[67] trifft deshalb die Sache nicht und kann auch nur ein obiter dictum des BGH vorweisen,[68] während es in den meisten BGH-Entscheidungen weit vorsichtiger nur in Bezug auf den konkreten Fall heisst, die Vermögensbetreuungspflicht im Sinne des Missbrauchstatbestandes und die Vermögensfürsorgepflicht im Sinne des Treubruchtatbestandes stimmten „hier" überein.[69] Hinter dieser in den Augen einer streng monistischen Theorie in der Tat merkwürdigen Formulierung[70] dürfte die zutreffende Erkenntnis stecken, dass es sich in den beiden Alternativen um unterschiedliche Ausprägungen des allgemeinen Unrechtstyps der Untreue handelt, der in der rücksichtslosen Ausübung einer Herrschaft über fremdes Vermögen besteht und in § 266 in zwei Subtypen ausdifferenziert wird, die sich durch die Art der Herrschaft unterscheiden: rechtsgeschäftlich beim Missbrauchstatbestand und nicht-rechtsgeschäftlich beim Treubruchtatbestand, wobei der Täter in beiden Fällen die ihm zur Fürsorge für das fremde Vermögen anvertraute Herrschaft zweckwid-

---

65 Näher unten Rdn. 98; exemplarisch *Dierlamm* MK Rdn. 61 zur angeblich „grundlegenden Bedeutung" eines „Entscheidungsspielraums" des Täters (der sich stricto sensu über das strafrechtliche Verbot selbst ad absurdum führt).

66 Dazu vorerst nur *Saliger* SSW Rdn. 40 ff; *Schünemann* Organuntreue S. 6 ff; zur daraus im Bereich der maximal je erlebten Geschäftsherrenschädigung durch Spekulationsverluste mit US Subprime Mortgages versuchten Ableitung absurder Konsequenzen *Deiters* u. *Gillmeister* in Kempf/Lüderssen/Volk (Hrsg.) Finanzkrise S. 132, 280.

67 So *Hübner* LK 10. Aufl. Rdn. 17; übernommen von *Saliger* SSW Rdn. 7; *Wittig* in v. Heintschel-Heinegg Rdn. 5; *Labsch* NStZ **1986** 104, 106; dem Schein nach ebenso, aber mangels der notwendigen begrifflichen Unterscheidung zwischen strenger und eingeschränkter monistischer Theorie unzulässig nivellierend *Arzt/Weber/Heinrich/Hilgendorf* § 22 Rdn. 68, 79; *Esser* AnwK Rdn. 11; *Krey/Hellmann* BT 2 Rdn. 542, 553; *Lackner/Kühl* Rdn. 21; *Maurach/Schroeder/Maiwald* 1 § 45 Rdn. 11, 18; *Wessels/Hillenkamp* BT 2 Rdn. 749.

68 So BGHSt **50** 331, 342 zur Begründung dafür, dass offen gelassen werden könne, ob der Missbrauchs- oder der Treubruchtatbestand erfüllt sei; doch wäre für dieses Ergebnis stattdessen die dogmatische Konstruktion der Tatsachenalternativität weitaus plausibler gewesen. Notabene sind auch die an dieser Stelle vom 3. Strafsenat angezogenen Belegstellen unzutreffend, denn selbst in der Scheckkartenentscheidung BGHSt **24** 386, 387 findet sich die vom 3. Strafsenat zitierte Formel nicht; in BGHSt **47** 187, 192 wird sogar, ebenso wie in BGH NJW **1984** 2539, 2540, weitaus vorsichtiger nur davon gesprochen, dass die Vermögensbetreuungspflicht im Sinne des Missbrauchstatbestandes und die Vermögensfürsorgepflicht im Sinne des Treubruchtatbestandes „hier übereinstimmten"; und diese Wendung findet sich auch in der bei *Wittig* in v. Heintschel-Heinegg, Rdn. 5, angezogenen Kinowelt-Entscheidung BGH NStZ **2006** 221, 222. Von einer klaren Positionierung des BGH hinsichtlich der Frage des rechtslogischen Verhältnisses zwischen Missbrauch- und Treubruchtatbestand kann man deshalb beileibe nicht sprechen.

69 Nachw. Fn. 68.

70 Vgl. *Wittig* in von Heintschel-Heinegg Rdn. 5.

rig ge-, also missbraucht und dadurch das ihm anvertraute Vermögen von innen heraus schädigt. Während die Herrschaft über das fremde Vermögen in Gestalt einer Verpflichtungs- oder Verfügungsmacht im Missbrauchstatbestand präzise umrissen werden konnte, bereitet ihre Bestimmung im Treubruchtatbestand größere Schwierigkeiten und wird von der Rechtsprechung mit Hilfe verschiedener quantitativ abstufbarer Kriterien angesteuert, etwa Umfang und Dauer, Dignität und Selbständigkeit der Pflichtenstellung, bei denen es aber nur um die Abgrenzung zu den Zueignungsdelikten und damit nur um Gesichtspunkte geht, die für den Missbrauchstatbestand von vornherein völlig funktionslos sind (näher u. Rdn. 98ff). Eine Übertragung dieser einschränkenden Voraussetzungen auf den Missbrauchstatbestand hat der BGH denn auch in der Mietkautionsentscheidung ausdrücklich abgelehnt (BGHSt **41** 224, 229), und auch im Schrifttum wird deshalb die Spezialitätsthese mit dem Argument für falsch erklärt, dass man die einschränkenden Täterschaftskriterien des Treubruchtatbestandes nicht auf den Missbrauchstatbestand übertragen und diesen, um seine verfehlte Einengung zu vermeiden, keinesfalls im Treubruchtatbestand aufgehen lassen dürfe.[71]

31 Für die Praxis hat das logische Verhältnis von Missbrauchs- und Treubruchtatbestand nur eine prozessuale Bedeutung, denn die Spezialitätsthese fördert die Neigung des BGH, die Entscheidung zwischen Missbrauch und Treubruch offen zu lassen,[72] und würde auch einen Verzicht auf einen Hinweis auf eine Veränderung des rechtlichen Gesichtspunktes gemäß § 265 StPO beim Übergang von der einen zur anderen Alternative in der Hauptverhandlung erleichtern.[73] Gerade diese Beispiele unterstreichen, dass an Stelle der Spezialitätsthese das sowohl vom Wortlaut[74] als auch von der historischen Entwicklung her allein schlüssige Verständnis des § 266 als eines **Zwillingsdelikts** zutrifft, das (entsprechend der typologischen Theorie) zwei **nebeneinander** stehende Typen der Untreue, eben den Missbrauchs- und den Treubruchtatbestand, umfasst.

V. Die beiden Untreueformen gemeinsame Unrechtsstruktur und ihr typologisches Verständnis

32 **1.** Auch wenn bis heute keine umfassende Theorie des strafrechtlichen Vermögensschutzes existiert,[75] lässt sich doch die Aufgabe des Untreuetatbestandes im Verhältnis zu Diebstahl, Betrug und Erpressung einerseits, Unterschlagung andererseits sowohl anhand der systematischen Vorstellungen des Gesetzgebers als auch mit Hilfe einer an der Schutzbedürftigkeit des Opfers orientierten Typenbildung („viktimodogmatisch") zuverlässig bestimmen und damit eine die Auslegung leitende teleologisch-kriminalpolitische Strukturierung vornehmen:[76] In einer Wettbewerbswirtschaft versteht es sich zu-

---

71 *Sch/Schröder/Perron* Rdn. 2; *Seier* Rdn. 55.

72 BGHSt **47** 187, 192; **50** 331, 341f; **51** 100, 112ff; mit Recht kritisch *Seier* Rdn. 42f; *Saliger* NStZ **2007** 546; „problematisch" laut *Saliger* SSW Rdn. 7.

73 Zweifelnd *Saliger* SSW Rdn. 7 a.E.

74 Denn die Spezialitätsthese hätte grammatisch korrekt nur durch die Konjunktion „oder sonst" im Gesetzeswortlaut ausgedrückt werden können, zutr. *Sch/Schröder/Perron* Rdn. 2.

75 Ansätze bei *Otto* S. 336ff und passim; *Geerds* S. 15ff.

76 Wobei die viktimodogmatische Perspektive im Zusammenhang dieser Strukturbildung nur voraussetzt, den Rechtsgüterschutz als die unbestrittene Zentralfunktion des Strafrechts, der traditionell auf der ersten Stufe nach den unterschiedlichen Rechtsgütern gegliedert wird, auf der zweiten Stufe nach den unterschiedlichen Schutzbedürfnissen [= Angriffsrichtungen!] aufzufächern und dadurch eine Systematisierung innerhalb der gegen das gleiche Rechtsgut gerichteten Delikte vorzunehmen. Auf die Kontroverse um die vergleichsweise anspruchsvollere *viktimodogmatische Auslegungsmaxime*, die durch eine in jeder Hinsicht ausreichende und problemlose Selbstschutzmacht des potentiellen Opfers gekennzeichneten Konstellationen im Rahmen einer methodengerechten restriktiven

nächst von selbst, dass das Vermögen keinen strafrechtlichen Rundumschutz genießen kann, so dass die Aufgabe des Gesetzgebers darin besteht, die zu respektierenden Schutzbereiche, die sozialschädlichen Angriffsformen und den nach dem ultima-ratio-Prinzip unverzichtbaren Strafrechtsschutz festzulegen. Nach dem traditionellen Konzept des StGB ist das Vermögen als solches gegenüber Angriffen von außen in den Angriffsformen des Zwanges (§ 253), der Täuschung (§ 263) und der Ausnutzung habitueller Wehrlosigkeit (§ 291) umfassend geschützt, darüber hinaus in einzelnen spezialisierten Vermögensrechten mit dem Prototyp des Eigentums gegen eine Beschädigung oder auf Dauer berechnete Vorenthaltung durch die §§ 242, 246 und 303. Dieser Schutz des Vermögensinhabers „nach außen" muss nun aber, wie bereits *Binding* (oben Rdn. 19) auf den Begriff gebracht hat, durch einen Schutz des Vermögens gegen „seinen Feind gerade in der Person, der es von Rechts wegen unterstellt ist", ergänzt werden, und zwar prinzipiell durch das Strafrecht, weil hier andere Schutzmittel versagen: Gegenüber der Person, der der jederzeitige Zugriff auf das Vermögen eines anderen von Rechts wegen eröffnet ist, versagen alle sonst üblichen faktischen Schutzvorkehrungen, und auch das Zivilrecht kann hier keinen Schutz prästieren, weil es ja genau umgekehrt gerade den ungehinderten Zugriff auf das fremde Vermögen ermöglicht und dadurch gewissermaßen zum Vehikel der Tatbegehung wird. Die den Typus der Untreue bestimmende kriminalpolitische Aufgabe besteht also in dem Schutz des Vermögensinhabers gegen eine von innen heraus, d.h. von dem gerade umgekehrt zur Fürsorge bestimmten **Obhutsgaranten** bewerkstelligte Schädigung. Wie in der Entstehungsgeschichte Rdn. 2 dargelegt, haben schon vor 1870 in Preußen das Obertribunal, in Sachsen der Gesetzgeber erkannt, dass der Schutz des Sacheigentums vor Unterschlagung in entsprechender Weise auch auf Forderungen und andere Vermögensgegenstände ausgedehnt werden muss, auf die freilich nur solche Personen regelmäßig Zugriff haben, denen diese Vermögensgegenstände ähnlich wie die Sachen bei der Veruntreuung anvertraut worden sind. Dieser ursprünglich beim Unterschlagungstatbestand eingeordnete Schutz ist 1870 durch das StGB für den Norddeutschen Bund „unter den Begriff der Untreue gestellt" worden, nämlich als die sog. Bevollmächtigtenuntreue des § 266 Abs. 1 Nr. 2 a.F., die den Kristallisationskern der Missbrauchstheorie und damit des heutigen Missbrauchstatbestandes gebildet hat. Um die von der Missbrauchstheorie gelassenen Strafbarkeitslücken bei nicht rechtsgeschäftlichem Handeln und bei nicht selbst mit formeller Rechtsmacht ausgestatteten Beratern und Betreuern zu schließen, hat der Gesetzgeber 1933 neben den Missbrauchstatbestand den bewusst generalklauselartig gefassten Treubruchtatbestand gestellt.[77] Gerade wegen dieser vom Wortlaut her extrem weiten Fassung, unter die man fast jede schlichte Vertragsverletzung hätte subsumieren können, musste die Rechtsprechung sodann eine stark restriktive Auslegung entwickeln, was das Reichsgericht in den 30iger Jahren getan hat.[78] Mit dieser Entfaltung des Untreuetypus[79] ging zugleich die **Ab-**

Tatbestandsinterpretation aus dem Strafbarkeitsbereich herauszuhalten (Nachw. o. Fn. 25), kommt es hierfür also nicht an.

77 Instruktiv *E. Schäfer* DJZ **1933** 795: „Diese Fassung geht zweifellos sehr weit und ist ... bewusst weit gezogen, um ... die Korruption mit dem gebotenen Nachdruck bekämpfen zu können"; *ders.* in der 48. Sitzung der Strafrechtskommission vom 21.9.1934 S. 7: „Uns schwebten als Beispiele die Fälle vor, dass ein Berater, der keine rechtsgeschäftliche Vollmacht hat, bei der Anlage von Vermögen zum Ankauf von Aktien eines verkrachten Unternehmens, an dem er selbst beteiligt ist, rät ... Das sind Fälle, in denen eine rechtsgeschäftliche Verfügung nicht vorliegt; sie lassen sich nur mit der Treubruchstheorie erfassen ... Dabei sollte man sich allerdings überlegen, ob nicht die Treubruchstheorie etwas zu weit geht."

78 Vgl. vorerst den Überblick bei *Zoller* S. 67–72.

79 In dem erst in der neuesten Rechtstheorie präzisierten Sinn, nämlich als Begriff mit mehreren für sich selbst abstufbaren Merkmalen (Dimensionen), der also nicht im klassischen Sinne definiert, sondern nur

19

grenzung zu zwei anderen Unrechtstypen einher, nämlich zu den reinen **Eigentumsdelikten** und zu den bloß zivilrechtlichen **Vertragsverletzungen**. Schon im Rahmen der alten Bevollmächtigtenuntreue musste der Kreis der tauglichen Täter gegen Boten und ähnliche Handlanger abgegrenzt werden, deren Wirkungskreis typischerweise nur faktische Einwirkungsmöglichkeiten auf fremdes Eigentum erfasst und deren Handeln deshalb der Deliktsmaterie der Unterschlagung, regelmäßig in der qualifizierten Form der Veruntreuung, zuzuordnen ist. Mit der Neufassung des § 266 kam das Problem der Abgrenzung zu schlichten Vertragsverletzungen im Rahmen von Austauschbeziehungen hinzu.

33 **2.** Die vier zentralen Merkmale des Typus „Untreueunrecht" sind die **Herrschaft** über fremdes Vermögen, deren **Fremdnützigkeit**, die **rücksichtslose**, d.h. dem Vermögensinhaber gegenüber nicht gestattete Ausübung dieser Rechtsmacht, und schließlich als Erfolgsmoment der **Vermögensnachteil**. In dieser Grundstruktur stimmen Missbrauchs- und Treubruchtatbestand völlig überein, während sie sich in der **Art der Herrschaft unterscheiden**: rechtsgeschäftlich beim Missbrauchs-, nicht-rechtsgeschäftlich beim Treubruchtatbestand. Der vielleicht größte Irrtum in der früheren Dogmatik des § 266 bestand darin, dass man der Meinung war, der Treubruchtatbestand sei primär durch eine Verletzung der Treupflichten im Innenverhältnis bzw. sozusagen nur dadurch gekennzeichnet – so dass also im Missbrauchstatbestand der Missbrauch im *Außen*verhältnis, im Treubruchtatbestand die Pflichtverletzung im *Innen*verhältnis getroffen würde. In Wahrheit geht es bei beiden Tatbeständen darum, dass die Schädigung fremden Vermögens durch Ausübung einer Herrschaftsposition („von innen heraus", was nur kraft einer schon vorhandenen Machtstellung möglich ist) bestraft wird, wobei die Verletzung des Innenverhältnisses nur Maßstab der Rechtswidrigkeit ist, während die Tathandlung natürlich immer eine Schädigung qua Herrschaft und in diesem Sinne eine Wirkung im Außenverhältnis bedeutet.[80] Im Missbrauchstatbestand richtet sich die Vermögensherrschaft auf die Wahrnehmung von Rechtsbeziehungen zu Dritten, und aus diesem Grunde spricht man im Zivilrecht von einem Außenverhältnis. Im Treubruchtatbestand geht es um alle anderen Aspekte der Herrschaft über ein fremdes Vermögen, wobei die Herrschaft „eingeräumte Zugriffsmöglichkeit bei Abwesenheit von Kontrolle" bedeutet. Die natürliche **Folge** einer **Abwesenheit von Kontrolle** ist die **Treupflicht**, während solche Personen, die ständiger Kontrolle unterliegen und deshalb keine eigene Herrschaft ausüben, auch nicht in diesem Sinne Treue schulden. Erst wenn man sich dies klarmacht, wird auch verständlich, warum die **Selbständigkeit** der Täterposition in der st. Rspr. das zentrale Kriterium des Treubruchtatbestandes darstellt (näher Rdn. 98 ff): Es gibt nämlich keinen originären Zusammenhang von Selbständigkeit und Treupflicht, viel-

---

durch fallgebundene Ähnlichkeitsregeln konkretisiert werden kann; näher *Puppe* Gedächtnisschrift Armin Kaufmann S. 15, 25 ff; *Kuhlen* in: Herberger/Neumann/Rüßmann (Hrsg.) Generalisierung und Individualisierung im Rechtsdenken ARSP-Beiheft 45 **1992** S. 101, 119 ff; *Schünemann* FS Arthur Kaufmann (1993) S. 299 ff, 305 ff; *ders.* FS Hirsch (1999) S. 363 ff; *ders.* FS Otto (2007) S. 777 ff; *Duttge* Zur Bestimmtheit des Handlungsunwerts von Fahrlässigkeitsdelikten (2001); *ders.* MK § 15 Rdn. 126 ff.

80 So bereits im Ansatz völlig zutr. *Sax* JZ **1977** 666 f, dessen Überlegungen durch die völlig überzogene, aber erfolgreiche Kritik von *Hübner* LK 10. Aufl. Rdn. 12 f, 76 lange Zeit nicht die verdiente Anerkennung gefunden hatten; zur faktischen Herrschaft als Auslöser der Betreuungspflicht auch BGH – VI ZR 117/82 – NJW **1984** 800 re. Sp.; BGHR § 266 Abs. 1 Vermögensbetreuungspflicht 26; Auch die von *Kindhäuser* sog. „integrierte Untreuekonzeption" (FS Lampe (2003) 710 ff; NK Rdn. 22 f) ist mit der von mir bereits in der 11. Aufl. des LK 1998 entwickelten Untreuekonzeption weitestgehend identisch, vgl. seine Formulierung, die „Treue ist als Ausgleich eingeräumter eigener Macht über fremdes Vermögen zu verstehen" (NK Rdn. 22), mit den in der 11. Aufl. des LK, § 266 Rdn. 20, zu findenden Wendungen.

mehr ist Selbständigkeit ein Attribut von Herrschaft, und erst aus der anvertrauten Herrschaft resultiert die Treupflicht. Anders formuliert, ist die qualifizierte Treupflicht nicht der harte Felsen des Treubruchtatbestandes, sondern nur ein Spiegel oder ein Indiz für die eigentliche Struktur, nämlich die Herrschaft. Die Treue ist nur die Schale, durch die man auf den Kern der Herrschaft zugreifen muss. Oder schließlich: Treue ist nur die normative Konsequenz aus der vom Gesetz für maßgeblich erklärten **sachlogischen Struktur der Herrschaft.**

3. Bei der Konkretisierung dieser Formel von der „zweckwidrigen Ausübung anvertrauter Obhutsherrschaft über fremdes Vermögen durch Rechtsgeschäft oder in sonstiger Weise" als **Kern des Untreueunrechts** ist – entsprechend der Methodik der typologischen Betrachtungsweise – ein **dreifacher Gegenpol**[81] zu dieser tatbestandsmäßigen Herrschaftsposition zu bilden: zum einen die völlig **unselbständige**, umfassend kontrollierte Position des **Arbeitnehmers**; zum anderen die Position des **Vertragspartners**, der mit dem Vermögensinhaber kurzfristig in einem reinen **Austauschgeschäft** zusammentrifft, diesem aber deshalb keine Treue schuldet, weil er über dessen Vermögen keine Herrschaft von innen heraus ausübt; und zum dritten das schon durch die Eigentumsdelikte erfasste bloße **Hantieren mit fremden Sachen.** Auf der anderen Seite steht die Herrschaft als ratio essendi der Treupflicht, die sich sowohl aus einer aktuellen Herrschaftsposition im Innenbereich des Vermögens als auch aus einer früheren Übertragung von Vermögen im Sinne des Anvertrauens dieser Vermögensstücke zwecks Umwandlung in neue Vermögensstücke ergeben kann: Die Treuhand setzt sich bei der mittelbaren Stellvertretung auch an den Vermögensstücken fort, die für die veräußerten Vermögensstücke des Auftraggebers eingenommen worden sind. Entscheidende Abgrenzung zum Austauschvertrag ist hier, dass eine endgültige Vereinnahmung des Erlöses durch den Beauftragten niemals zur Debatte gestanden hat, sondern dass die Entlohnung für die Dienstleistung erfolgt und sich nicht etwa aus dem Transaktionsgewinn ergeben soll. Allgemein lässt sich deshalb sagen, dass die Treupflicht eine Folge der Herrschaft ist, und zwar entweder einer aktuellen Herrschaft innerhalb des Vermögensverbandes oder einer zuvor eingeräumten Herrschaft über vom Treuhänder benutzte Vermögensstücke, die wirtschaftlich dem Treugeber zustehen. 34

VI. Rechtsgut

Geschütztes **Rechtsgut** ist das fremder Hand anvertraute **Vermögen.** Dies ist zwar h.M., jedoch nicht unbestritten. An die ursprüngliche Fassung des § 266 Abs. 1 Nr. 1, die sich gegen Vormünder, Kuratoren usw. richtete, „wenn sie absichtlich zum Nachteile der ihrer Aufsicht anvertrauten Personen oder Sachen handeln" (Entstehungsgeschichte Rdn. 3), knüpfte eine Meinung im Schrifttum an, dass nicht allein das Vermögen als Sache geschützt, sondern auch die Untreue gegen die Person getroffen werden sollte (Fundstellen bei *Allfeld* § 107 Fn. 8). Diese Lehre, schon von RGSt **16** 77, 79 verworfen, hat – aus heutiger Sicht – mit der Neufassung v. 26.5.1933 ihre Grundlage verloren; sie wird nicht mehr ernsthaft vertreten. Der nationalsozialistische Gedanke von der Untreue als einem Verratstatbestand[82] ist gleichfalls überwunden. Heute entspricht es der nahezu einhelligen Auffassung in der Literatur, dass die Untreue ein reines Vermögensdelikt ist, 35

81 Zu diesem wichtigen methodischen Prinzip der Typuskonkretisierung am Beispiel der Bestechungsdelikte *Schünemann* FS Otto (2007) 777, 792 ff.

82 *Dahm* bei Gürtner² BT S. 445, 449, 452; Prot. der 48. Sitzg. der Strafrechtskommission v. 21.9.1934, *Klee* und *Freisler* S. 9.

insoweit dem Betrug gleichend, mit dem sie in demselben Gesetzesabschnitt untergebracht ist.[83] Hingegen sehen *Sch/Schröder/Cramer*[18] (Rdn. 1), *Dunkel*,[84] *Luthmann*[85] und *D. Meyer*[86] außer dem Vermögen als geschütztes Rechtsgut auch das Vertrauen in die Redlichkeit des Rechts- und Wirtschaftsverkehrs an. Strafrechtliche Untreue sei „nicht nur Vermögensschädigung durch Vertrauensbruch, sondern zugleich Vertrauensbruch durch Vermögensschädigung".[87] Das Wortspiel kehrt indes die Ursächlichkeit um, verlagert also den Schwerpunkt, müsste außerdem gleichermaßen für den Betrug gelten, bei dem aber ganz allgemein das Vermögen allein als geschütztes Rechtsgut erachtet wird,[88] auch von *Sch/Schröder/Cramer*[18] selbst.[89] Freilich hat sich in historischer Perspektive das *Vermögen* als gemeinsames individuelles Rechtsgut von Betrug und Untreue erst mit Ausbau und Ausbreitung der kapitalistischen Gesellschaftsstruktur im 19. Jahrhundert angeboten. Zu der alten Fassung des § 266 wurde deshalb im Schrifttum bezeichnenderweise anfangs noch das Treueverhältnis als solches, also unabhängig von materiellen Einbußen, als Schutzobjekt angesehen und beispielsweise der sexuelle Missbrauch des Mündels durch den Vormund darunter subsumiert.[90] Noch deutlicher ist, was 300 Jahre früher *Shakespeare*[91] *Jago* sagen ließ: „Who steals my purse, steals trash; 'tis something, nothing; 'twas mine,' tis his, and has been slave to thousands. But he that filches me from my good name robs me of that which not enriches him and makes me poor indeed."[92] Eine im Kern auf Ehre und Treue gegründete Gesellschaft kann im strengen Sinne gar keinen für alle gleichen Vermögensbegriff bilden, zu ihr würde allenfalls ein durch und durch personaler Vermögensbegriff passen. Erst in der kapitalistischen Wirtschafts- und Gesellschaftsstruktur ist ein überindividueller und damit als Rechtsgut sowohl für Betrug als auch für Untreue geeigneter Vermögensbegriff denkbar. Untreue und Betrug konnten also erst zu Zentraldelikten im Vermögensstrafrecht aufsteigen, seitdem die kapitalistische Wirtschaftsform eingeführt und vorherrschend wurde. Denn damit entstand die *Warenform* als Standardmodell der Gegenstände,[93] und mit ihrem dadurch ermöglichten Vergleich in der homogenen Ertragskategorie des Geldes war es nunmehr möglich, Vermögen als allgemeines Rechtsgut, nämlich als den Saldo der geldwerten Güter einer Person,[94] zu definieren und das Vertrauensverhältnis nicht (mehr) als sol-

---

83 EStGB 1962 § 263 und Begr. Vor § 235; *Baumann* Sicherungsrechte S. 175; *Beukelmann* HK-GS Rdn. 5; *Cramer* S. 116; *Dierlamm* MK Rdn. 1; *Esser* AnwK Rdn. 1 ff; *Fischer* Rdn. 2; *Hoyer* SK Rdn. 1–5; *Kindhäuser* NK Rdn. 1; *Krey/Hellmann* BT/2 Rdn. 541; *Maurach/Schroeder/Maiwald* 1 § 45 Rdn. 1; *H. Mayer* Untreue S. 47, 143, 145; Mat. I 349; *Schmid* M-G/B § 31 Rdn. 3; *Rengier* BT I § 18 Rdn. 1; *Saliger* SSW Rdn. 1; *Seier* Rdn. 10; *Schneidewin* Mat. I 209; *Sch/Schröder/Perron* Rdn. 1; *Wessels/Hillenkamp* BT 2 Rdn. 747; *Wittig* in v. Heintschel-Heinegg Rdn. 2.

84 S. 41 ff, 109 ff, 112, 169; GA **1977** 334 f.

85 NJW **1960** 420.

86 MDR **1971** 894; JuS **1973** 215.

87 *Klug* bei Hachenburg GmbHG[6] und im Großkommentar AktG 2. Bd.[2] Anm. 4 zu den inzwischen aufgehobenen § 81a GmbHG und § 294 AktG.

88 Z.B. BGHSt **16** 220, 221; *Hefendehl* MK § 263 Rdn. 1–7; *Tiedemann* LK Rdn. 18 vor § 263.

89 § 263 Rdn. 1 m. w. Schrifttumsangaben.

90 So noch *Hugo Meyer* Lehrbuch des Deutschen Strafrechts, 5. Aufl. (1895), S. 632.

91 Vermutlich nicht der damit von der h. L. identifizierte Geschäftsmann William Shaxper aus Stratford on Avon, sondern Edward de Vere, 17. Earl of Ox(en)ford, vgl. nur die Nachw. b. *Schünemann* FS Kühne, S. 361, 368 ff. Fn. 36, 40.

92 Othello the Moor of Venice, 3. Akt 3. Szene 161–164.

93 Grdl. *Marx*, Zur Kritik der politischen Ökonomie, 1859, S. 4; Das Kapital, 2. Aufl. 1872, Erstes Buch Erster Abschnitt.

94 In der klassischen Umschreibung der Vereinigten Strafsenate des Reichsgerichts vom 20.4.1887: „Demnach hat man die Vermögensbeschädigung im Sinne des § 263 StGB als die dem Getäuschten nachteilige Differenz zwischen dem Geldwert (!) zu definieren, welchen dessen Vermögen nach und

ches, sondern nur in seiner Vermögensbeziehung zu schützen, so dass der *Vertrauensbruch* nur (noch) das **Angriffsmittel** auf das geschützte Rechtsgut ist. Auch in der Rechtsprechung ist das seit eh und je anerkannt worden,[95] weshalb die Judikatur zum Erfolgsmoment der Nachteilszufügung, der im Schrifttum eine zunehmende Entleerung des Begriffs des Vermögensschadens vorgeworfen wird,[96] den „archimedischen Punkt" des Untreuetatbestandes betrifft.[97]

§ 3
Die Vereinbarkeit mit dem Grundgesetz

Zusammenfassung

Die Auslegungsbedürftigkeit des Tätermerkmals ist mit den Anforderungen des Bestimmtheitsgrundsatzes (Art. 103 II GG) zu vereinbaren, weil es sich bei der Obhutsherrschaft über fremdes Vermögen nicht um einen reinen Wertbegriff, sondern um ein Funktionsmerkmal handelt. Erst recht können gegen die Deliktsstruktur des vorsätzlichen Erfolgsdelikts mit einem Vermögensschaden als Unrechtserfolg keine ernsthaften verfassungsrechtlichen Bedenken angemeldet werden. BVerfGE 126 170 hat deshalb mit Recht die (im Schrifttum zum Teil in maßloser Übertreibung angezweifelte) Verfassungsmäßigkeit bejaht und für die Auslegung 3 Prinzipien formuliert, nämlich das Präzisierungsgebot, das Verschleifungsverbot und das Verbot einer unbegrenzten Normativierumg des Vermögensschadensbegriffs .

I. Allgemeine Grundsätze

Ob die Vorschrift des § 266 mit dem GG und daher auch mit der EMRK[98] noch verein- 36
bar ist, wird zwar für den Missbrauchstatbestand nicht in Zweifel gezogen. Dagegen sind im Schrifttum Bedenken laut und immer lauter geworden, ob der Treubruchtatbestand die Forderung des Art. 103 Abs. 2 GG nach Gesetzesbestimmtheit erfüllt.[99] Nicht zu leugnen ist: Außer dem Zufügen eines Nachteils wird hier vom Gesetz nur die Verletzung der Pflicht zur Wahrnehmung fremder Vermögensinteressen bezeichnet. Die Tathandlung, die erst die Pflichtverletzung begründet, wird allein durch die Ursächlichkeit für den Taterfolg (den Vermögensnachteil) umschrieben.[100] Die Frage ist, wie hoch man die verfassungsrechtlichen Anforderungen an die Gesetzesbestimmtheit zu spannen hat.[101] Denn in dem Dilemma, dass der Richter bei der Tatbestandskonkretisierung den Gesetzgeber wenigstens zum Teil vertreten muss, befindet sich der § 266 nicht allein. Die Problematik

---

infolge der durch die Täuschung hervorgerufenen Verfügung tatsächlich hatte, und demjenigen Geldwerte, den es gehabt hätte, wenn die Täuschungshandlung nicht vorgekommen wäre." (RGSt 16, 1, 3). Zum heutigen „mainstream" s. die Nachw. b. SSW/*Saliger*, § 266 Rdn. 51.

95 Vgl. nur RGSt **71** 155, 158 i.V.m. RGSt **74** 168; BGHSt **8** 254, 255 ff; **14** 38, 47 – GrS –; **43** 293, 297; BGH NJW **2000** 154, 155 – ununterbrochen st. Rspr; ebenso BVerfGE **126** 200.

96 Exemplarisch *Saliger* FS Samson (2010) 455 ff, bes. S. 481 f sowie u. Rdn. 163.

97 *Schünemann* StraFo **2010** 1 ff, 477 ff.

98 Art. 7; *Schmidt-Aßmann* in: *Maunz/Dürig/Herzog/Scholz* GG Art. 103 Rdn. 250.

99 AE BT, Straftaten gegen die Wirtschaft (1977) S. 127; *Arzt* FS Bruns S. 367; *Gribbohm* JuS **1965** 391; *Jescheck/Weigend* § 15 I 3; *H. Mayer* Mat. I 337, 345; *Otto* Struktur S. 311; *Samson* Strafrecht II^5 Fall 9 S. 95; *Welzel* § 5, II 3 a.E.; § 56, B; *Saliger* ZStW **112** (2000), 563; klar für Verfassungswidrigkeit *Dierlamm* MK^1 Rdn. 3–6 (lt. Rdn. 3 der 2. Aufl. nur noch „bedenklich"); *Labsch* S. 177–202; *Jakobs* AT § 4 Rdn. 29 f; *Kargl* ZStW **113** (2001) 565, 589.

100 *Dunkel* S. 188; GA **1977** 337; *Eser* IV^4 Fall 17 A 44; *Sax* JZ **1977** 664, A I 3; *Sieber* S. 247.

101 *Dunkel* S. 184 m.w. Fundst.; *Sch/Schröder/Eser/Hecker* § 1 Rdn. 17 ff.

tritt auch anderwärts auf, in Einzelvorschriften des Besonderen Teils wie im Allgemeinen Teil. Muss man einerseits erkennen, es sei im Hinblick auf die Vielgestaltigkeit der sozialschädlichen Verletzungsformen nicht möglich, den Anforderungen des Art. 103 Abs. 2 GG durch exakte umgangssprachliche Umschreibung der Verbotsmaterie zu entsprechen, will man andererseits nicht in unbefriedigende Kasuistik zurückfallen oder gar vor dem Problem kapitulieren, so muss man sich bei dem Grad von Rechtssicherheit bescheiden, der erreichbar und rechtsstaatlich noch erträglich ist, zumal die Überprüfung eines Straftatbestandes am verfassungsrechtlichen lex-certa-Gebot des Art. 103 Abs. 2 GG von dem Paradoxon ausgehen muss, dass das Bestimmtheitsgebot selbst außerordentlich unbestimmt ist.[102] Ferner wird, weil sich der Gesetzgeber des Mittels der Umgangssprache bedienen muss, die mögliche Präzision der Gesetze von vornherein durch die ontologisch unaufhebbare Vagheit und Porosität der Umgangssprache begrenzt.[103] Freilich bedeutet das keine Auflösung in völlige Beliebigkeit und damit in (bzgl. des späteren Ausgangs völlig ungewisse) einzelne Kommunikationsvorgänge, wie neuerdings wieder der Dekonstruktivismus und das Law-and-Literature-Movement in maßloser Einseitigkeit geltend machen.[104] Denn die Vagheit der Umgangssprache ist wiederum nur eine relative und beschränkt sich auf den sog. **Bedeutungshof** der umgangssprachlichen Begriffe, d.h. auf diejenigen Sachverhalte, bei denen die Bezeichnung eines Sachverhalts durch den betreffenden umgangssprachlichen Ausdruck nicht aufgrund eines Evidenzerlebnisses entweder treffend oder völlig inadäquat, sondern zweifelhaft ist. Hingegen vermittelt die Umgangssprache im **Bedeutungskern**, das heißt bezüglich der von einem bestimmten Ausdruck fraglos treffend bezeichneten Sachverhalte, sowie außerhalb des Bedeutungshofes, das heisst bezüglich der mit dem betreffenden Ausdruck unmöglich gemeinten Sachverhalte (dem **„Rest der Welt“**), Orientierungssicherheit.[105] Weiter kommt hinzu, dass hiernach verbleibende Unsicherheiten eine doppelte Reduzierung durch den jeweiligen Kontext erfahren, nämlich durch den umgangssprachlichen Kontext des Ausdrucks in einem bestimmten sprachlichen Feld und durch den sozialen Kontext eines bestimmten Regelungssubstrats, im Strafrecht also der betreffenden Verbotsmaterie. Da es schließlich im Recht – anders als in der Literatur – in der Regel nicht um situative und psychologische Feinheiten, sondern um relativ einfach strukturierte Vorgänge der Alltagswelt geht, bietet das Medium der Umgangssprache generell genügend Verlässlichkeit, damit eine dem Gesetzgeber vorschwebende und vom Normadressaten nachvollziehbare Verbotsmaterie definiert werden kann.

37 Bei der Interpretation des (wie dargelegt, selbst unbestimmten) Bestimmtheitsgebotes geht es dementsprechend um das pragmatische Problem, wie groß der der Gesamtheit der Gesetzestermini zukommende Bedeutungshof sein darf, damit einerseits die bei starren Beschreibungen unvermeidbaren Lücken des Rechtsgüterschutzes weitgehend vermieden werden, während andererseits die Orientierungssicherheit des Normadressaten durch eine Kombination von festen Anhaltspunkten und Risikobereichen auf dem Niveau der allgemein üblichen sozialen Orientierung „unter relativer Sicherheit“ bleibt,

---

102 *Schünemann* Nulla poena sine lege? (1978), S. 29.

103 Vgl. dazu *Herberger/Simon* Wissenschaftstheorie für Juristen (1980) S. 285ff; *Koch/Rüßmann* Juristische Begründungslehre (1982) S. 191ff, 194ff; *Herberger/Koch* JuS **1978** 812ff.

104 Vgl. dazu nur m. z.w.N. *Lüderssen* Genesis und Geltung in der Jurisprudenz (1996) S. 328ff, 349ff.

105 Zu diesem Ansatz grundlegend *Heck* AcP **112** (1914) 173 u.ö.; ferner *Jesch* AöR **82** (1957) 172f; *Hart* The Concept of Law 6. Aufl. (Oxford 1972) S. 321ff; *Koch* Unbestimmte Rechtsbegriffe und Ermessensermächtigung im Verwaltungsrecht (1979) S. 40ff; *Jellinek* Gesetz, Gesetzesanwendung und Zweckmäßigkeitserwägung(1913) S. 37f; *Koch/Rüßmann* Juristische Begründungslehre (1982) S. 195ff; *Hart* Harv. L. R. **1958** 593ff, 610ff; *Schünemann* FS Klug S. 169, 177f; *ders.* FS Arthur Kaufmann S. 299, 303f.; *ders.* FS Hassemer S. 239ff.

was zugleich auf einen gewissen Dezisionsspielraum des Richters bei der Konkretisierung des Gesetzes, aber auch auf den Ausschluss schrankenloser Richterwillkür hinausläuft. Zur Beantwortung dieser pragmatischen Frage hat das **Bundesverfassungsgericht** in der Vergangenheit elastische Formulierungen entwickelt, indem es betont hat, dass das Strafrecht nicht völlig darauf verzichten könne, allgemeine Begriffe zu verwenden, die formal nicht eindeutig allgemeingültig umschrieben werden können, weil sie unentbehrlich seien, um der Vielgestaltigkeit des Lebens Herr zu werden.[106] Zusätzlich hob das BVerfG darauf ab, dass Art. 103 Abs. 2 GG für den einzelnen die Vorhersehbarkeit und Berechenbarkeit staatlichen Strafens dadurch gewährleisten soll, dass in Grenzfällen zumindest das Risiko der Strafbarkeit nach dem Gesetz und seiner richterlichen Auslegung erkennbar werde.[107] Anhand der konkreten Konsequenzen dieser Rechtsprechung hatte *Krahl* das Gesamturteil gefällt, „dass der Bestimmtheitsgrundsatz vom BVerfG und BGH im Grunde aufgegeben worden ist, dass es sich bei den Entscheidungen lediglich um Verbalbekenntnisse zugunsten genauer Strafgesetze handelt, die im Hinblick auf die unbedingte Verbindlichkeit einer Verfassungsvorschrift abgegeben werden müssen."[108] Es steht deshalb außer Frage, dass der Treubruchtatbestand jedenfalls vor den vom BVerfG früher formulierten Anforderungen Bestand hat, weshalb denn auch in der Rechtsprechung niemals Zweifel an der Verfassungsmäßigkeit des § 266 laut geworden sind. Auch das ältere Schrifttum nahm – mit Ausnahme von *Labsch* (S. 177–202) – trotz der geäußerten Bedenken die Vorschrift als noch grundgesetzentsprechend hin.[109]

II. Die Täterqualifikation als hinreichend bestimmter Funktionsbegriff

Aber so einfach durfte man sich die Frage der Verfassungsmäßigkeit des Treubruchtatbestandes schon deshalb nicht machen, weil es sich dabei um einen Akt der autoritären Gesetzgebung in der Frühzeit des nationalsozialistischen Staates gehandelt hat (Entstehungsgeschichte Rdn. 4), bei dem die Autoren die beträchtliche Unbestimmtheit selbst eingeräumt haben.[110] Auch das Reichsgericht hat deshalb alsbald davon gesprochen, dass die Abgrenzung der sehr weit gefassten Begriffe des Treubruchtatbestandes erhebliche Schwierigkeiten biete, weil der Wortlaut des Gesetzes die Anwendung auf ganz untergeordnete Auftrags- und Dienstverhältnisse zulasse, weshalb man, um bei der unbestimmten Fassung des Gesetzes überhaupt eine Grenze ziehen zu können, neben dem Wortlaut auch den Zweck beachten müsse (RGSt **69** 58, 60f). Obwohl es daraufhin eine höchst anerkennenswerte Restriktion vorgenommen hat, die bis heute Bestand hat, kann man sich nicht mit der vom BVerfG am Beispiel des Tatbestandes des groben Unfugs gesuchten Ausflucht beruhigen, dass der Tatbestand durch eine jahrzehntelange gefestigte Rechtsprechung hinreichend präzisiert worden wäre.[111] Denn weil die Garantie der Gesetzesbestimmtheit ja gerade Voraussehbarkeit durch den Gesetzestext garantieren und richterliche Willkür ausschließen soll, ist es geradezu widersinnig, den Verstoß des Gesetzgebers gegen die verfassungsrechtlichen Anforderungen wegen irgendeiner späteren 38

106 Nachweise bei *Dannecker* LK § 1 Rdn. 183f, 198ff; *Sch/Schröder/Eser/Hecker* § 1 Rdn. 20.
107 Dazu mit Nachweisen *Tiedemann* Verfassungsrecht und Strafrecht (1991) S. 44f.
108 AaO S. 339 und passim; ähnlich das Gesamturteil von *Tiedemann* aaO S. 44, dass die Rechtsprechung des BVerfG den Vertrauensschutz praktisch zur Fiktion werden lasse.
109 *Bringewat* GA **1973** 359; *Tröndle*[49] Rdn. 8; *Dunkel* S. 188ff, 202; *Gribbohm* JuS **1965** 391; *Jescheck/Weigend* § 12 a.E.; § 15 I 3 a.E.; *H. Mayer* AT § 13 V 2; Mat. I 273ff; zweifelnd *Welzel* § 5 II 3 a.E.; § 56 B; *Lemmel* S. 37, 202 (hier Fn. 17) lässt die Frage offen.
110 *E. Schäfer* DJZ **1933** 796.
111 BVerfGE **26** 41, 43; fortgesetzt in BVerfGE **28** 175, 183, 185; **37**, 201, 208; *Sch/Schröder/Eser/Hecker* § 1 Rdn. 20; krit. *Dannecker* LK § 1 Rdn. 188, 201.

Judikatur verneinen zu wollen.[112] Gleichfalls in die Irre führt die Meinung von *Ransiek*, wonach (scil. lediglich) das zu schützende Rechtsgut im formellen Gesetz anzugeben sei, während „der entscheidende Schutz des Art. 103 Abs. 2 GG durch das Merkmal der Eindeutigkeit sprachlicher Zuordnung auf der Auslegungsebene" liege.[113] Denn eine eindeutige Zuordnung gibt es nur im Bedeutungskern der umgangssprachlichen Termini, während die von *Ransiek* gehegte Hoffnung, eine nicht vorhandene Eindeutigkeit könne im Prozess hergestellt werden, dergestalt, dass „ein Rechtsbegriff unter Berücksichtigung seines Zweckzusammenhanges lebensweltlich mit an Sicherheit grenzender Wahrscheinlichkeit erfüllt" sein müsse, wobei „etwaige Zweifel zugunsten des Angeklagten" gingen (S. 85), außer der nur die eine Unbekannte durch eine noch weniger bekannte Unbekannte ersetzenden Prozeduralisierung des Problems zu nichts führt. Anstelle der jeder Unbestimmtheit die Zügel schießen lassenden Reduzierung des lex-certa-Postulats auf die Angabe des geschützten Rechtsgutes muss deshalb im Wege einer typologischen Ordnung danach gesucht werden, Tatbestandsmerkmale mit pragmatisch hinreichender Bestimmtheit von solchen ohne diese zu sondern und von daher Anforderungen an die Qualität der gesetzlichen Tatbestandsbeschreibung zu entwickeln. Wenn man dementsprechend in einer hier nicht weiter explizierbaren Weise zwischen Klassifikationsbegriffen, Funktionsbegriffen und reinen Wertbegriffen unterscheidet und eine Verletzung des Bestimmtheitsgebots nur bei einem Überwiegen reiner Wertbegriffe annimmt,[114] dann wird rasch deutlich, dass die Verfassungsmäßigkeit des Treubruchtatbestandes davon abhängt, ob man die neben der Schadensverursachung das Rückgrat dieses Tatbestandes bildende, eine Vermögensfürsorgepflicht begründende Täterqualifikation als einen Funktionsbegriff oder einen reinen Wertbegriff zu qualifizieren hat. Letzteres wäre sicherlich der Fall, wenn man sie als eine Erscheinungsform der bloßen Moral begreifen müsste, deren ursprüngliche Aufnahme ins Gesetz ein Mittel zur Durchsetzung spezifisch nationalsozialistischer Wertvorstellungen gewesen wäre. Genau darum geht es aber nicht, wie schon das Reichsgericht in seiner Grundsatzentscheidung RGSt **69**, 58ff zutreffend erkannt hat und was auch im Gesetzeswortlaut – was für Art. 103 Abs. 2 GG letztlich entscheidend ist – einen hinreichenden Anhaltspunkt gefunden hat. Vielmehr geht es beim Treubruchtatbestand um die Erfassung einer spezifischen Macht- und Einflussstellung auf das fremde Vermögen, die eine ungehinderte Schädigung dieses Vermögens von innen heraus ermöglicht,[115] und damit um eine spezifische Form der **Garantenstellung** durch Übernahme der Obhut über die Hilflosigkeit des Rechtsgutes.[116] Dies hat auch dadurch im Gesetzeswortlaut seinen Niederschlag gefunden, dass das Gesetz beim Treubruchtatbestand sowohl von der Wahrnehmung als auch von der Betreuung fremder Vermögensinteressen spricht und damit deutlich macht, dass die Treupflicht des Täters durch eine von ihm innerhalb des fremden Vermögens eingenommene Herrschaftsposition, die ihn die betreffenden Vermögensinteressen „wahrnehmen" lässt, begründet wird. Es handelt sich hierbei also eindeutig um keinen Wertbegriff, sondern um einen **Funktionsbegriff**, gegenüber dessen Verwendung aus dem Postulat der Gesetzesbestimmtheit keine durchgreifenden Bedenken geltend gemacht werden können.

---

112 *Schünemann* Nulla poena sine lege? (1978) S. 32f.
113 Gesetz S. 87 und passim.
114 Näher dazu *Schünemann* Nulla poena sine lege? (1978) S. 29ff.
115 Zutreffend bereits *Sax* JZ **1977** 663, 666f; 702ff, 743ff; ausgebaut in *Schünemann* LK[11] Rdn. 55; dazu näher u. Rdn. 71ff.
116 Zust. *Hoyer* SK Rdn. 27; *Sch/Schröder/Perron* Rdn. 23a; allgemein *Schünemann* Grund und Grenzen der unechten Unterlassungsdelikte (1971) S. 341ff; *ders.* in: Gimbernat/Schünemann/Wolter Internationale Dogmatik der objektiven Zurechnung und der Unterlassungsdelikte (1995) S. 72ff; *ders.* FS Amelung (2009) 303ff.

Da das weitere Tatbestandsmerkmal des Vermögensnachteils (=-schadens) auch in vielen anderen Straftatbeständen unbedenklich verwendet wird und es sich bei der Untreue um ein vorsätzliches Erfolgsdelikt handelt, muss die völlig übertriebene These der verfassungswidrigen Unbestimmtheit dieses Straftatbestandes im Ergebnis klar zurückgewiesen werden (*Schünemann* FS I. Roxin S. 341ff.).

III. Die Untreuejudikatur des BVerfG

1. In zwei aktuellen Entscheidungen zum Untreuetatbestand hat das BVerfG dem bei 39
ihm früher eher brach liegenden Bestimmtheitsgrundsatz dadurch für die Verfassungsmäßigkeit von Strafrechtsnormen eine Schlüsselrolle zugeschrieben,[117] dass es zwar keine gesteigerten Anforderungen an die semantische Dichte des Gesetzestextes, wohl aber an dessen Interpretation durch die Rechtsprechung gestellt hat. Unter Intensivierung seiner neuerdings erkennbaren Tendenz, dem nulla-poena-Grundsatz mehr Substanz zu verleihen,[118] hat es in einem Kammerbeschluss vom 10.3.2009[119] und sodann in dem Grundsatzbeschluss des 2. Senats vom 23.6.2010[120] zwar zunächst in Weiterführung der alten Rechtsprechung die eigentlich selbstwidersprüchliche Sequenz wiederholt, Art. 103 Abs. 2 GG verpflichte den Gesetzgeber, die Voraussetzungen der Strafbarkeit so genau zu umschreiben, dass Tragweite und Anwendungsbereich der Straftatbestände für den Normadressaten schon aus dem Gesetz selbst zu erkennen seien und sich durch Ausle-

---

117 Worin man einen gewissen Ausgleich dafür sehen kann, dass das BVerfG in seiner Inzest-Entscheidung (BVerfGE **120** 224, **krit.** *Bottke* FS Volk [2009] 93; *Greco* ZIS **2008** 234; *Hörnle* NJW **2008** 2085; *Roxin* StV **2009** 544; *Zabel* JR **2008** 453; zum jüngsten Stand der Rechtsgutsdiskussion s. *Schünemann* ZIS **2016** 375, 381ff m.z.w.N.) eine Begrenzung der Strafgesetzgebung durch das Prinzip des Rechtsgüterschutzes ausdrücklich abgelehnt hat – wobei es freilich einer eigenen Untersuchung bedürfte, ob diese Zurückweisung angesichts der Anerkennung des ultima ratio-Prinzips ibid. S. 239f und der in der Entscheidung immer wieder aufblitzenden Rechtsgutsanlayse ibid. S. 240ff, 248f (sowie in der abweichenden Meinung von *Hassemer* S. 257ff) im Endeffekt etwas anderes als die Behauptung transponiert, dass die Strafbarkeit des Inzests auf einer vertretbaren Rechtsgutsqualifikation des Gesetzgebers beruhe. Zur „Umsattelung" auf den Bestimmtheitsgrundsatz programmatisch *Landau* ZStW **121** (2009) 965, 973ff.

118 Spektakulär war die Bejahung eines Verstoßes gegen das Analogieverbot bei Ausdehnung des Waffenbegriffs in § 113 Abs. 2 Nr. 1 StGB auf einen PKW (NJW **2008** 3627 = JR **2009** 206 m. Anm. *Kudlich* = NStZ **2009** 83 m. Anm. *Simon*, s. ferner *Hüpers* HRRS **2009** 66); erfolglos waren die Verfassungsbeschwerden gegen die Rechtsprechung zur verdeckten Gewinnausschüttung im Rahmen des Steuerstrafrechts (NJW **2008** 3346), gegen § 298 StGB (wistra **2009** 269), gegen § 184d StGB in Verbindung mit konkretisierenden Rechtsverordnungen (NVwZ **2009** 239), gegen § 130 Abs. 4 StGB (NJW **2010** 47) und gegen die Subsumtion des Handeltreibens mit Rauschpilzen unter § 29 BtmG (StraFo **2009** 526, dazu *Montiel/Ramirez Ludeña* ZIS **2010** 618); dagegen zuletzt wieder erfolgreich gegen den Verzicht der Strafgerichte auf eigenständige Konkretisierung des Begriffs der „erheblichen Ruhestörung" am Beispiel eines Klavierspiels am Sonntag (NJW **2010** 754).

119 wistra **2009** 385ff.

120 BVerfGE **126** 170 = NJW **2010** 3209 mit teilweise zustimmender, teilweise kritischer Rezension von *Saliger* NJW **2010** 3195; *ders.* ZIS **2011** 902; *Becker* HRRS **2010** 383ff; *Krüger* NStZ **2011** 369; *Safferling* ibid. 376; *Kuhlen* JR **2011** 246; *Radtke* GmbHR **2010** 1121; *Wittig* ZIS **2011** 660; *Schulz* FS Roxin II 305. Diese Entscheidungen enthalten zwar keinen Bruch mit der bisherigen Rechtsprechung, akzentuieren aber deutlicher als früher die in der Lissabon-Entscheidung (BVerfGE **123** 267, 408) nach den insistierenden Forderungen im Schrifttum (*Lüderssen* GA **2003** 71; *Schünemann* StV **2003** 116, 120; *ders.* StV **2003** 531; *ders.* ZRP **2003**, 185; *ders.* ZRP **2003** 472; *ders.* GA **2004** 200; *ders.*, in: Schünemann [Hrsg.], Ein Gesamtkonzept für die europäische Strafrechtspflege (2006) 95; *ders.* FS Herzberg [2008] 39, 49ff) anerkannte besondere Legitimationsbedürftigkeit des Strafrechts, der zufolge der demokratisch legitimierte Gesetzgeber die Verantwortung für die grundlegende Entscheidung übernehmen müsse, in welchem Umfang und in welchen Bereichen ein politisches Gemeinwesen gerade das Mittel des Strafrechts als Instrument sozialer Kontrolle einsetzt (BVerfGE **126** 170, 194f).

gung ermitteln und konkretisieren ließen,[121] (weil) das Grundgesetz auf diese Weise sicherstellen wolle, dass jedermann sein Verhalten auf die Strafrechtslage eigenverantwortlich einrichten könne und keine unvorhersehbaren staatlichen Reaktionen befürchten müsse,[122] und zugleich dafür sorge, dass im Bereich des Strafrechts nur der Gesetzgeber abstrakt-generell über die Strafbarkeit entscheide,[123] ohne dass deshalb freilich unbestimmte Begriffe oder selbst Generalklauseln im Strafrecht verfassungsrechtlich unzulässig seien.[124] Es genüge, dass sich mit Hilfe der üblichen Auslegungsmethoden oder aufgrund einer gefestigten Rechtsprechung(!) eine zuverlässige Grundlage für die Auslegung gewinnen lasse, so dass der Einzelne die Möglichkeit habe, den durch die Strafnorm geschützten Wert sowie das Verbot bestimmter Verhaltensweisen zu erkennen,[125] m.a.W.: verfassungsrechtliche Bedenken, die die Weite eines Tatbestands bei isolierter Betrachtung auslösen müsste, könnten durch eine gefestigte höchstrichterliche Rechtsprechung entkräftet werden.[126] Im Beschluss des 2. Senats wird das zur Pflicht der Rechtsprechung erweitert, Unklarheiten über den Anwendungsbereich durch Präzisierung und Konkretisierung im Wege der Auslegung nach Möglichkeiten auszuräumen (*Präzisierungsgebot*),[127] und hierfür der Grundsatz proklamiert, dass eine *Verschleifung* oder Entgrenzung von Tatbestandsmerkmalen, durch die diese vollständig in anderen Tatbestandsmerkmalen aufgingen, verfassungswidrig sei.[128] Und für das für die Abgrenzung des Strafbarkeitsbereiches zentrale Erfolgsmoment in Gestalt des Tatbestandsmerkmals des *Vermögensnachteils* wird das (hier sog.) *Verbot der vollständigen Normativierung* proklamiert, in den eigenen Worten des BVerfG (BVerfGE 126, 170 Tz. 114): „Normative Gesichtspunkte können bei der Feststellung eines Nachteils durchaus eine Rolle spielen. Sie dürfen aber, soll der Charakter der Untreue als Vermögensdelikt und Erfolgsdelikt bewahrt bleiben, wirtschaftliche Überlegungen nicht verdrängen."

40 **2.** Auf die Konsequenzen, die aus diesen Beschlüssen des BVerfG für die Interpretation der einzelnen Tatbestandsmerkmale zu ziehen sind, ist bei deren Kommentierung zurückzukommen. In grundsätzlicher Hinsicht ist wichtig, dass es die Vorschrift des § 266 weiterhin für verfassungsmäßig erklärt, die aus Art. 103 Abs. 2 GG abzuleitenden Bestimmtheitsanforderungen an die Rechtsprechung „weitergereicht" und für sich selbst eine über die durchschnittliche verfassungsrechtliche Kontrolle hinausgehende Prüfungsdichte bezüglich der Einhaltung dieser Regeln im jeweiligen konkreten Fall in Anspruch genommen hat.[129] Zwar ist die Erwägung des BVerfG, der Gesetzgeber dürfe in den Straftatbeständen sogar mit Generalklauseln arbeiten, wenn diese nur von einer ständigen Rechtsprechung präzisiert würden, mit dem von ihm selbst mit Recht proklamierten Obersatz, Art. 103 Abs. 2 GG garantiere die Fällung der Kriminalisierungsent-

---

121 BVerfG NJW **2009** 2370, 2371 unter Hinweis auf BVerfGE **75** 329, 340 f; **78** 374, 381 f; **105** 135, 152 f; dito BVerfGE **126** 170 194.

122 BVerfG NJW **2009** 2370, 2371 unter Hinweis auf BVerfGE **64** 389, 393 f; **8** 69, 72 f; **95** 96, 131; dito BVerfGE **126** 170, 194 f; sog. strafrechtlich-generalpräventive Wurzel des nulla-poena-Satzes, s. nur *Schünemann* nulla poena sine lege S. 1 ff; *Roxin* Strafrecht AT I § 5 Rdn. 22 f; *Greco* Lebendiges und Totes in Feuerbachs Straftheorie (2009) 356 ff.

123 BVerfG NJW **2009** 2370, 2371 unter Hinweis auf BVerGE **105** 135, 153; dito BVerfGE **126** 170, 194; sog. staatsrechtlich-gewaltenteilende Wurzel, s. nur *Schünemann* Nulla poena sine lege S. 9 ff; *Roxin* Strafrecht AT I § 5 Rdn. 20 f.

124 BVerfGE **126** 170, 195 f.

125 BVerfG NJW **2009** 2370, 2371 (Rz. 21).

126 BVerfGE **126** 170 196 f.

127 BVerfGE **126** 170 198 f.

128 BVerfGE **126** 170 198.

129 BVerfG NJW **2009** 2370, 2371 f (Rz. 33 ff); besonders deutlich BVerfGE **126** 170 199 f.

scheidung durch den demokratisch legitimierten Gesetzgeber, ersichtlich nicht zu vereinbaren, weil eine Generalklausel (Paradebeispiel: die Formel der „guten Sitten" in § 228 StGB)[130] die inhaltliche Entscheidung gerade nicht trifft, sondern weiterreicht.[131] Aber bei § 266 geht es auch nicht um Generalklauseln, sondern (wie das BVerfG mit Recht feststellt) um im Kern bestimmte und damit insgesamt konkretisierungsfähige Rechtsbegriffe, was im Grunde auch die Kritiker einräumen, wenn sie sich gegen eine Überdehnung des Begriffs des Vermögensnachteils wenden und damit also implizit die Existenz von Grenzen einräumen. Bezeichnenderweise gibt es auch zu dem im Wortlaut des § 266 hinreichend deutlich zum Ausdruck kommenden Grundkonzept des § 266, das Vermögen gegen Schädigungen durch alle mit einer Obhutsherrschaft ausgestatteten Hüter gleichermaßen zu schützen, keine vernünftige Alternative.[132]

3. Abgesehen von der Bestätigung der Verfassungsmäßigkeit des § 266 StGB, ist die Frage nach der Reichweite der der Grundsatzentscheidung BVerfGE 126, 170 gem. § 31 BVerfGG (auch) für alle Gerichte zukommenden **Bindungswirkung** nicht leicht zu beantworten. Sie umfasst nach dessen ständiger Rechtsprechung auch die tragenden Entscheidungsgründe (BVerfGE **19** 377, 391f; **40** 88, 94; **96** 375, 404) und damit auch die im Rahmen einer verfassungskonformen Auslegung der Reichweite des Straftatbestandes gezogenen Grenzen, nicht aber die das einfache Recht betreffende dogmatische Konstruktion (dazu näher am Beispiel des § 337 StPO BGH NJW **2016** 513, 514ff). Es überrascht deshalb nicht, dass die aus der Untreueentscheidung des BVerfG im einzelnen zu ziehenden Konsequenzen in Rechtsprechung und Schrifttum unklar und umstritten sind (dazu mit freilich allzu positivem Urteil *Krehl* in Fischer u.a., Dogmatik [2015] 133ff). So ist etwa die eigentliche Bedeutung des *Präzisierungsgebots*, dass die Rspr. sich an einer von ihr über eine lange Zeit praktizierten restriktiven Interpretation weiterhin festhalten lassen muss (weshalb die dogmatisch an sich falsche Eliminierung der eigennützigen Treuhand nunmehr Bestandskraft erlangt hat, s.o. Rdn. 26), vom BVerfG auf der Stelle selbst desavouiert worden, weil es nicht erkannt hat, dass die Subsumtion der Fortführung einer schwarzen Kasse in der Privatwirtschaft unter das Tatbestandsmerkmal des Vermögensnachteils durch den 2. Strafsenat des BGH mit der jahrzehntelangen einschlägigen Rechtsprechung in einer die Strafbarkeit ausdehnenden Weise gebrochen hat (s.u. Rdn. 228ff). Genauso verhält es sich mit der vor kurzem vom BGH erklärten Aufgabe der Interessentheorie im Verhältnis von Untreue und Bankrott (s.u. Rdn. 271). Die Geltung des *Verschleifungsverbots* musste vom BVerfG durch Aufhebung einer BGH-Entscheidung verteidigt werden (s.u. Rdn. 295 a.E.), seine Reichweite wird im Schrifttum ohne absehbares Ergebnis intensiv und kontrovers diskutiert.[133] Die wohl wichtigste Forderung, dass normative Gesichtspunkte bei der Feststellung eines Nachteils wirtschaftliche Überlegungen nicht verdrängen dürfen, weshalb auch bei der Verwendung des anvertrauten Vermögens zu verbotenen Zwecken die Prüfung erforderlich bleibt, ob das verbotene Geschäft – wirtschaftlich betrachtet – nachteilhaft war (BVerfGE **126** 170, 212), 41

---

130 Weshalb diese Norm entgegen der h.M. gegen Art. 103 Abs. 2 GG verstößt, wenn man das Grundgesetz ernst nimmt, ebenso *Paeffgen* NK § 228 Rdn. 53, 55 und *Sternberg-Lieben* Die objektiven Schranken der Einwilligung im Strafrecht, 1997, S. 157ff, 162; **aA** *Hirsch* LK[11] § 228 Rdn. 2; *Hardtung* MK § 228 Rdn. 29 m.w.N.

131 Dem BVerfG aber zust. *Kuhlen* FS Otto S. 89, 104.

132 So als Ergebnis seines rechtsvergleichenden Überblicks auch *Rönnau* ZStW **122** (2010), 299, 323f; vgl. auch *Rentrop* S. 286.

133 Vgl. *Krüger* NZS **2016** 841; *ders.* NStZ **2011** 369; *Bittmann* NZWiSt **2014** 129; *ders.* wistra **2013** 1; *Rostalski* HRRS **2016** 73; *Wagner* ZIS **2014** 364; *Fröba/Straube* StraFo **2014** 500; eingehend *Krell* ZStW **126** (2014), 902.

ist in der neuesten Rechtsprechung des BGH zu den schwarzen Kassen und zur Telekom-Spitzelaffäre beiseite geschoben worden (s.u. Rdn. 228, 236). Erst recht können beiläufige und semantisch unklare Wendungen in der Untreue-Entscheidung des BVerfG von der Art, die Pflichtverletzung müsse gravierend und evident sein (BVerfGE **126**, 170 Rdn. 110f.), seriöserweise gar keine Bindungswirkung entfalten. Dass es hierbei um beliebig einsetzbare Worthülsen geht, zeigt etwa die neue Entscheidung des BGH im Fall der HSH Nordbank, wo kurzerhand erklärt wird, dass bei einem Verstoß gegen § 93 I, 1 AktG (einer generalklauselartigen Sorgfaltsnorm) stets eine gravierende bzw. evidente Pflichtverletzung vorliege (BGH ZIP **2016** 2467 Rdn. 25).

§ 4
Der objektive Tatbestand

I. Die Grundstruktur des objektiven Untreuetatbestandes: Obhutsherrschaft über das Rechtsgut anstatt formeller Zivilrechtsakzessorietät

42 **1.** Der objektive Tatbestand des § 266 besteht entsprechend der Sachlogik des Untreueunrechts (o. Rdn. 25ff) in beiden Alternativen aus **vier** im Kern identischen Merkmalen: Der Täter muss eine **Obhutsherrschaft** über das fremde Vermögen ausüben (im Missbrauchstatbestand in Gestalt einer Verfügungs- oder Verpflichtungsmacht, im Treubruchtatbestand in anderer Weise), was das Delikt als Sonderdelikt in Form des **Garantensonderdelikts**[134] kennzeichnet; er muss diese Obhutsherrschaft **missbrauchen**, d.h. unter Verletzung seiner Fürsorgepflicht ausüben; und er muss dadurch (**Kausalität**!) dem von ihm zu betreuenden Vermögen einen **Schaden** zufügen. Es geht also auch im Treubruchtatbestand nicht etwa um eine bloße Pflichtverletzung (schon gar nicht einer außerstrafrechtlichen, namentlich zivilrechtlichen Pflicht als solcher), sondern um den Missbrauch einer auf anderen Gründen als auf einer formalrechtlichen Verpflichtungs- oder Verfügungsmacht beruhenden Obhutsherrschaft, der einen die Untreue als **Erfolgsdelikt** kennzeichnenden Vermögensnachteil verursacht. Dieses Unrecht wiegt keinesfalls geringer als das Unrecht des Betruges, bei dem der Täter das in seine Aufrichtigkeit als Austauschpartner vom Vermögensinhaber gesetzte Vertrauen enttäuscht und gegen diesen missbraucht, denn bei der Untreue ist ihm wegen eines viel „tieferen“ Vertrauens sogar der direkte eigene Zugriff eingeräumt worden, so dass der Vermögensinhaber hier wehrloser ist als beim Betrug. Die vom 2. Strafsenat des BGH als Grund für eine Einschränkung des subjektiven Tatbestandes angenommene niedrigere Strafbarkeitsschwelle des § 266 im Vergleich zu § 263 (eingehend dazu unten Rdn. 250) wird diesem Befund ebenso wenig gerecht wie die bereits oben (Rdn. 15) erwähnte, vorwiegend aus Verteidigerkreisen gespeiste Schelte des Untreuetatbestandes überhaupt. Freilich muss wegen der Straflosigkeit des Untreueversuchs (u. Rdn. 260) der Charakter als Erfolgsdelikt noch exakter gewahrt werden als beim (auch als Versuch strafbaren) Betrug,[135] so dass die jüngste, den Begriff des Vermögensschadens ihrer eigenen Verwahrung zum Trotz potentiell entgrenzende Rechtsprechung wieder auf den Boden eines wirtschaftlich realen Nachteils „zurückgefahren“ werden muss (näher u. Rdn. 226ff).

---

134 Zu dieser Deliktskategorie allgemein *Schünemann* LK § 25 Rdn. 42ff.
135 So mit Nachdruck BVerfGE **126** 170 198 in Gestalt des Verbots einer „Verschleifung von Tatbestandsmerkmalen“.

2. Die Deliktsstruktur des § 266 StGB als vorsätzliches Verletzungsdelikt eines Garanten unterscheidet sich deshalb nicht wesentlich von entsprechenden Delikten bei Persönlichkeitsrechtsgütern: Handlung und Schaden müssen sich innerhalb des Herrschaftsbereichs des Garanten abspielen; die objektive Zurechnung des Erfolgs zur Handlung bereitet wie bei allen Vorsatzdelikten nur ausnahmsweise Probleme; die strafrechtliche Rechtswidrigkeit ergibt sich regelmäßig aus der Konnexität von Garantenstellung und Erfolgseintritt und wird deshalb nicht etwa erst vom Zivilrecht begründet. Am Beispiel eines personalen Rechtsguts und der Fürsorge des Arztes für den in seiner Behandlung stehenden Patienten: Wenn der Arzt dem Patienten vorsätzlich ein gesundheitsverschlechterndes Mittel verschreibt, ist er völlig unabhängig davon wegen Körperverletzung strafbar, ob überhaupt ein zivilrechtlich wirksamer Behandlungsvertrag existiert. Andererseits gehen den Arzt von ihm nicht übernommene Risiken auch nichts an, er ist also nur wegen unterlassener Hilfeleistung strafbar, wenn er bemerkt, dass sich Radmuttern am PKW des Patienten gelöst haben und dieser auf der Rückfahrt vom Praxisbesuch dadurch zu Tode kommt. Freilich kann es auch ausnahmsweise innerhalb des Herrschaftsbereiches Fälle geben, in denen die Schadensherbeiführung rechtmäßig ist. So wird beim Arzt der operative Eingriff in den Körper durch die Einwilligung des Patienten gerechtfertigt, die auch bei riskanten Eingriffen maßgeblich ist, aber im Falle der Uneinholbarkeit durch eine mutmaßliche Einwilligung oder Notstandsregeln ersetzt wird. Erlaubnisse anderer Rechtsgebiete (wie für Zwangsbehandlung und -ernährung nach § 101 BayStVollzG oder nach § 81a StPO) können nach dem Grundsatz der Einheit der Rechtsordnung das Handeln insgesamt rechtmäßig machen, womit eo ipso auch das strafrechtliche Unrecht ausgeschlossen ist. Entsprechend gilt für § 266 StGB: Weil auch (1) der Deliktscharakter der Untreue als vorsätzliches Erfolgsdelikt unbestreitbar ist, (2) auch die von mir bereits in der 11. Auflage des Leipziger Kommentars (1998) vorgenommene Qualifikation der Täterstellung in § 266 StGB als Garantenstellung (§ 266 Rdn. 55) inzwischen weithin anerkannt ist[136] und (3) die Anknüpfung des Treubruchtatbestandes an (scil. schlichte) „Treueverhältnisse" eine zivilrechtsakzessorische Ausdeutung des § 266 ausschließt, sind zivilrechtliche Regeln auch hier niemals die „ratio essendi" des strafrechtlichen Unrechts (das in der vorsätzlichen Vermögensschädigung = Rechtsgutsverletzung durch einen Garanten besteht und deshalb „strafrechtsauthochton" ist), können dieses aber ausschließen, wenn sie eine Erlaubnis zur Vermögensschädigung erteilen. Diese Deliktsstruktur auf den Kopf stellend, wird in der neueren Kommentarliteratur vermehrt eine quasi doppelt aufgeschaukelte Tatbestandseinschränkung propagiert, die in gewisser Weise die Fortsetzung der oben zurückgewiesenen radikalen Tatbestandsschelte darstellt[137] (und nachfolgend als *unechte restriktive Blanketttheorie* bezeichnet werden soll). Die dogmatische Speerspitze dieser Einschränkung ist dabei das Verständnis einer zivilrechtsakzessorischen Pflichtverletzung als notwendige Vorbedingung der strafrechtlichen Pflichtwidrigkeit, an die sich dann erst im Wege einer „strafrechtsautonomen Prüfung" die Prüfung der „Strafwürdigkeit mit Blick auf den Schutzzweck der Untreue" anschließen soll, also eine Art **Zweistufentheorie**, die als „asymmetrische Akzessorietät" verstanden wird (*Saliger* SSW § 266 Rdn. 31; näher u. Rdn. 109). Die damit betriebene Verkleidung eines von der Struktur her einfachen vorsätzlichen Erfolgsdelikts mit dogmatischen Arabesken könnte als elaborierte Kunstform auf sich beruhen, wenn es da- 43

136 *Saliger* SSW § 266 Rdn. 33 m.w.N., wobei die dort erörterte Frage, ob § 13 Abs. 1 StGB anwendbar ist, müßig ist, weil und wenn es sich um eine spezialgesetzlich geregelte Garantenstellung handelt.
137 Federführend ist die am differenziertesten ausgearbeitete Kommentierung von *Saliger* SSW § 266 Rdn. 30 f; ihr im Wesentlichen folgend die Standardkommentare mit Ausnahme des *Schönke/Schröder/Perron*.

bei um „folgenlose Dogmatik“[138] ginge. Aber sie hat zu zwei schon jetzt spürbaren, das Verständnis des Untreueunrechts in die Irre führenden Konsequenzen geführt: (1) Nach Auffassung von *Saliger* (aaO.) ist zur Begründung der von ihm geforderten außerstrafrechtlichen Pflichtwidrigkeit, wenn „konkrete Vorgaben fehlen, auf die für das jeweilige Rechtsverhältnis geltenden gesetzlichen Sorgfaltsmaßstäbe zurückzugreifen ...; Letztere bedürfen aber als Vorschriften von erheblicher Unbestimmtheit und generalklauselartigem Charakter zur Umsetzung der Beschränkung der Pflichtwidrigkeit auf klare und eindeutige Fälle“. Durch einen die Tatbestandsstruktur missachtenden Kunstgriff ist damit die in Wahrheit allein dem Kunstgriff selbst innewohnende Unbestimmtheit[139] scheinbar dem Tatbestand implantiert und dadurch, horribile dictu, die Rspr. teilweise auf eine falsche Fährte gelockt worden (s.u. Rdn. 44, 109 ff, 234). (2) Zur vorgeblich notwendigen Reduktion dieser erst selbst produzierten Unbestimmtheit wird sodann behauptet, es genüge nicht eine vorsätzlich-rechtswidrige Schädigung des anvertrauten Vermögens, vielmehr müsse die Verletzung der Pflicht in einer nicht näher bekannten Weise „gravierend“ sein. Dafür gibt es weder im Wortlaut des Untreuetatbestandes noch in seiner Deliktstruktur noch in den ersten 130 Jahren der einschlägigen Rechtsprechung einen Anhalt, vielmehr wurde diese Restriktionsidee erst geboren, nachdem die Organuntreue zum beherrschenden Thema in der Diskussion des § 266 StGB avanciert ist und dadurch die Aufgabe dieses Tatbestandes ersichtlich wurde, das traditionelle Unterschichtsstrafrecht durch ein Oberschichtsstrafrecht zu ergänzen.[140] Da die Rechtsprechung des BGH, anders lautenden Behauptungen zum Trotz, sich noch nicht definitiv in diese Sackgasse begeben hat, stellt deren Absperrung das gegenwärtig wichtigste Kapitel in der Dogmatik des § 266 StGB dar.

44 Dass das Untreueunrecht in der vorsätzlichen Schädigung des zur Betreuung und Verwaltung anvertrauten fremden Vermögens besteht, wird also dogmatisch durch die Theorie des Garantensonderdelikts ausgedrückt und darf nicht durch eine „Jagd nach der formellen Rechtspflicht“ verdunkelt werden, die im Gefolge der verfehlten Zweistufentheorie (o. Rdn. 43) irrig meint, den Zugang zum Unrecht nur über irgendeine irgendwo außerhalb des Strafrechts schriftlich niedergelegt Klausel finden zu können. Ein charakteristisches Beispiel für diesen Irrweg bieten die Entscheidungen des 1. StS des BGH zur Kölner Parteispendenaffäre (BGHSt **56** 203 und NJW **2012** 3797). Im LS 1 von BGHSt **56** 203 wird zunächst festgestellt, die Auslösung einer im Parteiengesetz vorgesehenen finanziellen Sanktion zum Schaden einer politischen Partei (scil. durch einen mit weitreichender Vertretungsmacht ausgestatteten Kreisverbandsvorsitzenden) sei im Sinne der Untreue nicht eo ipso pflichtwidrig, weil das Parteiengesetz keinen Vermögensschutz bezwecke; jedoch könne die Partei durch Satzung die Beachtung des Gesetzes zu einer selbstständigen das Parteivermögen schützenden Hauptpflicht machen (LS 2). Wenn die dogmatische Insuffizienz der Zweistufentheorie irgendeines stupenden Nachweises bedurft hätte, so wäre er hiermit geliefert worden: Ein (auch) für die Vermögensbelange der Partei bestellter Verbandsvorsitzender würde selbstverständlich auch dann seine Vermögensfürsorgepflichten verletzen, wenn das Parteiengesetz aus patriotischen Gründen bei Ablieferung des Rechenschaftsberichts das Absingen der Nationalhymne

138 Zu diesem von mir nicht ohne polemische Hintergedanken geprägten Begriff s. *Schünemann* GA **1995** 201, 221.

139 Die ein Vielfaches der moderaten und längst domestizierten Unbestimmtheit des Tätermerkmals ausmacht.

140 Dazu *Schünemann* Vom Unterschichts- zum Oberschichtsstrafrecht. Ein Paradigmawechsel im moralischen Anspruch? in: Kühne/Miyazawa (Hrsg.), Alte Strafrechtsstrukturen und neue gesellschaftliche Herausforderungen in Japan und Deutschland (2000), S. 17 ff.

verlangen und ohne dieses das Parteivermögen für verfallen erklären würde, denn zu welchen Zwecken der Staat derartige Bedingungen formulieren würde, wäre für die Vermögensfürsorgepflicht des Vorsitzenden völlig gleichgültig. Erst recht kann es nicht darauf ankommen, ob die Parteisatzung die Beachtung solcher ohnehin von Gesetzes wegen verbindlicher Pflichten ausdrücklich zur Hauptpflicht erklärt hätte, worauf sich BGHSt **56** 203, 211f mit der befremdlichen Erwägung zurückzieht, die Partei „durfte im Hinblick auf die bei einem Verstoß gegen das Parteiengesetz für das Parteivermögen drohenden Sanktionen entsprechende Pflichten zum Schutz des Parteivermögens durch Satzung oder parteiinterne Vorgaben begründen" (Tz. 28). E contrario würde das heißen, dass ohne eine entsprechende Satzungsklausel jede beliebige Schädigung des anvertrauten Vermögens straflos wäre (eine bei Wirtschaftsunternehmen gar nicht so lebensfremde Variante, weil „unternehmensinterne Vorgaben" nicht selten vom lästigen Kartellrecht nichts wissen wollen). Offensichtlich hat hier das Bestreben des 1. StS, die Untreue-Entscheidung des BVerfG scheinbar detailgetreu auszubuchstabieren, zu einem dogmatischen Veitstanz geführt, der nur deshalb zum richtigen Ergebnis führte, weil die betreffende Partei nicht nur den Schutz ihres Vermögens, sondern auch die Beachtung des Parteiengesetzes in ihrer Satzung im Sinn hatte (s. dazu ferner u. Rdn. 233f).

II. Der Missbrauchstatbestand

1. Die Täterqualifikation: Obhutsherrschaft in Form einer Verfügungs- oder Verpflichtungsbefugnis

a) Grundsatz. Wenn man die Beschreibung der Täterstellung im Missbrauchstatbe- 45
stand nicht historisch, sondern allein vom Wortlaut her interpretieren würde, so würde sich kein zwingender Unterschied zum Treubruchtatbestand ergeben. Denn weil das „Vermögen" als auch im Missbrauchstatbestand angegebenes Objekt der Obhutsherrschaft nach heute unstreitiger Auffassung nicht auf formelle Vermögensrechte oder -pflichten beschränkt ist, sondern in einem genauer zu bestimmenden Umfang alle geldwerten Positionen einschließt (eingehend dazu Rdn. 211ff), könnte man daran denken, auch die vom Gesetz vorausgesetzte „Verfügungsbefugnis" in einem *wirtschaftlichen* Sinn zu interpretieren als die eingeräumte tatsächliche Möglichkeit, das Schicksal der geldwerten Güter des Geschäftsherrn zu bestimmen und dadurch diesen zu schädigen. Aus der Entstehungsgeschichte geht aber eindeutig hervor, dass es dem Gesetzgeber beim Missbrauchstatbestand um die **Befugnis zu Verfügungen im rechtsförmlichen Sinn** gegangen ist, also um Rechtsgeschäfte, durch die der Verfügende unmittelbar auf ein bestehendes Recht[141] einwirkt, indem er es entweder überträgt oder belastet oder aufhebt oder es sonstwie in seinem Inhalt ändert.[142] Diese Beschreibung der Täterqualifikation (wohlgemerkt noch nicht der Tathandlung, dazu u. Rdn. 61ff) wird durch die 2. Alternative in ebenso rechtsförmlicher Weise durch die **Verpflichtungsbefugnis**,[143] d.h. die Rechtsmacht zur **Begründung eines Forderungsrechts** zur Vornahme eines Tuns, Duldens oder Unterlassens gegen den Geschäftsherrn komplettiert. Das Verpflich-

---

141 Objekt ist folglich das Vermögen im engeren, juristischen Sinn als Summe der Vermögensrechte und -pflichten, näher u. Rdn. 213; abweichend und mindestens missverständlich *Saliger* SSW, Rdn. 20, der als Gegenstand eine „vermögenswerte Rechtsposition" ausreichen lassen will, was aber den Missbrauchstatbestand zu sehr in Richtung auf alle geldwerten Güter und Positionen ausweitet.

142 BGHZ **1** 294, 304; **75** 221, 226; **101** 24; *Flume* BGB AT Bd. II 1975, S. 140; *Larenz/Wolf* BGB AT 9. Aufl. 2004, § 23 Rdn. 35; *Fikentscher/Heinemann* Schuldrecht 10. Aufl. 2006 Rdn. 63.

143 Zu den Gründen für die selbständige Aufnahme dieser Alternative in den Missbrauchstatbestand näher LK[11]/*Schünemann*, § 266 Rdn. 46.

tungsgeschäft ist in der Regel ein (Schuld-)Vertrag mit nach dem Grundsatz der Vertragsfreiheit möglicher Vielfalt, doch gibt es auch einen numerus clausus einseitiger Verpflichtungsgeschäfte.[144] Beispiele für die Verfügung bieten die Veräußerung einer Sache (§ 929 BGB), Abtretung einer Forderung (§ 398 BGB), der Schulderlass (§ 397 BGB), die Bestellung einer Grundschuld (§ 1191 BGB) oder die Beschränkung eines Nießbrauchs (§ 1030 Abs. 2 BGB).[145] Die dingliche Belastung des Vermögens (etwa die Eintragung einer Hypothek)[146] fällt dabei unter den Begriff der Verfügung, nicht unter denjenigen der Verpflichtung (wie die Begründung der durch die Hypothek gesicherten Forderung).

46 **b) Formen.** Diese Rechtsmacht kann in zwei verschiedenen Formen gegeben sein: entweder als **Vertretungsmacht**, die zum Handeln **in fremdem Namen** berechtigt (so dass das Handeln dem Vertretenen als eigenes Handeln zugerechnet wird), sei es aufgrund eines Gesetzes (Bsp. die gesetzliche Vertretung des Kindes durch die Eltern, § 1626 BGB, oder der Körperschaften durch ihre Organe, § 31 BGB), sei es aufgrund einer rechtsgeschäftlichen **Vollmacht** (Bsp. § 164 BGB); oder indem die Rechtswirkungen des Handelns **im eigenen Namen** direkt für das fremde Vermögen eintreten, wozu es einer gesetzlichen, behördlichen oder rechtsgeschäftlichen **Ermächtigung** bedarf (Bsp. § 185 BGB; der Insolvenzverwalter – str. –,[147] oder der Kommissionär, § 383 HGB).[148]

47 **c) Entstehungsgründe.** Diese förmliche Rechtsmacht kann sich aus dem Privatrecht oder aus dem Öffentlichen Recht ergeben, wie durch den vom Gesetz genannten Entstehungsgrund des „behördlichen Auftrages" klargestellt wird.[149] **Grundlagen** der Verfügungs- oder Verpflichtungsbefugnis sind Gesetz, Behördenauftrag oder Rechtsgeschäft. Nicht immer trifft nur das eine oder das andere zu. Vielfach entsteht die Befugnis erst im Zusammenwirken eines der Rechtsgründe mit einem anderen.[150] Alleinige Grundlage, ohne dass noch ein anderer Rechtsgrund hinzutritt, ist z.B.

48 **aa)** das **Gesetz**, wenn es die Befugnis an naturgegebene Umstände knüpft: so die elterliche Sorge (§ 1626 BGB) und die Amtsvormundschaft des Jugendamts (§ 1791c BGB) an die Geburt des Kindes (RGSt **60** 311). *Fischer* (Rdn. 15) rechnet auch die Schlüsselgewalt in der Ehe gemäß § 1357 BGB dazu, doch findet sich hier eine Kombination von Gesetz und Rechtsgeschäft.

49 **bb)** Vielfach wird die gesetzlich geregelte Befugnis erst durch einen öffentlichrechtlichen Bestellungsakt begründet, sei es eines Gerichts, sei es einer Verwaltungsbehörde, in der Terminologie des § 266 durch „behördlichen Auftrag".

Eine **gerichtliche** Bestellung liegt namentlich in folgenden Fällen vor:

---

144 *Palandt/Ellenberger*, Überbl v § 104 Rdn. 15.
145 *Sch/Schröder/Perron* Rdn. 15; *Sieber* S. 245; *Welzel* § 56 A 1b.
146 Unzutr. *Hübner* LK 10. Aufl., Rdn. 66.
147 Sein Rechtsverhältnis zum Gemeinschuldner ist immer noch umstr., zur Amtstheorie s. BGHZ. **49** 11, 16; **88** 331, 334; Staudinger-*Schilken* Vor § 164 Rdn. 61; *Graber* MK-InsO 2. Aufl. 2007, § 56 Rdn. 146; für die Vertretertheorie *Hess* in Hess/Weis/Wienburg InsO 2. Aufl. 2001 Vor § 56 Rdn. 8; für die Organtheorie *Karsten Schmidt* KTS **1984** 345 ff; *Bötticher* ZZP **77** 55, 57 ff. Gegen den Streit, der für obsolet gehalten wird, *Kluth* NZI **2000** 351 ff.
148 RGSt **56** 121, 123; BGHSt **35** 137; BGH wistra **1987** 60 f; **1987** 136 f; OLG Düsseldorf NJW **1998** 690, 691.
149 Zu eng *Gribbohm* JuS **1965**, 390; *Heinitz* FS H. Mayer S. 437; *Schwinge/Siebert* § 4 II 1; *Welzel* § 56 A 1b; *Zahrnt* NJW **1972** 277, die nur die Kategorie des Rechtsgeschäfts erwähnen. Zutr. *Fischer* Rdn. 10; Beispiele BGHSt **13** 274, 275 ff für den Gerichtsvollzieher, **51** 356 für den Finanzbeamten.
150 BGH GA **1956** 154; *Fischer* Rdn. 14; *Kohlrausch/Lange* II 1a; *Sch/Schröder/Perron* Rdn. 7; *Seier* Rdn. 106.

Die familiengerichtliche Bestimmung über die elterliche Sorge bei Getrenntleben oder nach Scheidung der Eltern (§§ 1671, 1672 BGB); die Übertragung vormundschaftlicher Aufgaben auf Beamte oder Angestellte des Jugendamts (§ 55 SGB VIII); kraft gerichtlicher Bestellung der Vormund, Betreuer, Pfleger, Nachlasspfleger (§§ 1773 ff, 1896 ff, 1909 ff, 1960 ff BGB, RGSt **67** 226; Bremen NStZ **1989** 228; Celle NJW **1994** 142); der Prozesspfleger (§§ 57, 58, 494 Abs. 2, § 787 ZPO); der Beistand (§§ 1712 ff BGB; §§ 58, 55 f SGB VIII; RGSt **35** 338, 340; OLG Braunschweig NJW **1961** 2030); der Zwangs- und der Nachlassverwalter (§§ 150 ff, 152 ZVG; §§ 1981, 1985 BGB); der Sequester (§§ 848, 855 ZPO bzw. im [früheren] Konkursverfahren, s. BGHR § 266 Abs. 1 Vermögensbetreuungspflicht); der Testamentsvollstrecker (§ 2200 BGB; s. auch die Fundstellen Rdn. 157 und *Schilken* in: Staudinger Vor § 164 BGB Rdn. 57 ff); die Liquidatoren und die Abwickler (§§ 48, 49, 29 BGB; § 146 Abs. 2, § 149 HGB; § 265 Abs. 3, §§ 268 ff AktG; § 66 Abs. 2, § 70 GmbHG; § 83 Abs. 3, § 88 GenG); der Notvorstand (§ 29 BGB; §§ 85, 278 Abs. 3 AktG; BGHZ **6** 232).

Ein i.e.S. **behördlicher**, also durch eine Verwaltungsbehörde erteilter Auftrag liegt nicht nur bei Begründung einer Vertretungsmacht für den Einzelfall (RG HRR **1927** Nr. 985), sondern namentlich bei der Berufung in ein öffentliches Amt mit einer zugehörigen, gesetzlich geregelten Vertretungsbefugnis vor (etwa §§ 127, 129 BBG, siehe auch RGSt **69** 333, 336; der Richter in Nachlasssachen, siehe BGHSt **35** 224, 226, und der Gerichtsvollzieher, §§ 753, 814 ff ZPO und BGHSt **13** 274 ff), oder bei der Wahl des hauptamtlichen Bürgermeisters einer Gemeinde[151] (BGH NStZ **2003** 540, 541 f; NStZ-RR **2005** 83; Wistra **2006** 306, 307; **2007** 259; BayObLG JR **1989** 299 m. Anm. *Seebode*); der Wahl zum Landrat (BGH Wistra **2006** 307); der Wahl sonstiger Vertreter einer öffentlich-rechtlichen Körperschaft (BGHSt **30** 247). Besonders oft hat sich die Praxis mit Amtswaltern beschäftigen müssen, die mit der Verfügung über **Haushaltsmittel** betraut sind (näher u. Rdn. 293 ff).

Nicht ausreichend sind politische Ämter, die keine förmliche Vertretungs- oder Verpflichtungsmacht begründen, wie etwa im Fall von Abgeordneten (and. OLG Koblenz NStZ **1999** 564; *Saliger* SSW Rdn. 14; wie hier *Dierlamm* MK Rdn. 59; *Fischer* Rdn. 17) oder Gemeinderatsmitgliedern.

cc) Eine Begründung durch **Rechtsgeschäft** liegt vor allem bei den schon o. Rdn. 46 **50**
erwähnten Fällen der Vollmacht (s. auch §§ 80, 81 ZPO) und der Ermächtigung vor. Auch hier trifft man vielfach auf eine Kombination der Entstehungsgründe, wenn ein Rechtsgeschäft gesetzlich bestimmte Verfügungs- und Verpflichtungsbefugnisse auslöst, z.B. die Prokura und die sonstigen Handlungsvollmachten (§§ 48, 49, 54 ff HGB); die Vertretungsmacht der geschäftsführenden Gesellschafter einer OHG und ihrer vertraglich berufenen Liquidatoren (§§ 125, 126, 146 Abs. 1, § 149 HGB), der vom zuständigen Gesellschaftsorgan bestellten Vorstandsmitglieder der AG (§§ 84, 76, 78 AktG), einer Genossenschaft (§ 24 GenG; RG HRR **1936** 1229; **1942** 458); der Geschäftsführer der GmbH (§§ 6, 35 GmbHG; BGHSt **3** 32, 38 f); der Vereins- und Stiftungsvorstände (§§ 26, 27, 86 BGB; BGH JZ **1953** 474, 475; BGH LM Nr. 16; umfassend *Reschke* [2015]); des Verwalters nach §§ 26, 27 WEG; die Verwaltung des Gesamtguts durch einen Ehegatten (§§ 1422 ff BGB). Die größte Bedeutung für die Verfolgung der Untreue in der Praxis besitzen die Organe von juristischen Personen (vor allem Handelsgesellschaften und hier wiederum die – auch faktischen – Geschäftsführer von GmbHs), Rechtsanwälte und Notare, Kommissionäre und neuerdings auch Kassenärzte (zu allen näher u. Rdn. 147 ff, 305 ff).

151 Bspw. § 42 bad.-württ. GemeindeO; s. *Sch/Schröder/Perron* Rdn. 8.

51 **dd)** Mitunter ergeben sich Verfügungs- und Verpflichtungsbefugnisse erst aus dem Zusammenwirken aller drei Rechtsgründe, so in den Fällen der freiwilligen Versteigerung (§ 156 BGB) durch den Notar (§§ 12, 20 Abs. 3 BNotO); durch den Gerichtsvollzieher (§ 383 Abs. 3 BGB; RGSt **56** 101, 102; RGSt **57** 247; RG JW **1922** 35); durch eine Privatperson auf Grund einer Anordnung des Vollstreckungsgerichts nach §§ 825, 844 ZPO (BGH LM BGB § 892 Nr. 6), bei einem auf Grund dieser Vorschriften angeordneten freihändigen Verkauf (RGZ **164** 162, 171). Siehe auch Rdn. 204 „Versteigerer" und Rdn. 180 „Maklervertrag" a.E.

ee) Im Einzelnen ist die Einordnung unter die drei vom Gesetz genannten Rechtsgründe nicht einheitlich.[152] Die Meinungsverschiedenheiten sind indes praktisch ohne Bedeutung.

52 **d) Verfügungs- oder Verpflichtungsbefugnis kraft Rechtsscheins?** Unklar und umstr. ist, ob der vom Gesetz aus Gründen des Vertrauensschutzes angeordnete Fortbestand einer ursprünglich durch Rechtsgeschäft oder Hoheitsakt eingeräumten, unter diesem Aspekt aber eigentlich erloschenen Vertretungsmacht zur Erfüllung des Missbrauchstatbestandes ausreicht und ob dies ggf. auch für solche Vertrauensschutztatbestände gelten soll, die keine bloße „Verlängerung" einer ursprünglich rechtsgeschäftlich eingeräumten Vertretungsmacht bedeuten, sondern völlig selbständig sind.

53 **aa)** Ausgangspunkt muss hierbei freilich nicht nur nach dem Gesetzeswortlaut, sondern auch im Hinblick auf die Grundstruktur der Untreue im allgemeinen und des Missbrauchstatbestandes im besonderen (Schädigung des hiergegen wehrlosen Vermögens von innen heraus – Rdn. 14, 32; spezifischer Schutz der Treugeber gegenüber den mit rechtlicher Gestaltungsmacht ausgestatteten Treuhändern durch den Missbrauchstatbestand – Rdn. 45) die Notwendigkeit einer von Rechts wegen bestehenden Verfügungs- oder Verpflichtungsmacht sein, also deren außerstrafrechtliche Rechtsbeständigkeit. Denn eine nicht existente Rechtsmacht kann nicht gebraucht und daher auch nicht missbraucht werden. **Beispiele**: Nichtige Ernennung zum Beamten (bei beamtengebundenem Behördenauftrag §§ 10, 13 BBG; §§ 17, 18 DRiG); Nichtigkeit des § 1628 Abs. 1 BGB (BVerfGE **10** 59; BGHZ **39** 45); Bestellung eines Vormunds durch ein sachlich unzuständiges Gericht (RGSt **45** 309, 311f); für einen – nicht entmündigten – Volljährigen (§ 1896 BGB), für einen Verstorbenen (BayObLGZ **19** [1918/19] 126) oder für eine überhaupt nur fingierte Existenz (BGHZ **41** 23, 29); Ernennung eines Testamentsvollstreckers, wenn keine letztwillige Verfügung vorhanden oder die Testamentsvollstreckung bereits beendet ist (BGHZ **41** 23, 27, 29; **69** 235); eines Konkursverwalters, wenn gar kein Konkurs eröffnet ist (RGSt **11** 196, 201); wenn ein geschäftsunfähiger Vormund (RGSt **45** aaO), Testamentsvollstrecker, Konkursverwalter bestellt, der Pfleger nicht verpflichtet worden ist (§§ 104, 105, 1780, 2201 BGB; RG JW **1933** 175).

54 **bb)** Hieran treten jedoch Zweifel auf, wenn die Begründung der Verfügungs- oder Verpflichtungsmacht zwar an sich erloschen ist, aber einen **Rechtsschein** erzeugt, der zur Wirksamkeit von mit gutgläubigen Partnern abgeschlossenen Rechtsgeschäften gegenüber dem Vermögensinhaber führt. Instruktiv ist der zu § 266 a.F. entschiedene Fall

---

152 S. etwa *Bockelmann* BT/1 § 18 II 1; *Dierlamm* MK Rdn. 36ff; *Fischer* Rdn. 14ff; *Lackner/Kühl* Rdn. 5a; *Maurach/Schroeder/Maiwald* 1 § 45 Rdn. 14; *Saliger* SSW Rdn. 12ff; *Schwinge/Siebert* S. 22ff; *Welzel* § 56 A 1b.

RGSt **41** 265,[153] in dem der Täter einen vom Grundeigentümer aufgrund eines Scheingeschäfts erhaltenen Hypothekenbrief, mit dessen Hilfe er in sittenwidriger Weise Mietzinsforderungen pfänden und den Gläubigern des Grundeigentümers entziehen sollte, zur Verpfändung der Scheinhypothek an einen gutgläubigen Dritten benutzte und dadurch den Eigentümer gemäß §§ 1138, 892 BGB wirksam verpflichtete. Weil die Möglichkeit, das fremde Vermögen durch rechtswirksames Handeln zu schädigen, auf einem (wenn auch zivilrechtlich nichtigen) Rechtsgeschäft mit dem Eigentümer beruhte und damit die untreuetypische Verletzungsmöglichkeit von innen heraus begründete und weil das rechtsgeschäftliche Handeln des Täters wirtschaftlich die „Unterschlagung" der gemäß § 1163 BGB entstandenen Eigentümergrundschuld bedeutete, fällt dieser Fall genau unter die historische und kriminalpolitische Schutzrichtung des Missbrauchstatbestandes. Auch vom Wortlaut her lässt es sich gut vertreten, unter die „**durch** Rechtsgeschäft eingeräumte Befugnis" auch die hieraus mittelbar, nämlich qua Rechtsschein folgende Rechtsmacht zu subsumieren, was sich schon daran zeigt, dass das Reichsgericht bereits zur Bevollmächtigtenuntreue des § 266 Abs. 1 Nr. 2 a.F. und damit in rechtsstaatlich unverdächtiger Zeit eine starre Zivilrechtsakzessorietät des Bevollmächtigtenbegriffs abgelehnt und diesen in einer weitaus extensiveren Weise strafrechtsspezifisch ausgelegt hat[154] – so dass also eine vom Zivilrecht gelöste, strafrechtsspezifische Interpretation des alten Untreuetatbestandes schon vor 1933 gang und gäbe war, ohne dass darin eine Verletzung des Analogieverbotes erblickt worden wäre. Infolge dessen reichen für den Missbrauchstatbestand erst recht auch solche „Befugnisse" aus, die aus Vertrauensschutzgründen als gesetzliche **Nachwirkungen einer rechtsgeschäftlich erteilten Vertretungsmacht** bestehen.[155] Denn auch in diesen Fällen verletzt der Täter das ihm gegenüber schutzlose Vermögen von innen heraus, und der Fortbestand der Vollmacht etwa in den Fällen der §§ 170–172, 674, 729 BGB bedeutet nichts anderes als die gesetzliche Ausgestaltung der vom Vermögensinhaber durch Rechtsgeschäft begründeten Rechtsmacht.[156]

cc) Umstr. sind die Fälle der allgemeinen **Duldungs- oder Anscheinsvollmacht.** 55
Nach der herrschenden **streng zivilrechtsakzessorischen Theorie** soll hier anders als bei den in §§ 170–172 BGB geregelten Spezialfällen[157] nicht der Missbrauchs-, sondern allenfalls der Treubruchtatbestand anwendbar sein,[158] weil – in der Begründung von

153 Der von *Hübner* LK[10] Rdn. 64 zu Unrecht für die Notwendigkeit der Rechtsbeständigkeit der Verfügungsmacht zitiert wird; zutr. dagegen *Zoller* S. 18.

154 Vgl. außer RGSt **41** 265, 267 sowie RGSt **61** 228, 230, beide m.w.N., bereits RGSt **14** 184, 187; **36** 133; *45* 434, 436 und die Darstellung bei *Zoller* S. 13–22; *H. Mayer* Untreue S. 238–261; *Frank* § 266 Anm. II 2; *Olshausen* § 266 Anm. 6.

155 So bereits die Rechtsprechung des Reichsgerichts seit RGSt **14** 184, 187; **45** 434, 436; RG GA **1909** 323; RGSt **47** 429; zustimmend *Zoller* S. 19; *Frank* II 2 a.E. Ebenso OLG Stuttgart NStZ **1985** 366; *Arzt* FS Bruns S. 379; *Schwinge/Siebert* S. 28; *Labsch* S. 101, 306 f; *ders.* Jura **1987** 411, 412; *Bockelmann* BT 1 § 18 III 3; *Otto* BT § 54 Rdn. 17; BGH 1 StR 181/67 vom 11.5.1967, mitgeteilt von *Hübner* in LK[10] Rdn. 46; *Fischer* Rdn. 20; *Saliger* SSW Rdn. 17; *Dierlamm* MK Rdn. 34; *Hoyer* SK Rdn. 80; *Sch/Schröder/Perron* Rdn. 4; generell gegen den Missbrauchstatbestand, aber je nach dem Innenverhältnis u.U. für den Treubruchtatbestand *Krey/Hellmann* BT/2 Rdn. 547 f; *Maurach/Schroeder/Maiwald* 1 § 45 Rdn. 17; *Arzt/Weber/Heinrich/Hilgendorf* § 21 Rdn. 22; *Seier* Rdn. 48.

156 Zu weiteren Fällen siehe Rdn. 191.

157 Dazu, dass es auch hier um die Normierung einer Rechtsscheinhaftung geht, *Palandt/Ellenberger*, BGB, § 172 Anm. 1; *Schramm* MK BGB § 170 Rdn. 1.

158 BGH wistra **1992** 66 (mit ins Auge springenden Problemen, aus der Nichterteilung einer Inkassovollmacht eine qualifizierte Vermögensbetreuungspflicht i.S. des Treubruchtatbestandes heraus zu destillieren!); *Beukelmann* HK-GS Rdn. 21; *Hoyer* SK Rdn. 80; *Kindhäuser* NK Rdn. 88; Sch/Schröder/*Perron* Rdn. 4; *Saliger* SSW Rdn. 20; *Seier* Rdn. 47; *Wittig* in v. Heintschel-Heinegg Rdn. 9.

Hoyer SK Rdn. 80 – Duldungs- oder Anscheinsvollmacht „lediglich den Rechtsschein einer Vertretungsbefugnis" begründeten, während der Täter „aufgrund einer gemäß § 169 BGB als fortbestehend fingierten Vollmacht infolge zivilrechtlicher Fiktion und strafrechtlicher Akzessorietät" eine „(externe) Befugnis" besitze. Aber das überzeugt nicht: Weil die zivilrechtliche Rechtsfolge identisch ist und die Duldungs- und Anscheinsvollmachten nicht nur ebenso formal „durch Gesetz" begründet sind, sondern auch auf einen vom Geschäftsherrn zurechenbar gesetzten Rechtsschein zurückgehen, erscheint es verfehlt, die strafrechtliche Subsumtion von der Frage abhängig zu machen, ob die Zivilrechtsdogmatik für ihre Konstruktion das Wort „Rechtsschein" oder das Wort „Fiktion" benutzt. Für den Missbrauchstatbestand ist deshalb entsprechend der **eingeschränkt zivilrechtsakzessorischen Theorie** nur erforderlich, dass der Beauftragte rechtlich in der Lage ist, über das Vermögen des Geschäftsherrn ohne Überschreitung einer sonstigen Hürde zu disponieren oder den Geschäftsherrn zu verpflichten, wobei die Anscheinsvollmacht jedenfalls unter strafrechtlichen Aspekten nichts anderes als die gesetzliche Ausgestaltung derjenigen Zugriffsposition bedeutet, die vom Vermögensinhaber selbst eingeräumt worden ist und die daher eine „Schädigung von innen" bedeutet. Das folgt auch aus der unstreitigen Anerkennung der *Handlungsvollmacht* als Verfügungs- und Verpflichtungsbefugnis,[159] denn auch bei dieser handelt es sich, wie die Vorschrift des § 54 Abs. 3 HGB deutlich macht, für den Fall einer Beschränkung des in § 54 Abs. 1 HGB angegebenen Umfanges um eine gesetzlich geregelte Anscheinsvollmacht.

56 **dd) Anders** verhält es sich dagegen, wenn die **Rechtsscheintatbestände** nicht eine vom Vermögensinhaber eingeräumte Rechtsposition näher ausgestalten (namentlich eine Art Ablaufhemmung begründen), sondern völlig unabhängig an bestimmte **tatsächliche** Gegebenheiten anknüpfen. Beispiele bieten vor allem die §§ 932 BGB und 366 HGB sowie § 407 BGB. Zwar wäre es vom Wortsinn des Missbrauchstatbestandes noch gedeckt, wenn man die Möglichkeit des Sicherungsgebers, die in seinem Besitz verbliebene, sicherungsübereignete Sache gemäß § 932 BGB rechtswirksam an einen Gutgläubigen zu veräußern, als eine „gesetzliche Verfügungsbefugnis" qualifizieren würde. Man würde den Missbrauchstatbestand dann aber ohne Notwendigkeit auf weite Bereiche des Veruntreuungstatbestandes des § 246 Abs. 2 erstrecken und damit die schon für § 266 a.F. erkennbare, kriminalpolitisch vernünftige Absicht des Gesetzgebers missachten, die Schutzbereiche von § 246 und § 266 prinzipiell in wechselseitiger Ergänzung und nicht in permanenter Überschneidung auszugestalten. Mit der in Rechtsprechung und Schrifttum heute einhelligen Auffassung[160] ist deshalb bei einem bloßen (d.h. nicht an ein zurechenbares Handeln des Geschäftsherrn anknüpfenden) Rechtsscheintatbestand die Erfüllung des Missbrauchstatbestandes abzulehnen.

e) Abgrenzung zu Handlangerpositionen

57 **aa)** Die Abgrenzung zwischen rechtsgeschäftlichem und tatsächlichem Handeln ist bei der Figur des **Boten** problematisch, der einerseits nicht selbst rechtsgeschäftlich tätig

---

159 RGSt **75** 75, 77 ff; BGHSt **20** 143 f; *Hübner* LK[10] Rdn. 55 a.E. m.w.N.; *Kindhäuser* NK Rdn. 58; *Saliger* SSW Rdn. 15; *Seier* Rdn. 110.

160 BGHSt **5** 61, 62 f, 65; früher schon RG JW **1935** 2637; *Fischer* Rdn. 20; *Hübner* LK[10] Rdn. 45; *Lackner/Kühl* Rdn. 5a; *Herzberg/Brandts* JuS **1983** 203, 205; *Sch/Schröder/Perron* Rdn. 4; *Seier* Rdn. 47; *Hoyer* SK Rdn. 76; *Maurach/Schroeder/Maiwald* 1 § 45 Rdn. 17; OLG Hamm JMBlNRW **1963**, 95; *Arzt/Weber/Heinrich/Hilgendorf* BT § 22 Rdn. 21; *Schwinge/Siebert* S. 23; *Wittig* in v. Heintschel-Heinegg Rdn. 9.

wird, sondern nur fremde Willenserklärungen überbringt, andererseits aber dadurch rechtsgeschäftliche Wirkungen auslöst. Eine früher vor allem am Scheckkartenfall entwickelte Mindermeinung hob darauf ab, dass auch der Bote eine Rechtsstellung nach außen besitze, die ihm ein rechtsverbindliches Verhalten zum Nachteil des von seiner Botentätigkeit betroffenen Vermögensinhabers gestatte.[161] Die h.M. hat dies immer schon abgelehnt und sich dabei vor allem auf das formale Argument gestützt, dass ein Bote den Auftraggeber nicht durch seine eigene Willenserklärung rechtlich verpflichten könne, denn die Übermittelung der Willenserklärung eines anderen möge zwar eine rechtsgeschäftliche Wirkung auslösen, verleihe aber nicht dem Boten selbst Verpflichtungsmacht.[162]

Die h.M. ist im Prinzip zutreffend, denn wie etwa die Beförderung einer Willenserklä- 58
rung durch eine Brieftaube zeigt, ist die Botentätigkeit in ihrem Kern eine reine Handlangertätigkeit, deren Einbeziehung in den Missbrauchstatbestand den Willen des historischen Gesetzgebers missachten würde und zur Schädigung durch anderweitige Realakte im Rahmen von Arbeitsverhältnissen kaum abgrenzbar wäre. Für die strafrechtliche Einordnung des Boten bedeutet dies, dass die ihm im Regelfall obliegende rein technische Überbringungsleistung dem Typus der sachgebundenen Verrichtungen („Handlangerdienste") unterfällt, so dass die zivilrechtliche Abgrenzung zum Stellvertreter von der Tendenz her mit der strafrechtlichen Abgrenzung der Verfügungs- und Verpflichtungsbefugnis identisch ist. Ein Bote etwa, der (einer „Brieftaube" vergleichbar) die schriftliche Annahmeerklärung zu einem Vertrag zu überbringen hat und auf dem Wege eine Urkundenveränderung zum Nachteil seines Geschäftsherrn vornimmt oder die Empfangsquittung vernichtet, ist wegen Urkundenfälschung, -vernichtung oder Sachbeschädigung strafbar, aber nicht tauglicher Täter des Missbrauchstatbestandes. Das läuft weitgehend mit der zivilrechtlichen Abgrenzung und den zivilrechtlichen Rechtsfolgen parallel, weil der Überbringer einer fertig formulierten Erklärung selbstverständlich nur Bote ist[163] und weil die bewusst eigenmächtige Veränderung der Erklärung durch den Boten – anders als die unbewusste Veränderung gemäß § 120 BGB – zu keiner rechtsgeschäftlichen Bindung des Geschäftsherrn führt.[164] Eine strenge Zivilrechtsakzessorietät führt allerdings in denjenigen Fällen zu keinem klaren Ergebnis, in denen die Abgrenzung zwischen einer Boten- und einer Stellvertreterstellung im Zivilrecht selbst umstritten oder unklar ist, wie bei der früheren Scheckkarte[165] oder auch für die Abgrenzung zwischen dem Inkassoboten und dem Inkassobevollmächtigten, für die die übliche Abgrenzungsformel „Übermittlung einer fremden Willenserklärung – Stellvertreter in der Willenserklärung"[166] nicht viel weiterhilft. Auch passt das Abgrenzungskriterium des Zivilrechts, dass es nicht auf das Innenverhältnis, sondern auf das äußere Auftreten an-

161 *Blei* JA **1971** 305; JA **1972** 790; *Bringewat* GA **1973** 363, 364; *D. Meyer* JuS **1973** 216; *Schröder* JZ **1972** 707 f; *Eser* IV Fall 17 A 36; früher *Samson/Günther* SK Rdn. 8.

162 *Hübner* JZ **1973** 409, 411; *Gössel* JR **1978** 473; *Sch/Schröder/Perron* Rdn. 5 m.w.N.; *Dierlamm* MK Rdn. 34; *Kindhäuser* NK Rdn. 85; *Seier* Rdn. 49; im Ergebnis auch *Sax* JZ **1977** 747 Fn. 102; aus der Rechtsprechung früher schon RGSt **69** 58, 59; OLG Hamm NJW **1972** 299.

163 Zur Abgrenzung im Zivilrecht siehe *Schilken* in: Staudinger Vor § 164 Rdn. 73 ff; *Schramm* in: Münchener Kommentar 5. Aufl. (2007) Vor § 164 Rdn. 42 ff; Palandt/*Ellenberger* BGB Einf v. § 164 Rdn. 11.

164 Palandt/*Ellenberger* BGB § 120 Rdn. 4 i.V.m. § 178 Rdn. 2.

165 Für bloße Botenstellung *Gössel* JR **1978** 473; *Sennekamp* MDR **1971** 638; ders. BB **1973** 1005; w.N.b. *Wentzel* Das Scheckkartenverfahren der deutschen Kreditinstitute (1974) S. 61 Fn. 69; für Vertreterstellung BGH WM **1956** 1294; OLG Hamm NJW **1972** 299 f; *Hübner* JZ **1973** 412; *Krey* BT/2[6] Rdn. 552; *Schaudwet* NJW **1968** 11; w.N.b. *Wentzel* aaO S. 60 Fn. 66.

166 Zutr. hervorgehoben von *H. Mayer* Untreue S. 233–237; zur Abgrenzung im Zivilecht siehe *Schilken* in: Staudinger vor § 164 Rdn. 73 ff; *Schramm* in: Münchener Kommentar 5. Aufl. (2007) Vor § 164 Rdn. 42 ff.

komme,[167] theoretisch nicht zum Strafgrund der Untreue, für den es ausschlaggebend ist, ob die Gestaltung der Rechtsbeziehungen des fremden Vermögens dergestalt im Herrschaftsbereich des Täters liegt, dass es seinem Zugriff ohne weitere Barrieren überantwortet ist, oder ob der Täter in Gestalt einer Sachbeschädigung, Veruntreuung oder Urkundenfälschung erst noch einen Eingriff in die fremde Herrschaftssphäre vornehmen muss, wenn es zu einer Schädigung kommen soll. Deshalb hatte schon das Reichsgericht eine funktionale, strafrechtsspezifische Interpretation des Bevollmächtigtenbegriffs zu § 266 Abs. 1 Nr. 2 a.F. entwickelt[168] und etwa Boten sowie bloße Quittungsträger nicht als „Bevollmächtigte" qualifiziert,[169] bei Handlungsagenten und Handlungsreisenden mit Befugnis zur Annahme von Zahlungen aber durchweg anders entschieden;[170] freilich hat es vermöge seiner wirtschaftlich-faktischen Interpretation des Verfügungsbegriffs[171] die Tathandlung auf typische Treubruchfälle ausgedehnt, was für die Auslegung des Missbrauchstatbestandes keinen Anhalt liefern kann. Hierfür kommt es nach der **eingeschränkt zivilrechtsakzessorischen Theorie** vielmehr entscheidend darauf an, ob der Beauftragte des Geschäftsherrn fähig ist, auf Grund der ihm von diesem eingeräumten Stellung („von innen heraus") förmliche Rechtswirkungen für dessen Vermögensrechte und -pflichten zu erzeugen (wobei für § 266 von vornherein nur eine *missbrauchbare Fähigkeit* Relevanz erlangen kann). Dann zeigt sich bei einem (beispielhaft: **Inkasso-) Boten** ebenso wie bei einem **Inkassovertreter** oder sogar einem **Abschlussvertreter „mit gebundener Marschroute"** (d.h. denen die abzugebende Erklärung im Detail vorgeschrieben ist),[172] dass sie auf Grund der ihnen vom Geschäftsherrn eingeräumten Stellung nur unter der Voraussetzung für diesen pflichtwidrig Rechtswirkungen auslösen können, dass die Regeln der **Duldungs**- oder **Anscheinsvollmacht**[173] eingreifen. Das kann auch bei einem Boten der Fall sein; ansonsten wird der Geschäftsherr aus einer vorsätzlichen Veränderung der von ihm abgegebenen Erklärung durch den Boten nicht verpflichtet.[174] In einem solchen Fall besteht in strafrechtlicher Hinsicht für eine vom Zivilrecht abweichende Qualifikation kein Anlass, weil der Bote (dessen mündlichen Erklärungen außerhalb einer Anscheinsvollmacht im Geschäftsverkehr ohnehin keine Bedeutung beigemessen würde) dann nicht von innen heraus das Vermögen des Geschäftsherren schädigen kann, sondern dazu etwa zum Mittel der Urkundenfälschung gemäß § 267 StGB greifen müsste.

59 **bb)** Umstritten ist die Einordnung von **Kassierern mit schlichter Ablieferungspflicht**, etwa Polizeibeamten bei der Erhebung von Verwarnungsgeldern, Verwaltern von Nebenkassen und Schalterbeamten mit Einziehungsbefugnis. Die in der neueren Literatur verbreitete Auffassung, ihnen fehle die für die Erfüllung des Untreuetatbestandes erforderliche Selbständigkeit mit eingeräumtem Entscheidungsspielraum,[175] beruht auf der unrichtigen Ineinssetzung eines bei der Begründung der Täterstellung im Treubruchtatbestand verwendeten Indizes mit der Täterqualifikation im Missbrauchstatbe-

---

167 BGHZ **12** 334; Palandt/*Ellenberger* BGB Einf v. § 164 Rdn. 11.
168 Auf deren Einzelheiten hier nicht mehr einzugehen ist, siehe die Übersicht bei *H. Mayer* Untreue S. 228–261; *Zoller* S. 11–22.
169 RGSt **42** 212; **43** 433; ebenso für den Missbrauchstatbestand des § 266 n.F. RGSt **69** 58, 59 f.
170 RGSt **38** 267; **39** 336; RG GA Bd. 50 142; w.N.b. *H. Mayer* Untreue S. 232 Fn. 17.
171 Die in der vom RG vertretenen Treubruchtheorie wurzelte, s. Rdn. 20.
172 Zu diesem Typus des Vertreters ohne eigene Entscheidungsmacht siehe *Larenz/Wolf* (Fn. 142) § 46 Rdn. 37 ff.
173 Dazu näher o. Rdn. 55.
174 Palandt/*Ellenberger* BGB § 120 Rdn. 4 i.V.m. § 178 Rdn. 2; *Larenz/Wolf* (Fn. 142) § 46 Rdn. 44.
175 Dazu *Saliger* SSW Rdn. 14 a.E.; *Dierlamm* MK Rdn. 73.

stand. An der Stellung als für den Missbrauchstatbestand tauglicher Täter kann deshalb mit der traditionellen Rechtsprechung[176] unter der Voraussetzung nicht gezweifelt werden, dass sie (sei es auf Grund spezieller Vorschriften, sei es nach den Regeln der Duldungs- oder Anscheinsvollmacht) pflichtwidrig förmliche Rechtswirkungen für den Geschäftsherrn auslösen können. Freilich wird in den meisten Fällen keine für den Missbrauchstatbestand erforderliche rechtsförmliche Tathandlung, sondern ein bloßes **Hantieren mit Sachen** vorliegen, zu dessen Erfassung der Veruntreuungstatbestand des § 246 Abs. 1 2. Alt. bestimmt ist. Diese Überlegung greift auch für den **Ladenangestellten** des § 56 HGB ein, dessen gesetzlich ausgestaltete Vertretungsmacht die „gewöhnlichen Verkäufe und Empfangnahmen" umfasst und damit sachlich eine konkludent erteilte rechtsgeschäftliche Vollmacht, umrahmt von einer generell fixierten Anscheinsvollmacht bedeutet. Soweit ein Verkauf (etwa weit unter Einstandspreis) als eine veruntreuende Unterschlagung gem. § 246 Abs. 2 StGB qualifiziert werden kann, ist die spezifische Tathandlung des Missbrauchstatbestandes nicht gegeben. Anders ist es etwa, wenn eine noch im gewöhnlichen Verkaufsrahmen liegende, aber wegen des dem Ladenangestellten bekannten Mangels der Ware für den Geschäftsherrn desaströse Gewährleistungsabrede getroffen wird: Dann ist der Missbrauchstatbestand erfüllt.

f) Gegenstand ist **fremdes,** d.h. nichteigenes **Vermögen.** Damit sind drei Ausle- 60
gungsprobleme verbunden: Zum *ersten* muss es genügen, dass das Vermögen wenigstens *auch* anderen Personen zusteht, so dass der Gesellschafter in einer OHG und der Komplementär in einer KG bei nachteiligen Verfügungen über das Gesellschaftsvermögen den Missbrauchstatbestand erfüllen.[177] Zum *zweiten* könnte die formale Rechtsinhaberschaft dann nicht ausschlaggebend sein, wenn das Vermögen bereits in Beschlag genommen ist und für die Gläubiger in einem besonderen Verfahren mit besonders geregelten Verfügungsbefugnissen verwertet wird. Wenn jetzt der formale Eigentümer ausnahmsweise doch wieder zum Verwalter bestellt wird, so verwaltet er nicht kraft seines Eigentums, sondern kraft dieser Bestellung und hat den Interessen der Gläubiger zu dienen. Deshalb sprechen beachtliche Gründe dafür, dass der Vollstreckungsschuldner als Zwangsverwalter seines Landguts (§ 150b ZVG) und der Gemeinschuldner, den der Insolvenzverwalter bei der Fortführung des Geschäfts oder sonst bei der Verwertung der Masse als Hilfsperson heranzieht (BGHZ **35** 180) oder dem nach §§ 270ff InsO die **Eigenverwaltung** unter Aufsicht eines *Sachwalters* übertragen wird, bei einer Schädigung des in die Verwertung fallenden Vermögens eine Untreue, und zwar auch in der Missbrauchsform, begehen können.[178] Jedoch dürfte beim Missbrauchstatbestand das Analogieverbot des Art. 103 Abs. 2 GG im Wege stehen („fremdes" Vermögen ist nach dem Umgangssprachgebrauch etwas anderes als das „einer fremden Verwaltung unterstellte eigene Vermögen", während der Treubruchtatbestand lediglich auf die „fremden Vermögens**interessen**" abstellt und deshalb dieses Hindernis nicht kennt). Diese Ausnahmekonstella-

176 BGHSt **13** 315; **18** 312, 313; OLG Koblenz GA **1975** 122, 123; OLG Köln NJW **1963** 1992; OLG Hamm NJW **1973** 1809.

177 *Schwinge/Siebert* S. 26f; *Dierlamm* MK Rdn. 35; *Kindhäuser* NK Rdn. 30; *Saliger* SSW Rdn. 19; *Wittig* in v. Heintschel-Heinegg Rdn. 11.

178 RGSt **26** 106, 109f; **39** 414, 416 mit dem formalen Argument der Verfügungsmacht des Konkursverwalters; LK[11]/*Schünemann*, Rdn. 47, aber wie hier in LK[12], Rdn. 45; offengelassen von BGHSt **1** 186, 187f mit dem Hinweis auf die wirtschaftliche Zuordnung der Masse zu den Konkursgläubigern; vgl. auch allg. *Nelles* S. 479ff, 513ff; für Treubruch *Hübner* LK[10] Rdn. 67; überhaupt abl. *Dierlamm* MK Rdn. 35; *Fischer* Rdn. 11; *Kindhäuser* NK Rdn. 30; *Sch/Schröder/Perron* Rdn. 6; *Seier* Rdn. 104; *Saliger* SSW Rdn. 19, der sich aber zu Unrecht auf BGHSt **1** 187f beruft und LK[12] falsch zitiert.

tion kann nun aber *drittens* **nicht** zu der allgemeinen Regel erweitert werden, dass es für die Fremdheit des Vermögens im Missbrauchstatbestand nicht auf die formalrechtliche Zuordnung, sondern allein auf die wirtschaftliche Zugehörigkeit ankomme. Zwar hat das Reichsgericht zu § 266 Abs. 1 Nr. 2 a.F. dadurch für bestimmte Fallgruppen auf eine wirtschaftliche Zuordnung abgestellt, dass es als „Vermögensstück des Auftraggebers" auch die formell im Eigentum des Täters stehenden, dem Auftraggeber aber kraft eines sog. „Individualanspruches" zu verschaffenden Gegenstände angesehen hat.[179] Aber diese extrem extensive Auslegung wurzelte nicht in der Missbrauchs-, sondern in der Treubruchtheorie,[180] während die Neufassung 1933 die Treubruchfälle tatbestandlich von den Missbrauchsfällen getrennt und den Missbrauchstatbestand auf die Fälle der rechtsgeschäftlichen Herrschaft innerhalb des fremden Vermögens konzentriert hat.[181] Die lediglich wirtschaftliche Zuordnung ist also durch die Formel der Wahrnehmung von (scil. bloßen) „Vermögensinteressen" dem Treubruchtatbestand zugewiesen worden, während der Missbrauchstatbestand die **rechtliche Zuordnung** der Verfügungsobjekte zu einem fremden Träger voraussetzt. Dieser Wille des Gesetzgebers ist auch in der inneren Systematik des Missbrauchstatbestandes unverrückbar verankert, weil die darin geforderte rechtsgeschäftliche Machtstellung in Bezug auf ein fremdes Vermögen rechtsgeschäftlich disponible Objekte und eine rechtliche Zuordnungsmöglichkeit dieser Objekte voraussetzt, wenn das Tatbestandskonzept schlüssig bleiben soll. Konsequenz dieser prinzipiellen Anknüpfung an die zivilrechtliche Rechtszuständigkeit ist dann allerdings, dass der geschäftsführende Gesellschafter einer *Ein-Mann-GmbH* über fremdes Vermögen verfügt;[182] dazu, ob er auch im Ergebnis eine Untreue zu Lasten seiner eigenen GmbH begehen kann, namentlich zur Frage der Pflichtwidrigkeit, eingehend u. Rdn. 313.

2. Die Tathandlung: der Missbrauch

61 **a) Verfügung, Verpflichtung.** Genügt also für die Missbrauchsformen nicht eine bloß tatsächliche Machtstellung, setzen sie vielmehr eine förmliche Rechtsmacht über fremdes Vermögen voraus, so folgt, dass sie nur durch ein für den Inhaber des betreuten Vermögens **Rechtswirkungen äußerndes** Verhalten des Täters verwirklicht werden.[183] Vielfach wird dies so ausgedrückt, dass für sie nur ein **rechtsgeschäftliches** Handeln in Betracht komme.[184] Da jedoch die Rechtsmacht auch in Gesetzen und im behördlichen Auftrag ihren Ursprung haben kann, fällt auch die Befugnis darunter, über fremdes

---

179 RGSt **62** 59; **63** 408; **64** 86; **65** 278; **67** 273; **69** 225; eingehende Darstellung der RG-Rechtsprechung bei *Zoller* S. 28–43; *Siebert* Das rechtsgeschäftliche Treuhandverhältnis (1933) S. 178 f; zuletzt noch einmal hilfsweise erwogen in BGHSt **1** 188; krit. *Bruns* Die Befreiung des Strafrechts vom zivilistischen Denken (1938) S. 236; *Hirschberg* Der Vermögensbegriff im Strafrecht (1934) S. 352 f; *Koffka* ZStW **48** (1936) 706 ff; *H. Mayer* JW **1929** 2731; **1930** 2250; **1932** 507, 729, 1746, 1766; **1933** 734; *H. Mayer* Mat. I S. 341.

180 So ganz deutlich RGSt **62** 58, 60 f.

181 Eingehend LK[11]/*Schünemann*, § 266 Rdn. 16; zum Zusammenhang mit der Missbrauchstheorie über den Entwurf 1927 *H. Mayer* Mat. I S. 343; zum Herausfallen des fiduziarischen Treuhandverhältnisses aus dem Missbrauchstatbestand und dessen Aufnahme durch den Treubruchtatbestand *Schwinge/Siebert* S. 24 f, 35 mit Fn. 8; *Schneider/Neuenburg* GA **1933** 325; and. freilich *Leopold Schäfer* § 266 Anm. 7; dagegen zutr. *Dahm* und *Schäfer* in: Schubert/Regge/Rieß/Schmid (Hrsg.) Quellen zur Reform des Straf- und Strafprozeßrechts II 2, 2 (1989) S. 543, 554; BGHSt **1** 186, 188.

182 BGHSt **34** 379, 384; **35** 333, 337.

183 So im Grundsatz zutr. BGHSt **5** 61, 63; *Bringewat* GA **1973** 363; *Dierlamm* MK Rdn. 134; *Fischer* Rdn. 24; *Sch/Schröder/Perron* Rdn. 17; *Saliger* SSW Rdn. 21; *Sieber* S. 245; *Welzel* § 56 A 1b.

184 BGH 1 StR 164/65 v. 21.9.1965; OLG Köln JMBlNRW **1958** 208; *Blei* BT § 65 III 1a; *Gössel* JR **1978** 473; *Kohlrausch/Lange* II 2; *Lackner/Kühl* Rdn. 6; *Maurach/Schroeder/Maiwald* 1 § 45 Rdn. 17; *Schreiber/Beulke* JuS **1977** 658, IV; *Seier* Rdn. 50; *Zahrnt* NJW **1972** 277.

Vermögen **hoheitlich** zu verfügen.[185] Missbrauchsuntreue kann z.B. auch durch pflichtwidrigen Erlass einer Steuerschuld (§§ 227, 234 Abs. 2, 3 AO), durch rechtswidrige Verwertung beschlagnahmten Vermögens (§§ 111l StPO; § 46 OWiG; §§ 399, 404 AO) begangen werden. Rein **tatsächliche Einwirkungen** auf das zu betreuende Vermögen, z.B. durch Verbindung, Vermischung, Verarbeitung (*Baumann* Sicherungsrechte S. 61f, 147), Sachbeschädigung oder Zerstörung,[186] Abnutzung durch Gebrauch oder Eigenverbrauch fallen dagegen aus den bereits dargelegten Gründen **nicht** unter den Begriff des Verfügens. Die frühere Rechtsprechung[187] ist überholt. Für Fälle dieser Art sind die §§ 246, 303 und gegebenenfalls der Treubruchtatbestand, nicht aber der auf die Schädigungen durch rechtliche Einwirkung gemünzte Missbrauchstatbestand einschlägig.

b) Missbraucht wird die Befugnis, über fremdes Vermögen zu verfügen oder seinen 62
Inhaber zu verpflichten, durch ihren unrechtmäßigen Gebrauch – dann also, wenn der Täter bei Ausübung der ihm eingeräumten Vertretungsmacht sich über die ihm dafür gezogenen Schranken hinwegsetzt. In diesem Raum, **zwischen rechtlichem Können und rechtlichem Dürfen** – wie er sich z.B. bei der Schlüsselgewalt der Ehegatten zwischen § 1357 und § 1412 BGB, bei der Prokura zwischen § 49 und § 50 HGB, beim Kommissionär zwischen § 383 und 385 HGB, bei der OHG zwischen § 126 Abs. 1 und Abs. 2 HGB, beim Vorstand der AG zwischen § 82 Abs. 1 und Abs. 2 AktG, beim Geschäftsführer der GmbH zwischen § 37 Abs. 1 und Abs. 2 GmbHG, überhaupt in allen Fällen der im Innenverhältnis begrenzten Geschäftsführungs-, im Außenverhältnis aber unbeschränkten Vertretungsbefugnis breitet –, liegt das angestammte Feld des Missbrauchs der Befugnis: Der Missbrauchstatbestand dient „dem Schutze von Rechtsbeziehungen, durch die einem Beteiligten ein **rechtliches Können** gewährt wird, das **über das rechtliche Dürfen** hinausgeht".[188] Mit der daraus entwickelten **sinnverändernden** (und unleugbar examensrepetitorhaft klingenden) Formel, der Täter halte sich *im Rahmen des rechtlichen Könnens, überschreite aber die Grenzen des rechtlichen Dürfens,*[189] kann man sich für den Regelfall begnügen, sofern man sich der darin liegenden Vereinfachung bewusst bleibt. Denn sie ist dann und insoweit überspitzt, wenn man i.S.d. **streng zivilrechtsakzessorischen Theorie** eine speziell qua Rechtsgeschäft wirksame Ausübung der eingeräumten Rechtsmacht verlangt. Dagegen hat bereits *Arzt* (FS Bruns S. 365ff) eingewendet, dass man, indem man die Missbrauchsalternative auf formell rechtsverbindliches Handeln des Täters verenge, den schlimmsten Fall des Missbrauchs, nämlich des bewussten

185 BGHSt **13** 274, 275; BGH 1 StR 200/54 v. 24.5.1955, insow. BGHSt **7** 333 nicht abgedr.; RGSt **69** 333, 338; *Bockelmann* BT/1 § 18 II 2; *Esser* AnwK Rdn. 103; *Fischer* Rdn. 10; *Sch/Schröder/Perron* Rdn. 15; *Wessels/Hillenkamp* BT 2 Rdn. 753; *Wittig* in v. Heintschel-Heinegg Rdn. 14.

186 *Eser* VI[4] Fall 17 A 31.

187 RGSt **61** 228, 230; **66** 289, 292 zu § 266 a.F., s. auch *Schneider-Neuenburg* GA **1933** 328; *Zoller* S. 45–49; zu § 266 n.F. noch von RGSt **68** 371, 373.

188 BGHSt **5** 61, 63; BGH wistra **1988** 191; *Grünhut* RG-Festgabe Bd. V S. 125; *Schwinge/Siebert* S. 27; *Siebert* ZStaatsW Bd. **95** 633; anklingend schon RGRspr. **8** 575, 577; Beschluß der Sachverständigenkommission zur Bekämpfung der Wirtschaftskriminalität zur Empfehlung 3 der Unterkommission, Tagungsberichte Bd. XIII S. 96, 100, 133; *Schünemann* Tagungsberichte Bd. XIV S. 261.

189 BGHSt **5** 61, 63; **47** 293, 296; **50** 299, 313; **50** 331, 341f; BGH JR **1985** 28, 29 m. zust. Anm. *Otto* S. 30: „Der Täter überschreitet ... das rechtliche Dürfen im Rahmen des rechtlichen Könnens"; BGH wistra **1988**, 191; **2007** 259; NStZ **2007** 579, 580; *Schwinge/Siebert* S. 27; *Eser* IV Fall 17 A 16, A 30; *Esser* AnwK Rdn. 102; *Lackner/Kühl* Rdn. 6; *Fischer* Rdn. 24ff, 30; *Sch/Schröder/Perron* Rdn. 18; *Hoyer* SK Rdn. 43; *Kindhäuser* NK Rdn. 82; *Dierlamm* MK Rdn. 134; *Wittig* in v. Heintschel-Heinegg Rdn. 17; *Maurach/Schroeder/Maiwald* 1 § 45 Rdn. 19, freilich – im Widerspruch dazu – für eine Subsumtion jeglichen Unterlassens unter den „Missbrauch" in § 45/22; ebenso widersprüchlich *Lackner/Kühl* Rdn. 6; s. ferner *Arzt/Weber/Heinrich/Hilgendorf* § 22 Rdn. 31; *Labsch* S. 307; *ders.* Jura **1987** 348, 412ff; *Lampe* GA **1987** 241, 247f; *Rönnau* FS Kohlmann 246f; *Wessels/Hillenkamp* BT/2 Rdn. 753.

Zusammenwirkens des Täters mit dem Geschäftsgegner zum Schaden des vertretenen Vermögens, außerhalb des Tatbestandes lasse und diesen so ad absurdum führe.[190] „Missbrauch" bedeutet deshalb nach der auch hier vorzugswürdigen **eingeschränkt zivilrechtsakzessorischen Theorie**: eine die **Pflichten aus dem Innenverhältnis verletzende rechtsgeschäftliche Handlung.**[191] Dieses Konzept hat alle dogmatischen und kriminalpolitischen Argumente auf seiner Seite, weil es (1) dem Umgangs- wie dem Zivilrechtssprachgebrauch entspricht, (2) schon vor fast 100 Jahren in der Diskussion herrschte[192] und (3) unsinnige Strafbarkeitslücken vermeidet, während (4) eine formell zivilrechtsakzessorische Ausgestaltung der Missbrauchshandlung nicht mit dem den Handlungserfolg bezeichnenden, völlig herrschenden wirtschaftlichen Vermögensbegriff (näher dazu Rdn. 213) zu vereinbaren ist. Denn wenn ein Vertreter seine Vertretungsmacht treuwidrig ausübt und dies dem Geschäftspartner entweder infolge von Kollusion bekannt oder bei Einhaltung der im Verkehr erforderlichen Sorgfalt erkennbar war, so wird der Vertretene zwar zivilrechtlich durch das Rechtsgeschäft entweder überhaupt nicht gebunden oder vermöge des Arglisteinwandes von der Bindung befreit.[193] In strafrechtlicher Hinsicht kann aber im Hinblick auf den nach außen hin bestehenden Anschein eines wirksamen Rechtsgeschäfts und die vom Vertretenen zu tragende Beweislast für die dem Geschäftspartner vorzuwerfende Kollusion oder Fahrlässigkeit[194] sehr wohl ein Vermögensnachteil in Gestalt einer wirtschaftlich als ein Schaden zu qualifizierenden Vermögensgefährdung zu bejahen sein (dazu näher Rdn. 226 ff). Wenn man auch in diesen Fällen mit der h.L. die zivilrechtliche Rechtswirksamkeit im Außenverhältnis zum Maßstab der strafrechtlichen Tatbestandserfüllung macht, reißt man eine von der kriminalpolitischen Schutzrichtung der Untreue her (Rdn. 13 ff) unsinnige Strafbarkeitslücke auf, die auch von dem nach h.L. als Ersatz eingreifenden Treubruchtatbestand nicht vollständig geschlossen werden könnte. Denn weil für die Täterschaft im Treubruchtatbestand gerade von der h.L. ein qualifiziertes Maß an Selbständigkeit und Entscheidungsfreiheit als Kriterium der Täterstellung gefordert wird,[195] lässt sich das pflichtwidrige Handeln von Vertretungsberechtigten mit im Detail festgelegter Marschroute nach ihrem eigenen Standpunkt nicht darunter subsumieren (es sei denn, man würde dessen Interpretation wiederum in Richtung auf den Missbrauchstatbestand ausweiten, womit die Einordnung in die erste oder zweite Alternative aber allmählich beliebig würde). Gänzlich hilflos steht die h.L. der zivilrechtlich ohne weiteres möglichen und sogar häufigen Konstellation gegenüber, dass die Reichweite der Außenvollmacht an die

---

190 AaO S. 368 ff, 375 ff.

191 Eingehend LK[11]/*Schünemann*, § 266 Rdn. 32 ff; *Schünemann* Organuntreue S. 13 f; *ders.* FS I. Roxin S. 341, 345 ff.; im Erg. zust. *Geffers* Vermögensdelikte S. 27 ff. mit dem beachtlichen Hinweis auf § 134 BGB, s.u. Rdn. 62a.

192 Im Prot. der Strafrechtskommission über die 269. Sitzung v. 19.8.1913 heisst es zur 2. Lesung des § 340 E (S. 17b): „Im Gegensatz zu der Ansicht eines Mitglieds sprach sich die überwiegende Mehrheit der Kommission dahin aus, dass ein Missbrauch der Verfügungsbefugnis nicht nur in solchen Fällen angenommen werden könne, wo der Täter sich in den formellen Grenzen seiner Verfügungsbefugnis gehalten, sondern auch dann, wenn er diese Grenzen überschritten habe".

193 Zahlr. Nachw. bei *Arzt* S. 368 f Fn. 14–17; ferner etwa BGHZ **50** 112, 114; **113** 315; BGH WM **1966** 491; BGH NJW **1989** 26; BAG NJW **1997** 1940; *Schramm* Münchener Kommentar Bd. I 5. Aufl. (2007) § 164 Rdn. 107 ff.

194 *Schramm* Münchener Kommentar Bd. I 5. Aufl. (2007) § 164 Rdn. 110; Palandt-*Ellenberger* § 164 Rdn. 13 f.

195 BGHSt **3** 289, 294; **13** 315, 317 ff; *Sch/Schröder/Perron*, Rdn. 24; *Dierlamm* MK Rdn. 52 und *Saliger* SSW Rdn. 10, die diese Voraussetzung auch auf den Missbrauchstatbestand ausdehnen wollen. Näher dazu u. Rdn. 102 ff.

Reichweite der Befugnis im Innenverhältnis gebunden wird,[196] ein diese Grenzen sprengendes Rechtsgeschäft aber doch zur Verpflichtung des Geschäftsherrn führt, nämlich wenn die Grundsätze der Duldungs- oder Anscheinsvollmacht[197] eingreifen, nach denen dieser für einen von ihm zu verantwortenden Rechtsschein haftet, den dieselben Vertreter der h.L. aber für den Missbrauchstatbestand nicht genügen lassen wollen (dazu o. Rdn. 40). Es erfüllt deshalb den Missbrauchstatbestand, wenn die **Außenmacht nicht weiter reicht als die Innenbefugnis** und der Täter beide Grenzen überschreitet. Beispiele bieten BGHSt **13** 315f; BGH 3 StR 924/52 v. 12.11.1953 (Fall 1: Ein Schalterbeamter verkauft die Fahrkarten, Fall 2: ein Textilvertreter verkauft die Ware unter dem ihm vorgeschriebenen Verkaufspreis; BGH 4 StR 343/61 v. 20.10.1961; BayObIGSt **1965** 88; OLG Köln JMBlNRW **1959** 138; BGH 2 StR 189/54 v. 23.11.1954; BGHSt **13** 274, 276 zum Vorenthalten des Versteigerungserlöses durch den Gerichtsvollzieher; LG Bonn JMBlNRW **1968** 199). In den Fällen des Fahrkarten- und des Textilverkäufers dürfte bei der unerlaubten Einräumung von Rabatten jedenfalls eine Anscheinsvollmacht analog bzw. gem. § 56 HGB eingreifen, so dass also[198] der Missbrauchstatbestand einschlägig ist, sofern sich die Rechtsmacht nicht auf ein bloßes Hantieren mit Sachen beschränkt und deswegen kein Untreue-, sondern Unterschlagungsunrecht vorliegt.[199]

Zu allem Überfluss droht der h.L. schließlich sogar auch der zivilrechtliche Todes- **62a**
stoß, wenn die These von *Geffers* zutrifft, dass ein den Untreuetatbestand erfüllender Vertragsabschluss auch dann gemäß § 134 BGB wegen Gesetzesverstoßes nichtig sei, wenn der Vertragspartner gutgläubig ist (Vermögensdelikte S. 27ff, 61 u. passim). Denn dann würde sich der Missbrauchstatbestand logisch zwingend auf eine Nullmenge reduzieren, was nicht die Absicht des Gesetzgebers gewesen sein kann. Aber auch wenn man mit der h.M. die Nichtigkeitsfolge bei der Verletzung von Strafgesetzen regelmäßig darauf beschränken will, dass sich alle Beteiligten strafbar gemacht haben,[200] bleibt die zivilrechtliche Würdigung bei einseitigen Rechtsgeschäften unklar und verweist unabhängig von der dogmatischen Konstruktion stets auf dieselben Grundgedanken von Gutglaubensschutz des Vertragspartners und Rechtsscheinhaftung des Geschäftsherrn. Die Übernahme der Filigranzeichnung der zivilistischen Rechtsfiguren ist deshalb für die strafrechtliche Zuordnung unbehelflich, und dasselbe gilt auch in prozessualer Hinsicht, weil die h.L. die Subsumtion unter den Missbrauchs- oder Treubruchtatbestand von der weitere Aufklärung erfordernden, aber nur zivilrechtlich relevanten Frage abhängig macht, ob der Vollmachts*missbrauch* (sic!) für den Vertragspartner ohne weiteres erkennbar war (Nachw. o. Fn. 193f).

Das Gegenargument von *Saliger*, eine strafrechtsautonome Bestimmung des Schutz- **63**
raums würde die Missbrauchsuntreue von ihrer „Befugnisorientierung" lösen und zu einem allgemeinen Delikt der Schädigung fremden Vermögens entgrenzen (SSW Rdn. 21), ist unzutreffend, denn für die „Befugnisorientierung" genügt es, dass sich das Verhalten des Täters als pflichtwidrige Wahrnehmung der ihm anvertrauten rechtsgeschäftlichen Kompetenz darstellt: Bereits das entspricht sowohl dem **umgangssprachlichen Ver-**

196 *Schilken* Staudinger Rdn. 33f Vor § 164ff; *Schramm* MK BGB § 164 Rdn. 96ff, 74ff.
197 *Schilken* Staudinger § 167 Rdn. 28ff; *Schramm* MK BGB § 167 Rdn. 46ff.
198 Entgegen *Hübner* LK[10] Rdn. 70; *Sch/Schröder/Perron* Rdn. 17 m.w.N., aber mit BGH LM Nr. 4; BGH 3 StR 924/52 und BGHSt **13** 315f.
199 Rdn. 34, 57, 59; BGH LM Nr. 4 will danach unterscheiden, ob die Ware nur unter Preis verkauft oder völlig umsonst abgegeben wird, weil nur im letzteren Falle eine Schenkung und damit eine Zueignungsabsicht vorliege; dagegen für Unterschlagung auch bei bloß teilweisem Schenken *Heinitz* FS H. Mayer S. 435.
200 BGHZ **132** 313, 318; Soergel/*Hefermehl*, BGB, § 134 Rdn. 24; dagegen aber *Armbrüster* MK BGB § 134 Rdn. 48, 52 m.w.N.

ständnis des Handlungsmerkmals „missbrauchen" als auch dessen **zivilrechtlicher Verwendung,**[201] von der sich die h.L. ohne jedes Sachargument abwendet. Für eine teleologische Gesetzesauslegung ist es deshalb fast selbstverständlich, dass der Fehlgebrauch (= Missbrauch) im Hinblick auf das Vermögen als geschütztem Rechtsgut beurteilt werden muss, und das bedeutet: Wenn sich das Verhalten des Täters als eine spezifische Wahrnehmung der ihm anvertrauten rechtsgeschäftlichen Kompetenz darstellt und durch deren treuwidrigen Gebrauch zu einem Vermögensschaden führt, so muss das völlig unabhängig davon ein „Missbrauch" sein, ob sich daraus die den Geschäftsherrn schädigenden zivilrechtlichen Rechtswirkungen aufgrund der Rechtsgeschäftslehre, aufgrund von Vertrauenstatbeständen oder aufgrund von Verwirkungstatbeständen ergeben oder ob schließlich eine aufgrund von Beweislastnormen o.ä. zivilrechtlich nachteilige Gesamtsituation eintritt, die in strafrechtlicher Hinsicht bereits als ein gegenwärtiger Vermögensnachteil qualifiziert werden muss.

64 Nachdem die **Rechtsprechung** lange Zeit dieser Auffassung gefolgt war (Nachweise LK[11]/*Schünemann*, § 266 Rdn. 33), hat der BGH nunmehr verbal die Formel der h.L. übernommen, aber (weil es nie um einen kritischen Fall ging) materiell nur als **obiter dictum** und überdies in einer Form, die die Zuordnung zur Missbrauchs- oder Treubruchalternative als völlig beliebig erscheinen lässt: Im 1. Urteil zum „Kölner Müllskandal" hat der 5. Strafsenat im Falle einer Sittenwidrigkeit des vorgenommenen Rechtsgeschäfts den „Missbrauch der Vertretungsmacht" bejaht, im gleichen Atemzuge aber den Missbrauchstatbestand wegen Unwirksamkeit des Rechtsgeschäfts gemäß § 138 BGB verneint und hieraus „unmittelbar" folgen lassen, dass die Treubruchalternative erfüllt sei, was in Ermangelung einer anderen Verteidigungsmöglichkeit des Angeklagten vom Revisionsgericht selbst ausgesprochen werden könne (BGHSt **50** 299, 313f). Und im Mannesmann-Fall hat der 3. Strafsenat sogar offen gelassen, ob der Missbrauchs- oder der Treubruchtatbestand erfüllt sei (BGHSt **50** 331, 341f).

65 Um die Abgrenzung der beiden Tatbestände nicht entweder in sinnlosen Differenzierungen oder in Beliebigkeit versinken zu lassen, muss deshalb gegen die h.M. daran festgehalten werden, dass der Missbrauchtatbestand von der Täterseite her durch eine rechtsgeschäftliche Obhutsherrschaft über fremdes Vermögen und von der Handlungsseite (nur) durch eine die Fürsorgepflicht verletzende und einen Schaden verursachende Ausübung dieser Herrschaft gekennzeichnet ist. Auf der Erfolgsseite wird zwar regelmäßig eine zivilrechtlich wirksame Verpflichtung oder Verfügung bezüglich des anvertrauten Vermögens vorliegen (wofür wohlgemerkt nachteilige zivilrechtliche Rechtswirkungen sowohl aufgrund der Rechtsgeschäftslehre als auch aufgrund von Vertrauens- oder Verwirkungstatbeständen oder von Beweislastnormen o.ä. ausreichen, was auch solche Rechtswirkungen einschließt, die sich bei einem Überschreiten oder Erlöschen der rechtsgeschäftlichen Vollmacht aus Gründen des Vertrauensschutzes ex lege ergeben), aber auch andere einen Vermögensnachteil begründende Verschlechterungen der Rechtsposition des Geschäftsherrn reichen aus, etwa solche, die bei einem kollusiven und deshalb zivilrechtlich unwirksamen Handeln in Gestalt der den Geschäftsherrn treffenden Beweislast für die Bösgläubigkeit des Geschäftspartners eintreten. (Die h.L. hält demgegenüber eine im einzelnen verwirrend und uneinheitlich durchgeführte, angebliche Zivilrechtsakzessorietät für erforderlich, bietet jedoch in den danach aus dem Missbrauchstatbestand herausfallenden Konstellationen den – freilich vom Täterkreis her

201 Denn von einem „Missbrauch der Vertretungsmacht" wird im Zivilrecht gerade dann gesprochen, wenn das Rechtsgeschäft wegen Kollusion oder Evidenz gegenüber dem Vertretenen unwirksam ist (*Schilken* aaO Rdn. 91 ff; *Schramm* MK BGB § 164 Rdn. 106 ff), während sich die zivilrechtsakzessorisch gebärdende h.M. ausgerechnet für diesen Fall einen „Missbrauch" ablehnen will!

weitaus engeren – Treubruchtatbestand an und ist, jedenfalls in Gestalt der Rechtsprechung, deshalb auch bereit, die spezielle Form der Erfüllung des Untreuetatbestandes überhaupt offen zu lassen.) Das „rechtliche Können" des Täters ist deshalb nicht im Sinne einer starren Akzessorietät zur Reichweite der ursprünglich erteilten Vollmacht etc., sondern im Sinne des gesamten Bereiches zu verstehen, in dem durch sein rechtsgeschäftliches Handeln nachteilige Rechtsfolgen für den Geschäftsherrn ausgelöst werden können. Außerhalb dieses Bereichs kann der Missbrauchstatbestand nicht verwirklicht werden: Jenseits des „rechtlichen Könnens" in diesem (strafrechtlichen) Sinne handelt der Täter unbefugt, ohne Rechtsmacht und ohne jede rechtliche Wirkung gegen das Vermögen des Machtgebers; diesseits des rechtlichen Dürfens gebraucht er seine Macht erlaubt. Überschreitet der Täter also seine Vertretungsmacht ohne „Heilung" durch Anscheinsvollmacht o.ä., z.B. als nicht besonders ermächtigter Prokurist durch Veräußerung oder Belastung eines Firmengrundstücks (§ 49 Abs. 2 HGB), als Gesamtvertreter durch alleiniges Handeln,[202] als bloß Auflassungsbevollmächtigter durch Vereinnahmung des Kaufpreises,[203] so ist das bar jeder Rechtswirkung für den Geschäftsherrn und erfüllt deshalb weder den Missbrauchs- noch (vorbehaltlich besonderer Umstände) den Treubruchtatbestand. Stattdessen kommt u.U. ein Betrug am Geschäftspartner in Betracht.[204]

c) Strittig ist die Anwendbarkeit des Missbrauchstatbestandes, wenn der Täter (z.B. 66
der inkassoberechtigte Handelsvertreter) **schon bei Abschluss des äußerlich einwandfreien Geschäfts** (z.B. bei Einziehung der Forderung) **in ungetreuer Absicht** handelte (z.B. den Erlös für sich zu behalten). Während die ältere Rechtsprechung das bejahte,[205] hat der 5. Strafsenat des BGH allgemein ausgesprochen, dass die von ungetreuer Absicht getragene Ausübung einer Inkassoermächtigung den Missbrauchstatbestand nicht erfülle, weil der Inkassoermächtigte zu diesem Verhalten gegenüber dem Auftraggeber berechtigt sei und die bloße Nichtablieferung des Inkassos keinen Missbrauch von Verfügungs- oder Verpflichtungsmacht darstelle.[206] Eine Untreuestrafbarkeit käme dann nur unter dem Gesichtspunkt des Treubruchtatbestandes in Betracht, dessen Erfüllung vom BGH bei abredewidrigen Handlungen im Rahmen von Sicherungszessionen einschließlich des verlängerten Eigentumsvorbehaltes mit der Begründung abgelehnt wird, die Wahrnehmung fremder Vermögensinteressen sei hier nicht Hauptgegenstand der Rechtsbeziehung zwischen den Beteiligten.[207] Auch der Unterschlagungstatbestand kommt nicht zum Zuge, wenn der Zedent bei Ausübung der Inkassoermächtigung das für den Eigentumserwerb am Geld durch den Zessionar notwendige Insichgeschäft nicht vollzieht und deshalb ausschließlich und unmittelbar selbst Eigentümer des eingezogenen Bargeldes wird. Diese[208] Konsequenz ist jedoch nicht nur kriminalpolitisch inakzeptabel und von den systematischen Konsequenzen im Vergleich mit dem Unterschlagungstatbestand her

202 BGH LM Nr. 16; BGH 1 StR 565/53 v. 14.4.1954, S. 5; anders RGRspr. **10** 201, 205.
203 BGHSt **8** 149; hierzu Rdn. 154 „Auftrag".
204 Beispielhaft Rdn. 132 „Auftrag" zu BGHSt **8** 149.
205 BGHSt **6** 314, 316; **8** 254, 260; BGH LM Nr. 11; BGH 1 StR 519/54 v. 16.5.1954, S. 3, 4; BGH 4 StR 22/70 v. 19.3.1970 und 84/70 v. 9.7.1970; BGH 5 StR 179/60 v. 17.4.1960 und 67/72 v. 18.4.1972; RGSt **63** 251, 252f zu § 266 Abs. 1 Nr. 2 a.F.; RG DR **1940** 1419; ebenso *Baumann* Sicherungsrechte S. 101 Fn. 1; *Hübner* LK[10] Rdn. 71; verneinend i.w. das Schrifttum: *Heinitz* FS H. Mayer S. 436; *Sax* JZ **1977** 705 Fn. 55; *Labsch* Jura **1987** 415; *Sch/Schröder/Perron* Rdn. 19; *Hoyer* SK Rdn. 83; *Kindhäuser* NK Rdn. 93; *Labsch* S. 107; *Wessels/Hillenkamp* BT 2 Rdn. 763; *Wittig/Reinhart* NStZ **1996** 469ff.
206 BGH wistra **1984** 143 m. zust. Anm. *Schomburg*.
207 BGHSt **22** 190; BGH wistra **1984** 143 und dazu Rdn. 196.
208 Von *Sch/Schröder/Perron* Rdn. 19 ausdrücklich gezogen.

widersinnig (weil die Ermächtigung zur Weiterveräußerung der sicherungsübereigneten oder unter Eigentumsvorbehalt gelieferten Ware an beliebige Bedingungen geknüpft und dementsprechend eine Weiterveräußerung unter Missachtung dieser Bedingungen ohne weiteres als Unterschlagung bestraft werden kann), sondern auch von dem in Rdn. 20 herausgearbeiteten Schutzzweck des Missbrauchstatbestandes her nicht folgerichtig. Denn wenn und weil hierunter jedenfalls die Veruntreuung anvertrauter Forderungen zu subsumieren ist, bedeutet jede **manifestierte**, d.h. nach außen erkennbare Verletzung der Inkassobedingungen einen Missbrauch der durch die Inkassoermächtigung eingeräumten Verfügungsmacht, wozu auch die Einziehung ohne Herbeiführung des etwa vom Geschäftsherrn bedungenen Erfolges des bloßen Durchgangserwerbs bezüglich des Eigentums an dem geleisteten Bargeld gehört. Anders verhält es sich dagegen, wenn das Inkasso äußerlich korrekt abläuft und der Inkassoermächtigte erst nachträglich seine Pflichten verletzt, indem er das eingezogene Geld nicht abliefert.[209] In diesem Fall ist anstelle des Missbrauchstatbestandes derjenige der veruntreuenden Unterschlagung (§ 246 Abs. 2) erfüllt, wenn der Geschäftsherr durch Insichgeschäft oder Geschäft für wen es angeht[210] schon Eigentümer geworden war.

67 Gegen diese differenzierende Lösung[211] lässt sich auch nicht einwenden, dass Verkäufer oder Kreditgeber dann „durch gewohnheits- und vordrucksmäßige Vertragsbestimmungen die Nichterfüllung gewöhnlicher vertraglicher Verpflichtungen zu einer strafbaren Handlung" machen könnten.[212] Denn dieses an sich durchaus beachtliche Argument führt, wenn man es isoliert für den Missbrauchstatbestand verwendet, zu Widersprüchen im System des gesamten Vermögensstrafrechts, namentlich im Verhältnis zum Unterschlagungstatbestand, solange der strafrechtliche Eigentumsbegriff entsprechend der nahezu einhelligen Auffassung[213] streng zivilrechtsakzessorisch ist und damit jede unerlaubte Verfügung über sicherungsübereignetes oder unter Eigentumsvorbehalt erworbenes Gut zur Veruntreuung stempelt. Der Missbrauchstatbestand ist deshalb der falsche Platz, um die Zivilrechtsakzessorietät des Vermögensstrafrechts bezüglich des Begriffs der Rechtszuständigkeit (Eigentum an Sachen, Inhaberschaft von Forderungen etc.) aufzugeben, weil die „Befreiung des Strafrechts vom zivilistischen Denken" in dieser Grundfrage zwar kriminalpolitisch ernsthaft diskutabel wäre, ohne Brüche im Gesamtsystem des Vermögensstrafrechts aber nur einheitlich erfolgen könnte.

68 **d) Missbrauch durch Unterlassen** ist denkbar, obschon die Annahme eines Treubruchtatbestands seiner Struktur wegen näher liegt (*Welzel* § 56 B). Die Befugnis, über das Vermögen eines anderen zu verfügen oder ihn zu verpflichten, kann durch eine Unterlassung ausgeübt, so gebraucht und daher so auch missbraucht werden.[214] Das ist

---

209 Was möglicherweise für den Fall BGH wistra **1984** 143 zutraf.

210 Zum Insichgeschäft vgl. *Schilken* in Staudinger § 181 Rdn. 1 ff; *Schramm* MK-BGB § 181 Rdn. 1 ff; zum Geschäft für den, den es angeht, *Schilken* in Staudinger Vor §§ 164 ff Rdn. 51 ff; *Schramm* MK-StGB § 164 Rdn. 47 ff.

211 Ähnlich bereits *Schröder* NJW **1963** 1959; *Welzel* § 56 A 1a.

212 So RGSt **73** 299, 300; BGH 5 StR 652/53 v. 09.02.1954; BGHSt **22** 190, 192; *Schomburg* wistra **1984** 144.

213 BGHSt **6** 377, 378; OLG Düsseldorf NJW **1988** 1335, 1336; *Ruß* LK § 246 Rdn. 4, § 242 Rdn. 6; *Hoyer* SK § 246 Rdn. 8, § 242 Rdn. 11 ff; *Sch/Schröder/Eser/Bosch*, § 246 Rdn. 4, § 242 Rdn. 12; *Fischer* § 246 Rdn. 2, § 242 Rdn. 5; *Maurach/Schroeder/Maiwald* 1 § 32 Rdn. 21.

214 RGSt **65** 333, 334; schon RG GA **1888** 400; *Arzt* FS Bruns S. 378 mit anderer Begründung; *Blei* BT § 65 III 3; *Bockelmann* BT/1 § 18 II 2; *Dierlamm* Rdn. 138; *Fischer* Rdn. 32; *Kirchner* bei Olshausen Erg. Bd. (1936) 7b; *Kindhäuser* NK Rdn. 91; *Kohlrausch/Lange* II 2; *Lackner/Kühl* Rdn. 6; *Sch/Schröder/Perron* Rdn. 16; *Seier* Rdn. 74; *Wessels/Hillenkamp* BT/2 Rdn. 765; *Wittig* in v. Heintschel-Heinegg Rdn. 15. **AA** *Baumann* Sicherungsrechte S. 63 Fn. 2; *Frank* Nachtrag III A 3; *H. Mayer* Mat. I 340; *Sax* JZ **1977** 747; *Weber* FS Dreher S. 565.

unproblematisch, wenn – wie in der missbräuchlichen Betätigung der Befugnis – sich in der Unterlassung ein rechtsgeschäftlicher (hoheitlicher) Handlungswille ausdrückt und dadurch der andere wirksam verpflichtet oder sonst in seinem Vermögen eine rechtliche Veränderung bewirkt wird.[215] Beispiele wird man in den Fällen finden können, in denen Schweigen einen Vertragsschluss oder die Verlängerung eines Vertrages bewirkt (§§ 362, 383 HGB, §§ 151, 496, 568 BGB), zum Rechtsverlust führt (§ 377 Abs. 2 HGB) oder sonst mit rechtsgestaltender Kraft die Vermögenslage des Geschäftsherrn verschlechtert wie bei Unterlassen der Kündigung (BGH NJW **1951** 645) eines lästigen Dauerschuldverhältnisses oder Unterlassen der Mitteilung von der vormundschaftsgerichtlichen Genehmigung eines dem Mündel vorteilhaften Vertrags (§ 1829 Abs. 1 Satz 2 BGB; BGHZ **19** 5, 10). Umstritten ist die Erfüllung des Missbrauchstatbestandes hingegen für das Verjährenlassen einer Forderung,[216] das Liegenlassen eines Pfändungsauftrags (RGSt **61** 228), das verzögerte oder unterlassene Abführen des Versteigerungserlöses durch den Gerichtsvollzieher,[217] das Verschweigen einer Schuld an das zu betreuende Vermögen[218] und das Unterlassen einer Mitteilung durch den Gerichtsvollzieher, der Vollstreckungsschuldner habe wertvolle Pfandstücke beiseitegebracht.[219] Richtigerweise wird man von dem hier entwickelten Unrechtskern des Missbrauchstatbestandes (Rdn. 45, 58) aus nicht darauf abheben, ob das Unterlassen auf rechtsgeschäftlichem Wege zu einer Veränderung der zivilrechtlichen Rechtslage geführt hat, sondern nur darauf, dass der Täter die von ihm beherrschten rechtlichen Beziehungen des anvertrauten Vermögens pflichtwidrig gestaltet hat, was eben auch dadurch geschehen kann, dass die notwendigen rechtsgeschäftlichen Maßnahmen (bzw. bei „behördlichem Auftrag“: die gebotenen hoheitlichen Maßnahmen) gerade nicht vorgenommen werden. Dies ist der Fall, wenn der Täter die ihm anvertraute Forderung verjähren lässt[220] oder durch Nichtvornahme der letzten aussichtsreichen Pfändung uneinbringlich macht, während die bloße (sei es auch pflichtwidrige) **Aufrechterhaltung des rechtlichen status quo** (durch Nichtabführung des Versteigerungserlöses, durch Verschweigen einer Schuld, durch Unterlassen der Mitteilung über rechtswidrige Handlungen des Vollstreckungsschuldners oder der Existenz einer schwarzen Kasse)[221] **keine** Ausübung von Verfügungsmacht bedeutet und deshalb allenfalls dem Treubruchtatbestand subsumiert werden kann. Dass es sich hierbei um einen weitgehend müßigen Streit handele, weil der Praktiker die ziemlich theoretische Frage nach der zutreffenden Untreuealternative durch Ausweichen in den Treubruchtatbestand zu entschärfen geneigt sein werde,[222] gilt nach dem in Rdn. 30 festgestellten Verhältnis der beiden Tatbestandsalternativen nicht für diejenigen Autoren, die für die Täterstellung im Treubruchtatbestand die Existenz eines Entscheidungsspielraums für unverzichtbar halten und für die deshalb bei einem Vertreter mit gebundener Marschroute der Treubruch- nicht als Auffangtatbestand zur Verfügung steht.

In dogmatischer Hinsicht kommt in der „Missbrauchsuntreue durch Unterlassen“ **69**
zum Ausdruck, dass es sich bei § 266 um ein Garantensonderdelikt handelt, und zwar in

215 *Sch/Schröder/Perron* aaO.
216 Dagegen BGH LM BGB § 222 Nr. 8; *Esser* AnwK Rdn. 105; *Sch/Schröder/Perron* Rdn. 16; *Seier* Rdn. 76; unentschieden BGH NJW **1983** 461; dafür RGSt **11** 412, 414; *Bockelmann* BT/1 § 18 II 2; *Kohlrausch/Lange* II 2; *Lackner/Kühl* Rdn. 6.
217 Dagegen RGSt **11** aaO; *Heinitz* FS H. Mayer S. 435; *Sch/Schröder/Perron* Rdn. 16; dafür BGHSt **13** 274, 276.
218 RGSt **71** 31, 32; RGSt **65** 333, 334 f.
219 Dafür RGSt **71** 31, 33 zu § 266 a.F.
220 Offengelassen in BGH NStZ **1983** 168 f.
221 Darum ging es in der Siemens-Entscheidung BGHSt **52** 323, näher u. Rdn. 228.
222 So *Schomburg* wistra **1984** 143; *Hübner* LK[10] Rdn. 72 a.E.; BGH NJW **1983** 461.

Form der Herrschaft über die Hilflosigkeit des Rechtsgutes.[223] Objekt dieser Herrschaft sind beim Missbrauchstatbestand die rechtlichen Beziehungen des Vermögens, deren pflichtwidrige Gestaltung sowohl durch rechtsgeschäftliche Maßnahmen als auch dadurch vorgenommen werden kann, dass die zur Erhaltung der Rechtspositionen notwendigen rechtlichen Maßnahmen nicht vorgenommen werden. Diese den sachlogischen Strukturen der Garantenherrschaft entsprechende Interpretation ist auch mit dem Wortlaut des § 266 ohne weiteres zu vereinbaren, weil auch die Nichtvornahme eines (rechtlich gebotenen) Verfügungsaktes umgangssprachlich ohne weiteres als ein Missbrauch (d.h. als ein unrechter Gebrauch) der Verfügungsbefugnis bezeichnet werden kann. Einer Heranziehung des § 13 bedarf es dafür nicht, jedoch gilt dessen Abs. 2 analog (näher u. Rdn. 256).

70 **e)** Die verbleibenden dogmatischen Probleme der Missbrauchshandlung, nämlich die beiden Fallgruppen des **fehlenden oder des nichtigen Innenverhältnisses**, die materiellen Voraussetzungen der **Pflichtwidrigkeit** im Innenverhältnis (einschließlich der Bedeutung des **Einverständnisses** des Geschäftsherrn für die Tatbestandserfüllung und der speziellen Fragen des **Risikogeschäfts**) stellen sich ganz entsprechend beim Treubruchtatbestand und werden deshalb bei und nach dessen Behandlung übergreifend erörtert (u. Rdn. 77ff, 109f, 134ff).

III. Der Treubruchtatbestand

1. Unrecht und Struktur des Treubruchtatbestandes

71 **a)** Der Treubruchtatbestand erfasst in Ergänzung des Missbrauchstatbestandes die Schädigung des zur Obhut (d.h. fremdnützig) anvertrauten fremden Vermögens durch nicht-rechtsgeschäftliche Handlungen. Normative Konsequenz der Obhutsherrschaft ist die (Garanten-)Pflicht, die fremden Vermögensinteressen wahrzunehmen, auf welchem Grund die Herrschaftsposition auch immer beruhe, auf Gesetz, behördlichem Auftrag, Rechtsgeschäft oder auf einem bloßen tatsächlichen Treueverhältnis. Anders als im Missbrauchstatbestand geht es im Treubruchtatbestand nicht um die Fähigkeit, auf das zu betreuende Vermögen in seinem rechtlichen Bestand einzuwirken und so den anderen rechtsverbindlich festzulegen, sondern um Schädigungen durch Realakte und (ein wichtiger Anwendungsbereich) durch unterlassene Obsorge und Kontrolle. Im Einklang mit der Entstehungsgeschichte des § 266 ist der Treubruchtatbestand also eine Ergänzung des Missbrauchstatbestandes, mit dem er in der **Verwaltungsmacht** über fremdes Vermögen verklammert ist, von dem er sich aber in der **Herrschaftsform** und dementsprechend auch in der **Tathandlung** unterscheidet. Der gesetzliche Tatbestand umschreibt also mit der Wendung der „Pflicht, fremde Vermögensinteressen wahrzunehmen", nur die rechtliche Konsequenz der pflichterzeugenden Obhutsposition und damit die **Täterqualifikation**, die – im Sinne einer schon vor der Tat bestehenden Herrschaft – dem Täter den Zugriff auf das fremde Vermögen „von innen" ermöglicht, was in Verbindung mit der **Nachteilszufügung** als der die Rechtsgutsverletzung begründenden Tathandlung das spezifische Unrecht der Untreue markiert: **Wer ein seiner Obhut unterstehendes fremdes Vermögen vorsätzlich schädigt, ist strafwürdig, strafbedürftig**

223 Dazu näher *Schünemann* Grund und Grenzen der unechten Unterlassungsdelikte (1971) S. 341ff; *ders.* in: Gimbernat/Schünemann/Wolter Internationale Dogmatik der objektiven Zurechnung und der Unterlassungsdelikte (1995) S. 72ff; *ders.* FS Amelung (2009), S. 311ff; *ders.* LK § 14 Rdn. 10, 17; *ders.* GA **2016** 301.

und nach der Entscheidung des Gesetzgebers in § 266 auch strafbar. Der Treubruchtatbestand weist somit als Vermögens-Sonderdelikt des Vermögensverwalters im Übrigen die gleiche Struktur auf wie die Sachbeschädigung des § 303 StGB als Gemein-Eigentumsdelikt, d.h. er erfordert eine für den Erfolg (den Vermögensnachteil) im Kausal- und Zurechnungszusammenhang stehende vorsätzliche Verletzungshandlung, deren Normwidrigkeit eo ipso aus der jedem Straftatbestand logisch vorausliegenden Verbotsnorm folgt.[224] Eine außerstrafrechtliche (namentlich zivilrechtliche) Pflichtverletzung ist (1) nicht begrifflich notwendig, wird aber – wie übrigens bei den meisten Straftaten – (2) in der Regel als Epi-Phänomen ebenfalls gegeben sein und ist (3) umgekehrt als „außerstrafrechtliche **Erlaubnis**“ nach dem Grundsatz der **Einheit der Rechtsordnung**[225] selbstverständlich auch bei § 266 als Tatbestandsausschließungs- oder Rechtfertigungsgrund (näher u. Rdn. 252) zu beachten.

b) Während der Gesetzgeber durch die Treubruchalternative des „Treueverhältnisses“ das Missverständnis des § 266 als eines bloßen zivilrechtlichen Wurmfortsatzes bewusst verworfen (o. Entstehungsgeschichte Rdn. 4, 19f) und auch die Rspr. über viele Jahrzehnte die vorstehend beschriebene Unrechtsstruktur realisiert hat, ist (s. dazu bereits o. Rdn. 43) im neuesten Schrifttum eine Art „zivilistischer Mode“ anzutreffen, die (1) § 266 in ihrer radikalsten Form als einen zivilrechtsakzessorischen „unechten“ Blanketttatbestand zu deuten versucht (näher u. Rdn. 110), die (2) die (in Wahrheit aus der Garantenstellung folgende und deshalb mit dem strafrechtlichen Normbefehl identische) „Vermögensbetreuungspflicht“ als zentrales Tatbestandsmerkmal sowohl der Missbrauchs- als auch der Treubruchuntreue, durch welches das Innenverhältnis charakterisiert werde, hinstellt (exemplarisch *Saliger* SSW Rdn. 9) und die (3) daraus eine verschwommene Einschränkung des Anwendungsbereiches des § 266 auf „gravierende Pflichtverletzungen“ durch Orientierung an einer nicht näher angegebenen, jedenfalls gesteigerten strafrechtlichen Höhenmarke ableiten möchte (näher u. Rdn. 111ff). Zwar ist die schlichte Anknüpfung an die ja auch im Gesetzeswortlaut angeführte Wahrnehmungs- oder Betreuungs*pflicht* so lange unschädlich, wie man sich darüber im klaren ist, dass die Täterstellung nicht in einer gewissermaßen aus dem Nichts entstandenen, reinen Rechtspflicht besteht, sondern in einem pflichterzeugenden Sachverhalt, dessen Abgrenzung aus dem Strafgrund der Untreue zu entwickeln ist.[226] Der Pflicht statt der pflichtbegründenden Obhutsposition die Spitzenstellung für die Interpretation des Treubruch- oder sogar des gesamten Untreuetatbestandes zu geben, führt aber nicht nur in eine von den Vertretern dieser Systematisierung nicht registrierte Spaltung des Treubruchtatbestandes hinein, weil das streng zivilrechtsakzessorische Verständnis der Pflicht bei den Entstehungsgründen „Gesetz, behördlicher Auftrag oder Rechtsgeschäft“ den vom Gesetz genannten vierten Entstehungsgrund des tatsächlichen Treueverhältnisses nicht einordnen kann (näher nachfolgend Rdn. 76). Vielmehr wird dadurch auch die vorstehend Rdn. 71 beschriebene Tatbestandsstruktur von Grund auf verzeichnet, indem das im Wirtschaftsstrafrecht für (vor allem *fahrlässige) abstrakte Gefährdungsdelikte* ty- 72

---

224 Anerkannt seit *Binding* Die Normen und ihre Übertretung Bd. I, 1. Aufl. 1872 S. 23ff; 4. Aufl. 1924 S. 35ff; *ders.* Handbuch des Strafrechts, 1885, S. 155ff; *ders.* Grundriß des deutschen Strafrechts, 1913, 63f; später insb. *Armin Kaufmann* Lebendiges und Totes in Bindings Normentheorie, 1954, etwa S. 234ff.
225 BGHSt 11, 241, 244; *Roxin* AT I § 14 Rdn. 31f; *Jescheck/Weigend* § 31 III 1; *Maurach/Zipf* § 25 Rdn. 12; *Rönnau* LK Rdn. 20f vor § 32.
226 Deutlich erkannt bei *Fischer* Rdn. 33; durch die bloße Akzentuierung der Vermögensbetreuungspflicht zu kurz greifend *Dierlamm* MK Rdn. 161; *Saliger* SSW Rdn. 9f; *Sch/Schröder/Perron* Rdn. 22f.

pische und allein hier zur Normbegründung angebrachte Verständnis als akzessorische Blanketttatbestände[227] überflüssigerweise einem *vorsätzlichen Verletzungsdelikt*[228] übergestülpt wird. Wegen der damit verknüpften Konsequenzen für eine unrichtige Bestimmung des Strafbarkeitsumfangs u. Rdn. 112ff.

2. Die Grundlagen der täterqualifizierenden Obhutsposition

73 **a)** Weil das Gesetz die Täterstellung nur durch deren normative Konsequenz, nämlich die *Pflicht zur Wahrnehmung fremder Vermögensinteressen*, bezeichnet hat, handelt es sich hierbei um das am weitesten geratene Merkmal im ganzen Untreuetatbestand, dessen Einschränkungsbedürftigkeit schon von den Autoren der Novelle von 1933 erkannt worden ist (Rdn. 38). Das Reichsgericht hat sich dieser schwierigen Aufgabe durch eine in methodischer Hinsicht wenig ambitionierte, in pragmatischer Hinsicht jedoch durchaus brauchbare Methode entledigt, indem es die fast unüberschaubare Menge der möglichen Pflichtenstellungen mit Hilfe verschiedener einschränkender Kriterien, unter denen die *Selbständigkeit* der Position des Fürsorgepflichtigen und die Qualifikation der Fürsorgepflicht als *Hauptpflicht* des Rechtsverhältnisses herausragten (Rdn. 89, 98ff), auf einen kriminalpolitisch vernünftigen Deliktskern reduziert hat. Dadurch hat es im Großen und Ganzen durchaus akzeptable Ergebnisse erzielt, die eigentliche Struktur des der Fürsorgepflicht zugrunde liegenden Verhältnisses aber nicht herausarbeiten können, weil die Einschränkungskriterien meist nur pragmatisch begründet wurden und neben dem Ausgangspunkt, an alle auf ein fremdes Vermögen bezogenen rechtlichen oder moralischen Pflichten anzuknüpfen, wie ein deus ex machina wirken. Nach den methodologischen Maximen der typologischen Betrachtungsweise (o. Rdn. 32f) sind deshalb die Einschränkungskriterien auf den schon von *Binding* bezeichneten Unrechtskern der Untreue, der Verletzung des fremden Vermögens von innen heraus (Rdn. 19), zu beziehen und die Momente der Selbständigkeit und des Entscheidungsspielraumes dementsprechend als Attribute der **vom Vermögensinhaber anvertrauten Herrschaftsposition** und damit der Garantenstellung über das fremde Vermögen zu begreifen, deren **Folge** die strafrechtliche Treupflicht ist,[229] gegenüber der die in den meisten Fällen paral-

227 Vgl. etwa die bei *Tiedemann* Wirtschaftsstrafrecht AT Rdn. 2f angeführten Beispiele strafrechtlicher Blanketttatbestände mit Verweisung auf verwaltungs- oder zivilrechtliche Normen mit seiner These in Rdn. 5, die Pflichtwidrigkeit im Rahmen des § 266 StGB verweise bei Privatentnahmen der GmbH-Gesellschafter oder bei Leistungsprämien an Vorstände einer AG konkludent auf das GmbHG bzw. AktG, woraus jedoch in Rdn. 122 ein „normatives Tatbestandsmerkmal" und in Rdn. 123 eine Verneinung des Vermögensschadens wird. Hierdurch wird deutlich, dass der Untreuetatbestand nicht etwa auf spezifizierte außerstrafrechtliche Verbotsnormen angewiesen ist, aber naturgemäß Erlaubnisse anderer Rechtsgebiete zu beachten hat. Anders wäre auch die neuerdings von den Zivilsenaten des BGH praktizierte Verweisung gesellschaftsrechtlicher Haftungstatbestände auf den Untreuetatbestand (u. Rdn. 250f) gar nicht praktizierbar.

228 Dass es sich bei § 266 nicht um ein Verletzungs-Gemeindelikt, sondern um ein Garantensonderdelikt handelt (o. Rdn. 13, 32), liefert sogar ein zusätzliches Argument gegen die Richtigkeit der Akzessorietätsthese, weil der Versuch, Garantenstellungen als Blankettmerkmale mit Verweisung aufs Öffentliche Recht oder Zivilrecht zu verstehen, wie es die formelle Rechtspflichttheorie getan hat, sich seit langem als ein Irrweg herausgestellt hat (eingehend *Schünemann* Grund und Grenzen der unechten Unterlassungsdelikte, 1971, S. 342ff, 346f; *ders.* FS Amelung (2009) S. 309; *Roxin* Strafrecht AT II § 32 Rdn. 13, 53). Zur Zurückweisung des Blankettcharakters beim Erfolgsdelikt des § 266 StGB zutr. auch *Krell* (2015) S. 92ff, dessen Ausrichtung der Verhaltensnorm an der Theorie der objektiven Zurechnung mit der hier vertretenen Unrechtskonzeption im Einklang steht, s.u. Rdn. 240.

229 Zutr. erkannt von *Sax* JZ **1977** 702ff; im Ansatz auch von BGHR § 266 Abs. 1 Vermögensbetreuungspflicht 20.

lel verlaufende zivilrechtliche Pflicht zur Wahrnehmung der fremden Vermögensinteressen, wie erwähnt, nur ein Epi-Phänomen darstellt. Nur hierdurch erklärt es sich, dass der zivilrechtliche oder öffentlich-rechtliche Rechtsakt nicht als solcher die strafrechtliche Vermögensfürsorgepflicht erzeugt, sondern erst – ähnlich wie bei der Garantenstellung aus Übernahme gemäß § 13 StGB[230] – der tatsächliche Eintritt in den betreffenden Herrschaftskreis.[231] Wenn also etwa ein Rechtsanwalt entgegen der ihn nach § 49a Abs. 1 Satz 1 BRAO treffenden Pflicht zur Beratungshilfe von vornherein jede Hilfe ablehnt, ist er kein tauglicher Täter des Treubruchtatbestandes – nicht anders als das Kindermädchen, welches trotz eines gültigen Anstellungsvertrages seine Stelle nicht antritt und die Obhut über das Kind nicht übernimmt. Nur vom Ansatzpunkt der Obhutsherrschaft aus kann es auch gelingen, das vom Gesetzgeber mit hervorragender Intuition den zivilrechtlichen Fürsorgeverhältnissen an die Seite gestellte (scil. tatsächliche) „Treueverhältnis" nicht als einen Fremdkörper, sondern als eine weitere Herrschaftskategorie bruchlos in den Treubruchtatbestand einzuordnen. Und weiterhin: Von diesem Ausgangspunkt aus betrachtet bedarf es dann nur noch einer doppelten Abgrenzung entsprechend der typologischen Struktur des Untreueunrechts (Rdn. 32ff), um die Reichweite des Treubruchtatbestandes endgültig zu fixieren. Diejenigen Herrschaftsverhältnisse, die sich im wesentlichen auf den Umgang mit Sachen beschränken, werden strafrechtlich durch den Unterschlagungstatbestand in der qualifizierten Form der Veruntreuung (§ 246 Abs. 2 StGB) und durch den Tatbestand der Sachbeschädigung (§ 303 StGB) erfasst, so dass also für den Treubruchtatbestand eine Täterposition zu fordern ist, die über **sachgebundene Verrichtungen** hinausgeht und Elemente der **Geschäftsbesorgung**, des Managements o.ä. enthält. Als Geschäftsbesorgung stellt sich auch die Ausübung einer **Überwachungstätigkeit** zum Schutz des anvertrauten Vermögens dar, die eine allein im Treubruchtatbestand mögliche Täterschaftsform bedeutet. Ferner muss – der viktimodogmatischen Schutzrichtung der Verletzung des Vermögens „von innen heraus" entsprechend – eine Abgrenzung zu bloßen Austauschverhältnissen vorgenommen werden, was durch das Kriterium der *Fremdnützigkeit* des übernommenen Pflichtenkreises (= des zugunsten des Vermögensinhabers übernommenen Kreises von Verrichtungen) geschieht.

b) Die Vermögensfürsorgepflicht ist dementsprechend nur die zusammenfassende Bezeichnung für die strafrechtliche Konsequenz aus der dem Täter anvertrauten Herrschaftsposition, nicht anders als die Garantenpflicht bei unechten Unterlassungsdelikten die strafrechtliche Konsequenz aus der in § 13 StGB angesprochenen Garantenstellung bedeutet. Wenn nachfolgend entsprechend der eingebürgerten Terminologie von einer solchen Vermögensfürsorgepflicht gesprochen wird, so ist damit stets diese pflichterzeugende Täterposition gemeint, als abbreviatorische Kennzeichnung eines Ensembles von Herrschaftsbeziehungen, deren Wahrnehmung im Interesse des fremden Vermögens („fremdnützig") zu erfolgen hat und deshalb, wenn sie gegen die Interessen des Vermögensinhabers erfolgt, einen „Treubruch" des Täters bedeutet. **74**

230 Unstr., s. BGHSt **47** 224, 229; OLG Celle NJW **1961** 1939; *Rudolphi/Stein* SK § 13 Rdn. 62; *Weigend* LK § 13 Rdn. 21; *Fischer* § 13 Rdn. 20; *Roxin* Strafrecht AT II § 32 Rdn. 13, 53; zur Ableitung aus dem Herrschaftsprinzip s. *Schünemann* Grund und Grenzen der unechten Unterlassungsdelikte (1971) S. 341f, 346; *ders.* FS Amelung S. 309; *ders.* GA **2016** 301.
231 Zutr. BGHSt **54** 44, 48f (Tz. 25).

3. Die Entstehungsgründe der täterqualifizierenden Obhutsposition

75 § 266 nennt für die Treubruchformen 4 Entstehungsgründe:

a) das **Gesetz**, den **behördlichen Auftrag** und das **Rechtsgeschäft** ohne Bedeutungsunterschied zu den Missbrauchsformen.[232] Wie dort (Rdn. 47ff) gilt auch hier, dass die Betreuungspflicht oft nicht einen der Rechtsgründe allein zur Wurzel hat (wie bei der Elternschaft und der Mutterschaft das Gesetz), sondern erst aus dem Zusammentreffen des einen mit einem anderen erwächst. Außer den Rdn. 47ff genannten Beispielen zählen hierher etwa gerichtlich oder satzungsmäßig berufene **Kontrollorgane** wie der Gegenvormund (§§ 1792, 1799, 1802 Abs. 1, 1810, 1812 BGB); der Aufsichtsrat einer Kapitalgesellschaft oder Genossenschaft (§§ 95ff, 101, 111 AktG; § 52 GmbHG; §§ 36, 38 GenG); der vorläufige Insolvenzverwalter (§§ 21 Abs. 2 Nr. 1, 22 Abs. 2 InsO) und der Gläubigerausschuss in der Insolvenz (§§ 67, 69 InsO; RGSt **39** 383, 384); der Rechtsanwalt, Steuerberater, Wirtschaftsprüfer (Zulassung gem. §§ 12 BRAO bzw. behördliche Bestellung gem. § 40 StBerG; §§ 1, 15 WPO; gesetzl. Pflichten gem. § 43a, insb. Abs. 5 BRAO; §§ 32, 33 StBerG; § 2 WPO: Vermögensfürsorgepflicht aber nur, wenn zusätzlich ein rechtsgeschäftliches Mandat besteht; zur Begründung einer Vermögensfürsorgepflicht durch Rechtsgeschäft siehe im übrigen das ABC der Betreuungsverhältnisse, etwa Rdn. 150 „Anwaltsvertrag"; Rdn. 199 „Steuerberatung").

76 **b) Treueverhältnis.** Diese vierte Kategorie des Treubruchtatbestandes führt die streng zivilrechtsakzessorische Theorie[233] in eine geradezu unauflösbare Aporie hinein, weil es paradox erscheint, dass ein Verhältnis von „rein tatsächlicher Natur doch die Kraft hat, rechtlich zu verpflichten".[234] Von dem zutreffenden Ausgangspunkt aus, dass nicht die außerstrafrechtliche Rechtspflicht als solche, sondern das betreffende Herrschaftsverhältnis die strafrechtliche Vermögensfürsorgepflicht begründet, ist dagegen die ehemals von *Hübner*[235] konstatierte „Verwirrung in der Interpretation des Treueverhältnisses" zu überwinden.[236] Der Gesetzgeber hat hierdurch nämlich lediglich die schon vom Reichsgericht gewonnene Erkenntnis übernommen, dass die Untreuekonstellation der Schädigung des Vermögens von innen heraus bei einer im Einverständnis mit dem Vermögensinhaber übernommenen Herrschaftsposition völlig unabhängig davon gege-

---

232 *Lackner/Kühl* Rdn. 10; *Arzt/Weber/Heinrich/Hilgendorf* BT § 22 Rdn. 48; *Maurach/Schroeder/Maiwald* 1 § 45 Rdn. 24; *Fischer* Rdn. 39; *Sch/Schröder/Perron* Rdn. 30; *Dierlamm* MK Rdn. 162; *Wittig* in v. Heintschel-Heinegg Rdn. 26; **aA** *Schwinge/Siebert* S. 21f, S. 31.

233 Zu ihren Erscheinungsformen im Missbrauchstatbestand o. Rdn. 62f, für den Treubruchtatbestand manifestiert in der der Betreuungs**pflicht** eingeräumten Spitzenstellung.

234 *Hübner* LK[10] Rdn. 75 m. z.w.N., der ebenso wie die von ihm Zitierten aus dem Irrtum heraus, der zivilrechtliche bzw. öffentlich-rechtliche Rechtsakt in den ersten drei Kategorien erzeuge als solcher die strafrechtliche Vermögensfürsorgepflicht, das tatsächliche Treueverhältnis eigentlich als ein den Tatbestand sprengendes aliud einordnen müsste.

235 LK[10] Rdn. 75.

236 Die Anhänger der *streng zivilrechtsakzessorischen Theorie* kommen ebenfalls nicht umhin einzuräumen, dass „bloße Treueverhältnisse als Quelle für Vermögensbetreuungspflichten ... den Strafgrund der Untreue in Reinform aufscheinen lassen" (so *Saliger* SSW Rdn. 25), ohne die ihr eigenes System sprengende Kraft dieser Konzession zu erkennen; exemplarisch *Kindhäuser* NK Rdn. 38, nach dessen Meinung „kein Grund ersichtlich ist, die strafrechtliche Garantenstellung über fremdes Vermögen auf öffentlich- oder zivilrechtlich wirksame Innenverhältnisse zu beschränken", der aber nichts desto weniger die „Vermögensbetreuungspflicht" zum *zentralen Tatbestandsmerkmal* macht (Rdn. 31) und sie zur „Hauptpflicht in dem betreffenden Rechtsverhältnis" erklärt (Rdn. 33), obwohl sie bei Anerkennung tatsächlicher Treueverhältnisse mit dem strafrechtlichen Verbot identisch ist und deshalb kein vorgelagertes Tatbestandsmerkmal sein kann.

ben ist, ob die Übernahme auch zu einem zivilrechtlich gültigen Vertragsverhältnis geführt hat oder nicht. Das Reichsgericht hat deshalb schon vor 1933 die Formel aufgestellt, dass es auf die (scil. zivilrechtliche) Gültigkeit des Vertragsverhältnisses nicht ankomme und dass auch ein tatsächliches Treueverhältnis genüge.[237] Es geht deshalb bei dem „Treueverhältnis" auch nicht etwa um einen Einbruch der Moral in das Strafrecht, wie ihn die späteren, aber nicht mehr zum Abschluss gekommenen und für die Auslegung ohnehin bedeutungslosen nationalsozialistischen Reformarbeiten betrieben, sondern schlicht um eine „Befreiung des Strafrechts vom zivilistischen Denken", wie sie sich etwa zur gleichen Zeit auch bei den allgemeinen Garantenstellungen in Gestalt der Ersetzung der Garantenstellung aus Vertrag durch diejenige aus Übernahme durchgesetzt hat.[238] Die strafrechtliche Vermögensfürsorgepflicht aus einem Treueverhältnis setzt deshalb (nur und immerhin) zweierlei voraus: erstens, dass der Täter eine **Obhutsposition** über das fremde Vermögen innehat,[239] und zum zweiten, dass nicht diejenigen Gründe, die unter zivilrechtlichen oder öffentlich-rechtlichen Aspekten zur rechtlichen Unwirksamkeit des Verhältnisses führen, auch unter strafrechtlichen Aspekten eine Ausnahme vom Prinzip des Rechtsgüterschutzes begründen, d.h. die Schutzwürdigkeit des Vermögens entfallen lassen. Hiernach fallen unter das „Treueverhältnis":

aa) Erloschene Rechtsverhältnisse vermögensfürsorglicher Art, soweit die Bezie- 77
hungen einvernehmlich[240] oder einseitig[241] einstweilen unter Wahrnehmung der eingeräumten **Herrschaftsposition fortgesetzt** werden: Soweit hierbei in fortdauernder Anscheinsvollmacht Verfügungs- oder Verpflichtungsgeschäfte vorgenommen werden, ist freilich bereits der Missbrauchstatbestand erfüllt (Rdn. 52). Beispiele: Der entlassene Handelsvertreter betreibt das Inkasso weiter:[242] der Prokurist, dem fristlos gekündigt ist, veräußert den noch in seinem Besitz befindlichen firmeneigenen Dienstwagen im Namen der Firma an einen arglosen Dritten, bevor die Löschung der Prokura im Handelsregister nach § 10 HGB bekannt gemacht oder die 15-Tage-Frist nach der Bekanntmachung abgelaufen ist (§ 171 BGB; § 15 Abs. 1, Abs. 2 Satz 2 HGB; *Sax* JZ **1977** 745); der Vormund zieht noch nach Beendigung der Vormundschaft Mündelforderungen ein (vgl. RGSt **45** 434); der Beauftragte bleibt trotz Erledigung des begrenzten Auftrags weiter tätig (BGHSt **8** 149);[243] der Erbe führt das Auftragsverhältnis fort (unentschieden BGH 1 StR 523/61 v. 23.1.1962); das Vorstandsmitglied einer AG führt nach Ablauf seines Anstellungsvertrags die Vorstandsgeschäfte mit Zustimmung des Aufsichtsrats vorerst weiter (RG HRR **1935** 1116 zu § 312 HGB a.F.; RG JW **1934** 696 zu § 266 a.F.); der Betreuer gibt nach dem Ende der Betreuung das seiner Verwaltung unterstehende Vermögen nicht gem. § 1908 i.V.m. § 1890 BGB heraus, sondern schafft es auf die Seite (OLG Stuttgart NJW **1999** 1564, 1566 m. Anm. *Thomas* NStZ **1999** 620, abl. *Sch/Schröder/Perron* Rdn. 34). Grundsätzlich er-

237 RG JW **1930** 1404; RG JW **1931** 1366; *H. Mayer* JW **1933** 145, 149; *Leopold Schäfer* S. 23 Anm. 11, freilich mit weiteren, eher irreführenden Beispielen zur Vermögensfürsorgepflicht des Vormunds.

238 Grundlegend *Schaffstein*, FS Gleispach (1936) S. 73 ff; *Nagler* GS **111** 59 ff; zur weiteren Entwicklung s. *Schünemann* Grund und Grenzen der unechten Unterlassungsdelikte (1971) S. 218 ff; *ders.* ZStW **96** (1984) 292 f, 306; *ders.* FS Amelung S. 303, 309 ff.

239 So im Ansatz auch zutr. *Sax* JZ **1977** 705 f; BGH – VI ZR 117/82 – NJW **1984** 800; BGH NStZ **1996** 540; BGH NStZ **1997** 124, 125.

240 RG DR **1944** 232; *Lenckner* JZ **1973** 795.

241 Insow. unentschieden *Lenckner* JZ **1973** 795, jedoch wohl zust. *Sch/Schröder/Perron* Rdn. 34.

242 Rdn. 127; *Krey/Hellmann* BT 2 Rdn. 549.

243 Im konkreten Fall freilich falsch entschieden, weil eine Eigenmächtigkeit ohne Herrschaft vorlag und die Vorspiegelung einer Inkassoberechtigung gegenüber dem Schuldner nicht den Untreue-, sondern den Betrugstatbestand erfüllte.

lischt jedoch die Betreuungspflicht zugleich mit dem zugrundeliegenden Rechtsverhältnis; dieses geht nicht von selbst in ein Treueverhältnis tatsächlicher Art über (BGHR StGB § 266 Abs. 1 Vermögensbetreuungspflicht 13; *Lenckner* JZ **1973** 795). Demgemäß soll nach Auffassung von *Sch/Schröder/Perron* (Rdn. 34) die Herausgabepflicht des Beauftragten (§ 667 BGB) oder des aus einem Geschäftsbesorgungsvertrag Verpflichteten (§ 675 BGB) sog. schlichte **Schuldnerpflicht** sein.[244] Aber das überzeugt **nicht**, weil die Herausgabepflicht noch Teil des (folglich noch nicht erloschenen) Treueverhältnisses und seine Erfüllung noch Ausübung der anvertrauten Herrschaft ist.[245] Anders dagegen bei einem Wettbewerbsverbot, welches das Betreuungsverhältnis nicht über seinen Rechtsbestand hinaus verlängert. Es verpflichtet zwar, Wettbewerbshandlungen zu unterlassen, nicht aber dazu, die Vermögensinteressen des bisherigen Dienstherrn weiter wahrzunehmen.[246] Weitere Beispiele auch Rdn. 54f u. 122, 127.

78 **bb)** Von Anbeginn oder mit Rückwirkung auf den Anbeginn **rechtsunwirksame Betreuungsverhältnisse**, deren zivil- oder öffentlich-rechtlicher Mangel das aus der tatsächlichen Herrschaftsbegründung durch Vertrauensakt resultierende strafrechtliche Schutzbedürfnis unberührt lässt: Der Vater hatte auf Grund des später für nichtig erklärten § 1629 Abs. 1 BGB (BVerfGE **10** 59) für das Kind allein einen Abfindungsvergleich geschlossen (BGHZ **35** 45); er hatte den Grundbesitz eines Kindes, dessen Ehelichkeit er später erfolgreich anfocht (§ 1594 BGB), hypothekarisch belastet; der Pfleger war (auf einen erweiterten Geschäftskreis) nicht verpflichtet worden (§§ 1789, 1915 BGB; RG JW **1933** 175). Der Beamte handelt unzulässig in eigener Sache zum Nachteil des Dienstherrn (§ 82 Abs. 1 Nr. 1 AO; BGH LM Nr. 22; RGSt **72** 347, 348). Ein Mitglied des Vorstandes einer AG war durch den nicht vorschriftsmäßig besetzten Aufsichtsrat bestellt worden (BGHZ **41** 282, 285, 287 zum AktG a.F.; siehe jetzt §§ 84, 107 Abs. 3 AktG und BGHZ **65** 190). Der Vorstand erwirbt durch einen Strohmann für die AG eigene Aktien (§ 71 AktG; BGHSt **9** 203, 213; BGH 5 StR 181/58 v. 18.5.1958); die GmbH erwirbt eigene Geschäftsanteile, so dass das Stammkapital beeinträchtigt wird (§ 30 GmbHG; BGHSt **9** 203, 211f; BGHZ **15** 391). Der Rechtsanwalt veruntreut Kaufpreiszahlungen, die an ihn auf Grund formungültiger (§ 313 BGB a.F.) Kaufverträge und Vollmachten geleistet werden (BGH 1 StR 641/52 v. 3.9.1953); ein nicht zugelassener Rechtsberater übernimmt Geschäftsbesorgungen für Rechtsuchende (Art. 1 § 1 RBeratG a.F.; BGHZ **37** 258). Der Vertragspartner ist bei Begründung des Betreuungsverhältnisses geistesgestört.[247]

79 **cc) Unsittliche und gesetzeswidrige Rechtsverhältnisse.**[248] Die Frage, ob vermögensfürsorgliche Betreuungspflichten auch zwischen Teilnehmern an gesetzeswidrigen

---

244 Ebenso *Lenckner* aaO; *Eser* IV[4] Fall 17 A 50; *Maurach/Schroeder/Maiwald* 1 § 45 Rdn. 29 gegen OLG Stuttgart NJW **1973** 1385, 1386; *Saliger* SSW Rdn. 27. Dagegen steht *Seier* Rdn. 141 auf dem hier vertretenen Standpunkt, wie seine Lösung der relevanten Fälle ersichtlich macht; unklar *Dierlamm* MK, Rdn. 164.
245 And. *Saliger* SSW Rdn. 27, dessen Berufung auf die Rechtsprechung aber fehlgeht: In BGH NStZ **1986** 361 wurde die bloße Verzögerung der Auskehrung von Mandantengeldern durch den Rechtsanwalt noch nicht als Untreue gewertet (abw. auch insoweit BGH wistra **1987** 65), was unter dem Aspekt eines noch nicht eingetretenen Vermögensschadens im Ergebnis diskutabel ist. Die Berufung auf BGH NStZ-RR **2000** 236 ist von vornherein nicht einschlägig, und in BGH StV **2002** 142 ging es nicht um in die Treuhandmasse fallende Geldbeträge, sondern um eine Provision, auf die der Geschäftsherr keinerlei Anspruch besaß.
246 RGSt **75** 75, 80, 81; *Lenckner* aaO.
247 BGHZ **53** 210, 211; *Lackner/Kühl* Rdn. 10; *Bruns* JR **1984** 136.
248 **Schrifttum:** *Bringewat* Finanzmanipulation im Bundesligaskandal – ein Risikogeschäft? JZ **1977** 667; *Bruns* Gilt die Strafrechtsordnung auch für und gegen Verbrecher untereinander? FS Mezger S. 335; *Bruns* Untreue im Rahmen rechts- oder sittenwidriger Geschäfte? NJW **1954** 857; *Foth* Betrug und illegales Rechtsgeschäft, GA **1966** 33; *Gallas* Der Betrug als Vermögensdelikt, FS Eberhard Schmidt S. 401;

oder unsittlichen Rechtsverhältnissen bestehen können, ist außerordentlich umstritten.[249] Beizupflichten ist der Rechtsprechung des BGH, die die Strafbarkeit der sog. **Ganovenuntreue** bejaht. Dem von der Gegenmeinung verschiedentlich im Anschluss an RGSt **70** 7, 9f ins Feld geführten Argument, es sei nicht Aufgabe der Rechtsordnung, über die Wahrung einer Verbrecherkumpanei zu wachen, wird schon dadurch ausreichend Rechnung getragen, dass es selbstverständlich nicht unter den Tatbestand des § 266 fällt, wenn der Hehler den Verwertungsauftrag des Diebes, Betrügers oder Wucherers, der Mittäter oder seines Tatgenossen auszuführen bloß unterlässt; denn rechtswidrige Abreden können keine Rechtspflicht zu unrechtmäßiger Wahrnehmung fremder Vermögensinteressen erzeugen.[250] Auf einem ganz anderen Blatt steht die Frage nach der Strafbarkeit eigennütziger Verwertung, des Ergaunerns durch Aneignung, Betrug oder anderswie. Auch untereinander stehen Verbrecher nicht im straffreien Raum, außerhalb des § 266 so wenig wie anderer Strafgesetze.[251] Es handelt sich beim Treueverhältnis auch nicht um ein eigenes und deshalb in sittenwidrigen Verhältnissen nicht schutzwürdiges Rechtsgut des § 266,[252] sondern nur um die Beschreibung der Obhutsposition des Täters und damit der Angriffsrichtung „von innen heraus" gegen das geschützte Vermögen, für die die etwaige Sittenwidrigkeit der weiteren Zwecke, die mit der Einräumung der Herrschaftsposition über das fremde Vermögen verfolgt werden, an sich gleichgültig ist. Entgegen *Sch/Schröder/Perron* Rdn. 31 trifft es deshalb auch nicht zu, dass der aufgrund einer zivilrechtlich nichtigen Vereinbarung in eine Herrschaftsposition über das fremde Vermögen eingerückte Täter „zu den ihm etwa ausgehändigten Vermögensgegenständen in keiner anderen Beziehung als jeder Dritte" stehe, denn der Dritte hat eben gerade nicht diese Herrschaftsbeziehung und kann deshalb das fremde Vermögen nicht von innen heraus verletzen. Erst recht spielt das von *Sch/Schröder/Perron* aaO angeführte

---

Kretschmer Gilt das Strafrecht zwischen Straftätern pp., StraFo **2009** 189; *Lenckner* Zum Problem des Vermögensschadens (§§ 255, 263 StGB) bei Verlust nichtiger Forderungen, JZ **1967** 105; *Luthmann* Die Frage der Untreue im Rahmen rechts- oder sittenwidriger Abmachungen, NJW **1960** 419; *Schlosky* Ist die Lieferung unwirksamer Abtreibungsmittel Betrug? DStR **1941** 41 mit Entgegnung *Klee* DStR **1941** 46; *Schreiber/Beulke* Untreue durch Verwendung von Vereinsgeldern zu Bestechungszwecken, JuS **1977** 656; *Weise* Finanzielle Beeinflussungen von sportlichen Wettkämpfen durch Vereinsfunktionäre – Überlegungen zur Missbrauchsuntreue auf der Grundlage des sog. Bundesliga-Skandals, Diss. Gießen 1982.

249 Bejahend BGHSt **8** 254, 256ff (Aneignung von zu illegalen Zwecken dienendem FDJ-Vermögen durch geflohenen Funktionär) mit zust. Anm. *Bruns* NJW **1956** 151 und *Hartung* JZ **1956** 572; BGHSt **20** 143, 145f (für die Umgehung der Preisbindung bestimmtes Vermögen); BGH NJW **1984** 800 (Auftrag zu gesetzeswidrigen Warentermingeschäften); BGHR StGB § 266 Abs. 1 Nachteil 10 (illegaler Erwerb von Wertpapieren, insoweit in BGHSt **35** 137 nicht abgedr.); BGHR StGB § 266 Abs. 1 Nachteil 42 (hochspekulative anderweitige Anlage von angesammelten Bestechungsgeldern); grundsätzlich zust., jedoch im entschiedenen Einzelfall verneinend OLG Kiel NJW **1949** 797, 798; OLG Braunschweig NJW **1950** 656; OLG Hamburg NJW **1966** 1525 zu § 253 m. abl. Besprechung *Lenckner* JZ **1967** 105; *Beukelmann* HK-GS Rdn. 15; grds. auch *Dierlamm* MK Rdn. 168; *Bruns* FS Mezger S. 335ff, 349, 361 und NJW **1954** 857ff; *Bruns* JR **1984** 137; *Krey/Hellmann* BT 2 Rdn. 563; *Otto* Grundkurs § 54 II 2e; *Wessels/Hillenkamp* BT/2 Rdn. 774; *Welzel* § 56 B 1b, der jedoch die Schadensfrage verneint; *Wittig* in v. Heintschel-Heinegg Rdn. 27; **aA** BGH NJW **1954** 889. Ferner RG HRR **1940** 320; *Eser* IV[4] Fall 17 A 52, 54; *Maurach/Schroeder/Maiwald* 1 § 45 Rdn. 28; *Sch/Schröder/Perron* Rdn. 31; *Hoyer* SK Rdn. 96; *Seier* Rdn. 144f; in der Begründung anders auch *Sax* JZ **1977** 706 Fn. 64; unentschieden *Schwinge/Siebert* S. 37f; zwiespältig *Luthmann* NJW **1960** 419, 420; differenzierend nach der Schutzbedürftigkeit des Treugebers *Saliger* SSW Rdn. 28.

250 BGHSt **8** 254, 258; **20** 143, 146; RGSt **73** 157, 158; *Luthmann* NJW **1960** 419; *Maurach/Schroeder/Maiwald* 1 § 45 Rdn. 28; *Sch/Schröder/Perron* Rdn. 31; *Wessels/Hillenkamp* BT/2 Rdn. 774, **aA** wohl *Bockelmann* BT/1 § 18 III 3.

251 BGHSt **8** 254, 258f; BGH 1 StR 34/70 v. 1.12.1970, S. 36; RGSt **41** 265, 268; RGSt **73** 157, 160; **aA** RG HRR **1940** 320; **1942** 612; *Cramer* S. 93; *Schlosky* DStR **1941** 46; gegen ihn *Klee* DStR **1941** 46f.

252 Rdn. 35; and. *Eser* IV Fall 17 A 6, 54.

„Prinzip der Einheit der Rechtsordnung" hierfür überhaupt keine Rolle. Dieser Gesichtspunkt kommt vielmehr erst für die Frage zum Tragen, ob von dem Treubruch ein unter dem Schutz der Rechtsordnung stehendes Vermögen des Auftraggebers betroffen wird. Das ist beispielsweise zu verneinen, wenn der Treupflichtige das deliktische Vermögen seines Auftraggebers abredewidrig an den wahren Berechtigten zurückgibt, und ist allgemein nicht eine Frage der Vermögensfürsorgepflichtverletzung, sondern des Vermögensnachteils und dementsprechend dort zu behandeln (Rdn. 233). Die Gegenmeinung, die im neueren Schrifttum eine erstaunliche Renaissance erlebt hat, ist eine Irrtumsfolge der *streng zivilrechtsakzessorischen Theorie*, indem sie die „rechtliche Billigung einer das Vermögen schützenden Sonderbeziehung" verlangt,[253] obwohl es nach dem klaren Willen des Gesetzgebers bei den schlichten „Treueverhältnissen" auf die zivilrechtliche Wirksamkeit nicht ankommt und damit gerade nicht auf die Nichterfüllung einer von (Zivil-)Rechts wegen bestehenden Schutzfunktion (das wäre nur der Fall, wenn man die Nichterfüllung der Ganovenabrede als Untreue durch Unterlassen bestrafen wollte, was aber von niemandem vertreten wird), sondern nur eine Beschreibung des modus operandi durch Ausnutzung der Hilflosigkeit des Rechtsguts „fremdes Vermögen". Aus demselben Grunde versagt auch das Argument *Seiers* (Rdn. 145), der Treubruchstäter sei durch eine gesteigerte Garantenpflicht gekennzeichnet, doch könnten Absprachen der Rechtsbrecher keine rechtlich anzuerkennende Beschützerrolle begründen. Weiter wird verkannt, dass die Missbrauchsuntreue, um die es in den meisten einschlägigen Fällen geht, die Gleichstellung von Forderungen und ähnlichem unkörperlichen Vermögen mit dem körperlichen Sacheigentum leisten soll, das auch in der Hand des Diebes gegen weitere Diebstähle geschützt wird: Dass deliktische Positionen nur gegenüber dem Berechtigten keinen Rechtsschutz genießen, hat seinen guten Grund darin, dass der Nichtberechtigte auf sie zur Erfüllung seiner Restitutionspflicht angewiesen ist, was für unkörperliche Vermögensgegenstände nicht weniger zutrifft als für das Sacheigentum. Vollends ad absurdum wird die rechtsprechungskritische Meinung schließlich durch das Beispiel von *Saliger* geführt, dass der Bereichsvorstand einer AG keine Untreue begehe, wenn er das ihm für Bestechungszwecke zur Verfügung gestellte „schwarze" Firmengeld (scil. nicht in Form von Bargeld, sondern eines Bankkontos) für sich verbrauche (SSW Rdn. 28). Denn dass eine vor dem Fiskus verheimlichte Kasse deshalb gegenüber jedermann den strafrechtlichen Schutz verlieren solle, ist eine unhaltbare, an die mittelalterliche Friedloslegung des Missetäters erinnernde Vorstellung.

80 **dd)** Als Sonderfall des Treueverhältnisses wird auch die **faktische Geschäftsführung** im Gesellschaftsrecht angesehen (*Fischer* Rdn. 42, *Seier* Untreue Rdn. 146, näher dazu u. Rdn. 309). In den meisten Fällen dürfte allerdings das Einverständnis des eingetragenen Geschäftsführers als Auftrag zu werten und dementsprechend eine Begründung durch Rechtsgeschäft anzunehmen sein. Was sonstige Fälle eines „tatsächlichen Treueverhältnisses" anbetrifft, so lässt die Rechtsprechung eine erhebliche Unsicherheit erkennen. In BGHR StGB § 266 Abs. 1 Vermögensbetreuungspflicht 13 wurde ein solches mit der Begründung verneint, dass der Angeklagte keine Kontovollmacht hatte, was aber nur den Missbrauchstatbestand ausschließt, während der Treubruchtatbestand erfüllt gewesen sein dürfte, weil der Angeklagte sämtliche Vermögensangelegenheiten (die vom Opfer nicht mehr durchschaut wurden) für dieses erledigte und lediglich rechtsgeschäftliche Erklärungen von ihm unterzeichnen ließ. In BGH NStZ **1997** 124 wurde eine Vermögensfürsorgepflicht aufgrund einer „faktischen Herrschaft" in Erwägung gezogen,

253 So in freilich umgekehrter, negativer Formulierung *Sch/Schröder/Perron* Rdn. 31.

obwohl der Missbrauchstatbestand erfüllt war, weil der Angeklagte aufgrund einer Generalvollmacht die Vermögenswerte des Opfers einzog und für eigene Zwecke verwendete. Nicht überzeugend ist auch die im Schrifttum[254] mit Recht abgelehnte Annahme eines tatsächlichen Treuverhältnisses aus Geschäftsverbindung in BGHSt **12** 207, 208f. (näher u. Rdn. 192 Stichwort „Reisebüro"). Als moderne, aber zweifelhafte Form des Treueverhältnisses steht die faktische Herrschaft im **Konzern** zur Debatte (dazu u. Rdn. 319, 331).

c) Erweiterte, (dritt-)bezogene Betreuungsstellung und das Verhältnis zu § 14 StGB. In der Rechtsprechung wird das „tatsächliche Treuverhältnis" auch dazu benutzt, bei Beziehungen zwischen dem Geschäftsherrn und einem **Erfüllungsgehilfen** des an sich Betreuungspflichtigen, insbesondere leitenden Angestellten,[255] auch den Substituten zum tauglichen Täter einer Untreue zu machen. Das bedeutet eine **Ausweitung oder Übertragung der strafrechtlichen Vermögensfürsorgepflicht** über die unmittelbaren Partner des zivilrechtlichen Rechtsverhältnisses hinaus, so bei Beziehungen zwischen Eheleuten nach §§ 1356, 1357 BGB (RG DR **1944** 232); bei einer Pflegschaft (RG JW **1937** 1804); beim Dienst am Kunden;[256] beim Vorstand oder bei sonstigen Organen einer juristischen Person;[257] beim Hintermann eines nur vorgeschobenen Strohmannes;[258] beim Bankprokuristen (RGSt **62** 15, 19) oder einem anderen Bankangestellten (BGH 5 StR 538/54 v. 14.12.1954, S. 5/6) im Verhältnis zum Bankkunden; bei sonst einem Bevollmächtigten (BGH 3 StR 158/55 v. 14.7.1955, insoweit BGHSt **8** 149 nicht abgedr.). 81

aa) Diese Judikatur ist ein guter Beleg dafür, wie die Rechtsprechung von Anfang an mit feinem Judiz erkannt hat, dass § 266 nicht in zivilrechtsakzessorischer Weise die Verletzung von Vertragspflichten als solche pönalisiert (die zwischen dem Substituten und dem Geschäftsherrn unmittelbar gar nicht bestehen), sondern die Verletzung fremden Vermögens „von innen heraus" durch Missbrauch einer Herrschaftsposition, die der Substitut auch ohne ein zwischen ihm und dem Geschäftsherrn unmittelbar bestehendes zivilrechtliches Innenverhältnis einnimmt. Durch die Alternative des „Treueverhältnisses" ist damit für den Bereich des § 266 das Problem der sog. strafrechtlichen **Vertreterhaftung**, also die Übertragung der den Täter bei den Garantensonderdelikten kennzeichnenden Herrschaftsposition,[259] seit 1933 i.S. der sog. **faktischen Betrachtungsweise**[260] spezialgesetzlich geregelt worden. Hieraus folgt zugleich, dass die spezielle Regelung in § 266 der lex generalis des § 14 StGB vorgeht, so dass die frühere Rechtsprechung weiterhin relevant ist.[261] Sofern die nachfolgend Rdn. 85ff näher beschriebenen Einzelanforderungen an das Betreuungsverhältnis erfüllt sind, steht also auch der Substitut des eigentlichen Vertragspartners des Geschäftsherrn zum letzteren in einem „Treueverhältnis", weil er die damit gemeinte selbständige Obhutsherrschaft über das fremde Vermögen ausübt und dementsprechend im Falle eines Missbrauchs dieser Herrschaft den Deliktstypus der 82

254 *Sch/Schröder/Perron* Rdn. 30; *Saliger* SSW Rdn. 25.
255 BGHSt **6** 67; BGH NJW **1963** 486; BGH 1 StR 298/62 v. 6.9.1962 bei Herlan GA **1964** 130; RGSt **62** 15, 21; OLG Hamburg JR **1963** 392 m. krit. Anm. *Schröder*.
256 BGHSt **2** 324; BGHSt **6** 67; BGH NJW **1963** 486.
257 BGHSt **11** 102, 103; BGH MDR **1954** 495; BGH 3 StR 284/69 v. 6.5.1970, S. 6.
258 BGHSt **13** 330, 331f m. zust. Anm. *Schröder* JR **1960** 105; hiergegen Bedenken bei *Sch/Schröder/Perron* Rdn. 33.
259 *Schünemann* LK § 14 Rdn. 14ff.
260 Näher *Schünemann* LK § 14 Rdn. 22.
261 *Schünemann* LK § 14 Rdn. 22, 31; BGH NJW **1983** 1807 (insoweit in BGHSt **31** 232 nicht abgedruckt); **1984** 800; ebenso *Sch/Schröder/Perron* Rdn. 32 mit nicht überzeugender Herausnahme der juristischen Personen in Rdn. 33; *Saliger* SSW Rdn. 29; *Richter* wistra **1984** 97.

Schädigung des fremden Vermögens von innen heraus verwirklicht. Dass dabei an die „Selbständigkeit" des Substituten „im Verhältnis zum Firmeninhaber besonders hohe Anforderungen gestellt werden" müssten,[262] überzeugt nicht; vielmehr muss es genügen, dass der Substitut die Aufgaben des Prinzipals für diesen wahrnimmt und dabei eigenmächtig handelt.

83 **bb)** Neuerdings hat der BGH, ohne dass er das dogmatische Problem angesprochen, geschweige denn erörtert hat, bei juristischen Personen als Treupflichtigen zur Begründung der Täterstellung eines Organs § 14 Abs. 1 StGB zitiert.[263] Aber damit würde nicht nur (was in den genannten Entscheidungen nicht thematisiert worden ist) die gesamte frühere Rechtsprechung vor Einführung der gesetzlichen „Vertreterhaftung" im Jahre 1968[264] desavouiert, sondern auch noch eine unsinnige Strafbarkeitslücke aufgerissen. Denn weil die in § 14 Abs. 2 StGB über die Organe hinaus auf Substituten erfolgte Strafbarkeitsausdehnung nur im Bereich der Unternehmenskriminalität gilt, während der traditionelle Anwendungsbereich des Untreuetatbestandes ganz wesentlich im privaten Vermögensverkehr liegt, würde die Annahme, eine Vertreterhaftung könne nur über § 14 bewerkstelligt werden, die in der vorstehend nachgewiesenen Rechtsprechung seit vielen Jahrzehnten anerkannte Substitutenhaftung in weiten Bereichen abschaffen,[265] was der BGH unmöglich gewollt haben kann.

84 **cc)** Die Frage der **Drittbezogenheit** stellt sich nicht nur in Bezug auf den Treupflichtigen, sondern auch in Bezug auf den **Geschäftsherrn.** So ist beim behördlichen Auftrag als Grundlage der Täterqualifikation zu beachten, dass sich daraus entweder eine Obhutsstellung und Vermögensfürsorgepflicht gegenüber dem Auftraggeber (dem Staat oder – allgemeiner – einem Vermögensträger der öffentlichen Hand) ergeben kann oder aber gegenüber einer Privatperson, deren Vermögen durch den behördlichen Auftrag der vollständigen oder partiellen Verwaltung des Beauftragten unterstellt wird wie z.B. beim Vormund oder Vergleichsverwalter. Schwierige Abgrenzungsprobleme werden durch die Frage aufgeworfen, ob ein behördlicher Auftrag untreuerelevante Fürsorgepflichten sowohl gegenüber dem Staat als auch gegenüber dem betroffenen Bürger begründen kann, etwa wenn ein Beamter im Rahmen der staatlichen Bewirtschaftung knapper Güter für die gleichmäßige Verteilung der Güter an eine Vielzahl von Interessenten zuständig ist. Während RG HRR **1938** Nr. 921 dies ohne weiteres bejaht hat, dürfte eine für den Treubruchtatbestand ausreichende Obhutsstellung über das Vermögen des Bürgers in solchen Fällen zu verneinen sein, weil der Amtsträger das Vermögen nicht von innen heraus schädigt.

85 **4. Objekt und Struktur des Betreuungsverhältnisses.** Das Gesetz spricht davon, dass der Täter die Pflicht haben muss, fremde Vermögensinteressen wahrzunehmen, womit es die normative Konsequenz aus der sachlogischen Struktur der Obhutsherrschaft über das fremde Vermögen bezeichnet. Im Normalfall ist, wie schon bemerkt (Rdn. 74), die Beschreibung des strafrechtlich relevanten Betreuungsverhältnisses durch

---

262 BGHSt **13** 332.

263 BGHSt **41** 224, 229 (Geschäftsführer einer Treuhand-GmbH); im Fall „Bremer Vulkan" zunächst der 2. Zivilsenat (BGHZ **149** 10) und sodann der 5. Strafsenat (BGHSt **49** 147, 157, 161); ohne Vertiefung zust. *Dierlamm* MK Rdn. 287; *Seier* Rdn. 67 ff.

264 Näher *Schünemann* LK § 14 Entstehungsgeschichte Abs. 1.

265 Zur Kritik siehe deshalb *Schünemann* LM Nr. 1 Blatt 9 f zu § 309 AktG 1965; *ders.* Organuntreue S. 17; *Schünemann* LK § 14 Rdn. 22 a.E.; zust. *Saliger* SSW Rdn. 29; *Sch/Schröder/Perron* Rdn. 32, beide mit irriger Annahme einer Ausnahme für den Fall BGHSt **41** 224 (o. Fn. 256), der mitnichten eine solche darstellte.

die daran geknüpften außerstrafrechtlichen, vor allem zivilrechtlichen Rechtsfolgen unschädlich und wird deshalb auch nachfolgend als abkürzende Redeweise durchaus verwendet. Diese Redeweise ist namentlich auch deshalb zweckmäßig, weil der Gegenstand des Betreuungsverhältnisses vom Vermögen gebildet wird und damit auf den strafrechtlichen Vermögensbegriff verweist, der zwar abermals nicht zivilrechtsakzessorisch ist, aber ganz wesentlich von der zivilrechtlichen Ordnung der Herrschaft von Rechtssubjekten über geldwerte Objekte geprägt wird (näher Rdn. 214). Wegen dieser doppelten zwar nicht Zivilrechtsakzessorietät, aber doch Zivilrechtsaffinität der „Pflicht, fremde Vermögensinteressen wahrzunehmen", wird bei der Interpretation dieses Tatbestandsmerkmals durchaus an die zivilrechtlichen Kategorien angeknüpft, aber immer auch im Auge behalten, dass es für die Erfüllung des Treubruchtatbestandes nicht eigentlich auf die zivilrechtliche Pflicht, sondern auf das ihr zugrundeliegende Herrschaftsverhältnis ankommt.

a) Vermögensinteressen richten sich auf das Gewinnen, Erhalten und Vermehren 86
wirtschaftlicher Werte.[266] Bezogen auf das Vermögen, nach der Rspr. die Gesamtheit aller geldwerten Güter einer Person,[267] stimmen sie doch mit diesem Begriff nicht überein.[268] Vermögen ist gegenständlich, Vermögensinteressen sind subjektiv. Sie können schon bestehen, wenn noch kein Vermögen vorhanden ist, und noch gegeben sein, wenn alles Vermögen verloren ist.[269] Gerade der Vermögenslose wird Interesse an der (Wieder-)Beschaffung von Vermögen haben. Vermögensinteresse kann sich auch in dem Bestreben zeigen, einzelne Vermögensstücke gegen andere auszutauschen, sei es des größeren Nutzwertes wegen, z.B. durch zinsgünstige Kapitalanlage, sei es um Verlusten zu entgehen, z.B. durch Eintreiben oder Veräußern unsicherer Forderungen, sei es durch zweckgerechte Verwendung öffentlich-rechtlicher Haushaltsmittel (BGH LM Nr. 16).

b) Ob es sich um **fremde** Vermögensinteressen handelt, richtet sich grundsätzlich 87
nach der (zivil- oder öffentlich-)rechtlichen (RGSt **69** 220, 222; **69** 333, 338f) Zugehörigkeit des Vermögens, nicht danach, wem es letztlich wirtschaftlich dient.[270] Tätereigenes Vermögen wird allerdings dann zum Gegenstand fremder Vermögensinteressen, wenn es der Verfügung des Täters entzogen und fremder Verwaltung (etwa des Zwangs- oder des Insolvenzverwalters) unterstellt ist. Fremdverwaltung ändert also dann die strafrechtliche Zuordnung, wenn das Vermögen nur noch im Interesse Dritter verwertet wird, so dass der Gemeinschuldner im Fall der *Eigenverwaltung* nach §§ 270ff InsO die Vermögensinteressen der Insolvenzgläubiger beeinträchtigen kann.[271] Das Vermögen juristischer Personen ist auch für den Treubruchstatbestand Fremdvermögen für ihre Anteilseigner, z.B. GmbH-Gesellschafter, Aktionäre; dies auch dann, wenn die Anteile in einer Hand vereinigt sind (RGSt **42** 278, 283; **71** 353, 355; RG HRR **1940** 1223). Das Vermögen einer Ein-Mann-GmbH ist also für den geschäftsführenden Alleingesellschafter formal fremdes Vermögen; zu der davon zu trennenden, maßgeblichen Frage, ob dann keine Verletzung der Vermögensinteressen vorliegt, wenn und soweit im Handeln des Gesellschafter-Geschäftsführers zugleich das Einverständnis des eigentlichen Geschäftsherrn

266 BGHSt **15** 342, 344; SchwBGE **80** IV 243, 248.
267 BGHSt **16** 220, 221; BGH NJW **1975** 1234, 1235; näher zum Vermögensbegriff Rdn. 133ff.
268 SchwBGE **80** IV, 243, 249; *Frank* Nachtrag II B; *Winter* S. 54.
269 *Eser* IV^4 Fall 17 A 55; zust. *Dierlamm* MK Rdn. 47.
270 BGHSt **1** 186, 187; BGHSt 5 StR 240/53 v. 24.9.1953, S. 6; OLG Celle NJW **1959** 496, 497; *Baumann* Sicherungsrechte S. 74; *Baumann* ZStW **68** (1956) 522; *Sch/Schröder/Perron* Rdn. 6.
271 Zum früheren Recht RGSt **26** 106, 109f; **39** 414, 416; zur heute aber abw. h.L. s.o. Rdn. 60.

zu sehen ist, näher u. Rdn. 318. Wenn **verschiedene Fremdinteressen** im Widerstreit liegen, so wird, wer die eine Seite zu betreuen hat, regelmäßig nicht auch der Gegenseite zur Vermögensbetreuung verpflichtet sein, etwa die Angestellte eines Gewerkschaftsbundes nicht zugleich den Gewerkschaftsmitgliedern.[272] Aber es gibt Ausnahmen,[273] ein Musterbeispiel ist die Stellung des **Notars**, über dessen Anderkonto ein Vertrag abgewickelt wird (u. Rdn. 183).

88 **c) Wahrnehmen, betreuen.** Die Entscheidung des Gesetzgebers, die Täterstellung durch zwei Tätigkeitsworte in der ungewöhnlichen Gerundivform zu beschreiben, stellt die Interpretation vor erhebliche Probleme, weil ein auf die Wahrnehmungs- oder Betreuungspflicht (also letztlich auf die Norm selbst) verweisender Straftatbestand zirkulär zu werden droht. Weil die Versuche, auf der grammatisch-etymologischen Ebene zu einer subsumtionsfähigen Inhaltsbestimmung zu kommen, keine brauchbaren Ergebnisse gezeitigt haben,[274] führt der nächste folgerichtige Schritt zur funktionalen Auslegung des Merkmals der „Wahrnehmung fremder Vermögensinteressen" am Leitbild des Unrechtstypus der Untreue, nämlich der Schädigung fremden Vermögens aufgrund einer Herrschaftsposition von innen heraus (Rdn. 32). Die Pflicht zur Wahrnehmung der fremden Vermögensinteressen setzt also die Einräumung einer Obhutsposition voraus, die im fremden Interesse und damit *fremdnützig* wahrzunehmen ist (Abgrenzung gegen bloße Austauschgeschäfte) und die sich *nicht* auf bloße *Handlangerdienste* und sachgebundene Verrichtungen beschränkt (Abgrenzung gegen den Unrechtstypus der Eigentumsdelikte).

89 **d)** Dieses Verständnis des Betreuungsverhältnisses als eines **Geschäftsbesorgungsverhältnisses** ist auch alsbald nach Verkündung der Novelle von 1933 vertreten worden, im Schrifttum nachdrücklicher als in der Rechtsprechung.[275] Weil es sich hierbei um einen Typusbegriff handelt, hat die Rechtsprechung, intuitiv im Einklang mit den Regeln der typologischen Rechtsfindung (Rdn. 32f), den Typus in seine einzelnen **Abgrenzungsmomente** aufzulösen versucht, die bei der Lösung der Einzelfälle in der Rechtsprechung wie im Schrifttum ausdrücklich nur als Anhalt dienen.[276] Allerdings war 1933 nicht nur die zum Verständnis des § 266 unerlässliche Kategorie des *Garantensonderdelikts* (o. Rdn. 42) gänzlich unbekannt, sondern es fehlte auch das Instrumentarium zur Ermittlung des gegenüber der zivilrechtlichen Rechts-, d.h. vor allem Vertragswidrigkeit selbständigen strafrechtlichen Unrechts. In der weichenstellenden, im Kern nicht nationalsozialistisch pervertierten und deshalb auch nach 1945 respektierten Rechtsprechungsphase nach Schaffung des modernen Untreuetatbestandes behalf sich das Reichsgericht (und ihm folgend der BGH) deshalb mit wenig gehaltvollen und dadurch seinem Judiz wenig Fesseln anlegenden Obersätzen, nämlich: dem Grad der Selbständigkeit, Bewegungsfreiheit und Verantwortlichkeit, dem Spielraum des Verpflichteten bei der Erfüllung seiner Obliegenheit,[277] deren Dauer, ihrem – über Einzelfälle hinaus-

---

272 BGHSt **2** 324, 325.
273 Zahlr. Beisp. b. *Seier* Rdn. 135f.
274 Intensive Versuche bei *Hübner* LK 10. Aufl. Rdn. 22ff; *Dierlamm* MK Rdn. 41f.
275 *H. Mayer* ZBlHR **1933** S. 146, 149; GS **104** 124; *Schwinge/Siebert* S. 33ff; *Schwinge* JW **1936** 3429; *Siebert* JW **1933** 2242; RGSt **69** 58, 62; **69** 146, 148.
276 RGSt **69** 279, 280 und schon RGSt **69** 58, 62: „Hinweise"; im Anschluß daran BGHSt **13** 315, 317; *Blei* BT § 65 IV 3; *Sch/Schröder/Cramer*[18] Rdn. 21.
277 BGHSt **3** 289, 294; **4** 170, 172; BGH 5 StR 435/71 v. 12.10.1971; OLG Hamm NJW **1972** 298, 301.

greifender – Umfang[278] und ihrer Art,[279] die als eine Hauptpflicht den Hauptgegenstand,[280] den wesentlichen Inhalt des Innenverhältnisses ausmachen,[281] einiges Gewicht und gewisse Bedeutung haben sollte[282] und nicht bloß eine Nebenpflicht betreffen dürfe.[283] Im Großen und Ganzen ist die Praxis mit diesen nebulosen Fingerzeigen durchaus zurechtgekommen. Auch bei den Arbeiten zur Strafrechtsreform haben einige Pate gestanden.[284] Das harte Urteil, außer in den klassischen alten Untreuefällen wisse keine Anklagebehörde und kein Gericht, wann der § 266 zutreffe (*H. Mayer* Mat. I 337), ist zwar ebenso wie die Rüge, die Rechtsprechung habe die Konturen der den Treubruchtatbestand einschränkenden Kriterien ziemlich verwaschen,[285] nicht völlig grundlos, aber weit übertrieben.[286] Denn grundsätzlich hat die Rechtsprechung die methodologisch zutreffende, der typologischen Rechtsfindung angemessene Tendenz verfolgt, im konkreten Einzelfall jeweils die Ausprägung der einzelnen Typusmerkmale zu analysieren, und bei einer hinreichenden Gesamtintensität der Einzelzüge, die die von ihr eher intuitiv erfasste „fremdnützige, über bloße sachgebundene Verrichtungen hinausgehende Obhutsherrschaft über fremdes Vermögen" als Typus charakterisieren, das Tatbestandsmerkmal der „Pflicht zur Wahrnehmung fremder Vermögensinteressen" mit Recht bejaht.

5. Zur Abgrenzung im Einzelnen. Das Betreuungsverhältnis, seit *Schünemann* 90
LK[11] Rdn. 73f. allgemein als Geschäftsbesorgung aufgefasst,[287] fällt danach in seinem zivilrechtlichen Bedeutungskern auch in den Kernbereich des Treubruchtatbestandes, so dass es sich anbietet, als Ausgangspunkt – unbeschadet der Eigenständigkeit strafrechtlicher Begriffsbildung – die zivilistische Lehre heranzuziehen (*Dallinger* MDR **1967** 173). Diese definiert die Geschäftsbesorgung als selbständige, eigene Überlegung erfordernde Tätigkeit wirtschaftlicher Art im Interesse des Geschäftsherrn, die – an und für sich seine eigene Sorge – eigentlich ihm selbst obläge, aber von dem anderen ihm abgenommen wird (BGHZ **56** 204, 207). In diesem Handeln **für** den Geschäftsherrn findet sie das *unterscheidende Merkmal* gegen solche Schuldverhältnisse, die zur Leistung **an** den Vertragsgegner verpflichten,[288] was zur Abgrenzung von den keine Obhutsherrschaft begründen-

278 RGSt **77** 337, 343; BGH 1 StR 357/58 v. 23.9.1958; 2 StR 189/54 v. 23.11.1954; BGH 5 StR 435/71 v. 12.10.1971; OLG Hamm aaO.
279 BGHSt **13** aaO.
280 BGHSt **1** 186, 189; BGHSt **22** 190, 191f; OLG Hamm NJW **1972** 298, 301.
281 BGHSt **4** 170, 172; **5** 187, 188f; **22** 190, 192; OLG Hamm aaO.
282 BGHSt **3** 289, 293f; **4** aaO; BGH GA **1979** 144.
283 BGHSt **6** 314, 318; OLG Hamm aaO.
284 *H. Mayer* Mat. I 350ff; E 1962, Begr. zu § 263.
285 *Heinitz* FS H. Mayer S. 438; *Sax* JZ **1977** 663f; *Sch/Schröder/Perron* Rdn. 24; tatsächlich hat etwa RGSt **69** 279, 280f sogar rein mechanische Tätigkeiten nur „für die Regel" vom Untreuetatbestand ausgeschlossen.
286 Namentlich in Bezug auf die aktuellen Probleme der Organuntreue, s. *Schünemann* Organuntreue S. 15ff.
287 So schon *Kohlrausch* HdR VIII 740, 747 und im Anschluss an ihn *Sannwald* S. 46; ähnlich *Nagler* ZAkDR **1940** 16. Zust.immend seitdem Rspr. und Schrifttum, s. BGHSt **49** 147, 155; **52** 182, 186f; BGH GA **1977** 18, 19; NStZ **1989** 72, 73 m. Anm. *Otto* JR **1989** 208; NJW **1983** 461 m. Anm. *Keller* JR **1983** 516; OLG Koblenz NStZ 1995 50, 51; *Hoyer* SK Rdn. 37; *Saliger* SSW Rdn. 11 mit auffälliger Vorliebe für Zweitzitate; *Sch/Schröder/Perron* Rdn. 23a; *Wittig* in v. Heintschel-Heinegg Rdn. 30; *Wessels/Hillenkamp* Rdn. 770. Zu Art. 159 SchwStGB von je verfochten (SchwBGE **80** IV 243, 246; **95** IV 65; SchwJZ **1964** 210 Nr. 149).
288 BGHZ **45** 223, 228f; BGH DB **1959** 168; RGZ **97** 61, 65f; *Esser/Weyers* Schuldrecht II[8] (1998) § 35 I 1, II 3; RGRK-*Steffen* Vor § 662 Rdn. 3, 4; im Grunde ohne sachlichen Unterschied *Larenz* Lehrb. des Schuldrechts BT II/1[13] (1986) § 56 I, II: Treupflicht im Gegensatz zur allgemeinen, jedem Schuldverhältnis innewohnenden Verpflichtung zu Treu und Glauben.

den Austauschverhältnissen auch im Strafrecht Sinn macht.[289] Zur Typuskonkretisierung und Einzelabgrenzung lassen sich folgende Regeln aufstellen (die anschließend Rdn. 146 ff anhand der konkreten Tätertypen in alphabetischer Ordnung exemplifiziert werden):

91 **a)** Entsprechend der Grundstruktur des Treubruchtatbestandes bleiben von vornherein solche Schuldverhältnisse außerhalb seiner Grenzen, die **nicht fremdnützig typisiert** sind, sondern dadurch charakterisiert werden, dass fremde Vermögensinteressen auf eigene gegenläufige Interessen treffen und dass jeder Teil die Beziehung zum andern nur um des eigenen Vorteils willen anknüpft und verfolgt. Hierzu zählen in der Hauptsache die **Leistungsaustauschverhältnisse**[290] wie z.B. Veräußerungsverträge,[291] und zwar auch beim Kaufvertrag mit Eigentumsvorbehalt;[292] Gebrauchs- und Nutzungsüberlassungsverträge,[293] Darlehen,[294] schlichte, d.h. das Hantieren mit Sachen betreffende Arbeitsverträge,[295] Spenden;[296] Werkverträge;[297] die regelmäßige und die unregelmäßige Verwahrung;[298] zur unberechtigten Geschäftsführung ohne Auftrag u. Rdn. 168.

91a **b)** Das gilt für alle diese Vertragsverhältnisse jedenfalls dann, wenn sie den **gesetzlichen Inhalt** haben. Dass nämlich der Schuldner die geschuldete Leistung nach Treu und Glauben mit Rücksicht auf die Verkehrssitte zu bewirken hat (§ 242 BGB), regelt nur die Art und Weise seiner Verpflichtung zur Leistung an den Gläubiger.[299] Ebenso wenig verpflichtet es ihn zur Vermögensfürsorge für diesen, dass ihm, dem Schuldner, im Rahmen solcher Schuldverhältnisse gesetzlich auferlegt ist, auch Belange seines Vertragsgegners zu wahren, z.B. dem Verkäufer und dem Werkunternehmer bei Versendung der Vertragssache (§§ 447, 644 Abs. 2 BGB), dem Mieter (Pächter) durch Anzeige nach § 545 (§ 581 Abs. 2) BGB, beiden wie auch dem Entleiher durch pflegliche Behandlung der gemieteten, gepachteten, entliehenen Sache (§§ 548, 550, 601, 602 BGB; BGH LM BGB § 556 Nr. 2), dem Pächter ferner nach den §§ 582, 583, 586, 588 Abs. 2 BGB, dem Arbeitgeber durch Fürsorge nach § 618 BGB, dem Werkunternehmer durch Obhut für den vom Besteller gelieferten Stoff (§ 644 Abs. 1 Satz 2 BGB). Diese bloßen Rücksichtnahmepflichten sind nicht geeignet, die betreffenden Verträge in ihrem leistungsaustauschbestimmten Charakter vermögensfürsorgerisch umzuprägen. In ihnen handelt jeder Partner nicht

---

289 Von BGH GA **1977** 18, 19; NJW **1983** 461 m. Anm. *Keller* JR **1983** 516; NStZ **1989** 72 m. Anm. *Otto* JR **1989** 208; BGHSt **49** 147, 155; **52** 182, 186 f; *Wessels/Hillenkamp* BT/2 Rdn. 770; *Wittig* in v. Heintschel-Heinegg Rdn. 30; *Hoyer* SK Rdn. 37; *Esser* AnwK Rdn. 16; *Saliger* SSW Rdn. 11; mit Einschränkungen von *Arzt/Weber/Heinrich/Hilgendorf* § 22 Rdn. 60; *Fischer* Rdn. 38; für die Treubruchsformen auch von *Sch/Schröder/Perron* Rdn. 23a weitgehend übernommen, zu Art. 159 SchwStGB von je verfochten (SchwBGE **80** IV 243, 246; **95** IV 65; SchwJZ **1964** 210 Nr. 149).

290 BGH GA **1977** 18, 19; *Dierlamm* MK Rdn. 65; *Fischer* Rdn. 36a; *Sch/Schröder/Perron* Rdn. 23; *Seier* Rdn. 155; *Arzt/Weber/Heinrich/Hilgendorf* § 22 Rdn. 58; *Wittig* in v. Heintschel-Heinegg Rdn. 30 f.

291 BGHSt **22** 190 f m.i.E. zust. Anm. *Schröder* JR **1969** 191; BGHSt **9** 84, 87; RGSt **69** 146, 147.

292 BGHR § 266 Abs. 1 Vermögensbetreuungspflicht 6.

293 BGHSt **8** 271, 272; RGSt **71** 90, 91; RG HRR **1937** 64 – Miete –; BGH 1 StR 427/56 v. 15.2.1957; 5 StR 545/55 v. 8.5.1956, S. 5 – Pacht –; RG HRR **1941** 984 – Leihe.

294 BGH GA **1977** 18, 19.

295 BGHSt **6** 314, 318 – Arbeitgeber, siehe dazu auch Rdn. 108 Stichwort „Arbeitsverhältnis"; BGHSt **5** 187, 188 f – Arbeitnehmer.

296 BGHR § 266 Abs. 1 Vermögensbetreuungspflicht 5.

297 BGH NJW **1978** 2105, 2106; BGH 1 StR 625/57 v. 4. 2. 1958; 4 StR 47/48/54 v. 6.5.1954; RGSt **77** 150; OLG Kiel NJW **1949** 797, 798 – Werkunternehmer –; OLG Hamm JMBlNRW **1963** 183 – Werkbesteller.

298 BGH LM Nr. 20; BGH 1 StR 136/54 v. 17.12.1954; 1 StR 291/60 v. 20.9.1960; 3 StR 783/52 v. 11.6.1953; 4 StR 493/72 v. 8.3.1973; vgl. aber auch BGHSt **5** 61, 63.

299 BGHSt **22** 190, 191; BGH NJW **1978** 2105, 2106.

fremd-, sondern eigennützig,[300] und die darin angelegten Möglichkeiten zur Einwirkung auf das Vermögen des Vertragspartners sind zu schwach ausgeprägt, als dass man von einer Herrschaft und einer Verletzung von innen heraus sprechen könnte. Überdies geht es durchweg um bloßes Hantieren mit Sachen, nicht um Geschäftsbesorgung.

c) Das gilt auch dann, wenn diese **gesetzlichen Pflichten eigens vertraglich verabredet werden** (*Nagler* ZAkDR **1940** 16), wie das in allgemeinen Geschäftsbedingungen, Formularverträgen u. dgl. häufig vorkommt. Solche Abmachungen können die strafrechtlich entscheidende Obhutsherrschaft nicht begründen. Die bloße Vereinbarung einer „Pflicht zur Wahrnehmung der Belange des anderen Teils in Verträgen, die ihrem Wesen nach keine Treuverpflichtung begründen, kann nicht einfache Vertragsverletzungen" unter den Untreuetatbestand bringen.[301] Andernfalls käme man zu einer **Kriminalisierung durch das Privatrecht**,[302] die schweren **Bedenken** begegnet. 92

d) Nicht die bloße zivilrechtliche Vereinbarung kann deshalb die Brücke zur Untreue schlagen, sondern erst eine dementsprechende tatsächliche Ausgestaltung des Rechts- als eines **Obhutsverhältnisses**, also wenn der Mieter etwa einen Baukostenzuschuss leistet, um damit dem Vermieter die Errichtung des Mietshauses zu ermöglichen, und dieser ihn anderweitig verwendet.[303] Weitere Beispiele aus der Rspr. (zur Abgrenzungsfrage näher Rdn. 101ff, dort auch weit. Beisp.) finden sich bei Kaufverträgen, die einer Einkaufskommission[304] oder einer Verkaufskommission angenähert sind;[305] im Dienstvertrag;[306] bei einem mit einer Mietabrede gekoppelten Werkvertrag;[307] im Darlehensverhältnis;[308] bei der Sicherungsübereignung;[309] im Maklervertrag.[310] Dagegen ist heute anerkannt, dass der Kunde einer Bank bzw. eines Kreditkartenunternehmens nach dem ehemaligen Scheckkartensystem bzw. dem Kreditkartensystem der Bank bzw. dem ausgebenden Unternehmen im Rahmen eines Austauschverhältnisses gegenübersteht und deshalb bei Zahlungen unter Einsatz der Scheck- bzw. Kreditkarte nicht fremdnützig, sondern ausschließlich eigennützig tätig wird. Mit der Ausstellung von Euroschecks besorgte nicht der Kunde ein Geschäft der Bank, sondern die Bank führt mit der Scheckeinlösung Geschäfte des Kunden.[311] Entsprechendes gilt im **Lastschriftverfahren.** Hier besorgt die Inkassobank Geschäfte ihres Kunden, eines Gläubigers; dieser wiederum verfolgt mit dem Zahlungseinzug durch seine Bank ureigene Interessen, nicht aber die seines Schuldners,[312] der auf 93

300 BGH 1 StR 492/66 v. 22.11.1966 bei Dallinger MDR **1967** 173, 174; BGH 5 StR 163/52 v. 13.3.1952, 5 StR 226/53 v. 24.9.1953, S. 12 – Kauf –; OLG Hamm JMBlNRW **1963** 183 – Werkvertrag.

301 RGSt **73** 299, 300. Dazu ferner BGH GA **1977** 18, 19; BGH 5 StR 226/53 v. 24.9.1953, S. 13f; sowie 5 StR 652/53 v. 9.2.1954; BGHSt **22** 190; offen gelassen in BGHSt **24** 386, 388; verkannt von BGHSt **56** 203 („Kölner Parteispendenaffäre"), dazu u. Rdn. 233.

302 Dazu *Baumann* Sicherungsrechte S. 3, 6ff, 63; *ders.* ZStW **68** (1956) 522ff; *Heinitz* FS H. Mayer S. 435, 442; *H. Mayer* Mat. I 338; zum Scheckkartenmissbrauch *Dunkel* S. 246ff; *ders.* GA **1977** 340; *Seebode* JR **1973** 120; *Vogler* ZStW **90** (1978) 145, 147.

303 BGH MDR **1954** 495; BGHSt **8** 271; **13** 330; u. Rdn. 147.

304 RGSt **77** 391, 392; BGHSt **1** 186, 189.

305 BGH 4 StR 124/66 v. 25.5.1966 bei Dallinger MDR **1967** 174.

306 BGHSt **4** 170, 171f.

307 BGH **8** 271, 272; BGH MDR **1954** 495; OLG Braunschweig JZ **1954** 391 m. krit. Anm. *Erdsiek*.

308 BGHSt **13** 330; BGH GA **1977** 18, 19; BGH **4** StR 178/53 v. 25.6.1953.

309 BGHSt **5** 61, 63.

310 OLG Stuttgart NJW **1968** 1340, 1341; der Leitsatz c) ist mißglückt.

311 BGHSt **24** 386, 387; OLG Hamm NJW **1977** 1834, 1835f; OLG Köln NJW **1978** 713, 714; AE 1977 S. 65; *Dunkel* S. 244ff; *Gössel* JR **1978** 473; *Hübner* JZ **1973** 411; *Weber* FS Dreher S. 562; *Wentzel* S. 252.

312 OLG Hamm NJW **1977** 1834, 1835f; zust. *Otto* ZahlVerk. (1978) S. 113.

diese Weise nur seiner Leistungspflicht nachkommt.[313] Fürsorgepflichtig ist deshalb allein die einziehende Bank für die Vermögensinteressen ihres Kunden, d.h. des Inhabers der Lastschriftermächtigung.

94 **e)** Für die erforderliche Fremdnützigkeit genügt es einerseits **nicht**, dass der Partner eines *Austauschgeschäfts* zu einem bloßen **Unterlassen rechtswidriger Schädigung** seines Partners verpflichtet ist. Andererseits kommt es hierbei häufig vor, dass der eine Partner dem anderen Vermögensstücke **zur treuhänderischen Verwaltung** anvertraut, namentlich im Rahmen von zu den Austausch- hinzukommenden *Sicherungsgeschäften*, die ggf. zu einer **angekoppelten Verwaltungstreuhand** führen. Deren Behandlung ist bis heute in der Rspr. wechselhaft und im Schrifttum umstr., wobei die Rspr. zunehmend unter den Druck einer die Unrechtsstruktur des § 266 verkennenden Literaturmode gerät. Ein instruktives Beispiel liefert die Entscheidung BGHSt **5** 61, in der es um die pflichtwidrige Veräußerung einer sicherungsübereigneten Sache durch den weiterhin in ihrem Besitz verbliebenen Sicherungsgeber (mit dem Resultat eines gutgläubigen Eigentumserwerbs des Erwerbers gemäß § 932 BGB) und um die Forderungseinziehung nach einer **Sicherungsabtretung** mit „Rückermächtigung"[314] ging. Der BGH hat hier zutr. den (normalerweise keine Fremdnützigkeit enthaltenden) **Sicherungsübereignungsvertrag** deswegen für den Treubruchtatbestand ausreichen lassen, weil „von vornherein nicht nur die Sicherung, sondern auch die Befriedigung des Gläubigers aus den übereigneten Gegenständen in Aussicht genommen war" (BGHSt **5** 61, 63), und in der abredewidrigen Forderungseinziehung ohne die versprochene Abführung des Erlöses den Missbrauchstatbestand erfüllt gesehen (BGHSt **5** 65f; weit. Nachw. u. Rdn. 196). Gut 30 Jahre später wurde, befremdlicherweise unter beifälligem Zitat dieser Entscheidung, in einem völlig gleichliegenden Fall einer Sicherungsabtretung die Untreue unter schlichter Berufung auf die (auch von BGHSt **5** 63 angeführte) nicht nur nichtssagende, sondern bei komplexen Rechtsbeziehungen direkt falsche Allerweltsformel verneint, die Wahrnehmung fremder Vermögensinteressen müsse „Hauptgegenstand der Rechtsbeziehung" sein (BGH StV **1984** 326 = wistra **1984** 143; direkt übernommen in OLG Hamm StraFo **1998** 195, 197), und auf diesem Standpunkt steht auch die heute überwiegende, das Problem der **Übersicherung** aber völlig verkennende Kommentarliteratur.[315] Aber wenn die (in BGHSt **5** 61 wohl gegebene, aber nicht eigens hervorgehobene) **Pflicht**, die Befriedigung des Gläubigers durch Verwertung des Sicherungsgutes aktiv voranzutreiben, und damit eine die Fremdnützigkeit begründende **Quasi-Verkaufskommission** vorliegt, so verwirklicht die abredewidrige Veräußerung nicht nur das Unrecht der veruntreuenden Unterschlagung (§ 246 Abs. 2 StGB), sondern dasjenige des Untreuetatbestandes. Ebenso ist diese Fremdnützigkeit etwa bei dem **Inkassoauftrag** an ein Reisebüro seitens der Versicherungen und Reiseveranstalter[316] zu bejahen.[317]

---

313 BGHZ **69** 82, 85; **69** 186, 188f.

314 D.h. der Zessionar ermächtigte den Zedenten, die Forderung ohne Offenlegung der Abtretung im eigenen Namen einzuziehen.

315 *Dierlamm* MK Rdn. 115; *Saliger* SSW Rdn. 17 mit der nicht nachvollziehbaren Behauptung, sonst würde das „Verschleifungsverbot" verletzt; ohne Erörterung des spezifischen Problems und mit unzutr. Zitaten auch *Sch/Schröder/Perron* Rdn. 26; tendenziell auch *Seier* Rdn. 159; der älteren BGH-Rspr. dagegen mit Recht zust. *Fischer* Rdn. 36a, 48 (Stichwort „Sicherungseigentümer", freilich mit unzutr. Verweis auf BGH wistra **1984** 143).

316 BGHSt **28** 20, 21; auf einen Entscheidungsspielraum des Täters hat der BGH hier mit Recht verzichtet, näher dazu speziell Rdn. 104.

317 In der bereits oben (Rdn. 77 Fn. 243) kritisierten Entscheidung BGHSt **8** 149 ist dagegen zu Unrecht eine nach vollständiger Auftragsbeendigung fortdauernde Vermögensfürsorgepflicht angenommen

Dass also der **Sicherungsnehmer** bezüglich der am Sicherungsgut verbleibenden und von ihm wahrzunehmenden Vermögensinteressen des Sicherungsgebers den Untreuetatbestand erfüllen kann, ist in der aktuellen Rspr. auch bei anderen Fallkonstellationen mit Recht weiterhin anerkannt. So hat BGHSt **41** 224, 227 den Vermieter von Wohnraum bezüglich der in § 551 Abs. 3 BGB statuierten Pflicht zur getrennten Anlegung der Mietkaution von seinem eigenen Vermögen als tauglichen Täter des Treubruchtatbestandes qualifiziert, weil der Vermieter die Verwaltung so vorzunehmen hat, dass daraus dem Mieter zustehende Erträge entstehen; und auch für den Fall der Gewerberaummiete hat BGHSt **52** 182, 186f das bei entsprechender vertraglicher Ausgestaltung (die in concreto nicht vorlag) bejaht.[318] Nichts anderes kann für solche Vermögensgegenstände gelten, durch die der Gläubiger eine **Übersicherung** erfahren hat. Soweit es seine eigene Sicherung und ggf. Befriedigung verlangt, handelt er in eigennütziger Treuhand; bezüglich des hierfür nicht erforderlichen Teils ist er gegenüber dem Schuldner zur Bewahrung und Rückerstattung verpflichtet. Die Pflicht eines überbesicherten Gläubigers, das ihm anvertraute Vermögen des Schuldners pfleglich zu behandeln, im Falle einer Transaktion nicht zu schmälern und in dem Umfange zurückzugeben, in dem es nicht (mehr) für den Sicherungszweck benötigt wird, erwächst deshalb aus einer an die Sicherungstreuhand **angekoppelten fremdnützigen Verwaltungstreuhand** und stempelt insoweit den Gläubiger auch zum tauglichen Täter des Treubruchtatbestandes. Die intuitiv immer schon dieses Ergebnis ansteuernde Rspr.[319] erweist sich deshalb auch in der modernen Untreuedogmatik als zutreffend. 95

f) Die Obhutsherrschaft und damit die Fürsorgepflicht bestehen selbstverständlich auch (gewissermaßen erst recht) in denjenigen Fällen fort, in denen der Treupflichtige **Vermögensbeziehungen des Geschäftsherrn mit sich selbst** zu gestalten hat. Beispiele: Wenn Mitglieder eines Genossenschaftsvorstandes ihr Gehalt in der von ihnen zwar für berechtigt erachteten, jedoch vom Aufsichtsrat nicht festgesetzten Höhe entnehmen;[320] wenn ein Stadtkämmerer sich unerlaubt einen Gehaltsvorschuss aus der Stadtkasse auszahlen lässt;[321] bei Nichtbeitreibung einer Forderung des betreuten Vermögens gegen sich selbst;[322] wenn der Vormund verdunkelt, dass er selbst der Vater seines Mündels ist;[323] wenn der Pfleger aus dem verwalteten Mündelvermögen,[324] der Vereinsvorsitzende aus Vereinsmitteln sich ein Darlehen (allzu zinsgünstig) bewilligt;[325] wenn der baubetreuende Architekt ihm von den Bauherren zur Begleichung von Unternehmerforderungen zweckgebunden anvertrautes Geld vorab zur Befriedigung seiner Gebührenforderung verwendet;[326] wenn das Vorstandsmitglied einer Ortskrankenkasse, für diese mit der Ausführung 96

worden (anders, wenn noch Auftragserlöse abzuliefern sind, o. Rdn. 77), überdies lag keine Verletzung von innen heraus, sondern Betrug am Vertragspartner vor (siehe ferner u. Rdn. 172).

318 Die daran von *Sowada* JR **1997** 28; *Kretschmer* JR **2008** 348; *Rönnau* NStZ **2009** 633; *Dierlamm* MK Rdn. 126; *Saliger* SSW Rdn. 11 geübte Kritik beruht auf dem o. Rdn. 27 verworfenen Fehlverständnis des Untreueunrechts als eines „Vasallendelikts" und greift deshalb nicht durch.

319 BGHSt **1** 186, 190; BGH bei Holtz MDR **1978** 625; ähnlich bereits RGSt **67** 273; zust. und m.w.N. speziell zur Übersicherung bei Grundpfandrechten *Schmid* MG/B § 31 Rdn. 39; *Clemente* wistra **2010** 249ff.

320 RGSt **62** 357, 361 zu § 146 GenG a.F.; RG HRR **1935** 1116 zu § 312 HGB a.F.

321 BGH 1 StR 725/54 v. 29.3.1955; **and.**, wenn ein Parteivorsitzender eine Aufwandsentschädigung doppelt ausgezahlt erhält, für deren Anweisung aber nicht zuständig ist, s.u. Fn. 333.

322 RGSt **72** 347, 349; BGH 1 StR 725/54 v. 29.3.1955.

323 RGSt **30** 191.

324 RGSt **65** 333, 336.

325 BGH 1 StR 402/75 v. 7.10.1975.

326 BGH 4 StR 78/74 v. 30.4.1974 unter Berufung auf BGH 1 StR 614/68 v. 1.4.1969 bei *Dallinger* MDR **1969** 534; OLG Hamm BB **1957** 94.

von Bauten zu den Selbstkosten beauftragt, Nachlässe, Rabatte und sonstige Vergütungen, die er mit den Lieferern und Handwerkern ausgehandelt hat, nicht der Anstalt zugute kommen, sondern eine Erhöhung der Baurechnungen akzeptiert und die erzielbaren Nachlässe usw. sich selbst vergüten lässt.[327] Die Rspr. hat auch dann § 266 bejaht, wenn der Geschäftsführer eines Versorgungswerks den gutgläubigen Vorstand zur Bewilligung übersetzter Provisionsvorschüsse veranlasst[328] oder bei rechtswidrig vom Auftraggeber erschlichenem Vermögensvorteil,[329] doch kommt hier statt dessen auch § 263 in Betracht (zum Konkurrenzverhältnis der §§ 266, 263 u. Rdn. 263); oder wenn ein Amtsdirektor sich Grundbesitz des Amtes zu wirtschaftlich unvertretbar niedrigem Kaufpreis und zu ungewöhnlich günstigen Zahlungsbedingungen (u.a. unter Anrechnung des bisher für die Dienstwohnung entrichteten Entgelts) übereignen lässt, doch kann das nur gelten, wenn dieser auch für die Verwaltung der Immobilie zuständig ist.[330] Wenn man entgegen der h.L. den Schuldner als Zwangsverwalter (§ 150b ZVG) als tauglichen Täter qualifiziert (o. Rdn. 60), so darf er natürlich nicht zwecks eigener Vorteile den Interessen der Gläubiger zuwiderhandeln. Allgemein gilt: Wer die Betreuung fremden Vermögens übernimmt, darf bei den Geschäften, die er dabei zu besorgen hat, nicht seine eigenen Interessen unter Benachteiligung des Geschäftsherrn durchsetzen.[331] Freilich muss sorgfältig geprüft werden, ob der Treupflichtige auch für den die Geschäfte mit sich selbst betreffenden Vermögenskreis **beim Geschäftsherrn zuständig** ist. So ist etwa ein Parteivorsitzender zwar grundsätzlich im Hinblick auf das Parteivermögen tauglicher Täter des Treubruchtatbestandes,[332] doch kann er diesen nur durch solche Handlungen erfüllen, die auch in den von ihm beherrschten Geschäftskreis fallen[333] (näher Rdn. 120) und nicht eine bloße sog. **schlichte Schuldnerpflicht** betreffen (näher u. Rdn. 118 ff).

97 **g)** Unter den Treubruchtatbestand fallen dagegen nicht solche gesetzlichen, öffentlichrechtlichen oder vertraglichen Beziehungen, die den einen Teil zwar mit Vermögensinteressen des anderen in Berührung bringen, aber bei ihrer Behandlung an **unmittelbare Kontrolle** des Geschäftsherrn binden. Erst die Übertragung dieser Aufgabe zur Bewältigung ohne permanente Überwachung kennzeichnet sie als eine solche der Obhutsherrschaft über die Vermögensinteressen eines anderen; nur so ist diesem die eigene Sorge dafür abgenommen (Rdn. 102). Das gerade unterscheidet die Vermögensbetreuung von den vielfältigen **Diensten der Handreichung**, die dem Vermögensinhaber zur Wahrnehmung von Vermögensinteressen durch bloßes Hantieren mit Sachen geleistet werden,[334] wie das z.B. für Kellner (Rdn. 176), Zeitungsausträgerinnen,[335] Stromableser,[336] Taxichauffeure (Rdn. 201), Kraftfahrer, die für den Geschäftsherrn Ware ausfahren, den Kaufpreis dafür entgegen nehmen und alsbald abliefern,[337] für Versicherungsmitarbeiter,

---

327 RGSt **69** 380.
328 BGH 1 StR 92/61 v. 6.6.1961.
329 BGH LM Nr. 2.
330 BGH 3 StR 299/71 v. 13.12.1972.
331 RGSt **69** 380, 382; SchwBGE **80** IV 243; **aA** *H. Mayer* GS **104** 124.
332 BGH wistra **1986** 256; eingehend *Saliger* Parteiengesetz S. 53 ff, dessen zusätzlicher Hinweis auf das „System Kohl" (S. 57) freilich nicht überzeugt, weil es sich hierbei nicht um eine Übertragung von Befugnissen und Obhutsherrschaft, sondern um ein Geflecht informeller personeller Beziehungen („Seilschaften") gehandelt hat; BGHSt **56** 203, 210 f; **60** 94, 112 f.
333 Im konkreten Fall von BGH wistra **1986** 256 für den Fall verneint, dass ein Parteivorsitzender sich eine Aufwandsentschädigung doppelt auszahlen lässt.
334 *Kohlrausch* HdR Bd. VIII 747; *Sch/Schröder/Perron* Rdn. 23 f.
335 RGSt **42** 211, 212; anders jedoch RGSt **69** 58, 61.
336 RGSt **70** 53, 55.
337 Vgl. BGH 1 StR 247/66 v. 5.7.1966; *Sch/Schröder/Perron* Rdn. 23a.

die Schecks an die Kunden weiterzuleiten haben,[338] für andere untergeordnete Dienste[339] sowie allgemein im „schlichten“ Arbeitsverhältnis[340] und auch für Schalterbeamte vielfach zutrifft.[341] Soweit auch diese Personen im Rahmen sachgebundener Verrichtungen, einen privilegierten Zugang zu dem fremden Vermögen besitzen (weshalb man im weiteren Sinne durchaus ebenfalls von einer Schädigung von innen heraus sprechen könnte, wenn sie ihre Pflichten verletzen), ergibt sich der strafrechtliche Schutz des Geschäftsherrn in ausreichender Weise aus den **Eigentumsdelikten**, namentlich dem Tatbestand der Veruntreuung gemäß § 246 Abs. 2 StGB.

h) Die **Selbständigkeit des Betreuungspflichtigen**, die in semantischer Hinsicht **98**
keinerlei klare Konturen besitzt, wirft ein Abgrenzungsproblem auf, das für die Reichweite des Treubruchtatbestandes von größter Bedeutung und bis heute heftig umstritten ist: Soll es dafür auf einen Ermessens**spielraum** bei der Wahrnehmung der Betreuungsaufgabe ankommen, d.h. darauf, „ob der Betreuer so handeln muss oder auch anders handeln darf“,[342] oder genügt eine über bloße Handlangerdienste hinausgehende Vertrauensstellung, die sich namentlich in der eigenen **Abrechnungsaufgabe** des Betreuers niederschlägt?

Das erstgenannte Kriterium ist zwar in einigen älteren Entscheidungen des BGH verwendet und direkt auf die Freiheit in der vermögensfürsorglichen Entschließung bezogen worden.[343] Späteren Urteilen genügte jedoch die allgemeine berufliche Selbständigkeit gegenüber dem Auftraggeber „in der Erfüllung von Aufträgen“, so die eines Finanzmaklers[344] oder die eines Bankinhabers[345] und eines inkassobefugten Reisebüroinhabers.[346] Und vor allem in der Auslegung der „Selbständigkeit“ im Rahmen **des Einkassierens, Aufbewahrens und Ablieferns von Geld** für einen Auftraggeber hat die Rechtsprechung sich weder vorher noch nachher an das Kriterium des Entscheidungsspielraumes gehalten, sondern eine andere Richtung eingeschlagen. Nachdem in der Rechtsprechung bis 1933 die formale zivilrechtliche Abgrenzung zwischen der Stellung als Bote oder als Stellvertreter dominiert hatte (RGSt **42** 211, 212; **43** 432, 433), wandte sich das Reichsgericht in der grundlegenden Entscheidung zum neuen Untreuetatbestand vom 14.12.1934 (RGSt **69** 58) materialen Kriterien zu und nannte zwar neben Dauer und Umfang des Pflichtenkreises „einen gewissen Spielraum, eine gewisse Bewegungsfreiheit oder Selbständigkeit“ im Unterschied zu „rein mechanischen Tätigkeiten“ wie

---

338 BGH StV **2002** 143.
339 Weitere Beispiele bei *Otto* Struktur S. 312.
340 BGHSt **5** 187, 188; Rdn. 151.
341 BGH 5 StR 446/52 v. 6.11.1952.
342 So die weder historisch noch kriminalpolitisch begründete, an der Rspr. vorbei gehende, aber in der neueren Kommentarliteratur vielfach ohne Prüfung übernommene Formel von *Hübner* LK[10] Rdn. 32.
343 BGH 5 StR 163/52 v. 13.3.1952: „War der Angeklagte verpflichtet, den Verkaufserlös nach Abzug seines Gewinns der Verkäuferin zu übersenden, so ist nicht zu ersehen, welche Selbständigkeit er bei dieser Interessenwahrnehmung noch gehabt haben könnte“; BGH 3 StR 480/52 v. 21.5.1953; 5 StR 392/55 v. 17.1.1956, S. 6: Die Verpflichtung zur Benachrichtigung des Vorbehaltseigentümers von Pfändungen „erfordert keine Selbständigkeit“; BGH 5 StR 446/52 v. 6.11.1952: Der Beamte am Güterschalter der Bundesbahn „hatte nach bestehenden Anordnungen und Vorschriften zu verfahren, ohne dass ihm Freiheit für andersartige Maßnahmen gegeben war“; BGH 1 StR 357/58 v. 23.9.1958: Der genau umgrenzte Auftrag, eine Flugkarte und das Einreisevisum zu besorgen, ließ keine Selbständigkeit und Bewegungsfreiheit in der Ausführung zu; ebenso BGHSt **3** 289, 294; **4** 170, 172, wobei es nur um ein Hantieren mit Sachen ging; auch BGH 1 StR 63/58 v. 6./13.5.1958, „bündiger Auftrag“; vgl. ferner BGH GA **1977** 18, 19; BGHR § 266 Abs. 1 Vermögensbetreuungspflicht 4 zum Buchhalter.
344 BGH 5 StR 482/61 v. 19.12.1961, S. 7.
345 BGH 5 StR 261/57 v. 10.9.1957, inhaltlich BB **1958** 323.
346 BGHSt **28** 20.

der bloßen Botentätigkeit oder der Erledigung untergeordneter Einzelaufträge (RGSt **69** 58, 61f). Die Anforderungen an die „Selbständigkeit" wurden aber bereits in dieser Entscheidung nicht allzu hoch angesetzt und namentlich nicht etwa im Sinne einer Wahlfreiheit verstanden, denn das Reichsgericht erklärte den mit der dauernden Einziehung von Beiträgen zur Arbeitsfront betrauten Betriebszellenobmann ebenso zum tauglichen Täter des Treubruchtatbestandes wie (in einem obiter dictum) den bloßen Kassenboten, und diese (bzgl. des Kassenboten zu extensive) Linie ist in der weiteren reichsgerichtlichen Rechtsprechung fortgesetzt worden.[347]

99 Auch der BGH hat diesen Weg, von einigen stärker einschränkenden Ansätzen abgesehen (GA **1977** 18, 19; NJW **1982** 201),[348] fortgesetzt (BGHSt **2** 324; **3** 236, 240f; **3** 289; **4** 170; BGH wistra **2008** 427, 428), vor allem in dem Urteil BGHSt **13** 315[349] befestigt, und die übrige Rechtsprechung ist ihm ganz überwiegend gefolgt.[350] In BGHSt **13** 315, 318 heisst es überzeugend: „Wollte man in dieser Möglichkeit (scil. zur Wahl unterschiedlicher Dispositionen) ein wesentliches Merkmal der Wahrnehmung fremder Vermögensinteressen sehen, so würde von solcher Wahrnehmung nur bei Geschäftsführern von Unternehmen und selbständigen Verwaltern von Vermögensmassen gesprochen werden können, nicht aber z.B. bei der Tätigkeit des Kassierers einer Bank, der nur aufgrund schriftlicher Anweisungen Auszahlungen vor- und Einzahlungen annimmt. Damit würde der Tatbestand der Untreue im Widerspruch zur bisherigen ständigen Rechtsprechung und zum erkennbaren Sinn der Vorschrift eingeengt werden ... Bei der Wahrnehmung fremder Vermögensinteressen ... (ist) der Beauftragte in der Regel an die Weisungen seines Auftraggebers gebunden ..., in deren Verletzung gerade die Pflichtwidrigkeit zu liegen pflegt. Wegen dieser Bindung ist die Tätigkeit des Beauftragten noch keine bloß mechanische."[351] Statt dessen hat BGHSt **13** 315, 319 die Selbständigkeit des Kassenhalters davon abhängig gemacht, ob er „zur Kontrolle der Einnahmen und der Ablieferungen Bücher zu führen, unter Umständen auch Quittungen zu erteilen, ferner Wechselgeld herauszugeben" (!) hat.[352] Das war beim früheren Bäckerjungen nicht der Fall, der die Brötchen in der Bäckerei mitnahm und (falls er überhaupt kassierte) den Erlös dem Meister ablieferte, aber keine Buchhaltung führte. Dagegen fällt schon der Kellner, der mit dem Gast selbst abrechnet, ebenso unter den Untreuetatbestand wie der Kassierer am Bankschalter oder an einem Fahrkartenschalter der Deutschen Bahn oder der Polizist, der Verwarnungsgelder einkassiert, die alle Quittungen ausstellen und selbständig abrechnen. Während die Erteilung einer Quittung dagegen eine Verfügung über den Anspruch bedeutet, liegt in dem bloßen Überbringen einer vorbereiteten Quittung eine für § 266 nicht ausreichende, weil auf das Hantieren mit Sachen beschränkte Botentätigkeit.[353]

---

347 RGSt **69** 279; **73** 235; **74** 171; RG HRR **1939** 1385; etwas restriktiver RG DR **1939** 1982; RG HRR **1941** 700.

348 Wo der BGH zwar *Hübners* Formel benutzt hat, ob der Verpflichtete auch anders handeln darf, doch ging es hier um die Veruntreuung des Transportguts durch den Transportunternehmer und damit um ein nicht-fremdnütziges Austauschgeschäft bezüglich des bloßen Hantierens mit Sachen, so dass § 266 ab ovo ausschied und die Heranziehung der „Alternativitätsfloskel" ebenso sachfremd wie irreführend war.

349 Ebenso BGHSt **18** 313; BGH GA **1979** 143, 144; NStZ **1983** 45; wistra **1989** 60; BGHSt **41** 224, 229.

350 Z.B. OLG Hamm NJW **1973** 1809, 1810; OLG Köln NJW **1963** 1992; OLG Köln OLGSt S. 39; OLG Koblenz GA **1975** 122, 123; SchlHOLG OLGSt S. 19; LG Bonn JMBlNRW **1968** 199.

351 Zust. *Otto* Struktur S. 311; *Rengier* BT I § 18 Rdn. 29.

352 Ähnlich OLG Hamm NJW **1973** 1809, 1810; dezidiert BGH NStZ **1983** 455; **1994** 586; BGH wistra **1987** 27; **1989** 60f; BGHR § 266 Abs. 1 Treubruch 1.

353 Unbeschadet des Rechtsscheintatbestandes des § 370 BGB, demzufolge ebenfalls die Erfüllung eintritt (Staudinger-*Olzen* § 370 Rdn. 2.

Im **Schrifttum** sind die Konturen verschwommen. Teils benutzt es *Hübners* Formel (Fn. 342, s. *Otto* Struktur S. 257; *Dierlamm* MK Rdn. 59), teils verfährt es in den Bahnen von RGSt **69** 58 und BGHSt **13** 315 (*Maurach/Schroeder/Maiwald* 1 § 45 Rdn. 34f), teils schließt es sich einfach an die Kasuistik der Rechtsprechung an (*Fischer* Rdn. 48f). Als weiterer Ansatz findet sich auch die (erstmals von *Schünemann* in LK[11], § 266 Rdn. 55 formulierte) Forderung einer Garantenpflicht (übernommen von *Hoyer* SK Rdn. 27) bzw. einer „besonders qualifizierten Garantenbeziehung" zu dem fremden Vermögen (*Sch/Schröder/Perron* Rdn. 23a), die freilich durch eine Pflicht zur Vermögensmehrung gekennzeichnet sein soll (dagegen u. Rdn. 222). In der neueren Kommentarliteratur ist andererseits das Kriterium des „selbständigen Entscheidungsspielraums"[354] teilweise ohne, jedenfalls niemals mit einer triftigen Begründung und unter Außerachtlassung der historischen Grundlagen und kriminalpolitischen Aufgabe des § 266 zu einer Art „Superzeichen" avanciert. **100**

i) Ausgangspunkt muss, wie hier bereits bei LK[11]/*Schünemann* aus der Deliktsstruktur des § 266 entwickelt, die **Garantenstellung** des Täters über das fremde Vermögen sein (vgl. bereits Rdn. 32), deren Konturen aber in anderer Weise bestimmt werden müssen als in der Konzeption von *Perron* und *Hoyer*. Zunächst einmal reicht nicht jede Garantenstellung aus (insoweit zutr. *Sch/Schröder/Perron* Rdn. 23a; unklar *Hoyer* SK Rdn. 27), die auch ein mit sachgebundenen Verrichtungen betrauter Arbeitnehmer über die seiner Obhutsherrschaft anvertrauten Sachen besitzt; vielmehr muss der Herrschaftsbereich über eine einzelne Sache hinausgehen und in diesem Sinne das Vermögen als solches betreffen. Entgegen *Perron* (aaO Rdn. 23a) kann das hierfür notwendige Differenzierungskriterium aber nicht in der Pflicht zur Vermögensmehrung gefunden werden, die sich weder als eine notwendige noch als eine hinreichende Bedingung begründen lässt. Denn während der von jedem Arbeiter für den Arbeitgeber pflichtgemäß zu schaffende „Mehrwert" unstreitig keine Grundlage für eine Vermögensfürsorgepflicht des Arbeiters liefert, kann man sich zahllose Geschäftsbesorgungsverhältnisse[355] vorstellen, bei denen es nur auf die Wahrung des status quo ante ankommt (etwa bei Kontrollpositionen) – weshalb § 266 ja auch einen Vermögensnachteil und nicht das bloße Unterlassen einer Vermögensmehrung erfordert. Die Differenzierung muss deshalb aus dem Begriff der Garantenstellung selbst entwickelt werden. Auf den ersten Blick scheint *Hübners* Kriterium der Entscheidungswahlfreiheit diese Voraussetzung zu erfüllen, weil man darin eine gesteigerte Form der Herrschaft über das Vermögen erblicken könnte. Aber dieser Schein trügt, denn die Wahlfreiheit betrifft die Pflichtbindung im Innenverhältnis, während die Garantenstellung als Gestaltungsherrschaft über das fremde Vermögen im „Außenverhältnis" wirkt. Und auch hiervon abgesehen, lässt sich eine mit weiten Entscheidungsspielräumen ausgestattete Position zwar als eine besonders intensive Ausprägung des Typusmerkmals „Selbständigkeit" begreifen, schwerlich aber nach Art eines klassifikatorischen Begriffs als Grundbedingung des Treueverhältnisses hinstellen. Denn weil die den Treubruchtatbestand erfüllende Handlung auf jeden Fall pflichtwidrig sein muss und deshalb außerhalb jedes denkbaren Entscheidungsspielraumes liegt, leuchtet es nicht ein, warum die Strafbarkeit davon abhängen soll, ob dem Täter eine oder zwei legale Alternativen zu Gebote gestanden hätten. Und schließlich lassen sich leicht bedeutsame Managementaufgaben mit exakt gebundener Marschroute vorstellen,[356] so wie um- **101**

354 So die Überschrift bei *Hoyer* SK vor Rdn. 32, die offenbar – sprachlich missglückt – ausdrücken soll, dass das Merkmal der Selbständigkeit einen Entscheidungsspielraum voraussetze.
355 Auf die *Sch/Schröder/Perron* Rdn. 23a entscheidend abhebt.
356 So auch zutr. BGHSt **41** 224, 229.

gekehrt auch ein bloßer Handlanger einen Handlungsspielraum haben kann, etwa wenn eine Haushaltshilfe entscheidet, ob sie erst die Betten macht oder die Milch in den Kühlschrank stellt.

102 **j)** Die Abgrenzung hat deshalb – insoweit durchaus vergleichbar mit dem verwandten Missbrauchstatbestand – **nicht** danach zu erfolgen, was der Täter **darf**, sondern danach, was er **kann.** Eine qualifizierte Herrschaft in diesem Sinne heisst: **Abwesenheit von Kontrolle,**[357] wobei unter Kontrolle nicht die Frage einer nachträglichen Nachprüfung, sondern die **gleichzeitige** Steuerung und Überwachung zu verstehen ist. Tauglicher Täter des Treubruchtatbestandes ist dementsprechend, wer sich bei seiner fremdnützigen Tätigkeit gewissermaßen *selbst zu kontrollieren hat*, und genau das hat die Rechtsprechung in hervorragender Intuition bei Kassenboten, Kassierern und ähnlichen Personen zum Kriterium für die Erfüllung des Treubruchtatbestandes gemacht: Wenn der Täter selbst über seine Tätigkeit Buch zu führen hat, dann handelt er ohne aktuelle Kontrolle und übt durch die in seine Kompetenz fallende Rechenschaftslegung eben auch eine Herrschaft nicht nur über einzelne Sachen, sondern über das Vermögen als solches aus. Hierdurch wird seinem Handeln zugleich eine strukturelle Betrugskomponente eingestiftet, wie sie gerade auch für die typischen, unangefochtenen Untreuefälle kennzeichnend ist, in denen das enttäuschte Vertrauen regelmäßig als „Täuschung ohne Worte" aufscheint. Es würde aber weder dogmatisch noch kriminalpolitisch irgendeinen Sinn machen, die Schädigungshandlung als solche für straflos zu erklären, um anschließend doch über die regelmäßige Vertuschung der Schädigung einen strafbaren Betrug zu konstruieren.

103 Die in der Rechtsprechung überwiegend bevorzugte extensive Interpretation des den Treubruchtypus kennzeichnenden Merkmals der „Selbständigkeit" durch Einbeziehung der Fälle, in denen ein mit sachgebundenen Verrichtungen (namentlich auch dem Einkassieren oder Abliefern von Geld) Betrauter buchhalterische Aufstellungen über seine Tätigkeit anzufertigen und mit deren Hilfe gegenüber dem Auftraggeber abzurechnen hat, ist deshalb **grundsätzlich zu billigen.** Eine engere Bestimmung des Täterkreises würde nicht nur den vom historischen Gesetzgeber gewollten Schutzbereich ohne zwingende Gründe reduzieren, sondern wäre auch aus viktimodogmatischen Gesichtspunkten heraus abzulehnen. Denn das Gefährlichkeitsspezifikum liegt gerade in der Verbindung von **eigener Tätigkeit und eigener Abrechnung**, der das Opfer zunächst wehrlos ausgeliefert ist, während es bei bloßen Handlangertätigkeiten normalerweise ohne besondere Hindernisse die Korrektheit oder Inkorrektheit überblicken kann.

104 Die beim treubruchrelevanten Herrschaftsniveau vorauszusetzende Selbständigkeit erfordert also zumindest die eigene **Abrechnungskompetenz.** Natürlich kann sich die Selbständigkeit stattdessen auch aus anderen Momenten ergeben, namentlich aus der **Leitungsbefugnis** in einem Betrieb. Wenn z.B. in einem Gestüt die preisgekrönte Stute von einem ebenfalls preisgekrönten Hengst gedeckt werden soll, der Gestütsleiter und ein Stallknecht aber, um den Gestütsinhaber zu schädigen, die Stute von einem minderwertigen Hengst decken lassen und dadurch ihren Wert vermindern, so ist nur der Gestütsleiter tauglicher Täter des Treubruchtatbestandes. Ferner kann auf das Typusmerkmal der Selbständigkeit auch ganz verzichtet werden, wenn die übrigen Züge des Betreuungsverhältnisses besonders stark ausgeprägt sind, etwa bei einer Vertrauensstellung für Dispositionen über das gesamte Vermögen wie bei der Anlageberatung (Rdn. 150). An dieser wohlabgewogenen, aus der Entstehungsgeschichte fundierten und kriminalpolitisch vernünftigen Rechtsprechung übt ein Teil der neueren Kommentarliteratur eine

357 Vgl. bereits Rdn. 33 und *Sax* JZ **1977** 747.

nach ihrem eigenen Verständnis vernichtende Kritik,[358] deren eigener Lösungsvorschlag in dem von *Hoyer* (SK Rdn. 32) im Anschluss an *Kindhäuser* (NK Rdn. 54) formulierten Satz gipfelt: „Nur wenn der Treugeber den -nehmer mit einer gewissen Selbständigkeit ausgestattet hat, muss er sich vom Treunehmer vorgenommene Vermögensverfügungen als eigene zurechnen lassen."[359] Der „Vorzug" dieser konzentrierten Zusammenfassung besteht aber nur darin, dass sie ihre Unrichtigkeit in einem rechtsgüterschützenden Strafrecht geradezu auf der Stirne trägt und überdies auch dogmatisch unhaltbar ist. Ob das Handeln einem anderen zugerechnet wird, spielt in der Strafrechtsdogmatik stricto sensu nur im Rahmen der Beteiligungslehre eine Rolle, während eine im weiteren Sinne verstandene Zurechnung im Missbrauchstatbestand relevant sein kann, im Treubruchtatbestand aber jeder Bedeutung entbehrt. Hierfür kommt es vielmehr sowohl nach der historischen Entwicklung des Untreuetatbestandes (Schutz des unkörperlichen Vermögens gegen Verletzungen von innen heraus) als auch vom geschützten Rechtsgut des Vermögens her allein darauf an, ob der Geschäftsherr den Treupflichtigen außerhalb des durch die Eigentumsdelikte erfassten Hantierens mit Sachen in eine Position eingesetzt hat, die diesen zur Schädigung des nichtkörperlichen Vermögens (nach der historischen Schutzrichtung vor allem auch Forderungen umfassend!) in den Stand gesetzt hat. Wenn *Hoyer* in diesem Zusammenhang von dem „Selbstschädigungsdelikt nach § 266" (Rdn. 32) oder *Kindhäuser* davon spricht, dass der Geschäftsherr „solche Entscheidungen gegen sich gelten lassen will und ... auch gelten lassen muss" (Rdn. 54), so führen sich derartige in der Teleologik des rechtsgüterschützenden Strafrechts deplazierte sprachliche Wendungen selbst ad absurdum, denn natürlich schädigt sich der Geschäftsherr nicht selbst, sondern wird vom Untreuetäter geschädigt, und er will das auch gar nicht gegen sich gelten lassen, sondern bestraft wissen. Zwar hat auch das BVerfG in der dogmatischen Eklektik seiner Untreueentscheidung E **126** 170 von einem „gewissen Ermessensspielraum" gesprochen (Tz. 109), aber diese ersichtlich aus dem Floskelschatz der Standardliteratur übernommene und nicht an der einhundervierzigjährigen Rechtsprechungstradition kontrollierte Wendung kann schon deshalb keine Bindungswirkung (dazu o. Rdn. 41) äußern, weil es in allen drei zu entscheidenden Verfassungsbeschwerden um das Verhalten höherer Chargen ging („Vasallendelikte"), so dass die Abgrenzung nach unten kein Thema war. Dementsprechend wird in der seither ergangenen Rechtsprechung des BGH mit Recht ganz wesentlich auf die „Abwesenheit von Kontrolle" abgestellt und daneben zwar auch von der „Weite des Spielraums" gesprochen (BGHSt **60** 94, 105 „Wahlsieg 2006"), dieser selbst aber postwendend aus Rechtsgründen verneint (konkret wegen der keinen Spielraum lassenden Vorschriften des Parteiengesetzes), ohne dass deshalb die Täterqualifikation angezweifelt wird.

k) Die anderen in der Rechtsprechung verwendeten Anhaltspunkte für die untreuespezifische Obhutsgarantenstellung sind von vornherein nur von indiziellem Erkennt- 105

358 *Sch/Schröder/Perron* Rdn. 24 (die Rechtsprechung habe „das Merkmal der Selbständigkeit des Handelns des Verpflichteten häufig bis zur Bedeutungslosigkeit abgewertet und damit den Täterkreis des Treubruchtatbestands bei weitem überdehnt"); *Dierlamm* MK Rdn. 59 ff; *Esser* AnwK Rdn. 44; *Hoyer* SK Rdn. 32; unklar *Seier*, der die Bedeutung der Selbständigkeit offen lässt (Rdn. 148) und die „Selbstverantwortlichkeit" zwar in zweifelhafter Weise als Auftrag zur Vermögensmehrung interpretiert (Rdn. 151), gleichzeitig aber auf das hier verfochtene Kriterium der „Abwesenheit von Kontrolle" verweist (Rdn. 149 mit Fn. 256), schließlich aber mit dem Bild vom „Statthalter" (Rdn. 151) eine viel zu starke Reduktion im Sinne des hier sog. Vasallendelikts propagiert. Wie hier *Saliger* SSW Rdn. 11, der in den erwähnten Situationen zu Recht von einer „anvertrauten internen Machtstellung des Treunehmers" spricht.

359 Im Original fettgedruckt.

niswert, so die **Dauer**[360] und der **Umfang** der Betreuungstätigkeit.[361] Zwar wird häufig eine längere Tätigkeit zu einer Umwandlung der Fremdkontrolle in Selbstkontrolle und damit zu einer Selbständigkeit des Beauftragten führen, notwendig ist das aber nicht: Der Kassenbote, der die Tageseinnahmen seiner Firma zur Bank zu bringen hat und nach 25-jähriger solcher Tätigkeit mit einer Million durchbrennt, hatte dennoch nicht einen Augenblick Vermögensinteressen seiner Firma (scil. selbständig) wahrzunehmen, sondern nur mit Sachen (Bargeld) zu hantieren gehabt.[362] Andererseits kann der **Auftrag zu einem einzelnen Vermögensgeschäft** sehr wohl mit der für § 266 erheblichen Vermögensbetreuungspflicht verbunden sein, z.B. der Auftrag, nach sachverständigem Ermessen das Gemälde eines alten Meisters zu ersteigern, ein Aktienpaket zu erwerben,[363] einen Kraftwagen bestmöglich, jedoch nicht unter einem bestimmten Limit zu versilbern,[364] ein Sonderkonto nach Weisungen zu verwalten und zu verwenden,[365] u.dgl.m.[366] § 266 unterscheidet nicht zwischen Einzel- und Dauer-Rechtsverhältnissen.

106 **Wenig brauchbar** als Erkennungszeichen ist auch die in Rspr. und Lit. beliebte, aber strafrechtsdogmatisch kümmerliche „pseudozivilistische" Frage, ob eine **Haupt- oder eine Nebenpflicht** in Rede steht;[367] eher schon, ob das ausbedungene Verhalten typisch oder doch wesentlich vermögensfürsorgerischer Art ist.[368] Denn während die Anknüpfung an die zivilrechtliche Unterscheidung zwischen Haupt- und Nebenpflicht in doppelt fehlerhafter Weise eine Zivilrechtsakzessorietät voraussetzt (doppelt, weil weder die zivilrechtliche Pflichtkategorie überhaupt noch die Unterscheidung zwischen verschiedenen Pflichtenformen für das strafrechtliche Treueverhältnis präjudiziell ist), wird mit der in der Rechtsprechung beliebten Formel, dass die Pflicht zur Wahrnehmung fremder Vermögensinteressen der „typische und hauptsächliche Inhalt" des Verhältnisses zwischen Geschäftsherrn und Beauftragtem sei, der Typus des fremdnützigen Treueverhältnisses im Unterschied zum bloßen Austauschgeschäft charakterisiert. Erst recht ist der Begriff der „Hauptpflicht" bei der Organuntreue nichtssagend, um die es auch in der aktuellen Rspr. zur *Parteienuntreue* (u. Rdn. 234) ging. Freilich kann eine fremdnützige Obhutsstellung auch durch Nebenabreden zu solchen Verträgen eingeräumt werden, deren Typus auf eine andere als eine vermögensfürsorgerische Hauptpflicht gerichtet ist,[369] wie in den oben Rdn. 93 angeführten Fällen des Baukostenzuschusses des Mieters (BGHSt **8** 271) oder der Verbindung von Sicherungsübereignung und Kommission (BGHSt **5** 61) als **angekoppelte Verwaltungstreuhand**. Freilich setzt das die tatsächliche Übernahme einer selbständigen Obhutsstellung voraus. Bloß zum Zweck der

---

360 Schon RG HRR **1941** 700.

361 *Heinitz* FS H. Mayer S. 438; *Sannwald* S. 47; *Sch/Schröder/Perron* Rdn. 23a, 24.

362 RGSt **42** 211, 212, 214; RG HRR **1941** 700; *Heinitz* aaO S. 443; *Kohlrausch/Lange* III 2a; *Otto* Struktur S. 313; Grundkurs § 54 II 2d; zu extensiv RGSt **69** 58, 62; RG HRR **1939** 1386; irrig OLG Köln OLGSt. S. 39, wonach „gerade[!] das Geschäft des Kassenboten von der Rspr. stets als Wahrnehmung fremder Vermögensinteressen gewertet worden" sei; *Schwinge/Siebert* S. 34 Fn. 5; *Welzel* § 56, B 1b.

363 OLG Koblenz OLGSt. S. 41.

364 BGH 4 StR 593/73 v. 13.12.1973.

365 BGH 3 StR 177/73 v. 28.11.1973.

366 RG HRR **1941** 700; BGH 5 StR 482/61 v. 19.12.1961, S. 7; *Schwinge/Siebert* JW **1935** 1697.

367 So aber BGHSt **6** 314, 318; **41** 224, 228 f; BGH GA **1977** 18, 19; *Dierlamm* MK Rdn. 65; *Esser* AnwK Rdn. 35; *Saliger* SSW Rdn. 10; *Wittig* in v. Heintschel-Heinegg Rdn. 31; wie hier krit. *Sch/Schröder/Perron* Rdn. 24; *Hoyer* SK Rdn. 35 ff; unentschieden *Lackner/Kühl* Rdn. 11.

368 BGH GA **1977** aaO; ebenso bereits RGSt **69** 62; **71** 91; **73** 300; **77** 150; BGHSt **1** 188 f; **5** 188; **6** 318; **22** 191; BGH NStE Nr. 4; BGH GA **1979** 144; BayObLG NJW **1957** 1683; OLG Braunschweig NJW **1976** 1903; OLG Celle MDR **1958** 706; OLG Köln NJW **1967** 1923; JR **1968** 469; zust. *Lackner/Kühl* Rdn. 11; *Maurach/Schroeder/Maiwald* 1 § 45 Rdn. 31.

369 BGH 4 StR 86/59 v. 24.4.1959 unter Berufung auf BGHSt **1** 186, 189.

„Strafrechtsbewehrung" formulierte Vertragsklauseln, namentlich in AGB, genügen dafür nicht.[370] Einen Grenzfall betrifft BGHSt **6** 314, 318 mit der Pflicht des Arbeitgebers, für seine Arbeitnehmer als Teil der Lohnzahlungspflicht „Urlaubsmarken zu kleben". Die Ablehnung der Erfüllung des Treubruchtatbestandes durch den BGH ist nicht deshalb zweifelhaft, weil der BGH in dieser Pflicht zu Unrecht keine Haupt-, sondern nur eine Nebenpflicht gesehen hat (BGHSt **6** 318), denn für die strafrechtliche Beurteilung ist die zivilrechtliche Einordnung nicht präjudiziell.[371] Bedenklich ist die Entscheidung vielmehr deshalb, weil der Arbeitgeber die Weiterleitung von Lohnanteilen des Arbeitnehmers durch „Kleben von Urlaubsmarken" im Rahmen einer fremdnützigen Treuhand zu erledigen hat, und zwar – wegen der ihm obliegenden buchhalterischen Abwicklung – auch in hinreichender Selbständigkeit (dazu Rdn. 98f). Nach geltendem Recht spielt die Frage freilich keine Rolle mehr, weil das Verhalten des Arbeitgebers jedenfalls unter § 266a Abs. 2 StGB und somit unter eine „im Randbereich der Untreue und des Betruges" liegende Spezialvorschrift[372] zu subsumieren ist.

l) Als Abgrenzungsmittel unbehelflich ist schließlich auch die Tendenz, Täter aus **107**
dem Untreuetatbestand zu eliminieren, die nur über **Bagatellbeträge** disponieren können. Gewisse Anklänge in diese Richtung lassen sich zwar der ersten grundlegenden Entscheidung des Reichsgerichts entnehmen, das in RGSt **69** 58, 60 (unten) die seiner Meinung nach zu weit gezogene Grenze im Schrifttum anführt, nach der auch Überbringer einer Quittung, Kellner, Lohnkutscher, Hausverwalter, Milchmann sowie Bäckerjungen, die für ihren Geschäftsherrn Gelder einnehmen und sie rechtzeitig abzuliefern versäumen, unter § 266 zu subsumieren seien. Das machte damals kriminalpolitisch Sinn, weil § 266 ursprünglich zwingend eine kumulative Geldstrafe vorsah und keine minderschweren Fälle kannte. Inzwischen ist die Rechtslage aber anders, denn die Strafdrohung des § 266 Abs. 1 entspricht vollständig derjenigen des § 246 Abs. 2, und § 266 Abs. 2 StGB verweist ausdrücklich auch auf § 248a, woraus sich ergibt, dass Untreue auch bei der Herbeiführung geringfügiger Schäden vorliegen kann.[373]

6. Die unerlaube Schadensherbeiführung als Tathandlung. Bei oberflächlicher **108**
Betrachtung beschreibt das Gesetz die Tathandlung der Treubruchsformen ausgesprochen unzulänglich, nämlich nur als „Verletzung der Pflicht, fremde Vermögensinteressen wahrzunehmen". Mangels eines genauen Umrisses der Ausführungshandlung scheint damit jedwede Pflichtwidrigkeit *bei der Betreuung* fremder Vermögensinteressen unter den Tatbestand zu fallen. Jedoch ergibt sich aus dem Tatbestandsaufbau eine **doppelte Einschränkung**, einerseits aus dem Zusammenhang zwischen **Täterqualifikation** und Tathandlung sowie andererseits aus der Forderung einer vorsätzlichen Vermögensschädigung, also einer **finalen Verletzungshandlung**. Die damit zusammenhängenden Abgrenzungsprobleme bilden seit einiger Zeit die umstrittensten dogmatischen Fragen des

---

370 Vgl. bereits o. Rdn. 92; zutr. BGH 5 StR 652/53 v. 9.2.1954, Fahrradhandel; BGH 5 StR 392/55 v. 17.1.1956, S. 6, Textilindustrie; BGH 1 StR 463/60 v. 31.1.1961, Polsterhandwerk; BGH 1 StR 362/65 v. 3.12.1965 bei Dallinger MDR **1967** 174, Eisenhandel; BGH 1 StR 516/66 v. 15.6.1967 bei Dallinger MDR **1967** 174, Landmaschinenhandel; andererseits BGH 4 StR 141/55 v. 13.10.1955, Rundfunkhandel; BGH 4 StR 562/71 v. 16.3.1972, Kraftfahrzeughandel.
371 Weshalb die Kritik von *Heinitz* FS H. Mayer S. 440; *Hübner* LK[10] Rdn. 34 zwar zivilrechtlich zutrifft, strafrechtlich aber ins Leere geht.
372 *Gribbohm* LK § 266a Rdn. 3.
373 RG **69** 62, 64 hat denn auch den Kassenboten und den Beitragseinsammler als taugliche Untreuetäter qualifiziert, unabhängig davon, ob es nur um Bagatellbeträge ging. Richtigerweise hängt das in allen Fällen von der Frage der Selbständigkeit ab.

ganzen Untreuetatbestands. Dabei sind verschiedene Problemkreise zu unterscheiden: Im ersten geht es allgemein um das Verhältnis der Tathandlung zur außerstrafrechtlichen (zumeist zivilrechtlichen) Regelung des betreffenden Geschäftsbesorgungsverhältnisses, bezüglich dessen höchst unterschiedliche Grade der Akzessorietät oder Selbständigkeit zur Debatte stehen[374] (u. Rdn. 109); im zweiten geht es um die Frage der Notwendigkeit einer strafrechtsspezifischen „Höhenmarke" der Pflichtwidrigkeit (u. Rdn. 111 ff); und im dritten geht es um das fragliche Nebeneinander von treubruchrelevanten und -irrelevanten Pflichten in ein und demselben Betreuungsverhältnis (u. Rdn. 118 ff).

109 **a) Zivilrechtsakzessorietät als notwendige, aber nicht hinreichende Bedingung?** Im Kielwasser der o. Rdn. 43, 72 verworfenen Idee, die Fürsorgepflichtverletzung zum umfassenden und zentralen Tatbestandsmerkmal des § 266 zu erheben, aber logisch unabhängig von dieser hat im neueren Schrifttum eine Konzeption zahlreiche Anhänger gefunden, die in der Idee einer **Zivilrechtsakzessorietät** wurzelt, die zivilrechtliche Pflichtverletzung aber nur als notwendige, nicht hinreichende Bedingung der strafrechtlichen Pflichtverletzung anerkennen will und von *Lüderssen* als **„asymmetrische** Zivilrechtsakzessorietät" bezeichnet worden ist.[375] Damit ist eine **Zweistufentheorie** der strafrechtlichen Pflichtverletzung intendiert, dergestalt, dass auf der ersten Stufe die Verletzung einer spezifizierten zivilrechtlichen Pflicht festgestellt werden müsse, an die sich auf der zweiten Stufe die Prüfung einer zusätzlichen strafrechtlichen „Höhenmarke" anschließe. *Tiedemann*[376] hat hierzu die Formel geprägt, eine Verletzung der Vermögensbetreuungspflicht im Sinne des § 266 sei nur zu bejahen, wenn ein „Verstoß gegen einen engen, unzweifelhaften Kernbereich" zur Debatte stehe, weshalb „jedes wirtschaftlich irgendwie sinnvolle oder vertretbare Ziel" hingenommen werden müsse und nur „eindeutig unvertretbare Handlungsweisen" dem Untreuetatbestand subsumiert werden könnten. Mittlerweile ist die vom 1. Strafsenat des BGH geprägte[377] Formel der **„gravierenden** Pflichtverletzung", die „im Wege einer einzelfallbezogenen Gesamtschau anhand verschiedener Indizien bzw. Leitkriterien festgestellt werden müsse",[378] von der unechten restriktiven Blanketttheorie vereinnahmt worden.[379] Dementsprechend soll Untreue bereits auf der **ersten Stufe** ausscheiden, wenn keine „primäre" Pflichtverletzung etwa auf dem Gebiet des Zivilrechts oder des öffentlichen Rechts vorliege (*Dier-*

374 Aus Gründen der Vereinfachung und Abkürzung wird nachfolgend meist (nur) von zivilrechtlichen Pflichten gesprochen; das Gleiche gilt aber jeweils cum grano salis auch für öffentlichrechtliche Fürsorgepflichten.

375 FS Lampe, S. 727, 729; *ders.*, FS Eser, S. 163, 170; ausgebaut von *Saliger* SSW § 266 Rdn. 30 f; *ders.* HRRS **2006** 14; ihm nachfolgend *Dierlamm* StraFo **2005** 397, 398 ff; *ders.* MK Rdn. 174; *Hoyer* SK Rdn. 47 i.V.m. 54; *Günther* FS Weber S. 311, 314; ähnlich *Kubiciel* NStZ **2005** 353, 354; *Dittrich* Untreuestrafbarkeit S. 33 ff.

376 *Tiedemann* FS Dünnebier S. 519, 533; *ders.* FS Tröndle S. 329; *ders.* FS Lenckner S. 737, 747; *ders.* Wirtschaftsstrafrecht BT, Rdn. 390.

377 Vor allem BGHSt **47** 187, 197, wo, soweit ersichtlich, erstmals präzise zwischen der gesellschaftsrechtlichen Pflichtverletzung und der „gravierenden" Pflichtwidrigkeit im Sinne des § 266 klar unterschieden worden ist, während in den beiden vorangegangenen Entscheidungen desselben (1.) Strafsenats zur Kredituntreue (BGHSt **46** 30; **47** 148), die gewöhnlich im gleichen Atemzuge angeführt werden (etwa *Hoyer* SK Rdn. 54 Fn. 147), für den „gravierenden Verstoß" ausdrücklich auf die amtlichen Verlautbarungen der Bundesaufsichtsanstalt für das Kreditwesen verwiesen wird (BGHSt **47** 148, 152 f), so dass sich zumindest die „Zweistufentheorie" durch diese Entscheidungen noch nicht belegen lässt.

378 Etwa *Hoyer* SK Rdn. 55 in weitgehend wörtlicher Übernahme von BGHSt **47** 187, 197.

379 Zustimmend alsbald *Otto* FS Kohlmann S. 187 ff; *Lüderssen* FS Lampe S. 709, 729; *Tiedemann* FS Weber S. 319, 322 f; ebenso *Dierlamm* MK Rdn. 175 ff; *Saliger* SSW Rdn. 40 ff; *Beulke* FS Eisenberg S. 253 f; *Kiethe* NStZ **2005** 531; *ders.* BKR **2005** 185; *Kubiciel* NStZ **2005** 357 ff; *Kutzner* NJW **2006** 3543; *Matt* NJW **2005** 390.

lamm MK Rdn. 152; *Saliger* SSW Rdn. 31; *ders.* HRRS **2006** 14), wobei Beurteilungsgrundlage die für das jeweilige Rechtsverhältnis einschlägigen Sätze, Richtlinien, Weisungen oder vertraglichen Regelungen und beim Fehlen konkreter Vorgaben die für das jeweilige Rechtsverhältnis geltenden gesetzlichen Sorgfaltsmaßstäbe sein sollen wie die Sorgfalt eines ordentlichen Kaufmanns (§ 347 HGB) oder die Sorgfalt eines ordentlichen und gewissenhaften Geschäftsleiters bei Kapitalgesellschaften (§§ 93 Abs. 1, 116 AktG).[380] Ein Rückgriff auf das allgemeine Schädigungsverbot (so dezidiert LK[11]/*Schünemann,* § 266 Rdn. 94; *Sch/Schröder/Perron* Rdn. 36 und im Kern auch die Refugium-Entscheidung BGHSt **54** 52, s. Rdn. 315) sei weder notwendig, eben weil sich die für den Einzelfall verbindliche Pflicht beim Fehlen konkreter Vorgaben aus dem im Rechtsverkehr anerkannten Sorgfaltsmaßstab konkretisieren lasse (*Dierlamm* MK Rdn. 166; *Saliger* SSW Rdn. 43), noch überhaupt zulässig, weil er das verfassungsrechtliche Verschleifungsverbot verletze (*Saliger* SSW Rdn. 43).

b) Diese asymmetrische Akzessorietätstheorie **verzeichnet** jedoch das Verhältnis **110**
von Strafrecht und Zivilrecht, so wie es auch in § 266 zum Ausdruck kommt und das man treffender mit dem Ausdruck **„Zivilrechtsaffinität"** (LK[11]/*Schünemann,* § 266 Rdn. 68) bezeichnen sollte.[381] Zwar führt die theoretische Diskrepanz zwischen asymmetrischer Zivilrechtsakzessorietät und Zivilrechtsaffinität nicht zwingend zu abweichenden Ergebnissen, weil beide Theorien darin übereinstimmen, dass eine Handlung, die nach der speziellen rechtlichen Regelung des Geschäftsbesorgungsverhältnisses rechtmäßig ist, nicht bestraft werden kann.[382] Dennoch ist die theoretische Diskrepanz nicht irrelevant, weil die von der asymmetrischen Zivilrechtsakzessorietätstheorie gewählte Anknüpfung an eine zivilrechtliche Pflichtverletzung als Ausgangspunkt der Subsumtion zu dem Missverständnis verleitet, anschließend müsse nach dem allgemeinen Grundsatz, dass Strafrecht nur die ultima ratio zum Rechtsgüterschutz sei, für das Strafrecht noch einmal „draufgesattelt" und eben zusätzlich nach einer „gravierenden Pflichtverletzung" gefragt werden. In Wahrheit steckt aber die bei dem falschen Ausgangspunkt naturgemäß zunächst vermisste strafrechtsspezifische Höhenmarke im Untreuetatbestand selbst und der darin vorgenommenen Beschreibung der **Unrechtsmaterie in Gestalt der vorsätzlichen Schädigung anvertrauten fremden Vermögens**, aus der die Pflichtverletzung grds. rückgeschlossen werden kann. Die Pflicht, die hierbei verletzt wird, ist zunächst also nichts anderes als die dem **Straftatbestand logisch vorausliegende Primärnorm,**[383] ohne dass es dafür notwendig auf eine vorausliegende und blankettartig vom

---

380 *Saliger* SSW Rdn. 31.

381 Auf die (berechtigte) Rüge von *Saliger* SSW § 266 Rdn. 30 hin, ich ließe auf dieser Basis keine Prüfungsstruktur erkennen, drücke ich mich gerne dahin präziser aus, dass die außerstrafrechtlichen Regelungen (des Zivilrechts oder des öffentlichen Rechts) natürlich für die Beschreibung der Täterqualifikation und der Tathandlung zu beachten sind (wohlgemerkt ohne dadurch eine neue Prüfungsebene zu schaffen), während sie für die Frage der strafrechtlichen Pflichtwidrigkeit (= Rechtswidrigkeit) zunächst nur eine heuristische Funktion zur Ermittlung des strafrechtlich unerlaubten Risikos haben (ähnlich wie die abstrakten Sorgfaltsregeln für die konkrete Fahrlässigkeit; s.u. im Text), jedoch im Falle einer von ihnen erteilten Erlaubnis zur Schädigung des Treugebers auch im Strafrecht die Pflichtwidrigkeit ausschließen.

382 So für die Akzessorietätstheorie *Dierlamm* MK Rdn. 174; *ders.* StraFo **2005** 398; *Beulke* FS Eisenberg, 251; *Günther* FS Weber, 314; *Lüderssen* FS Lampe, 728; *ders.* FS Eser, 170; *Murmann* Jura **2010** 564; *Ransiek* ZStW **116** (2004) 644 ff; *Saliger* SSW Rdn. 31; für die Affinitätstheorie LK[11]/*Schünemann,* § 266 Rdn. 94; *Schünemann* Organuntreue S. 24 f; *ders.* NStZ **2005** 473, 474.

383 Anerkannt seit *Binding* Die Normen und ihre Übertretung Bd. I, 1. Aufl. 1872 S. 23 ff; 4. Aufl. 1924 S. 35 ff; Handbuch des Strafrechts, 1885, S. 155 ff; Grundriß des deutschen Strafrechts, 1913, 63 f; später insb. *Armin Kaufmann* Lebendiges und Totes in Bindings Normentheorie, 1954, etwa S. 234 ff.

Straftatbestand in Bezug genommene außerstrafrechtliche Rechtsnorm ankäme. Das kann angesichts der im Treubruchtatbestand ausdrücklich aufgeführten Kategorie des (scil. tatsächlichen) Treueverhältnisses überhaupt nicht bestritten werden, weshalb auch *Saliger* in später von ihm außer Acht gelassener Weise davon spricht, dass die Untreue (scil. nur) „in der Regel" eine außerstrafrechtliche Pflichtverletzung auf der Primärebene voraussetze (SSW Rdn. 31). Dass die Suche nach einer außerstrafrechtlichen „Pflichtverletzung auf der Primärebene" keine für das Unrecht des § 266 konstitutive Bedeutung besitzt, macht auch der hierfür von der unechten restriktiven Blanketttheorie angegebene letzte Geltungsgrund deutlich, der in den „gesetzlichen Sorgfaltsmaßstäben" bestehen soll (*Dierlamm* MK Rdn. 151; *Saliger* SSW Rdn. 31). Denn bei einer Verletzung solcher Sorgfaltsnormen geht es – in den Kategorien der Strafrechtsdogmatik gesprochen – um fahrlässige abstrakte Gefährdungsdelikte, während es sich bei der Untreue um ein vorsätzliches Verletzungsdelikt handelt, das allein schon dadurch die den abstrakten zivilrechtlichen Verstößen fehlende strafrechtliche Höhenmarke festlegt. Der dogmatische Fehler der asymmetrischen Zivilrechtsakzessorietätstheorie bedeutet deshalb eine ähnliche „Verdrängung des Strafrechts vom zivilistischen Denken"[384] wie die Verwechslung der konkreten Fahrlässigkeit beim Erfolgsdelikt mit den abstrakten Sorgfaltsnormen[385] oder die entsprechende Verwechslung der Garantenstellung aus Übernahme mit der Verletzung einer etwa als Epi-Phänomen hinzukommenden zivilrechtlichen Vertragspflicht.[386] Dementsprechend handelt es sich bei dem Treubruch- auch **nicht** etwa[387] um einen **Blankett**-Straftatbestand,[388] auch nicht um einen „unechten",[389] denn es handelt sich bei der Verletzung der außerstrafrechtlichen Pflicht (wie die Alternative des Treueverhältnisses beweist) um keine notwendige Voraussetzung der strafrechtlichen Normverletzung, sondern (wie auch bei vielen anderen Garantenstellungen) um ein (besonders häufiges) Epi-Phänomen. Dass der der asymmetrischen Akzessorietätstheorie

384 In deren Kritik die nationalsozialistisch übersteigerte Monographie von *Bruns* Die Befreiung des Strafrechts vom zivilistischen Denken (1938) ihren berechtigten Kern hatte, s. *Schünemann* Organuntreue S. 22f; *Lüderssen* FS Hanack S. 487 ff, 490. Übrigens würde die angebliche Zivilrechtsakzessorietät genau umgekehrt das Zivilrecht in erhebliche Schwierigkeiten führen, weil dann die Entscheidung des 2. Zivilsenats des BGH im Fall „Bremer Vulkan", die früher von ihm selbst entwickelte Haftungsfigur des „qualifizierten faktischen GmbH-Konzerns" im Wege einer Rechtsrückbildung aufzugeben und die Haftung für Schädigungen der abhängigen GmbH nunmehr über § 823 Abs. 2 BGB i.V.m. § 263 oder § 266 StGB „strafrechtsakzessorisch" zu begründen, zu einem Zirkelschluss führen würde (s. BGHZ **149** 10 m. Rezension *Mödl*, JuS **2001** 14 ff; *Schünemann*, LM § 309 AktG 1965 Nr. 1 Blatt 8 ff; zur weiteren Rspr. *Vetter*, ZIP **2003** 601 ff; *Janert*, MDR **2003** 724 ff; *Wellkamp*, NStZ **2001** 113 ff; ferner am Beispiel des Insolvenzstrafrechts *Achenbach*, GS Schlüchter S. 257 ff); zur strafrechtlichen „Bewältigung" des Falles s. BGHSt **49** 147 ff und dazu *Ransiek* wistra **2005** 121 ff; *Tiedemann* JZ **2005** 45 ff.

385 Nach h.M. kommt diesen vielmehr nur eine Indizfunktion zu (*Roxin* AT I § 24 Rdn. 16; *Fischer* § 15 Rdn. 16a; *Weigend* FS Gössel, 132 f), nach Meinung von *Duttge* MK § 15 Rdn. 113 ff nicht einmal das.

386 Heute unstr., vgl. *Roxin* AT II § 32 Rdn. 13, 53; eingehend *Schünemann*, Grund und Grenzen der unechten Unterlassungsdelikte, 1971, S. 342 ff, 346 f; *ders.* FS Amelung S. 309.

387 In diesem Sinn aber *Lüderssen* FS Schroeder S. 569; *Deiters* ZIS **2006** 159; *Nelles* Untreue S. 505; *Seier*, in: Kohlmann S. 110; wohl auch *Dierlamm* StraFo **2005** 401 („blankettartig"); wie hier *Rönnau* ZStW **119** (2007), 887, 903 ff; *Kubiciel* NStZ **2005** 257; *Jakobs* NStZ **2005** 277; *Vogel/Hocke* JZ **2006** 571; wohl auch *Wittig* in v. Heintschel-Heinegg Rdn. 49; unentschieden *Lackner/Kühl* Rdn. 19.

388 Was dogmatisch vor allem für *Irrtumsfragen* relevant ist, u. Rdn. 246.

389 Damit meine ich die Konstruktion von *Saliger* SSW Rdn. 31a, dass auf der ersten Stufe eine zivilrechtliche Pflichtverletzung vorausgesetzt wird (auf die § 266 StGB dann also blankettartig verweisen würde!), sodann aber durch die hinzukommende Prüfung der Strafwürdigkeit ein „komplexes normatives Tatbestandsmerkmal" entstünde, weshalb die die Pflichtwidrigkeit des § 266 ausfüllenden (außerstrafrechtlichen) Normen nicht an Art. 103 Abs. 2 GG gemessen werden müssten. Aber das leuchtet nicht ein, weil eine strafrechtliche Prüfung ja erst einsetzen soll, wenn die zivilrechtliche Pflichtwidrigkeit festgestellt ist, diese also doch ein implizites blankettartiges Tatbestandsmerkmal darstellen soll.

deshalb anhaftende Geburtsfehler vielfach nicht bemerkt wird, liegt, wie schon erwähnt, daran, dass auch die nach der hier vertretenen Auffassung zutreffende Affinitätstheorie[390] in der praktisch wichtigsten Frage zum selben Ergebnis kommt: So wie sich aus dem Zivilrecht (und natürlich erst recht aus dem öffentlichen Recht) allgemein zahlreiche **Rechtfertigungsgründe** ableiten lassen, die nach dem Prinzip der Einheit der Rechtsordnung auch im Strafrecht anerkannt werden,[391] liegt naturgemäß kein pflichtwidriges (= rechtswidriges) vermögensschädigendes Handeln vor, wenn es nach der zivilrechtlichen Regelung des betreffenden Obhutsverhältnisses gestattet war. Praktisch ist es deshalb oft gleichgültig, ob man vom Zivilrecht ausgeht und über dessen Verbote das Strafrecht eingreifen lässt oder ob man vom strafrechtlichen Verbot ausgeht und zivilrechtliche Erlaubnisse als Rechtfertigungsgründe anerkennt, die aufgrund der besonderen Tatbestandsfassung des § 266 bereits als Tatbestandsausschließungsgründe in Erscheinung treten können (näher u. Rdn. 252). Die verbreitete Redeweise von der „Pflichtwidrigkeit" als **Tatbestandsmerkmal** ist deshalb als vereinfachende Redeweise hinnehmbar, darf aber nicht als Bestätigung der Zweistufentheorie ausgegeben werden.

c) Wie schon bemerkt, wirkt sich der fehlerhafte theoretische Ansatz der asymmetri- **111**
schen Zivilrechtsakzessorietätstheorie aber in der Form aus, dass nach einer besonderen Eigenschaft speziell der zivilrechtlichen Pflichtverletzung gesucht wird, in der die für das Strafrecht nach der Zweistufentheorie erforderliche besondere **Höhenmarke** stecke. Dabei stützen sich die Anhänger der asymmetrischen Zivilrechtsakzessorietätstheorie vor allem auf eine Entscheidungen des 1. Strafsenats des BGH, in der für den Treubruchtatbestand ausdrücklich das Vorliegen einer **gravierenden Pflichtverletzung** gefordert wurde,[392] die „im Weg einer einzelfallbezogenen Gesamtschau anhand verschiedener Indizien bzw. Leitkriterien festgestellt werden müsse".[393] Die Verarbeitung dieser Entscheidungen im Schrifttum hat mittlerweile zu diffizilen terminologischen Unterscheidungen geführt, so wenn etwa *Saliger* (SSW Rdn. 42) eine „starr indizienbasierte strafrechtsautonome Schweretheorie", eine „zivilrechtsakzessorische Schweretheorie" und eine „nicht starr indizienbasierte strafrechtsautonome Schweretheorie" unterscheiden will. Aber eine sorgfältige Analyse der BGH-Rechtsprechung zeigt, dass die Formel von der Notwendigkeit einer „gravierenden Pflichtverletzung" durchaus nicht im Sinne einer zusätzlichen strafrechtlichen Höhenmarke als untreuespezifische zweite Stufe der Pflichtwidrigkeit zu verstehen ist, sondern richtigerweise zum Teil andere dogmatische Zusammenhänge betrifft und im übrigen in der Rechtsprechung der letzten Jahre keine besondere Rolle mehr spielt:[394]

Die Forderung einer „gravierenden Pflichtverletzung" ist vom 1. Strafsenat des BGH **112**
an Hand von zwei Fallgruppen aufgestellt worden, nämlich für die **Bankuntreue** und für die **Spendenuntreue.** Was die sog. Bankuntreue (genauer: Untreue durch Kreditvergabe) anbetrifft, so hat der 1. Strafsenat zunächst in seinem Urteil vom 6. April 2000 ausgesprochen, dass die Kreditbewilligung ihrer Natur nach ein mit einem Risiko behaftetes Geschäft sei und dass die Abwägung der Risiken gegen die Chancen nicht deshalb pflichtwidrig sei, weil das Engagement später notleidend würde, sofern sie nur sorgfäl-

390 Zust. *Mosiek* wistra **2003** 370, 373; vermittelnd *Rönnau* ZStW **119** (2007), 887, 906 f.

391 *Roxin* AT I § 14 Rdn. 31 ff, § 16 Rdn. 107 ff, § 17 Rdn. 1 ff; *Sch/Schröder/Lenckner/Sternberg-Lieben* Vorbem §§ 32 ff Rdn. 27 f, 81 ff; *Rönnau* LK Vor § 32 Rdn. 20 ff, 233 ff; *Schlehofer* MK Vor §§ 32 ff Rdn. 93 ff; *Paeffgen* NK Vor §§ 32 ff Rdn. 41 ff, 187 ff.

392 BGHSt **46** 30; **47** 148; **47** 187, 197.

393 So etwa *Hoyer* SK Rdn. 55 in weitgehend wörtlicher Übernahme von BGHSt **47** 187, 197.

394 Vgl. dazu bereits *Schünemann* Organuntreue S. 21 ff; *ders.* NStZ **2005** 473 ff; NStZ **2006** 196 ff.

tig vorgenommen worden sei; selbst wenn bei der Abwägung eine Pflichtverletzung vorgelegen habe, genüge dies zur Tatbestandserfüllung nur dann, wenn ein bei Vertragsschluss oder bei Darlehensausreichung eingetretener Vermögensnachteil auf die Pflichtwidrigkeit zurückzuführen sei, was etwa nicht zutreffe, wenn zwar eine Kompetenzüberschreitung vorliege, die Bonität des Kreditnehmers aber außer Zweifel stehe.[395] Dies ist sodann in dem späteren Urteil vom 15.11.2001 dahin fortentwickelt worden, dass eine Pflichtverletzung im Sinne des § 266 bei Kreditvergabe nur dann vorliege, wenn die Entscheidungsträger ihre bankübliche Informations- und Prüfungspflicht gravierend verletzt hätten, was dann nicht der Fall sei, wenn eine fehlende Information durch andere gleichwertige Informationen ersetzt werde.[396] Dabei würden die Grenzen des rechtlichen Dürfens durch die Informationspflicht nach § 18 KWG und die sie erläuternden amtlichen Verlautbarungen des BAKred konkretisiert und zugleich hinreichend bestimmt.[397] Abgesehen davon, dass der BGH damit eine Akzessorietät der strafrechtlichen Pflichtwidrigkeit zum öffentlichen Recht propagiert, für die also die Forderung der „Gravidität" die Rolle eines trojanischen Pferdes spielt, liegt die für das strafrechtliche Unrecht entscheidende Bedeutung im objektiven Tatbestand beim Vermögensnachteil und im subjektiven Tatbestand im Vorsatz bezüglich Pflichtwidrigkeit und Schaden: Der Vorsatz bezüglich der Pflichtwidrigkeit wird ausdrücklich aus der gravierenden Vernachlässigung der Information- und Prüfungspflichten abgeleitet (BGHSt **47** 154f), die auch die entscheidende Rolle für die Bejahung des Schädigungsvorsatzes spielt (BGHSt **47** 156f). Daraus folgt, dass die „Gravidität" bei der Pflichtverletzung funktionslos ist, denn weil der Untreuetatbestand nun zwei *Flaschenhälse* hat, nämlich den Eintritt eines Vermögensnachteils und den Schädigungsvorsatz, reicht eine Pflichtwidrigkeit für sich allein niemals zur Tatbestandserfüllung aus, gleichgültig, wie gravierend sie an und für sich ist. Dass der 1. Strafsenat in seiner Entscheidung zunächst nicht auf den fehlenden Vermögensnachteil, sondern auf das Kriterium der Pflichtwidrigkeit abgestellt hat, beruht offenbar darauf, dass bei einem Risikogeschäft, wie es die Kreditgewährung darstellt, die schadensgleiche Vermögensgefährdung regelmäßig aus der unzulänglichen Bonität des Kreditnehmers gefolgert wird, die wiederum im Zentrum der Prüfungspflichten eines Bankvorstandes steht, so dass Pflichtwidrigkeit und Schaden hier im Grunde genommen nur zwei Seiten derselben Medaille sind. Der Verweis auf außerstrafrechtliche Pflichtverletzungen und die Forderung ihrer „Gravidität" haben deshalb für die Bejahung des Untreueunrechts bei einer funktionalen Analyse eine ganz andere Bedeutung, als bei der an der sprachlichen Oberfläche haftenden Lesart der unechten restriktiven Blankettheorie deutlich wird: Für die Begründung des Unrechts bilden sie weder eine notwendige noch eine hinreichende Bedingung (denn nur eine außerstrafrechtliche Erlaubnis könnte dieses ausschließen), aber sie bilden den maßgeblichen Steigbügelhalter für die Bejahung des subjektiven Tatbestandes. Überdies geht es bei dieser den Kern der einschlägigen Rechtsprechung bildenden indiziellen Bedeutung der gravierenden Pflichtverletzung für den subjektiven Tatbestand stricto sensu gar nicht um die Pflichtwidrigkeit der Tathandlung, sondern um zeitlich davor liegende Missachtungen zivilrechtlicher oder öffentlichrechtlicher Sorgfaltsnormen, so dass die unechte restriktive Blanketttheorie auch in normlogischer Hinsicht nicht haltbar ist.

113 Etwas anders stellen sich die Verhältnisse bei der **Spendenuntreue** dar, für die der 1. Strafsenat im Fall des „SSV Reutlingen" das Erfordernis der „gravierenden gesellschaftsrechtlichen Pflichtverletzung" ausgebaut und sogar in seine Leitsätze aufgenom-

---

395 BGHSt **46** 30, 34.
396 BGHSt **47** 148, 150, 152.
397 BGHSt **47** 153.

men hat.[398] Ob dies der Fall sei, bestimme sich aufgrund einer Gesamtschau, wobei fehlende Nähe zum Unternehmensgegenstand, Unangemessenheit im Hinblick auf die Ertrags- und Vermögenslage, fehlende innerbetriebliche Transparenz sowie Vorliegen sachwidriger Motive, namentlich Verfolgen rein persönlicher Präferenzen, bedeutsam seien und jedenfalls dann, wenn sämtliche dieser Kriterien erfüllt seien, eine untreuerelevante Pflichtverletzung vorliege.[399] Was der 1. Strafsenat hier als eine spezifisch strafrechtliche Interpretation vorgestellt hat, ist aber in Wahrheit nichts anderes als eine Umschreibung des **Ermessensspielraums**, den der Vorstand einer Aktiengesellschaft nach den §§ 76, 93 AktG[400] bei der Ausübung seiner Leitungsverantwortung nach den Sorgfaltsregeln eines ordentlichen und gewissenhaften Geschäftsleiters genießt (ebenso der Vorstand einer Stiftung, BGH wistra **2010** 445) und der übrigens auch in dem zitierten Urteil ausdrücklich anerkannt wird.[401] Für eine spezifisch strafrechtliche Ausdeutung bliebe lediglich noch die – dogmatisch abermals der *objektiven Zurechnung* zuzuordnende – Frage übrig, ob eine aufgrund eines Ermessensfehlers getätigte Spende auch dann zur Tatbestandserfüllung ausreichen solle, wenn es möglicherweise auch ohne den Ermessensfehler zu derselben Spende gekommen wäre (beispielhaft: wenn ein Vorstandsmitglied nicht, wie es geboten gewesen wäre, die anderen Vorstandsmitglieder in die Entscheidung einbezogen hätte, wenn es aber für diesen Fall mit Sicherheit oder mit Wahrscheinlichkeit oder vielleicht auch nur möglicherweise zu derselben Entscheidung gekommen wäre); vgl. dazu u. Rdn. 240.

Zwar hat das LG Düsseldorf im *Mannesmann-Fall* die Formel des 1. Strafsenats von **114**
der „gravierenden Pflichtverletzung" als Forderung einer zusätzlichen strafrechtlichen Höhenmarke des zivilrechtlichen Unrechts aufgefasst und darauf seinen Freispruch gegründet,[402] aber der 3. Strafsenat des BGH hat im dazu ergangenen Revisionsurteil die Rspr. des 1. Strafsenats im Sinn der zuvor von *mir* (o. Fn. 394) vertretenen und vorstehend Rdn. 112 übernommenen Sachposition interpretiert: „Anliegen des Urteils (scil. im Spendenfall) sei, speziell für den Bereich der Unternehmensspenden ... die Notwendigkeit eines weiten Handlungsspielraums des Entscheidungsträgers zu betonen" (BGHSt **50** 331, 345). Auch für das Urteil des 1. Strafsenats zur Kreditvergabe hat der 3. Strafsenat „die Unwägbarkeiten dieser Entscheidung" als „Grund für die Anerkennung eines Handlungsspielraums" gesehen, „dessen Betonung und Ausgestaltung Anliegen des 1. Strafsenats war" (BGHSt **50** 331, 346). Zusammenfassend wird es vom 3. Strafsenat im 2. Leitsatz als eine „Klarstellung" formuliert, dass „die zur Erfüllung ... der Untreue erforderliche Verletzung der Vermögensbetreuungspflicht nicht zusätzlich gravierend sein" müsse (BGHSt **50** 331, 332; **61** 48, 65 – Nürburgring). Auch der 2. Strafsenat hat in den von ihm entschiedenen Fällen der schwarzen Kassen, die im Interesse und zum Nut-

398 BGHSt **47** 187 ff.
399 BGHSt **47** 194–197.
400 Die Formulierung von § 93 Abs. 1 S. 2 AktG („Eine Pflichtverletzung liegt nicht vor, wenn das Vorstandsmitglied bei einer unternehmerischen Entscheidung vernünftigerweise annehmen durfte, auf der Grundlage angemessener Information zum Wohle der Gesellschaft zu handeln.") als deutsche Fassung der sog. Business Judgment Rule besagt nichts anderes, und diese Grundsätze sind natürlich nicht auf die Aktiengesellschaft beschränkt, sondern gelten für jedes unternehmerische Handeln, beispielsweise auch bei der GmbH (BGH NJW **2003** 358, 359; ZIP **2008** 1675, 1676; *Kleindiek*, in Lutter/Hommelhoff, GmbHG, 17. Aufl. 2009, § 43 Rdn. 16; BGHSt **61** 48, 64 f. – Nürburgring).
401 Grdl. die „ARAG-Garmenbeck-Entscheidung" BGHZ **135** 244, 253. Siehe BGHSt **47** 192 ff sowie dazu, dass „einige" (eigentlich: alle) „der Kriterien (des 1. Strafsenats) auch als Grenzdaten für den weiten unternehmerischen Freiraum in Betracht kommen, den der 2. Zivilsenat Organ und Organmitglied zubilligt", *Henze* WuB **2002** 789, 790.
402 NJW **2004** 3275, 3277, 3280 f; ebenso *Dierlamm* StraFo **2005** 397, 402 f; *Wollberg* ZIP **2004** 646, 656 f; *Braum* KritV **2004** 67, 76 f.

zen des Geschäftsherrn gehalten wurden, die Verneinung einer Untreue mangels „gravierender" Pflichtverletzung nicht einmal in Erwähnung gezogen.[403] Und auch der 1. Strafsenat hat die ihm von der unechten restriktiven Blanketttheorie subintellegierte Forderung einer gravierenden Pflichtverletzung als Basis einer *Zweistufentheorie* nicht bestätigt, sondern ist davon deutlich abgerückt. Zunächst hat er im *Kinowelt-Urteil* die „gravierende" Pflichtverletzung auf das altbekannte (zur Abgrenzung der Täterstellung mit mäßigem Erfolg benutzte,[404] o. Rdn. 106) Kriterium der Verletzung einer *Hauptpflicht* reduziert.[405] Und in seiner Entscheidung zum Erlanger Siemens-Fall hat er den „untreuespezifischen Zusammenhang zwischen Pflichtverletzung und geschütztem Rechtsgut" im Falle einer Verletzung außerstrafrechtlicher Normen davon abhängig gemacht, dass diese wenigstens „auch mittelbar vermögensschützenden Charakter für das zu betreuende Vermögen" haben.[406] Das dürfte auf den im Schrifttum schon früher[407] geforderten Schutzzweckzusammenhang zwischen Verletzungshandlung und Schaden als vierter Stufe der objektiven Zurechnung[408] hinauslaufen (näher u. Rdn. 236) und das Konzept einer zweistufigen Prüfung der Pflichtwidrigkeit mit einer zusätzlichen strafrechtlichen Höhenmarke auf der zweiten Stufe verabschiedet haben. Dass es bei der vermeintlichen strafrechtsspezifischen Höhenmarke einer originär zivilrechtlichen Pflichtwidrigkeit zum größten Teil um Zurechnungsprobleme geht, deren Wurzel in den Abgrenzungsproblemen des Tatbestandsmerkmals „Vermögensnachteil" namentlich in Form des „Gefährdungsschadens" (eingehend u. Rdn. 226 ff) steckt, kann man anhand eines kritischen Tests demonstrieren, indem man die einschlägigen Beispiele in Richtung auf einen sofort eintretenden „Endschaden" (dazu u. Rdn. 227) variiert: Wenn etwa ein Bankvorstand einen ungesicherten Kredit an einen Kunden vergibt, den er nach allen Regeln des Kreditwesengesetzes mit dem Ergebnis eindeutiger Kreditwürdigkeit geprüft hat, dessen unmittelbar bevorstehende Insolvenz er aber vor Kreditauszahlung durch reinen Zufall erfährt, so erfüllt die Auszahlung selbstverständlich den Missbrauchstatbestand.

115 An diesem Ergebnis wird auch durch die Untreueentscheidung des BVerfG vom 23.6.2010 nichts geändert, denn die darin zu findenden, recht eklektischen Bemerkun-

---

403 BGHSt **52** 323 ; BGH ZIP **2010** 1892 ff.

404 *Fischer* Rdn. 36, *Lackner/Kühl* Rdn. 11, *Sch/Schröder/Perron* Rdn. 23 ff, *Wessels/Hillenkamp* BT 2, Rdn. 769.

405 Nämlich mit der Wendung, dass dann, wenn „die weit zu ziehenden äußersten Grenzen unternehmerischer Entscheidungsfreiheit überschritten werden und *damit* eine *Hauptpflicht* gegenüber dem zu betreuenden Unternehmen verletzt wird, eine Verletzung gesellschaftsrechtlicher Pflichten (vorliege), die so gravierend (sei), dass sie zugleich eine Pflichtwidrigkeit im Sinne von § 266 StGB" begründe, BGH NStZ **2006** 221, 222. Der 3. Strafsenat hat dieses Urteil deshalb ausdrücklich dafür zitiert, dass dem Merkmal einer „gravierenden" Pflichtverletzung für solche Fallgestaltungen keinerlei Bedeutung zukomme, bei denen für das Organ kein Handlungsspielraum besteht, weil die Maßnahme „für das zu betreuende Vermögen ... ausschließlich nachteilige Wirkungen" hat und „ein ... irgendwie gearteter Vorteil für die Gesellschaft unter den gegebenen Umständen ersichtlich nicht eintreten konnte", s. BGHSt **50** 331, 346; zu den verbleibenden Unklarheiten der Kinoweltentscheidung *Schünemann* NStZ **2006** 196, 197 f.

406 BGHSt **55** 288, 301 m. z.T. krit. Anm. *Brand* JR **2011** 400. Die Norm, um deren Verletzung es hierbei ging, war das strafbare Verbot der Beeinflussung der Betriebsratswahl gemäß § 119 Abs. 1 Nr. 1 BetrVG, deren Verletzung vom 1. Strafsenat zwar in Tz. 51 ff bejaht wurde, ohne die von *Schünemann* FS Gauweiler 515, 520 ff im Einzelnen für eine angemessen restriktive Auslegung dieser Strafrechtsnorm vorgebrachten Argumente zu erwähnen, geschweige denn zu berücksichtigen. Für die Auslegung des § 266 StGB kommt es aber auf diesen Mangel der Entscheidung nur insoweit an, als sich das vom 1. Strafsenat mit richtiger Tendenz behandelte Problem ohne ihn konkret gar nicht gestellt hätte.

407 *Schünemann* Organuntreue, S. 63 f; *ders.* NStZ **2008** 430, 434.

408 Zu dieser Unterscheidung von vier Stufen der Zurechnung (Kausalität, Adäquanz, Risikoerhöhung, Schutzzweck) s. bereits *Schünemann* JA **1975** 575, 578 ff; 647 ff; 715 ff; *ders.* GA **1999** 207, 213 ff; der Sache nach weithin anerkannt, s. nur *Roxin* Strafrecht AT I § 11 Rdn. 6 ff, 39–145.

gen zur „Pflichtwidrigkeit" lassen keine klare Richtung und erst recht keine verfassungsrechtliche Zwangsläufigkeit erkennen. Das BVerfG geht zunächst von dem bereits in LK[11]/*Schünemann*, § 266 Rdn. 1 akzentuierten Unrechtsspezifikum der „Schädigung von innen heraus" und dessen großer Bedeutung angesichts des typischen Auseinanderfallens von Vermögensinhaberschaft und Verfügungsmacht aus (BVerfGE **126** 170, 201 = NJW **2010** 3209, 3212, Tz. 87f), macht dies aber für die Abgrenzung des Adressatenkreises des Treubruchtatbestandes wenig fruchtbar (aaO S. 3213, Tz. 93), sondern geht stattdessen unter Ignorierung der Alternative des (faktischen) „Treueverhältnisses" sogleich auf die Annahme einer „Akzessorietät des Tatbestands" in Gestalt der „aus zivil- oder öffentlich-rechtlichen Normen folgenden Pflichtwidrigkeit des Handelns als notwendige Voraussetzung der Untreuestrafbarkeit" ein (aaO Tz. 96), verwirft aber die Konstruktion eines Blanketttatbestandes, nimmt stattdessen ein „komplexes normatives Tatbestandsmerkmal" an (aaO Tz. 97) und ringt anschließend mit den Bestimmtheitsproblemen, die es sich durch diesen Anschluss an die unechte restriktive Blanketttheorie selbst aufgehalst hat und durch unrichtige Berücksichtigung der Untreuedogmatik[409] noch verschärft. Ob des hinter der Kasuistik der Rspr. aufscheinenden methodischen Vakuums unbekümmert, wird sodann eine „die Vorhersehbarkeit der Strafbarkeit im Regelfall" sichernde Konkretisierung „in fallgruppenspezifischen Obersätzen" angenommen (aaO S. 3215, Tz. 111), deren Ziel „von Verfassungs wegen darin bestehen" soll, „die Anwendung des Untreuetatbestands auf Fälle klarer und deutlicher (evidenter) Fälle pflichtwidrigen Handelns zu beschränken", wobei die Entwicklung geeigneter dogmatischer Mittel den Strafgerichten obliege.

Wenn das BVerfG anschließend die „tatbestandsbegrenzende Funktion (der) jüngere(n) Rechtsprechung, die eine Pflichtverletzung im Sinne des § 266 StGB nur dann bejaht, wenn sie gravierend ist" hervorgehoben, gleichzeitig dafür aber auch die vollständige Zurückweisung dieses Kriteriums in der Mannesmann-Entscheidung BGHSt **50** 331 zitiert und die Gravidität mit der Evidenz verknüpft hat (Tz. 112), dann wird aus diesen Zitaten deutlich, dass das BVerfG nicht den Ehrgeiz einer eigenen dogmatischen Konturierung des Treubruchtatbestandes hatte und nach seiner Aufgabe als Verfassungsgericht auch nicht haben konnte, sondern von der Prämisse einer generellen Einschrän- **116**

409 Dazu 3 signifikante Beispiele: (1) Die zur Bestimmung der Täterqualifikation im Treubruchtatbestand vom BVerfG aufgestellte Behauptung: „Von maßgeblicher Bedeutung ist dabei in erster Linie, ob die fremdnützige Vermögensfürsorge den Hauptgegenstand der Rechtsbeziehung bildet und ob dem Verpflichteten bei deren Wahrnehmung ein gewisser Spielraum, eine gewisse Bewegungsfreiheit oder Selbständigkeit, mit anderen Worten die Möglichkeit zur verantwortlichen Entscheidung innerhalb eines gewissen Ermessensspielraums verbleibt" (Tz. 107), ist schlechterdings unzutreffend (s.o. Rdn. 98f) und stellt geradezu die dafür angeführte Fundstelle BGHSt **13** 315, 317 auf den Kopf, in der es nämlich wörtlich heißt: „Den beschränkten Erkenntniswert dieser Merkmale hat bereits RGSt **69** 279 hervorgehoben. Die Rechtsprechung des Bundesgerichtshofs, die bei der Auslegung des § 266 StGB, soweit ersichtlich, dem Reichsgericht gefolgt ist, bietet keinen Anhaltspunkt dafür, dass diese Auffassung aufgegeben ist." (2) Dass „eine solcherart qualifizierte Stellung nach der Rechtsprechung Voraussetzung nicht nur des Treubruch-, sondern auch des Missbrauchstatbestands ist, so dass insbesondere die abredewidrige Nutzung von Scheck- und Kreditkarten aus dem Anwendungsbereich des Untreuetatbestands herausfällt" (ibid.), verwechselt Fremdnützigkeit mit Selbstständigkeit und vermengt dadurch die eingeschränkte monistische Theorie mit der strengen monistischen Theorie (dazu. o. Rdn. 22ff). (3) Dass die Nachteilszufügung „keine von der Frage nach der Pflichtwidrigkeit zu lösende eigenständige Aussage über die Strafwürdigkeit trifft, denn gerade ‚klassische' Vermögensbetreuungsverhältnisse wie das zwischen der Bank und ihrem Vorstand können sich durch erhebliche Handlungsspielräume des Treupflichtigen auszeichnen, zu denen das Eingehen von Verlustrisiken ganz selbstverständlich gehört" (Tz. 104), verwechselt nicht nur den Begriff des Risikogeschäfts mit demjenigen des Vermögensschadens, sondern vernebelt auch, dass es gerade der Gefährdungsschaden ist, der vom Handlungsspielraum des Bankvorstandes nicht mehr gedeckt ist.

kungstendenz her die dazu passenden Zitate der Rechtsprechung aufgegriffen hat, ohne auf deren innere Widersprüche (beispielsweise dass das Erfordernis einer „gravierenden" Pflichtverletzung neben der Anerkennung eines weiten unternehmerischen Entscheidungsspielraums keinen Sinn macht) einzugehen. Entsprechend unklar bleiben auch die Bemerkungen zur dogmatischen Funktion der (unter dem Aspekt des „Treueverhältnisses" überhaupt nicht thematisierten) außerstrafrechtlichen Rechtspflicht für die Erfüllung des Straftatbestandes. Bezeichnend ist, dass bezüglich der nach den tatrichterlichen Feststellungen zwar von der Konzernleitung untersagten, aber zum Vorteil des Siemens-Konzerns gehaltenen schwarzen Kassen[410] die Frage nach der „gravierenden" Pflichtwidrigkeit vom BVerfG nicht gestellt,[411] das im Schrifttum einflussreiche Konzept einer Zweistufentheorie (o. Rdn. 109ff) hier also nicht einmal ventiliert wurde. Wenn man schließlich berücksichtigt, dass das Restriktionsbedürfnis vom BVerfG aus dem in Art. 103 Abs. 2 GG enthaltenen Bestimmtheitsgrundsatz abgeleitet wird (deutlich in den allgemeinen Darlegungen bei BVerfG NJW **2010** 3209, 3211f, Tz. 81f sowie S. 3212, Tz. 85 und S. 3213f, Tz. 92ff), so wird deutlich, dass eine nicht mit verschwommenen Formeln arbeitende, sondern ein systematisches Konzept entfaltende Interpretation des Treubruchtatbestandes, wie sie vorstehend entwickelt worden ist, den verfassungsrechtlichen Prämissen für die Interpretation des § 266 weitaus besser entspricht und deshalb den vom BVerfG angeführten Maximen ohne weiteres gerecht wird. Dies gilt insbesondere auch für die vom BVerfG offenbar in Anlehnung an *Tiedemann* (o. Rdn. 109) geforderte „Evidenz" der Pflichtverletzung, bei der es sich ja um nicht mehr als einen intuitiven Eindruck handelt, der ohne analytische Klärung des als evident empfundenen Objekts nur eine Scheinlösung liefert.

117 Substanzhaltige neue Argumente für eine tatbestandliche Relevanz der Gravidität der Pflichtverletzung finden sich deshalb im Untreueurteil des BVerfG nicht, und dass dieselbe etwa von Verfassungs wegen geboten sei, hat das BVerfG selbst nicht behauptet. Es ist deshalb nicht überraschend, dass dieses Pseudokriterium „in der Rechtsprechung der letzten Jahre keine besondere Rolle mehr spielt" (LK/*Schünemann* § 266 Rdn. 95). Zwar hält *Saliger* SSW § 266 Rdn. 40 diese Feststellung für „nicht nachvollziehbar", aber das Graviditätskriterium ist in den drei BGH-Entscheidungen, auf die er sich beruft, nur verbal, nicht aber in der ratio decidendi zu finden: (1) In der Entscheidung „Kölner Müll II" (BGHSt **55** 266, zu der darin zu findenden fehlerhaften Begründung des Vermögensschadens s. *Saliger* SSW Rdn. 77 m.z.w.N.; u. Rdn. 229) ging es um eine gezielt falsche Buchführung durch den GmbH-Geschäftsführer, um eine geheime „Kriegskasse" für Bestechungszahlungen zum wirtschaftlichen Nutzen der GmbH einzurichten (BGHSt **55** 269). Der BGH ließ es offen, ob die handelsrechtliche Buchführungspflicht dem Schutz des Vermögensträgers oder dem öffentlichen Interesse am Schutz der Gläubiger diene, denn jedenfalls gravierende Verstöße wie bewusste Nicht- und Falschbuchungen zur Verschleierung der Führung „schwarzer Kassen" stellten Verletzungen auch der Vermögensinteressen der betroffenen Gesellschaft selbst dar (BGHSt **55** 27). Es ging hier also nicht um die Frage der strafrechtlichen Höhenmarke, sondern um eine Schutzzweckanalyse, die überdies auch nach der zutr. Meinung von *Saliger* (aaO.) vom BGH falsch entschieden wurde, weil eine im Interesse des Geschäftsherrn eingerichtete schwarze Kasse keinen Vermögensschaden begründet und konsequenterweise formale Pflichtverletzungen in diesem Zusammenhang außerhalb des Schutzzwecks des § 266 StGB stehen. (2) In der Entscheidung „Kölner Parteispenden" (BGHSt **56** 203) wird die Qualifikation als

---

410 So die BVerfGE **126** 170 vorausgegangenen Urteile des LG Darmstadt v. 14.5.2007 – 712 Js 5213/04-9 KLs (juris), und BGHSt **52** 323.

411 Vielmehr wird insoweit vom BVerfG nur der Schaden geprüft, näher u. Rdn. 229.

„gravierend" ebenfalls als Synonym für die objektive Zurechnung verwendet, nämlich für die Eignung der fehlerhaften Verbuchung zur Auslösung „erheblicher das Parteivermögen betreffender Sanktionen" und des „funktionalen Zusammenhanges zwischen Pflichtverletzung und Vermögen" (BGHSt **56** 213). Also ging es auch hier um einen Schutzzweckzusammenhang, der unabhängig von der Frage, ob die vom BGH geforderte explizite Aufnahme einer derartigen Pflicht z.B. in die Satzung (BGHSt **56** 211f) für die Erfolgszurechnung erforderlich ist (dazu u. Rdn. 233), eine andere Frage betrifft als die das Graviditätskriterium propagierende Zweistufentheorie. (3) In der Entscheidung zu den Berliner IBG-Fonds (BGH StV **2014** 88) hat der 5. StS zwar beiläufig die Wendung des BVerfG zitiert, die Pflichtverletzung müsse „klar und evident" sein (Tz. 17), anschließend aber in direktem Gegensatz zur unechten restriktiven Blanketttheorie ausgesprochen, dass „die Pflichtwidrigkeit der Handlung sich häufig gerade aus der für das betreute Vermögen innewohnenden Gefährdung ergibt" (Tz. 18) und die Bestätigung des instanzgerichtlichen Freispruches nicht etwa auf eine fehlende Gravidität der Pflichtverletzung, sondern fehlenden Vorsatz gestützt (Tz. 18ff). (4) Schließlich belegt auch die neue Entscheidung des BGH im Fall HSH-Nordbank, dass es sich bei den Floskeln „evident und gravierend" um beliebig einsetzbare Worthülsen handelt. Völlig zurecht spricht hier der 5. Strafsenat aus: „Sind jedoch diese in § 93 Abs. 1 AktG normierten äußersten Grenzen unternehmerischen Ermessens überschritten ... worden, so liegt eine Verletzung gesellschaftsrechtlicher Pflichten vor, die (gleichsam ‚automatisch') so gravierend ist, dass sie zugleich eine Pflichtwidrigkeit im Sinne von § 266 StGB begründet ... (und) für eine gesonderte Prüfung der Pflichtverletzung als ‚gravierend' bzw. ‚evident' kein Raum ist" (BGH ZIP **2016** 2467 Rdn. 27). Dass die Gravidität der Pflichtverletzung mehr wie eine Monstranz vor der Entscheidung hergetragen als darin innerlich entfaltet und beachtet wird, zeigt auch das Urteil im Berliner Bankenskandal, wo die Klarheit, die Evidenz und die Schwere der Pflichtverletzung in einem Atemzug genannt werden, die Verneinung der Untreue dann aber lieber auf den fehlenden Vorsatz gestützt wird BGH StV **2014** 88 Rdn. 17f). Der an dieser „Monstranz" formulierten Kritik *Kubiciels* ist in ihrer Prägnanz nichts hinzuzufügen: „Das Kriterium einer ... gravierenden Pflichtwidrigkeit ist nicht nur hochgradig unbestimmt, es ist auch kaum bestimmbar, (weil) der Begriff der Pflichtwidrigkeit objektiv nicht graduierbar ist, er lässt vielmehr nur die binäre Unterscheidung zwischen pflichtwidrig und pflichtgemäß zu. ... Wer meint, objektiv tatbestandsmäßig sei nur eine gravierende ... Pflichtwidrigkeit, leistet jener Vermischung von objektiven und subjektiven Tatbestandsmerkmalen Vorschub, der das BVerfG energisch entgegengetreten ist" (StV **2014** 92).

d) Der Treubruchtatbestand erfordert nach seinem Wortlaut wie nach seinem Straf- 118
grund die **Identität des betreuten und des geschädigten Vermögensinhabers** sowie der **zu betreuenden** (d.h. in der **Obhutsherrschaft** des Täters stehenden) und der **verletzten Vermögensinteressen.**[412] An dieser Identität **fehlt** es bei der Verletzung der sog. **schlichten Schuldnerpflichten**, die nicht zugleich Ausdruck einer über das fremde Vermögen ausgeübten Herrschaft ist, mag eine solche auch in anderen Bereichen existieren. Instruktiv ist der Fall eines Rechtsanwalts, der eine Forderung seines Mandanten (a) durch absichtlich schlechte Prozessführung gerichtlich aberkennen lässt, ggf. (b)

412 Gleichbedeutend die Wendung, dass das wahrzunehmende Interesse auch das geschädigte sein müsse, s. OLG Hamm NJW **1973** 1809, 1810f, das den Satz dahin wendet, die Vermögens*schädigung*, d.h. der Taterfolg, müsse innerhalb des betreuten Pflichtenkreises liegen; dagegen *Burkhardt* NJW **1973** 2190, dass ein Problem der Tat*handlung* in Rede stehe; dazu *Sax* JZ **1977** 703; zu diesen Problemen schon früher *Schwinge/Siebert* S. 38; OLG Köln JMBlNRW **1958** 208.

nach Annahme einer entsprechenden „Provision" von der Gegenseite, oder sie zwar erfolgreich gerichtlich geltend macht, den Erlös aber nicht an den Mandanten weiterleitet, weil er entweder (c) nicht einmal ordnungsgemäß abrechnet oder (d) das auf seinem Privatkonto vereinnahmte Geld erwartungsgemäß als Folge von Pfändungen seiner eigenen Gläubiger verliert, der ferner (e) aus der ihm vom Mandanten bar überreichten „schwarzen Kriegskasse" sowie (f) bei einer Besprechung aus dessen in der Flurgarderobe hängendem Mantel Geld entnimmt und schließlich (g) nach Aufdeckung des Haftpflichtfalls den Mandanten nicht freiwillig entschädigt, sondern nur nach Klage und Zwangsvollstreckung zahlt (dazu u. Rdn. 124).

119 Während es im Prinzip allgemein anerkannt ist, „dass Beziehungen, die sich insgesamt als Treueverhältnis im Sinne des § 266 Abs. 1 StGB darstellen, Verpflichtungen enthalten können, deren Einhaltung nicht vom Untreuetatbestand geschützt ist" (BGHSt **47** 295, 297), ist nicht nur die Abgrenzung im einzelnen, sondern bereits die Kategorienbildung ebenso wie die Zuordnung der verschiedenen Fallgruppen umstritten geblieben.[413] Diese Unklarheiten lassen sich jedoch überwinden, wenn man den Strafgrund der Untreue beachtet und dementsprechend darauf abstellt, dass der Täter einen Vermögensgegenstand seines Geschäftsherrn schädigt, der in seine Obhut gegeben war. Wenn man von diesem in abstracto allgemein anerkannten, wenn auch bei der konkreten Zuordnung nicht völlig gleichmäßig ausgeführten **Kernbereich**[414] ausgeht, so stellen sich nur noch drei weitere prinzipielle Abgrenzungsfragen, zwei im Sinne einer Einschränkung und die dritte im Sinne einer Ausdehnung des Kernbereichs.

120 **aa)** Zwischen Rechtsprechung und neuerem Schrifttum umstritten ist, ob aus diesem Kernbereich diejenigen Schädigungshandlungen auszunehmen sind, die nicht als Geschäftsbesorgung qualifiziert werden können, beispielsweise eine Sachbeschädigung (*Mitsch* Strafrecht BT 2/1 § 8 Rdn. 46: Der leitende Angestellte setzt das Firmengebäude aus Ärger unter Wasser), ein Diebstahl (OLG Stuttgart in seinem in BGHSt **17** 360, 361 mitgeteilten Vorlagebeschluss) oder durch die Auslösung von Bußgeld und Abschleppkosten im Fahrzeugpark (*Wolf* KJ **2000** 548). Nach einer im neueren Schrifttum vertretenen Auffassung, die sich freilich zu Unrecht auf die Rechtsprechung beruft,[415] soll der Untreuetatbestand in derartigen Fällen nicht erfüllt sein, denn es sei erforderlich, „dass in der konkreten Pflichtverletzung die Machtstellung als solche verletzt" (sic!) werde, also „besonderes Vertrauen aufgrund der anvertrauten Machtstellung" und nicht „le-

413 Beispielsweise unterscheidet *Saliger* SSW Rdn. 37–39 zwischen einem inklusiven, einem inneren und/oder einem funktionalen Zusammenhang zwischen Vermögensbetreuungspflicht und konkreter Pflichtverletzung, doch bleiben sowohl die Trennschärfe dieser Unterscheidung als auch die Zuordnung der einzelnen Fälle dubios, namentlich bei der Kategorie des „funktionalen Zusammenhanges", deren Reichweite unklar ist.

414 So im Ausgangspunkt einheitlich die Rechtsprechung des BGH, siehe BGH NStZ **1986** 361; wistra **1987** 65; BGHR § 266 Abs. 1 Vermögensbetreuungspflicht 1, 8, 9, 17 (anders Nr. 3); BGH NStZ **1988** 217; NJW **1991** 1069; **1992** 250, 251; wistra **1995** 61; **2001** 304; StV **1995** 302, 303; BGHSt **47** 295, 297 – Drittmittelfall – BGH NJW **2006** 522, 530 – Fall Mannesmann, insoweit in BGHSt **50** 331 nicht abgedruckt; ebenso die Rechtsprechung der Oberlandesgerichte, siehe bereits OLG Köln JMBlNRW **1958** 208; OLG Hamm NJW **1973** 1809, 1810 f; OLG Karlsruhe NStZ **1990** 82, 83; BayObLG JR **1989** 300; im Schrifttum bereits *Schwinge/Siebert* S. 38; *Burkhardt* NJW **1973** 2190; *Franzheim* StV **1986** 409 f; *Fischer* Rdn. 50 f; *Lackner/Kühl* Rdn. 15; *Maurach/Schroeder/Maiwald* 1 § 45 Rdn. 37; *Sch/Schröder/Perron* Rdn. 35; *Hoyer* SK Rdn. 88 ff; *Saliger* SSW Rdn. 37; *Arzt/Weber/Hilgendorf/Heinrich* § 22 Rdn. 38; *Wessels/Hillenkamp* Rdn. 769; *Mitsch* BT 2/1 § 8 Rdn. 46; *Wittig* in v. Heintschel-Heinegg Rdn. 35.

415 So *Saliger* SSW Rdn. 35 a.E., dessen Zitate aber durchweg anders gelagerte Entscheidungen betreffen und deshalb seine Behauptung, „die Rechtsprechung folgt seit langem dieser Einsicht", nicht stützen können.

diglich allgemeines Vertrauen, das jedem Arbeitnehmer vom Geschäftsherrn entgegengebracht" werde.[416] Demgegenüber werden nicht nur von der weiterhin h.L. im Schrifttum,[417] sondern vor allem von der ständigen Rechtsprechung[418] auch Fälle dieser Art unter den Treubruchtatbestand subsumiert, weil sich die Schädigung innerhalb des zur Fürsorge anvertrauten Vermögenskreises abspielt. Diese Auffassung verdient nach wie vor den Vorzug. Denn das spezifische Unrecht der Untreue (der Missbrauch der Garantenstellung) kann durch die Heranziehung eines auch den Extraneus erfassenden Gemeindelikts nicht ausgeschöpft werden, weil die Unterscheidung zwischen allgemeinem und besonderem Vertrauen auf der Tatbestandsebene des § 266 keinen Anknüpfungspunkt findet und für die konkrete Fallgruppe auch deshalb fehl geht, weil das den Untreuetäter auszeichnende Moment der fehlenden unmittelbaren Kontrolle (o. Rdn. 102) unabhängig von dem konkret betroffenen Vermögensgegenstand zutrifft (s. auch o. Rdn. 104 zum Beispiel der Entwertung einer hochdekorierten Stute) und weil schließlich bei einer vorsätzlichen Vernachlässigung der Kontrollaufgaben im eigenen Herrschaftsbereich an der Erfüllung des Treubruchtatbestandes nicht gezweifelt werden könnte, weshalb es bei einer eigenen Vornahme von Schädigungshandlungen a fortiori zu demselben Ergebnis kommen muss. Zu guter Letzt macht es auch keinen Sinn, die vom Gesetzgeber durch die Schaffung des Treubruchtatbestandes gewollte Erfassung schädigender Realakte um ihren größten Anwendungsbereich zu berauben, wenn ausgerechnet der **„unmittelbar schädigende Angriff"** (*Fischer*) herausgenommen werden soll.

Richtet sich der Verstoß gerade gegen die Betreuungspflicht des Täters, d.h. erfolgt **121**
er **in Ausübung** der dem Täter eingeräumten **Herrschaft**, so kommt es für die Frage der Tatbestandsmäßigkeit auch nicht darauf an, ob u.U. auch ein anderer, der dem Geschäftsherrn durch kein vermögensfürsorgerisches Betreuungsverhältnis verbunden ist, in der Lage gewesen wäre, eine Tat gleicher Art zu begehen.[419] *Burkhardt* NJW **1973** 2191 möchte jene Möglichkeit wenigstens als Anzeichen untreue-atypischen Verhaltens werten. Indessen ist dieses Indiz wenig zuverlässig. Der Griff in die Kasse des Geschäftsherrn hängt in seiner strafrechtlichen Subsumtion eben auch davon ab, wer ihn tätigt: das Mädchen an der Registrierkasse, das den Verkaufspreis und die Einnahme tippt und den Kassenbestand nicht abzurechnen, sondern abzuliefern hat; oder aber der Leiter der zuständigen Kaufhausabteilung, der diese nach allgemeinen Weisungen zu führen, funktionsfähig zu halten hat und mit der Befugnis zu selbständigem (d.h. sich selbst und andere kontrollierenden) Handeln ausgestattet ist: Die Kassiererin stiehlt oder unterschlägt; der Abteilungsleiter begeht (zusätzlich) Untreue. Mithin hat sowohl das OLG Köln in dem Fall JMBlNRW **1958** 208 richtig entschieden, da der dort Angeklagte nicht aus dem seiner Betreuung anvertrauten Bereich, sondern aus dem *anderer* Verwaltung

---

416 *Saliger* SSW Rdn. 35; *ders.* Parteiengesetz S. 32; HRRS **2006** 18; *Esser* AnwK Rdn. 147; ebenso bereits *Sax* JZ **1977** 703, 743 f.

417 *Schünemann* LK[11], § 266 Rdn. 90; *Fischer* Rdn. 51 ff unter der Rubrik „unmittelbar schädigender Angriff"; *Wolf* KJ **2000** 548; *Jäger* FS Otto S. 607; *Hoyer* SK Rdn. 90; im Ergebnis auch *Schönke/Schröder/Perron* Rdn. 36.

418 BGH LM § 266 Nr. 4; BGH bei Dallinger MDR **1954** 399; Vorlagebeschluss OLG Stuttgart und darauf BGHSt **17** 360, 362 für Fälle des Diebstahls; RGSt **71** 335; **72** 193, 194 f; BGHSt **20** 144; OLG Braunschweig NJW **1961** 2030; OLG Hamm NJW **1957** 1041; OLG Köln NJW **1967** 1923; allgemein zur Untreue durch Auslösung von Schadensersatzansprüchen Dritter der 2. StS des BGH in der Kanther-Entscheidung BGHSt **51** 100, 117 f und dazu *Saliger* NStZ **2007** 545 ff; *Heinrich* FS Otto S. 577, 601 f.

419 RGSt **72** 194; BGHSt **17** 360, 361 f; OLG Stuttgart NJW **1962** 1272 in dem dieser Entscheidung zugrundeliegenden Vorlegungsbeschluß; OLG Hamm NJW **1973** 1809, 1810; OLG Celle MDR **1990** 846; *Maurach/Schroeder/Maiwald* 1 § 45 Rdn. 36; **aA** OLG Köln JMBlNRW **1958** 208 (aber aus anderen Gründen mit zutr. Ergebnis, s.i.f.); *Saliger* SSW Rdn. 39; *Sch/Schröder/Perron* Rdn. 36.

unterstellten Lager gestohlen hatte; als auch das OLG Stuttgart in dem BGHSt **17** 361 zugrunde liegenden Beschluss, da der dort Angeklagte die Diebstähle in einem *seiner* Leitung unterstehenden Zweigbetrieb begangen hatte.[420]

122 **bb)** Die These von der Notwendigkeit eines „funktionalen Zusammenhanges" wird auch als Begründung für den Ausschluss „aufgabenbereichsexterner Pflichten" angeführt (*Saliger* SSW Rdn. 39), ist in dieser Hinsicht aber überflüssig, weil es hier bereits an der Verletzung einer spezifischen Obhutspflicht (= dem Missbrauch einer Obhutsstellung) fehlt. In der Rspr. geht es in diesem Zusammenhang vor allem um die **Nichterfüllung von Herausgabepflichten.** Hierfür gilt der Grundsatz, dass die Nichtweiterleitung eines Vermögensgegenstandes, der dem Treupflichtigen zum endgültigen Verbleib zugewendet worden ist, selbst dann nicht unter § 266 fallen kann, wenn der Geschäftsherr zivilrechtlich einen Anspruch auf dessen Ausfolgung besitzt. Anders ist es, wenn der Geschäftsherr selbst oder ein Geschäftspartner von diesem den Vermögensgegenstand nur fiduziarisch, nämlich mit der Auflage an den Treupflichtigen gegeben hat, ihn an den Geschäftsherrn weiterzuleiten oder diesem wieder zurückzugeben. Die Pflicht zur Herausgabe von **Provisionen** oder **Schmiergeldern** jeder Art an den Geschäftsherrn, die sich aus §§ 667, 687 Abs. 2 BGB ergibt,[421] ist deshalb eine *schlichte Schuldnerpflicht*, deren Verletzung **nicht** unter § 266 subsumiert werden kann.[422] Eine Untreue kommt in solchen Fällen deshalb nur unter dem Gesichtspunkt in Betracht, dass der Treupflichtige einen für den Geschäftsherrn ungünstigeren Vertrag abschließt, als es ihm ohne weiteres möglich gewesen wäre, und dadurch die entsprechende Anwartschaft des Geschäftsherrn zerstört (näher u. Rdn. 215). Auch in weiteren von der Rechtsprechung zu Recht nicht unter § 266 StGB subsumierten Fällen fehlte es an einer Einflussnahme des generell Treupflichtigen auf speziell seiner Verwaltung unterstehende Vermögensbestandteile des Geschäftsherrn, so bei der schon o. (Rdn. 96) angeführten Aufwandsentschädigung eines Parteivorsitzenden, bei der vom Gemeinderat zu bewilligenden Urlaubsabgeltung eines Bürgermeisters (BayObLG JR **1989** 299, 300) oder der Zueignung von Insolvenzmasse nach Insolvenzeröffnung durch das Organ der Gemeinschuldnerin, die ihre Vermögensmacht verloren hatte (BGH NJW **1992** 250, 251). Ebenso erstreckt sich die Geschäftsbesorgung eines Rechtsanwalts für den Mandanten nicht auf die eigene Honorarabrechnung (so auch der Tendenz nach BGH NStZ **1991** 240, wenngleich die Frage letztlich offen gelassen wird). Unklar und in der dogmatischen Konstruktion vielfach falsch behandelt bleibt damit allein die Konstellation, dass ein Treupflichtiger das von ihm verwahrte Treugut zwar nicht antastet oder wirtschaftlich gefährdet, aber auch nicht

---

420 Ebenso für die Unterschlagung von Geldbeträgen aus einer Amtskasse durch den Leiter eines Lastenausgleichsamtes BGH 1 StR 69/54 v. 15.7.1954.

421 So bereits RGZ **99** 31, 33; BGHZ **39** 1, 4; BGH NJW **2001** 2476, 2477; **2000** 2669, 2672; **1991** 1224; **1987** 1380; **1982** 1752; BGH WM **1978** 115; *Martinek* in Staudinger BGB, Neubearbeitung 2006, § 667 Rdn. 12; Palandt/*Sprau* § 667 Rdn. 3. *Seiler* MK BGB, 5. Aufl. 2009, § 667 Rdn. 17 und § 687 Rdn. 20 vertritt eine Mindermeinung, wonach Schmiergelder kein Erlangtes i.S.v. § 667 darstellten und daher diesbzgl. keine Herausgabe-, sondern allenfalls eine Schadenersatzpflicht in Betracht komme sowie auch ein Anspruch nach § 687 II ausscheide.

422 Allgemeine Auffassung, siehe BGHSt **47** 295, 297 f – Drittmittelfall – m. Anm. *Ambos* JZ **2003** 345; *Kindhäuser/Goy* NStZ **2003** 291; *Toll* wistra **2003** 181; BGH wistra **1995** 61, 62; BGH StV **1995** 302 = BGHR § 266 Abs. 1 StGB 35; ebd. Nr. 40; BGH NJW **1991** 1069 = wistra **1991** 137; BGH NJW **2001** 2102, 2105 – Bayerisches Rotes Kreuz, insoweit in BGHSt **46** 310 nicht abgedruckt; vgl. ferner BGH wistra **1987** 65; BGHR § 266 Abs. 1 StGB Vermögensbetreuungspflicht 1, 8, 9, 17 (aber anders Nr. 3); OLG Karlsruhe NStZ **1990** 82, 83; *Franzheim* StV **1986** 409 f; *Dierlamm* MK Rdn. 272; *Hoyer* SK Rdn. 51; *Lackner/Kühl* Rdn. 15; *Maurach/Schroeder/Mauwald* 1 § 45 Rdn. 32; *Sch/Schröder/Perron* Rdn. 26; *Saliger* SSW Rdn. 38; *Tiedemann* Wirtschaftsstrafrecht BT Rdn. 4; *Fischer* Rdn. 60; zur Abgrenzung von Kickback u. Rdn. 215.

pflichtgemäß auskehrt. Die vom BGH für den Fall eines Rechtsanwalts (BGH NStZ **1986** 361 f) und eines Versteigerers (BGHR § 266 Abs. 1 StGB Vermögensbetreuungspflicht 9) vertretene Auffassung, bei den Auskehrungspflichten gehe es nicht um Treupflichten, sondern um schlichte Schuldnerpflichten, hat zwar im Schrifttum Zustimmung gefunden (*Saliger* SSW Rdn. 38), verkennt aber, dass die schlichten Schuldnerpflichten eine Konsequenz der insoweit fehlenden Herrschaftsstellung sind, so dass es in Bezug auf Treugut auch nur Treupflichten geben kann. Offensichtlich sind die vorgenannten Entscheidungen innerhalb des Bundesgerichtshofes auch bereits in Vergessenheit geraten, denn der 2. Strafsenat hat im Darmstädter Siemensfall die Verurteilung schlicht auf die unterlassene Rückführung der vom Angeklagten übernommenen schwarzen Kasse in den Buchhaltungskreislauf der Siemens AG gestützt (BGHSt **52** 323, 334), ohne die Frage auch nur aufzuwerfen, ob es sich dabei nicht nur um die Verletzung einer schlichten Schuldnerpflicht gehandelt habe. Die Verneinung der Untreue in den Fällen des Rechtsanwalts und des Versteigerers könnte deshalb nur im Ergebnis zutreffend sein, insoweit die bloße Nichtauskehrung am vermögensmäßigen Status quo ante des Geschäftsherrn nichts ändern und es deshalb am Vermögensnachteil fehlen könnte (näher dazu, auch bezüglich des Darmstädter Siemens-Falles, u. Rdn. 228 f).

cc) Im Schrifttum wird die These eines „funktionalen Zusammenhanges" zwischen Treupflicht und Pflichtverletzung aber nicht nur in dem vorstehend behandelten einschränkenden, sondern auch in einem erweiternden Sinne gehandhabt, indem Schädigungshandlungen außerhalb des eigenen Herrschaftsbereiches ebenfalls den Treubruchtatbestand erfüllen sollen, sofern der Zugriff nur durch die eigene Position erleichtert wurde. So soll nach *Schönke/Schröder/Perron* Rdn. 36 auch ein Rechtsverstoß außerhalb des Aufgabenbereichs dem Treubruchtatbestand subsumiert werden, wenn dem Täter seine Position die Umgehung der sonst (d.h. für andere) bestehenden Hindernisse ermöglicht hat.[423] Aber das ist keine Ausübung von Obhutsherrschaft mehr und genügt deshalb für § 266 nicht, so dass der Treubruchtatbestand durch ein **Handeln außerhalb der eigenen Herrschaftssphäre** in der Regel nicht erfüllt wird.[424] Eine Ausnahme gilt dann, wenn der Treupflichtige das zuständige Organ als nicht selbst verantwortliches Werkzeug benutzt, denn durch diese Usurpation dehnt er seine Herrschaft jedenfalls in Form eines (tatsächlichen) Treueverhältnisses aus (*Schünemann* Organuntreue S. 20). 123

dd) Die verschiedenen Varianten des o. (Rdn. 118) gebildeten Rechtsanwaltsfalles sind dementsprechend wie folgt zu entscheiden: Die Variante a) liegt problemlos im Kernbereich des Treubruchtatbestandes. In den Fällen c) und d) liegt eine untreuespezifische Herrschaft über anvertrautes Vermögen vor – auch bezüglich der zur Weiterleitung anvertrauten Gelder –, so dass der Täter seine strafrechtliche Vermögensfürsorgepflicht verletzt, während im Fall g) eine schlichte Schuldnerpflicht gegeben ist, deren Nichterfüllung für § 266 nicht ausreicht.[425] Im Fall b) hätte der Rechtsanwalt die „Provi- 124

423 Ebenso BGH 1 StR 11/76 v. 8.2.1977 mit der Annahme, der Filialleiter in einem Großmarkt habe außer einem Betrug auch Untreue dadurch begangen, dass er sich in einer auswärtigen, anderer Leitung unterstehenden Filiale Waren „über Hausbelastung" aushändigen ließ unter der Vorspiegelung, sie bei seiner Filiale bezahlen zu wollen.

424 BGH NJW **2006** 522, 530 – Fall Mannesmann –, insoweit in BGHSt **50** 331 nicht abgedruckt; *Schünemann* Organuntreue S. 18 f; ebenso *Maurach/Schroeder/Maiwald* BT 1 § 45 Rdn. 36; wohl auch *Hoyer* SK Rdn. 40, 45; unentschieden *Saliger* SSW Rdn. 39 a.E.

425 Im Ergebnis ähnlich, in der Begründung durch Ausdehnung auf alle Rückzahlungspflichten aber zu allgemein und deshalb z.T. unrichtig BGH NStZ **1986** 361 f in einem Fall, in dem die Abrechnungspflicht unbedeutend war; vgl. ferner BGH wistra **1987** 65; BGHR § 266 Abs. 1 Vermögensbetreuungspflicht 1, 8, 9,

sion“ gem. §§ 667, 687 Abs. 2 BGB an seinen Mandanten herauszugeben, aber auch dabei handelt es sich um eine „schlichte Schuldnerpflicht“, die für § 266 nicht genügt.[426] In der Variante e) handelt es sich unbeschadet der Sittenwidrigkeit um ein für § 266 ausreichendes Treueverhältnis (o. Rdn. 79) und auch um einen Missbrauch der Obhutsherrschaft. Dies trifft dagegen nicht in der Variante f) zu, so dass es hier mit § 242 StGB sein Bewenden hat.

125 **e) Einzelne Formen der Tathandlung.** Anders als die Missbrauchsformen werden die Treubruchformen grundsätzlich nicht durch rechtsgeschäftliche Handlungen realisiert, sondern durch nachteilige **tatsächliche Einwirkung** auf das zu betreuende fremde Vermögen.[427] Dies kann innerhalb des Obhutskreises des Täters (Rdn. 118 ff) sowohl durch **aktives Tun** als auch durch pflichtwidriges **Unterlassen** geschehen;[428] Unterlassungen sind sogar – dem Charakter des § 266 als eines **Garantensonderdelikts** entsprechend (Rdn. 32) – eine Domäne des Treubruchtatbestandes. **Beispiele** aus der Rechtsprechung (wobei aber natürlich die besonderen Täterschaftsvoraussetzungen gem. Rdn. 88 ff und das weitere Tatbestandsmerkmal des „Vermögensnachteils“ ebenfalls erfüllt sein müssen) in alphabetischer Reihenfolge:

126 **aa)** durch **tätiges Handeln:** *Aneignung* fremden Geldes aus der selbständig verwalteten Kasse;[429] unbefugtes *Besitzergreifen* von einer Wohnung;[430] unordentliche *Buchführung*, die begründete Ansprüche vereiteln kann;[431] unbefugte *Entnahme* eines Gehaltsvorschusses;[432] *Erwirken* der Auftragsvergabe zu überteuertem Werklohn aus Bestechlichkeit;[433] *Falschbuchungen* zur Verschleierung von Unterschleifen, um Ersatzansprüche hintanzuhalten;[434] *Front running* und *Gebührenschinderei* (u. Rdn. 128 f); *Verbindung*, Vermischung, Verarbeitung;[435] *Verbrauch* oder zweckwidrige Verwendung an-

17 (aber and. Nr. 3); OLG Karlsruhe NStZ **1990** 82, 83; *Franzheim* StV **1986** 409 f; *Lackner/Kühl* Rdn. 15; *Maurach/Schroeder/Maiwald* 1 § 45 Rdn. 36; *Sch/Schröder/Perron* Rdn. 35; unklar *Fischer* Rdn. 55; dazu ferner u. Rdn. 150 und zur Schadensproblematik Rdn. 223.

426 Nachw. o. Fn. 422. In diesen Zusammenhang gehört auch die Verneinung einer Untreue wegen Nichtwahrnehmung des Selbsteintrittsrechts gem. § 88 Abs. 2 S. 2 AktG durch den Vorstand einer AG in BGH NStZ **1988** 217.

427 Das Schrifttum spricht gewöhnlich von einer „beliebigen Handlung“, s. *Fischer* Rdn. 50; *Lackner/Kühl* Rdn. 15; *Sch/Schröder/Perron* Rdn. 35; *Hoyer* SK Rdn. 88; *Maurach/Schroeder/Maiwald* 1 § 45 Rdn. 37; *Welzel* § 56, B 1a; *Wittig* in Heintschel-Heinegg Rdn. 36. Denn weil die h.L. den Missbrauchstatbestand zu Unrecht in den Fällen des Vollmachtsmissbrauchs ablehnt (o. Rdn. 39 f), müssen diese Fälle von ihr als Ausnahmeform eines „Treubruchs durch rechtsgeschäftliches und wirksames, aber nicht rechtsgeschäftlich wirksames Handeln“ qualifiziert werden – eine sich durch ihre gekünstelte Konstruktion selbst ab absurdum führende Lösung; s. auch *Esser* AnwK Rdn. 139: Fälle, „in denen zwar ein Missbrauch vorliegt, der Missbrauchstatbestand aber nicht erfüllt ist“.

428 Unstr., s. schon RG GA **1888** 400; BGHSt **5** 61, 64, 66; **36** 227, 228; BGH NJW **1988** 2485; *Seier* Rdn. 74 ff.

429 BGHSt **8** 254, 255; BGHSt **13** 315, 316.

430 RGSt **68** 371, 373, wo allerdings fälschlich eine Missbrauchsform angenommen ist; richtig OLG Braunschweig JZ **1953** aaO; **aA** *Sax* JZ **1977** 744 Fn. 72.

431 BGHSt **20** 304 m. Anm. *Schröder* JR **1966** 185; BGH GA **1956** 121; **1956** 154, 155; RG JW **1936** 2319; RG JW **1937** 2698; RG HRR **1940** 649; RG DR **1944** 15; zu weit geht RGSt **73** 283, 287, das schon in der „Vernachlässigung“[!] der Buchführung eine untreueerhebliche Handlung sieht. Zum Vermögensnachteil in diesen Fällen s.u. Rdn. 231.

432 BGH 1 StR 725/54 v. 29.3.1955.

433 BGH 4 StR 186/68 v. 30.10.1968. Die Auftragsvergabe selbst erfüllt den Missbrauchstatbestand. Zum Vermögensnachteil in diesen Fällen s.u. Rdn. 237.

434 BGH 1 StR 602/60 v. 18.4.1961, S. 10.

435 §§ 946 ff BGB; BGHSt **12** 207, 209; BGH NJW **1953** 1600, 1601; BGH LM Nr. 3; RGSt **56** 121, 123.

vertrauten Geldes, ablieferungspflichtigen Erlöses;[436] *Vereitelung* eines für den Geschäftsherrn günstigen Geschäftsabschlusses, namentlich in Form eines *kick back* (u. Rdn. 215); *Vernichtung* von Urkunden, Zerstörung eines verwalteten Betriebs;[437] *Verschleuderung* von Vermögen des Geschäftsherrn, d.h. Weggabe ohne ökonomisch äquivalente oder (bei Repräsentation, Spenden, Sponsoring, Übernahme fremder Verfahrenskosten und Sanktionen) vom Zweck der Geschäftsbesorgung gedeckte Gegenleistung (näher Rdn. 130ff) oder Erwerb in das Vermögen des Geschäftsherrn zu überhöhtem Preis;[438] die eigenmächtige *Verwendung* von Waren aus der verwalteten Gastwirtschaft,[439] die *Zweckentfremdung* zweckgebundener Mittel.[440] Umstr. ist die Überschreitung des *Haushalts* (u. Rdn. 295), die Bildung *schwarzer Kassen* (u. Rdn. 228, 294), die Auslösung von *Vermögenssanktionen* gegen den Geschäftsherrn.[441] Die Pflichtwidrigkeit lässt sich in diesen Konstellationen nicht von der Zufügung eines Vermögensnachteils trennen und wird deshalb im Rahmen dieses Tatbestandsmerkmals behandelt.

bb) durch Unterlassen: Nichtabwenden drohender Gefahren;[442] kein Einschreiten **127**
von Aufsichts wegen;[443] Nichterfüllung arbeitsvertraglicher oder anderer Zahlungsverbindlichkeiten, jedoch nur bei Zahlungsfähigkeit.[444] Nichtabführen staatlicher Gebührenanteile durch den Notar;[445] durch den Fleischbeschauer.[446] In bedrängter wirtschaftlicher Lage belässt ein Anwalt Fremdgeld auf seinem Privatkonto, anstatt es einem Anderkonto zuzuführen.[447] Der Rechtsanwalt rechnet mit dem Auftraggeber jahrelang nicht ab;[448] er lässt eine Forderung des Mandanten verjähren.[449] Der Vormund unternimmt nichts beim Diebstahl des Sparkassenbuchs seines Mündels;[450] er unterlässt es, Mündelgeld verzinslich anzulegen;[451] er verschweigt im Nachlassverzeichnis der Mutter seines Mündels eine Forderung gegen sich selbst, um dem – wegen seiner ungünstigen Vermögensverhältnisse befürchteten – Verlangen des Vormundschaftrichters nach Sicherstellung der Forderung vorzubeugen.[452] Der Konkurs- (heute Insolvenz-)Verwalter unterlässt es, eine Forderung zur Masse zu ziehen.[453] Der Landmesser führt den Vermessungsauftrag nicht

---

436 BGHSt **1** 186; BGHSt **5** 61, 64; BGHSt **12** 207, 210; BGH NJW **1960** 1629f; BGH 4 StR 78/74 v. 30.4.1974 bei *Dallinger* MDR **1975** 23; BayOblGSt **1971** 61; OLG Stuttgart NJW **1968** 1341. Zur Ausnahme bei „schlichten Schuldnerpflichten" s.o. Rdn. 122.

437 BGH 2 StR 646/53 v. 26.8.1954; 5 StR 313/57 v. 17.12.1957, S. 20.

438 In der Regel wird hier der Missbrauchstatbestand eingreifen, doch kann Treubruch vorliegen, wenn die rechtsgeschäftliche Erklärung auf Veranlassung des übergeordneten von anderen, und zwar untergeordneten, Treupflichtigen abgegeben wird (BGHSt **44** 376 – Fall Diestel –).

439 RG JW **1936** 2101.

440 Für Darlehen außerhalb der Aufgaben eines Zweckverbands BGH wistra **2003** 259; für Drittmittel zur Forschung *Jerouschek* GA **1999** 416, 428.

441 BGHSt **51** 100, 117f und dazu näher u. Rdn. 233ff.

442 BGHSt **5** 187, 190; s. jedoch Rdn. 108, Stichwort „Arbeitsverhältnis, Arbeitnehmer".

443 BGHSt **9** 203, 210; **47** 187, 200f; RGSt **76** 115; RG JW **1936** 2101 Nr. 36.

444 BGHSt **6** 314, 317; hierzu Rdn. 151, Stichwort „Arbeitsverhältnis, Arbeitgeber"; BGHSt **12** 207, 211; BGH 1 StR 641/52 v. 3.9.1953.

445 RGSt **71** 295, 297.

446 RG DR **1940** 1419; RG HRR **1940** 124; HRR **1941** 462.

447 RG JW **1937** 3092; BGH NJW **2015** 1190.

448 RG HRR **1940** 257.

449 RGSt **11** 412, 413 a.E., 414.

450 RG Recht **1914** 2797.

451 RG GA **1888** 400. Zur Frage des Vermögensschadens u. Rdn. 222.

452 RG GA **1898/1899** 449.

453 BGH 3 StR 459/54 v. 14.2.1955.

aus.[454] Der Steuerberater unterlässt es, einen Steuerrückvergütungs-(Lohnsteuererstattungs-)Antrag zu stellen.[455] Zu beachten ist, dass in diesen Fällen bei vorliegender Vertretungsmacht bereits der Missbrauchstatbestand erfüllt sein kann (str., s. Rdn. 53). Einer Heranziehung des § 13 bedarf es auch im Treubruchtatbestand nicht, jedoch gilt dessen Abs. 2 analog (str., näher u. Rdn. 256).

cc) Sonderfälle

128 **(1)** Unter **Front Running** versteht man im Börsenjargon, dass ein Börsenmakler das vertrauliche Wissen um die Order seines Geschäftsherrn dazu benutzt, um vor Ausführung der Kundenorder ein Eigengeschäft abzuwickeln, kraft dessen er von dem Preisanstieg der anschließend ausgeführten Order selber profitiert. Im Unterschied zum sog. **Scalping**, bei dem der Täter die vorher von ihm insgeheim gekauften Wertpapiere öffentlich zur Anschaffung empfiehlt und dadurch einen Kursgewinn erzielen kann,[456] trifft den eine Order seines Geschäftsherrn ausführenden Börsenmakler eine Vermögensfürsorgepflicht, die er durch ein vom Wissen um die Order ausgelöstes Front Running verletzt.[457] In der Praxis wird diese Voraussetzung allerdings ebenso schwer nachweisbar sein wie der durch das Front Running und eine dadurch ausgelöste Kurssteigerung verursachte Vermögensnachteil (*Dierlamm* MK Rdn. 171).

129 **(2)** Unter **Gebührenschinderei** (engl. **churning**, von to churn, Buttern, also Abschöpfung des Rahms, bis die Milch aufgebraucht ist) versteht man im weiteren Sinn die Vornahme unnötiger Transaktionen zum Zweck des Anfalls von Provisionen oder sonstigen Gebühren des Verwalters, im engeren Sinn das Umschichten von Aktiendepots aus keiner sachlichen Notwendigkeit, sondern allein zwecks Auslösung der Provisionen. Hier ist für den Depotverwalter im Ansatz § 266, für den Anlageberater § 263 die sedes materiae. Die hierfür geltende abstrakte Regel lässt sich relativ einfach dahin formulieren, dass das Produkt aus Gewinnerwartung und Eintrittswahrscheinlichkeit über den mit Sicherheit anfallenden Kosten einschließlich der Provisionen des Verwalters liegen muss, wenn nicht eine Treupflichtverletzung bzw. Täuschung vorliegen soll. In der Praxis ergeben sich daraus aber enorme Beweisprobleme (Lösungsvorschläge bei *Dierlamm* MK Rdn. 169), die sich wegen der notwendigen Feststellungen zum Vermögensnachteil und zum Vorsatz nochmals steigern (zum Ganzen *Nestler* Churning S. 155 ff, 205 ff; Park/*Zieschang* § 266 Rdn. 51 ff).

130 **(3)** Die Vermögensfürsorgepflichtverletzung avanciert in allen denjenigen Fällen zum zentralen Tatbestandsmerkmal, in denen eine **unentgeltliche Leistung** aus dem Vermögen des Geschäftsherrn erbracht und durch die deshalb sein Vermögen nach dem Saldierungsprinzip (u. Rdn. 216 ff) eo ipso vermindert wird. Die übereinstimmende Frage für alle speziellen Konstellationen (Kosten für *Repräsentation, Spenden und Sponsoring* und sonstige Formen der *Marketingkommunikation*;[458] Übernahme fremder Kosten für *Geldstrafen, Geldbußen oder Rechtsverfolgung* bzw *-verteidigung*; Zuwendung von *Gratifi-*

---

454 RG HRR **1940** 649, jedoch – auch in der Annahme strafbarer Untreue durch Verzögerung oder mangelhafte Ausführung der Vermessung – viel zu weit gehend.

455 Vgl. *Jescheck/Weigend* § 58 IV 1.

456 Dazu BGHSt **48** 373 mit Anm. *Gaede/Mühlbauer* wistra **2005** 9; *Kudlich* JR **2004** 191; *Schmitz* JZ **2004** 526; *Vogel* NStZ **2004** 252; Park/*Zieschang* § 266 Rdn. 73.

457 Enger Park/*Zieschang* § 266 Rdn. 58, der dies nur bei einer ausdrücklichen Vereinbarung zwischen Geschäftsherrn und Börsenmakler über das Verbot eines vorherigen Eigengeschäfts annehmen will.

458 Zu diesem Begriff näher *Nuß* Untreue S. 13 ff.

kationen) lautet, ob der Verwalter im Verhältnis zum Geschäftsherrn befugt ist, dessen Vermögenswerte zur Verfolgung nicht-monetärer Interessen einzusetzen. Weil das individuelle Vermögen als strafrechtliches Rechtsgut der Regel des § 903 BGB folgt, wonach der Inhaber berechtigt ist, mit seinem Vermögen „nach Belieben zu verfahren", versteht es sich von selbst, dass der Verwalter je nach den ihm vorgegebenen Regeln berechtigt sein kann, das Vermögen zur Erreichung immaterieller Ziele zu schmälern, beispielsweise zur Feier des 50. Geburtstages des Vermögensinhabers ein sündhaft teures Feuerwerk zu veranstalten. Selbst die Verfolgung verbotener Zwecke kann dann den Anwendungsbereich der Untreue nicht eröffnen, so dass beispielsweise die vom Geschäftsherrn gewünschte Bezahlung einer fremden Geldstrafe auch dann keine Verletzung seiner Vermögensinteressen bedeuten würde, wenn darin eine strafbare Strafvereitelung zu sehen wäre.[459] Probleme können deshalb erst auftreten, wenn es sich bei dem Geschäftsherrn um eine Gesellschaft oder Körperschaft (einschließlich einer solchen des Öffentlichen Rechts) handelt, deren zulässige Zwecke zumeist nur recht allgemein festgelegt sind und dadurch der Beschlussfassung der zuständigen Organe einen erheblichen Spielraum eröffnen. Am Beispiel einer Akiengesellschaft: Nach der früher im Aktienrecht herrschenden Lehre handelte es sich bei der Vergabe von Spenden um eine Maßnahme der Gewinnverwendung, über die infolgedessen die Hauptversammlung zu entscheiden hatte, so dass die dem Vorstand aufgrund seiner Vertretungsbefugnis rechtlich mögliche Verausgabung ausnahmslos eine Überschreitung der Geschäftsführungsbefugnis bedeutet hätte und deshalb pflichtwidrig gewesen wäre.[460] Nach heute allgemeiner Auffassung, die gewöhnlich mit der sozialen Funktion von Wirtschaftsunternehmen als „good corporate citizen" begründet wird, ist der Zweck einer Aktiengesellschaft dagegen nicht auf kurzfristige Gewinnmaximierung beschränkt, sondern schließt die Interessen der Aktionäre, der Arbeitnehmer und sogar der Öffentlichkeit ein, so dass dem Vorstand die Aufgabe einer Interessenabwägung zukommt, die ihre äußerste Grenze erst an der Erhaltung der dauerhaften Rentabilität des Unternehmens findet.[461] Der Vorstand einer Aktiengesellschaft soll deshalb auch zur Entscheidung über die Vergabe von Spenden aller Art einschließlich von *Parteispenden* berufen sein.[462] Das Dictum des BGH in der Mannesmann-Entscheidung, die Organe einer Aktiengesellschaft hätten „alle Maßnahmen zu unterlassen die den Eintritt eines sicheren Vermögensschadens bei der Gesellschaft zur Folge haben" (BGHSt **50** 331, 336; ebenso *Jakobs* NStZ **2005** 276, 277), trifft deshalb auf im Interesse der Gesellschaft liegende unentgeltliche Leistungen nicht zu.[463]

Diese von Literatur und Judikatur vorgenommene Ausdehnung der Geschäftsfüh- **131**
rung auf nicht vom Profitinteresse geleitete und damit das Vermögen des Geschäftsherrn eo ipso vermindernde Transaktionen erschwert die Feststellung der Pflichtwidrigkeit enorm, weil das sonst verwendbare Kriterium der vorsätzlichen Schädigungshandlung

---

459 Was nach der neueren Rechtsprechung nicht der Fall ist, siehe BGHSt **37** 226 m. zust. Anm. *Krey* JZ **1991** 889; kritisch aber *Walter* LK § 258 Rdn. 50.

460 Dazu m.w.N. *Schünemann* in: de Boor/Pfeiffer/Schünemann (Hrsg.) Parteispendenproblematik (1986) S. 35, 63 f.

461 *Hüffer* AktG § 76 Rdn. 12 ff m. z.w.N.

462 *Hüffer* AktG § 76 Rdn. 14; *Kort* in Großkomm AktG, 4. Aufl. 2008, § 76 Rdn. 66 f; *Mertens* in Kölner Kommentar AktG, 3. Aufl. 2004, § 76 Rdn. 32 ff; *Spindler* MK AktG, 3. Aufl. 2008, § 76 Rdn. 87; *Fleischer* AG **2001** 171, 179 ff; *Gehrlein* NZG **2002** 463; *Säcker* BB **2009** 282.

463 Insoweit zutr. *Deiters* ZIS **2006** 152, 154. Nach der Lösung *Samsons*, in dubio pro reo eine Kompensation durch die Stärkung des good will anzunehmen und aus diesem Grund einen Schaden zu verneinen (in: Non Profit Law Yearbook 2004, S. 233, 241), wird das Problem lediglich verschoben und das Tatbestandsmerkmal des Vermögensnachteils mit der kaum lösbaren Saldierungsaufgabe „Geld gegen Image" überlastet.

hier versagt. Der BGH hat deshalb im Fall „SSV Reutlingen" ausgesprochen, dass der „weite Handlungsspielraum" des Vorstands einer Aktiengesellschaft bei seiner unternehmerischen Tätigkeit (dazu o. Rdn. 113) „grundsätzlich auch dann gilt, wenn der Vorstand als Ganzes oder einzelne seiner Mitglieder Zuwendungen leisten zur Förderung von Kunst, Wissenschaft, Sozialwesen und Sport" (BGHSt **47** 187, 192). Dies ist im Schrifttum allgemein auf Zustimmung gestoßen[464] und erscheint auch unabweisbar, weil zwischen profitorientierten und altruistischen Transaktionen in der heutigen Volkswirtschaft ein gleitender Übergang, häufig auch eine Amalgamierung stattfindet und vordergründig altruistische Maßnahmen (etwa Spenden für einen Nationalpark in Afrika) als öffentliches Sponsoring klassische Werbemethoden ersetzen und dadurch als langfristig profitable Investition in Gestalt des wachsenden *good will* sogar eine (freilich nicht exakt bezifferbare) ökonomische Kompensation erfahren können.[465] Selbst wenn Zahlungen nur aus sozialen Gründen geleistet werden, um den Ruf der Firma zu retten (Befriedigung von Kleingläubigern), braucht dies nicht pflichtwidrig zu sein.[466] Dasselbe gilt für die Aufwendungen für Repräsentation, die unstreitig zur Geschäftsführung gehören und als Maßnahmen der Pflege des Unternehmensklimas nach innen sowie der Selbstdarstellung nach außen ebenfalls langfristige Investitionen in den good will darstellen und deshalb bereits auf der ökonomischen Ebene gerechtfertigt sein können oder zumindest wegen der Orientierung am Modell des „Good Corporate Citizen" in den weiten Handlungsspielraum der Geschäftsleitung fallen. Ähnliches gilt schließlich auch für die Übernahme oder Erstattung der Kosten von Mitarbeitern, gegen die wegen ihres Handelns im Interesse des Unternehmens Straf- oder Ordnungswidrigkeitenverfahren geführt werden und die deshalb womöglich mit Geldbußen oder -strafen belegt werden. Soweit nicht die Fürsorgepflicht des Arbeitgebers ohnehin zur Kostenübernahme zwingt und dadurch die Vermögenseinbuße von vornherein eine Kompensation durch die Tilgung dieser Schuld erfährt,[467] kann es sich hierbei um im allgemeinen Unternehmensinteresse liegende Maßnahmen handeln, beispielsweise zur Erhaltung des Betriebsklimas und Motivation der Belegschaft zu nachhaltigem Einsatz für das Firmenwohl. Andererseits steckt in wirtschaftlichen Transaktionen dieser Art, bei denen keine in der homogenen Ertragskategorie des Geldes qualifizierbare Kompensation stattfindet, ein enormes Missbrauchspotential, beispielsweise wenn der Vorstandsvorsitzende seine Geliebte mit aus der Firmenkasse bezahltem Schmuck überhäuft und als „good will-Botschafterin" für das Unternehmen auf eine Weltreise schickt. Zur Abgrenzung des „breiten Ermessensspielraums", der der Unternehmensleitung in dieser Frage zusteht, hat der BGH auf die „Sorgfalt eines pflichtbewussten Unternehmers und Treuhänders, der über Geld verfügt, das ihm nicht gehört", abgehoben, der privaten Präferenzen keinen unangemessenen Raum gibt, sorgsam wirtschaftet und seine Entscheidung in Abwägung der Verantwortung für den Unternehmenserfolg trifft (BGHSt **47** 187, 195); der Vorstand dürfe zwar seine eigenen Überzeugungen, privaten Liebhabereien und Begeisterungen verfolgen, müsse sich aber an dem möglichen Nutzen für das Unternehmen sowie der sozialen Akzeptanz in

---

464 *Fischer* Rdn. 84; *Otto* FS Kohlmann 187, 200 ff; *Beckemper* NStZ **2002** 324; *Gehrlein* NZG **2002** 463; *Wessing* EWiR **2002** 305.

465 Instruktive Darlegungen mit weiteren Nachweisen finden sich in BGHSt **47** 187, 193 ff – SSV Reutlingen –; umfassende Darstellung der ökonomischen Praktiken und aktienrechtlichen Rechtslage bei *Nuß* Untreue S. 13 ff, 191 ff.

466 BGH LM GmbHG § 30 Nr. 1; BGH 5 StR 86/60 v. 13.12.1960.

467 BAGE **9** 243, 249; BAG NJW **1995** 2372; BGH wistra **1987** 216; *Schaub* Arbeitsrechtshandbuch, 13. Aufl. 2009, § 86 Rdn. 6; *Kort* Großkommentar AktG, 4. Aufl. 2008, § 84 Rdn. 407; *Spindler* MK AktG 3. Aufl. 2008, § 84 Rdn. 86; *Hoffmann/Wißmann* StV **2001** 249, 250; *von Dalwigk* in: Widmaier (Hrsg.) Münchner Anwaltshandbuch Strafverteidigung, 2006, § 42 Rdn. 36 ff.

94

der Öffentlichkeit und bei der Belegschaft orientieren; wenn bei bedeutsameren Zuwendungen Zweifel bestehen, ob sie im Interesse des Unternehmens liegen oder das Vorstandsmitglied nur seine ganz persönliche Vorliebe erfüllt, so könne dieses die Entscheidung nicht allein treffen und sei auch sonst den anderen Gesellschaftsorganen aufgrund des gemäß § 77 AktG bestehenden Prinzips der Gesamtverantwortung des Vorstands zur Offenheit verpflichtet (BGHSt **47** 196); das Spendenvolumen müsse nach Zuschnitt und Ertragslage des Unternehmens angemessen sein, wenngleich auch in Krisenzeiten weder auf Werbung noch auf Unternehmensspenden gänzlich verzichtet werden müsse. Bedeutsam für eine (gravierende)[468] Pflichtverletzung seien fehlende Nähe zum Unternehmensgegenstand, Unangemessenheit im Hinblick auf die Ertrags- und Vermögenslage, fehlende innerbetriebliche Transparenz sowie Vorliegen sachwidriger Motive; jedenfalls dann, wenn sämtliche Kriterien erfüllt seien, läge eine Pflichtverletzung nach § 266 vor (BGHSt **47** 197).

Diese Kriterien sind auf allgemeine Zustimmung gestoßen[469] und auch durchweg **132**
sachgerecht, jedoch nicht erst als Voraussetzung einer strafrechtlich gesteigerten („gravierenden") Pflichtwidrigkeit, sondern bereits als Kriterien für die Überschreitung des dem Vorstand bei der Geschäftsführung eingeräumten Ermessensspielraums (vgl. bereits o. Rdn. 113). Die methodologischen Probleme sind durch sie aber noch nicht gelöst, sondern fangen erst an: Wenn man die vier vom BGH genannten Kriterien als ein zivilrechtliches Gegenstück zur verwaltungsrechtlichen Kategorie der Ermessensfehler auffasst,[470] muss es für einen Fehlgebrauch des Ermessens und damit für die Pflichtwidrigkeit bereits genügen, wenn auch nur ein Ermessensfehler aus einer Kategorie vorliegt. Der BGH hat diese Frage jedoch offen gelassen und nur die nahezu selbstverständliche Feststellung getroffen, dass eine Pflichtwidrigkeit jedenfalls dann gegeben sei, wenn das Ermessen unter jeder der vier Kategorien missbraucht worden ist. Im Schrifttum findet sich als Konkretisierungsversuch der Vorschlag, bei „3 aus 4", also wenn wenigstens drei der negativen Kriterien erfüllt sind, die Pflichtwidrigkeit zu bejahen.[471] Bei diesen Versuchen einer „arithmetisch-klassifikatorischen Begriffsbildung" (jedenfalls bei 4 aus 4, mindestens 3 aus 4) wird jedoch unberücksichtigt gelassen, dass die vier Kriterien des BGH selbst quantitativ abstufbar sind und sich damit als Ausprägungen eines **Typusbegriffs** darstellen, bei dem die besonders starke Ausprägung eines Merkmals die schwächere eines anderen in der Weise kompensieren kann, dass die Gesamtausprägung dem Typus entspricht (näher o. Rdn. 32ff). Als zugehöriger Typus darf auch nicht die Pflichtwidrigkeit als Abstraktum verstanden werden (sonst bliebe nur die methodologische Sackgasse einer formalen Lösung „Jedenfalls bei 4 aus 4" oder „Mindestens 2 aus 4"), sondern das *Handeln gegen die Interessen des Geschäftsherrn*, das für eine Konkretisierung durch Ausformung an der von der Person

468 Denn die SSV-Reutlingen-Entscheidung vertrat die Zweistufentheorie, dazu und zur Kritik o. Rdn. 109ff.

469 *Dierlamm* MK Rdn. 173; *Hoyer* SK Rdn. 55; *Gehrlein* NZG **2002** 464; *Kiethe* NStZ **2005** 531; *Matt* NJW **2005** 390. Die Kritik von *Nuss* Untreue S. 56 am Kriterium der „fehlenden Nähe zum Unternehmensgegenstand" trifft zu, falls man darunter einen phänotypischen Zusammenhang versteht, aber das wäre eine Verengung, die auch nicht den Intentionen der Entscheidung des 1. Strafsenats entsprechen würde; denn die Unterstützung des SSV Reutlingen durch einen badischen Verkehrsbetrieb konnte ebenso wenig entsprechend der von *Nuss* vorgeschlagenen Formulierung des Kriteriums „kommunikativ eine Botschaft zur Bereicherung des Unternehmensimages vermitteln".

470 Dazu allg. *Maurer* Verwaltungsrecht 17. Aufl. 2009 § 7 Rdn. 18 ff; *Jestaedt* in Erichsen/Ehlers, Allgemeines Verwaltungsrecht 13. Aufl. 2005, § 10 Rdn. 60 ff; *Sachs* in Stelkens/Bonk/Sachs (Hrsg.), VwVfG 7. Aufl. 2008 § 40 Rdn. 62ff; *Ruffert* in Kanck/Henneke (Hrsg.), VwVfG 9. Aufl. 2010, § 40 Rdn. 97 ff.

471 *Kiethe* NStZ **2005** 531; *Matt* NJW **2005** 390; gegen ein solches Schema *Dierlamm* MK Rdn. 181; *ders.* StraFo **2005** 397, 403; *Hoyer* SK Rdn. 55.

und Situation abhängigen Interessenlage des Geschäftsherrn geeignet ist. Dadurch kann auch der regelmäßig in der Satzung des Geschäftsherrn festgelegte **Zweck der Vermögensverwaltung** berücksichtigt werden,[472] der wiederum der Befugnis des Verwalters, die Geschäftsstrategie und damit zugleich den Kreis der mit ihr verträglichen Marketingmaßnahmen festzulegen, Grenzen zieht. Hier liegt auch die systematisch richtige Stelle für die in Rechtsprechung und Schrifttum verbreitete pauschale Forderung, dass die Pflichtverletzung „evident" sein müsse:[473] Wenn eine Spende, ein Sponsoring o.ä. nicht nur im Einzelfall zweifelhafte Erfolgsaussichten für das Ziel einer goodwill-Verbesserung bietet, sondern wenn auch die darin verkörperte Maxime nicht zur Grundlage einer Unternehmensstrategie gemacht werden darf, ohne den Zweck der Vermögensverwaltung zu konterkarieren, fällt die Maßnahme eindeutig aus dem Ermessensspielraum des Verwalters heraus und ist damit ebenso zivilrechtlich wie strafrechtlich pflichtwidrig. Das kann sich auch schon aus der besonders starken Ausprägung eines einzelnen Typuskriteriums ergeben,[474] wofür die Entscheidung „SSV Reutlingen" ein instruktives Beispiel bietet: Die (vorgetäuschte) Unterstützung der Jugendarbeit des *schwäbischen* Fußballclubs SSV Reutlingen (BGHSt **47** 190) ist für die *badischen* Verkehrsbetriebe außerhalb jeder sinnvollen Goodwill-Strategie gelegen und wäre deshalb selbst dann pflichtwidrig gewesen, wenn die anderen Typusmerkmale nicht erfüllt gewesen wären.[475] Dasselbe gilt für die Falschverbuchung und die Weiterleitung als Schwarzgeld an andere Sponsoren, um diese bei Laune zu halten (BGHSt **47** 190f), denn das Ansehen der Verkehrsbetriebe als „good corporate citizen" konnte in dieser Weise unter gar keinen Umständen gefördert werden. Dagegen war die „Unangemessenheit im Hinblick auf die Ertrags- und Vermögenslage" nicht so stark ausgeprägt, dass sie für sich allein zur Bejahung der Pflichtwidrigkeit ausgereicht hätte, denn bei einer Bilanzsumme von 166 bzw. 173 Mio. DM (BGHSt **47** 189) wäre trotz der insgesamt leicht defizitären Ertragslage der Südwestdeutschen Verkehrs-Aktiengesellschaft mit Sitz in Lahr (BGHSt **47** 189) die Unterstützung eines in deren Einzugsbereich liegenden und über einen gewissen Bekanntheitsgrad verfügenden Fußballvereins mit 50.000 DM in 3 Jahren (BGHSt **47** 189–191) nicht als eine unverantwortliche Strategie erschienen, weil durch das Image als Förderer der badischen Jugend zugleich die soziale Akzeptanz des Unternehmens im badischen Raum und vor allem bei der auf öffentliche Verkehrsbetriebe angewiesenen Jugend durchaus verbessert worden wäre.

133 Dieselben Grundsätze gelten auch für freiwillige **Gratifikationen** an verdiente Mitarbeiter bis hin zur Vergabe sog. **Anerkennungsprämien** vom Aufsichtsrat an den Vorstand einer Aktiengesellschaft. In der Mannesmann-Entscheidung hat zwar der 3. Strafsenat des BGH hierzu im Anschluss an *Rönnau/Hohn* (NStZ **2004** 113ff) die Auffassung vertreten, dass die nachträgliche Bewilligung einer Erfolgsgratifikation ohne für die Zukunft bezweckte Anreizwirkung immer pflichtwidrig sei und eo ipso den Untreuetatbestand erfülle,[476] während nach der schon zuvor in zahlreichen Rechtsgutachten und

---

472 Mit Recht hervorgehoben von *Nuss* Untreue.

473 *Dierlamm* MK Rdn. 183; *Sch/Schröder/Perron* Rdn. 19b; *Saliger* SSW Rdn. 42a (am Ende); *ders.* HRRS **2006** 20; *Kutzner* NJW **2006** 3542; *Otto* FS Tiedemann S. 699; aufgegriffen von BVerfG NJW **2010** 3215 Tz. 112.

474 Im Erg. ebenso *Gehrlein* NZG **2002** 464.

475 So dass also die Typusmerkmale des „Interesses des Geschäftsherrn" eine alternativ-quantitative Struktur in der Form aufweisen, dass die besonders starke Ausprägung eines Merkmals zur Bejahung des Typus unabhängig davon ausreicht, ob und in welcher Form die anderen Merkmale ausgeprägt sind.

476 BGHSt **50** 331 – Leitsatz Nr. 1 –, 337 ff, sog. **kompensationslose Anerkennungsprämie**; Rezensionen von *Alwart* JZ **2006** 546; *Bernsmann* GA **2007** 219; *Cappel* KritV **2008** 94; *Hohn* wistra **2006**

auch anschließend in kritischen Stellungnahmen vertretenen Gegenposition[477] eine nachträgliche Erfolgsgratifikation auch ohne konkrete Anreizwirkung selbst in dem exorbitanten Umfang wie im Mannesmann-Fall[478] unbedenklich sei. Zu überzeugen vermag keine der beiden Positionen, weil die ausnahmslose Bindung von Erfolgsgratifikationen an eine Anreizwirkung („Incentive-Theorie"), wie sie der BGH vornimmt, nicht nur in ihren psychologischen und ökonomischen Prämissen zweifelhaft ist,[479] sondern auch außer Acht lässt, dass freiwillige Erfolgsgratifikationen für besondere Leistungen als Manifestation der Dankbarkeit des „good corporate citizen" vom Leitungsermessen ebenso umfasst sein können wie Spenden u.ä. Andererseits lag im Fall des Mannesmann-Urteils eine solche Fülle gravierendster Ermessensfehler vor (eingehend *Schünemann* Organuntreue S. 53ff; *ders.* NStZ **2006** 196, 199), dass ähnlich wie im Fall „SSV Reutlingen" an der Pflichtwidrigkeit der ohne ernsthafte Prüfung in extremer Höhe für einen Misserfolg(!) gewährten Anerkennungsprämie nicht zu zweifeln war. In einer neueren Verurteilung wegen Untreue durch Gewährung von Leistungsprämien ist die Pflichtwidrigkeit unter Billigung des BVerfG denn auch nicht auf eine etwa fehlende Anreizwirkung, sondern auf „evidente und schwerwiegende Verstöße" gegen den Grundsatz der Wirtschaftlichkeit und Sparsamkeit nach § 4 Abs. 4 SGB V „jenseits der bestehenden Entscheidungsspielräume" gestützt worden.[480]

161; *Krause* StV **2006** 307; *Ransiek* NJW **2006** 814 (krit.); *Rönnau* NStZ **2006** 218 (zust.); *Schünemann* NStZ **2006** 196ff (differenzierend); *Vogel/Hocke* JZ **2006** 568. Näher u. Rdn. 326.

477 *Hüffer* Beilage 7 zu Heft 43/2003 des Betriebsberaters; *Liebers/Hoefs* ZIP **2004** 97; *Baums* Anerkennungsprämien für Vorstandsmitglieder, Institut für Bankrechte und Justiz Frankfurt am Main o.J. Nr. 121; *Bauer/Arnold* DB **2006** 546; *Hoffmann-Becking* NZG **2006** 127; *Fonk* NZG **2006**, 813; zur starken Beeinflussung dieser Literatur durch das Verteidigungsinteresse im Mannesmann-Prozess siehe die Nachweise bei *Schünemann* Organuntreue S. 49 ff, ferner *Saliger* HRRS **2006** 11; *Fischer* NStZ-Sonderheft Miebach **2009** 9; *Murmann* Jura **2010** 562 („wissenschaftlicher Lobbyismus"). Dagegen im Ergebnis oder im Wesentlichen dem BGH zust. *Fleischer* DB **2006** 542; *Peltzer* ZIP **2006** 205; *Säcker/Boesche* BB **2006** 897.

478 Siehe *Schünemann* Organuntreue S. 52: Gesamtbetrag von Abfindung und Anerkennungsprämie von ca. 65 Mio. DM.

479 Denn dass höchstbezahlte Manager suboptimale Arbeit leisten, wenn ihnen nicht zusätzliche Gratifikationen versprochen werden, ist eine psychologisch wenig plausible Annahme, so dass die erfolgsabhängige Zusatzvergütung im Sinne einer exorbitanten Steigerung der Vorstandsbezüge durch Optionssysteme im Grunde eine Selbstbedienungsmentalität der Spitzenmanager verschleiert, zumal nur die die Vorstandsbezüge steigernden Elemente der letztlich anders strukturierten Vergütungsordnung aus den USA ohne gleichzeitige Übernahme der dortigen Ausgleichsmechanismen (beispielsweise der nur kurzfristigen Bestellung) nach Deutschland importiert wurden, siehe *Schünemann* Organuntreue S. 49 ff; *ders.* NStZ **2006** 199; *Peltzer* Deutsche Corporate Governance, 2003, S. 46; *ders.* FS Lutter, S. 571, 586. Dass fest zugesagte Erfolgsgratifikationen vor allem dann, wenn sie an kurzfristige Parameter anknüpfen, häufig umgekehrt zu geradezu glücksspielartigem Verhalten anreizen, hat die sog. Finanzkrise gezeigt, dazu *Schünemann* Finanzkrise passim.

480 LG Kassel, Urt. vom 1.11.2007, Az. 5643 Js 46677/03 1 KLs; Verwerfung der Revision durch Beschluss des BGH vom 17.12.2008, Az. 2 StR 451/08; mitgeteilt in der Entscheidung BVerfGE **126** 170, 218. Auf den ersten Blick scheint das BVerfG dabei zwar ein Bekenntnis zur „Zweistufentheorie" abgegeben zu haben, weil es hervorhebt, dass das LG Kassel die Untreuestrafbarkeit auf „schwerwiegende Verstöße" gegen diesen Grundsatz beschränkt habe. Der Zusatz „jenseits der bestehenden Entscheidungsspielräume" und die Bezugnahme auf die Entscheidung BSGE **55** 277, 279, in der ausdrücklich eine „Einschätzungsprärogative" des Versicherungsorgans bejaht worden ist, macht jedoch deutlich, dass mit dem „schwerwiegenden Verstoß" nichts anderes als eine Überschreitung der Ermessensgrenzen und damit ein Handeln außerhalb der (in diesem Fall: öffentlich-rechtlichen) Erlaubnis gemeint ist.

(4) Risikogeschäfte[481]

134 **(aa)** Nach den in Rdn. 92ff entwickelten Grundsätzen bestimmt sich auch, ob ein „Risikogeschäft" pflichtwidrig ist (wobei in der Regel nicht der Treubruch-, sondern der **Missbrauchstatbestand** erfüllt ist). Die im Schrifttum geführte Kontroverse über den Begriff des Risikogeschäfts[482] ist dogmatisch wenig fruchtbar, weil es sich hierbei (1) ohnehin nicht um ein gesetzlich vorgegebenes Tatbestandsmerkmal handelt, weil (2) die meisten dafür angebotenen Definitionen selbst überaus ungenau oder zirkulär sind[483] und sich (3) aus den angebotenen Definitionen bisher keinerlei spezifische Rechtsfolgen ableiten lassen.[484] Unter Abweisung voreiliger Einschränkungen ist deshalb unter einem Risikogeschäft (1) jede geschäftliche Transaktion zu verstehen, bei der mit dem Vermögen des Geschäftsherrn in **Vorleistung** getreten wird und dadurch das je nach Lage des Falles größere oder kleinere Wagnis eingegangen wird, dass (bei einem gegenseitigen Vertrag) der Partner die Gegenleistung schuldig bleibt oder (bei Investitionen sonstiger Art) dass der Investitionserfolg ausbleibt, beispielsweise wenn die auf dem Halm gekaufte Ernte durch Hagelschlag zerstört (Motiv aus *Thomas Manns* Buddenbrooks), die aufwendige Erdölbohrung nicht fündig oder die aufwendige Reklame (Beispiel o. Rdn. 131) ein Schlag ins Wasser wird. Neben dieser wichtigsten Fallgruppe des Vermögensabflusses mit erst in Zukunft stattfindender „endgültiger Kompensation" steht die gewissermaßen spiegelverkehrte Fallgruppe, dass (2) eine zunächst ausgeglichene oder sogar gewinnbringende Transaktion mit der **Gefahr zukünftiger Schadensereignisse** verknüpft ist, sei es wegen übernommener und von zukünftigen Ereignissen abhängender Garantien, sei es wegen der Gefahr der Verhängung zukünftiger Geldsanktionen gegen den Geschäftsherrn wegen verbotswidrigen Handelns seines Verwalters.

135 **(bb)** Seitdem der homo sapiens die Zeiten der Tauschwirtschaft hinter sich gelassen hat, gehören zukunftsoffene Transaktionen zum Alltag der Volkswirtschaft. Es ist deshalb eine ebenso triviale wie beliebte Feststellung, dass die Vornahme solcher Transaktionen durch einen Treupflichtigen nicht allein deswegen pflichtwidrig ist, weil sie fehlschlug (*Sauer* System § 9 II 1b) und einen „endgültigen Schaden" (sog. *Endschaden*) verursachte. Vielmehr kommt es selbstverständlich auf die Situation zum Zeitpunkt der

---

481 **Schrifttum:** *Bringewat* Finanzmanipulation im Bundesligaskandal – ein Risikogeschäft? JZ **1977** 667; *Haas* Unternehmerisches Risikogeschäft und Treubruchtatbestand, Rewi-Zs. **1984** 144; *Hillenkamp* Risikogeschäft und Untreue, NStZ **1981** 161; *Schreiber/Beulke* Untreue durch Verwendung von Vereinsgeldern zu Bestechungszwecken, JuS **1977** 656; *Triffterer* Vermögensdelikte im Bundesligaskandal, bei Kaiser/Vogler Strafrecht und Strafrechtsvergleichung (1975) = NJW **1975** 612; *Krause* Ordnungsgemäßes Wirtschaften und erlaubtes Risiko (1995); *Wassmer* Untreue bei Risikogeschäften (1997); *Velten* Untreue durch Belastung mit dem Risiko zukünftiger Sanktionen am Beispiel verdeckter Parteienfinanzierung, NJW **2000** 2852; *Krüger* Zum Risikogeschäft im Untreuestrafrecht und seinen Risiken, NJW **2002** 1178; *Mosiek* Risikosteuerung im Unternehmen und Untreue, wistra **2003** 370; *Rose* Die strafrechtliche Relevanz von Risikogeschäften, wistra **2005** 281; *Hellmann* Risikogeschäfte und Untreuestrafbarkeit, ZIS **2007** 433 f; *Murmann* Untreue (§ 266 StGB) und Risikogeschäfte, Jura **2010** 562. S. ferner *Kasiske* und *Niedernhuber* im „Schrifttum seit 2011".

482 *Hillenkamp* NStZ **1981** 161 ff; *Waßmer* Untreue, S. 5 ff; *Rose* wistra **2005** 282; *Hellmann* ZIS **2007** 433 f; *Saliger* SSW Rdn. 47; *Murmann* Jura **2010** 562.

483 Etwa *Saliger* SSW Rdn. 47 („ein erhöhtes Maß an Ungewissheit"), doch helfen komparative Definitionen ohne klare Basis wenig weiter; zirkulär ist wiederum die Definition von BGH StV **2004** 424 („Geschäfte, die das Risiko des Vermögensverlustes beinhalten").

484 So dass die Auffassung bei *Saliger* SSW Rdn. 47, vom Begriff des Risikogeschäfts hänge die rechtssichere Anwendbarkeit der zu ihm entwickelten Dogmatik ab, angesichts der für die meisten Fälle lediglich erklärten Verweisung auf die „objektive verkehrsübliche Sorgfalt" (ebd. Rdn. 49) wenig Rechtssicherheit erkennen lässt.

Tathandlung an und hier wiederum auf Inhalt und Grenzen des durch Gesetz, Verwaltungsakt oder Rechtsgeschäft erteilten und geregelten Treuhandauftrages. Dementsprechend ist das Wagnis in manchen Lebensbereichen verpönt, in anderen das tägliche Brot. Die Eltern dürfen im Allgemeinen nicht mit dem Vermögen des Kindes spekulieren, der Vormund nicht mit dem Vermögen seines Mündels, der Testamentsvollstrecker nicht mit dem Nachlass (§§ 1642, 1667, 1806 ff; § 2216 BGB),[485] der Sparkassendirektor nicht mit den Mitteln seines Instituts (BayOblGSt **1965** 88), das Vorstandsmitglied nicht mit Mitteln der Genossenschaft (RGSt **53** 194). Riskante Kreditgeschäfte verbieten sich bei einer an starre Beleihungsgrenzen gebundenen Hypothekenbank (§ 14 PfandBG). Der Skontroführer muss dagegen von Gesetzes wegen Börsengeschäfte in Waren und Wertpapieren betreiben (§§ 27 ff BörsG). Soweit das Ausmaß des erlaubten Risikos nicht gesetzlich geregelt ist, hängt es an *erster* Stelle von der **Entscheidung des Geschäftsherrn** selbst ab, soweit dieser auch dispositionsbefugt ist (entspr. dem Grundsatz gem. Rdn. 144). Lässt sich keine konkrete Entscheidung feststellen, so sind in *zweiter* Linie die im betreffenden **Wirtschaftskreis anerkannten Maximen** zum Ausmaß des kaufmännisch noch vertretbaren Risikos anzuwenden. Denn in Ermangelung spezieller Anweisungen des Geschäftsherrn ist davon auszugehen, dass solche Maximen stillschweigend für maßgeblich erklärt worden sind. Auch eine generelle Üblichkeit von Risikogeschäften reicht aber nicht aus, wenn auf der *dritten* Prüfungsstufe für das individuelle Geschäft festgestellt werden kann, dass die aufgewendeten Kosten so hoch sind oder die Gewinnchance so niedrig ist, dass nur unter außergewöhnlich glücklichen Umständen mit einem ausgeglichenen oder gar positiven Ergebnis gerechnet werden kann. Gemeinhin werden die **Grenzen** zwischen verkehrsüblichem,[486] kaufmännisch gebotenem, erlaubtem,[487] noch vertretbarem oder schon unverantwortlichem Risiko gezogen, doch sind diese nicht nur fließend, sondern sogar etwa mit den Ausdrücken „vertretbar" oder „unverantwortlich" bloß zirkulär beschrieben. So betont *Fischer* mit vollem Recht, dass die im Schrifttum geltend gemachte Unzulässigkeit wirtschaftlich unvertretbarer Risiken[488] selbstverständlich sei, aber die Frage, wann etwas unvertretbar sei, ebenso wenig beantworte wie die Formel des „wirtschaftlich erlaubten Risikos" (Rdn. 67 unter Hinweis auf die Verwendung dieser Formel durch *Günther* FS Weber S. 311, 314), hebt dann aber auch selbst auf die Unvertretbarkeit ab (Rdn. 69). Plastischer ist die vom RG und auch vom BGH häufiger verwendete Formel, dass jedenfalls derjenige die Vertretbarkeitsgrenze überschreite, der „nach Art eines Spielers bewusst und entgegen den Regeln kaufmännischer Sorgfalt eine äußerst gesteigerte Verlustgefahr auf sich nimmt, nur um eine höchst zweifelhafte Gewinnaussicht zu erhalten".[489] Dass hiervon eine Ausnahme gemacht werden könne, weil es etwa in Krisensituationen geboten sein könne, den straflosen Abschluss höchst riskanter Geschäfte noch stärker zu privilegieren und eine Überschreitung der Pflichtwidrigkeitsschwelle erst anzunehmen, wenn das Risikogeschäft „schlechterdings nicht mehr vertretbar" sei,[490] ist weder inhaltlich noch methodisch akzeptabel. Methodisch ist diese Formel unbrauchbar, weil eine Abgrenzung zu der als schwächere Form verstandenen Linie eines „wirtschaftlich eindeutig (klar und evident) nicht mehr vertretbaren Risiko-

485 BGH GA **1977** 341; RG DR **1941** 2179.
486 *Maurach/Schroeder/Maiwald* 1 § 45 Rdn. 47 f; *Sauer* System § 9 II 1b; *Schreiber/Beulke* JuS **1977** 658.
487 *Klug* FS Eb. Schmidt S. 260.
488 Etwa von *Krause* Ordnungsgemäßes Wirtschaften S. 119; *Tiedemann* FS Weber S. 325 f; *Ignor/Sättele* FS Hamm S. 225.
489 RGSt **61** 211, 213; RG JW **1935** 2638 Nr. 22; BGH GA **1977** 343; NJW **1990** 3220; vgl. auch BGH NJW **1975** 1234, 1236..
490 So *Seier* Rdn. 399; *Saliger* SSW Rdn. 49.

geschäfts"[491] nicht einmal alltagssemantisch nachvollziehbar, geschweige denn in der Realität durchführbar ist. Und gerade in Krisensituationen gilt nicht etwa das Sprichwort, dass ein Geschwollener alles essen darf, sondern eine verschärfte Anforderung an die Seriosität der zur Rettung eingeleiteten Projekte. Die von *Saliger* vertretene Maxime, man dürfe in einer Krise alles auf eine Karte setzen und auch noch den Rest gefährden, wird sogar für den Geschäftsherrn selbst durch § 283 Abs. 1 Nr. 2 StGB schlagend widerlegt und kann deshalb für dessen Verwalter erst recht keine Geltung beanspruchen.

136 Nicht direkt falsch, aber wenig weiterführend ist die überwiegend (Rdn. 109) vertretene, von *Zech* (Lit. vor Rdn. 305) extrem ausgereizte Formel der evidenten Unvertretbarkeit, denn eine dogmatisch gehaltvolle Lösung muss angeben können, was die Evidenz ausmacht. Diese Richtschnur liefert die kaufmännische Kosten-Nutzen-Abwägung unter Risiko nach den Grundsätzen der **rationalen Entscheidungstheorie.**[492] Hierfür spielt gerade die im Schrifttum mit Vorliebe als Beleg für das weite unternehmerische Ermessen ins Feld geführte *Business Judgment Rule* des § 93 I 2 AktG (o. Rdn. 113) eine wichtige begrenzende Rolle, weil sie ausdrücklich eine „angemessene Information" als Entscheidungsgrundlage vorschreibt und damit „Spekulationen aufs Geratewohl" einen klaren Riegel vorschiebt.

137 Im Einzelnen finden sich in Rechtsprechung und Schrifttum durchaus wertvolle, aber untereinander widersprüchliche und der Vervollkommnung bedürftige Ansätze. BGH NJW **1975** 1234, 1236 hält es für maßgeblich, ob die Gefahr eines Verlustgeschäfts wahrscheinlicher ist als die Aussicht auf Gewinnzuwachs, während *Arzt* (FS Bruns S. 377 Fn. 33) auch Chancen von weniger als 50 : 50 genügen lassen will, weil auch diese ihren Markt hätten. Dagegen fordern *Schreiber/Beulke* JuS **1977** 660 und *Kindhäuser* NK Rdn. 75 ebenso wie eine zum Begriff des Vermögensschadens vertretene Auffassung[493] eine *hohe Wahrscheinlichkeit der Gewinnaussicht.* Aber diese Formel kann schon deshalb nicht überzeugen, weil es zahllose Märkte gibt, bei denen in sozial üblicher Weise mit geringen Einsätzen um unwahrscheinliche, aber hohe Gewinne gespielt wird. Oder soll etwa ein Vormund pflichtwidrig handeln, der für sein Mündel 1,25 € im Lotto einsetzt? Ferner lässt sich die herrschende Auffassung durch ein argumentum ad absurdum widerlegen, sobald man sich klarmacht, dass der Partner eines Risikogeschäfts ja das gleiche Geschäft – nur spiegelverkehrt – tätigt, so dass der von ihm vertretene Geschäftsherr nach den Grundsätzen dieser Lehre ebenfalls geschädigt sein müsste – mit der unsinnigen Konsequenz, dass ein in Wahrheit als „Nullsummenspiel" in der Summe beider Parteien ausgeglichenes Spekulationsgeschäft strafrechtlich gesehen doppelt pflichtwidrig und doppelt schädlich wäre. In Wahrheit muss aber bei einem Nullsummenspiel ein Partner begünstigt sein (mit entspr. Konsequenzen für die Frage der Pflichtwidrigkeit). Das Habenkönnen eines Vermögensgegenstands ist danach zwar im Normalfall weniger wert als sein Haben.[494] Es kann aber ausnahmsweise die Wertmarke des Habens erreichen,[495] nämlich unter der doppelten Voraussetzung, dass es den Gewinn eines Vermögenswerts verspricht, der den Einsatz nicht unbedeutend übersteigt, und dass außerdem die Aussicht auf diesen Vermögenszuwachs einen so hohen Wahrscheinlichkeitsgrad hat, dass die Gefahr des Einsatzverlustes verhältnismäßig gering veranschlagt werden darf oder

---

491 *Sch/Schröder/Perron* Rdn. 20; *Dierlamm* MK Rdn. 232.

492 Etwa *Sobel* Taking Chances. Essays on Rational Choice (1994); *R. Brown* Rational Choice and Judgement (2005); *Binmore* Rational Decisions (2008); *Gilboa* Rational Choice (2010).

493 Z.B. BGHSt **19** 37, 42; RGSt **71** 333, 334; OLG Hamm NJW **1968** 1940; *Triffterer* NJW **1975** 613, 614. Mit einer „hinreichenden Wahrscheinlichkeit" begnügt sich *Tiedemann* LK § 263 Rdn. 135.

494 *Schreiber/Beulke* aaO S. 659; *Lackner* LK[10] § 263 Rdn. 202; *Triffterer* NJW **1975** 613 Fn. 22.

495 BGH 1 StR 579/53 v. 19.1.1954; BGHR § 266 Abs. 1 Nachteil 36.

anderweitig aufgefangen wird. Und selbst bei einem geringeren Wahrscheinlichkeitsgrad kann die Eingehung des Risikos vernünftig sein, wenn die Höhe des Einsatzes entsprechend angepasst wird.

(5) Exemplarische und besonders instruktive Fallgruppen des Risikogeschäfts als möglliche Untreue bilden die Warentermingeschäfte, die Kredituntreue mit der besonderen Gruppe des Sanierungskredits sowie die Vornahme rechts- oder sittenwidriger Geschäfte mit der Sondergruppe der Auslösung eines Sanktionierungsrisikos für den Geschäftsherrn. **138**

(a) Ein in der forensischen Praxis bald im Rahmen des Untreue-, bald im Rahmen des Betrugstatbestandes relevantes Beispiel bieten die **Warentermingeschäfte**: Die Pflichtwidrigkeit kann sich hier bereits daraus ergeben, dass der Geschäftsherr Spekulationsgeschäfte jeder Art untersagt hat oder dass sich diese Untersagung daraus ergibt, dass in dem betreffenden Geschäftsbetrieb auf Grund langer Tradition keinerlei Spekulationsgeschäfte vorkommen. Auch im Falle der Üblichkeit von Spekulationsgeschäften wird ferner bei solchen Geschäften die Vermögensfürsorgepflicht verletzt, bei denen ein das konsentierte Spekulationsrisiko übersteigendes, zusätzliches Verlustrisiko eingegangen wird,[496] etwa wenn aufgrund unüblicher Aufschläge auf die Kosten nur bei einer außerordentlich unwahrscheinlichen Kursentwicklung mit einem Gewinn gerechnet werden kann.[497] Als weiterer Grund für eine Pflichtwidrigkeit kommt schließlich noch in Betracht, dass das **Spekulationsvolumen** im Vergleich zum gesamten Geschäftsvolumen unverhältnismäßig groß ist und deshalb die Kreditwürdigkeit des Unternehmens insgesamt beeinträchtigt, weil die Prosperität oder sogar die Existenz des Unternehmens auf dem Spiele steht.[498] **139**

(b) Ein in der Dimension wie im modus operandi die bisherige Vorstellungskraft sprengendes Beispiel bietet die sog. **Finanzkrise**, bei der eine große Anzahl deutscher Banken (namentlich auch Landesbanken und halbstaatliche Banken wie die IKB) mit einem Volumen von mehreren hundert Milliarden Euro in minderwertige amerikanische Wertpapiere investiert und hierbei die Kontrolle der Bankenaufsicht durch die an international organisierte Kriminalität erinnernde Methode ausgeschaltet haben, die Papiere durch vermögenslose Offshore-Gesellschaften erwerben zu lassen und die von ihnen dafür geforderten Garantien unter die Meldefristlänge zu begrenzen, aber stets zu revolvieren. Die multipel begründete Pflichtwidrigkeit ergab sich hier u.a. daraus, dass sich (1) die für die Investitionsentscheidung verantwortlichen Bankvertreter angesichts der exorbitanten Höhe keinesfalls ohne weiteres auf die (grob falschen) Einschätzungen der angloamerikanischen Rating-Agenturen verlassen durften, sondern eigene Analysen hätten vornehmen müssen, die die intensive Schneeballstruktur der vorgenommen Verbriefungen und damit den voraussehbaren Zusammenbruch des ganzen Geschäfts zu Tage gefördert hätten; und völlig unabhängig davon daraus, dass (2) das im Verhältnis zum Eigenkapital unerträglich hohe, ohne das spätere staatliche Rettungspaket von 578 Milliarden € zum sofortigen Zusammenbruch der Banken führende Spekulationsvolumen eine noch frivolere Maxime bedeutete als die oben (Rdn. 135) apostrophierte Figur des Spielers, **140**

---

496 BGH – VI ZR 117/82 – NJW **1984** 800, 801, freilich im Rahmen des Vorsatzes.
497 Nachweise zur einschlägigen Rechtsprechung unter dem Gesichtspunkt des Betruges bei *Lackner/Kühl* § 263 Rdn. 48b; *Hefendehl* MK § 263 Rdn. 506.
498 Wie in den Fällen der Herstatt-Bank, BGH wistra **1986** 69 f, und der Klöckner KGaA, LG Duisburg vom 6.5.1991, XVII KLs 28 Js 108/88 (13/90).

weil der endgültige Zusammenbruch des intensiven Schneeballsystems sicher und nur sein Zeitpunkt offen war.[499] Im Einzelfall ist naturgemäß eine sorgfältige Gesamtabwägung geboten (BGH ZIP **2016** 2467, HSH-Nordbank).

Zur **Kredit- und Bankuntreue** einschl. des Sanierungskredits s.u. Rdn. 303f.

141 **(c)** Die im Vermögensinteresse des Geschäftsherrn getätigte Vornahme **gesetzes- oder sittenwidriger Geschäfte** wirft sowohl auf der Ebene der Tathandlung als auch auf der Ebene des Taterfolges prinzipielle Fragen auf, die zu den umstrittensten des Untreuetatbestandes gehören. Unbestritten ist, dass § 266 nicht zu Rechtsbrüchen im Interesse des anvertrauten Vermögens verpflichten kann.[500] Umstritten und mit der neuesten Rechtsprechung von BGH und BVerfG abzulehnen ist dagegen der Versuch, aus der Verletzung eines öffentliche Interessen schützenden Verbots durch den Treupflichtigen per se eine untreuerelevante Pflichtwidrigkeit abzuleiten (näher o. Rdn. 114, u. Rdn. 233ff). Zwar ist im Bereich des Gesellschaftsrechts anerkannt, dass das Organ mit einer für die Gesellschaft begangenen Straftat oder Ordnungswidrigkeit regelmäßig auch seine Organpflichten gegenüber der Gesellschaft verletzen würde, weil das Risiko unsittlicher oder gesetzlich verbotener Geschäfte weit außerhalb der Überlegungen eines ordentlichen Geschäftsmannes stehe und daher außerhalb des Ermessenspielraums des Organs liege (sog. **Legalitätspflicht**).[501] Aber das präjudiziert nicht die strafrechtsrelevante Pflicht, das vom Geschäftsherrn anvertraute Vermögen nicht zu schädigen, denn so wie sich sogar grobe Pflichtverletzungen des Organs im privaten Bereich als Verletzung der aktienrechtlichen Organpflichten darstellen können sollen,[502] aber für § 266 völlig irrelevant sind, besagt die Verletzung externer, zum Schutz öffentlicher Interessen statuierter Pflichten noch nichts für die etwaige Pflichtwidrigkeit der Vermögensverwaltung in Bezug auf den Geschäftsherrn (näher u. Rdn. 233ff). Freilich kann die Vornahme gesetzes- oder sittenwidriger Geschäfte in sehr vielen, wenn nicht in allen Fällen zugleich das Vermögen des Geschäftsherrn vermindern und damit eine pflichtwidrige Vermögensschädigung darstellen. Wegen der bei ihnen nicht rechtlich garantierbaren, sondern nur faktisch-wirtschaftlich erzielbaren Kompensation bilden diese Geschäfte deshalb einen besonders intrikaten Sonderfall des Typus „Risikogeschäft“[503] und werden häufig den Geschäftsherrn schädi-

---

499 Eingehend dazu *Kasiske* und *Schünemann* in: Schünemann (Hrsg.) Finanzkrise, S. 13ff, 71ff; *Schröder* NJW **2010** 1169; *ders.* Handbuch Kapitalmarktsstrafrecht, 2. Aufl. 2010, Rdn. 1148ff; *Schünemann, Schröder, Wohlers* und *Fischer* ZStW **123** (2011) 767-826. Zu den ökonomischen Hintergründen eingehend *Sinn* Kasino-Kapitalismus (2009). Dass die „Maßgeblichkeit der ex-ante-Perspektive auch dem Bestreben (?) Grenzen setzt, die Ursachen der aktuellen Banken- und Finanzkrise mit den Mitteln des Untreuestrafrechts ‚aufarbeiten‘ zu wollen“ (so *Saliger* SSW Rdn. 48), verkennt den im System der betreffenden Wertpapiere notwendig angelegten und deshalb ex ante feststehenden Zusammenbruch; die Meinung von *Deiters* in: Kempf/Lüderssen/Volk (Hrsg.) Die Finanzkrise, das Wirtschaftsstrafrecht und die Moral (2010) S. 132, 135f, durch die Etablierung überzogener Boni-Systeme sei die Pflichtwidrigkeit entfallen, scheitert schon an der Pflichtwidrigkeit dieser Boni-Systeme selbst, siehe *Schünemann* StraFo **2010** 477, 483. Grds. a.A. *Chowdhuri* Geschäftsleiteruntreue (2014), passim, auf der Basis einer strengen Akzessorietät des Untreuetatbestandes.

500 RGSt **70** 8, 9f; **73** 157, 158; BGHSt **8** 254, 258; **20** 143, 146; *Dierlamm* MK Rdn. 166; *Esser* AnwK Rdn. 150; *Fischer* Rdn. 45; *Saliger* SSW Rdn. 28; *Seier* Rdn. 142; *Sch/Schröder/Perron* Rdn. 31.

501 BGH StV **2011** 25, 29; *Fleischer* ZIP **2005** 141; *Kleindiek* in Lutter/Hommelhoff GmbH-Gesetz, 17. Aufl. 2009 § 43 Rdn. 8; *Krieger* in FS Bezzenberger, 2000, S. 211, 215f; *Mertens/Cahn* im Kölner Kommentar zum Aktiengesetz, 3. Aufl. 2010 § 93 Rdn. 67ff; *Spindler* MK AktG 3. Aufl. § 93 Rdn. 63ff; *Zöllner/Noack* in Baumbach/Hueck GmbHG, 19. Aufl. 2010 § 43 Rdn. 17, 22f; *Brand/Sperling* AG **2011** 233; *Rieder/Holzmann* AG **2011** 265.

502 *Hüffer* Aktiengesetz, 9. Aufl. 2010 § 84 Rdn. 28; BGH LM § 626 BGB Nr. 8 = NJW **1956** 1513.

503 Gegen die Zuordnung zum Typus des Risikogeschäfts *Saliger* SSW Rdn. 47; wie hier *Ransiek* ZStW **116** (2004) 634, 673.

gen und damit auch pflichtwidrig sein. Die Frage, ob wegen der externen Gesetzes- oder Sittenwidrigkeit eines Geschäfts, bei dem der Treupflichtige vorleistet, mangels Einklagbarkeit der Gegenleistung eine Kompensation zu verneinen und dementsprechend eine Schädigung des Geschäftsherrn zu bejahen ist, betrifft primär das Tatbestandsmerkmal des Vermögensnachteils und ist deshalb ungeachtet der sich daraus ergebenden Rückwirkungen für die Frage der Pflichtwidrigkeit dort zu behandeln (u. Rdn. 233ff).

(d) Eine Frage des Vermögensnachteils betrifft schließlich auch die Vornahme von Handlungen, durch die der Geschäftsherr einem **Sanktionierungsrisiko** ausgesetzt wird. Weil die dem Schutz öffentlicher Interessen dienende Sanktionsnorm die untreuerelevante Pflichtwidrigkeit nicht begründen kann (o. Rdn. 114), liegt die entscheidende Frage in diesen Fällen darin, ob das Sanktionsrisiko als eine *schadensgleiche Vermögensgefährdung* qualifiziert werden kann (näher u. Rdn. 233ff). 142

(e) Das Problem des erlaubten Risikos ist in § 266 eine Frage pflichtmäßigen oder pflichtwidrigen Verhaltens und demgemäß ein **Tatbestandsproblem.**[504] 143

7. Einverständnis

a) Tatbestandsausschluss, Voraussetzungen. Bei **Einverständnis** des Geschäftsherrn wird das Verhalten des Betreuungspflichtigen im Allgemeinen der Pflichtwidrigkeit entkleidet und damit nach h.M. nicht bloß gerechtfertigt,[505] sondern tatbestandslos.[506] Unabhängig davon nützt die nachträgliche *Genehmigung* dem Betreuer nichts, weil Tatbestandsmäßigkeit und Rechtswidrigkeit sich nach dem Zeitpunkt der Tat bestimmen.[507] Auch sonst hat die Qualifikation der Zustimmung des Geschäftsherrn durch die h.M. insoweit nur platonische Bedeutung, als für die Frage der Wirksamkeit regelmäßig die Grundsätze herangezogen werden, die im AT für die rechtfertigende Einwilligung gelten.[508] Richtigerweise wird man hier die Auswirkungen der *Zivilrechtsaffinität* zu beachten haben, derzufolge eine vom Zivilrecht erlaubte Vermögensminderung nicht strafbar sein kann, so dass eine zivilrechtlich wirksame Gestattung in der Regel auch die Untreue ausschließt. Das kann freilich dann nicht gelten, wenn es gerade die Herrschaft über die Hilflosigkeit des Geschäftsherrn ist, die den Verwalter als Untreuetäter qualifiziert, und wenn seine Handlung in dem Missbrauch dieser Herrschaft besteht. Beispielsweise ist in § 1901 Abs. 2 Satz 1 und Abs. 3 Satz 1 BGB ausdrücklich geregelt, dass ein *Betreuer* den Wünschen des Betreuten zu entsprechen hat, (aber nur) soweit 144

---

504 So bereits RGSt **69** 203, 206 f, 208; RG JW **1936** 2101 Nr. 37; *Hellmann* ZIS **2007** 434 ff; *Maurach/Schroeder/Maiwald* 1 § 45 Rdn. 50; *Sch/Schröder/Perron* Rdn. 20; *Schreiber/Beulke* JuS **1977** 658; *Seier* Rdn. 392; *Wassmer* aaO; der Sache nach auch *Fischer* Rdn. 63; *Lackner/Kühl* Rdn. 7; *Saliger* SSW Rdn. 47, 48. **AA** *Schwinge/Siebert* S. 46; *Welzel* § 56 B 3, 4: Frage der Rechtswidrigkeit. RGSt **61** 211, 212 f; *Frank* V: Schuldproblem.

505 So BGHSt **3** 32, 39; BGHSt **9** 203, 216; OLG Stuttgart MDR **1978** 593; *Schwinge/Siebert* S. 38 f.

506 BGHSt **3** 23, 25; **34** 379, 384 ff; **49** 147, 157 f; **50** 331, 342; BGH NJW **2000** 154, 155 *Dierlamm* MK Rdn. 143; *Esser* AnwK Rdn. 151; *Fischer* Rdn. 90; *Lackner/Kühl* Rdn. 20; *Sch/Schröder/Perron* Rdn. 21 (zitiert die eingangs genannte BGH-Entscheidung allerdings fälschlicherweise für die Gegenansicht), 38; *Sch/Schröder/Lenckner/Sternberg-Lieben* Vorb. §§ 32 ff Rdn. 32; *Seier* Rdn. 91; *Wittig* in v. Heintschel-Heinegg Rdn. 20.

507 BGH 1 StR 248/60 v. 26.7.1960, S. 6; BGH 1 StR 588/75 v. 18.11.1975; OLG Hamm NStZ **1986** 110; *Esser* AnwK Rdn. 151, 121; *Fischer* Rdn. 90; *Seier* Rdn. 94; **and.** *Weber* GS Schlüchter S. 243, 250 f: Strafaufhebungsgrund.

508 *Seier* Rdn. 92; *Saliger* SSW Rdn. 46; *Fischer* Rdn. 92; *Dierlamm* MK Rdn. 144; *Esser* AnwK Rdn. 151, 113 *Kindhäuser* NK Rdn. 67; eingehend *Schramm* Untreue S. 208 ff; krit. und stark einschränkend *Hoyer* SK Rdn. 58 f.

dies dessen Wohl nicht zuwider läuft. Weil für den Fall einer (im Betreuungsrecht offen gelassenen) uneingeschränkten Geschäftsfähigkeit des Betreuten dessen Wunsch einer Verfügungserklärung gleichkommt, kommt deren Unwirksamkeit nur in Betracht, wenn auch zivilrechtlich relevante Willensmängel vorhanden und diese vom Betreuer (bzw. allgemein: vom Treupflichtigen) zu beachten sind. Dazu gehören Zwang oder Täuschung und ein anderweitig entstandener Irrtum auf einem Gebiet, für das sich der Geschäftsherr der **Aufklärung durch den Treupflichtigen** anvertraut hat.[509] In einem Fall dieser Art hat deshalb der BGH mit Recht ausgesprochen, die Zustimmung des wirtschaftlich unerfahrenen Geschäftsherrn sei strafrechtlich unerheblich, wenn der Untreuevorwurf gerade die Benutzung dieser Unerfahrenheit zum Gegenstand habe.[510] Ohne diese Obhutsherrschaft gerade über das Wissen des Geschäftsherrn kommt aber (außer einem Betrug) Untreue nur in Betracht, wenn der Geschäftsherr als **vorsatzloses Werkzeug** anzusehen wäre, wenn und weil er über die Schadensfolge irrt, wofür bei Risikogeschäften ein Irrtum über die für den Schaden relevante Risikohöhe genügt.

145 **b)** Wenn der **Geschäftsherr** selbst das Einverständnis erklärt hat, so schließt dies den Tatbestand des § 266 auch dann aus, wenn etwa seine Erklärung gegen eine Norm zum Schutz öffentlicher Interessen verstoßen haben sollte, denn es fehlt dann jedenfalls an der *Schutzzweckkonnexität* (o. Rdn. 114). Strengere Anforderungen gelten aber, wenn für den Geschäftsherrn ein **Vertreter** oder – im Falle einer juristischen Person – ein **Organ** gehandelt hat. Denn die Wirksamkeit eines von diesen erklärten Einverständnisses hängt davon ab, dass sie sich **innerhalb ihrer Kompetenz** gehalten haben. Kraftlos ist deshalb die **gesetzwidrige** (OLG Stuttgart MDR **1978** 593) oder selbst **ungetreue Zustimmung** von Aufsichts- oder anderen übergeordneten Organen des Geschäftsherrn, z.B. des Verwaltungsrats einer Sparkasse (BGH 1 StR 106/60 v. 31.5.1960); der außerhalb der gesetzlichen Zwecke agierenden Studentenvertretung bei Untreuehandlungen des AStA (BGHSt **30** 247, 249; OLG Hamm NJW **1982** 190, 192); zum selbst pflichtwidrigen und deshalb unwirksamen Einverständnis eines kirchlichen Aufsichtsorgans BGH NJW **1983** 1807, 1808. Ebenso ist die Befugnis der Organe einer Stadt, über städtisches Vermögen zu verfügen, durch die gesetzlichen Aufgaben und Zwecke begrenzt, denen sich die Stadt zu widmen hat (RG JW **1934** 2773). Es ist deshalb immer im Einzelfall zu prüfen, welches von mehreren Organen (etwa bei einer Aktiengesellschaft: Hauptversammlung, Aufsichtsrat, Vorstand) zur Erklärung eines Einverständnisses zuständig wäre und wieweit dabei dessen Kompetenz reicht. Eine zentrale Rolle spielt diese Frage bei den verschiedenen **Gesellschaften des Handelsrechts**, namentlich den Personengesellschaften, der GmbH und der AG (näher u. Rdn. 305ff).

c) Zum **mutmaßlichen Einverständnis** siehe Rdn. 252.

IV. Rechtsprechungsalphabet – Grundprinzipien und Kasuistik

146 **1. Grundprinzipien.** Aus der eingangs entwickelten Grundstruktur des Untreuerechts (Rdn. 32ff) hat sich ergeben, dass der Täter eine Herrschaft über fremdes Vermögen eingeräumt erhalten haben muss, deren Gegenstand im Missbrauchstatbestand in den rechtsgeschäftlichen Beziehungen des Vermögensinhabers, im Treubruchtatbestand

---

509 Ohne diese Einschränkung, jedoch unter Forderung eines rechtsgutsbezogenen Willensmangels die h.M., siehe *Saliger* SSW Rdn. 46 m.w.N.; erheblich enger *Hoyer* in SK, Rdn. 59, der nur einen aufgrund einer Täuschung des Treupflichtigen bewirkten Irrtum ausreichen lassen will.
510 BGH NStZ **1997** 124, 125; zust. *Saliger* SSW Rdn. 46.

in sonstigen Vermögensbelangen besteht. Hierbei reicht für beide Tatbestände eine typischerweise nur zu dem Hantieren mit Sachen befähigende Stellung nicht aus – für den Missbrauchstatbestand nicht, auch wenn damit rechtsgeschäftliche Folgen verbunden sind, während für den Treubruchtatbestand die eigene Abrechnungskompetenz im Sinne der Freiheit von aktueller Kontrolle hinzukommen muss. Schließlich ist die Fremdnützigkeit der eingeräumten Herrschaftsposition im Unterschied zu einem bloßen Leistungsaustauschverhältnis erforderlich, die entweder den primären Inhalt der Beziehung zwischen Geschäftsherrn und Geschäftsbesorger ausmacht oder dadurch zu einem primären Austauschverhältnis hinzukommt, dass dem Partner über dessen Zwecke hinaus Vermögensgegenstände überlassen werden, die er zu pflegen und zurückzugeben hat. Wer entweder nicht fremdnützig zu agieren oder nur mit Sachen des Geschäftsherrn zu hantieren oder aber vermögensfürsorgerische Maßnahmen für den Geschäftsherrn nur unter dessen strikter Kontrolle auszuführen hat, begeht deshalb keine Untreue, sondern je nach der Sachlage Diebstahl, Unterschlagung oder Betrug, unter Umständen Urkundenfälschung, oder handelt überhaupt tatbestandslos. Dagegen spricht es, im Einklang mit einer mehr als ein Jahrhundert alten Rspr. und manchen im neueren Schrifttum wuchernden Missverständnissen zum Trotz, **nicht** gegen eine Subsumtion unter § 266, wenn der Geschäftsbesorger keine Wahlfreiheit zwischen in seinem Ermessen stehenden Handlungsalternativen hat oder wenn die Geschäftsbesorgung nur einen Teil der hauptsächlich in einem Austauschverhältnis bestehenden Beziehungen zum Geschäftsherrn ausmacht. Wenn man anhand der relevanten Merkmale das in der Rechtsprechung angesammelte, inzwischen fast unübersehbare Fallmaterial im Hinblick auf die Stellung als tauglicher Untreuetäter durchmustert, so ergibt sich folgende

2. Kasuistik. Abgeordnete: Ja, soweit sie ähnlich wie Amtsträger über Haushalts- 147
mittel des Bundes bzw. Landes zu verfügen haben, etwa wenn die Mittel des „Besuchertopfes" pflichtwidrig für den Besuch einer Theatervorstellung verwendet (*Fischer* Rdn. 89; OLG Koblenz NJW **1999** 3277, wo aber eher eine Täuschung der Haushaltsabteilung und damit Betrug gegeben war) oder über den Titel für „Bürobedarf" mehrere „Nobelfüller" angeschafft werden (*Soyka* JA **2011** 566ff; zum Problem der Grenzziehung durch die Kriterien der Wirtschaftlichkeit und Sparsamkeit u. Rdn. 299).

Abschreibungsgesellschaft: Hier gilt nichts anderes als in Handelsgesellschaften überhaupt (s. Rdn. 305ff „Gesellschaftsuntreue"; eingehend *Seier* Rdn. 225ff). Eine Schädigung der Anteilseigner durch missbräuchliche Verfügung über die Mittel (z.B. durch Verwirtschaftung, sinnlose Investitionen) wird durch sog. steuerliche Verlustzuweisungen nicht aufgewogen (BGH 1 StR 13/78 v. 14.3.1978). Zur möglichen Schädigung einer Abschreibungs-GmbH & Co KG oder ihrer Einleger dadurch, dass der Geschäftsführer der GmbH es vorsätzlich unterlässt, Einleger zur Eintragung als Kommanditisten ins Handelsregister anzumelden (§ 162 HGB) und dem Steuerberater der KG die zur steuerlichen Anerkennung erforderlichen Unterlagen zugänglich zu machen, s. BGH 3 StR 347/48 v. 10.1.1978.

Abtretung einer Forderung s. Rdn. 172, 196 (*Sicherungsabtretung, Inkassozession*).

Aktiengesellschaft s. bei Gesellschaftsuntreue u. Rdn. 320ff.

Amtsverhältnisse des öffentlichen Dienstes: Hier kommt es auf die konkrete Stel- 148
lung an; die notwendige Herrschaftsposition und die daraus resultierende Aufgabe, Vermögensinteressen der öffentlichen Hand wahrzunehmen, sind mit einer Amtsstellung als solcher nicht automatisch verbunden[511] und hängen auch nicht davon ab, ob

511 BGH GA **1954** 312, 313; RGSt **69** 333, 337; RG Recht **1925** Nr. 1843.

jemand **Beamter** im staatsrechtlichen Sinn oder **Angestellter des öffentl. Dienstes** ist. Sie bestehen für Beamte als Inhaber oder **Verwalter von Fiskalämtern**[512] z.B. in den Vermögensverwaltungen des Bundes und der Länder, in den Bauabteilungen der Behörden, für staatliche Lotterieeinnehmer[513] und vornehmlich in den **Steuerbehörden:** so für den Kassenverwalter eines Finanzamts, der durch vorschriftswidrige Auszahlung von Gehaltsvorschüssen an Dienstvorgesetzte Untreue begehen kann;[514] für den Leiter eines Zollfahndungsamtes, der über die Verwertung eingezogener Sachen zu entscheiden hat;[515] aber auch sonst für Beamte des Zoll- und Steuerfahndungsdienstes, da sie nicht allein Steuerstraftaten und Ordnungswidrigkeiten zu erforschen, sondern in solchen Fällen auch die Besteuerungsgrundlagen zu ermitteln und überhaupt unbekannte Steuerfälle aufzudecken und ihre näheren Umstände festzustellen haben (§ 208 Abs. 1 AO).[516] Auch untergeordnete Beamte oder sonst im öffentlichen Dienst Beschäftigte, die Handkassen halten, z.B. für Gebühren- oder Kostenmarken, Formblätter,[517] für Kantinengutscheine und andere Wertmarken, Portokassen, sonstige Nebenkassen:[518] *ja* für den Fall selbständiger Abrechnung, s.u. Rdn. 149. Zu *Kostenbeamten* s. Beauftragte sowie Kostenfestsetzungbeamte; s. ferner Polizeibeamte, Schalterbeamte.

149 Typisch vermögensrechtliche Aufgaben treffen z.B.
den **Amtsdirektor** (BGH 3 StR 299/71 v. 13.2.1972);
die Mitglieder des **AStA;**[519]
den **Bahnhofsvorsteher** (BGH 1 StR 545/51 v. 29.1.1952);
Bürgermeister und **Oberbürgermeister;** [520]
den ärztlichen **Direktor** einer Universitätsklinik (BGHSt **47** 295, 297);
den „Einkaufsbeamten" einer Strafvollzugsanstalt (OLG Schleswig SchlHA **2005** 256);

Finanzbeamte, die mit der Steuerfestsetzung (§§ 155ff AO) befasst sind.[521] bei der Steuerfestsetzung, auch wenn sie sich die Bearbeitung der eigenen Steuersache anmaßen und dabei bewusst rechtswidrig zu ihrem Vorteil verfahren;[522] wenn sie Steuerzahlungen annehmen und nicht abführen, begehen sie Untreue regelmäßig nicht zum Nach-

---

512 D.h. die mit der Verfügung über Haushaltsmittel betraut sind, s. *Dierlamm* MK Rdn. 71; *Saliger* SSW Rdn. 14.
513 RG HRR **1937** 65.
514 BGH GA **1954** 312, 313.
515 BGH 1 StR 317/53 v. 7.12.1954.
516 *Gersch* in Klein (Hrsg.) Abgabenordnung 10. Aufl. (2009) § 208 Rdn. 3 ff; *Koenig* in Pahlke/Koenig, Abgabenordnung 2. Aufl. (2009) § 208 Rdn. 10 ff. Zu zahlr. weit. Beispielen vgl. Rdn. 121.
517 BGH 1 StR 69/54 v. 15.7.1954, insow. NJW **1954** 1616 nicht abgedr.
518 BGH 1 StR 475/55 v. 15.2.1956: Untreue des Betriebsratsvorsitzenden bei einer Behörde durch Aneignung von Geld aus der von ihm geführten „Gewerkschaftskasse" aus Einnahmen von Betriebsveranstaltungen und Spenden, wobei eine selbständige Abrechnung vorgelegen haben dürfte.
519 BGHSt **30** 247; OLG Hamm NJW **1982** 190; LG Marburg NVwZ **2000** 353; **krit.** *Breitbach* DuR **1982** 243 ff.
520 BGH GA **1956** 121, 122; RG JW **1934** 2773; BGH NStZ **2003** 541; **2007** 579; BGH NStZ-RR **2005** 83; BGH wistra **2006** 306; **2007** 259, 260; BayObLG JR **1989** 299 mit falscher Folgerung und insoweit zutr. abl. Anm. *Seebode*; eingehend *Mansdörfer* DVBl **2010** 479 ff; AnwKomm-*Esser* Rdn. 271 ff.
521 RG HRR **1941** 463; BGHSt **2** 338, 344; **24** 326 f; **51** 356, 362; BGH GA **1954** 312, 313; BGH LM Nr. 22; BGH NStZ **1998** 91 = wistra **1998** 64, 65; BGH wistra **2009** 398; **and.** BGH wistra **1987** 27 für einen Buchhalter der Finanzkasse mit dem dogmatisch fehlerhaften (Rdn. 98 ff) Argument, es fehle ihm ein Spielraum für eigenverantwortliche Entscheidungen und Bewegungsfreiheit, was aber für alle Amtsträger in der gebundenen Verwaltung gilt.
522 BGH LM Nr. 22; BGHSt **51** 356 (Bewirkung fingierter Steuererstattungsbescheide) m. Anm. *Schmitz* NJW **2007** 2867; BGH wistra **2009** 398; AG Lübeck wistra **2004** 77.

teil des Steuerschuldners, aber u.U. zum Nachteil des Steuergläubigers (BGH 4 StR 646/51 v. 6.12.1951), wenn sie selbständig abrechnen (sonst Unterschlagung);

Forstbeamte, z.B. den Forstsekretär im Haushalts- und Rechnungswesen (BGH 1 StR 417/57 v. 26.11.1957); den Revierförster, der zu Holzverkäufen ermächtigt ist (RG Recht **1918** Nr. 1287); dagegen nicht den Forstwart bloß deswegen, weil er kraft allgemeiner Amtspflicht Holzdiebstähle zu verhüten hat;[523]

Friedhofsverwalter einer Gemeinde, der die Friedhofsgebühren zu berechnen und einzuziehen hat (RG DR **1940** 792, 793), bei eigener Abrechnungskompetenz (Rdn. 102);

Gemeindekassenrendant;[524]

zur etwaigen Haftung von **Gemeinderäten** s. *Nettesheim, Weber* und *Kuhn* BayVBl. **1989** 161, 166, 169; *Mansdörfer* DVBl **2010** 479 ff; AnwKomm-*Esser* Rdn. 276 ff;

Gerichtsvollzieher gegenüber dem Vollstreckungsschuldner, dem Gläubiger wie auch gegenüber dem Staat als dem Dienstherrn;[525] laut BGHSt **13** 274, 276; BGH StV **2011** 417 m. Anm. *Ceffinato* gilt dies auch im Hinblick auf Gebührenüberhebungen, aA OLG Köln NJW **1988** 504; *Sch/Sch/Perron* Rdn. 25 m.w.N.

Haushaltsuntreue s. allg. Rdn. 293 ff.

Kassenverwalter, die auch Abrechnungskompetenz besitzen, so der Kassenleiter einer Gemeinde (BGH NStZ **1994** 586); ein Bademeister als Verwalter der Kurmittelkasse;[526] ein Bundesbahninspektor als Verwalter der Güterkasse (BGH 2 StR 494/53 v. 26.8.1954);

Kostenfestsetzungsbeamte, die Gerichts- oder Verwaltungsgebühren zu berechnen, festzusetzen, deren Erhebung sie zu veranlassen haben.[527] RGSt **73** 6, 8 trifft hier nicht zu und geht zu weit, (Rdn. 156 „Kostenbeamte"); desgleichen RG DR **1939** 1982, Kostenprüfungsbeamte.

Der **Landrat** ist vermögensfürsorgepflichtig im Hauptamt für den Landkreis (BGH 1 StR 682/59 v. 12.2.1960; BGH wistra **2006** 307), als Vorsitzender des Verwaltungsausschusses der Kreissparkasse für diese (BGH 1 StR 606/59 v. 25.3.1960);

Lehrer als **Leiter** einer Schulsparkasse;[528] als allein verfügungsberechtigter Verwalter von Spenden für die Schulspeisung (BGH 3 StR 507/53 v. 2.9.1954);

Lehrstuhlinhaber, die Bedienstete für eine Nebentätigkeit in Anspruch nehmen und den Dienstherrn darüber nicht informieren (BGH NJW **1982** 2881) oder unverbrauchte Fördermittel verschweigen (BGH NStZ-RR **2011** 82);

Leiter einer (Kreis-, Stadt-)Sparkasse;[529] Leiter eines städtischen Ausgleichsamts (BGH 1 StR 69/54 v. 15.7.1954); einer Strafanstalt (BGH GA **1956** 154 f); einer Gerichts- und der Gefangenenarbeit-Zahlstelle (RG DR **1940** 1039); einer Bundeswehr-Zahlstelle (BVerwG ZBR **2002** 282);

Oberkreisdirektor (BGH 5 StR 644/68 v. 21.1.1969);

---

523 **aA** BGH bei Dallinger MDR **1954** 399; BGH 3 StR 907/52 v. 22.10.1953; zu weitgehend auch 1 StR 308/51 v. 29.1.1952 – Förster im Innendienst, der beabsichtigte Unterschleife seiner Amtskollegen der Dienstbehörde nicht anzeigt. Siehe dazu auch *Otto* Struktur S. 314.

524 RGSt **69** 333, 336 ff; BGHR § 266 Abs. 1 Nachteil 31.

525 BGHSt **13** 274, 278; BGH StV **2011** 417; RGSt **71** 31, 32 zu § 266 Abs. 1 Nr. 2 a.F.; RG JW **1936** 934.

526 BGHSt **18** 312, 313; siehe jedoch Rdn. 155 unter demselben Stichwort sowie allg. Rdn. 99.

527 BGH 1 StR 196/63 v. 16.7.1963; 1 StR 81/56 v. 13.11.1956; 1 StR 41/51 v. 20.3.1951; LG Arnsberg v. 27.11.2007 – 2a KLs 223 Js 108/05 (53/06 b) (JURIS).

528 RGSt **71** 95 nahm jedoch zu Unrecht Untreue an, da der dort Angeklagte die Spargelder nur „entgegenzunehmen und an die Kreissparkasse abzuführen" hatte, also nur Botendienste leistete, Rdn. 85 f.

529 BGH NJW **1955** 508; wistra **1993** 222; RG JW **1934** 2773; BayOblGSt **1965** 88.

Postbeamte, die selbständig über Haushaltsmittel zu verfügen haben; nicht aber Poststelleninhaber, die Zahlungen ohne eigene Abrechnungskompetenz nur entgegennehmen und weiterleiten (Rdn. 188 „Postboten“, 193 „Schalterbeamte“). Unrichtig RG HRR **1940** 711 (19jährige Tochter des Postagenten als seine Vertreterin)

Professor siehe Direktor, Lehrstuhlinhaber

Rechnungsprüfungsbeamte (RGSt **76** 115);

Rechtspfleger oder Richter beim Grundbuchamt, in Nachlass- und Zwangsverwaltungssachen.[530] OLG Düsseldorf[531] hält den Richter und den Rechtspfleger in Vormundschaftssachen nicht für taugliche Untreuetäter, da sie keine Interessen des Mündels, sondern allgemeinstaatliche Aufgaben auf dem Gebiet des Vormundschaftswesens etc. wahrzunehmen hätten. In der Tat hat das Vormundschaftsgericht aber Vermögensinteressen des Mündels aufsichts- und aushilfsweise zu betreuen (§§ 1837, 1843, 1846 BGB) und haftet dem Mündel für die Verletzung der ihm gegenüber obliegenden Pflichten (§ 839 BGB). Das sollte auch für § 266 ausreichen;

Regierungsinspektor als Verwalter des Vermögens eines Volksbildungswerks (BGH 1 StR 174/62 v. 26.6.1962);

Schulleiter (BGH NStZ **1983** 455);

Sparkassenleiter (BGH NJW **1955** 508);

Stadtdirektor (BGH 4 StR 126/60 v. 20.5.1960, wo jedoch betrügerische Reisekostenabrechnungen zu Unrecht ausgenommen sind; wie hier *Pfeiffer/Maul/Schulte* Rdn. 18);

Stadtkämmerer (BGH 1 StR 725/54 v. 29.3.1955);

Stadt(ober)sekretär im Jugendamt bei der Verwaltung von Mündelvermögen (§§ 55f SGB VIII; RGSt **60** 311, 313 ist insoweit überholt); bei der Bearbeitung von Grund- und Hauszinssteuerangelegenheiten (RGSt **69** 220, 222);

Strafanstaltsleiter (BGH GA **1956** 154);

allg. **Vertreter einer öff.-rechtl. Körperschaft** (BGHSt **30** 247).

150 **Anlageberater und -bevollmächtigte:**[532] *Ja*, wenn die (schädigende) Kapitalanlage auf Grund einer Vollmacht oder Ermächtigung selbst vorgenommen (*Missbrauchstatbestand*) oder das auf eigenen Konten verwahrte Kundengeld abredewidrig verwendet (*Treubruchtatbestand*) wird (BGH NStZ **1996** 543 zur unordentlichen Buchführung; wistra **1999** 339 zur Nichtauskehrung der Erlöse); regelmäßig *nein* bei bloßer Beratung, bei der statt dessen **Betrug** in Betracht kommt. Hierbei hat die Subsumtion nichts mit dem (missverständlichen, o. Rdn. 98ff) Kriterium der Selbständigkeit zu tun,[533] da es bei einer bloß internen Beratung bereits an der Tatherrschaft fehlt, falls nicht wie in dem Fall BGH NStZ **1994** 35 eine Täuschung des Mandanten und damit ein Betrug vorliegt.[534] Der Un-

---

530 BGHSt **35** 224, 227 (Rechtspfleger in Nachlasssachen); RGSt **72** 347, 348, in Vormundschaftssachen und in Nachlasssachen (§ 1960 BGB); BGH NJW **2011** 2819 (Zwangsverwaltung).

531 JMBlNRW **1962** 35; zust. *Maurach/Schroeder/Maiwald* 1 § 45 Rdn. 25; *Otto* JZ **1988** 884.

532 Dazu allg. BGHZ **70** 356, 363; BGH – 6. ZS – NJW **1977** 2259; **1984** 800; *v. Ungern-Sternberg* ZStW **88** (1976) 653, 692; *Nestler* Churning S. 164ff; Park/*Zieschang* § 266 Rdn. 44ff; siehe ferner *Otto* WM **1988** 729, 733f; *Peltzer* NJW **1976** 1615; *Schwark* ZRP **1973** 7; Beschlüsse des 51. DJT NJW **1976** 2006, 2010; *Tiedemann* Wirtschaftsstrafrecht 2 S. 52ff; *Seier* Rdn. 227ff, 253ff.

533 Anders die im Ergebnis zutr. Entscheidungen BGH NStZ **1991** 489; wistra **2002** 142, die das bloße Typusmerkmal der Selbständigkeit zu Unrecht wie einen klassifikatorischen Begriff handhaben und dadurch der extrem starken Ausprägung der anderen Typusmerkmale des Betreuungsverhältnisses nicht gerecht werden; zum methodologischen Hintergrund vgl. Rdn. 33, zur Bedeutung der „Selbständigkeit“ als Typusmerkmal Rdn. 98ff, zur richtigen Handhabung s. BGH NStZ **1994** 35.

534 BGH NStZ **1994** 35 leitet zu Unrecht aus einer daneben existierenden, in concreto aber nicht benutzten Generalvollmacht einen Treubruch ab, ähnlich *Seier* Rdn. 257 mit dem in Wahrheit für § 263 sprechenden Argument einer mittelbaren Täterschaft. Allenfalls könnte in den Fällen, in denen sich ein

treuetatbestand ist ferner nur erfüllt, wenn der Anlageberater vorsätzlich eine nachteilige Investitionsentscheidung trifft, während die Vereinnahmung einer Provision selbst bei Nichterfüllung einer (von der Rspr. bei Banken oder gegen Entgelt tätigen Anlageberatern bejahten) diesbezüglichen Aufklärungspflicht[535] anders als bei Kick-back-Geschäften eines Organs oder Angestellten (dazu Rdn. 215) keine Treupflichten, sondern allenfalls schlichte Schuldnerpflichten verletzt (*Seier* Rdn. 256).

Der **Anwaltsvertrag** (§ 675 BGB): *Ja.*[536] Die Treupflicht erstreckt sich auch auf die Auskehrung von für den Mandanten treuhänderisch vereinnahmten Geldern.[537] Prozesshandlungen auf Weisungen des Mandanten oder im Rahmen einer vom Mandanten ausgeübten Kontrolle sind jedoch nicht tatbestandsmäßig (BGH StV **2014** 95).

Arbeitsverhältnis: (1) Als solches begründet dieses für den **Arbeitnehmer** im Ver- 151
hältnis zum Arbeitgeber noch keine Herrschaft über dessen Vermögen und damit noch nicht die Anwendbarkeit des § 266.[538] Zum Beispiel **Arbeiter,** gewerbliche, landwirtschaftliche, städtische, die ausschließlich mit Sachen des Arbeitgebers hantieren: *nein.*[539] Es ist aber **and.** bei *Managementaufgaben* des Arbeitnehmers,[540] etwa bei dessen Entscheidung über die Vergabe von Bankkrediten aus dem Vermögen des Arbeitgebers; s. ferner BGH 4 StR 186/68 v. 30.10.1968 – Leiter einer Betriebsabteilung –; BGH 5 StR 136/67 v. 25.4.1967: Untreue durch übermäßigen Aufwand bei Dienstfahrten; BGH 1 StR 206/74 v. 10.9.1974: ein Organisationsleiter, der „alle Fäden in der Hand hat", führt einbehaltene Lohnpfändungsbeträge nicht an die Gläubiger ab, so dass die Firma nochmals zahlen muss; BGH wistra **2004** 105: Leiter einer Verkaufsfiliale eines Mobiltelefon-Unternehmens; BayOblGSt **1973** 54: Filialleiter führt bei Kunden anderweitig kassierten und ihm zur Weiterleitung an die Firma übergebenen Geldbetrag nicht ab.

(2) Der **Arbeitgeber** hat in der Regel erst recht keine Obhutsherrschaft über das Ver- 152
mögen des Arbeitnehmers und deshalb keine Pflicht, dessen Vermögen zu betreuen.[541] Das galt nach h.M. auch im Verhältnis zur Steuerbehörde bei der Lohnsteuerabzugspflicht[542] sowie im Verhältnis zu Abtretungs- oder Pfändungs-Gläubigern des Arbeitnehmers und für die Abführung vermögenswirksamer Leistungen, da diese Verpflichtungen des Arbeitgebers nur die Art und Weise der Erfüllung seiner Vertragspflicht zur Lohnzahlung beträfen.[543] Selbstverständlich war das nicht, weil sowohl im Verhältnis zum Arbeitnehmer als

---

unbedarfter Anleger notorisch auf die Empfehlungen seines Beraters verlässt, Idealkonkurenz zwischen § 266 und § 263 bestehen.

535 Grdl. BGHZ **170** 226; zuletzt BGH (11. ZS) ZIP **2009** 2377 u. 2380; (3. ZS) ZIP **2011** 607.

536 BGHSt **15** 372, 376; BGH NJW **1957** 596, 597; BGH NJW **1960** 1629 – doch bezog sich dort die Betreuungspflicht nicht allein auf die Verwendung des übersandten Geldes; BGH NJW **1983** 461; BGH NStZ **1983** 168 f; BGH NStZ **1986** 361 (dazu Rdn. 102); **1997** 124; BGH wistra **1987** 65; **2016** 152; NStZ-RR **2004** 54; NJW **2006** 3219, 3222 f; **2015** 1190; OLG Karlsruhe NStZ **1990** 82 f; KG NJW **2007** 3366; *Franzheim* StV **1986** 409; BGH LM BGB § 675 Nr. 28; RGSt **73** 283, 284; RG JW **1937** 3092; RG HRR **1940** 257; *Otto* Grundkurs § 54 Rdn. 24; eingehend *Seier* Rdn. 258 ff.

537 OLG Karlsruhe NStZ **1990** 82; BGH wistra **1987** 65; OLG Hamm NStZ **2010** 334; *Seier* Rdn. 264 ff; irrig die Qualifikation als schlichte Schuldnerpflicht in BGH NStZ **1986** 361.

538 BGHSt **3** 289, 294 – Schreibkraft; **5** 187, 188 f – Techniker; *Bockelmann* BT/1 § 18 III 1; *Lackner/Kühl* Rdn. 12.

539 BGHSt **3** 289, 294; **4** 170, 172; **5** 187, 189.

540 Und nicht bloß der Leitung technischer Arbeitsvorgänge, BGHSt **5** 187, 189.

541 BGHSt **6** 314, 317 f; BayObIGSt **1957** 188.

542 BGHSt **2** 339, 343 f; OLG Hamburg NJW **1953** 478, 479; **aA** *Mattern* NJW **1952** 945.

543 S. § 38 Abs. 2–4, §§ 39b ff EStG 2009; BayObIGSt aaO; OLG Celle MDR **1958** 706; OLG Köln NJW **1967** 836; OLG Braunschweig NJW **1976** 1903 f; *Martens* NJW **1977** 563; *Sch/Schröder*/Perron § 266a Rdn. 1; BTDrucks. 10/318 S. 27.

auch im Verhältnis zum Drittgläubiger gewisse Untreueelemente festzustellen sind, namentlich in Gestalt der Inpflichtnahme des Arbeitgebers für fremde Vermögensinteressen und seiner Selbständigkeit bei der Berechnung und Befriedigung derselben. In Spezialgesetzen hatte es deshalb immer schon den Tatbestand der sog. **Sozialversicherungsuntreue** gegeben,[544] der sich heute in einer umfassenden, alle vorgenannten Fälle ergreifenden Form in § 266a Abs. 1 und 2 StGB wiederfindet. Hier zeigt sich besonders plastisch die Richtigkeit und Wichtigkeit der typologischen Untreuetheorie (Rdn. 32ff), denn die Subsumtion unter § 266 hängt in diesen Fällen von dem quantitativen Urteil ab, wieweit die Obhutsherrschaft des Arbeitgebers über fremdes Vermögen über die Reflexwirkungen einer schlichten Schuldnerstellung hinausgeht. Richtigerweise war dies nicht im Verhältnis zu den Drittgläubigern, wohl aber im Verhältnis zum Arbeitnehmer zu bejahen, soweit der Arbeitgeber von Gesetzes wegen ermächtigt ist, Teile des Lohnanspruches einzubehalten und an die Sozialversicherungsträger bzw. das Finanzamt abzuführen, denn hierdurch „verfügt" der Arbeitgeber über das Vermögen des Arbeitnehmers. Das Unterlassen der pflichtgemäßen Wahrnehmung bedeutet auch einen Missbrauch (Rdn. 68), so dass die Erfüllung des Untreuetatbestandes allein davon abhängt, dass die nicht rechtzeitige Abführung bereits die Rechtsposition des Arbeitnehmers gegenüber dem Sozialversicherungsträger bzw. Fiskus messbar beeinträchtigt und dadurch auch das Tatbestandsmerkmal des Vermögensnachteils verwirklicht – was bei geringfügigen Verzögerungen wie auch bei einer Beitragshaftung allein des Arbeitgebers nicht der Fall sein dürfte. Im Ergebnis kommt es darauf aber nicht mehr an, weil der Tatbestand des *Vorenthaltens und Veruntreuens von Arbeitsentgelt* (§ 266a Abs. 1–3 StGB) als eine abschließende **Sonderregelung** aufzufassen ist, auch bezüglich der Nichtweiterleitung an andere Gläubiger gem. § 266a Abs. 3 S. 1. Das muss nach dem freilich völlig unsystematischen Willen des Gesetzgebers[545] auch für die Herausnahme der Lohnsteuerzahlung aus dem Schutzbereich der Untreuedelikte gem. § 266a Abs. 3 Satz 2 gelten, weil hierfür nur der Tatbestand der Steuerhinterziehung (§ 370 AO) einschlägig sein soll.[546]

153 **Architekt,** wenn er sich auf die Bauplanung beschränkt: *Nein*, da er damit keine Geschäfte des Bauherrn besorgt, sondern nur **an** ihn leistet.[547] **And.**, wenn ihm außerdem die Bauausschreibung, die Vergabe der Bauarbeiten, die Bauoberleitung und die Schlussabrechnung des Baues übertragen sind,[548] wenn ihm die Prüfung der Unternehmer- und Handwerksforderungen obliegt[549] oder wenn er für die ordnungsmäßige Verwendung der ihm vom Bauherrn zweckgebunden zur Baufinanzierung zur Verfügung gestellten Geldmittel zu sorgen hat.[550]

154 **Aufseher,** Fischerei- RGSt **13** 195, 196f; Wald- RGSt **7** 377; Park(platz)wächter; sonstige Wachmänner:[551] *Nein*; **and.,** wenn sie von Kunden des Geschäftsherrn Gebühren einziehen und darüber selbständig abrechnen.

Aufsichtsrat s. Gesellschaftsuntreue u. Rdn. 320ff.

---

544 Übersicht *Hübner* LK[10] Rdn. 115.
545 BTDrucks. 10/318 S. 29f.
546 *Gribbohm* LK[11] § 266a Rdn. 71; *Sch/Schröder/Perron* § 266a Rdn. 1.
547 BGHZ **45** 223, 229; BGHZ **60** 1, 3.
548 BGHZ **45** aaO; BGH 1 StR 614/68 v. 1.4.1969 bei Dallinger MDR **1969** 534.
549 BGH 5 StR 180/75 v. 4.5.1976.
550 BGH 4 StR 478/74 v. 30.4.1974 bei *Dallinger* MDR **1975** 23; BGH 2 StR 206/71 v. 16.6.1971; siehe auch BGHZ **70** 12, 14; BGH NStZ **2010** 330, 502f.
551 *Grossrau* Niederschriften VIII 135, 542.

Der **Auftrag:** *Ja*, wenn er eine Geschäftsbesorgung zum Gegenstand hat.[552] Nach Erlöschen des Auftragsverhältnisses ist der Beauftragte dem Geschäftsherrn nur im Rahmen des § 672 Satz 2 und des § 674 BGB betreuungspflichtig; daher unzutr. BGHSt **8** 149, 150f.[553] Der dort Angeklagte wusste, dass der Auftrag erloschen war, und erweckte zu Unrecht den Eindruck des Fortbestandes des Rechtsverhältnisses (BGH aaO), was die Anwendung des § 263 nahegelegt hätte (*Sax* aaO). Die Pflicht, vermögensschädigende Handlungen gegen den (früheren) Geschäftsherrn zu unterlassen, ist keine Pflicht, seine Vermögensinteressen zu betreuen (Rdn. 77 a.E.).

Aushilfsverkäufer, RGSt **3** 283, 285; siehe „Handlungsgehilfen" Rdn. 171;

Bäckerjungen, wenn sie für den Meister Backware auszutragen, ggf. auch das Geld 155
dafür zu kassieren haben:[554] *Nein*; **and.**, wenn sie darüber eine Buchhaltung zu führen haben.

Bademeister einer Kurgemeinde: *Ja*, wenn sie aus der Kurmittelhauskasse Sozialversicherungsleistungen an die Kurgäste auszuzahlen und darüber abzurechnen haben.[555]

Banken und **Sparkassen:** *Ja* gegenüber dem Inhaber eines Giro- oder Sparkontos (OLG München wistra **2010** 155; OLG Düsseldorf wistra **1995** 72, 73); s. auch Anlageberater sowie Bankuntreue u. Rdn. 303ff;

Bankkunden gegenüber der Bank: *Nein*;[556] zum Inhaber einer Kredit- oder Scheckkarte u. Rdn. 178;

Barkautionen, wie sie in Miet-, Pacht- oder auch Dienstverträgen ausbedungen werden,[557] s. Mietvertrag (u. Rdn. 181).

Bauherr siehe Sicherheitseinbehalt;

Baukostenzuschüsse: s. Mietvertrag (u. Rdn. 181).

Der **Bauträger:** *Ja*.[558] Seine Fürsorgepflichten sind in der Makler- und Bauträgerverordnung[559] im Einzelnen geregelt. Zur Treupflicht im Hinblick auf die steuerlichen Belange des Bauherren BGH wistra **1991** 265.

Beamte s. Amtsverhältnisse. 156

Beauftragte, die mit Sachen des Geschäftsherrn (auch Geld) in bestimmter Weise zu hantieren, aber keine Buchhaltung zu führen haben: *Nein*.[560] Dies gilt auch für *Kostenbeamte*, die vom Schuldner außerhalb ihrer amtlichen Zuständigkeit zur Besorgung und Entwertung von Gebührenmarken anvertraute Gelder für sich behalten: Sie begehen veruntreuende Unterschlagung, keine Untreue zum Nachteil der Kostenschuldner,[561] regelmäßig auch nicht zum Nachteil der öffentlichen Hand, da die vorschriftswidrige Zahlung

---

552 BGHSt **1** 186, 189; BGHSt **12** 207, 212, wo es sich allerdings (ebenso wie in BGH wistra **1991** 218) nicht um ein Auftragsverhältnis, sondern um einen Geschäftsbesorgungs-Werkvertrag handelte; BGH StV **1984** 513 m. Anm. v. *Labsch*. Eine Treupflicht des Auftrag*gebers* beim Werkvertrag unter Geltung der VOB/C zur Sicherung von Restlohnforderungen durch Einzahlungen auf ein Sperrkonto bejahend OLG München NJW **2006** 2278; zutr. dagegen (schlichte Schuldnerpflicht, o. Rdn. 118) BGH [6. ZS] NJW **2010** 2948.

553 *Sax* JZ **1977** 744 Fn. 74; *Sch/Schröder/Perron* Rdn. 34.

554 RGSt **3** 150; **69** 58, 60.

555 BGHSt **18** 312, 313 und Rdn. 86; abl. *Heinitz* FS H. Mayer S. 443; *Sax* JZ **1977** 663.

556 BGH 4 StR 35/74 v. 21.2.1974 bei Dallinger MDR **1975** 22 zu § 246.

557 BGH LM Nr. 20.

558 BGH wistra **1991** 72; *Holzmann* Bauträgeruntreue S. 126ff; *Seier* Rdn. 298ff; nach *Sch/Schröder/Perron* Rdn. 25 soll dies jedoch nicht bei einem sog. Erwerbermodell gelten.

559 Dazu Kommentar von *Marcks* 8. Aufl. (2009).

560 Im Ergebnis ebenso, aber unter Hervorhebung des irrelevanten Umstandes, dass sie ein genau umgrenztes Einzelgeschäft zu erledigen haben, BGHSt **3** 289, 294 letzter Absatz.

561 BGHSt **3** 289, 294; RGSt **73** 6, 7.

an den Beamten (statt an die Gerichtskasse) nicht schuldbefreiend wirkt[562] und eine schadensgleiche Vermögensgefährdung, wie in RGSt **73** 6, 8 angenommen, nicht automatisch eintritt. Dagegen können Kostenbeamte dergestalt ungetreu handeln, dass sie – im Gegenstück zu § 353 – vorsätzlich Gebühren nicht in der gesetzlichen Höhe oder überhaupt nicht berechnen (Rdn. 149 „Kostenfestsetzungsbeamte“);

Die **Beistandschaft** (§§ 1685, 1689, 1690 BGB: *Ja* (RGSt **35** 338, 341; OLG Braunschweig NJW **1961** 2030).

Der **Beratungsvertrag** siehe „Anlageberater“.

Bereicherungsansprüche: *Nein* als solche; **and.** aber, wenn es um die Rückgewähr von zu einer Geschäftsbesorgung überlassenem Vermögen geht.[563]

Besitz für einen anderen: Hier ist das zugrunde liegende Rechtsverhältnis maßgebend (§ 868 BGB).

Besitzdiener (§ 855 BGB): *Nein;*

Die **Betreuung** gem. § 1896 ff BGB: *Ja* (OLG Stuttgart NStZ 1999, 246 m. Anm. *Thomas* NStZ **1999** 620; *Sch/Schröder/Perron* Rdn. 25).

157 **Boten,** die rechtsgeschäftliche Schriftstücke oder sonstige Sachen zu überbringen oder abzuholen haben (RGSt **43** 432, 433), z.B. Gegenstände einer Spendensammlung,[564] einen Hund (RG HRR **1941** 672), Wäsche (RG 3 D 570/09 v. 21.10.1909): *Nein*; **and.** beim Inkasso mit selbständiger Quittungsberechtigung; s. RG HRR **1939** 1386 und dazu eingehend Rdn. 102, 172;

Buchhalter, die Schecks zu verbuchen und bankfertig zu machen haben,[565] denen die Lohnabrechnung, die Berechnung der Sozialabgaben und Steuern obliegt,[566] die die Rechnungen der Lieferer auf rechnerische Richtigkeit zu prüfen und die Banküberweisungen zu erstellen, wenn auch nicht zu unterzeichnen haben:[567] *Ja* (*Hübner* LK[10] Rdn. 35 und BGH StV **1986** 203; wistra **1987** 27 unter Berufung auf das unbehelfliche Kriterium des „Spielraums für eigenverantwortliche Entscheidungen“).

Büroangestellte, die nur Schreibarbeiten zu verrichten haben:[568] *Nein.*

158 **Cash Pool**-Verwaltung: *Ja.* Wenn verschiedene Rechtsträger ihre freien Mittel in einen Liquiditätsverbund zwecks bestmöglicher Bewirtschaftung einbringen, so wird dem Poolverwalter eine Geschäftsbesorgung übertragen, deren untreuerelevante Pflichten er verletzt, wenn er die Mittel eines Rechtsträgers für die Zwecke eines in Insolvenzgefahr befindlichen anderen Rechtsträgers verwendet (*Schünemann* LM Nr. 1 zu § 309 AktG 1965, Bl. 8; viel zu eng auf Fälle der Existenzgefährdung bzw. -vernichtung einschränkend BGHZ **149** 10 ff; BGHSt **49** 147, 158 ff – Bremer Vulkan). Daneben besteht die strafrechtliche Verantwortlichkeit des Geschäftsführers der ihre freien Mittel einlegenden Untergesellschaft, wenn der den Cash Pool veranstaltende Konzern insolvenzgefährdet ist oder wird, dazu eingehend *Bauer* (2008) S. 88 ff; *Rönnau* FS Samson, 2010, S. 423 ff; *Niedernhuber* (2016) S. 83 ff sowie allg. zur Konzernuntreue u. Rdn. 319, 331 f.

159 **Compliancebeauftragter**: *Ja*, soweit die ihm anvertraute Herrschaft über das Vermögen des Geschäftsherrn reicht (näher *Krause* StraFo **2011** 437 ff). Es kommt also nicht

---

562 RG JW **1934** 2062, 2064.
563 BGH NJW **1954** 889; RGSt **73** 157, 159 f; and. OLG Braunschweig NJW **1950** 656 bei einem geplanten Schwarzmarktgeschäft.
564 RGSt **69** 279; BGH 5 StR 584/62 v. 22.1.1963.
565 BGH 2 StR 298/65 v. 29.9.1965; *Sax* JZ **1977** 748.
566 BGH GA **1979** 144.
567 BGH 1 StR 528/71 v. 25.11.1971 in dem von *Sieber* S. 66 ff berichteten Fall.
568 BGHSt **3** 289, 294.

auf das umstrittene obiter dictum[569] von BGHSt **54** 44 (Tz. 28) über eine nach außen gerichtete Garantenstellung des Compliancebeauftragten an, sondern allein darauf, dass dieser über das bloße Hantieren mit Sachen hinaus betriebliche Abläufe bestimmt (z.B.: Er gibt eine in seinem Aufgabenbereich erhobene Information nicht weiter und verursacht dadurch ein geschäftliches Desaster).

Computermanipulationen.[570] Während früher die Versuchung der Rechtsprechung groß war, in Ermangelung eines speziellen Computerstrafrechts § 266 als Lückenbüßer heranzuziehen,[571] kann seit der Einfügung des § 263a durch das 2. WiKG jede Überdehnung des § 266 gegenüber der Computerkriminalität vermieden werden, ohne dass dadurch kriminalpolitische Unzuträglichkeiten entstünden. Ausgangspunkt ist der Befund, das die Arbeit am Computer als solche ein bloßes Hantieren mit Sachen ist, welches unter § 266 nur subsumiert werden kann, wenn eine darüber hinausreichende Obhutsherrschaft über das fremde Vermögen ausgeübt wird. Die bei der elektronischen Datenverarbeitung mit technisch-mechanischen oder organisatorisch-administrativen Aufgaben Beschäftigten wie **Locher, Operatoren, Programmierer,** scheiden deshalb als mögliche Untreuetäter aus (Rdn. 179 unter dem jeweiligen Stichwort).[572] Die von ihnen begangenen Inputmanipulationen (zum Begriff *Sieber* S. 42ff) werden grundsätzlich von § 263a StGB erfasst. Dagegen sind **Sachbearbeiter,** auch aushilfsweise als solche verwendete, mögliche Untreuetäter, wenn sie im Rahmen ihnen obliegender Vermögensfürsorge eigene, selbständige Entscheidungsmacht haben, wobei diese Selbständigkeit nicht einen Entscheidungsspielraum, sondern Abwesenheit von laufender Kontrolle bedeutet (Rdn. 102).[573] Wenn Bescheide oder Aufträge – wie heute häufig – sogar im Außenverhältnis per Computerausdruck erteilt werden, kann durch eine Input-Manipulation sogar der Missbrauchstatbestand erfüllt werden.[574] Wenn die rechtsgeschäftlichen Handlungen im Außenverhältnis von besonderen Bevollmächtigten vorgenommen werden, die hierbei aber die Arbeitsergebnisse der Sachbearbeiter einfach als gutgläubige Werkzeuge übernehmen, scheidet für die Sachbearbeiter der Missbrauchstatbestand aus, dafür ist dann aber der Treubruchtatbestand erfüllt. Die Einschaltung des Computers ist hierbei für die Beurteilung ihres Verhaltens nach § 266 praktisch ohne Bedeutung.[575] Erst wenn der Täter auch die Anweisungsgrundlagen nicht mehr eigenverantwortlich feststellt, sondern dabei lediglich seinem Vorgesetzten zuarbeitet, fällt eine dadurch bewirkte Input-Manipulation nicht mehr unter § 266, sondern – nicht anders als die Tätigkeit der Locher und Operatoren – unter § 263a StGB. Zu *Systemanalytikern* schließlich siehe Rdn. 200. 160

Darlehen: Probleme der Untreue können sich hier nur hinsichtlich der etwa gestellten Sicherheiten ergeben, s. Sicherungsabtretung (Rdn. 196) und Inkassozession (Rdn. 172); der Darlehensvertrag als solcher begründet weder für den Darlehnsgeber noch für den -nehmer Treupflichten (BGH GA **1977** 18). 161

569 S. etwa *Favoccia/Richter* AG **2010** 137ff; *Ransiek* AG **2010** 147ff; *Wolf* DB **2011** 1353ff, *Beulke* FS Geppert (2010) S. 23ff.

570 Zur Rechtlage vor Einführung des § 263a *Rohner* Computerkriminalität (1976); *Sieber* Computerkriminalität und Strafrecht 2. Aufl. (1980); s. i.Ü. die Schrifttumsnachweise zu § 263a StGB.

571 Nachweise bei *Sieber* aaO S. 47ff, 2/25ff.

572 Umstr. beim Chefoperator der EDV-Abteilung einer Steuerverwaltung, BGE **96** IV 185 (das Urteil ist in italienischer Sprache abgefasst, eine deutsche Übersetzung befindet sich bei *Rohner* aaO S. 110ff); *Rohner* aaO S. 35, 127f; *Hübner LK*[10] Rdn. 41.

573 Zu einschlägigen Fällen siehe OLG München JZ **1977** 408; *Sieber* aaO S. 47ff, 2/26ff.

574 Näher dazu *Sieber* aaO S. 245ff, 2/16ff.

575 BGH GA **1979** 143f; *Sieber* aaO S. 2/15.

Dienstvertrag: *Ja*, wenn er eine Geschäftsbesorgung zum Gegenstand hat (siehe dort); jedoch grundsätzlich nicht mehr nach dem Erlöschen des Rechtsverhältnisses.[576] I.Ü. siehe Arbeitsverhältnis, Rdn. 151, und Geschäftsbesorgung, Rdn. 167.

162 Die **Ehe**, im allgemeinen im Rahmen der Schlüsselgewalt der Ehegatten (§ 1357 BGB), sonst bei Gütergemeinschaft (§§ 1422, 1429, 1435, 1454, 1472, 1487 BGB; irrig and. RGSt **66** 371).

163 **Eigentumsvorbehalt beim Kaufvertrag** (§ 455 BGB): *Nein*, weil es um ein bloßes Austauschgeschäft geht und das fremde Eigentum durch § 246 Abs. 2 StGB geschützt wird, etwa bei der Verpflichtung, die Kaufsache nicht zu verpfänden, sie nicht zur Sicherung zu übereignen, Drittpfändungen anzuzeigen u.ä.[577] Auch beim *erweiterten Eigentumsvorbehalt* mit der[578] Ermächtigung, die Sache im ordnungsmäßigen Geschäftsgang weiter zu veräußern, und der Auflage, den Verkaufserlös (sofort) abzuführen, ihn gesondert aufzubewahren oder den Anspruch auf den Erlös abzutreten,[579] oder bei (stiller) Vorausabtretung des Verkaufserlöses[580] (*verlängerter Eigentumsvorbehalt*) besitzt der Vorbehaltskäufer keine Herrschaft über das Vermögen des Vorbehaltsverkäufers, weil er den Verkaufserlös aus dem Rechtsverhältnis zu seinen Abnehmern erwirbt und dessen Weiterleitung nur eine „schlichte Schuldnerpflicht" ist (**and.** bei echten Treuhandfällen der Sicherungsübereignung bzw. -abtretung und Inkassozession, o. Rdn. 94 und u. Rdn. 172, 196). Wie BGHSt **22** 190, 192 zutr. ausgesprochen hat, kann der Anwendungsbereich des § 266 nicht durch das kautelarjuristische Raffinement des Verkäufers begründet werden, wobei der Sachgrund dafür nicht in dem strafrechtlich wertlosen und nur als Etikett dienenden Kriterium der „Hauptpflicht" liegt, sondern in der Unterscheidung zwischen der *Herrschaft über (wirtschaftlich) fremdes Vermögen* und der *schlichten Schuldnerpflicht*: Während beim *Kommissionsgeschäft* der Kommittent das Risiko der Weiterveräußerung der Sache trägt und diese deshalb Bestandteil seines Vermögens bleibt (u. Rdn. 177), geht dieses Risiko beim *Kaufvertrag* auf den Käufer über (BGHSt **22** aaO), so dass dieser mit der Weiterveräußerung selbst dann über eigenes Vermögen verfügt, wenn der Verkäufer ihm diverse weitere Pflichten auferlegt hat.

Die **elterliche Sorge** (§ 1626, §§ 1677 ff, § 1705 BGB): *Ja* (BGHZ **58** 14, 19).

164 **Factoring:** Beim *echten Factoring* handelt es sich um einen Forderungskauf, bei dem der Käufer (die Bank) das Risiko für die Zahlungsunfähigkeit des Schuldners übernimmt; beim *unechten Factoring* verbleibt dieses Risiko beim Gläubiger, weshalb diese Rechtsfigur den Kreditgeschäften zuzuordnen ist.[581] Nach BGH JR **1989** 207 m. abl. Anm. *Otto* ist der zedierende Gläubiger regelmäßig weder in der ersten noch in der zweiten Alternative tauglicher Täter des Untreuetatbestandes, weil ein Kaufvertrag grundsätzlich überhaupt keine untreuerelevanten Treuepflichten begründe, während in der Kredit-

---

576 Siehe vorst. unter dem Stichwort „Auftrag" und Rdn. 77; *Sch/Schröder/Perron* Rdn. 34; **aA** OLG Stuttgart NJW **1973** 1385, 1386 mit eingehend begründeter abl. Besprechung *Lenckner* JZ **1973** 794 f.

577 BGHSt **16** 280, 282; OLG Düsseldorf NJW **1984** 810, 811.

578 Im Handel selbstverständlichen, BGHZ **68** 199, 202.

579 BGHSt **22** 190, 191 f m.w.N. und m.i.E. zust. Anm. *Schröder* JR **1969** 191; BGH 1 StR 492/66 v. 22.11.1966 bei Dallinger MDR **1967** 173, 174; BGH BB **1963** 1278; BGH 5 StR 392/55 v. 17.1.1956, S. 6; BGH wistra **1987** 136; *Möhrenschläger* NStZ **1985** 271, 272; *Grossrau* Niederschriften Bd. VIII 135, 542; *Heinitz* FS H. Mayer S. 442; *Sch/Schröder/Perron* Rdn. 26; eingehend *Wittig/Reinhart* NStZ **1996** 467 ff; **and.** frühere unveröff. Entscheidungen des BGH, s. *Hübner* LK[10] Rdn. 42 und *Haas* S. 82 f; OLG Hamm NJW **1954** 1091; OLG Saarbrücken JBl. Saar **1965** 28; *Baumann* Sicherungsrechte S. 66 ff, 98 ff; *ders.* ZStW **68** (1956) 531 ff; *Sax* JZ **1977** 704.

580 BGH 1 StR 362/65 v. 3.12.1965 bei Dallinger MDR **1967** 174.

581 BGHZ **58** 364; **69** 254, 257; *Beckmann*, in: Staudinger vor §§ 433 ff Rdn. 138 f; *Fikentscher/Heinemann*, Schuldrecht 10. Aufl. (2006) Rdn. 748; *Medicus* Schuldrecht II BT 14. Aufl. (2007), Rdn. 604.

alternative zwar bezüglich der Annahme und Weiterleitung eingehender Zahlungen des Schuldners auftragsähnliche Elemente vorhanden seien, diese aber nicht den typischen und wesentlichen Inhalt der Rechtsbeziehung prägten, sondern nur Sicherungsfunktion hätten (zust. *Gössel* BT 2 S. 498). Weil es um das typische Unrecht der „Unterschlagung von Forderungen" geht (zutr. *Otto* aaO), das der Gesetzgeber seit 1871 im Untreuetatbestand erfassen wollte, müssen aber beim echten Factoring dieselben Grundsätze gelten wie bei der Inkassozession (u. Rdn. 172) und beim unechten wie bei der Sicherungsabtretung (u. Rdn. 196).

Ein **Finanzierungsvermittlungsinstitut**, das Bankdarlehen zur Finanzierung von Kfz-Käufen vermittelt und den gesamten Geschäfts- und Zahlungsverkehr zwischen Kunden und der Bank abwickelt: *Ja* (BGH 3 StR 284/69 v. 6.5.1970). **165**

Das **Frachtgeschäft** (§ 425 HGB; §§ 412, 413 HGB): *Ja,* da es eine „Geschäftsbesorgung" zum Gegenstand hat.[582]

Fraktionsvorsitzender: Ja (Parteienuntreue, Rdn. 187, 234).

Fund: *Nein,*[583] denn es geht nur um ein Hantieren mit Sachen oder ggf. um eine spezielle Form der Geschäftsführung ohne Auftrag (s. dort).

Geldabholer (Zeitungsfrauen), RGSt **42** 211; (Milchmann), RGSt **69** 58, 60; (Parkuhrenentleerer); (Gasmann) RGSt **70** 53, 55: *Nein*, jedoch **and.** (RGSt aaO), falls dieser die Gasmünzen für Rechnung der Stadtwerke zu verkaufen hat; s. ferner u. *Kassenboten* (u. Rdn. 174) und *Gelddienstleister*; **166**

Gelddienstleister: *Ja*, sofern sie nicht nur dazu befugt sind, fremdes Geld aus Automaten zu entnehmen und abzuliefern (dann nur veruntreuende Unterschlagung gem. § 246 Abs. 2 StGB), sondern es mengenmäßig zu erfassen, mit den Geldern anderer Auftraggeber zu vermischen und auf ein eigenes Konto einzuzahlen, um die Summe später dem Auftraggeber auszukehren (BGH wistra **2008** 427, 428; and. *Sch/Schröder/Perron* Rdn. 26; zw. *Saliger* SSW Rdn. 16); **167**

Die **Genossenschaft** (§§ 24, 26, 34, 35, 38, 39, 41, 83, 88 GenG): *Ja* bezüglich der Organe, *nein* bezüglich der Genossen untereinander und zur Genossenschaft.[584]

Die **Geschäftsbesorgung** im zivilrechtlichen engeren Sinn (§ 675 BGB; § 354 HGB) unterfällt auch der weiteren, strafrechtl. Bedeutung.[585] Um eine Geschäftsbesorgung handelte es sich auch in dem Fall OLG Stuttgart NJW **1968** 1340. Auch die Verzögerung der Abrechnung kann tatbestandsmäßig sein (§§ 666, 667 BGB; **aA** OLG Stuttgart NJW **1971** 64, 65, das jedoch die Schadensfrage mit der Schädigungsabsicht vermengt). Moderne Erscheinungsformen finden sich bei der Kapitalanlage auf fremde Rechnung, z.B. bei **Warentermingeschäften** (BGH [6. ZS] NJW **1984** 800).

Die **Geschäftsführung**: s. bei Auftrag, Genossenschaft, Geschäftsbesorgung und Gesellschaftsuntreue.

Geschäftsführung ohne Auftrag (auch im Fall des § 678 BGB): *Nein*, denn in den Fällen berechtigten Handelns nach den §§ 677, 679, 683 BGB besteht zwar ein gesetzliches Schuldverhältnis (BGH LM BGB § 683 Nr. 2), das nach seiner Ausgestaltung ein Betreuungsverhältnis ist (RGZ **149** 205, 207), aber keine vom Geschäftsherrn eingeräumte Obhutsstellung begründen kann, was auch für das (tatsächliche) Treuverhältnis erfor- **168**

582 RG LZ **1932** 887; BGHZ **65** 340, 343; *Schwinge/Siebert* S. 63.

583 §§ 965, 966, 970 BGB; siehe auch Rdn. 204 „Verwahrung"; *Schwinge/Siebert* § 5 I 2a; *Sax* JZ **1977** 704 sub c).

584 RGSt **69** 203, 206 f; BGH NJW **1979** 1512; *Krüger* ZfgG **2010** 221 ff.

585 BGHR § 266 Abs. 1 Vermögensbetreuungspflicht 19, 26; BGH NStZ-RR **2005** 151; BGHZ **62** 71, 79; RGSt **68** 371, 373; vgl. RGSt **16** 241, 243; Rdn. 72 ff; OLG Düsseldorf NJW **2000** 529.

derlich wäre. § 266 kommt deshalb nur unter dem Gesichtspunkt der Überschreitung eines tatsächlich erteilten Auftrages in Betracht.[586]

Geschäftsverbindung: *Nein*, auch nicht bei einer – regelmäßigen oder ständigen, einseitigen oder gegenseitigen – zwischen Kaufleuten, da es sich dabei um die bloße Gepflogenheit handelt, miteinander Rechtsgeschäfte abzuschließen. Ob es für den einen Teil zu der Verpflichtung kommt, Vermögensinteressen des anderen wahrzunehmen, bestimmt sich erst nach dem Inhalt des jeweils abgeschlossenen Rechtsgeschäfts, der ebensogut vermögensfürsorgerischer Art (in einem Geschäftsbesorgungsvertrag) wie nichtvermögensfürsorgerischer Art (bei einem Kaufvertrag) sein kann.[587] Siehe auch Rdn. 192 „Reiseverkehr";

169 **Gesellschaftsuntreue** s. Rdn. 305ff.

gesellschaftlichen Beziehungen z.B. aus alter Bekanntschaft (RG HRR **1939** 1385), Freundschaft, Verwandtschaft oder Schwägerschaft (RG HRR **1942** 612), bei Gefälligkeitsdiensten (BGH 5 StR 435/71 v. 12.10.1971): *Nein*. Tippgemeinschaften siehe dort, Rdn. 202;

Gewerbegehilfen (§ 83 HGB): *Nein*.

GmbH s. Gesellschaftsuntreue Rdn. 306ff.

170 Der **Handelsvertretervertrag** (§§ 84, 86 HGB): *Ja*.[588] Anders als der Makler (Rdn. 180) ist der Handelsvertreter (Begriff BGHZ **56** 290, 293; **59** 87, 90ff) verpflichtet, sich für den Geschäftsherrn um die Vermittlung oder den Abschluss von Geschäften zu bemühen. Da es dabei um die Wahrnehmung handfester Vermögensinteressen geht (vgl. BGHZ **43** 108), bleibt er nicht bloß die Leistung von Diensten *an* den Geschäftsherrn schuldig, wenn er jede Tätigkeit für ihn unterlässt und stattdessen für die Konkurrenz tätig wird oder vertragswidrig Eigengeschäfte betreibt.[589] Er verhält sich vielmehr ungetreu im Sinn des § 266. Er handelt nicht bloß einem erst nach Beendigung des Vertragsverhältnisses eingreifenden Wettbewerbsverbot (§ 90a HGB) zuwider (wie in RGSt **75** 75, 81), sondern verletzt die vermögensfürsorgerische Vertragspflicht, durch Besorgen von Geschäften *für* den Geschäftsherrn dessen Vermögen zu mehren.[590] Das gilt erst recht, wenn er für den Geschäftsherrn schon vermittelte Abschlüsse der Konkurrenz zuschanzt oder auf sich selbst umstellt. Das Ganze ist nicht eine Frage der „Treupflichtverletzung", sondern des tatbestandlichen Schadens.[591] Auch durch unberechtigtes Inkasso kann der Handelsvertreter Untreue begehen, da er den Geschäftsherrn um die Frucht aus dem vermittelten Vertragsschluss bringt.[592] Verbotene oder rechtlich missbilligte Geschäfte zu vermitteln, ist der Handelsvertreter selbstverständlich nicht gehalten (BGHSt **20** 143, 146).

---

586 S. BGHSt **8** 149, 150; BGH LM Nr. 21; *Sch/Schröder/Perron* Rdn. 26; z.T. abw. *Hübner* LK[10] Rdn. 42.

587 *Sch/Schröder/Perron* Rdn. 30; **aA** BGHSt **12** 207, 208 m. insow. zust. Anm. *Sarstedt* LM Nr. 30 und *Schröder* JR **1959** 270.

588 BGH NStZ **1983** 74 jedenfalls bei Bestehen eines Konsignationslagers; BGH NJW **1953** 1600, 1601 zu § 84 HGB a.F.; OLG Hamm NJW **1957** 1041, 1042 a.E.; *Sax* JZ **1977** 749; *Sch/Schröder/Perron* Rdn. 25; *Dierlamm* MK Rdn. 98; **aA** *Gribbohm* JuS **1965** 393; einschränkend *Lackner/Kühl* Rdn. 13; *Otto* Struktur S. 313f; *ders.* Grundkurs § 54 II 2d.

589 So aber OLG Braunschweig NJW **1965** 1193 unter irrtümlicher Berufung auf RGSt **75** 75, 82; *Gribbohm* JuS **1965** 393; *Sch/Schröder/Cramer*[18] Rdn. 24a.

590 BGHZ **42** 59; BGH LM HGB § 61 Nr. 1; RGSt **71** 333, 335; RG DR **1939** 1981, 1982; OLG Hamm JMBlNRW **1964** 139; *H. Mayer* ZBlHR **1933** 147.

591 BGHSt **20** 143, 145; RGSt **26** 227, 228f; OLG Köln NJW **1967** 1923; *Sax* JZ **1977** 749 a.E., 750; siehe auch *Schwinge* JW **1937** 3023, Anm. zu RGSt **71** 333.

592 BGHR § 266 Abs. 1 Missbrauch 3; OLG Koblenz MDR **1968** 779, 780; **aA** BGH 5 StR 584/67 v. 28.11.1967 bei Herlan GA **1971** 37; für „vertreterähnliche" Angestellte s. OLG Frankfurt NStZ-RR **1997** 201; siehe auch Rdn. 67.

Handlungsgehilfen und Handlungsvolontäre als Ladenangestellte (§§ 56, 59, 82a HGB): *Nein*, wenn sie nur zur geschäftsgewöhnlichen Herausgabe oder Empfangnahme und damit zum bloßen Hantieren mit Sachen ermächtigt; *ja*, wenn sie auch mit dem selbständigen Kassieren betraut sind. Im letzteren Fall liegt Untreue beim Verkauf (oder Selbsteinkauf) unter dem Laden- (oder Vorzugs-)preis,[593] bei Eigenentnahme ohne Bezahlung[594] oder beim Verschenken vor.[595] Falls keine Befugnis zu selbständiger Abrechnung gegeben ist, besteht dagegen kein Strafbedürfnis aus § 266, da der Unrechtsgehalt durch die §§ 242, 246[596] vollständig erfasst wird. 171

Die **Handlungsvollmacht** (§§ 54, 55 HGB): *Ja* (BGHSt **20** 143f; BGH NStZ **2011** 280; RGSt **75** 75, 77, 79).

Hausangestellte, die Alltagseinkäufe besorgen: *Nein.*[597]

Haushaltsuntreue s. Rdn. 293ff.

Hausmeister, die die festgesetzten Mieten entgegennehmen, aber die Räume nicht selbst vermieten dürfen: *Nein*;[598] **and.** bei **Hausverwaltungen** (BGH 2 StR 116/67 v. 31.5.1967).

Das **Inkassogeschäft:** *Ja* mit Ausnahme des reinen Botengeschäfts. Das ist völlig 172
unstr., wenn es – gleichviel, ob in offener oder in verdeckter Stellvertretung – mit der Freiheit zu eigenem Befinden über Art und Weise der Beitreibung, zu Stundung, Bewilligung von Ratenzahlung, Abschluss zum Vergleich bei Strittigkeit, Nachlass bei Aussichtslosigkeit vollständiger Befriedigung u. dgl., betrieben wird, z.B. von gewerbsmäßigen **Inkassobüros.**[599] An der Fremdnützigkeit ihrer treuhänderischen Tätigkeit und damit an der Anwendbarkeit des § 266 kann auch dann nicht gezweifelt werden, wenn sie regelmäßig nur der Weisung zur Einziehung und Ablieferung des Geldes nachzukommen haben, also ohne eigene „Wahlfreiheit" handeln; das steht der Erfüllung des Untreuetatbestandes weder in der Form des Missbrauchs- (o. Rdn. 59) noch in der des Treubruchtatbestandes entgegen.[600] Es genügt, dass der Inkassobeauftragte „zur Kontrolle der Einnahmen und Ausgaben Bücher zu führen oder Quittungen zu erteilen gehabt hat, also auch buchhalterisch tätig ist" (BGHSt **13** 315, 319; BGH GA **1979** 143, 144; BGH NStZ **1983** 455; **2014** 158 m. zu Unrecht abl. Anm. *Wagner* ZIS **2014** 364). Umstr. ist das *unberechtigte* Inkasso (oder etwa auch der pflichtwidrige Erlass) einer sicherungs- oder erfüllungshalber (etwa auch im Rahmen eines verlängerten Eigentumsvorbehalts oder von Leasingverhältnissen) abgetretenen Forderung durch den Zedenten, der mangels Offenlegung weiterhin gem. § 407 BGB als Nichtberechtigter gegenüber einem gutgläubigen Schuldner verfügen kann und unter den im Innenverhältnis festgelegten Bedingungen auch dazu **ermächtigt** ist. Ob der Missbrauch der ihm eingeräumten Rechtsmacht im Verhältnis zum Zessionar treuwidrig ist oder nur die Verletzung einer schlichten Schuldnerpflicht bedeutet, hängt davon ab, ob der Gegenstand vom Zedenten

---

593 BGH LM Nr. 4; OLG Hamm NJW **1973** 1809, 1810; *Otto* Grundkurs § 54 Rdn. 15; *Sax* aaO S. 748 f; s. auch Rdn. 66 zum Verkauf nicht von Sachen, sondern von *Leistungen* unter Preis als Untreue.

594 BGH LM Nr. 4; RGSt **77** 34, 38; OLG Hamm aaO; *Bockelmann* BT/1 § 18 II 3; *Sax* aaO 748 f.

595 RG GA **1904** 360; OLG Hamm NJW **1973** 1809; LAG Baden-Württemberg Az. 8 Sa 17/89 v. 6.6.1989, LAGE § 61 HGB Nr 1; aM *Sch/Schröder/Perron* Rdn. 23a und Voraufl., s. aber dagegen o. Rdn. 102.

596 BGHSt **4** 236; BGH NJW **1970** 1753.

597 *Grossrau* Niederschriften VIII 135; *Kohlrausch* HdR VIII 740; *H. Mayer* Mat. I 353.

598 **AA** BGH 2 StR 192/54 v. 2.11.1954.

599 *Dierlamm* MK Rdn. 100; BGH 5 StR 538/54 v. 14.12.1954; BGHZ **53** 1.

600 Unrichtig OLG Köln NJW **1988** 3219 f; OLG Hamm StraFo **1998** 195, 197; nach wie vor zutr. BGHSt **5** 61, 65 und auch nach der Scheckkartenentscheidung BGH NStZ **1984** 118 f. Wie hier bereits *Schünemann* LK[11], § 266 Rdn. 127 für den Missbrauchstatbestand; *Seier* Rdn. 113 („allenfalls"); *Saliger* SSW Rdn. 15; and., aber unzutr. *Dierlamm* MK Rdn. 100, dazu näher o. Rdn. 100 ff.

unbeschadet der begleitenden Sicherungsfunktion auf eigene Rechnung verwertet werden soll wie beim verlängerten Eigentumsvorbehalt (dann nur schlichte Schuldnerpflicht, vgl. dazu o. Rdn. 163) oder ob er ihn als faktischer Kommissionär wirtschaftlich allein noch im Interesse des Zessionars veräußert (dann Treupflicht, u. Rdn. 177).

173 Die **Insolvenzverwaltung** (vor dem 31.12.1998 Konkursverwaltung): *Ja* für den Insolvenzverwalter (§§ 56ff InsO), auch den vorläufigen (§§ 21 Abs. 2 Nr. 1, 22 InsO), sowohl im Verhältnis zu den Gläubigern[601] wie auch im Verhältnis zum Gemeinschuldner.[602] Eine Treupflicht trifft auch den Gläubigerausschuss (§ 69 InsO),[603] den Sachwalter (§ 274 InsO) und den Schuldner bei der Eigenverwaltung (§§ 270ff InsO, s. aber auch Rdn. 45).

174 Das **Kapitalanlagegeschäft** s. bei Anlageberater und Geschäftsbesorgung.

Der **Kassenarzt**: *Ja* gegenüber der Krankenkasse bei der Verschreibung von Medikamenten aus dem Wirtschaftlichkeitsgebot des § 12 SGB V.[604]

Kassenboten, die Geld nur zu transportieren haben: *Nein*;[605] **and.** *Gelddienstleister* (o. Rdn. 166).

Kassenhalter, die Geld nicht nur vereinnahmen und (oder) auszahlen, sondern zugleich mit der Verbuchung betraut sind : *Ja*.[606]

175 **Kaufvertrag**: *Nein*. Weder für den **Verkäufer**,[607] – auch nicht bei Vorauszahlung des Kaufpreises.[608] Darum keine Untreue durch Doppelverkauf (*Otto* Struktur S. 314). And. jedoch, wenn der Verkäufer die Finanzierung des Geschäfts für den Käufer übernimmt (BayOblGSt **1969** 7). **And.** ggf. auch bei **Zweckbindung** in der Kaufgeldverwendung, insbesondere wenn der Kaufpreis dem Verkäufer überhaupt erst die Beschaffung ermöglichen soll,[609] z.B. beim Verkauf künftiger Eigentumswohnungen[610] oder bei „Aussteuer-Kaufverträgen" mit Vorfinanzierung durch den Käufer.[611] Aus schlechten Vermögensverhältnissen des Verkäufers, etwa seiner Überschuldung, allein ergibt sich jedoch eine solche Zweckbindung noch nicht (BGH 5 StR 472/64 v. 22.12.1964). – Noch für den **Käufer,** sei er auch unerfahren (BGH 4 StR 351/60 v. 7.10.1960), auch nicht bei irgendwelcher Modifizierung der Erfüllungspflicht, etwa durch eine Verrechnungsabrede (BGH 1 StR 446/60 v. 13.12.1960) oder durch das Versprechen der Befriedigung aus einem bestimmten Vermögensstück (BGH 1 StR 463/60 v. 31.1.1961); ferner nicht beim Kauf unter Eigentumsvorbehalt (s.o.) und auch nicht beim vertragswidrigen Weiterverkauf „zu treuen

---

601 BGHSt **15** 342 mit Anm. *Martin* LM Nr. 36 und *Schröder* JR **1961** 268; BGH NStZ **1998** 246; *Schramm* NStZ **2000** 398; *Diversy/Weyand* ZinsO **2009** 802; für den vorläufigen Verwalter a.M. *Schmid* M-G/B § 31 Rdn. 128; *Gold* Die strafrechtl. Verantwortung des vorläufigen Insolvenzverwalters (2004), S. 102ff.

602 BGH 1 StR 405/73 v. 13.11.1973; *Schwinge/Siebert* S. 41.

603 BGHZ **71** 253, 256ff; BGH MDR **1978** 747; RGSt **39** 383, 386.

604 BGHSt **49** 17, 24; BGH NStZ **2004** 568 570; NStZ **2017** 32; OLG Hamm MedR **2005** 236; **krit.** *Schnapp* u. *Brandts/Seier* FS Herzberg (2008), S. 795, 811, 816 sowie eingehend *Leimenstoll* (2012).

605 Rdn. 44f; *Grossrau* Niederschriften VIII 135; *Kohlrausch* HdR VIII 740; *H. Mayer* GS **104** 125 Fn. 4; *Otto* Struktur S. 313; **aA** (im Widerspruch zu seinem eigenen Ansatz) RGSt **69** 58, 62 gegen RGSt **43** 432, 433; *Welzel* § 56 B 1b.

606 BGHSt **13** 315, 318f; **18** 312, 313; BGH 2 StR 612/71 v. 6.4.1972 zum Verwalter einer Betriebskasse, der Versicherungsprämienzahlungen entgegenzunehmen und Provisionen auszuzahlen, daneben Kunden zu beraten hat; BGH 4 StR 459/71 v. 18.11.1971; BGH NStZ **1983** 455; ferner RG DR **1939** 1982; OLG Hamm NJW **1973** 1809, 1810; OLG Köln OLGSt. S. 39; OLG Hamburg NStZ **2010** 335 mit grotesk lebensfremden Erwägungen zum subjektiven Tatbestand.

607 RG HRR **1939** 594; RG HRR **1939** 1446.

608 RGSt **69** 146, 147; OLG Hamm NJW **1968** 1940 betrifft einen anderen Sachverhalt, keine Anzahlung, sondern einen Preisnachlass, *Otto* Struktur S. 315.

609 RGSt **77** 391; BGH **1** 186, 189f; BGHSt **28** 20 = BGH NJW **1978** 2105, 2106 m.w.N.

610 BGH NJW aaO; BGH 2 StR 378/70 v. 10.2.1971.

611 BGHR § 266 Abs. 1 Vermögensbetreuungspflicht 16 = NJW **1991** 371.

Händen" angedienter Dokumente vor Zahlung des Kaufpreises (*Timmermann* MDR **1977** 533); s. ferner Mietvertrag.

Kellner, die die Gäste zu bedienen und die Zeche zu kassieren, aber nicht abzurechnen haben: *Nein;*[612] auch hier wieder **anders** beim **Oberkellner** mit der Aufgabe selbständiger Abrechnung. 176

Der **Kommissionsvertrag** (§§ 383, 406 HGB): *Ja,* der Kommissionär ist dem Vermögen des Kommittenten betreuungspflichtig, nicht umgekehrt.[613] 177

Kontokorrentverhältnis: *Nein* (BGH bei Dallinger MDR **1967** 174; BGH NStZ **1984** 118);

Im **Konzern** s. Gesellschaftsuntreue u. Rdn. 314, 331f.

der **Krankenkassensekretär,** der nur Einzahlungen entgegenzunehmen, Auszahlungen zu bewirken, Quittungen und sonstige Belege zu beschaffen, aber keine selbständige Kassenführung hat: *Nein.*[614]

Riskante **Kreditgewährung** s. Bankuntreue u. Rdn. 303f.

Der Inhaber einer **Kreditkarte**[615] hat zwar – ebenso wie der Inhaber einer **Scheckkarte** – von dem Kreditkartenunternehmen bzw. der Bank im sog. *Drei-Partner-System*[616] 178

---

612 RGSt **69** 58, 60, 61; vgl. RGSt **34** 39 und RG GA **1903** 288 zu § 266 Abs. 1 Nr. 2 a.F.; *Heinitz* FS H. Mayer S. 443.

613 BGHSt **1** 186, 189; **11** 102ff; BGHR § 266 Abs. 1 Vermögensbetreuungspflicht 2; OLG Düsseldorf NJW **2000** 529; RGSt **61** 342; **and.**, aber ohne triftige Begründung Nr. 7; RGSt **70** 161, 164; RGZ **83** 201, 205; RG JW **1905** 118; OLG Hamm NJW **1957** 1041. Siehe auch Rdn. 46; ferner *Otto* Struktur S. 314 und zu den Voraussetzungen des Kommissionsgeschäfts *Rengier* BT II § 18 Rdn. 23.

614 RG JW **1932** 1746 Nr. 29.

615 **Schrifttum zu Untreue und Kredit- und Scheckkartenmissbrauch:** *Bringewat* Scheckkartenmissbrauch und nullum crimen sine lege, GA **1973** 353 mit Besprechung *Blei* JA **1974** 102; *Bringewat* Der Kreditkartenmissbrauch – eine Vermögensstraftat! NStZ **1985** 535; *Bringewat* Der Missbrauch von Kreditkarten – straflose oder strafbare Vermögensschädigung, JA **1984** 347; *Brink* Der Missbrauch von Eurocheques (1975); *Buchmüller* Rechtliche Probleme der Scheckkarte, NJW **1979** 1198; *Dunkel* Nochmals: Der Scheckkartenmissbrauch in strafrechtlicher Sicht, GA **1977** 329; *Ehrlicher* Der Bankomatenmissbrauch – seine Erscheinungsformen und seine Bekämpfung (1989); *Giese-Lang-Streyer* Eurocheque und Eurocheque-Karte (1971); *Gössel* Vom Scheckbetrug zum Scheckkartenbetrug? MDR **1973** 177; dazu *Blei* JA **1973** 326; *Heimann-Trosien* Zur strafrechtlichen Beurteilung des Scheckkartenmissbrauchs. Insbesondere zur Frage der Untreue, JZ **1976** 549; *Hübner* Scheckkartenmissbrauch und Untreue, JZ **1973** 407 mit Besprechung *Blei* JA **1973** 605; *Huff* Strafbarkeit der mißbräuchlichen Geldautomatenbenutzung durch den Kontoinhaber, NJW **1986** 902; *Knauth* Verwendung einer nicht gedeckten Kreditkarte als Straftat, NJW **1983** 1287; *Labsch* Der Kreditkartenmissbrauch und das Untreuestrafrecht, NJW **1986** 104; *Lenckner/Winkelbauer* Strafrechtliche Probleme im modernen Zahlungsverkehr, wistra **1984** 83; *D. Meyer* Die mißbräuchliche Benutzung der Scheckkarte – Betrug oder Untreue? – BGHSt 24 386 – JuS **1973** 214; dazu *Blei* JA **1973** 393; *Offermann* Nachruf auf einen Meinungsstreit – zur strafrechtlichen Erfassung des Scheck- und Kreditkartenmissbrauchs, wistra **1986** 50; *Otto* Urteilsanmerkung JZ **1985** 1008; *Otto* Bargeldloser Zahlungsverkehr und Strafrecht (1978); *Ranft* Der Kreditkartenmissbrauch (§ 266b Alt. 2 StGB), JuS **1988** 673; *Schaudwet* Rechtsfragen der Scheckkarte, NJW **1968** 9; *Schmid* Missbräuche im modernen Zahlungs- und Kreditverkehr (1982); *Schröder* Anm. zu BGHSt 24 368, JZ **1972** 707; dazu *Blei* JA **1972** 790; *Schulz/Tscherwinka* Probleme des Codekartenmissbrauchs, JA **1991** 119; *Seebode* Anm. zu BGHSt 24 368, JR **1973** 117; dazu *Blei* JA **1973** 117; *Sennekamp* Ist die Begebung ungedeckter Schecks mittels Scheckkarte durch ihren berechtigten Inhaber strafbar? MDR **1971** 638 mit Erwiderung *D. Meyer* MDR **1971** 893; *Sennekamp* Zur Begebung ungedeckter Schecks unter Verwendung der Scheckkarte, BB **1973** 1005; *Steinhilper* Mißbräuche von Euroscheckkarten in strafrechtlicher Sicht, Jura **1983** 401; *Tiedemann* Computerkriminalität und Missbrauch von Bankautomaten, WM **1983** 1326; *Vonnahme* Urteilsanm. NJW **1971** 443; dazu *Blei* JA **1971** 305; *Vormbaum* Die strafrechtliche Beurteilung des Scheckkartenmissbrauchs, JuS **1981** 18; *Weller* Das Kreditkartenverfahren (1986); *Wentzel* Das Scheckkartenverfahren der deutschen Kreditinstitute (1974); *Zahrnt* Die Scheckkarte unter strafrechtlichen Gesichtspunkten, NJW **1972** 277 mit Entgegnung *D. Meyer*, MDR **1972** 668; *Zahrnt* Anm. zu OLG Hamm NJW 1972 298, NJW **1972** 1095; *Zahrnt* Anm. zu BGHSt 24 368, NJW **1973** 63.

616 *Gribbohm* LK[11] § 266b Rdn. 14.

die in der Karte gem. § 167 BGB verlautbarte Vollmacht erhalten, den Vollmachtgeber gegenüber dem Vertragspartner des Karteninhabers (im „Außenverhältnis") unabhängig von einer etwaigen Deckung im Innenverhältnis (zwischen Vollmachtgeber und Karteninhaber) zu einer Zahlung zu verpflichten, besitzt also eine Verpflichtungsmacht, welche prinzipiell weiter reicht als die (etwa auf ein Guthaben oder eine Kreditlinie beschränkte) Gestattung im Innenverhältnis, und der Missbrauch dieser Verpflichtungsmacht bedeutet auch eine Schädigung des Vermögens des Vollmachtgebers von innen heraus, die sich nicht im Rahmen des Hantierens mit Sachen vollzieht. Dennoch scheitert eine Täterschaft an dem erstmals vom BGH in der *Scheckkartenentscheidung* BGHSt **24** 386 in den Missbrauchstatbestand hineininterpretierten Erfordernis einer *fremdnützigen* Treuhandposition, das entsprechend der modernen Interpretation des Art. 103 Abs. 2 GG heute nicht mehr rückgängig gemacht werden kann (o. Rdn. 25). Nachdem sich die kriminalpolitischen Bedürfnisse zunächst in der Scheckkartenentscheidung selbst vermittels einer dogmatisch verfehlten Heranziehung des Betrugstatbestandes Bahn brachen (zur Kritik eingehend und m.w.N. LK[11]/*Schünemann* Rdn. 128), während sie in der folgerichtigen, eine Strafbarkeitslücke annehmenden *Kreditkartenentscheidung* BGHSt **33** 244, 251 zwangsläufig auf der Strecke blieben,[617] hat der Gesetzgeber im 2. WiKG den Missbrauch von Scheck- und Kreditkarten in § 266b als Spezialtatbestand im weiteren Bereich der strafrechtlichen Untreue geregelt.

179 **Lagerverwalter,** die auf zuständige Anforderung Waren, Gerät, Werkzeug, sonstige Materialien auszugeben haben: *Nein*;[618] **and.** bei selbständiger Lagerhaltung und -buchhaltung.[619]

Lastschriftermächtigung siehe Vollmacht.

Laufburschen: *Nein.*[620]

Leasingverhältnisse siehe Mietvertrag (Rdn. 181) und Inkassogeschäft (Rdn. 172);

Leihvertrag: *Nein,* bloßes Hantieren mit Sachen (RG HRR **1941** 984);

Locher in der früheren elektronischen Datenverarbeitung, die zu erfassende Daten in Lochkarten oder Lochstreifen maschinell einstanzten: *nein;*[621] auch nicht die Lochkartenverwalterin, die Lochkarten vor der Weitergabe an die Datenverarbeitungsanlage formal auf die Abzeichnung durch den entscheidungsberechtigten Sachbearbeiter zu prüfen hatte.[622] Siehe nunmehr Rdn. 160 „Computermanipulationen";

180 im **Maklervertrag** weder für den **Auftraggeber,** da dieser noch so erfolgreiche Bemühungen des Maklers durch einen Vertragsabschluss nicht anzuerkennen braucht und sein eigenes Interesse über das des Maklers stellen – z.B. (sogar) bei einem sog. Alleinauftrag einen Interessenten selbst suchen und mit diesem ohne Hinzuziehung des Maklers abschließen – darf (BGH NJW **1961** 307), da § 654 BGB auch auf den Auftraggeber nicht entsprechend anwendbar ist.[623] Das gilt auch dann, wenn der Auftraggeber trotz eines erteilten Alleinauftrags sich der Dienste eines anderen Maklers bedient und deshalb dem ursprünglichen Beauftragten schadensersatzpflichtig wird (BGHZ **60** 377, 381f);

---

617 Zwar hat BGHSt **33** 248 noch auf einen bloßen Subsumtionsirrtum des Täters über das Vorliegen einer Täuschung eine Bestrafung wegen Betrugsversuches stützen zu können vermeint, aber das war dogmatisch verfehlt (richtig: strafloses Wahndelikt).

618 *Otto* Struktur S. 312; *Schafheutle* Niederschriften Bd. VIII 268.

619 *Sax* JZ **1977** 748.

620 RG Rspr. **9** 200, 203.

621 Allg.M., z.B. *Lampe* GA **1975** 5; *Sieber* S. 246 f, 249; *Tiedemann* Wirtschaftsstrafrecht 2 S. 156 f.

622 OLG München JZ **1977** 408, 409.

623 BGH LM BGB § 652 Nr. 21; Nr. 23; Nr. 28; Nr. 31.

– noch für den **Makler,** dessen Tätigkeit sich im Nachweis der Gelegenheit zum Abschluss eines Vertrags erschöpft.[624] **And.** ggf. beim **Vermittlungsmakler.** Er braucht zwar – außer bei einem Alleinauftrag[625] – nicht tätig zu werden; wird er es, so braucht er den Auftraggeber nicht umfassend zu beraten.[626] Er muss aber auf den Dritten mit dem Ziel des Vertragsabschlusses einwirken, bei einem ihm allein oder „fest an die Hand" gegebenen Auftrag ausschließlich im Interesse des Auftraggebers.[627] Er besorgt also ein Geschäft für ihn (BGHZ WM **1977** 762) und ist demgemäß möglicher Untreuetäter, z.B. wenn er dem Entschluss des Dritten, zu einer Verkaufsvereinbarung zu kommen, systematisch entgegenwirkt (vgl. auch RGSt **41** 24), oder wenn er dem Auftraggeber und dem Notar verheimlicht, dass er einen über das ihm gesetzte Limit ausgehandelten Überpreis sich vorweg hat auszahlen lassen, vorgeblich zur Weiterleitung an den Auftraggeber als Verkäufer, in Wirklichkeit, um ihn als Sonderprovision für sich zu behalten, so dass die Gültigkeit des Grundstückskaufs in Frage gestellt ist (§ 313 BGB a.F., heute § 311b BGB) und der Auftraggeber obendrein in den Verdacht der Steuerhinterziehung gerät (BGH NJW **1969** 1628, 1629). Ist es dem Makler ausdrücklich oder, wie dem **Handelsmakler** (§§ 93, 98, 99 HGB), stillschweigend gestattet, für beide Teile tätig zu werden (*Doppelmakler*), so muss er sich strenger Unparteilichkeit befleißigen und darf keinen Teil zum Schaden des anderen bevorzugen.[628] Bei solch gegensätzlicher Interessenlage wird, da sie nicht leicht zu meistern ist, nur krasse Benachteiligung oder Übervorteilung des einen Teils für § 266 tatbestandlich sein, z.B. wenn der Makler aus Gewinnsucht unter Verschweigen schwerer Sach- oder Rechtsmängel oder, um sich eine höhere Provision zu sichern, durch eine *Mehrerlösvereinbarung* mit dem Verkäufer den Kaufpreis zum Schaden des Käufers in die Höhe treibt; oder wenn er den Verkäufer über die Zahlungsunfähigkeit des Käufers oder über die Wertlosigkeit seiner an Zahlungs Statt erbrachten Gegenleistung arglistig nicht unterrichtet.[629] Der Untreuetatbestand kommt auch bei atypischen *Makler(dienst)verträgen* in Betracht, die um eine Geschäftsbesorgung erweitert sind (BGH 5 StR 339/55 v. 6.12.1955; OLG Stuttgart NJW **1968** 1340), oder wenn die Stellung des Maklers infolge schon länger währender Geschäftsverbindung (*Schröder* JR **1959** 270) derjenigen eines Handelsvertreters stark angenähert ist (BGH NJW **1953** 1600, 1601).

im **Mietvertrag:** von Haus aus *nein*, weil es um einen Austauschvertrag geht. Der **181**
Vermieter hat also grds. keine Vermögensinteressen des Mieters zu betreuen,[630] auch nicht bei Mietvorauszahlung (BGH 3 StR 787/53 v. 21.1.1954) oder bei einer ohne weitere Abmachungen bei der **Gewerberaummiete** geleisteten Kaution. **And.** wird jedoch die vom Vermieter von **Wohnraum** gem. § 551 Abs. 3 BGB im Interesse des Mieters zu verwaltende **Kaution**[631] sowie der vom Mieter vorab zur Herstellung der ihm danach vermieteten Sache geleistete **Baukostenzuschuss** behandelt (BGH NJW **1978** 2105, 2106 m.

---

624 BGH GA **1971** 209, 210, 211; BGHZ **48** 344, 346; BGH LM BGB § 652 Nr. 9; Nr. 25, 4.
625 BGH NJW **1966** 1405, 1406; BGH NJW **1969** 1626.
626 BGH NJW **1962** 734, 735 a.E.; BGH LM BGB § 652 Nr. 17.
627 BGHZ **60** 377, 384; BGH NJW **1964** 1467, 1468; BGH GA **1971** 209, 210 m. Schrifttumsangaben; BGH LM BGB § 652 Nr. 8; Nr. 10; Nr. 13.
628 BGHZ **61** 17, 22 ff; BGH LM BGB § 652 Nr. 8a; Nr. 10; Nr. 22; Nr. 26.
629 BGH GA **1971** 209, 210; RG Recht **1907** Nr. 3489; RG Recht **1911** Nr. 2863; vgl. BGH LM BGB § 652 Nr. 22, Nr. 26.
630 RGSt **71** 90, 91; **aA** RGSt **74** 1, 3.
631 BGHSt **41** 224, 227 ff; **52** 182 m. abl. Anm. *Kretschmer* JR **2008** 348; zust. *Pauly* **ZMR 1996** 417 ff; **and.** *Sch/Schröder/Perron* Rdn. 26; *Lackner/Kühl* Rdn. 12, jeweils m.w.N.; *Sowada* JR **1997** 28; *Gössel* BT 2 S. 499; OLG Düsseldorf NJW **1989** 1171; OLG Düsseldorf wistra **1994** 33 f.

Nachw.), ebenso wie ein vom Erwerber einer **Eigentumswohnung** vorab für deren Herstellung gezahlter Betrag. Solche Verträge verpflichten den Vermieter (Verkäufer), den Bau für den Mieter (Käufer) herzustellen und diesem darin eine (die gekaufte) Wohnung zu verschaffen (BGH MDR **1954** 495), und zwar unter Verwendung der Vorauszahlung gerade für diesen Bau und diese Wohnung. Der Vermieter (Bauunternehmer) hat also nicht nur ein eigenes, sondern zugleich ein fremdes Geschäft zu besorgen (BGHZ **16** 12, 16), so dass zweckwidrige Verwendung des Geldes (BGH 2 StR 378/70 v. 10.2.1971) und – bei ordnungsmäßiger Herstellung der Wohnung – auch noch ihre vorsätzlich zweckwidrige Verwendung durch den Vermieter (Bauherrn) unter § 266 fällt (BGHSt **8** 271; BGHSt **13** 330; o. Rdn. 93). Diese Rspr. ist zutr., räumt dadurch aber im Ergebnis selbst ein, dass entgegen der im Schrifttum bis heute überschätzten Scheckkartenentscheidung (BGHSt **24** 386, o. Rdn. 22f) auch ein im Ausgangspunkt nicht fremdnütziges Austauschverhältnis **untreuerelevante Teile** enthalten kann.

Den **Mieter** trifft gegenüber dem Vermieter keine Betreuungspflicht.[632] Diese Grundsätze gelten auch für das **Leasinggeschäft.**

182 Die **Nachlasspflegschaft** (§ 1960 Abs. 2 BGB): *Ja.*[633]

Der **Nachlassrichter** bezügl. der zukünftigen Erben: *Ja.*[634]

Die **Nachlassverwaltung** (§§ 1975, 1985 BGB): *Ja.*[635]

Im **Nießbrauch** besteht Vermögensfürsorgepflicht so wenig wie in der **Pacht,** da kein Teil für den anderen fremdnützige Erwägungen anzustellen hat. Alle vertreten nur ihre eigenen Interessen, der Pächter wie der Verpächter (Rdn. 91), der Nießbraucher wie der Eigentümer, auch in den Fällen der §§ 1074, 1076, 1081 BGB, wie aus §§ 1075, 1079, 1083 Abs. 2 BGB folgt. Reflexwirkungen zugunsten des Eigentümers oder Verpächters geben dem Rechtsverhältnis noch kein vermögensfürsorgerisches Gepräge. **And.** verhält es sich mit dem gerichtlich bestellten Nießbrauchsverwalter, der den Nießbrauch für den eigentlich Berechtigten ausübt (§ 1052 BGB).

183 Der **Notar** (BNotO § 14 Abs. 1 Satz 2; § 24): *Ja,* und zwar kraft eines Treueverhältnisses zu allen beteiligten Parteien, die er korrekt zu belehren, für die er in der Regel die erforderlichen Grundbucheintragungen etc. zu erwirken und deren Geld er häufig auf seinem Anderkonto zu verwahren und entsprechend den gegebenen Anweisungen auszuzahlen hat.[636]

184 **Operatoren,** die früher bei elektronischer Datenverarbeitung die in Lochkarten, Lochstreifen oder anderswie erfassten Daten in die Datenverarbeitungsanlage einlasen: *Nein,* es handelte sich um ein der Arbeit eines Übersetzers vergleichbares Hantieren mit Sachen.[637]

Organuntreue s. Gesellschaftsuntreue u. Rdn. 242ff.

185 Der **Pfandgläubiger** hat keine Pflicht, Vermögensinteressen des Verpfänders wahrzunehmen,[638] insbesondere nicht beim unregelmäßigen Pfand, bei dem er nur zur Rück-

---

632 RG HRR **1937** 64; OLG Oldenburg NJW **1952** 1267; *Otto* Struktur S. 314; **aA** RG DR **1940** 285 m. zust. Anm. *Mezger*; BayObLG WuM **1998** 226 für eine auf einem Sparbuch des Mieters hinterlegte Kaution.

633 BGH 3 StR 226/70 v. 27.1.1971; RGSt **67** 226 zu § 266 Abs. 1 Nr. 1 a.F.; BGH NStZ-RR **1997** 298.

634 BGHSt **35** 224.

635 BGH NStZ-RR **2003** 297; *Fischer* Rdn. 48; *Otto* Struktur S. 313.

636 BGHSt **13** 330, 333; BGH NStZ **1982** 331; **1990** 438; BGH wistra **1991** 219; **1999** 108; **2007** 384; **2008** 466; **2010** 65; **2014** 403; BGH NJW **2010** 1764; BGHR § 266 Abs. 1 Vermögensbetreuungspflicht 15; BGH wistra **2007** 422; RGSt **70** 166 f, 169 f; **71** 295, 296 f betr. Verletzung der Verpflichtung, (anteilige) Staatsgebühren abzuliefern; RGSt **71** 295, 298 betr. sog. Gebührenschneiden; RGSt **76** 25, 27 f; *Seier* Rdn. 387 ff.

637 *Rohner* (Fn. 570) S. 34; *Sieber* aaO; *Tiedemann* WM **1983** 1330; Rdn. 110.

638 *Sch/Schröder*[17] Rdn. 25; *Sch/Schröder/Cramer*[18] Rdn. 25.

gabe von Sachen gleicher Art und Güte verpflichtet ist und deshalb das Pfand auch für eigene Zwecke verwenden darf (BGH LM Nr. 20). **And.** beim Nutzungspfand[639] und bei starker Übersicherung (o. Rdn. 95).

Die **Pflegschaft** (§§ 1909 ff BGB): *Ja.*[640] 186

Für **politische Parteien** gilt eigentlich im Vergleich zu anderen (eingetragenen oder 187 nicht eingetragenen) Vereinen[641] strafrechtlich nichts Besonderes. Die intensive Diskussion der *„Parteienuntreue"* ist deshalb nicht komplizierten dogmatischen Problemen, sondern dem im Grunde naiven Erstaunen geschuldet, dass auch im Feld der politischen Herrschaftsstrukturen Straftaten begangen werden (realistischer wäre das Erstaunen, dass sie auch hier verfolgt werden). Von den Parteien sind die **Fraktionen** zu unterscheiden, d.h. die von Abgeordneten eines Parlaments mit einer Quote von mindestens 5 Prozent gebildeten Vereinigungen, die einerseits Teil des Organs „Parlament" und andererseits rechtlich verselbstständigte Vereinigungen sind (§ 46 AbgG und dazu *Ipsen* Staatsrecht I Rdn. 270 f.). Sowohl die Parteien als auch die Fraktionen besitzen erhebliche Finanzmittel, die Ersteren in erheblichem Umfange, Letzteren vollständig vom Staat zur Verfügung gestellt werden. Dass die darüber verfügenden Vorsitzenden von Parteien und Fraktionen taugliche Täter einer Untreue sind, versteht sich deshalb ebenso von selbst wie das z.B. in § 2 I, 2 FraktG RP formulierte Verbot, die einer Fraktion vom Staat ausschließlich für deren Zwecke zugewiesenen Mittel für die Interessen einer Partei zu verwenden. Der Einsatz von Fraktionsmitteln zur Bezahlung von an die Partei erbrachten Leistungen erfüllt deshalb eo ipso den Missbrauchstatbestand (unnötig breit und skrupulös sowie überdies das Verhältnis von Missbrauch und Treubruch offen lassend BGHSt **60** 94–111). Weitaus komplizierter und problematischer ist dagegen die von *Bosch* (in: Kersten/Rixen – Hrsg. –, Parteiengesetz [PartG] und europäisches Parteienrecht, 2007, § 31d Rdn. 99) sog. „Parteienuntreue im engeren Sinn", bei der die rechtswidrige Behandlung von Parteispenden gem. § 31c PartG die vom Bundestagspräsidenten festzusetzende Pflicht zur Zahlung des dreifachen Betrages auslöst. Dazu eingehend u. Rdn. 233 f.

Polizeibeamte und sonst ermächtigte Personen (§§ 56, 57 OWiG), die Verwarnungs- 188 geld erheben und darüber abrechnen: *Ja.*[642]

Postboten, die Rundfunkgebühren, Zeitungsgeld, Nachnahmen einziehen, Einzahlungen auf Postanweisungen oder Zahlkarten annehmen, sofern sie eine eigene Buchhaltung führen und nicht lediglich als Quittungs- und Geldempfangsboten fungieren und dadurch allein mit Sachen hantieren[643] (dann ggf. Betrug oder Veruntreuung);

Programmierer, die das Programm, d.h. die Arbeitsanweisung an die elektronische Datenverarbeitungsanlage erstellen: *nein*, da es um ein bloßes Hantieren mit Sachen geht.[644]

Die **Prokura** (§ 49 HGB).[645]

---

639 §§ 1213, 1214 BGB; *Sax* JZ **1977** 704.

640 RG JW **1933** 175; OLG Bremen NStZ **1989** 228.

641 Zum Begriff und zur Organisationsform s. nur *Ipsen* Staatsrecht I, Rdn. 143 ff.

642 BGH 4 StR 86/59 v. 24.4.1959; OLG Köln NJW **1963** 1992; OLG Koblenz GA **1975** 122, 123; abw. *Dierlamm* MK Rdn. 74; *Saliger* SSW Rdn. 14 auf Basis der o. Rdn. 100 ff verworfenen Prämisse, der Untreuetäter müsse einen Entscheidungsspielraum haben, der i.Ü. bei der Verwarnung wegen Ordnungswidrigkeiten sogar gegeben ist (§ 47 OWiG).

643 Ohne diese Einschränkung RGSt **73** 235, 237; RG HRR **1940** 711; BGH NJW **1953** 1924; wie hier BGH 5 StR 559/53 v. 19.1.1954 bei reiner Botentätigkeit; unklar RGSt **74** 341.

644 *Sieber* S. 246 f, 249; differenzierend *Lampe* GA **1975** 14; *Rohner* S. 34 f; siehe auch Rdn. 160 „Computermanipulationen".

645 BGH 1 StR 298/62 v. 6.9.1962 bei Herlan GA **1964** 130; BGH 3 StR 394/51 v. 16.8.1951; RGSt **62** 15, 18 ff zu § 266 Abs. 1 Nr. 2 a.F.; immer im Verhältnis zum Firmeninhaber (*Otto* Struktur S. 313), u.U. vermöge des „tatsächlichen Treueverhältnisses" auch zu dessen Kunden (BGHSt **13** 330, 331 f sowie o. Rdn. 81 f).

189 **Quittungsüberbringer** (§ 370 BGB): *Nein*;[646] **and.** bei selbständiger Berechtigung zu quittieren.[647]

190 Die **Rechtsdienstleistung** nach dem Rechtsdienstleistungsgesetz (RDG v. 12.12.2007, BGBl. 2840), das an die Stelle des RBeratG getreten ist: *Ja*.[648]

Rechtsanwalt s. Anwaltsvertrag

191 Bloßer **Rechtsschein** nach den §§ 932, 932a, 407 BGB, § 366 HGB qualifiziert weder den besitzenden Nichteigentümer oder Kaufmann noch den über die abgetretene Forderung unredlich noch verfügenden Zedenten zum tauglichen Täter des § 266,[649] und zwar gleichviel, ob es sich um eine offene oder um eine sog. **stille Zession** handelt.[650] Hingegen kommt die Erfüllung des Missbrauchstatbestandes in Betracht in den **Vollmachtsfällen** der §§ 170–172 BGB.[651] Anders als nach den §§ 932, 932a, 407 BGB ist die Rechtslage auch nach **§ 169 BGB** in den dort genannten Fällen der **§§ 674, 729 BGB** und in den gleichliegenden Fällen der §§ 675, 1472 Abs. 2, 1497 Abs. 2, 1698a, 1893, 1895, 1915, 2218 BGB, in denen die Außen(voll)macht auf Grund eines in diesen Vorschriften bezeichneten Rechts(innen)verhältnisses erteilt ist (§§ 168 BGB; vgl. RGSt **36** 133 f).

Hierbei kommt es nach der zutr. Mindermeinung für die Erfüllung des Missbrauchstatbestandes auch nicht darauf an, ob der ursprünglich Betreuungspflichtige und sein Vertragspartner bzgl. der Vertretungsmacht **guten Glaubens** sind, so dass das Rechtsgeschäft dann zivilrechtlich gegen den Vertretenen wirkt,[652] oder ob der ursprünglich Verpflichtete oder der Dritte insoweit **bösgläubig** und der Vertrag damit zivilrechtlich unwirksam ist. Denn dann wird die kraft Gesetzes fortbestehende Verpflichtungsmacht erst recht missbräuchlich ausgeübt (=missbraucht),[653] wobei das weitere Tatbestandsmerkmal des Vermögensnachteils dann freilich nicht schon mit der zivilrechtlichen Verpflichtung, sondern nur nach den Regeln der schadensgleichen Vermögensgefährdung (u. Rdn. 227 ff) begründet werden kann. Daneben kommt gutgläubigen Dritten gegenüber der § 263 ins Spiel.[654]

Ist bei Erlöschen eines der vorerwähnten Betreuungsverhältnisse mit dem Aufschub anfallender Geschäfte **Gefahr** verbunden, so bleibt der ursprünglich gesetzlich, behördlich oder vertraglich Verpflichtete, ggf. sein Erbe, kraft Gesetzes weiter betreuungspflichtig – für so lange, bis der Berechtigte anderweit Fürsorge treffen kann (§§ 672, 673 jew. Satz 2; § 727 Abs. 2; § 728 Satz 2; § 1472 Abs. 4; § 1698b; §§ 1893, 1895; §§ 1915, 2218 BGB). Ferner bleibt nach Ende der Geschäftsführungsbefugnis, aber noch fortdauernder Herrschaftsposition ein (tatsächliches) **Treueverhältnis** übrig, so dass weiterhin die Erfüllung des Treubruchtatbestandes in Betracht kommt (s. Rdn. 76).

192 Im **Reiseverkehr** begründet die bloße **Geschäftsverbindung** (Rdn. 168) zwischen Kunden und Reisebüro oder Reiseveranstalter, zwischen Reisebüro und Reiseveranstal-

---

646 RGSt **69** 58, 60, 61; *Sax* JZ **1977** 704.
647 RG HRR **1939** 1386.
648 Zur alten Rechtslage LK[11]/*Schünemann* Rdn. 129.
649 BGHSt **5** 61, 62 f; RG JW **1935** 2637; zur Begründung o. Rdn. 42.
650 **A.A.** für den letztgenannten Fall RG HRR **1941** 372 a.E.; RG HRR **1942** 246, II 2 im Hinblick auf den Anwaltsberuf(!) des dort Angeklagten; hinwiederum wie hier BGHZ **26** 185 ff; BGH bei *Dallinger* MDR **1967** 174.
651 *Sch/Schröder/Perron* Rdn. 4; *Saliger* SSW Rdn. 17; *Bockelmann* BT/1 § 18 III 3; *Sax* JZ 1977 745; zur Begründung o. Rdn. 54 f; abw. BGHR § 266 Abs. 1 Missbrauch 3.
652 Für Treubruch auch in diesen Fällen *Hübner* LK[10] Rdn. 46; *Sax* JZ **1977** 746.
653 Zur Begr. s.o. Rdn. 53.
654 BGH 1 StR 181/67 v. 11.5.1967; RG Recht **1909** Nr. 3690.

ter, zwischen Reiseveranstalter und Leistungsträger[655] noch keine Verpflichtung des einen Teils, Vermögensinteressen des Gegenparts wahrzunehmen.[656]

Die durch eine **Reiseveranstaltung** ausgelösten rechtlichen Beziehungen zwischen den Beteiligten waren nach der früheren Rechtsprechung werkvertraglicher Natur[657] und sind heute in den §§ 651a ff BGB eigens geregelt. Je nach dem Leistungsinhalt bestehen Unterschiede in der rechtlichen Beurteilung unter dem Gesichtspunkt des § 266. Der „Verkauf" einzelner Fahrausweise, Ausweishefte, Dauerausweise, für eine bestimmte Bahn- oder Omnibusstrecke, von Flugscheinen (Begriff BGHZ **52** 194, 208 ff) oder Schiffskarten für eine nach Reiseroute und Zielort bestimmte Flugreise oder Schifffahrt begründet für das **Reisebüro**, das diese Beförderungsleistungen vermittelt (BGHZ **61** 275, 278), nach der Rechtsprechung vermögensfürsorgliche Verpflichtungen sowohl im Verhältnis zum **Reisenden** als auch zu dem Beförderungsunternehmen bzw. allgemein dem **Reiseveranstalter.**[658] Zur Begründung wird darauf abgehoben, dass das Reisebüro – anders als der Weiterverkäufer einer Ware – eine bloße Vermittlertätigkeit in fremdem Interesse entfalte, woraus sich eine Treupflicht gegenüber dem Reiseveranstalter im Sinne des § 266 über die Verwaltung der vom Reisenden gezahlten Gelder ergebe, während die Treupflicht gegenüber dem Reisenden aus einem Auftrag gemäß § 662 BGB folge. Das ist zivilrechtlich zutreffend, zur Begründung einer dem Treubruchtatbestand zu subsumierenden Obhutsstellung des Reisebüros über das Vermögen des Reiseveranstalters aber deshalb zweifelhaft geworden, weil das Reisegeschäft als Massengeschäft nur noch kautelarjuristisch in der zivilrechtlichen Rechtsfigur des Agenturvertriebes gehalten wird, tatsächlich aber schon eher mit dem Vertrieb einer Massenware unter Eigentumsvorbehalt verglichen werden kann, in welchem Fall der Treubruchtatbestand mangels Fürsorgepflicht (Rdn. 88) und der Missbrauchstatbestand wegen äußerlich korrekter Ausübung einer Inkassoermächtigung (Rdn. 66) ausscheiden würde. Bemerkenswerterweise hat auch schon BGHSt **12** 210 eine Ausnahme von der angenommenen Vermögensfürsorgepflicht „beim Kauf einzelner, nicht auf Namen lautender Eisenbahnfahrkarten" konzediert, was dann aber eigentlich im Hinblick auf den Anspruch des Reisenden auf Vertragsübertragung gemäß § 651b BGB heute für alle Reisevertragsfälle gelten müsste.

Auf geringere Bedenken stößt die Annahme, dass das vermittelnde Reisebüro oder **192a**
auch der Reiseveranstalter eine **Untreue gegenüber dem Kunden** begeht, z.B. wenn diesem die Aufnahme und Verpflegung in dem gebuchten Hotel mangels Weiterleitung der Zahlung verweigert wird.[659] Bei einer im Prospekt allgemein angebotenen Pauschalreise, erst recht bei einer nach den Wünschen des Kunden eigens zusammenzustellenden Individual-(Bahn-, Flug- oder Schiffs-)Reise haben das vermittelnde Reisebüro wie auch der Reiseveranstalter nach ihrem sachkundigen Dafürhalten für den Kunden die verschiedensten Geschäfte zu besorgen, z.B. den Abschluss von Beförderungsverträgen (nach der vorteilhaftesten Route, den besten Anschlüssen), von Unterbringungs- und

655 Zu diesen Begriffen § 651a Abs. 1 und 2 BGB, BGHZ **61** 276; **62** 71.

656 **AA** BGHSt **12** 207, 208 f, wo aber übersehen wird, dass der Inhaber eines Reisebüros einen Betrug am Reiseveranstalter begeht, wenn er diesem einen Reisevertrag vermittelt, bezüglich dessen die vom Reisenden bereits geleistete und vom Veranstalter gegen sich gelten zu lassende Auszahlung bereits ersatzlos verbraucht ist.

657 BGHZ **60** 14, 16 betr. Kunde/Reisevermittlungsbüro; BGHZ **61** 275, 278; BGHZ **66** 367, 371; BGH NJW **1974** 1187; BGHSt **28** 20 = BGH NJW **1978** 2105 f betr. Kunde/Reiseveranstalter, jew. m.w.N.; BGHSt **28** 20, 23 betr. Reiseveranstalter/Leistungsträger.

658 BGHSt **12** 207, 210 f, 212 m. zust. Anm. v. *Schröder* JR **1959** 270; BGHSt **28** 20, 21 f; bestätigt von BGH wistra **1991** 181, 182 u. BGH 1 StR 776/92 v. 2.2.1993.

659 BGHSt **12** 207, 212; BGHSt **28** 20, 24 = BGH NJW **1978** 2105, 2106; unklar BGH NJW **1953** 1600.

Verpflegungsverträgen (in der gebuchten Hotelkategorie, bei Zwischenaufenthalten, am Zielort), von (Unfall-, Kranken-, Schadens-) Versicherungen, die Beschaffung von Devisen u.dgl.m.; nicht minder auch die Sicherung vertragsgemäßer Erfüllung dieser Verträge durch ordnungsmäßige Erledigung aller Zahlungsverpflichtungen.[660]

192b Dagegen wird der Treubruchtatbestand durch den **Reiseveranstalter im Verhältnis zum Leistungsträger nicht** erfüllt, wenn sich der Veranstalter, wie bei Pauschalreisen üblich, eines solchen als Erfüllungsgehilfen bei der in- oder ausländischen Unterbringung und Verpflegung des Kunden bedient, dem Leistungsträger aber das vereinbarte Entgelt vorenthält, obwohl es in dem Pauschalpreis enthalten ist und der Kunde diesen an den Reiseveranstalter vertragsgemäß entrichtet hat.[661] Dafür ist es gleichgültig, ob der Leistungsträger vorleistungspflichtig ist und sich wegen seines Zahlungsanspruchs nicht abgesichert hat (so zutr. BGHSt **28** 20, 23). Wenn sich der Leistungsträger zu seiner Sicherung (oder erfüllungshalber) in Höhe seiner Zahlungsansprüche die Forderungen abtreten lässt, die der Reiseveranstalter seinerseits gegen die Kunden oder gegen das als Vermittler eingeschaltete Reisebüro hat, und dieser darüber abredewidrig verfügt, kommt allerdings die Erfüllung des Missbrauchstatbestandes in Betracht;[662] siehe Rdn. 196 „Sicherungsabtretung"; Rdn. 77 a.E.

193 Der **Sanierer** bei einem Gläubigerfonds: *Ja.*[663]

Schaffner in Schienenbahnen oder Autobussen, die Fahrgeld kassieren: *Ja.*[664]

Schalterbeamte der Bahn und Post ohne Abrechnungskompetenz (auch zum Bahn- oder Postkunden besteht kein Betreuungsverhältnis):[665] *Nein*; **and.** bei (meist vorliegender) selbständiger Kassenführung, die nicht auf das Hantieren mit Sachen beschränkt ist;[666] differenzierend *Otto* Struktur S. 314.

Zur ehemaligen **Scheckkarte** s.o. bei **Kreditkarte** Rdn. 178.

194 **Schmiergeldempfänger**: *Nein*, denn die Herausgabepflicht nach § 667 bzw. § 687 Abs. 2 BGB ist keine spezifische Treupflicht, sondern allgemeine Schuldnerpflicht[667] (dazu allg. o. Rdn. 118 ff u. für kick-back-Systeme u. Rdn. 215);

195 **Sicherheitseinbehalt**: Der **Bauherr**, der die Einzahlung des Sicherheitseinbehalts einer Werklohnforderung auf ein Sperrkonto entgegen § 17 Nr. 6 Abs. 1 Satz 3 VOB/B unterlässt, ist von der ganz überwiegenden Rspr. der Zivilgerichte nicht als tauglicher Täter angesehen worden,[668] und zwar zu Recht, weil es sich bei dem Sicherheitseinbehalt nicht um anvertrautes Fremdgeld und damit bei dessen Einzahlung um eine *schlichte Schuldnerpflicht* handelt;

196 Die **Sicherungsübereignung (Sicherungsabtretung)** ist ihrem Wesen nach eigennützig, nicht fremdnützig strukturiert (*Schlosser* NJW **1970** 681) und legt daher, für sich

---

660 Vgl. BGHZ **62** 71, 79; BGHSt **28** 20, 24 = BGH NJW **1978** 2105, 2106.

661 BGHSt **28** 22 ff = BGH NJW **1978** 2105, 2106.

662 BGHSt **28** 20, 24 f in einem obiter dictum.

663 OLG Stuttgart wistra **1984** 114; *Richter* wistra **1984** 97; *Tiedemann* Wirtschaftsstrafrecht BT, Rdn. 394; *Seier* Rdn. 403 ff.

664 RG JW **1935** 3626. Der Fall ist wegen der Höhe des Fahrgeldes (0,20 RM) und der diffizilen Anm. von *Matzke* bemerkenswert.

665 BGH 3 StR 47/55 v. 6.4.1955; RG HRR **1940** 711.

666 BGHSt **13** 315; BGH 2 StR 646/53 v. 26.8.1954; ebenso schon RGSt **72** 193, 195 f; ferner RGRspr. **4** 683 zu § 266 Abs. 1 Nr. 2 a.F. – Eisenbahngüterexpedient.

667 LK[11]/*Schünemann* Rdn. 125d m.w.N.; BGHSt **47** 295, 298 („Drittmittel", zust. *Kindhäuser/Goy* NStZ **2003** 291, 292; *Rönnau* JuS **2003** 232; diff. *Tholl* wistra **2003** 181), **and.** für einen Sonderfall BGHSt **49** 317, 335 f („System Schreiber") m. Kritik *Schünemann* NStZ **2006** 196, 200 f; *Vogel* JR **2005** 123, 125.

668 BGHZ **185** 378 Tz. 14; OLG Stuttgart NJW-RR (ZS) **2010** 1612, 1613; *Sch/Schröder/Perron* Rdn. 26; **and.** OLG München (ZS) NJW **2006** 2278.

allein genommen, keinem Teil vermögensfürsorgerische Pflichten auf.[669] Auf den **Sicherungsgeber** ist § 266 im Regelfall schon deshalb nicht anwendbar, weil es nur um das Hantieren mit der in seinem Besitz belassenen Sache geht, so dass bei der abredewidrigen Veräußerung u.ä. § 246 Abs. 2 statt § 266 in Betracht kommt (BGH wistra **2007** 18, 20; *Hauck* wistra **2008** 241). Daran ändert das für die Begründung des Sicherungseigentums gem. § 930 BGB konstruktiv notwendige, gewöhnlich als Leihe- oder Verwahrungsverhältnis vereinbarte Besitzkonstitut so lange nichts, wie es sich auf die Absicherung der Forderung beschränkt und deshalb nicht geschäftsbesorgender Art ist. Ebenso ist es bei der Sonderform des *verlängerten Eigentumsvorbehalts*. **And.** ist es aber, wenn das auf den Sicherungsnehmer übertragene Sicherungsgut allein noch zu dessen Befriedigung und damit in dessen Interesse und auf dessen Rechnung vom Sicherungsgeber veräußert werden soll.[670] Es kommt in einem solchen Fall die Erfüllung des Missbrauchstatbestandes in Betracht, wenn der Sicherungsgeber eine Verfügungsermächtigung erhält und davon einen erkennbar pflichtwidrigen Gebrauch macht (näher Rdn. 66), während die Rechtsscheinwirkung nach den §§ 932, 407 BGB nicht dafür (Rdn. 191), aber für den Treubruchtatbestand genügt.

Entsprechendes wie für den einziehungsbefugten Sicherungsgeber gilt für den **Sicherungsnehmer.**[671] Mit der Inbesitznahme der übereigneten Sache, mit der Einziehung der abgetretenen Forderung bezweckt er zunächst nur die Befriedigung des eigenen Anspruchs und betreibt dabei keine Vermögensfürsorge für den Schuldner.[672] **And.** verhält es sich aber bei einer **Übersicherung**, hier ist der Gläubiger durch eine *angekoppelte Verwaltungstreuhand* zur Realisierung im Vermögensinteresse des Schuldners und zur Auskehrung des Übererlöses verpflichtet und insoweit tauglicher Untreuetäter (näher o. Rdn. 94f). 197

Sparkassen s. Banken; 198

Das **Speditionsgeschäft** (§§ 407, 408, 415, 362 HGB): *Ja*, es handelt sich um klare Geschäftsbesorgung.[673]

Spendensammler siehe „Bote";[674]

Die **Steuerberatung** (StBerG i.d.F. v. 4.11.1975, BGBl. I 2735, §§ 32, 33): *Ja*. Einen Fall 199 gröblicher Verletzung vermögensfürsorglicher Pflicht behandelt BGH 1 StR 34/70 v. 1.12.1970 (S. 37): Ein Steuerberater nimmt eigenen Provisionsverdienst in die Einkommensteuererklärung seines Klienten als dessen Einnahme (!) auf, so dass dieser erhebliche Mehrsteuern zu entrichten hat. Die Vermögensfürsorgepflicht besteht aber nicht ggü. Kapitalanlegern des beratenen Unternehmens (BGH NStZ **2006** 38, 39).

Steuerpflicht: *Nein*, sie überbürdet dem Steuerpflichtigen keine Verantwortung für die Vermögensinteressen der besteuernden öffentlichen Hand; so nicht dem Arbeitgeber durch die Lohnsteuerabzugspflicht;[675] auch nicht durch die Pflicht zum Abzug von Kapitalertragsteuer oder Aufsichtsratsteuer (§§ 43, 44ff, 50a EStG);

---

669 BGH 1 StR 671/77 v. 28.2.1978 bei Holtz MDR **1978** 625; wistra **1984** 143 m. Anm. *Schomburg*; RG HRR **1941** 372; RG HRR **1941** 984; *Helbich* S. 88; *Lackner/Kühl* Rdn. 13 („in Ausnahmefällen"); *Sch/Schröder/Perron* Rdn. 26; allgemein zur Problematik *Heinitz* FS H. Mayer S. 441f.

670 So bereits RGSt **74** 1, 3f; BGHSt **5** 61, 63f, 65f; grds. auch BGH wistra **1990** 304, 305; **1997** 146, 147; zust. *Mezger* DR **1940** 286; *Baumann* Sicherungsrechte, S. 150ff; *Sax* JZ **1977** 704; abl. *Heinitz* aaO S. 441; zur heutigen Diskussion näher o. Rdn. 78.

671 **AA** die traditionelle Auffassung, z.B. *Baumann* Sicherungsrechte S. 152ff; *Krey* BT/2[12] Rdn. 568; *Sax* JZ **1977** 704; *Sch/Schröder*[17] Rdn. 25; *Sch/Schröder/Cramer*[18] Rdn. 25; *Welzel* § 56 B 1b.

672 BGHZ **47** 364, 366; **58** 364, 367.

673 BGHSt **1** 186, 189; RG DR **1944** 803; *Lackner/Kühl* Rdn. 13.

674 **AA** RG Recht **1927** Nr. 240.

675 §§ 38, 41a EStG; BGHSt **2** 338, 343f; zust. *Hartung* MDR **1952** 502; **abl.** *Mattern* NJW **1952** 945.

200 Der Empfänger einer **Subvention** ist dem Subventionsgeber gegenüber nicht treupflichtig, wenn er nicht zugleich über den Subventionszweck hinausgehende Vermögensinteressen des Subventionsgebers zu beachten hat (BGHSt **49** 147, 156, „Bremer Vulkan", zust. *Tiedemann* JZ **2005** 45). Genau das traf aber, wie von BGHSt **49** 147 verkannt worden ist, im Fall des „Bremer Vulkan" zu, weil Subventionen von rd. 850 Mio. DM für ostdeutsche Werften mit Zustimmung der Treuhandanstalt dem zentralen Liquiditätsverbund („Cash Management") der Bremer Vulkan AG zur Geschäftsbesorgung anvertraut und dort treuwidrig verbraucht wurden (näher *Schünemann* LM Nr. 1 zu § 309 AktG 1965 Bl. 7, 8).[676]

Systemanalytiker sind taugliche Täter, soweit sie bei Festlegung der großen Linien der Programmierung auch in Vermögensangelegenheiten disponieren (*Seier* Rdn. 308; *Gruhl* in: Müller/Gugenberger § 42 Rdn. 52; *Sieber* S. 2/15 Fn. 63).

201 **Taxifahrer:** *Nein*;[677] anders OLG Hamm OLGSt. S. 35, 36, wenn der Fahrer auf eigene Rechnung arbeitet;

Tankkarteninhaber, die die ihnen vom Arbeitgeber zur Versorgung von Betriebsfahrzeugen überlassene Tankkarte für ihr Privatfahrzeug einsetzen: *Ja*.[678]

Techniker in einer Glasfabrik,[679] in der Arbeitsorganisation eines Walzwerks:[680] *Nein*.

202 Die **Testamentsvollstreckung** (§§ 2203ff BGB): *Ja*.[681] Der Testamentsvollstrecker ist den Erben, (auch nicht befreiten) Vorerben und Vermächtnisnehmern betreuungspflichtig,[682] dagegen nicht den Nachlassgläubigern schlechthin (BGHZ **57** 84, 92f). Er handelt z.B. ungetreu, wenn er mit Mitteln des Nachlasses risikoreiche Spekulationsgeschäfte betreibt oder aus dem Nachlass eigenmächtig Darlehen vergibt.[683]

Die **Tippgemeinschaft** begründet, falls sie ein loser Zusammenschluss von Lottospielern ohne rechtliche Bindung untereinander ist, kein vermögensfürsorgliches Betreuungsverhältnis;[684] anders, wenn die Mitglieder sich gegenseitig zu regelmäßigen Beiträgen verpflichtet, die anteilsmäßige Gewinnverteilung verabredet und eines von ihnen damit beauftragt haben, den jeweiligen Wettschein auszufüllen, die Wetten allwöchentlich unter seinem Namen für sie abzuschließen und anfallende Gewinne unter sie zu verteilen;[685] differenzierend BGH 5 StR 108/67 v. 18.4.1967, wo Untreue des geschäfts-

---

676 Lehrreich (nicht zuletzt zur treffenden Einordnung der in der Literatur beliebten Behauptung einer allzu rigiden Strafverfolgungspraxis im Bereich des § 266) ist die Verfahrensgeschichte: Am 1. Mai 1996 ging der Bremer Vulkan in Konkurs; im Dezember 2001 wurde u.a. dessen früherer Vorstandsvorsitzender *Hennemann* nach 106 Verhandlungstagen wegen Untreue zu einer Bewährungsstrafe von 2 Jahren verurteilt, was am 13.5.2004 vom BGH sowohl im Schuldspruch zur Nachholung rechtlichen Gehörs wegen Umstellung der Begründung für die Treupflichtverletzung auf einen existenzgefährdenden Eingriff (dazu u. Rdn. 313ff) als auch auf Strafmaßrevision der StA im Strafausspruch wegen fehlender Festsetzung einer schuldangemessenen Strafe aufgehoben wurde, woraufhin das Verfahren 5 Jahre lang nicht betrieben und im Januar 2010 eingestellt wurde, was unweigerlich die Frage einer Strafvereitelung im Amt durch Unterlassen (§ 258a StGB) aufwirft.

677 RGSt **69** 58, 60, 61; *Kohlrausch* HdR VIII 740; **aA** SchlHOLG, OLGSt. S. 19.

678 LG Dresden NStZ **2006** 633, das zutr. den Missbrauchstatbestand bejaht und die Fremdnützigkeit des Verhältnisses zum Arbeitgeber hervorhebt; a.M. AG Eggenfelden NStZ-RR **2009** 139; OLG Celle 1. StS 1 Ws 277/10 v. 5.11.2010, die aber irrig auf das wertlose Abgrenzungskriterium des Entscheidungsspielraums abheben.

679 RGSt **11** 241, 243.

680 BGHSt **5** 187, 189.

681 BGH GA **1977** 341; RGSt **75** 242; *Sch/Schröder/Perron* Rdn. 25; *Schwinge/Siebert* S. 31, 39 f.

682 RG DR **1941** 2179 = RGSt **75** 242, dort indes insoweit nicht abgedruckt.

683 BGH GA aaO; RG DR **1941** aaO.

684 BGH LM Nr. 19; jedoch Gelegenheitsgesellschaft.

685 BayOblGSt **1971** 69 ff = NJW **1971** 1664; *Bockelmann* BT/1 § 18 III 2b cc; vgl. auch RGSt **43** 55; **aA** *Blei* BT § 65 IV 3 und JA **1971** 721; *Welzel* § 56 B 1b.

führenden Wettgemeinschaftsmitglieds bei Vorenthalten der Gewinne, aber keine Untreue bei Nichteinhalten der von ihm geleisteten Einsatzgarantie (Erstattung des Unterschieds zwischen Einsatz und Gewinn, wenn dieser den Einsatz nicht erreichte) angenommen ist.

Die fiduziarische **Treuhandverwaltung**: *Ja*, sie zählt zum Kernbereich des § 266.[686]

Unternehmensberater: Bei bloßer Beratung: *Nein* (s.o. bei Anlageberater); **and.**, 203
wenn der Berater als faktischer Finanzvorstand agiert.[687]

Beim **Verein** (§§ 21, 22, 26, 54 BGB) sind der Vorstand,[688] die besonderen Vertreter 204
nach § 30 BGB und die Liquidatoren (§§ 48, 49 BGB) vermögensfürsorgepflichtig. Siehe auch BGH 4 StR 482/73 v. 9.10.1973, wo in der Abhebung vom Bankkonto des Vereins, um das Geld eigensüchtig zu verwenden, Untreue des Geschäftsführers gefunden wird, und BGH 3 StR 174/70 v. 28.10.1970, wo jedoch treffender Unterschlagung angenommen worden wäre (Der Vereinskassierer behält einen ihm für den Verein gezahlten Betrag für sich); RG DR **1944** 155.

Vermögensverwaltungen jeder Art,[689] z.B. der Pfarrpfründe;[690] die Zwangsverwaltung (§§ 150, 152 ZVG).[691]

Versteigerer (§§ 156, 383, 489, 753, 966, 979, 1219, 1235 BGB; §§ 373, 376, 379, 388, 391, 437, 440 HGB; §§ 65, 226 AktG; § 23 GmbHG; § 53 WEG): *Ja*.[692]

Die **Verwahrung**: *Nein*, da bloßes Hantieren mit Sachen.[693]

Verwandtschaft: *Nein*, kein Rechtsverhältnis. Siehe auch Rdn. 169 „gesellschaftliche Beziehungen", aber auch Rdn. 163 „elterliche Sorge";

Die **Vollmacht** bei zugrundeliegendem Treuhand- oder Betreuungsverhältnis; (so 205
die Vollmacht zu Kassenanweisungen[694] und vor allem die Generalvollmacht):[695] *Ja*, sie bildet die Grundstruktur des Missbrauchstatbestandes.

Zur **Abbuchungsvollmacht** bejahend *Lenckner/Winkelbauer* wistra **1984** 83, 87;[696] and. für den Missbrauch einer **Lastschrifteinzugsermächtigung** (für Betrug durch Täuschung der kontoführenden Bank) OLG Hamm NJW **1977** 1835.[697]

---

686 BGH (2. ZS) NJW **1968** 1471; BGH WM **1965** 173; BGH NStZ **1997** 124; BGH NJW **2008** 2451; RG HRR **1940** 1215; *Otto* Struktur S. 313.

687 OLG München ZIP **2004** 2438 m. abl. Anm. *Tiedemann*; dagegen auch *Schork/Gross* EWiR **2005** 519.

688 BGH NJW **1975** 1234 und die dort weiter angeführten Entscheidungen; BGH 4 StR 482/73 v. 9.10.1973 (Abhebung vom Bankkonto des Vereins zum Eigenverbrauch, 3 StR 174/70 v. 28.10.1970 (Veruntreuung zur Einzahlung erhaltener Gelder): BGH wistra **2001** 340; BGHR § 266 Abs. 1 Vermögensbetreuungspflicht 18; OLG Hamm wistra **1999** 350, 353; s. ferner allg. *Eisele* GA **2001** 377.

689 OLG München wistra **2010** 155; *Otto* Struktur S. 313.

690 RG Recht **1922** Nr. 140.

691 RGSt **38** 190; KG MDR **1978** 586; OLG Frankfurt [ZS] NJW-RR **2009** 571. Siehe auch Rdn. 138 „Ehe", „elterliche Sorge"; Rdn. 140 „Genossenschaft"; Rdn. 142 ff „Insolvenz-, Nachlassverwaltung, Pflegschaft, Vormundschaft, Testamentsvollstreckung" sowie zur Gesellschaftsuntreue Rdn. 242 ff.

692 RGSt **57** 247, 248.

693 Rdn. 112 „Fund"; BGH 1 StR 291/60 v. 20.9.1960, S. 6; RGSt **63** 334, 336.

694 BGH 1 StR 453/70 v. 3. 11. 1970.

695 BGH 1 StR 34/70 v. 1.12.1970: Der Generalbevollmächtigte verkauft Aktien an seine Vollmachtgeberin zu überhöhtem Kurs; er gewährt in ihrem Namen einer Tochtergesellschaft ein Millionendarlehen über sein Privatkonto bei einer ausländischen Bank, erspart dadurch bei anderer Zahlungsweise sonst entstehende hohe Spesen, behält den ersparten Betrag aber für sich; er stellt namens der Firma einen Scheck zur Begleichung angeblich geschuldeter Maklerprovision aus und vereinnahmt den Scheck auf seinem persönlichen Konto.

696 In Widerspruch zu ihrer Ablehnung der Untreue im Scheckkartenfall ebd. S. 83.

697 Dazu näher *Otto* Bargeldloser Zahlungsverkehr S. 113 ff; *Knierim* in Wabnitz/Janovsky, Handbuch, S. 481 ff; *Haas* S. 61 ff.

Eine **Untervollmacht** zur Ausführung der dem Hauptbevollmächtigten obliegenden Geschäftsbesorgung verpflichtet den Unterbevollmächtigten zur Fürsorge für die Vermögensinteressen des Geschäftsherrn, mag der Hauptbevollmächtigte die Untervollmacht im eigenen Namen[698] oder im Namen des Geschäftsherrn[699] erteilt haben.[700] Liegt jedoch schon in der Unterbevollmächtigung selbst eine ungetreue Handlung des Hauptbevollmächtigten (etwa deshalb, weil sie zu pflichtwidrigen Geschäften gegen die Vermögensinteressen des Geschäftsherrn missbraucht werden soll), so tritt der Unterbevollmächtigte in kein Betreuungsverhältnis zum Geschäftsherrn, leistet aber, wenn er die Pflichtwidrigkeit erkennt, Beihilfe zur Untreue des Hauptbevollmächtigten.[701]

206 Die **Vormundschaft** bringt vermögensfürsorgerische Pflichten für den Vormund und für den Gegenvormund mit sich (§§ 1793, 1792, 1799, 1829 BGB),[702] dies u.U. auch nach Beendigung der Vormundschaft.[703] Wegen des Vormundschaftsrichters und -Rechtspflegers Rdn. 149, Stichwort „Rechtspfleger oder Richter".

Vorstand s. Gesellschaftsuntreue u. Rdn. 308.

207 Das **Warentermingeschäft** s. bei Geschäftsbesorgung.

Werkvertrag: *Nein*, bloßer Austauschvertrag.[704] Reiseverträge siehe Rdn. 192.

208 **Wechselgläubiger,** die einen Verlängerungswechsel, oder **Wechselschuldner,** die einen vom Gläubiger übersandten Geldbetrag oder Scheck weisungswidrig nicht zur Einlösung des Erstwechsels, sondern zum eigenen Nutzen verwenden: *Ja*[705] (Erfüllung des Missbrauchstatbestandes); ebenso in dem Fall, dass der Gläubiger den Verlängerungswechsel in Umlauf setzt, ohne den Erstwechsel einzulösen,[706] oder wenn der Gläubiger einen ihm zahlungshalber hingegebenen Wechsel abredewidrig vor Fälligkeit der zugrundeliegenden Forderung begibt.[707] Das gleich gilt, wenn jemand, mit der kurzfristigen Beschaffung eines Wechselkredits beauftragt, das Akzept des Auftraggebers statt für diesen dazu verwendet, sich selbst ein Darlehen zu verschaffen.[708] Schließlich kommt auch der Treubruchtatbestand in Betracht, wenn das zugrundeliegende Rechtsgeschäft Gläubiger und Schuldner über § 242 BGB hinaus zur Betreuung der Vermögensinteressen des anderen auch bei der Wechselbegebung verpflichtet, z.B. den Abzahlungsverkäufer, der sich vom Käufer mehrere Blankowechsel aushändigen lässt gegen die Verpflichtung, jeweils nur ein Akzept in Höhe des Kaufpreisrestes in Umlauf zu setzen, es bei regelmäßigem Eingang der Kaufpreisraten stets selbst einzulösen und so bis zur (u.U. mehrjährigen) Tilgung der Kaufschuld zu verfahren.[709] Allg. zum Problem der treuwidrigen Verwendung von im Rahmen von Austauschgeschäften begebenen *Sicherheiten* o. Rdn. 196.

209 **Wirtschaftsprüfer:** *Ja*, gegenüber dem beauftragenden Unternehmen.[710]

---

698 BGHSt **2** 324.
699 RGSt **61** 174.
700 Vgl. BGHZ **32** 250, 253; BGH NJW **1977** 1535.
701 *Sch/Schröder/Perron* Rdn. 13.
702 BGHZ **54** 71, 73 ff; RGSt **16** 77; **35** 338, 341; *Otto* Struktur S. 311, 313.
703 Rdn. 77; RGSt **45** 434, 435.
704 Rdn. 91; BGH 1 StR 178/64 v. 9.6.1964; nach BayObLG wistra **1989** 113 anders, wenn eine Vorauszahlung zur Beschaffung des Werkmaterials geleistet wird: Elemente der Geschäftsbesorgung.
705 RG HRR **1939** 202; BHGZ **8** 276; BGH – ZS – NJW **1961**, 2302, 2303.
706 BGH 1 StR 516/66 v. 15.6.1967, insoweit BGHSt **21** 250 nicht abgedr.
707 BGH 3 StR 389/74 v. 26.2.1975; **and.** *Hübner* LK[10] Rdn. 39.
708 BGH 3 StR 363/76 v. 8.12.1976, S. 24, insow. NJW **1977** 443 nicht abgedr.
709 BGH 1 StR 18/64 v. 28.4.1964; 1 StR 169/64 v. 16.6.1964; 2 StR 520/58 v. 22.4.1959, S. 6; 5 StR 482/61 v. 19.12.1961, S. 7.
710 BGH NStZ **2006** 38; *Schönke/Schröder/Perron* Rdn. 25.

Der **Wohnungsverwalter** gem. § 27 Abs. 5 S. 1WEG gegenüber dem Vermieter sowie bezüglich einer etwaigen Kaution (§ 551 Abs. 3 BGB) gegenüber dem Mieter.[711]

Zugführer (Feldwebel) einer Fernmeldeeinheit der **Bundeswehr,** der das dem Zug überwiesene Gerät zu verwalten hat: *Nein*, da bloßes Hantieren mit Sachen (statt Untreue kommt nur Unterschlagung in Frage, OLG Karlsruhe Justiz Bad.-Württ. **1965** 360). **210**

V. Vermögensschaden

Der Täter vollendet die Untreue dadurch, dass er dem, dessen Vermögensinteressen er zu betreuen hat, **Nachteil zufügt.** Das geschieht nicht schon durch unberechtigten Eingriff in die vermögensrechtliche Verfügungsfreiheit des Geschäftsherrn; die Treupflichtverletzung ist nach dem eindeutigen Gesetzeswortlaut nicht identisch mit dem Zufügen eines Vermögensnachteils.[712] Diese immer schon unstreitige Interpretation ist von BVerfGE **126** 170 auch aus dem Grundgesetz abgeleitet worden: In die Diskussion um die Verfassungsmäßigkeit des § 266 und insbesondere um dessen verfassungskonforme Auslegung ist durch BVerfGE **126** 170 dadurch eine zusätzliche Note hineingekommen, dass das BVerfG das von ihm ursprünglich bei der Entkriminalisierung politischer Sitzstreiks eher beiläufig formulierte „Verbot der Verschleifung von Tatbestandsmerkmalen" (BVerfGE **92** 1, 16) im Anschluss an dessen speziell für § 266 durch *Saliger*[713] propagierten Ausbau als verfassungsrechtlichen Hebel benutzt hat, um der Strafjustiz eine engere Interpretation des Tatbestandsmerkmals des „Vermögensnachteils" vorzuschreiben: Die Auslegung müsse „den gesetzgeberischen Willen beachten, dieses Merkmal als selbständiges neben dem der Pflichtverletzung zu statuieren; sie darf daher dieses Tatbestandsmerkmal nicht mit dem Pflichtwidrigkeitsmerkmal verschleifen, das heißt, es in diesem Merkmal aufgehen zu lassen" (BVerfGE **126** 170, 211). Aber ein *offener* Verstoß gegen dieses (semantisch nicht allzu klare) „Verschleifungsverbot" ist jedenfalls beim Tatbestandsmerkmal des Vermögensnachteils nicht zu befürchten, denn weil – umgekehrt! – aus ihm als unrechtsindizierendem Merkmal bei Nichtexistenz von Schädigungserlaubnissen die Pflichtwidrigkeit folgt (o. Rdn. 110), kann es natürlich nicht etwa selbst aus der Pflichtwidrigkeit rückgeschlossen werden: Das wäre nicht nur eine „Verschleifung", sondern ein klarer Zirkelschluss. Die eigentliche Gefahr liegt also in einer auf der sprachlichen Oberfläche unkenntlichen **inhaltlichen Entleerung** des Schadensbegriffs um die ökonomische Komponente (siehe BVerfGE **126** 170 Tz. 114: „Normative Gesichtspunkte können bei der Feststellung eines Nachteils durchaus eine Rolle spielen. Sie dürfen aber, soll der Charakter der Untreue als Vermögensdelikt und Erfolgsdelikt bewahrt bleiben, **wirtschaftliche Überlegungen nicht verdrängen**"). Ihr ist der 2. StS des BGH in seiner Rspr. zu den *schwarzen Kassen* in der Tat erlegen, aber indem das BVerfG ausgerechnet diese Rspr. als verfassungsgemäß bezeichnet hat (BVerfGE **126** 170, 215 ff), hat es seinem eigenen Erkenntnis selbst das Rückgrat gebrochen,[714] während es andererseits mit der Forderung einer ausnahmslosen **konkreten Feststellung der Schadenshöhe** (BVerfGE **126** 170, 227) die Praxis zu überfordern droht.[715] **211**

---

711 BGHSt **41** 224, 226 f; BGH NJW **1996** 65.

712 Unstr., s. nur BGHR § 266 Abs. 1 Nachteil 17.

713 ZStW **112** (2000), 563, 610; Parteiengesetz, S. 217 ff; HRRS **2006** 10, 14.

714 Dazu eingehend u. Rdn. 229.

715 *Fischer* Rdn. 163a; erhellend könnte hierfür eine genaue Analyse des Urt. des LG Berlin v. 14.2.2011 im sog. Bankenverfahren (526 – 2 StBJs 1173/01 Kls – 4/05) sein.

212 **1.** Der **Begriff des Nachteils** findet sich schon in § 246 PrStGB (Entstehungsgeschichte Rdn. 3) und meint, wie angesichts der systematischen Stellung des § 266 noch niemals bezweifelt worden ist, einen **Vermögensnachteil.** Nach bis vor kurzem fast allg. M. hat er dieselbe Bedeutung wie der Vermögensschaden beim Betrug.[716] *Lackner* LK[10] § 263 Rdn. 122, 123; *Maurach/Schroeder* I 6. Aufl. § 47 I A[717] meinten, der Vermögensbegriff des § 266 sei umfassender als der des § 263, weil Objekt der Untreue auch solche Vermögensmassen sein könnten, die dem Täter nur formell gehören, wirtschaftlich aber entzogen sind wie z.B. die Insolvenzmasse der Verfügung des Gemeinschuldners. Aber das ist keine Frage des Vermögensbegriffs, sondern der Verfügungsberechtigung. Auch die von der h.M. vertretene unterschiedliche Behandlung des dem Geschädigten aus der Straftat gegen den Täter erwachsenden Schadensersatzanspruchs in der Frage des Schadensausgleichs (Rdn. 220) begründet keinen prinzipiellen Unterschied, sondern wird aus der Verschiedenheit des wirtschaftlichen Wertes der Ersatzansprüche hergeleitet:[718] Die Ersatzforderung gegen den Betrüger, der sich meist als zahlungsunwillig, in der Regel auch als zahlungsunfähig erweist, ist minderwertig und wiegt deshalb – anders als u.U. der Ersatzanspruch gegen den Untreuetäter, der flüssige Mittel ständig ersatzbereit hält – den angerichteten Vermögensschaden nicht auf. Ein begrifflicher Unterschied zwischen dem Vermögensnachteil gemäß § 266 und dem Vermögensschaden gemäß § 263 wäre freilich unbestreitbar, wenn man mit einer im Schrifttum vereinzelt vertretenen, vom BVerfG in befremdlichem Widerspruch zu seinen eigenen Prämissen tolerierten Auffassung bei § 266 auch den entgangenen Gewinn als Schaden ansehen würde – während sich auch unter diesem Aspekt kein dogmatischer Unterschied in der Rechtsgutskonzeption von § 263 und § 266 zeigt, wenn der Schaden in den dafür genannten Fällen zutr. allein aus der Zerstörung einer schon vorher bestehenden, vermögenswerten Anwartschaft abgeleitet wird.[719] Unabhängig davon haben der 1. und der 2. StS des BGH die im Rahmen des § 263 seit langem entwickelte Figur des „Gefährdungsschadens" speziell am Beispiel der Untreue teils objektiv, teils subjektiv zu korrigieren versucht,[720] und BVerfGE **126** 170, 211ff hat auf demselben dogmatischen Feld aus dem Bestimmtheitsgebot des Art. 103 Abs. 2 GG eine im Einzelnen höchst unklare und umstrittene Restriktion des traditionellen Schadensbegriffs abgeleitet. Schließlich wird für verschiedene Konstellationen auch eine engere Bestimmung des Vermögensschadens für § 266 als für § 263 propagiert.[721] Infolgedessen finden sich heute nicht nur die Kontroversen um den Vermögensbegriff und um die Systematik des Vermögensschadens, die sich ursprünglich in erster Linie am Betrugstatbestand entzündet haben, ebenso auch beim Untreuetatbestand wieder, vielmehr hat dessen Auslegung inzwischen die Leitfunktion auch für § 263 erlangt.

213 **a)** Über die **Begriffe des Vermögens** und des Vermögensschadens beim Betrug verhalten sich eingehend *Tiedemann* LK § 263 Rdn. 127ff; *Hefendehl* MK § 263 Rdn. 337ff und *Sch/Schröder/Cramer/Perron* § 263 Rdn. 78ff. Zufolge der seit RGSt **44** 230, 233 ständig

---

716 BGHSt **15** 342, 343f; BGH NJW **1975** 1234, 1235; BGH LM § 335 Nr. 1; RGSt **71** 333 m.w.N.; RGSt **73** 283, 285; *Beukelmann* HK-GS Rdn. 25; *Blei* BT § 65 V; *Cramer* S. 116f; *Esser* AnwK Rdn. 164; *Fischer* Rdn. 110; *Hefendehl* Vermögensgefährdung und Exspektanzen (1994) S. 84ff; *Lackner/Kühl* Rdn. 17; *Maurach/Schroeder/Maiwald* 1 § 45 Rdn. 41; *Sch/Schröder/Perron* Rdn. 39; *Welzel* § 56 A 1a; *Wessels/Hillenkamp* BT/2 Rdn. 775; eingehend *Schünemann*, in: Fischer u.a., Dogmatik, S. 61ff.

717 Vgl. aber nunmehr *Maurach/Schroeder/Maiwald* 1 § 45 Rdn. 2.

718 *Lackner* LK[10] § 263 Rdn. 188 (and. *Tiedemann* LK Rdn. 166); *Hefendehl* MK § 263 Rdn. 513ff.

719 Dazu im Einzelnen Rdn. 215, 222.

720 Dazu im Einzelnen Rdn. 227ff.

721 *Perron* FS Tiedemann, S. 737ff.; *Saliger* SSW Rdn. 53.

festgehaltenen Rechtsprechung des RG und des BGH ist Vermögen die Summe aller geldwerten Güter nach Abzug der Verbindlichkeiten.[722] Um innere Berechtigung, Tragweite und Grenzen dieses **wirtschaftlichen** Vermögensbegriffs verstehen zu können, muss man sich vor Augen halten, dass er als Gegensatz zu dem von *Binding* begründeten, unzulänglichen **juristischen Vermögensbegriff**[723] entwickelt wurde, der das Vermögen mit den subjektiven Rechten einer Person gleichsetzte und damit das strafrechtliche Rechtsgut fälschlich auf eine nur innerhalb der Zivilrechtsdogmatik, also „binnensystematisch" bedeutungsvolle Konstruktion reduzierte. Außerdem ist das von *Binding* benutzte dogmatische Konstrukt des subjektiven privaten Rechts auch deshalb als Basis des strafrechtlichen Vermögensbegriffs unbrauchbar, weil die hierfür unerlässliche Saldierung von Aktiven und Passiven nach einer homogenen Ertragskategorie verlangt, die nur vom **Geldeswert** gebildet werden kann. Durch den wirtschaftlichen Vermögensbegriff werden diese Mängel behoben. Andererseits schießt es aber doppelt übers Ziel hinaus und führt dadurch ebenfalls in die Irre, wenn man die Redeweise vom ökonomischen Vermögensbegriff wörtlich nimmt und dabei außer Acht lässt, dass (1) das ökonomische System ja seinerseits ganz massiv durch die Rechtsordnung geprägt wird, so dass die Frage des Geldeswertes zwar nicht von der zivilistischen Konstruktion des subjektiven privaten Rechts, aber doch entscheidend von der Gesamtheit der **rechtlichen Handlungsmöglichkeiten** abhängt; und dass (2) der strafrechtliche Rechtsgutsbegriff und damit auch der strafrechtliche Vermögensbegriff nur vom Recht positiv bewertete Interessen erfasst, so dass die reine Faktizität im Sinne einer bloßen Machtposition abseits rechtlich gebilligter Nutzungsinteressen auch strafrechtlich weder schutzwürdig noch schutzbedürftig ist.

b) Der letztgenannte Gesichtspunkt bildet den Kristallisationskern der im neueren Schrifttum überwiegenden **juristisch-ökonomischen Vermittlungslehre**, die nur diejenigen wirtschaftlichen Güter einer Person im Vermögensbegriff berücksichtigt, die ihr unter dem Schutz der Rechtsordnung oder wenigstens ohne deren Missbilligung zustehen.[724] Auch die Rechtsprechung steht in Wahrheit auf dem Boden dieser Auffassung, wie ihre bis zum Inkrafttreten des Prostitutionsgesetzes praktizierte Weigerung zeigt, die über alle Maßen geldwerte Arbeitskraft einer Prostituierten als Vermögensbestandteil anzuerkennen.[725] Damit ist aber noch nicht der erstgenannte Gesichtspunkt in den Vermögensbegriff integriert, dass das wirtschaftliche Handlungssystem und damit der Geldeswert von den rechtlich geregelten Handlungsmöglichkeiten abhängen,[726] so dass die juristisch-ökonomische Vermittlungslehre zu kurz greift, indem sie Wirtschaft und Recht als zwei gegensätzliche Systeme auffasst und deshalb den ökonomischen Vermögensbegriff nur in Einzelfällen korrigiert.[727] Eine sowohl dogmatisch als auch kriminalpolitisch überzeugende Explikation ermöglicht deshalb allein der von mir seit der 11. Aufl. 1998 des LK (§ 266 Rdn. 134) sog. (juristisch-ökonomisch) **integrierte Vermögensbegriff**, der das Vermögen als eine *in Geldeswert ausdrückbare, rechtlich konstituierte Herrschaft über* 214

722 BGHSt **16** 220, 221; BGH NJW **1975** 3235; BGH NStZ **1986** 455; BGH wistra **1986** 24.

723 *Binding* BT/1 S. 237 ff (238), 341; *Gerland* Deutsches Reichsstrafrecht, 2. Aufl. 1932, S. 560 ff, 637 f; *Merkel*, Kriminalistische Abhandlungen II, 1867, S. 101 ff.

724 *Cramer* Vermögensbegriff S. 100; *Sch/Schröder/Perron* § 263 Rdn. 82 f; *Lenckner* JZ **1976** 105; *Sch/Schröder/Perron* Rdn. 39; *Lackner* LK[10] § 263 Rdn. 123; *Lackner/Kühl* § 263 Rdn. 33; *Nelles* S. 347, 426.

725 Prostitutionsgesetz v. 20.12.2001 (BGBl. I S. 3983); zur alten Rspr. s. nur BGHSt **4** 373; BGH NStZ **1987** 407; BGH wistra **1989** 142; weit. Nachw. bei *Lackner/Kühl* § 263 Rdn. 35.

726 *Nelles* S. 387; *Hefendehl* Vermögensgefährdung S. 109 ff.

727 *Hefendehl* Vermögensgefährdung S. 110 ff.

Gegenstände oder soziale Interaktionen versteht.[728] Diesen Ausgangspunkt trifft an sich auch die in elaborierter Form von *Otto* begründete und von seinen Schülern ausgebaute **personale Vermögenslehre,**[729] die aber durch den Verzicht auf die Saldierung in der homogenen Ertragskategorie des Geldes die ökonomische Komponente eliminiert und dadurch – in einer weder vom Gesetzgeber gewollten noch kriminalpolitisch sinnvollen Extension – für einen Vermögensschaden die bloße Verletzung der Dispositionsfreiheit ausreichen lässt.[730] Richtigerweise bedeutet deshalb Vermögen, dass eine Person über mit der Rechtsordnung zu vereinbarende Potentiale wirtschaftlicher Betätigung mit Hilfe (zivil-)rechtlich anerkannter Durchsetzungsmöglichkeiten nach ihrem Belieben verfügen und externen Störfaktoren effektiv begegnen kann,[731] wobei der Vermögensbegriff im Sinne der Saldierung aller positiven und negativen Potentiale in der homogenen Ertragskategorie des Geldes zu verstehen ist. Hierbei dient als ratio cognoscendi das handelsrechtliche Bilanzrecht, weil bei der bilanzrechtlichen Beurteilung von Prognosesachverhalten zu entscheiden ist, inwieweit objektivierte, anerkannte und rechtlich fundierte Parameter des Wirtschaftsverkehrs vorliegen, die bereits zum gegenwärtigen Zeitpunkt einen wirtschaftlichen Mehrwert oder Minderwert begründen.[732] Die entscheidenden Prüfsteine bilden hierbei die **Grenzkonstellationen** der **Exspektanz** oder **Anwartschaft** (als aktiver Vermögensbestandteil) einerseits und der **schädigenden Vermögensgefährdung** (als Entwertung des de iure noch vorhandenen Vermögensbestandteils) andererseits. Genau hier zeigt sich auch der entscheidende Unterschied zum juristischen Vermögensbegriff, weil es bei den Exspektanzen oder Anwartschaften um Konstellationen geht, bei denen noch kein subjektives Vermögensrecht existiert, während umgekehrt die Kategorie der schädigenden Gefährdung solche Konstellationen markiert, in denen das subjektive Recht noch existiert, aber keinen Geldeswert mehr repräsentiert.

215 **c)** Die Herausarbeitung der eigenständigen Kategorie der **Anwartschaften** (Exspektanzen) als Vermögensbestandteile ist eine herausragende, ohne wesentliche Anleitung durch die Wissenschaft erfolgte Leistung der Judikatur, der man – im Hinblick auf die ihr vorgegebene Methode der kasuistischen Entwicklung – die Unzulänglichkeiten bei der Entwicklung einer allgemeinen Definition nicht anlasten kann. Ursprünglich sprach die Rechtsprechung von einer Sicherheit, einer hohen Wahrscheinlichkeit oder auch von einer bloßen Wahrscheinlichkeit der Erlangung eines Vermögensvorteils i.e.S. als Kennzeichen der Anwartschaft.[733] Heute spricht sie eher davon, dass die Aussicht bereits derart konkretisiert sein muss, dass ihr die Verkehrsauffassung einen messbaren wirtschaftlichen Wert beimisst.[734] Das ist im Ansatz richtig, bedarf jedoch noch der Konkretisierung. Entsprechend der vorstehenden Definition des **integrierten Vermögensbegriffs** liegt eine vermögenswerte Anwartschaft dann vor, wenn eine durch das Zivilrecht

---

728 Ebenso im Kern bereits 1994 *Hefendehl* Vermögensgefährdung S. 115 ff; *Hefendehl* MK Rdn. 374 ff als sog. „normativ-ökonomischer Vermögensbegriff"; *Tiedemann* LK § 263 Rdn. 132 als sog. „integrierte (institutionelle) Vermögenslehre".

729 *Otto* S. 34 ff; *Labsch* S. 323 ff; *Geerds* S. 116 ff, 178 ff; zuletzt instruktiv *Otto* ZRP **1996** 300, 305 ff.

730 *Hefendehl* Vermögensgefährdung S. 112 ff.

731 *Hefendehl* Vermögensgefährdung S. 115 ff.

732 Dazu eingehend und detailliert Vermögensgefährdung *Hefendehl* S. 166 ff; inzwischen aufgegriffen von BGHSt **53** 199, 202 f, und BVerfGE **126** 170, 211 f, 215 f, 223 ff; dazu klarstellend *Hefendehl* wistra **2012** 325 ff.; *ders.* in: Fischer u. a., Dogmatik (2015) S. 77, 81 ff.; differenzierend *Salditt* (2014).

733 RGSt **23** 55, 57; **38** 108, 109; **41** 373, 375; **51** 205, 209; **64** 181, 182; BGHSt **2** 364, 367.

734 BGHSt **17** 147, 148; BGH GA **1978** 332, 333; BGH bei Holtz MDR **1981** 100; zum ganzen eingehend *Hefendehl* Vermögensgefährdung S. 25 ff.

oder das öffentliche Recht begründete Herrschaft über Objekte oder Interaktionen vorliegt, die dem Inhaber der Herrschaft die störungsfreie Möglichkeit der Entwicklung des jetzigen Zustandes zur endgültigen Inhaberschaft des „Vollwertes" garantiert.[735] Entscheidend ist also, dass der Vermögensinhaber eine rechtlich realisierbare, ökonomisch bewertbare und **im Verhältnis zum Täter rechtlich geschützte** Position besitzt, was sich nun freilich im Verhältnis des *Geschäftsherrn zum Treupflichtigen*, also für den Bereich des § 266, für alle Positionen *von selbst versteht*, die (sei es auch durch den bisherigen Einsatz des Treupflichtigen selbst) für den Geschäftsherrn gewonnen worden sind. Prototyp bei der Untreue ist der Fall des **Kickback**, wenn also der Treupflichtige in Verhandlungen mit einem dritten Partner dessen Bereitschaft herausgefunden hat, als Entgelt statt mit dem zunächst genannten Betrag x auch mit einem Betrag x minus y zufrieden zu sein. Diese sofort realisierbare Position des Geschäftsherrn stellt dann im Verhältnis zum Treupflichtigen eine rechtlich geschützte vermögenswerte Anwartschaft dar, die vom Treupflichtigen zerstört wird, wenn er dennoch mit dem Dritten den Vertrag zum Preise x abschließt und den Betrag y an sich selbst als Kick back bezahlen lässt.[736] Anders ist es dagegen, wenn nur die (bei keinen Vertragsverhandlungen je ausschließbare) Möglichkeit besteht, noch weiter zu verhandeln und evtl. den Vertragspartner weiter zu drücken: Hier handelt es sich um keine selbständig bewertbare Möglichkeit, die selbst dann keinen Vermögensbestandteil des Geschäftsherrn bildet, wenn sich etwa eine statistische Aussage über die Wahrscheinlichkeit weiterer Konzessionen des Vertragspartners formulieren lassen würde. Wenn die Konzessionsbereitschaft des Vertragspartners nicht bis zum letzten ausgelotet wird, kann dies also nur dann den Untreuetatbestand erfüllen, wenn der vereinbarte Preis über dem Marktpreis liegt.[737]

2. Vermögensnachteil ist die durch ungetreue Handlung verursachte Vermögens- 216
minderung. Ob eine solche Folge eingetreten ist, wird durch einen Vergleich der (durch Saldierung ermittelten) Vermögenslage *vor und infolge* der ungetreuen Handlung (Unterlassung) ermittelt[738] (traditionell: unmittelbar „*vor* und *nach* der Untreuehandlung"). Dabei sind alle wertbestimmenden Faktoren der Untreuehandlung zu berücksichtigen, nicht nur die mindernden, sondern ebenso etwaige werterhöhende. Vorausgesetzt ist für jeden der Faktoren, dass er für sich betrachtet den ursprünglichen Vermögensstand wertändernd beeinflusst hat, also für den Endbestand (mit)ursächlich ist.[739] Bleibt dieser nach dem Prüfungsergebnis hinter dem Ausgangswert zurück, so ist der Unterschied der für § 266 tatbestandliche Nachteil. Das für den Zeitpunkt des Saldenvergleichs nach h.M. maßgebliche **Unmittelbarkeitsprinzip** folgt zwar nicht logisch zwingend aus der Tatbestandsstruktur (and. *Saliger* ZStW **112** [2000] 611f), aber teleologisch aus dem wirtschaft-

735 Ähnlich, aber enger *Hefendehl* Vermögensgefährdung S. 117f, der zusätzlich die rechtlich anerkannte Möglichkeit zur Ausschaltung externer Störfaktoren, die sanktionsbewehrte Verpflichtung des ursprünglichen Inhabers des Exspektanzobjektes und die Manifestation des Erwerbswillens des Exspektanzinhabers fordert; instruktiv der Fall BGHR § 266 Abs. 1 Nachteil 1.

736 Dazu bereits 1998 LK[11]/*Schünemann*, § 266 Rdn. 135; Rdn. 145; eingehend *Szebrowski* Kick-back; *Thalhofer* Kick-backs; *Rönnau* FS Kohlmann S. 239ff. Gegen die unzutr. Kritik von *Bernsmann* StV **2005** 576ff s. *Schünemann* NStZ **2006** 196, 200. St. Rspr., s. BGHSt **31** 332; **50** 299, 314; zu einem Ausnahmefall BGH NStZ **2010** 502; w.N.b. *Kraatz* ZStW **122** (2010) 521, 535f.

737 BGH NJW **1983** 1807, 1808ff – in BGHSt **31** 232 nur z.T. abgedr.

738 BGHSt **15** 342, 343; **16** 220, 221; BGH NJW **1975** 1234, 1235; RGSt **73** 283, 285; *Bockelmann* BT/1 § 18, IV; *Esser* AnwK Rdn. 175; *Maurach/Schroeder/Maiwald* 1 § 45 Rdn. 2, 41, § 41 Rdn. 108; *Wittig* in v. Heintschel-Heinegg Rdn. 40; *Beukelmann* HK-GS Rdn. 25; ungenau BGH 1 StR 614/68 v. 1.4.1968 bei Dallinger MDR **1969** 534.

739 BGH LM § 335 Nr. 1.

lichen Vermögensbegriff, in dem die Chancen und Risiken einer stets ungewissen zukünftigen Entwicklung antizipiert und saldiert werden (woraus zugleich die Untergruppe des „Gefährdungsschadens" folgt und legitimiert wird, näher u. Rdn. 227ff sowie umfassend *Gähler* [2016] S. 266ff). Während das Unmittelbarkeitsprinzip früher nur beim Betrug diskutiert wurde, wird es von der modernen Untreuedogmatik auch hier anerkannt (*Saliger* SSW Rdn. 71 m.w.N.; *Rönnau* StV **2011** 753, 761; im Erg. ebenso *Velten* NJW **2000** 2852, 2855f; BGHSt **61** 48, 74 m.w.N. – Nürburgring). Dabei ersetzt es auch nicht das Schadenskriterium der (verlorenen) Vermeidemacht (dazu u. Rdn. 230) – so aber *Saliger* SSW Rdn. 69 a.E. m.w.N. –, sondern ergänzt es in zeitlicher Hinsicht. Die Entwicklung der in diesem Punkt uneinheitlichen Rechtsprechung ist schwer abzuschätzen. In seiner Entscheidung zur Garantenstellung von Unternehmensorganen hat der 5. StS fast beiläufig ausgesprochen, dass ein Nachteil in Gestalt von „Ersatzansprüchen und Prozesskosten nach Aufdeckung (eines) Betrugs ... nicht unmittelbar (sei, er setze) nämlich mit der Aufdeckung der Tat einen Zwischenschritt voraus. Der für die Nachteilsfeststellung notwendige Gesamtvermögensvergleich hat aber auf der Grundlage des vom Täter verwirklichten Tatplans zu erfolgen." (BGH NJW **2009** 3173, 3175, insoweit in BGHSt **54** 44 nicht abgedr.; dezidiert der 2. StS in NJW **2011** 3528). Nach Auffassung des 1. StS bedarf es eines solchen Unmittelbarkeitserfordernisses dagegen nicht, zumindest bedeute das „nicht zeitgleich, sofort oder auch nur alsbald" (BGHSt **56** 203 Tz. 59 unter Hinweis auf BGHSt **55** 288, 305, wo es allerdings um die Unmittelbarkeit nicht des Schadens, sondern der Kompensation ging). Die richtige Lösung dürfte dazwischen liegen, indem der Vermögenssaldo auf Basis der vom Vermögensverwalter endgültig aus seiner Kontrolle entlassenen Situation gezogen werden sollte, natürlich unter „diskontierter" Berücksichtigung der dadurch geschaffenen Gewinnchancen und Verlustgefahren nach den Regeln des Risikogeschäfts. Näher hierzu am Beispiel der (möglichen) Auslösung von Vermögenssanktionen als Vermögensschaden s.u. Rdn. 234f.

217 **a)** An einem Nachteil fehlt es dagegen, wenn **wertmindernde und werterhöhende Faktoren sich gegenseitig aufheben**, so dass Anfangs- und Endbestand des Vermögens einander gleich sind (allg.M.). Das trifft aber nur dann zu, wenn die ungetreue Handlung **Vermögenseinbuße** und deren **Kompensation zugleich** (Rdn. 219f) und derart hervorbringt, dass Verlust und Gewinn sich die Waage halten.[740] Häufigster Fall ist, dass durch die Leistung eine Verbindlichkeit des Geschäftsherrn getilgt wird.[741] Hiervon wohlweislich zu unterscheiden ist der weitaus häufigere Fall, dass der Täter im Rahmen einer Vermögensverwaltung durch *eine* Handlung dem Vermögen Nachteil zufügt und durch eine *andere* Gewinn einbringt. Der Blick des Strafrechtlers heftet sich an die ungetreue Einzeltat.[742]

218 **Eine Ausnahme** von dieser Einzelbetrachtung hat die Rechtsprechung dann zugelassen, wenn nach einem **wirtschaftlich vernünftigen Gesamtplan** ein Handlungsbündel auf einen einheitlichen Erfolg so angelegt ist, dass dieser nicht anders als über zunächst nachteilige Maßnahmen erreicht werden kann. Hierher zählen insbesondere kaufmännische und industrielle Investitionen, die Umstellung eines Landguts auf eine andere Art oder Methode der Bewirtschaftung, ein Wechsel in der Viehzucht und ähnli-

---

740 BGHSt **17** 147, 149 zu § 263.

741 BGH NStZ **1995** 185; BGHR § 266 Abs. 1 Missbrauch 1 und Nachteil 2, 9, 13; und zwar selbst bei fehlender liquider Beweisbarkeit der (objektiv bestehenden) Forderung, s. BGHR § 266 Nachteil Nr. 46.

742 RG DJ **1938** 231; BGH NStZ **1986** 456.

che Fälle einberechneten Vorausnachteils, in denen dieser nur Durchgangsstadium zum Erfolgsziel ist.[743]

Der **nachträgliche Schadensausgleich** ist, da der Tatbestand keinen dauerhaften Nachteil voraussetzt,[744] tatbestandlich für § 266 ebenso bedeutungslos wie für § 263,[745] wie etwa dann, wenn eine Bank, die einem Kunden wegen der eigenmächtigen Veräußerung seiner Aktien durch einen ihrer Angestellten Ersatz leisten muss, für die Wiederbeschaffung infolge Kursrückgangs weniger Geld aufzuwenden braucht.[746] Im Strafmaß wird die Wiedergutmachung freilich strafmildernd ins Gewicht fallen (§ 46 Abs. 2 sowie § 46a StGB).

Selbst **Gleichzeitigkeit** des Eintritts von Vorteil und Nachteil schließt, für sich allein 219
gesehen, den Tatbestand des § 266 nicht aus,[747] nämlich für den Fall, dass Vorteil und Nachteil ohne inneren Zusammenhang, unabhängig voneinander, zufällig zu gleicher Zeit entstehen; das ist ohne Einfluss auf das Ergebnis eines Vergleichs zwischen dem Vermögensstand vor und *infolge* der ungetreuen Handlung. Nur dann wird der Untreuetatbestand ausgeschlossen, wenn die Pflichtverletzung selbst, die den Nachteil verursacht („verletzt und dadurch"), *zugleich* einen Vorteil für das Vermögen so hervorbringt, dass der Vermögensstand in der Waage bleibt, das Vermögen durch die Untreuehandlung also überhaupt nicht gemindert wird. Das steht seit RGSt **44** 230, 237 in der Rechtsprechung fest[748] und entspricht auch der im Schrifttum h.M.[749] Selbst ein schon vorher bestehender Vergütungsanspruch gibt dem Obhutspflichtigen deshalb nicht das Recht, dem Vermögen des Geschäftsherrn ohne ordnungsgemäße Auf- und Abrechnung einen Vermögensnachteil zuzufügen.[750] Und selbstverständlich wiegt nur der hinreichend **rechtsbeständige** (d.h. die Bedingungen des integrierten Vermögensbegriffs erfüllende) Vorteil den Nachteil auf. Ist der Vorteil auf unlautere oder gar strafbare Weise gewonnen und droht deshalb seine Entziehung, so bleibt er im Umfang der dadurch bewirkten wirtschaftlichen Entwertung außer Betracht.[751]

b) Strittig ist, ob der aus der ungetreuen Handlung entstehende **zivilrechtliche** 220
Schadensersatzanspruch niemals[752] oder doch unter bestimmten Umständen tatbestandsausschließend wirken kann.[753] Zuzustimmen ist der letztgenannten Ansicht. Danach genügt es zwar nicht, dass der Täter ersatzwillig, aber nicht ersatzfähig ist;[754] auch

---

743 RGSt **65** 422, 430; **75** 227, 230; RG Recht **1928** Nr. 2617; RG HRR **1929** 59; RG JW **1936** 882; *Bringewat* JZ **1977** 671; *Sch/Schröder/Perron* Rdn. 41; *Saliger* SSW Rdn. 59.
744 RGSt **39** 335, 341.
745 BGHSt **20** 143, 144; RGSt **68** 371, 374; *Fischer* Rdn. 164.
746 BGH 1 StR 58/76 v. 6.4.1976, S. 5.
747 So aber BayOblGSt **1973** 54; *Blei* BT § 65 V.
748 RGSt **65** 422, 430, „*dieselbe* Handlung"; RGSt **75** 227, 230 „*eine* Handlung"; BGHSt **17** 147, 149; BGH NJW **1975** 1234, 1235 m.w.N.
749 *Bockelmann* BT/1 § 16 IV; *Dierlamm* MK Rdn. 207; *Esser* AnwK Rdn. 175; *Fischer* Rdn. 166; *Lackner/Kühl* Rdn. 17; *Maurach/Schroeder/Maiwald* 1 § 45 Rdn. 41, § 41 Rdn. 112; *Saliger* SSW Rdn. 55; *Welzel* § 56 A 1a; *Wessels/Hillenkamp* BT/2 Rdn. 775b; *Wittig* in v. Heintschel-Heinegg Rdn. 40.
750 BGH NJW **1983** 1807, 1808.
751 Ohne die Einschränkung auf reale Verlustgefahr *Hübner* LK[10] Rdn. 92; RGSt **71** 344, 346; RG JW **1934**, 2923; RG JW **1935** 2638, 2639; wie hier BGHR § 266 Abs. 1 Nachteil 10; BGH NJW **1975** 1234, 1235; hierzu näher Rdn. 233.
752 *Blei* BT § 65 V; § 61 V 2b; *Bruns* ZAkDR **1941** 269 a.E.; *Fischer* Rdn. 168 f; *Krey/Hellmann* BT/2 Rdn. 458; *Otto* Grundkurs § 51 Rdn. 59, § 54 Rdn. 32; *Sch/Schröder/Perron* Rdn. 42, jedoch unter Ausgrenzung der Fallgruppen des Selbstkontrahierens und der bloßen Zwischenverfügung.
753 BGHSt **15** 342, 344; *Bockelmann* § 18 IV; *Dierlamm* MK Rdn. 209; *Lackner/Kühl* Rdn. 17 m. Verweis auf § 263 Rdn. 36a; *Hefendehl* S. 282 ff.
754 RGSt **53** 194, 195; **62** 31, 33; OLG Stuttgart NJW **1968** 1340, 1341.

nicht, dass er ersatzfähig, aber nicht ersatzwillig ist;[755] erst recht nicht, dass ein Dritter ihm helfend beispringen will.[756] Wohl aber schließt es die Untreue aus, wenn der Täter **eigene ausreichende**[757] **Mittel flüssig** in seiner Kasse, auf einer Bank oder bei sonst einem Geldinstitut jederzeit **auszahlungsbereit** hält[758] und auch loyal verwenden will. Denn bei einer wirtschaftlichen Betrachtungsweise ist der Anspruch gegen einen liquiden und loyalen Treunehmer „voll werthaltig" und bedeutet deshalb eine ausreichende Kompensation, so dass der Untreuetatbestand mangels Vermögensschadens nicht erfüllt ist.

221 **3.** Nur der dem zu betreuenden Vermögen zugefügte Nachteil ist für § 266 rechtserheblich. Die **Identität des Inhabers der zu betreuenden und der geschädigten Vermögensinteressen** ist unabdingbar.[759] Dagegen brauchen Treugeber und geschädigter Vermögensinhaber nicht dieselbe Person zu sein.[760] Bei verdeckter Stellvertretung, beim Handeln kraft Amtes[761] gibt ein anderer als der Vermögensinhaber dessen Vermögensinteressen in Betreuung: Der Mann lässt durch seine Bank Aktien seiner Frau verwalten;[762] der Insolvenzverwalter beauftragt den Rechtsanwalt, zur Insolvenzmasse gehörende Forderungen beizutreiben; der Pfleger unbekannter Erben bestellt einen Verwalter für ein zum Nachlass gehörendes Miethaus; der Pfleger eines Sammelvermögens bedient sich bei der Verwaltung und Verwendung des Vermögens einer Treuhandgesellschaft. Handelt einer dieser Beauftragten ungetreu, so vergeht er sich selbstverständlich gegen den § 266; er schädigt ja das fremde Vermögen, das er zu betreuen hatte. Dass ihm der **Vermögensträger unbekannt** ist, verschlägt nichts.[763] Von besonderer Bedeutung ist schließlich, dass das Vermögen einer Personengesellschaft – anders als bei einer GmbH – rechtlich den Gesellschaftern als ihr Vermögen zuzuordnen ist,[764] so dass es strafrechtlich nur auf deren Schädigung ankommt.[765]

222 **4. Ausbleibende Vermögensmehrung ist kein Schaden.** § 266 bestraft nach seinem eindeutigen und wegen des Analogieverbots des Art. 103 Abs. 2 GG verbindlichen Wortlaut nur die Verursachung eines Nachteils, so dass die (sei es auch pflichtwidrige) *Nichterzielung eines Vorteils nicht tatbestandmäßig* ist. Diese Entscheidung des Gesetzgebers ist in einem auf das Prinzip des Rechtsgüterschutzes gegründeten und dadurch limi-

---

755 RGSt **38** 266 f; KG NJW **1972** 218.
756 BGHSt **15** 372, 376; RGSt **73** 283, 286.
757 RG JW **1937** 168.
758 BGHSt **15** 342, 344; BGH 4 StR 78/74 v. 30.4.1974 bei Dallinger MDR **1975** 23; BGHR § 266 Abs. 1 Nachteil 34; BGH NStZ **1982** 331; RGSt **73** 283, 285 und das vorst. angeführte Schrifttum sowie *Beukelmann* HK-GS Rdn. 29; *Saliger* HRRS **2006** 10, 21 f sowie *ders.* SSW Rdn. 80 und ihm folgend *Seier* Rdn. 182, *Esser* AnwK Rdn. 180 f verneinen schon die Gefahrschaffung im Rahmen der objektiven Zurechnung. BayObLGSt **1965** 88 (Leitsatz auch NJW **1966** 116) achtet Wertpapiere (Aktien) nicht zum Kurswert, sondern – jedenfalls im Sparkassenverkehr – nur bis zur Höhe der – für die Sparkassen – festgelegten Beleihungsgrenze flüssigen Mitteln gleich.
759 Rdn. 118; BGH 1 StR 602/60 v. 18.4.1961; *Esser* AnwK Rdn. 158; *Wittig* in v. Heintschel-Heinegg Rdn. 42; *Rengier* BT I § 18 Rdn. 51.
760 BGH 1 StR 34/70 v. 1.12.1970, S. 26; OLG Braunschweig NJW **1961** 2030, 2031; *Sch/Schröder/Perron* Rdn. 47; *Beukelmann* HK-GS Rdn. 27; **aA** *Schröder* JR **1963** 394, 395; *Maurach/Schroeder/Maiwald* 1 § 45 Rdn. 42 dem Wortlaut nach, der Sache nach jedoch wie hier („materielle Betrachtung").
761 OLG Braunschweig NJW **1961** aaO.
762 *Schröder* aaO.
763 **aA** *Schröder* JR **1963** 394, 395; *Sch/Schröder*[18] Rdn. 33; seit der 19. Aufl. aufgegeben.
764 BGH wistra **1984** 226; BGHR § 266 Abs. 1 Nachteil 5, 20, 25.
765 BGHSt **34** 222 f – st. Rspr. –; *Schulte* NJW **1983** 1774; *ders.* **1984** 1671.

tierten Strafrecht auch vollauf legitim, weil zivilrechtlich begründete Pflichten zur Gewinnerzielung[766] durch zivilrechtliche Rechtsfolgen sanktioniert werden mögen, aber keine (scil. schon vorhandenen) Rechtsgüter und deshalb nicht das Strafrecht betreffen. Das ist namentlich in der Rspr. zum *Kickback* (näher o. Rdn. 215) klar herausgearbeitet und auch in der Literatur – abgesehen von verschwindenden Ausnahmen[767] – anerkannt worden. Umso kritikwürdiger ist der Einfall von BVerfGE **126** 170, 214f, die nach seinen eigenen Prämissen verfassungsrechtlich doppelt inakzeptable Mindermeinung als Vehikel zwecks Tolerierung der (völlig anders begründeten!) Schwarze-Kassen-Rspr. des BGH einzusetzen: Obwohl es eine unzulässige, weil die Wortlautgrenze überschreitende *Analogie* bedeutet, den „entgangenen Gewinn" als „Vermögensnachteil" zu bezeichnen,[768] obwohl die vom BVerfG schon bei einer bloßen extensiven Auslegung verfassungsrechtlich geforderte Voraussetzung einer diese untergründenden gefestigten *Rechtsprechung* (BVerfGE **126** 197, 199) bei der Gleichstellung von Nachteil und entgangenem Gewinn nicht nur fehlt, sondern sogar das Gegenteil ergibt (*Schünemann* StraFo **2010** 1, 4ff), ferner obwohl der 2. StS des BGH sich bei der Qualifikation von schwarzen Kassen als Vermögensschaden gar nicht auf diese Gleichstellung berufen, sondern eine Volte rückwärts zum juristischen Vermögensbegriff probiert hatte (eingehend u. Rdn. 228f) und obwohl schließlich das vom BVerfG aufgegriffene Argument *Kindhäusers*, „die Vermögensbetreuungspflicht könne auch die Mehrung des geschützten Vermögens beinhalten" (BVerfGE **126** 214), gar nicht den Schaden betrifft und damit auf die vom BVerfG an sich gnadenlos perhorreszierte „Verschleifung von Tatbestandsmerkmalen" (BVerfGE **126** 198, 228) hinausläuft, hat das BVerfG die (auch dogmatisch irrige, näher u. Rdn. 229) Subsumtion der Nichtauflösung einer schon existierenden schwarzen Kasse unter § 266 durch BGHSt **52** 323 in so selbstwidersprüchlicher Weise verfassungsrechtlich toleriert, dass seine Entscheidung eklatant inakzeptabel ist, denn das BVerfG steht trotz § 31 BVerfGG so wenig über der Logik wie Cäsar über der Grammatik.

5. Einzelbeispiele

a) Als **Nachteil** ist angesehen worden: das Zuspielen des Vereinsvermögens durch satzungswidrige Beschlüsse in dritte Hand, um es dem Vereinszweck zu entfremden;[769] die als Darlehen verschleierte unzulässige Verteilung des Innungsvermögens an die Innungsmitglieder;[770] die doppelte Abtretung;[771] die Vereinnahmung von Fremdgeldern auf einem häufig überzogenen Privatkonto;[772] die Überhöhung an sich berechtigter Forderungen;[773] das Vereinnahmen eines der GmbH zustehenden Treuebonus auf dem Privat- **223**

766 Worauf *Seier* in Rdn. 173, dann aber in Rdn. 174 doch auf die Zerstörung einer Anwartschaft abhebt und deshalb bei der h.M. einzuordnen ist.

767 Nämlich von *Kindhäuser* NK Rdn. 97; *Rengier* BT I § 18 Rdn. 37, 54, die aber in concreto nur den vollständig anders gelagerten Fall anführen, dass eine zinsgünstige Anlage des Mündelvermögen unterlassen und dadurch eine Wertabschmelzung durch Inflation hervorgerufen wird.

768 So eigentlich BVerfGE **126** 197, 205f selbst; der von ihm auf S. 215 für verfassungsmäßig vertretbar bezeichnete dogmatische Ansatz, den notwendigen negativen Saldo nicht zum status quo ante, sondern zu dem „im Falle pflichtgemäßen Handelns bestehenden Sollzustand festzustellen", überschreitet die Wortlautgrenze noch massiver (darunter kann man umgangssprachlich nimmermehr die „Zufügung eines Nachteils" verstehen) und verkörpert darüber hinaus geradezu einen „Idealfall" der laut BVerfG unzulässigen „Verschleifung von Tatbestandsmerkmalen", näher *Schünemann* StraFo **2010** 477, 480ff.

769 RGSt **23** 97.

770 RGRspr. **8** 575, 577.

771 BGH 1 StR 463/60 v. 31.1.1960, S. 8.

772 BGH NJW **2015** 1190; wistra **2016** 152.

773 BGH 1 StR 602/60 v. 18.4.1961.

konto des Geschäftsführers;[774] das Gewähren ungenügend gesicherter Kredite[775] – sog. **Bankuntreue**, dazu u. Rdn. 303f; der Verkauf von Grundstücken oder Filmrechten unter dem Wert;[776] das Vereiteln eines vom Auftraggeber dringend benötigten Kredits durch eigennützige Verwendung des von ihm zur Kreditbewilligung hingegebenen Wechselakzepts;[777] das Vorenthalten des Besitzes von Aktien, die – sei es auch unzulässig – für die AG erworben worden waren;[778] die bestimmungswidrige kostenlose Inanspruchnahme von Heizmaterial für eine Dienstwohnung;[779] das Beschäftigen Kreisangestellter mit Privatarbeit während der Dienststunden;[780] das Verschweigen einer Vollstreckungsmöglichkeit durch den Gerichtsvollzieher,[781] einer persönlichen Schuld des Vormunds in dem von ihm aufgenommenen Verzeichnis des Nachlasses der Mündelmutter;[782] der Verkauf unnützer Gegenstände im Übermaß durch den Vormund an sein Mündel;[783] die Abtretung einer nichtvalutierten Grundschuld mit der Folge des Einredeverlustes gegenüber dem gutgläubigen Erwerber;[784] die erneute unbefugte Aneignung bereits früher veruntreuter, aber wieder zur Masse gebrachter Beträge durch den Konkursverwalter.[785]

224 **b)** Hinsichtlich des **individuellen Schadenseinschlages** gilt bei der Untreue prinzipiell nichts anderes als beim Betrug;[786] instruktiv BGH NStZ **2014** 517, zum Problem bei der Haushaltsuntreue u. Rdn. 296. Unanwendbar im Rahmen des § 266 ist dagegen die zu § 263 vielfach vertretene **Zweckverfehlungslehre.**[787] Denn entgegen der h.L. (*Sch/Schröder/Perron* Rdn. 43) geht es dabei nicht um ein Problem des Schadensbegriffs, sondern um die nach **viktimodogmatischen** Maximen zu beurteilende Relevanz des Motivirrtums bei einer bewussten Selbstschädigung,[788] also um ein spezifisches Problem der Tatbestandsstruktur des § 263. Im Rahmen der Untreue stellen sich dagegen andere, vor allem für die Organ- und die Haushaltuntreue relevante Fragen (dazu näher u. Rdn. 290ff).

225 **c)** Ein Beispiel für die Zufügung eines Vermögensnachteils durch **Zerstörung einer Anwartschaft** bildet (neben dem „Leitfall" des Kickback, o. Rdn. 215) das Abwerben von Stammkunden.[789] Mehr die Formulierung als das Ergebnis betrifft hierbei die Diskrepanz zwischen den o. in Fn. 733f angeführten BGH-Entscheidungen, die auf die Vereitelung eines „sicher" bevorstehenden Abschlusses abstellen, und dem Standpunkt von *Sch/Schröder/Perron* Rdn. 46 (unter Berufung auf die sonstige Rechtsprechung zum Begriff

---

774 BGH 2 StR 485/63 v. 29.1.1964 unter Berufung auf RG JW **1934** 2151; RGSt **77** 129, 131.
775 BGH NJW **1979** 1512; BGH NJW **1984** 2539, 2540; BGHR § 266 Abs. 1 Nachteil 11.
776 BGH 1 StR 34/70 v. 1.12.1970, S. 42; BGH 2 StR 253/65 v. 30.7.1965.
777 BGH 3 StR 363/76 v. 8.12.1976, insow. NJW **1977** 443f nicht abgedr.
778 BGH 5 StR 181/58 v. 15.8.1958.
779 BGH 3 StR 299/71 v. 13.12.1972.
780 BGH 5 StR 644/68 v. 21.1.1969.
781 RGSt **71** 31, 33; RG JW **1936** 934.
782 RG GA **1898/1899** 449; zum Rat des Vormunds an den einkommensschwachen Vater, die freiwillige Unterhaltszahlung einzustellen, s. RG GA **1904** 44.
783 RG GA **1896** 149, 150.
784 BGHR § 266 Abs. 1 Nachteil 26.
785 BGH 1 StR 355/61 v. 26.9.1961; **aA** BGH 5 StR 216/69 v. 3.6.1969.
786 Vgl. dazu *Hefendehl* MK § 263 Rdn. 688ff; *Tiedemann* LK § 263 Rdn. 177ff.
787 *Sch/Schröder/Cramer/Perron* § 263 Rdn. 102, 104; *Gerhold* Zweckverfehlung und Vermögensschaden 1988 S. 75f.
788 *Schünemann* FS Faller (1984) S. 357, 363f.
789 RGSt **71** 333, 334.

der vermögenswerten Anwartschaft), dass nur eine Sachlage vorzuliegen brauche, die „mit Wahrscheinlichkeit" einen Vermögenszuwachs erwarten lasse. Denn entscheidend ist, dass der Treupflichtige die Möglichkeit für einen (noch) günstigeren Geschäftsabschluss bereits selbst geschaffen hat oder dass sich diese Möglichkeit geradezu von selbst versteht wie in dem klassischen Fall, dass der Vormund das Mündelgeld unverzinslich anlegt.[790]

6. Vollendung; das Problem des Gefährdungsschadens. Weil der Versuch der Untreue anders als beim Betrug nicht strafbar ist, kommt dem Zeitpunkt des Schadenseintritts und damit der Deliktsvollendung eine im Vergleich zu § 263 bei weitem wichtigere kriminalpolitische Bedeutung zu. Die im Kern vom wirtschaftlichen Vermögensbegriff geforderte und legitimierte Fixierung der Vollendung auf den ökonomisch maßgeblichen, oft vor dem endgültigen formellen Rechtsverlust liegenden Zeitpunkt ist ursprünglich im Rahmen des § 263 entwickelt und für § 266 namentlich für den Bereich von unvertretbaren *Risikogeschäften* übernommen worden. In neuerer Zeit hat die dadurch geschaffene dogmatische Figur des **Gefährdungsschadens** aber speziell bei § 266 zu tiefgreifenden Kontroversen sowohl in der Rspr. als auch im Schrifttum geführt. 226

a) Als ein Nachteil gem. § 266 wird seit 150 Jahren auch eine **schädigende** oder **schadensgleiche Vermögensgefährdung** (= **„Gefährdungsschaden"**) qualifiziert, wenn sie zwar noch nicht zum effektiven Verlust, aber nach wirtschaftlicher Betrachtung bereits zu einer **gegenwärtigen Minderbewertung** des Vermögens(-stückes) führt (s. schon RGSt **8** 68, 70; **9** 168, 169f sowie *Hefendehl* Vermögensgefährdung S. 50f zur vorangegangenen Rspr. des preußischen Obertribunals; grdl. dann RGSt **16** 1, 11 v. 20.4.1887 – Vereinigte Strafsenate – zu § 263; RGSt **16** 77, 81 zu § 266 a.F.).[791] Dieser geläufigen Redeweise wurde, ausgelöst durch die u. Rdn. 228, 250 erörterte *Kanther*-Entscheidung des 2. StS des BGH mit ihrer Idee einer Einschränkung im subjektiven Tatbestand, vom 1. StS mit dem Argument widersprochen, dass sich das Problem einer unzulässigen Strafbarkeitsvorverlagerung „bei einer präzisen Begriffsverwendung unter exakter Betrachtung des tatsächlichen wirtschaftlichen Nachteils weitgehend erledigt bzw. sich als Scheinproblematik herausstellt", weil „sich die bei pflichtwidrigen Risikogeschäften sog. konkrete Vermögensgefährdung *in Wirklichkeit* als ein bereits unmittelbar mit der Tathandlung eingetretener Vermögensnachteil darstellt".[792] Darin liegt aber nach allgemeiner 227

790 RG GA **1888** 400; eingehend zu diesen beiden, von ihm als personalisierte Exspektanz bzw. als Marktexspektanz bezeichneten Fallgruppen *Hefendehl* Vermögensgefährdung S. 232ff, 252ff.

791 Fortgesetzt in der Rspr. des BGH und der h.L., vgl. nur BGHSt **21** 212; **34** 394; **40** 287, 296; **44** 376, 384; **48** 354, 357; BGH wistra **2004** 60; NStZ **2004** 264, 265; weit. Nachw. bei *Tiedemann* LK § 263 Rdn. 168ff; *Hefendehl* MK § 263 Rdn. 588ff; *Sch/Schröder/Perron* § 263 Rdn. 143ff, § 266 Rdn. 45ff; *Esser* AnwK Rdn. 168ff; *Fischer* Rdn. 150ff; *Lackner/Kühl* Rdn. 17a; *Hefendehl* Vermögensgefährdung S. 256ff; *Beukelmann* HK-GS Rdn. 28; *Riemann* S. 44ff; im Ansatz zust. BVerfG wistra **2009** 385, 388, aber mit der Warnung, dass „eine zu weite Einbeziehung von Gefährdungslagen als Vermögensnachteil zu einer Vorverlagerung der Strafbarkeit in den Versuchsbereich führen könnte, die der Gesetzgeber gerade nicht vorgesehen hat", ebenso *Landau* ZStW **121** (2009), 965, 975f; scharfe Kritik an einer vorgeblich zunehmenden Konturenlosigkeit bei *Saliger* ZStW **112** (2000), 563, 565ff, 509f; *ders.* HRRS **2006** 10, 14; *Saliger* SSW Rdn. 8; *Matt* NJW **2005** 389, 390; *Dierlamm* MK Rdn. 6, 211ff; *Volk* FS Hamm S. 803, 805ff. Abwägend *Hefendehl* FS Samson S. 298f: „Ein tatbestandlicher Vermögensschaden liegt (deshalb) nicht nur im Falle eines endgültigen Substanzverlusts vor, sondern auch dann, wenn die Verfügbarkeitshypothese (scil. über die geldwerten Güter) negativ ausfällt."

792 NJW **2008** 2451, 2452 Tz. 18f; fortgesetzt zu § 263 in BGHSt **53** 199, 202 (**and.** aber wieder der 1. StS in BGHSt **53** 71, 85); erl. *Nack* StraFo **2008** 277ff (**and.** noch *ders.*, in: Müller-Gugenberger/Bieneck, Wirtschaftsstrafrecht 4. Aufl. 2006 § 47 Rdn. 59, § 50 Rdn. 71ff); krit. Rezensionen u. Anm. v. *Adick* HRRS **2008** 460; *Schäfer* JR **2008** 302; *Beulke/Witzigmann* JR **2008** 430; *Klötzer/Schilling* StraFo **2008** 305;

Meinung nur ein in der Sache nicht weiterführender Wechsel der Terminologie, der überdies (wie die vorstehend zit. Kombination des Rechtsbegriffs „Vermögensnachteil" mit der „Wirklichkeit" zeigt) die deskriptive und die präskriptive Sprachebene vermengt und zugleich notwendige Differenzierungen schuldig bleibt: Die aus dem ökonomisch-rechtlich integrierten Vermögensbegriff folgenden Erscheinungsformen des Schadens zerfallen in zwei nicht von der Bewertungsmethode, aber vom Bewertungsobjekt her prinzipiell zu unterscheidende Fallgruppen, nämlich auf der einen Seite in Gestalt des Verlusts der Dispositionsherrschaft über ein formalrechtlich noch dem Rechtsgutsträger zuzuordnendes Objekt (schadensgleiche Vermögensgefährdung i.e.S.) sowie in dem Verlust einer noch nicht formell zuzuordnenden, aber wegen ausreichender Dispositionsherrschaft bereits als Vermögenswert anzuerkennenden Exspektanz (Ebene des Vermögensverlustes); und auf der anderen Seite, wenn das an sich zum Ausgleich des Verlusts dienende Vermögensstück („Kompensation", die wiederum in einer vollgültigen Rechtsinhaberschaft oder in einer vermögenswerten Exspektanz bestehen kann) doch nicht in die Dispositionsmacht des Rechtsgutsträgers gelangt und deshalb als Kompensation unzureichend ist.[793] Der 1. StS muss sich nun vorhalten lassen, dass er die von ihm eingeforderte terminologische Präzision selbst nicht beachtet hat, weil es nämlich sowohl in seiner Untreueentscheidung (NJW **2008** 2451) als auch in seiner Betrugsentscheidung (BGHSt **53** 199) allein um die 2. Fallgruppe ging: Im ersten Fall entnahm der Vermögensverwalter Gelder vom Treuhandkonto zur Tilgung anderweitiger Schulden, ohne dass eine „mit ausreichenden liquiden Mitteln versehene und zahlungswillige" Person zur Kompensation bereit war.[794] Im zweiten Fall zahlten die Vermögensinhaber ihr Geld auf ein vermeintlich unantastbares Treuhandkonto ein, das der Angeklagte aber entsprechend seiner vorgefassten Absicht teils für seinen Lebensunterhalt, teils für den Betrieb eines Schneeballsystems verwendete.[795] In beiden Fällen waren also die Vermögensgüter der Geschäftsherren bzw. der Investoren endgültig verloren, ohne dass ein zur Kompensation geeignetes, wirtschaftlich wertvolles Gut an deren Stelle getreten wäre. Für solche Konstellationen ist allerdings die Figur des „Gefährdungsschadens" überflüssig, denn es geht schlichtweg darum, dass für den klaren und endgültigen Verlust eines Vermögensgutes durch die Vermögensverfügung des Getäuschten (bei Betrug) bzw. durch die Verfügung des Vermögensverwalters (Untreue) keine ausreichende Kompensation geschaffen worden ist. Dagegen liegt die vom 1. StS vorgenommene Qualifikation als „Risikogeschäft"[796] neben der Sache, weil die Geschädigten für ihren Vermögensverlust nicht etwa chancenreiche, aber in der weiteren Entwicklung unsichere Exspektanzen eintauschten, sondern in den nach den tatsächlichen Feststellungen vorliegenden Schneeballsystemen keinerlei Rückfluss erwarten konnten.[797]

Wegner wistra **2008** 347; *Peglau* wistra **2008** 430; *Selle/Wietz* ZIS **2008** 471; *Fischer* StraFo **2008** 269; *Schünemann* NStZ **2008** 430; zu der 2. Entscheidung von *Hefendehl* FS Samson S. 307 ff; *Saliger* ebd. S. 455, 466 ff; *Küper* JZ **2009** 800 ff; *Becker* HRRS **2009** 334 ff; *Ransiek/Reichling*, ZIS **2009** 315 ff; *Schlösser* NStZ **2009** 663 ff; *Brüning* ZJS **2009** 300 ff; *Fischer* StV **2010** 95; *Schünemann* StraFo **2010** 1 ff, 477 ff.

793 Zutreffend unterschieden von *Küper* JZ **2009** 800; *Hefendehl* FS Samson S. 300 f; BGH (3. Strafsenat) in der WestLB-Entscheidung Wistra **2010** 21 ff mit Bespr. *Strate* HRRS **2009** 441 f; *Steiner* Kreditwesen **2010** 98 f.; eingehend *Gähler* (2016) S. 131 ff.

794 BGH NJW **2008** 2451.

795 BGHSt **53** 199, 201.

796 So BGH NJW **2008** 2451 ebenso wie BGHSt **53** 199.

797 Zur Frage, ob auch die am Anfang des Schneeballsystems stehenden Investoren entspr. BGHSt **53** 199, 204 einen vollständigen Schaden erlitten, näher u. krit. *Schünemann* StraFo **2010** 477, 479.

b) In den umgekehrten Strudel, der durch die Grundsatzentscheidung des Zweiten Senats des Bundesverfassungsgerichts in BVerfGE **126** 170 keineswegs beruhigt, sondern eher noch verschlimmert worden ist, ist die Figur des Gefährdungsschadens durch die Rspr. des 2. StS des BGH seit der *Kanther*-Entscheidung (BGHSt **51** 100) geraten. Der 2. StS hatte aus dem doppelten Unbehagen heraus, dass die Figur des Gefährdungsschadens bei § 266 wegen der Straflosigkeit des Versuchs anders als bei § 263 nicht über das Wie, sondern über das Ob der Strafbarkeit entscheide, ohne dass wie bei § 263 durch die Forderung einer rechtswidrigen Vorteilsabsicht die hinreichende Strafwürdigkeit garantiert wäre (BGHSt **51** 100, 121), einerseits eine beachtenswerte, freilich auf erhebliche Kritik treffende (näher u. Rdn. 250) **Einschränkung** im **subjektiven Tatbestand** praktiziert, aber andererseits bei der umstrittensten Fallgruppe der *schwarzen Kassen* in **objektiver** Hinsicht eine **Strafbarkeitsausdehnung** proklamiert und diese in der anschließenden *Siemens*-Entscheidung BGHSt **52** 323 sowie der *Kölner Müll*-Entscheidung BGHSt **55** 266 zu einem Maximum gesteigert, das unausgesprochen über die Wiederbelebung des juristischen Vermögensbegriffs hinaus zu einem *moralischen Vermögensbegriff* eskaliert ist, paradoxerweise aber jedenfalls in Gestalt der *Siemens*-Entscheidung den Beifall des BVerfG gefunden hat (o. Rdn. 222). Von einer „**schwarzen Kasse**" spricht man, wenn Teile eines treuhänderisch verwalteten Vermögens aus der Buchhaltung des Geschäftsherrn zu dem Zweck heraus gehalten (häufig auf ein nicht auf dessen Namen lautendes Konto verlagert) werden, die Gelder im tatsächlichen oder vermeintlichen Interesse des Geschäftsherrn unter Vermeidung externer Kontrollen zu verwenden.[798] Während das RG die Einrichtung schwarzer Kassen nur im Rahmen der **Amtsuntreue** als schadensgleiche Vermögensgefährdung qualifiziert hat (näher u. Rdn. 294) und auch in der Rspr. des BGH vor 2006 nur vereinzelt und in unklarer Weise eine mögliche Ausdehnung in den Bereich der privaten Vermögensverwaltung erwogen worden ist,[799] hat der 2. StS im Dreierschritt der *Kanther-*, *Siemens-* und *Kölner Müll II*-Entscheidung BGHSt **51** 100, 114; **52** 323; **55** 266 zunächst die Einrichtung und Führung schwarzer Kassen durch Verantwortliche einer *politischen Partei* wegen der „konkreten, nur noch im Belieben der Täter stehenden *Möglichkeit des endgültigen Vermögensverlusts*" (sic!) als Vermögensnachteil qualifiziert (BGHSt **51** 100, 113 Tz. 43), ist sodann, ob dieser Kennzeichnung ungerührt, bei der „Einrichtung einer verdeckten Kasse" (in concreto ging es um die Fortführung einer schon bestehenden) „durch leitende Angestellte" auf die Behauptung eines „endgültigen Schadens" eingeschwenkt (BGHSt **52** 323, 336), weil „die Bestimmung über die Verwendung des eigenen Vermögens dem Vermögensinhaber obliegt, im Fall einer Kapitalgesellschaft dessen (sic!) zuständigen Organen", um schließlich für eine vom alleinvertretungsberechtigten GmbH-Geschäftsführer geführte, nur von ihm kontrollierte schwarze Kasse dasselbe zu erklären (BGHSt **55** 266, 282 f.). **228**

Während die Ausdehnung der Rspr. zu schwarzen Kassen als Amtsuntreue auf die „Parteienuntreue" durch die *Kanther*-Entscheidung im Schrifttum teilweise gebilligt wurde,[800] **229**

---

798 Vielfach wird – noch enger – darauf abgehoben, dass die schwarze Kasse pflichtwidrig vor dem Geschäftsherrn geheim gehalten wird, vgl. *Esser* AnwK Rdn. 199; *Fischer* Rdn. 130; *Saliger* NStZ **2007** 545, 547; *ders.* SSW Rdn. 76; *Bernsmann* GA **2007** 231; *Rönnau* FS Tiedemann S. 713; extensiver *Weimann* Die Strafbarkeit der Bildung sog. schwarzer Kassen gem. § 266 StGB (Untreue), Tübingen jur. Diss. (1996) 12 f; *Strelczyk* S. 14.

799 BGH wistra **1992** 266; NStZ **2000** 206; zum geringen Aussagewert dieser Entscheidungen *Schünemann* StraFo **2010** 1, 6 f.

800 Zur immerhin plausiblen Übertragung der strengen Rspr. zur Amtsuntreue durch Einrichtung schwarzer Kassen auf das öffentlichen Zwecken dienende Vermögen politischer Parteien *Schünemann* NStZ **2008** 430, 433.

ist die *Siemens*-Entscheidung weit überwiegend abgelehnt worden,[801] was für die *Kölner Müll II*-Entscheidung erst recht gilt.[802] Von der Verletzung der von BVerfGE **126** 170 aufgestellten allgemeinen Grundsätze abgesehen (denen freilich das BVerfG stante pede selbst untreu geworden ist, o. Rdn. 222), ist die Rspr. des 2. StS auch dogmatisch nicht haltbar, weil sie den behaupteten *Endschaden* unter Missachtung des wirtschaftlichen Vermögensbegriffs allein aus der temporären Uninvolviertheit der aktienrechtlichen Organe ableiten will[803] und damit auf einen rein juristischen Vermögensbegriff zurückfällt: Solange der Verwalter der schwarzen Kasse loyal und bei den Dispositionen darüber im Rahmen seiner konkreten Kompetenz handelt, wird ja die Verfügungsmacht des sich mit der Verwaltung im einzelnen gar nicht befassenden Geschäftsherrn in concreto überhaupt nicht beeinträchtigt. Es liegt deshalb nicht einmal, wie einige Kritiker einräumen zu müssen glauben, eine Verletzung der „Dispositionsmöglichkeit" vor,[804] solange sich der Verwalter von der Betragshöhe und dem Geschäftsfeld her im Rahmen seiner Zuständigkeit hält und der Geschäftsherr (bei einem Großkonzern wie der Siemens AG: der Zentralvorstand) keine konkrete Verwaltungsmacht für den betreffenden Vermögensgegenstand in Anspruch nehmen will. Vielmehr geht es dann nur um eine Missachtung der abstrakten Anweisungen des Geschäftsherrn und damit um eine schlichte Pflichtwidrigkeit, wenn dieser etwa die Einrichtung schwarzer Kassen als Mittel zur Auftragsakquisition ernsthaft untersagt hat.[805] Der die *Siemens*-Entscheidung kennzeichnende Schluss von der Pflichtwidrigkeit auf den Vermögensschaden ersetzt also die vom wirtschaftlichen Vermögensbegriff geforderte konkrete Prüfung durch einen Verweis auf abstrakte Rechtsinhalte und überschreitet damit die bisher von der Untreuerechtsprechung eingehaltenen Grenzen.[806] Durch das Abstellen auf den „Bestand des Vermögens" anstatt auf dessen saldierten Wert wird die Rückkehr zum juristischen Vermögensbegriff manifest, ebenso wie durch die Definition einer in der zukünftigen Entwicklung noch offenen „Schwebelage" als „endgültigen Vermögensverlust" die das gesamte Vermögensstrafrecht prägende wirtschaftliche Betrachtungsweise verweigert wird. Wie das BVerfG in seiner Leitentscheidung E **126** 170 einerseits das Verschleifungsverbot betonen und eine völlige Normativierung des Vermögensschadens untersagen, andererseits die manifeste Verletzung dieser Grundsätze durch die *Siemens*-Entscheidung übersehen konnte, ist nicht nachvollziehbar. Daran kann auch der Rettungsversuch *Hovens* nichts ändern, den „fehlenden Zugriff auf verborgene Geldmittel" mit ihrem Verlust gleichzusetzen (in *Fischer u.a.* Dogmatik, 2015, S. 201, 205), weil (1) im *Siemens*-Fall die schwarze Kasse

---

801 Zust. *Brammsen/Apel* WM **2010** 781; abl. die klar h.L. vgl. nur *Schünemann* StraFo **2010** 1ff; *Satzger* NStZ **2009** 297; *Rönnau* StV **2009** 246.

802 *Schünemann* StraFo **2010** 477, 482; *Saliger* FS Roxin II, S. 1053; zust. *Brammsen/Apel* (Fn. 801).

803 Was bei einem Weltkonzern mit 60 bis 70 Milliarden € Umsatz und (damals) nur 4 Vorstandsmitgliedern ohnehin eine rein formale Position darstellte; sybillinisch nunmehr BGH WM **2017** 32.

804 Nachw. b. *Fischer* Miebach-Sonderheft NStZ **2009** 16f. *Fischers* Replik, dass „die Möglichkeit der Disposition zum Kern des Vermögens gehöre" (ebd. S. 17; BGHSt **52** 323, 339), macht erst recht deutlich, dass der 2. StS unter Preisgabe der vom wirtschaftlichen Vermögensbegriff verlangten konkreten Betrachtungsweise auf einen völlig abstrakten juristischen Vermögensbegriff zurückgefallen ist, s. *Schünemann* StraFo **2010** 1, 9; dagegen *Hohn* FS Rissing-van Saan S. 259ff.

805 Diese Ernsthaftigkeit war im Siemens-Fall nämlich nach dem in der Presse vielfältig geschilderten „System Siemens" offenkundig zweifelhaft, weshalb es dem BGH angesichts seiner Revisionsrechtsprechung zur erweiterten Sachrüge (*Roxin/Schünemann* Strafverfahrensrecht, § 55 Rdn. 27, 32) ohne weiteres möglich gewesen wäre, die gegenteiligen Feststellungen des LG Darmstadt als sachlichrechtlich fehlerhaft, weil lückenhaft begründet, zu beanstanden.

806 *Fischers* Vergleich mit dem Betrogenen, der zum Trost auf den Besitz des unbekannten Hehlers an einem unbekannten Ort verwiesen wird (Miebach-Sonderheft NStZ **2009** 17), benennt hingegen einen konkreten Verlust und spricht damit direkt gegen die *Siemens*-Entscheidung.

nicht eingerichtet, sondern nur übernommen und (2) genau dort geführt wurde, wo sie nach der Unternehmensorganisation hingehörte. Eine nochmalige Steigerung dieses dogmatischen Fehlers findet sich dann in BGHSt **55** 266, wo der Vermögensbegriff nur noch moralische Substanz besitzt, weil hier das Organ selbst die Kasse kontrollierte.[807] Dogmatisch zutr. ist deshalb die im Schrifttum herrschende, von *Saliger* in zahlreichen Abhandlungen sog. *verwendungszweckabhängige Betrachtung*,[808] wonach in der Einrichtung einer schwarzen Kasse allein noch kein Vermögensnachteil liegt, wenn deren Halter sie allein für Zwecke des Geschäftsherrn einsetzen will. Ferner ist die *Siemens*-Entscheidung auch deswegen unrichtig, weil sie die bloße **„Nichtanmeldung"** einer von einem anderen Mitarbeiter eingerichteten schwarzen Kasse (in der notabene schon der „Endschaden" liegen soll) als (scil. neue) Schädigung behandelt und damit das Unterlassen einer Vermögensmehrung unter Überschreitung der Wortlautgrenze wie auch der seit langem st. Rspr. unter den Nachteilsbegriff subsumiert.[809]

c) Im Übrigen ist freilich bis heute umstritten, von welchen Kriterien es im Einzelnen abhängt, ob eine noch nicht zum formellen Verlust eines Vermögensstückes eskalierte Gefahrensituation bereits unter den Begriff des Vermögensschadens subsumiert werden kann. Eine verbreitete Auffassung stellt darauf ab, ob ein Umschlagen der Gefahrenlage in den substantiellen Verlust sicher zu erwarten ist bzw. unmittelbar bevorsteht.[810] Aber das erscheint unter der leitenden Hinsicht des wirtschaftlichen Vermögensbegriffs, der auch bei „angefressenen" Vermögenswerten eine Abwertung vornimmt, zu eng. Als normative Richtlinie wird man vielmehr abzustellen haben, ob dem drohenden endgültigen Verlust **keine Vermeidemachtmöglichkeiten** des Bedrohten mehr gegenüberstehen.[811] Als *ratio cognoscendi* kann hierbei die **bilanztechnische Behandlung** herangezogen werden, deren (notabene begrenzte) Nützlichkeit erstmals umfassend von *Hefendehl* entwickelt,[812] vom 1. StS in den vorstehend Rdn. 178 behandelten Entscheidungen verdienstvoller Weise aufgegriffen (vor allem BGHSt **53** 202f) und schließlich von BVerfGE **126** 170, 223ff für die Schadensermittlung akzentuiert worden ist. Die im Schrifttum geäußerten Bedenken gegen die theoretische Begründung wie gegen die praktische Durchführbarkeit[813] lassen sich zerstreuen, weil es ja nicht um eine Akzessorietät zum, sondern nur um eine Rückversicherung durch das Bilanzrecht geht. 230

807 Was freilich an der Publikation der Entscheidung in der amtlichen Sammlung nicht erkennbar wird, weil erst die nicht dort, aber bei juris (Urt. v. 27.8.2010, 2 StR 111/09, Tz. 57–59) abgedruckte Zurückweisung der Verfahrensrügen zeigt, dass der Geschäftsführer einen vollständigen Überblick über die schwarze Kasse hatte, so dass – weil dessen plötzliches Versterben eine rein abstrakte Gefahr bedeutete – der Schaden eigentlich nur auf dessen unmoralisches Verhalten in Gestalt der Fütterung einer „Kriegskasse" für zukünftige Bestechungen gestützt und dadurch der Untreuetatbestand – ähnlich wie schon in der Siemens-Entscheidung – in inakzeptabler Weise zu deren Sanktionierung eingesetzt wurde (*Schünemann*, FS Frisch S. 837, 854).

808 Grdl. *Saliger* Parteiengesetz S. 417ff; *Saliger* SSW Rdn. 77 m.w.N.; extensiver freilich *Strelczyk* S. 142ff, der über die Loyalität des Treupflichtigen hinaus eine fortbestehende Vermeidemöglichkeit des Geschäftsherrn verlangt. Einen Fall klarer Illoyalität betraf BGH NStZ **2014** 646.

809 Zur Kritik *Schünemann* StraFo **2010** 1, 9f, ferner o. Rdn. 222.

810 *Dierlamm* MK¹ § 266 Rdn. 196 (unklar *ders.* MK² Rdn. 226); *Matt/Saliger* (1999), S. 217, 236; *Hoyer* SK Rdn. 106.

811 Eingehend *Hefendehl* Vermögensgefährdung S. 128ff, der zutreffend darauf hinweist, dass hierdurch auch die Maxime der Viktimodogmatik realisiert wird, im methodologischen Rahmen der Tatbestandsauslegung bei ausreichenden Selbstschutzmöglichkeiten des Rechtsgutsträgers (noch) keine Rechtsgutsverletzung anzunehmen; *Hefendehl* MK § 263 Rdn. 619ff.

812 Vermögensgefährdung und Exspektanzen S. 166ff; *Hefendehl* MK § 263 Rdn. 374ff, 497ff, 626ff; *ders.* FS Samson S. 301ff.

813 *Saliger*, FS Samson S. 474 m.w.N.; *Fischer* Rdn. 162ff.

231 Beispiele aus der **Kasuistik** der Rspr. (eingehende Darstellung und Kritik bei *Gähler* [2016] S. 55ff, 181ff, der selbst ein differenziertes Unmittelbarkeitskriterium bevorzugt): das Verschweigen einer effektiven Vollstreckungsmöglichkeit durch den Gerichtsvollzieher;[814] falsche oder **unordentliche Buchführung** dann, wenn sie das Erkennen begründeter Ansprüche und somit ihre Verwirklichung verhindert oder doch wesentlich beeinträchtigt[815] oder – umgekehrt – die Abwehr unbegründeter Ansprüche, mit deren Geltendmachung konkret(!) zu rechnen ist.[816] Hierdurch ist die allzu extensive reichsgerichtliche Rechtsprechung, die schon in unübersichtlicher Buchführung selbst eine schadensgleiche Vermögensgefährdung sah,[817] auf eine angemessene Weise eingegrenzt.[818] Entsprechend ist ein Schaden gegeben, wenn zur Verdeckung von Manipulationen fingierte Rechnungen bezahlt werden, die vereinbarte Rückzahlung aber nicht gesichert ist,[819] wenn Wechsel bei Zweifelhaftigkeit der durch sie gesicherten Forderung akzeptiert werden,[820] wenn die unbeschränkte Haftung des Komplementärs in einer KG ein tatsächliches Risiko bedeutet,[821] wenn durch die Abtretung einer nicht valutierten Grundschuld an einen Dritten die Einrede der Nichtvalutierung verlorengeht[822] oder wenn die Gelder des Geschäftsherrn als Sicherheit für Kredite des Täters eingesetzt werden.[823] Hingegen ist kein Schaden gegeben, wenn der Geschäftsherr einer drohenden Forderungspfändung jederzeit mit der Drittwiderspruchsklage begegnen kann.[824] Unhaltbar ist es auch, die Preisgabe eines Geheimnisses im Rahmen von Vertragsanbahnungen (speziell in **Submissionsfällen**) als eine per se schädigende Vermögensgefährdung zu qualifizieren.[825]

232 Eine kritische Fallgruppe bildet der **Leistungsverzug** des Treupflichtigen. Die Verwahrung von Fremdgeldern auf einem Geschäftskonto statt auf einem Anderkonto des Rechtsanwalts stellt, sofern sich dieser nicht schon in Vermögensverfall befindet, für sich allein noch keine schädigende Vermögensgefährdung dar,[826] ebenso wenig aus den gleichen Gründen der bloße Verzug mit der Abrechnung nach Ausführung eines Auftrages.[827] Etwas anderes gilt dagegen, wenn der Anspruch des Geschäftsherrn durch Illiquidität des Treupflichtigen in eine vom Geschäftsherrn nicht mehr abwendbare Verlustgefahr gerät.[828] Eine schädigende Vermögensgefährdung ist ferner gegeben, wenn der Treupflichtige zusätzlich eine ihm obliegende Abrechnung unterlässt und es dadurch dem Geschäftsherrn unmöglich macht, seinen Auskehrungsanspruch überhaupt zu erkennen und danach durchzusetzen (and. bei schlichter Schuldnerpflicht, o. Rdn. 118).

233 **d)** Eine spezielle, in letzter Zeit wichtig gewordene und stark umstr. Fallgruppe bildet die **Auslösung von Sanktionen oder Schadensersatzansprüchen** gegen den Ge-

814 RGSt **71** 31, 33.
815 BGHSt **20** 304 m. krit. Anm. *Schröder* JR **1966** 185; BGH StV **1996** 431, 432; BGHR § 266 Abs. 1 Nachteil 12, 17, 22; Vermögensbetreuungspflicht 24.
816 BGHSt **47** 8, 10; abl. *Saliger* SSW Rdn. 73 m.w.N.
817 RGSt **77** 228; RG DR **1943** 1039; *Bruns* ZAkDR **1941** 268 m.w.N.
818 *Sch/Schröder/Perron* Rdn. 45b; and. *Schröder* JR **1966** 185; *Mosenheuer* NStZ **2004** 179.
819 BGH NStZ **1984** 549.
820 BGH wistra **1991** 72.
821 BGHR § 266 Abs. 1 Nachteil 5.
822 BGH wistra **1991** 219.
823 BGH NStE Nr. 11.
824 BGH NStE Nr. 7; BGHR § 266 Abs. 1 Nachteil 7.
825 So aber BayObLG wistra **1996** 28 m. abl. Bespr. *Haft* NJW **1996** 238.
826 OLG Karlsruhe NStZ **1990** 84; *Franzheim* StV **1986** 409f.
827 OLG Stuttgart NJW **1971** 64.
828 OLG Celle MDR **1990** 846.

schäftsherrn, etwa durch falsche Rechenschaftsberichte politischer Parteien (Fälle *Helmut Kohl* und *Kanther*) über verbotene Kartellabsprachen bis hin zum Falschparken mit dem Firmenwagen. Während der BGH die vom Treupflichtigen ausgelöste Gefahr der Rückforderung staatlicher Zuwendungen oder Verhängung von Sanktionen ohne weiteres als Gefährdungsschaden qualifiziert hat (BGHSt **51** 100, 117; **56** 203 Tz. 32f = NJW **2011** 1747, 1750; noch offen gelassen in BGHSt **55** 288, 301), ist in der gründlichsten einschlägigen Untersuchung von *Saliger* für entscheidend erklärt worden, ob es sich bei dem drohenden Einschreiten staatlicher Instanzen um eine Sanktion handelt, die „self-executing" ist, oder ob den staatlichen Instanzen hierbei ein Ermessensspielraum zusteht, in welchem Falle es an der Unmittelbarkeit fehlen soll, die auch nicht mit Hilfe der Konstruktion der schadensgleichen Vermögensgefährdung überspielt werden dürfe (Parteiengesetz S. 127ff, 137ff; *Saliger* SSW Rdn. 75a; zust. *Rönnau* StV **2011** 753, 762). Beide Standpunkte sind aber nicht überzeugend, weil sie das Erfordernis einer schon gegenwärtigen und konkreten wirtschaftlichen Entwertung nicht ernst nehmen und stattdessen (wenn auch unterschiedlich) unter der Hand zu einem juristischen Vermögensbegriff zurückkehren. Wie der BGH in der *Bundesligaentscheidung* mit Recht ausgesprochen und das BVerfG mit Bindungswirkung gem. § 31 BVerfGG bestätigt hat,[829] darf die Gesetzes- oder Sittenwidrigkeit des Geschäfts die gebotene wirtschaftliche Abwägung weder blockieren noch ersetzen, sondern geht nur in quasi diskontierter Form nach dem Maß der Aufdeckungsgefahr in die Gesamtsaldierung ein. Die von *Saliger* zum Angelpunkt genommene außerstrafrechtliche Frage, ob die Sanktionen ex lege oder erst nach einem Ermessensakt einer Behörde verwirkt sind, kann für die wirtschaftliche und damit auch strafrechtliche Wertung nicht allein ausschlaggebend sein, weil beispielsweise eine an sich verwirkte Sanktion, wenn sie niemandem als dem Treupflichtigen bekannt ist, ein wirtschaftliches Nullum ist. Dementsprechend wird man zu differenzieren haben: Bei sittenwidrigen Geschäften kann eine ausreichende *Kompensation* für die eigene Leistung, die als *Vorleistung* erbracht werden muss wie im Bundesligafall oder bei der Auftragsakquisition durch Bestechung aus Mitteln des Geschäftsherrn, nur unter einer *dreifachen Voraussetzung* angenommen werden: wenn die Wahrscheinlichkeit, dass der Partner sich trotz Nichtigkeit der rechtsgeschäftlichen Vereinbarung absprachegemäß verhalten wird, sehr hoch ist; wenn das Entdeckungsrisiko gering ist; und wenn bei Durchführung des Geschäfts ein hoher Vermögensvorteil herauskommen bzw. ein anderenfalls drohender großer Vermögensnachteil vermieden wird (*Schünemann* Organuntreue S. 38). Wenn dagegen das gesetzes- oder sittenwidrige Geschäft zunächst eine Vermögensmehrung bewirkt (wie bei unzulässigen Kartellabsprachen), so spielen nur die beiden letzten Voraussetzungen eine Rolle. Ob der maßgebliche Beurteilungszeitpunkt die Vollendung der Tathandlung ist, ist neuerdings str. (o. Rdn. 216, u. Rdn. 235). Ebenso ungeklärt ist in diesem Zusammenhang die Frage, ob Strafen und ähnliche Sanktionen (wie etwa Bußgelder bei Kartellordnungswidrigkeiten), die im Rahmen des § 263 als nicht vermögensbezogen anerkannt sind,[830] im „Innenverhältnis" des Geschäftsherrn zum Treupflichtigen ausnahmslos als Vermögensnachteil zu qualifizieren sind; ferner, ob u.U. die Beteiligung an einer Straftat exklusiv durch die darauf angedrohten Rechtsfolgen sanktioniert wird. Dies kommt nicht nur unter dem Gesichtspunkt der Spezialität für den Fall der gem. § 31d PartG ab 2002 strafbaren Parteimittelverschleierung ernsthaft in Betracht (a.M. BGHSt **56** 203

829 NJW **1975** 1234, ebenso bei Schmiergeldzahlungen OLG Frankfurt NStZ-RR **2004** 244; dazu näher Rdn. 236ff sowie *Schünemann* Organuntreue S. 37f; in diesem Sinn auch klar BVerfGE **126** 170, 212; and. *Burger* S. 286ff.

830 *Tiedemann* LK § 263 Rdn. 145 mit zahlreichen Nachweisen; *Fischer* § 263 Rdn. 99; BGHSt **38** 345, 351; speziell für die Geldbuße OLG Schleswig SchlHA **1978** 59; BGHSt **43** 381, 406.

Tz. 63, dazu u. Rdn. 266), sondern etwa auch für das Zusammenspiel von Individual- und Verbandsgeldbuße (dazu *Weber* FS Seebode S. 437, 444 ff.). Für das Erfordernis eines „untreuespezifischen Sinnbezuges" und damit für eine Abgrenzung nach der subjektiven Tendenz des Handelnden hat sich *Jäger* (FS Otto S. 593, 606 f.) ausgesprochen (zw.). Jedenfalls wird sich die generelle Bejahung eines untreuerelevanten Vermögensschadens und damit des § 266 (s. *Velten* NJW **2000** 2852; *Wolf* KJ **2000** 531; *Brunner* S. 243 f) nicht halten lassen (diff. auch *Sch/Schröder/Perron* Rdn. 45b). Allerdings geht der Versuch einer Lösung über die (zivilrechtsakzessorisch verstandene) Pflichtwidrigkeit von BGHSt **56** 203 m. krit. Rezension *Jahn* JuS **2011** 1133 („Kölner Parteispendenaffäre") aus mehreren Gründen fehl: Wenn einerseits nur die Verletzung einer vermögensschützenden Norm pflichtwidrig sein soll, was für § 25 PartG a.F. nicht zutreffe (LS 1 im Anschluss an den „Erlanger Siemensfall" BGHSt **55** 288, 300 ff), die Parteien aber andererseits in ihrer Satzung die Beachtung des PartG zu einer selbständigen Hauptpflicht bestimmen könnten (LS 2 und erneut BGH NJW **2012** 3797), dann wird die Ableitbarkeit der Pflichtwidrigkeit aus dem Schädigungsverbot übersehen (nicht die Missachtung des Parteiengesetzes, sondern die Verursachung der deshalb gegen die Partei zu verhängenden Vermögenssanktion begründet die Pflichtwidrigkeit des Handelns im Rahmen der Untreue!) und die täterschaftsbegründende Obhutsstellung als eine Frage zivilrechtlicher Kautelarjurisprudenz missverstanden (nämlich der o. Rdn. 92 abgelehnten Kriminalisierung durch das Privatrecht das Wort geredet; übersehen von *Bittmann* wistra **2011** 343).

234 **e)** Die sich hierbei neuerdings unter der Oberfläche ähnlicher Ergebnisse in der Rechtsprechung der Strafsenate des BGH verbergenden tiefgreifenden Diskrepanzen bezüglich der Struktur des Untreueunrechts lassen sich exemplarisch an der Rechtsprechung zur **Parteienuntreue** zeigen. In Fortsetzung der strengen Rechtsprechung des 2. StS zu falschen Rechenschaftsberichten (BGHSt **51** 100, 116 ff) und des 1. StS zur möglichen Umwandlung öffentlich-rechtlicher Pflichten in Vermögensbetreuungspflichten durch die Parteisatzung (BGHSt **56** 203, 211 f, dazu krit. o. Rdn. 44, 233) hat der 3. StS die satzungsmäßige Pflicht eines Landesverbandes zur Anzeige unzulässiger Spenden als untreuerelevante Hauptpflicht qualifiziert (BGHSt **60** 94, 113 f – „Wahlsieg 2006") und einen Vermögensschaden auch in Form der von ihm geforderten Unmittelbarkeit mit der Begründung bejaht, dass der Anspruch auf Strafzahlung kraft Gesetzes eintrete und sich „ohne rechtlich bedeutsamen Zwischenschritt trotz der Notwendigkeit des Tätigwerdens des Bundestagspräsidenten in der Sache materiell quasi von selbst vollzieht" (BGHSt **60** 94, 116 Tz. 49 im Anschluss an *Saliger* SSW § 266 Rdn. 75a; *dens.* Parteiengesetz und Strafrecht, S. 671 ff.; ähnlich *Reschke* [2015], S. 270 ff), so dass das Vermögen der betroffenen Partei „bei der gebotenen wirtschaftlichen Betrachtung" unmittelbar um den betreffenden Betrag vermindert sei (ibid. Tz. 50). Zwar lässt die Argumentation des 3. StS an dieser Stelle nicht klar erkennen, zu welchem genauen Zeitpunkt denn der Schaden eingetreten und die Untreue deshalb vollendet worden sein soll. Indem der 3. StS sich aber zustimmend auf den Standpunkt von *Saliger* bezieht, der ausdrücklich von einer „schadensgleichen Vermögensgefährdung" spricht (SSW § 266 Rdn. 75a) und damit also offensichtlich den Zeitpunkt nach Abschluss der Tathandlung meint, und in der Sanktionsverhängung sodann den (scil. späteren) Eintritt des „Vollschadens" erblickt (Tz. 49), dürfte seine Argumentation trotz der Bezugnahme auf BGHSt **56** 203 (dazu u. Rdn. 235) eher im Sinne einer frühen Tatvollendung mit Abschluss der Ablieferung des falschen Rechenschaftsberichts zu verstehen sein, so wie es ohne Zweifel dem Standpunkt des 1. StS entspricht (BGHSt **51** 100, 117). Aber dann wäre der Zusatz der „wirtschaftlichen Betrachtung" eine offensichtliche contradictio in adiecto, denn dass eine gesetzliche Anordnung in wirtschaftlicher Hinsicht zunächst einmal gar nichts bedeutet, zählt zu den Grunderfahrungen der Rechtssoziologie und speziell auch der Strafjustiz, deren tägliches Brot von der fehlenden Befolgung der Gesetze gebildet wird. Dass dies auch der 3. StS gespürt hat, machen seine „weichen" Wendungen „ohne rechtlich bedeutsamen Zwischenschritt", „materiell" und „quasi" deutlich. Aber weder diese noch die schlichte Behauptung einer wirtschaftlichen Betrachtung könnten unkenntlich machen, dass eine Übernahme von *Saligers* Schadenskriterium des (fehlenden) Sanktionsermessens die Vorgaben des BVerfG gleich doppelt missachtet, nämlich die wirtschaftliche Betrachtungsweise durch eine rechtliche ersetzt und dadurch eine **Verschleifung** der Pflichtwidrigkeit mit dem Schaden praktiziert. Denn der Schaden wird dann kurzerhand aus der Verletzung des Parteiengesetzes deduziert, und es wird auch nicht berücksichtigt, was das BVerfG in Tz. 114 der Untreue-Entscheidung BVerfGE **126** 170 ausgesprochen hat: „Normative Gesichtspunkte können bei der Feststellung eines Nachteils durchaus eine Rolle spielen. Sie dürfen aber, soll der Charakter der Untreue als Vermögensdelikt und Erfolgsdelikt bewahrt bleiben, wirtschaftliche Überlegungen nicht verdrängen. So kann beispielsweise die Verwendung des anvertrauten Vermögens zu verbotenen Zwecken nicht per se als nachteilsbegründend angesehen werden; vielmehr bleibt es auch in solchen Fällen erforderlich, zu prüfen, ob das verbotene Geschäft – wirtschaftlich betrachtet – nachteilhaft war." Das vom 3. StS übernommene Kriterium *Saligers*, ob das Gesetz „materiell self-executing" ist, missachtet somit die vom BVerfG mit Recht bekräftigten Fundamente des wirtschaftlichen (integrierten) Vermögensbegriffs und kehrt zu dem bereits in der Rechtsprechung zu den schwarzen Kassen insgeheim restituierten juristischen Vermögensbegriff (s.o. Rdn. 229) zurück. Weil dieser aber in der Rechtsprechung seit der Entscheidung der Vereinigten Strafsenate des RG vom 14.12.1910 (RGSt **44** 230) und damit seit über einem Jahrhundert nicht mehr vertreten worden ist, missachtet diese „Wende rückwärts" auch den weiteren vom BVerfG bekräftigten, im „Präzisierungsgebot" des Art. 103 Abs. 2 GG enthaltenen Grundsatz, dass eine über lange Zeit in der Rechtsprechung praktizierte Interpretation nicht mehr in malam partem ausgeweitet werden darf (s.o. Rdn. 25). Das Kriterium „materiell self-executing" lässt sich schließlich auch am Beispiel der EU-Kartellsanktionen ad absurdum führen, die von der Kommission regelmäßig in rigoroser Ausübung ihres Ermessens verhängt werden, so dass die bloße Existenz eines Sanktionsermessens wirtschaftlich nicht die geringste Rolle spielt. Richtigerweise wäre deshalb der Vermögensschaden der Partei nach den Grundsätzen der Bundesliga-Entscheidung (s. Rdn. 236) zu beurteilen gewesen, falls man nicht ohnehin die Strafvorschrift des § 31d PartG als lex specialis vorgehen lassen muss (dazu u. Rdn. 266).

Es mögen diese Gründe gewesen sein, weshalb der 1. StS in seinem Beschluss vom **235**
13.4.2011 zwar das Kriterium „self-executing" erwähnt (BGHSt **56** 203, 220), den Schadenseintritt aber gerade nicht mit der Rechtslage als solcher, sondern mit der *„Aufdeckung"* der Tat begründet und dies unmissverständlich ausdrückt: „Der Vermögensnachteil i.S.v. § 266 StGB tritt unmittelbar mit der Entdeckung der Tathandlung ein" (BGHSt **56** 203, 219 Tz. 56, wiederholt in Tz. 60). Es sei deshalb auch kein unmittelbarer Zusammenhang zwischen pflichtwidrigem Tun und Vermögensnachteil erforderlich,[831] denn die Kausalität zwischen beiden werde durch das zeitliche Auseinanderfallen dieser beiden Ereignisse nicht berührt, vielmehr gelte nichts anderes als bei anderen Erfolgsde-

831 Das für das Hilfsargument, „unmittelbar" bedeute jedenfalls nicht zeitgleich, sofort oder auch nur alsbald (Tz. 59), angeführte Zitat der eigenen Senatsentscheidung BGHSt **55** 288 geht fehl, weil es an der angezogenen Fundstelle nicht um die Unmittelbarkeit der Schadensfolge i.e.S., sondern der möglichen Kompensation ging und außerdem nach den dortigen Feststellungen „der mit den Zahlungen angestrebte wirtschaftliche Vorteil bereits erreicht" war (Tz. 46).

likten, bei denen zwischen Tathandlung und Taterfolg ebenfalls ein längerer Zeitraum liegen könne (BGHSt **56** 203, 220). „Denn mit Entdeckung der Tathandlung ist das Vermögen der Partei nicht nur gefährdet. Vielmehr ist der endgültige Vermögensnachteil – in Form eines zu bilanzierenden Rückforderungsanspruches – bereits endgültig eingetreten" (BGHSt **56** 203, 221; ebenso NJW **2012** 3797). Damit ist erstmals die ursprünglich nur verbale Absage an die Kategorie des Gefährdungsschadens[832] dogmatisch ernst genommen worden, mit noch längst nicht ausgeloteten Konsequenzen für die Struktur des Untreueunrechts, nicht nur für den subjektiven Tatbestand (näher u. Rdn. 249), sondern auch für den objektiven (dazu ein erster Ansatz bei *Nitsche* [2014] S. 145ff; vgl. auch *Salditt* [2014] und [2015]). Denn wenn der Schaden erst mit der Entdeckung (durch wen?) der Tathandlung eintritt, kann der Treupflichtige beispielsweise wegen der Straflosigkeit des Untreueversuchs vorher beliebig zurücktreten, aus welchen Gründen auch immer, während es auf der Basis des Gefährdungsschadens als Vollendungszeitpunkt selbst bei Freiwilligkeit keinerlei Rücktrittsmöglichkeit gäbe..

236 **f)** Fraglich ist, ob auch die **Art der Pflichtverletzung** für das weitere Tatbestandsmerkmal des Vermögensnachteils Bedeutung hat, sei es im Sinne eines **Schutzzweckzusammenhanges** zwischen Pflichtverletzung und Schaden, sei es im Sinne einer Abhängigkeit der Schadensbeurteilung von der **Zielrichtung der Vermögensfürsorgepflicht**. Im erstgenannten Sinne kann man zwar gute Gründe dafür anführen, dass eine Schädigung, die nur anlässlich einer Verletzung nicht-vermögensbezogener Fürsorgepflichten eintritt, das spezifische Untreueunrecht nicht erfülle. Im Ergebnis muss sich eine solche Tatbestandseinschränkung aber nicht auswirken, weil die Pflichtwidrigkeit, wenn es zu einer Schädigung kommt, dann eben subsidiär aus dem impliziten Schädigungsverbot zu entnehmen ist, z.B. wenn der im Ausland tätige Manager unter Missachtung eines vom Vorstand aus moralischen Gründen verhängten strikten „Bestechungsverbots" eine im Ausland an sich übliche Schmiergeldzahlung an eine für die Prosperität des Unternehmens gänzlich unbedeutende Person leistet. Weniger klar zu beurteilen ist die umgekehrte Konstellation, dass der Manager durch die ihm verbotene **Schmiergeldzahlung** für das Unternehmen eine wirtschaftlich vollwertige, nach den im Unternehmen gültigen Maßstäben aber verpönte Kompensation erwirbt. Im Leitfall des sog. **Bundesligaskandals** hatte der Bundesgerichtshof die Chance auf Vermeidung des Abstiegs, die durch ein satzungswidrig gezahltes Bestechungsgeld erlangt worden war, ungeachtet des auf ihr ruhenden Makels der Sittenwidrigkeit als eine mögliche Kompensation akzeptiert.[833] Die daran von *Bringewat*[834] und von *Hübner* in der 10. Aufl.[835] geübte Kritik, die jede Kompensation wegen der Sittenwidrigkeit der durch die Bestechung erlangten Gewinnaussicht ablehnt, ist in rechtspolitischer Hinsicht von ebenso weittragender wie weitgehend unterschätzter Bedeutung, weil sie die Neukriminalisierung zur verschärften Bekämpfung der Korruption in Staat und Wirtschaft nahezu erübrigt hätte. Denn wenn jede Zu-

832 So auch noch in der zu § 263 StGB ergangenen Entscheidung BGHSt **53** 199 m. krit. Rezension *Ransiek/Reichling* ZIS **2009** 315, in der der Vermögensschaden entsprechend dem Unmittelbarkeitsprinzip beim Betrug auf den Zeitpunkt direkt nach der Vermögensverfügung bezogen und die herkömmlich als schadensgleiche Vermögensgefährdung bezeichnete Situation ohne Änderung im Ergebnis lediglich als „endgültiger Schaden" umfirmiert wurde.

833 BGH NJW **1975** 1234f und nach Zurückverweisung LG Bielefeld JZ **1977** 692; zust. *Tröndle*[49] Rdn. 25; *Maurach/Schroeder/Maiwald* 1 § 45 Rdn. 41; *Triffterer* NJW **1975** 613; im Ansatz auch *Schreiber/Beulke* JuS **1977** 656, 658, freilich mit strengeren Anforderungen an die Kompensationsfähigkeit einer Gewinnchance, siehe Rdn. 137.

834 JZ **1977** 667.

835 Rdn. 86.

wendung von Bestechungsgeldern zwecks Erlangung künftiger Vorteile in dem Regelfall, dass der Täter zwar im Interesse des ihn beschäftigenden Wirtschaftsunternehmens, aber ohne Erlaubnis von dessen Inhaber bzw. Anteilseignern handelt, eine strafbare Untreue bedeuten würde, so wäre es auf die vielbeklagten Lücken des ehemaligen § 12 UWG[836] im Ergebnis nicht mehr angekommen. Gegen den Standpunkt von *Bringewat* und *Hübner* lässt sich auch nicht einwenden,[837] dass die Kompensation für das Bestechungsgeld durch spätere rechtswirksame Geschäfte eintreten würde wie im Beispiel des Bundesligaskandals durch rechtmäßige Einnahmen aus künftigen Spielveranstaltungen. Denn als Kompensation kommt ja nur die gegenwärtige Anwartschaft in Betracht, die durch die sittenwidrige Unrechtsvereinbarung entsteht und deshalb keine rechtliche, sondern nur eine tatsächlich begründete Aussicht auf die vom Bestochenen versprochene Gegenleistung eröffnet. Mit dieser Qualifikation wird aber zugleich deutlich, dass die sedes materiae des Problems das Tatbestandsmerkmal des „Vermögensnachteils" und damit der strafrechtliche Vermögensbegriff ist, während sich allein durch eine bestimmte Auslegung des Tatbestandsmerkmals der „Pflichtwidrigkeit" die Anwendbarkeit des § 266 StGB nicht begründen lässt. Ein noch so pflichtwidriges und sittenwidriges Verhalten kann für sich den Untreuetatbestand nicht erfüllen, wenn es nach den maßgeblichen Prinzipien des Vermögensbegriffs nicht zu einer Schädigung führt. Wegen der unzweideutigen Unterscheidung des Gesetzes zwischen Pflichtverletzung und Vermögensnachteil ist es auch ausgeschlossen, den Schaden allein schon in einer bestimmten Art oder Größe der Pflichtverletzung zu finden, so dass die Lösung entgegen der Auffassung von *Hübner* in der 10. Aufl. (Rdn. 86; nicht in der Begr., aber im Ergebnis ähnlich die Konstruktion eines „Risikoschadens" durch *Wassmer* aaO.) ausschließlich auf der Ebene des „Vermögensnachteils" zu erfolgen hat. Daran sollte angesichts des mit Bindungswirkung gem. § 31 BVerfGG vom BVerfG ausgesprochenen Verschleifungsverbots und Gebots einer wirtschaftlichen Schadensbegründung auch bei verbotenen oder sittenwidrigen Geschäften (o. Rdn. 39, 211, 234) heute nicht mehr gezweifelt werden. Wenn der 2. StS des BGH deshalb im *Telekom-Spitzelfall* BGH NJW **2013** 401 das sittenwidrige Geschäft in Fortsetzung der von ihm bereits im *Siemens*-Fall praktizierten Formalisierung in 2 Teile getrennt und die der getroffenen Vereinbarung entsprechende Bezahlung als eine Untreue durch Begleichung einer nichtigen Forderung qualifiziert hat (zust. *Bülte* NStZ **2014** 680; krit. *Cornelius* NZWiSt **2013** 166), so ist dieser Kunstgriff allzu vordergründig und auch unschwer ad absurdum zu führen, weil dadurch nämlich bei wirtschaftlich ausgeglichenen oder sogar lukrativen, aber sittenwidrigen Geschäften ein Betrug am vorleistenden Geschäftspartner verlangt wird.

g) Ausschluss des Nachteils durch Vorteilsausgleich: durch Erwerb gleichwertiger Ware beim Kauf, durch Erwerb einer vollwertigen Sicherung,[838] durch Tilgung einer fälligen Forderung (auch bei eigenmächtiger Erfüllung durch den Treupflichtigen!), überhaupt bei Leistungsaustauschverträgen durch eine der eigenen Leistung wertentsprechende Gegenleistung;[839] s. auch Rdn. 238 a.E. **Kein schadensausgleichender Vorteil**: In Zeiten der Warenverknappung werden Sachwerte durch Bezahlung mit dem regu- 237

836 Vgl. dazu nur *Dölling*, Gutachten C zum 61. DJT (1996), S. 84 ff, der allerdings das mögliche Eingreifen des Untreuetatbestandes nicht erkennt bzw. diskutiert, sowie nunmehr § 299 StGB.
837 So aber *Schreiber/Beulke* JuS **1977** 656, 659; *Lackner* LK[10] § 263 Fn. 254.
838 BGHR § 266 Abs. 1 Nachteil 14.
839 RGSt **75** 227, 230; und zwar auch dann, wenn der Vertragspartner keine Beweismittel hatte, BGHR § 266 Abs. 1 Nachteil 46. Zur möglichen Kompensation durch eine noch nicht fällige und deshalb ggf. abzuwertende Forderung s. BGH StV **2011** 733, zur Kompensation bei Übertragung einer Lebensversicherung BGH wistra **2010** 303; bei Vermögensumschichtung BGH wistra **2010** 445.

lären Kaufpreis nicht aufgewogen, wenn er mit Inflationsgeld entrichtet wird,[840] nach BGH 1 StR 296/55 v. 27.9.1955 sogar nicht bei Zahlung mit vollwertigem Geld. Umgekehrt wiegt der Sachwert den Kaufpreis nicht auf, wenn ein vertraglicher Anspruch auf einen Rabatt bestand, den der Täter für sich einstreicht.[841] Der Vermögenseinbuße aus ungesicherter Kreditgewährung oder nicht geschuldeter Vorauszahlung ist der Rückzahlungsanspruch gegen den unsicheren Schuldner nicht gleichwertig.[842] Die bloße Aufrechnungslage, ohne dass die Aufrechnung erklärt wird, soll den Nachteil nicht ausschließen.[843]

238 **h)** Zum Vermögensnachteil bei **Risikogeschäften**: Er bestimmt sich nach den Grundsätzen des integrierten Vermögensbegriffs (Rdn. 214) in Verbindung mit der rationalen Entscheidungstheorie (Rdn. 136) und folgt nicht etwa schon aus der Pflichtwidrigkeit oder der Rechts- oder Sittenwidrigkeit des Geschäfts überhaupt (deutlich BVerfGE **126** 170, 212). Weil die bloße – mehr oder minder große – Chance eines Gewinns noch keine Exspektanz i.S. einer rechtlich gesicherten Aussicht begründet (*Hefendehl* S. 204f), kann die Kompensation für den Vermögensabfluss (etwa: Zahlung einer Bestechungssumme zwecks Erlangung eines lukrativen Auftrags für den Geschäftsherrn) nicht schon in einer rechtlich gesicherten Herrschaft bestehen, sondern allein in der (weitaus schwächeren) Chance eines weitaus höheren Gewinnes. Das Produkt aus Erfolgswahrscheinlichkeit und Gewinnfaktor muss deshalb mindestens so groß wie der aufgewendete Einsatz (einschließlich der Gemein- und Transaktionskosten!) sein, was im Idealfall gerechnet, im Normalfall nur geschätzt werden kann. Zwar bejaht die überwiegende Auffassung im Falle der Pflichtwidrigkeit von Risikogeschäften ohne viel Federlesen auch den Vermögensschaden, den sie nur bei einer hohen Wahrscheinlichkeit der Gewinnaussicht verneinen will,[844] während es der BGH in seiner Entscheidung zum Bundesligaskandal für maßgeblich erklärt hat, ob die Gefahr eines Verlustgeschäfts wahrscheinlicher ist als die Aussicht auf Gewinnzuwachs.[845] Diese relativ simple Problemlösung kann aber schon dadurch ad absurdum geführt werden, dass man zwei Organe zweier Aktiengesellschaften miteinander ein Risikogeschäft tätigen lässt, welches im Ergebnis auf ein Nullsummenspiel hinausläuft, gerade aber bei völliger Ausgewogenheit von Gewinn- und Verlustchance für beide Partner nach h.M. zu einem Vermögensschaden führen würde, weil es ja für beide an der überwiegenden oder hohen Wahrscheinlichkeit für einen Gewinn fehlt. Oder als noch trivialere Widerlegung: Die Chance eines Lottogewinns ist extrem niedrig; sollte deshalb der Vormund, der für sein Mündel einen Lottoschein erwirbt, wegen Untreue strafbar sein, obwohl die Chance des enormen Gewinns in einem vernünftigen Verhältnis zu dem minimalen Einsatz steht? Auch beim Risikogeschäft ist deshalb die normale Bewertungsmethode anzuwenden, dass der Einsatz (= die Vermögenseinbuße) mit dem Produkt aus möglichem Gewinn und dessen Eintrittswahrscheinlichkeit als der für die Einbuße erhaltenen Kompensation zu vergleichen ist. Wenn hierbei ein negativer Saldo herauskommt, so ist ein Vermögensschaden (als von *Kasiske* NZWiSt **2016** 302, 303 sog. „Differenzschaden“) evident und auch (entsprechend der Forderung von BVerfGE **126** 170, 227) mit betriebswirtschaftlichen Methoden bezifferbar.

840 BGH LM § 335 Nr. 1.
841 RGSt **2** 215.
842 *Bankuntreue*, s. RGSt **61** 1, 6; RGSt **61** 211, 212; BGHR § 266 Abs. 1 Nachteil 28; weit. Nachw. zur BGH-Rspr. u. Rdn. 303f.
843 BGH LM Nr. 35, kaum überzeugend.
844 *Schreiber/Beulke*, JuS **1977** 660; *Lackner* LK[10] § 263 Rdn. 135, 138; aus der Rechtsprechung früher RGSt **71** 333, 334; BGHSt **19** 37, 42.
845 BGH NJW **1975** 1234, 1236.

Wenn dagegen ein ausgeglichener Saldo herauskommt, so ist ein Vermögensschaden prinzipiell zu verneinen: Die bei unternehmerischem Handeln zwecks Gewinnerzielung bestehende Notwendigkeit, „auf der Grundlage angemessener Information" (§ 93 I, 2 AktG) vernünftig kalkulierte Risiken einzugehen, schließt bei einer in diesem Rahmen bleibenden Investitionsentscheidung die Ermittlung eines bezifferbaren Schadens aus. Instruktiv ist der den Vorteilsausgleich beim Risikogeschäft betreffende Erlanger Siemensfall, bei dem BGHSt **55** 288, 305f. die erfolgreiche Finanzierung der zur künftigen Schwächung des DGB gegründeten Gewerkschaft AUB durch den Siemens-Konzern eo ipso als ausreichende Kompensation akzeptiert hat, anders freilich als BGHSt **52** 323, 338 die Fortführung einer schwarzen Kasse zur künftigen korruptiven Akquisition lukrativer Aufträge; zu zahlr. weit Bsp. vgl. o. Rdn. 134ff. Ein Schaden kommt deshalb in diesen Fällen allenfalls nach den vom BVerfG als verfassungsgemäß anerkannten Grundsätzen des individuellen Schadenseinschlages[846] in Betracht (zu dessen Berechnung mit Hilfe der sog. *Hedging-Kosten*, also eines Risikoabsicherungsgeschäfts, instruktiv *Kasiske* NZWiSt **2016** 302, 307ff).

7. Kausalität und Zurechnung

Während für die Notwendigkeit einer Kausalität zwischen pflichtwidriger Handlung und Vermögensnachteil nichts Besonderes gilt (BGHSt **46** 30, 34), ist mit der im neueren Schrifttum einflussreichen Position einer (sei es auch nur asymmetrischen) *Zivilrechtsakzessorietät* (näher Rdn. 109ff) die Forderung eines objektiven Zurechnungszusammenhanges zwischen der Fürsorgepflichtverletzung und dem Schaden aufgekommen (eingehend *Saliger* SSW Rdn. 79–84 m.z.w.N.). Die Einzelheiten sind ungeklärt. So kann zwar die Verletzung von im öffentlichen Interesse statuierten Pflichten die untreuerelevante Pflichtwidrigkeit nicht begründen (*Schünemann* NStZ **2006** 196, 198f, am Beispiel des Parteiengesetzes o. Rdn. 44). Ferner ist es im Gesellschaftsrecht anerkannt, dass das Organ durch eine im Zusammenhang mit seiner Organtätigkeit für die Gesellschaft begangene Ordnungswidrigkeit oder Straftat regelmäßig auch seine Organpflichten gegenüber der Gesellschaft in Gestalt der sog. *Legalitätspflicht* (o. Rdn. 141) verletzen würde, weil das Risiko unsittlicher oder gesetzlich verbotener Geschäfte weit außerhalb der Überlegungen eines ordentlichen Geschäftsmannes stehe und daher außerhalb des Ermessensspielraumes des Organs liege.[847] Aber das begründet nur die Verletzung einer Pflicht des Organs überhaupt gegenüber der Gesellschaft, kann dagegen die für § 266 StGB entscheidende Frage, ob es sich um eine strafrechtsrelevante Vermögensfürsorgepflicht handelt, nicht beantworten, denn diese wird durch die Bejahung einer gesellschaftsrechtlichen Pflichtverletzung nicht präjudiziert. Denn man benötigt nach der richtig verstandenen Deliktsstruktur des § 266 gar keine spezifizierte zivilrechtliche Pflicht, weil die Pflichtverletzung in der Regel aus dem allgemeinen Schädigungsverbot rückgeschlossen werden kann (näher o. Rdn. 110), so dass es in erster Linie um die Bedeutung zivilrechtli- 239

846 Dazu allg. o. Rdn. 224 sowie BGHSt **16** 222, 325f; *Hefendehl* MK § 263 Rdn. 688ff; *Tiedemann* LK § 263 Rdn. 177f; *Lackner/Kühl* § 263 Rdn. 48f; *Sch/Schröder/Perron* § 263 Rdn. 121f; *Fischer* § 263 Rdn. 146ff. Obwohl diese Rechtsfigur beim staatlichen Vermögen nur eingeschränkt anwendbar ist (näher u. Rdn. 295f), ist eine darauf gestützte Verurteilung wegen Haushaltsuntreue in der Kammerentscheidung BVerfG NJW **2013** 365, 367 nicht im Prinzip, sondern nur wegen unzulänglicher Begründung beanstandet worden.

847 Vgl. *Taschke* FS Lüderssen (2002) 664f; *Lutter/Hommelhoff*, GmbH-Gesetz § 43 Rdn. 14; *Mertens* im Kölner Kommentar zum Aktiengesetz § 84 Rdn. 81; *Hopt* Aktiengesetz, § 93 Rdn. 99; *Schneider*, in: Jahrbuch der Fachanwälte für Steuerrecht 1983/1984, S. 184f; *Krieger* FS Bezzenberger S. 211, 215f; *Langkeit* WiB **1994** 64.

cher **Erlaubnisse** für den Auschluss der Pflichtwidrigkeit geht (dazu am Beispiel der GmbH-Untreue eingehend u. Rdn. 313ff).

240 Allerdings ist nach der in der modernen Dogmatik herrschenden **Theorie der objektiven Zurechnung** anerkannt, dass die Handlung des Täters auch bei vorsätzlichen Verletzungsdelikten nicht durch den schlichten Kausalzusammenhang, sondern durch die **Schaffung eines unerlaubten Risikos** gekennzeichnet ist, welches sich im Erfolg realisiert (umfassend *Roxin* Strafrecht AT I, § 11 B). Für die Bestimmung der Grenzlinie zum erlaubten Risiko kommt den außerstrafrechtlichen (vor allem zivilrechtlichen und hier wieder gesellschaftsrechtlichen) Normen durchaus eine *heuristische Bedeutung* zu, deren Reichweite freilich deshalb nicht überschätzt werden darf, weil es sich bei ihnen vielfach nur um Generalklauseln handelt. So etwa bei der deutschen Formulierung der sog. business judgment rule in § 93 I, 2 AktG: „Eine Pflichtverletzung liegt nicht vor, wenn das Vorstandsmitglied bei einer unternehmerischen Entscheidung vernünftigerweise annehmen durfte, auf der Grundlage angemessener Information zum Wohle der Gesellschaft zu handeln."

§ 5
Der subjektive Tatbestand

241 Die Untreue kann nur vorsätzlich begangen werden (§ 15). Eine Schädigungsabsicht ist nicht Tatbestandsmerkmal. Zum Unterschied von §§ 253, 263 und dem früheren Strafschärfungsgrund des § 266 Abs. 2 a.F. (Wortlaut o. § 1 Nr. 3) gehört auch kein Bereicherungswille zum Tatbestand.[848] Die Untreue ist anders als die Erpressung und der Betrug kein Bereicherungs-(Vermögensverschiebungs-)delikt, sondern schlichtes **Vermögensschädigungsdelikt.**[849]

I. Bedingter Vorsatz; strenge Anforderungen?

242 **Bedingter Vorsatz** genügt;[850] zum Sonderproblem beim Gefährdungsschaden s.u. Rdn. 249. Er muss sich selbstverständlich auf alle Merkmale des objektiven Tatbestandes erstrecken, also die pflichtbegründende fremdnützige Obhutsstellung (beim Missbrauchstatbestand auch die Vertretungs- oder Verpflichtungsmacht), Tathandlung, Kausalität und Vermögensschaden sowie die Pflichtwidrigkeit (näher u. Rdn. 245ff). Das „Verschleifungsverbot" muss also selbstverständlich auch im subjektiven Tatbestand beachtet werden (BGH StV **2014** 88 – Berliner Bankenskandal; NStZ **2015** 418). Die Rechtsprechung stellt an den Vorsatz **„strenge Anforderungen"**, da sie auf diese Weise der gefährlichen Weite des Tatbestandes vornehmlich in der Treubruchalternative (Rdn. 38) steuern zu können vermeint.[851] „Besonders strenge Maßstäbe" legt sie an, wenn die Untreue nur mit bedingtem Vorsatz oder nicht eigennützig begangen ist.[852]

---

848 BGH LM § 263 Nr. 34; RG JW **1936** 882.
849 BGH wistra **1994** 94, 95; *Otto* Struktur S. 234, 235.
850 BGH NJW **1975** 1234, 1236; BGHZ **8** 276, 281; BGH 5 StR 240/53 v. 24.9.1953; RGSt **75** 75, 85; **76** 115, 116.
851 BGHSt **3** 23, 25; BGH NJW **1975** 1234, 1236 m.w.N.; BGH NJW **1983** 461; BGH (6. ZS) NJW **1984** 800, 801; bereits RGSt **68** 371, 374; RGSt **71** 90, 92.
852 BGH NJW **1975, 1983** und **1984** aaO m.w.N.; BGHR § 266 Abs. 1 Vorsatz 1; RGSt **76** 115, 116; **77** 228, 229; RG JW **1936** 882, 883.

Das ist jedoch in dogmatischer Hinsicht mehrfach unhaltbar, weil (1) ein Auslegungsproblem und damit eine Rechtsfrage fälschlich als Tatfrage behandelt wird, weil (2) tatrichterliches Ermessen im subjektiven Tatbestand ein ab ovo untaugliches Korrektiv für Interpretationsfehler im objektiven Tatbestand darstellt, weil (3) die in Kenntnis der Rechtsbeziehungen zum Geschäftsherrn getroffene irrige Annahme des Täters, keiner qualifizierten Treupflicht zu unterliegen, ohnehin nur ein unbeachtlicher Subsumtionsirrtum wäre (Rdn. 247), und weil schließlich (4) in tatsächlicher Hinsicht nicht die Abgrenzung der tauglichen Täterstellungen, sondern des Schadens bei Risikogeschäften Probleme bereitet und es hier abermals verfehlt wäre, eine allzu extensive objektive Bestimmung der Kategorie der schädigenden Vermögensgefährdung (erst) über den subjektiven Tatbestand korrigieren zu wollen.[853] 243

II. Dolus eventualis: typologischer Vorsatzbegriff

Richtigerweise gelten deshalb auch für § 266 die **allgemeinen Grundsätze** zur Abgrenzung des Vorsatzes von der Fahrlässigkeit. Während in der zentralen Frage des Begriffs des **dolus eventualis**[854] die Rechtsprechung weiterhin durch eine von Fall zu Fall taumelnde Kasuistik unter dem Dach der bald strenger, bald laxer gehandhabten Formel des Inkaufnehmens gekennzeichnet ist,[855] lassen sich die nicht abreißenden Beiträge des Schrifttums in vier sachlich und nicht nur der Formulierung nach unterschiedliche Gruppen einteilen: Die h.L. fordert – wie die Rechtsprechung – für den bedingten Vorsatz sowohl eine Wissenskomponente (das Fürmöglichhalten) als auch eine Willenskomponente und versucht, letztere durch unterschiedliche sprachliche Wendungen zu charakterisieren (außer dem „Inkaufnehmen" auch das „Sichabfinden", das „Ernstnehmen", die „Entscheidung für die Rechtsgutsverletzung" oder die „Aneignung des Erfolges")[856] – was als **„philologischer Vorsatzbegriff"** plausibel klingt, aber mangels psychologischer Verifizierbarkeit der voluntativen Komponente keine deutlich abgrenzbaren empirischen Phänomene bezeichnet.[857] Wegen dieser empirischen „Flüchtigkeit" der voluntativen Komponente (gewissermaßen vergleichbar mit der Phlogistontheorie in der Chemie) werden im neuesten Schrifttum vermehrt rein **kognitive Vorsatztheorien** vertreten, entweder verhältnismäßig simpel auf die Wahrscheinlichkeit des Erfolgseintritts abstellend,[858] oder durch Verlagerung wesentlicher Abgrenzungskriterien in den objektiven Tatbestand über die Figur der vorsatzbegründenden „unabgeschirmten Gefahr".[859] Gegenüber der mit den kognitiven Theorien verbundenen Kriterienverarmung ist jedoch darauf zu insistieren, dass es nach der **ratio** der Vorsatzstrafe nicht nur auf die (durch Kenntnis der Situation und der möglichen Entwicklungen vermittelte) **qualifizierte Geschehensbeherrschung** des Vorsatztäters im Verhältnis zum Fahrlässigkeits- 244

853 Zur Rspr. mit Recht **krit.** auch *Sch/Schröder/Perron* Rdn. 50; *Blei* BT § 65 VI; *Frisch* Vorsatz und Risiko (1983) S. 324 f; bzgl. der Kanther-Entscheidung auch *Hoyer* SK Rdn. 106, 119 f.

854 Übersicht bei *Vogel* LK § 15 Rdn. 102 ff; *Puppe* NK § 15 Rdn. 14 ff.

855 Paradigmatisch BGHSt **36** 1, 9 f; **36** 262, 266 f.

856 Dazu eingehend *Hillenkamp* 32 Probleme aus dem Strafrecht AT 13. Aufl. (2010) 1. Problem; *Kühl* Strafrecht AT § 5 Rdn. 60 ff, 90 ff; *Roxin* AT I § 12 Rdn. 27 ff.

857 Zur Kritik *Kindhäuser* ZStW **96** (1984) 22 ff; *Schünemann* GA **1985** 362 f; *Kargl* Der strafrechtliche Vorsatz auf der Basis der kognitiven Handlungstheorie (1993) S. 37 ff, 61 ff.

858 Neuere Wahrscheinlichkeitstheorie, vgl. *Puppe* Vorsatz und Zurechnung (1992) S. 44 ff; *dies.* NK § 15 Rdn. 90 f; *Kargl* aaO S. 70; *Koriath*, Grundlagen der strafrechtlichen Zurechnung (1994) S. 651; in der Tendenz auch *Frisch* JuS **1990** 362; *ders.* GedS K. Meyer S. 533 ff.

859 So im Anschluss an *Frischs* Kriterium des intolerablen Risikos in: Vorsatz und Risiko (1983) S. 255 f, 494 f vor allem *Herzberg* JuS **1986** 249, 256, 261; NJW **1987** 1461, 1464; JZ **1988** 635, 639; JZ **1989** 470, 476.

täter ankommt, sondern auch auf die in seiner Tat manifestierte, das Bedrohungserlebnis der Allgemeinheit wesentlich steigernde **rechtsgüterfeindliche Einstellung**, die aus der dem Täter bekannten Gesamtsituation herzuleiten ist und also durchaus auch vom Wert oder Unwert des Endzwecks seines Handelns, seiner vorhandenen oder fehlenden Bereitschaft zur eigenen Übernahme des anderen zugefügten Risikos, vom Ausmaß der Tatherrschaft über das Opfer wie auch der Risikogewöhnung der Gesellschaft in dem betreffenden Feld abhängt (**typologischer Vorsatzbegriff**).[860]

III. Abgrenzung zum Verbotsirrtum

245 **1. Grundsatz:** Diese dogmatische Grundlegung des Vorsatzbegriffs erlangt beim Untreuevorsatz vor allem für dessen dritten Objektbereich Bedeutung, der den Vermögensnachteil (u.a. in der besonders intrikaten Form der schädigenden Vermögensgefährdung) betrifft. Die andere Grundfrage der Vorsatzdogmatik, nämlich der notwendige Bewusstseinsinhalt bei normativen Tatbestandsmerkmalen und die Abgrenzung von Tatbestands- und Subsumtionsirrtum, wird im subjektiven Tatbestand des § 266 ebenfalls thematisch, und zwar für die weiteren Objektbereiche des täterschaftsbegründenden Vermögensfürsorgeverhältnisses und ihrer Verletzung: Vorsätzlich ungetreu handelt nur, wer seine Obhutsposition zur Betreuung fremden Vermögens kennt, vorsätzlich missbraucht – beim Missbrauchstatbestand durch unbefugten Gebrauch seiner Verfügungs- oder Verpflichtungsmacht, beim Treubruchtatbestand in sonstiger Weise – und dabei (als möglich) voraussieht sowie als Teil seiner rechtsgutsfeindlichen Einstellung manifestiert, dass er durch sein Verhalten in dem ihm anvertrauten Vermögen Schaden anrichten werde.[861]

246 **2. a)** Sowohl nach der Akzessorietäts- als auch nach der Affinitätstheorie (o. Rdn. 109 f) gehört die Pflichtwidrigkeit der Handlung zum (Gesamt-)Tatbestand, mithin das **Bewusstsein der Pflichtwidrigkeit** zum Vorsatz,[862] so dass der Vorsatz entfällt, wenn der Täter fälschlich annimmt, der Geschäftsherr habe zu der ihm nachteiligen Maßnahme sein Einverständnis gegeben; denn dann irrt der Täter über einen Tatumstand (§ 16), da er nicht pflichtwidrig, nicht entgegen dem Willen des Geschäftsherrn zu handeln meint.[863] Das gleiche soll etwa gelten, wenn der Täter um des guten kaufmännischen Rufes seines Geschäftsherrn willen sich zu einem Geldopfer für befugt hält.[864] Aber das wirft eine Reihe schwierigster dogmatischer Fragen auf, die bis heute im Allgemeinen Teil von einer definitiven Klärung weit entfernt und in ihrer speziellen Ausprägung in § 266 erstmals 1998 (*Schünemann* LK[11] Rdn. 153) einer näheren Betrachtung unterzogen wurden.[865] Wenn man die Pflichtwidrigkeit als ein auf eine Rechtslage Bezug nehmendes

---

860 Siehe dazu *Schünemann* FS Hirsch (1999) 363; *ders.* **50** Chengchi Law Review (1994) 159, 268 f.
861 BGHSt **5** 61, 64; BGHSt **5** 187, 190; BGHSt **13** 315, 320; *Lackner/Kühl* Rdn. 19.
862 BGHSt **3** 23, 24; **34** 379, 390; RGSt **69** 203, 207; RGSt **75** 75, 85; BGH NStZ **1986** 455, 456; BGHR § 266 Abs. 1 Vorsatz 1.
863 BGHSt **3** 23, 25; *Dierlamm* MK Rdn. 282; *Esser* AnwK Rdn. 232; *Fischer* Rdn. 171; *Sch/Schröder/Perron* Rdn. 49; Park/*Zieschang* Rdn. 35; **aA** OLG Stuttgart MDR **1978** 593; OLG Stuttgart Die Justiz **1983** 265; *Müller-Gügenberger/Schmid* § 26 Rdn. 128: Verbotsirrtum.
864 BGH 5 StR 313/57 v. 17.12.1957; *Hübner* LK[10] Rdn. 103.
865 In der Standardlehrbuch- und -Kommentarliteratur wurde damals die genaue Struktur des Pflichtwidrigkeitsvorsatzes nirgends behandelt, s. *Sch/Schröder/Lenckner*[25] Rdn. 49; *Samson/Günther* SK (Stand 1998) Rdn. 49; *Tröndle*[49] Rdn. 26; *Lackner/Kühl*[22] Rdn. 19; *Maurach/Schroeder/Maiwald*[8] 1 § 45 Rdn. 52; *Arzt/Weber* IV Rdn. 194; *Wessels*[20] BT 2 Rdn. 729; *Otto*[5] BT § 54/14; auch die Spezialuntersuchungen zu Irrtumsproblemen bei normativen Tatbestandsmerkmalen sparten § 266 durchweg aus, s. *Roxin* Offene Tatbestände und Rechtspflichtmerkmale 2. Aufl. (1970); *Schlüchter* Irrtum

normatives Tatbestandsmerkmal ähnlich der Fremdheit bei § 242 StGB qualifiziert, so müsste der Täter entsprechend der h.M. insoweit eine Parallelwertung in der Laiensphäre treffen,[866] so dass selbst die leichtfertigste Fehlbeurteilung der Pflichtenlage (etwa: als Prokurist einer Handelsgesellschaft zu gewaltigen Devisenspekulationen befugt zu sein) gemäß § 16 den Vorsatz und damit die Strafbarkeit ausschließen würde. Diese Konsequenz vermeidet man bei Qualifikation der Pflichtwidrigkeit als ein sog. **gesamttatbewertendes Merkmal** oder Rechtspflichtmerkmal, bei dem der Vorsatz nur die dieses Merkmal begründenden Tatsachen umfassen muss, während das Bewusstsein der Pflichtwidrigkeit als aus dieser Kenntnis gezogene Konsequenz ein Teil des Unrechtsbewusstseins wäre. Die irrige rechtliche Annahme des Täters, aufgrund der ihm bekannten Tatsachen zu seinem Handeln befugt zu sein, bedeutet dann keinen vorsatzausschließenden Tatbestandsirrtum gemäß § 16 StGB, sondern lediglich einen Verbotsirrtum gemäß § 17 StGB.[867] Freilich bleibt auch bei dieser Lösung noch das Restproblem offen, wie die pflichtwidrigkeitsbegründenden Tatsachen abzugrenzen sind und ob etwa in diesem Sinne die richtige Interpretation eines Dienstvertrages (also eine zivilrechtliche Rechtsfrage) in ihrer Relation zu dem auf einer Metaebene zu fällenden strafrechtlichen Pflichtwidrigkeitsurteil als eine Tatsache, der Irrtum des Täters darüber infolgedessen als ein Tatbestandsirrtum zu qualifizieren wäre;[868] in diesem Sinne ohne nähere Problemerörterung BGH wistra **1986** 25 zu § 266, wenn der Pflichtwidrigkeitsvorsatz wegen der schlichten Annahme des Täters verneint wird, sein vom Tatrichter für objektiv unvertretbar erklärtes Handeln für die von ihm vertretene GmbH habe sich noch im Rahmen des Unternehmenszwecks bewegt, denn auch hier erliegt der Täter bei voller Kenntnis der GmbH-Satzung und der wirtschaftlichen Umstände einem bloßen Interpretationsirrtum. Das *Mannesmann*-Urteil BGHSt **50** 331 hat hier leider keine Klarheit gebracht, weil sich der 3. StS auf die diffuse Wendung zurückgezogen hat, „eine sachgerechte Einordnung etwaiger Fehlvorstellungen oder -bewertungen wird sich nicht durch schlichte Anwendung einfacher Formeln ohne Rückgriff auf wertende Kriterien und differenzierende Betrachtungen erreichen lassen" (BGH NStZ **2006** 214, 217 – in BGHSt **50** 331 nicht abgedr.). Denn damit wird nur ein Allgemeinplatz anstelle einer dogmatischen Präzisierung (normatives Tatbestandsmerkmal oder Rechtspflichtmerkmal?) angeboten. Im letzteren Sinne ist wohl das in BGHSt **54** 148, 161f verwandte Kriterium zu verstehen, dass ein Tatbestandsirrtum die Annahme eines „tatsachenfundierten" Erlaubnissatzes erfordere, während im Schrifttum teilweise bei jedem Irrtum über die Pflichtwidrigkeit ein Vorsatzausschluss angenommen wird (*Jakobs* FS Dahs [2005] 49; *Hantschel* Untreuevorsatz S. 92ff; vgl. auch *Lüderssen* FS Richter II [2006] 373).

über normative Tatbestandsmerkmale im Strafrecht (1983); *Kuhlen* Die Unterscheidung von vorsatzausschließendem und nichtvorsatzausschließendem Irrtum (1987), und dasselbe galt auch für die Darstellung der Problematik im Allgemeinen Teil, s. *Roxin*[3] AT I § 10 Rdn. 45f, § 12 Rdn. 48f; *Puppe* NK (Stand 1998) § 16 Rdn. 63f, 79f.

866 Dazu *Roxin* AT I § 12 Rdn. 101ff; weitere Nachweise und Kritik bei *Puppe* NK § 16 Rdn. 45ff.

867 Grundlegend *Roxin* Offene Tatbestände und Rechtspflichtmerkmale 2. Aufl. (1970) S. 75f, 132f; *ders.* AT 1 § 10 Rdn. 45ff, § 2 Rdn. 105f, siehe auch *Lackner/Kühl* § 15 Rdn. 16; *Puppe* NK § 16 Rdn. 59; *Puppe* GA **1990** 170ff; zur Qualifikation der Vermögensbetreuungspflicht als ein solches Merkmal *Puppe* GA **1990** 171; LK[11]/*Schünemann* Rdn. 153. Im Ergebnis ebenso, aber mit eigenständiger Begr. aus der Natur des Untreueunrechts *Marwedel* Pflichtwidrigkeitsvorsatz.

868 In diesem Sinne für den Fall eines § 331 III StGB betreffenden Erlaubnistatbestandsirrtums BGHSt **31** 264, 286f – was die wohl eklatanteste Restauration der reichsgerichtlichen Doktrin vom vorsatzausschließenden außerstrafrechtlichen Rechtsirrtum ist und mehr als die bisher im Schrifttum nur gezollte, beiläufige Aufmerksamkeit verdient hätte (vgl. *Roxin* AT 1 § 14 Rdn. 62; *Jakobs* AT 11/49 Fn. 71; *Kuhlen* S. 157 Fn. 55 – alle ohne nähere Erörterung).

247 **b)** Freilich bedarf die **logische Struktur** der gesamttatbewertenden Merkmale noch weiterer Klärung. Vieles spricht dafür, dass sie nur eine Veranschaulichung der die allgemeine logische Struktur der Rechtsanwendung durch **Subsumtion** betreffenden, methodologischen Erkenntnis darstellen, dass der in mehr oder weniger unbestimmten Rechtsbegriffen formulierte gesetzliche Obersatz so lange durch Definition und Subdefinition in mit einem größeren umgangssprachlichen Bedeutungskern versehene Begriffe übersetzt (und dadurch „konkretisiert") werden muss, bis der umgangssprachlich beschriebene Sachverhalt im Bedeutungskern der konkretisierten Rechtsnorm liegt,[869] wobei der Vorsatz nicht mehr und nicht weniger als die Kenntnis dieses konkreten Sachverhalts voraussetzt. Die gesamttatbewertenden Merkmale unterscheiden sich deshalb bei der Abgrenzung zwischen Tatbestandsirrtum und Subsumtionsirrtum vermutlich nicht essentiell, sondern nur graduell von anderen Tatbestandsmerkmalen. Die in dieser Hinsicht bis heute in der Dogmatik des Allgemeinen Teils noch bestehenden Unklarheiten wirken sich nun aber für den Untreuevorsatz im Ergebnis deshalb wenig aus, weil der subjektive Tatbestand des § 266 außer dem Vorsatz bezüglich der Obhutsstellung und ihres Missbrauches vor allem auch den Vorsatz der Vermögensschädigung voraussetzt, der im Regelfall wiederum den Pflichtwidrigkeitsvorsatz impliziert, weil eben eine Schädigung des anvertrauten Vermögens vorbehaltlich besonderer Ausnahmekonstellationen immer auch pflichtwidrig ist (Rdn. 110) – so dass bloße Irrtümer über die Pflichtwidrigkeit selten sind: Vorbehaltlich von Sonderkonstellationen wie der bereits erwähnten irrigen Annahme eines tatbestandsausschließenden Einverständnisses des Geschäftsherrn ergibt sich der **Pflichtwidrigkeitsvorsatz** regelmäßig aus dem **Schädigungsvorsatz.**[870] Dazu folgende Beispielsfälle: Keinen Schädigungsvorsatz besitzt, wer durch eine vermögensmindernde Handlung andere, größere Nachteile vermeiden zu können glaubt (BGH 5 StR 86/60 v. 13.12.1960). Meint der Täter irrtümlich, einem Nachteil schon in der Entstehung durch Gewinnen eines entsprechenden oder sogar höheren Gegenwerts begegnen zu können, etwa durch vermeintlich notwendige Anschaffungen aus haushaltswidrig verwendeten Staatsmitteln (Rdn. 293ff) oder bei irriger Annahme einer Aufrechnungsmöglichkeit, so fehlt ihm der Vorsatz, Schaden zuzufügen.[871] Ebenso verhält es sich, wenn der Konkursverwalter die Zugehörigkeit einer Forderung zur Konkursmasse nicht erkennt und die Forderung daher dem Gemeinschuldner überlässt (BGH 3 StR 459/54 v. 14.2.1955). In den Fällen, in denen Ersatzwille und Ersatzfähigkeit den Schaden nicht ausräumen (Rdn. 220), führt freilich die gegenteilige Einschätzung des Täters zu einem bloßen **Subsumtionsirrtum** mit der weiteren Konsequenz eines **Verbotsirrtums.**[872] Wiederum kann es am Schädigungsvorsatz fehlen, wenn z.B. der Vermögensverwalter eine an sich nachteilige Verfügung trifft in der Überzeugung, die von ihm zur Absicherung seines Risikos aus der Verwaltung ständig bereit gehaltenen Mittel seien jederzeit verfügbar, während diese ohne sein Wissen von einem Angestellten abdisponiert worden sind. Andere Beispiele: BGHSt **15** 342; RGSt **70** 321, 323.

248 **c)** Neuere Ansätze im Schrifttum wollen zwei Stufen der Pflichtwidrigkeit unterscheiden und entweder bei rechtsgeschäftlich geregeltem und umbestimmtem Pflichtprogramm oder im Randbereich der Pflichtwidrigkeit wegen der hier fehlenden Appellfunktion die Regeln über den Tatbestandsirrtum anwenden (*Dinter* [2012]; *Leite* GA **2015** 517). Das verdient nähere Prüfung, auch wenn vieles dafür spricht, dass es sich nur um

869 Dazu näher *Schünemann* FS Arthur Kaufmann (1993) S. 299ff.
870 Instruktiv der Fall BGHR § 266 Abs. 1 Vorsatz 1.
871 BGH GA **1956** 154, 155; BGH 2 StR 291/53 v. 14.5.1954, S. 6; *Schreiber/Beulke* JuS **1977** 660.
872 *Schreiber/Beulke* JuS **1977** 660; Rdn. 159; vgl. auch KG NJW **1972** 218, 219 gegen KG NJW **1965** 703.

quantitative Unterschiede handelt, denen im Rahmen der Vermeidbarkeitsprüfung des § 17 StGB ausreichend Rechnung getragen werden kann.

3. In Bezug auf das Tatbestandsmerkmal des Vermögensnachteils spielt die Abgrenzung bedingt vorsätzlichen Handelns gegen die bloße (bewusste) Fahrlässigkeit vor allem bei **Risikogeschäften** eine Rolle, etwa bei der Gewährung neuen Kredits zur Rettung alter Außenstände.[873] Die unsichere Hoffnung auf guten Ausgang eines solchen Risikogeschäfts schließt die Annahme bedingt vorsätzlicher Nachteilszufügung nicht aus.[874] Vielmehr setzt der Schädigungsvorsatz nicht mehr und nicht weniger als die Kenntnis derjenigen Umstände und Zusammenhänge voraus, die die im Austausch für die Vermögenseinbuße des Geschäftsherrn erworbene Chance nach dem maßgebenden Schadensbegriff (Rdn. 211) zu einem nicht ausreichenden Äquivalent stempeln. Die Rechtsprechung tendiert dazu, die bereits im Rahmen des objektiven Tatbestandes vorzunehmende Prüfung, ob eine ausreichende Kompensation vorliegt, durch eine vorgezogene Prüfung des Schädigungsvorsatzes zu ersetzen,[875] was im Hinblick darauf verfehlt ist, dass gerade bei wirtschaftlichen Transaktionen ohne vorherige Klärung des objektiven Sachverhalts kaum seriöse Feststellungen über den Vorsatz des Täters möglich sind. Wenn der Täter alle Umstände kennt, die die Qualifikation des Risikogeschäfts als vermögensschädigend begründen, so ist die etwa dennoch von ihm gehegte Einschätzung, es sei noch kein Vermögensschaden eingetreten, ein bloßer Subsumtionsirrtum. Ein Tatbestandsirrtum setzt dagegen voraus, dass der Täter das Risiko in einer für den Schadensbegriff relevanten Weise selbst falsch kalkuliert, beispielsweise wenn er infolge eines Rechenfehlers von einer erheblich höheren Gewinnerwartung ausgeht. Wenn der schädigende Charakter des Risikogeschäfts erst daraus resultiert, dass eine gemessen am Gesamtvermögen des Unternehmens unvertretbare Summe aufs Spiel gesetzt wird, muss der Täter also auch diese Relationen kennen. Einen bloßen Subsumtionsirrtum macht es dagegen wiederum aus, wenn der Täter in Kenntnis dieser Relationen die irrige Einschätzung vornimmt, das sei noch zu verantworten und begründe deshalb noch keinen Vermögensnachteil. 249

4. Als der *Kanther*-Entscheidung des 2. StS des BGH der doppelte Einfall entsprang, die Untreue bei der Behandlung des Gefährdungsschadens vom Betrug abzukoppeln, aber nicht etwa im objektiven Tatbestand, sondern im subjektiven Tatbestand durch die zusätzliche Forderung eines den (objektiv nicht geforderten) **endgültigen** Schadenseintritt umfassenden **bedingten Vorsatzes**,[876] war die Verblüffung in der Fachwelt darüber ebenso groß wie die Unsicherheit, ob sich eine der Weisheit von Pallas Athene vergleichbare Kopfgeburt oder eine dogmatische Missgeburt ereignet hatte. In der Wissenschaft wurde die Grundtendenz der *Kanther*-Entscheidung begrüßt, die dogmatische Konstruktion aber kritisiert: In einer der frühesten Stellungnahmen hat sich *Bernsmann* gefragt, ob sich „auf diesem eher sophistischen als dogmatisch schlüssigen Weg auf Dauer ein Vorlagebeschluss werde vermeiden lassen", denn der 2. Senat mache aus der Untreue bei der schadensgleichen Vermögensgefährdung ein „Delikt mit (schwach) 250

873 Beispiele BGH NJW **1975** aaO; RGSt **61** 211, 213; BGH StV **2014** 88. Nachw. aus der unveröff. BGH-Rspr. bei *Hübner* LK[10] Rdn. 102.

874 BGH NJW **1975** aaO; RGSt **66** 255, 262; BGH NJW **1979** 1512.

875 Typisch BGHR § 266 Abs. 1 Vorsatz 2; BGH StV **1996** 431; treffend dagegen BGHR § 266 Abs. 1 Nachteil 36, aber wiederum „traditionell" BGH StV **2014** 88 (Berliner Bankenskandal).

876 BGHSt **51** 100, 121 ff; damit wurde lt. BGH wistra **2007** 306 f ein direkter Vorsatz gefordert, **and.** *Fischer* Rdn. 181. Ebenso BGH NJW **2010** 1764; BGHSt **52** 182.

überschießender Innentendenz und damit ein dogmatisches Unikum".[877] Insgesamt überwiegt im Schrifttum deshalb die Auffassung, dass die Restriktion bereits im objektiven Tatbestand anzusetzen habe, doch ist die Diskussion noch längst nicht am Ende (näher *Fischer* Rdn. 181–184; *Schünemann* NStZ **2008** 430). Im Gegenteil: Falls sich die in der Entscheidung des 1. StS zur Parteienuntreue (BGHSt **56** 203) für den Fall der Auslösung von Vermögenssanktionen vorgenommene Fixierung des Schadenseintritts auf den Moment der „Entdeckung der Tathandlung" und damit eine erhebliche Einschränkung der Figur des Gefährdungsschadens zukünftig durchsetzen sollte,[878] wird in diesen Fällen der Vorsatz ähnlich wie nach der Idee des 2. StS in der Kanther-Entscheidung auf den „Endschaden" zu erstrecken sein. Zwar ist vom 1. StS selbst die Auffassung vertreten worden, wegen der von ihm vorgenommenen Fixierung des Schadenseintritts auf den Zeitpunkt der „Entdeckung der Tathandlung" seien „auch an den Untreuevorsatz keine gesteigerten Anforderungen stellen" (BGHSt **56** 221), doch hat er damit die Tragweite seiner eigenen Entscheidung bei weitem unterschätzt. Denn das vom 1. StS darin aufgegebene Verständnis des Unmittelbarkeitszusammenhanges zwischen Handlung und Schadenseintritt (dazu o. Rdn. 216) war mit der Figur des Gefährdungsschadens untrennbar verbunden, so dass dessen Preisgabe zu einer enormen Einschränkung des Schadensbegriffs und damit auch des subjektiven Tatbestandes führen wird. An dieser Stelle ist die Rspr. also noch im Fluss und wird irgendwann den Weg zum Großen Strafsenat finden müssen, den der 5. Strafsenat in seiner Entscheidung zum Berliner Bankenskandal (StV **2014** 88) und der darin aufrechterhaltenen, dogmatisch zweifelhaften Kombination eines frühen objektiven (Gefährdungs-)Schadens mit der Notwendigkeit eines Endschadensvorsatzes bei Risikogeschäften nur mit Mühe vermeiden konnte.

251 **5.** Ist die Untreue nach der äußeren Tatseite verwirklicht, so ist es für die Frage des Vorsatzes unerheblich, ob die Vorstellung des Täters von der Person des Inhabers der Vermögensinteressen zutrifft (nach Art eines **error in persona**, s. BGH 2 StR 177/54 v. 2.9.1954). Anders, wenn er durch eine Pflichtwidrigkeit nicht seinen Geschäftsherrn, sondern einen Dritten zu schädigen vermeint, dem er nicht betreuungspflichtig ist (BGH 1 StR 602/60 v. 18.4.1961).

§ 6
Rechtswidrigkeit und Schuld

252 **1.** Pflichtwidriges Zufügen eines Vermögensnachteils indiziert die Rechtswidrigkeit. **Pflichtwidrigkeit und Rechtswidrigkeit** sind nicht gleichbedeutend, weil sich die Pflichtwidrigkeit nach dem Verhältnis des Täters zum Inhaber der Vermögensinteressen bestimmt, die der Täter zu betreuen hat; sie ist ein Tatbestandsmerkmal der Untreue. Die Rechtswidrigkeit, der Widerspruch zum Recht, ist auf den ganzen Straftatbestand bezogen. Das Urteil über die Rechtswidrigkeit schließt sich hier erst an den tatbestandlichen Erfolg an; die Pflichtwidrigkeit ist ohne ihn möglich. Andererseits tritt die Frage der Rechtswidrigkeit nicht auf, wenn der Täter pflichtgemäß verfuhr, z.B. im Rahmen ordnungsmäßiger Geschäftsführung oder mit erklärtem oder **mutmaßlichem Einverständnis** des Geschäftsherrn (*Sch/Schröder/Perron* Rdn. 48; krit. *Späth* [2015] S. 215ff).

---

877 GA **2007** 119, 230.
878 Die von mir vorgeschlagene Begrenzung dieser Fallgruppe auf das zunächst einen (gefährdeten) Vorteil einbringende Handeln (in: *Fischer* u.a., Dogmatik, 2015, S. 61, 74) verdient sicherlich eine weitere Analyse.

Weil es sich bei der Pflichtwidrigkeit um ein gesamttatbewertendes Merkmal handelt (o. Rdn. 246f), wird sie dennoch im Regelfall mit der Rechtswidrigkeit insgesamt identisch sein. Der Ausschluss der Pflichtwidrigkeit wegen mutmaßlichen Einverständnisses des Geschäftsherrn wird zum einen dann praktisch, wenn eine spezielle Weisung des Geschäftsherrn missachtet wird, weil die besonderen Umstände eine Rücknahme der Weisung erwarten ließen,[879] diese Rücknahme wegen der Dringlichkeit der Situation aber nicht abgewartet werden kann. Zum anderen muss aber in geeigneten Fällen auch dann auf das mutmaßliche Einverständnis zurückgegriffen werden können, wenn überhaupt keine spezielle Weisung vorliegt, weil die Zufügung eines Vermögensschadens regelmäßig auch im weisungsfreien Bereich pflichtwidrig ist.[880] Beispiele bieten etwa Aufwendungen ohne materielles Äquivalent zum Schutz des guten Rufes des Geschäftsherrn (Handeln im Interesse des Geschäftsherrn) oder die kurzfristige Entnahme von Bagatellbeträgen (Handeln bei mangelndem Interesse des Geschäftsherrn). Auch hier setzt der Ausschluss der Pflichtwidrigkeit voraus, dass eine spezielle Entscheidung des Geschäftsherrn selbst nicht rechtzeitig zu erlangen war.

Nachträgliche Zustimmung zur ungetreuen Handlung ist für den Tatbestand rechtlich irrelevant, kann jedoch im Rahmen der §§ 153ff, 154f StPO oder auch bei der Strafzumessung Bedeutung gewinnen (Rdn. 273). Für die Rechtfertigung durch eine **hypothetische Einwilligung** hat sich *Rönnau* (StV **2011** 753, 755f) ausgesprochen.

2. Rechtfertigungsgründe der Notwehr (§ 32) und der Selbsthilfe (§ 229 BGB) wer- 253
den im Rahmen des § 266 kaum praktisch werden. Nicht undenkbar ist dies bei der bürgerlich-rechtlichen Sachwehr (§§ 228, 904 BGB). Dagegen kann nach der Rspr. die Rechtswidrigkeit durch rechtfertigenden **Notstand** (§ 34) oder durch die (gesetzlich nicht geregelte) rechtfertigende **Pflichtenkollision** ausgeschlossen sein.[881] Bei abredewidriger Einziehung sicherungsabgetretener Forderungen und bei vertragswidriger Eigenverwertung abzutretender Ansprüche, um die Fortführung des Betriebs und die Weiterbeschäftigung der Arbeitnehmer zu ermöglichen, sowie bei Verbrauch von Fremdgeldern zur Befriedigung dringender Bank- und anderer Schulden, um die Anwaltspraxis vor dem Zusammenbruch zu retten, hat der BGH eine rechtfertigende Notstandslage nicht anerkannt.[882] Richtigerweise ist in allen Fällen eine Rechtfertigung durch § 34 **abzulehnen**, weil „die Rechtsfolgen finanzieller Leistungsunfähigkeit im Zwangsvollstreckungs-, Vergleichs- und Konkursrecht abschließend geregelt (sind) und für Zwangsanleihen im Verfahren der Selbsthilfe keinen Raum lassen".[883]

3. Als **Schuldausschließungsgrund** kommt insbesondere ein **Verbotsirrtum** ge- 254
mäß § 17 in Betracht, wenn der Täter in bezug auf die Pflichtwidrigkeit oder den Vermögensnachteil einem Subsumtionsirrtum erlegen ist und deshalb sein Tun insgesamt für erlaubt hält. Von Dringlichkeitsfällen abgesehen, in denen der Täter wegen Gefahr im Verzuge ohne weitere Prüfung handeln musste, wird der Verbotsirrtum aber vermeidbar

879 *Sch/Schröder/Perron* Rdn. 48.
880 Zutr. *Herzberg* JA **1989** 245 gegen *Sch/Schröder/Perron* Rdn. 48.
881 RG JW **1935** 2937 m. Anm. *Schwinge*; BGHSt **12** 299, 304; zust. *Fischer* § 34 Rdn. 23; *Eser* IV^4 Fall 17 A 71; *Sch/Schröder/Perron* Rdn. 48; einschränkend *ders.* § 34 Rdn. 26; *Saliger* SSW Rdn. 106; **abl.** *Bockelmann* JZ **1959** 498 (gegen ihn *Küper* JZ **1976** 516 und *Maurach/Zipf* AT/1 § 27 Rdn. 24) und *Bockelmann/Volk* § 15 II 2; *Jescheck/Weigend* § 33 IV 3b bei Fn. 36 u. insb. § 33 IV 3d; *Roxin* AT I § 16 Rdn. 54.
882 BGHSt **5** 61, 66; kritisch, doch mit anderer Begründung zust. *Eser* aaO; BGH NJW **1976** 680; zust. *Maurach/Schroeder/Maiwald* 1 § 45 Rdn. 53; *Sch/Schröder/Perron* Rdn. 48; *Roxin* AT I § 16 Rdn. 54; *Saliger* SSW Rdn. 106.
883 *Roxin* AT § 16 Rdn. 54.

sein und deshalb gemäß § 17 Satz 2 allenfalls zur Strafmilderung führen, weil sich der Obhutspflichtige in allen Zweifelsfällen beim Geschäftsherrn rückversichern muss und also vorwerfbar handelt, wenn er dies unterlässt. Im *Mannesmann*-Urteil ist die Vermeidbarkeit des vom LG Düsseldorf angenommenen Verbotsirrtums vom BGH mit der Begründung verneint worden, dass es zur Erkenntis der Rechtswidrigkeit „nicht einmal eines Rechtsrats bedurft (hätte). Bei Einholung von Rechtsrat durch eine sachkundige, neutrale Person hätte richtigerweise die Frage gestellt werden müssen, ob eine ausschließlich durch den Wunsch des Begünstigten motivierte, dem Unternehmen keinen Vorteil bringende Prämiengewährung rechtlich zulässig ist. Dies wäre mit Sicherheit verneint worden." (Tz. 58, insoweit in BGHSt **50** 331 nicht abgedr.).

§ 7
Täter, Teilnehmer

255 **1.** Die Untreue ist ein **Sonderdelikt**,[884] und zwar in Form des **Garantensonderdelikts**, bei dem eine Herrschaftsbeziehung im Sinne der Kontrolle über einen sozialen Bereich als Voraussetzung der Täterschaft vertypt ist.[885] Von den beiden Formen der prästabilierten Geschehensherrschaft über eine Gefahrenquelle oder über das hilflose Rechtsgut(sobjekt) geht es bei § 266 um die letztgenannte in Form der Obhut über fremdes Vermögen. Täter des § 266 kann deshalb immer nur derjenige sein, der diese Obhutsstellung innehat, sei es auch in Form einer Übertragung durch den ursprünglich Obhutspflichtigen, so dass das Verhalten der Organe und Substituten **direkt** unter § 266 subsumiert werden kann und es wegen der darin steckenden Spezialregelung keines Rückgriffs auf die allgemeine Vertreterhaftung gemäß § 14 bedarf (näher dazu Rdn. 82f).

256 Wie bei allen Garantensonderdelikten kann das **Unterlassen** von vornherein dem Tatbestand subsumiert werden, ohne dass es eines Rückgriffs auf § 13 Abs. 1 bedarf (zu den verschiedenen Formen der Begehung durch Unterlassen Rdn. 68, 127). Wegen der einheitlichen Unrechtsstruktur aller Garantendelikte ist die fakultative **Strafmilderung** gemäß § 13 Abs. 2, die eine Konsequenz des kriminalpsychologischen Unterschieds zwischen aktivem Tun und Unterlassen und der im Unterlassen ceteris paribus manifestierten geringeren kriminellen Energie ist, auf eine Untreue durch Unterlassen **analog** anzuwenden.[886]

257 **2.** Für **Teilnehmer** gilt § 28 Abs. 1.[887] Für den Gehilfen tritt dann eine **doppelte Strafmilderung** ein: diejenige nach § 27 Abs. 2 S. 2 wie auch die nach § 28 Abs. 1 (BGHSt **26** 53, 55; h.M.). Beruht jedoch seine Einstufung als Gehilfe allein darauf, dass er selbst in keinem Betreuungsverhältnis zum geschädigten Vermögensinhaber steht und aus *diesem* Grunde (mit-)täteruntauglich ist, so wird die Strafe nur einmal gemildert.[888] Diese

---

884 Unstr., s. BGHSt **13** 330, 331; BGHSt **26** 53; unstr.

885 Dazu näher *Schünemann* LK § 14 Rdn. 17, § 25 Rdn. 42ff.

886 So bereits *Schünemann* ZStW **96** (1984) 287, 303; nunmehr BGHSt **36** 227f; BGH StV **1998** 127; zust. *Seelmann* NK[1] § 13 Rdn. 21; *Weigend* LK § 13 Rdn. 13; abl. *Wohlers* NK § 13 Rdn. 65; *Jescheck* LK[11] § 13 Rdn. 10 m.w.N.

887 BGHSt **26** 53, 54; BGH StV **1995** 73; BGH wistra **1997** 100; *Lackner/Kühl* Rdn. 2; *Schünemann* LK § 28 Rdn. 54ff, 58; *Hoyer* SK § 28 Rdn. 36; *Fischer* Rdn. 186; **aA** *Sch/Schröder/Perron* Rdn. 52; *Grünwald* GedS Armin Kaufmann S. 563; differenzierend *Schmidhäuser* 14/86; offensichtlich übersehen in BGH NJW **1984** 2539, 2541.

888 BGHSt **26** 53, 54f m. zust. Anm. *Bruns* JR **1975** 510, 511; BGH wistra **1988** 303; **2015** 146; *Baumann/Weber/Mitsch* § 31 Fn. 47; *Fischer* § 50 Rdn. 7; *Jescheck/Weigend* § 61 VII 4d; *Lackner/Kühl* § 50 Rdn. 5;

differenzierende Lösung lässt sich jedoch nur dann überzeugend begründen, wenn man anerkennt, dass der Gesetzgeber mit den „persönlichen Merkmalen" in § 28 schlicht „Tätermerkmale" meint, also solche Merkmale, die der Täter in eigener Person aufweisen muss und nicht nach den Regeln der mittelbaren Täterschaft durch ein Werkzeug verwirklichen lassen kann (sog. **Einheitslösung**).[889] Denn dann versteht es sich von selbst, dass bei § 266 ein besonderes (= weiteres) persönliches Merkmal (= Tätermerkmal) fehlt, wenn der Gehilfe weder Tatherrschaft als allgemeines Tätermerkmal noch die Obhutsbeziehung als besonderes Tätermerkmal aufweist, so dass also die doppelte Strafmilderung gemäß § 27 II S. 2 und § 28 I nach der Sachlogik wie nach der gesetzlichen Regelung nur bei der Abwesenheit beider Tätermerkmale Platz greift.[890] Gegen die sämtliche Tätermerkmale dem Regime des § 28 unterstellende Einheitslösung lässt sich auch nicht mit Erfolg einwenden, dass sie beim Tatbestand des Exhibitionismus des § 183 zu der „wunderlichen Folge" führe, dass bei gemeinsamer Anstiftung des Exhibitionisten durch ein Ehepaar der das Tätermerkmal „Mann" aufweisende Ehemann mit der vollen Anstifterstrafe belegt würde, während die Strafe für die Ehefrau gemäß § 28 I zu mildern sei.[891] Denn bei diesem Argument wird verkannt, dass das Tätermerkmal des § 183 in der *Eigenhändigkeit* besteht und somit beiden Anstiftern gleichermaßen fehlt (weshalb natürlich auch, was *Herzberg* wie *Roxin* verkennen, ein Mann so wenig mittelbarer Täter des Exhibitionismus sein kann wie eine Frau, näher *Schünemann* LK § 28 Rdn. 46f). Und was die beim Fehlen nur eines einzigen Tätermerkmals sachentsprechende Ausscheidung der Doppelmilderung anbetrifft, so lässt sich *Roxins* Gegenargument, dass der mit Tatherrschaft (etwa durch eine Nötigung) anstiftende Extraneus hier auch eine Milderung gemäß § 28 I erhalte und eine bloße Einmalmilderung für den mit Tatherrschaft handelnden Gehilfen somit Anstiftung und Beihilfe entgegen dem Gesetz dem gleichen Strafrahmen unterstellen würde (LK[11] § 28 Rdn. 90 u. *Roxin* AT II § 27 Rdn. 82f), durch den Hinweis entkräften, dass es bei einer gleichermaßen mit Tatherrschaft geleisteten Beteiligung keine Rolle mehr spielt, ob sie Tatveranlassung oder Tatsteuerung bedeutet, so dass allein die Gleichstellung im Strafmaß sachgerecht ist.

3. Der externe Nutznießer der Untreue ist **nicht** immer **notwendiger Teilnehmer,** 258
sondern nach den allgemeinen Regeln als Anstifter oder Gehilfe verantwortlich (BGH NJW **1984** 2539, 2540; BGHSt **54** 148, 161f). So liegt etwa Anstiftung zur Untreue vor, wenn jemand einen GmbH-Geschäftsführer oder -prokuristen dadurch zum Abschluss eines für sich selbst vorteilhaften, für die GmbH nachteiligen Vertrages bewegt, dass er ihm einen „Kick back" (also eine nachträglich aus dem Erlös zu bezahlende Bestechungssumme) verspricht, oder Beihilfe zur Untreue, wenn ein Kreditnehmer[892] die pflichtwidrige Vergabe ungesicherter Kredite dadurch unterstützt, dass er mit den Bankvertretern bei Scheckmanipulationen zur Verschleierung der Kredithöhe zusammenarbeitet. Die bloße Bestechungshandlung (ohne einen dadurch veranlassten, den Geschäftsherrn des Bestochenen benachteiligenden Vertrag) wäre dagegen selbst dann keine Anstiftung oder Beihilfe zur Untreue, wenn man entgegen der oben Rdn. 122 zurückgewiesenen Auffassung das Unterlassen der gemäß § 687 Abs. 2 BGB geschuldeten

---

Herzberg GA **1991** 145, 149; *Bottke* Täterschaft und Gestaltungsherrschaft (1992) S. 118; **aA** *Roxin* LK[11] § 28 Rdn. 88ff; *ders.* AT II § 27 Rdn. 82f; *Vogler* FS Lange S. 272.

889 Entwickelt von *Schünemann* ZSchwR **1978** 131, 149ff, 158; Unternehmenskriminalität und Strafrecht (1979) S. 131ff; Jura **1980** 354, 365ff; GA **1986** 336ff; *Schünemann* LK § 28 Rdn. 8ff, 44ff; *ders.* GA **2011** 445, 453ff.

890 *Schünemann* Jura **1980** 582ff; *ders.* GA **1986** 341ff; *Schünemann* LK § 28 Rdn. 83f.

891 So *Herzberg* JuS **1983** 742; *Roxin* LK[11] § 28 Rdn. 40f.

892 Wie in BGH NJW **1984** aaO.

Ablieferung der Bestechungssumme unter den Treubruchtatbestand subsumieren wollte. Denn weil die Bezahlung der Bestechungssumme überhaupt erst die Ablieferung ermöglicht, kann sie als in concreto notwendige Teilnahme keine strafbare Beihilfe zum Unterlassen der Ablieferung sein. Gleiches gilt bei der bloßen Ausnutzung der Bereitschaft eines anderen zur Untreue.[893] Ferner scheidet eine Teilnahme nach den Grundsätzen der **Beihilfe durch neutrales Handeln**[894] aus, wenn jemand nur bei Vertragsverhandlungen mit dem Vertreter eines anderen seinen Vorteil sucht,[895] solange es nicht zu einer ausdrücklichen oder stillschweigenden Kollusion mit dem Treupflichtigen kommt. Die Teilnehmerhaftung bei § 266 reicht also nicht so weit wie die Hehlereihaftung gemäß § 259, was sich durch den absoluten und deshalb umfassenderen Schutz des Eigentums im Verhältnis zu der lediglich „relativen Reichweite" der Vermögensfürsorgepflicht legitimiert.[896] Zur Beihilfe durch einen Rechtsanwalt s. BGHR § 266 Abs. 1 Beihilfe 2.

259 **4.** Wer durch ein Betreuungsverhältnis **selbst zur Vermögensfürsorge verpflichtet ist**, wird **regelmäßig Täter**, nicht bloß Teilnehmer sein.[897] So auch der Prokurist, der die Unterschleife des ihm untergebenen Buchhalters unterstützt. Er begeht nicht bloß Beihilfe zur Unterschlagung, sondern (ggf. tateinheitlich) Untreue; denn wer *Beihilfe* zu einer Straftat leistet, kann zugleich *Täter* einer anderen Straftat sein (BGH 1 StR 91/51 v. 8.5.1951, S. 5).

§ 8 Versuch, Vollendung, Beendigung

260 **1.** Der Versuch der Untreue ist straflos (§ 23 Abs. 1; § 12 Abs. 2; § 38 Abs. 2), auch in einem schweren Fall (§ 12 Abs. 3).[898]

261 **2. Vollendet** wird die Untreue beim Eintritt des durch die ungetreue Handlung verursachten Nachteils (Rdn. 211), ggf. also schon mit Eintritt schadensgleicher Vermögensgefährdung.[899] Solchenfalls soll das Vergehen erst mit der endgültigen Verwirklichung des Schadens materiell beendet sein.[900] Der Sinn dieser Unterscheidung besteht vor allem darin, dass eine strafbare Beihilfe noch zwischen (formeller) **Vollendung** und (materieller) **Beendigung** möglich sein soll. In der Regel verletzt diese Doktrin zwar den

---

893 *Gropp* Deliktstypen mit Sonderbeteiligung (1992) S. 325; **and.** RG Rspr. **8** 507; RG LZ **1923** 138; *Hübner* LK[10] Rdn. 105.

894 Vgl. hierzu etwa *Schumann* Strafrechtliches Handlungsunrecht und das Prinzip der Selbstverantwortung der Anderen (1986) S. 54 ff; *Frisch* Tatbestandsmäßiges Verhalten und Zurechnung des Erfolgs (1988) S. 284 ff; *Hefendehl* Jura **1992** 374, 376 f; *Schünemann* LK § 27 Rdn. 17 ff; *Kudlich* Die Unterstützung fremder Straftaten durch berufsbedingtes Verhalten (2004); *Niedermair* ZStW **107** (1995), 507 ff m.w.N.; *Ransiek* wistra **1997** 41 ff; *Schild Trappe* Harmlose Gehilfenschaft? (1995); *Tag* JR **1997** 49 ff; *Wolff-Reske* Berufsbedingtes Verhalten als Problem mittelbarer Erfolgsverursachung (1995).

895 Etwa bei gemeinsamen Spekulationsgeschäften wie im Fall Klöckner, Urt. des LG Duisburg v. 6.5.1991 – XVII KLs 28 Js 108/88.

896 Selbst dieser Unterschied würde in Fortfall kommen, wenn man mit der freilich verfehlten Rechtsprechung des BGH auch bei § 259 eine Kollusion zwischen Vortäter und Hehler verlangen würde, s. BGH wistra **1996** 342 f.

897 BGHSt **9** 203, 217 zu § 81a GmbH a.F.; kritisch zu dieser Entscheidung *Roxin* Täterschaft und Tatherrschaft 8. Aufl. (2006) S. 356.

898 Zum früheren Recht RGSt **69** 49, 51; RG JW **1937** 169.

899 Rdn. 227; BGHSt **20** 304, 305; RGSt **71** 155, 158; *Sch/Schröder/Perron* Rdn. 51.

900 *Sch/Schröder/Perron* Rdn. 51; *Hübner* LK[10] Rdn. 106.

Grundsatz „nullum crimen sine lege" (Art. 103 II GG) in Form des Analogieverbots, weil die „vorsätzlich begangene rechtswidrige Tat" gemäß § 27 I durch den Deliktstatbestand definiert wird und weil Förderungshandlungen nach Tatvollendung ausschließlich durch die Spezialvorschriften der §§ 257–259 erfasst werden.[901] Aber weil es sich bei der Rechtsgutsverletzung in Gestalt des Vermögensschadens um eine quantifizierbare Größe handelt, wäre es grundsätzlich möglich, jede selbständig bewertbare „Vertiefungsstufe" auch als eine selbständige Tatbestandserfüllung anzusehen und dementsprechend Beihilfe bis zum Eintritt des endgültigen (Maximal-)Schadens für möglich zu erklären, so dass die Doktrin der materiellen Beendigung bei § 266 also innerhalb der Tatbestandsgrenzen verbleibt. Zu den Konsequenzen für die Verantwortlichkeit des Täters vgl. Rdn. 272 a.E. Zu den Konsequenzen für den Beginn der **Verjährung** s. BGHR § 266 Abs. 1 Nachteil 15; BGH wistra **2003** 379; **2004** 429, 430 f; **2007** 21, 22; BGHSt **51** 100, 116: maßgeblich ist der Eintritt des sog. Endschadens.

§ 9
Konkurrenzen

1. Tateinheit (§ 52) hat die Rechtsprechung oder das Schrifttum als möglich angenommen zwischen Untreue und 262

Abgabenüberhebung (§ 353);[902]

Amtsanmaßung (§ 132; RGSt **76** 25, 28);

neuerdings auch mit **Bankrott** (früher nur bei Beiseiteschaffen von Vermögensstücken einer GmbH durch den Geschäftsführer sowohl zum Vorteil als auch zum Nachteil der GmbH, § 283 Abs. 1 Nr. 1);[903]

Bestechlichkeit (§ 332; BGHSt **47** 22, 25 f; BayObLG StV **1997** 191, 194); sowie 263

Bestechlichkeit im geschäftlichen Verkehr (§ 299; BGH NStZ **2009** 445), jeweils wenn vor Vollendung der Bestechlichkeit die Ausführung der Untreue zumindest begonnen hat, wofür bereits konkrete Vereinbarungen genügen sollen (BGHSt **47** 22, 28; BGH NStZ **2009** 445 f; krit. *Bittmann* wistra **2002** 405, 407);

Betrug (§ 263), wenn die Untreue mit den Mitteln des Betrugs begangen worden ist.[904] Dem Betrug nachfolgende Untreue ist regelmäßig nur Verwirklichung der betrügerischen Absicht, also Weiterführung des Betrugs, demnach mit diesem mitbestraft.[905] Wird allerdings unabhängig von dem Betrugsschaden durch die Untreue ein neuer Nachteil zugefügt, derselben oder einer anderen Person, so wird Tateinheit angenommen,[906] während RGSt **67** 273 und BGH NStZ **2001** 195, 196 bei der Veruntreuung von Sicherheiten Tatmehrheit für gegeben halten. Folgt Betrug auf Untreue, hält der BGH (BGHR § 266 Abs. 1 Treubruch 1; BGH NStZ **1994** 586; **2004** 570; wistra **1992** 343) mit Recht betrügeri-

---

901 *Roxin/Schünemann/Haffke* Strafrechtliche Klausurenlehre 4. Aufl. (1982) S. 232 ff; *Schünemann* LK § 27 Rdn. 39 ff; *Jakobs* AT 22/40; für § 266 siehe auch OLG Stuttgart GA **1968** 379.

902 BGH NJW **1961** 1171, 1172, jedoch differenzierend.

903 BGHSt **28** 371; **30** 130; zum Problem näher Rdn. 270.

904 RGSt **73** 6, 8 f; BGHSt **8** 254, 260; BGH GA **1971** 84; BGH StV **1984** 513 m. abl. Anm. v. *Labsch*; BGH wistra **1991** 72, 219; **1992** 342; BGH NStZ **2008** 340; OLG München JZ **1977** 410; *Sch/Schröder/Perron* Rdn. 54; allein für Betrug *Labsch* S. 231 ff; *Otto* Bankentätigkeit S. 53 Fn. 5 (beide unzutr. zit. bei *Sch/Schröder/Perron* Rdn. 54); zum ganzen *Schauer* Grenzen der Preisgestaltungsfreiheit im Strafrecht (1989) S. 178 ff.

905 BGHSt **6** 67, 68 gegen OLG Braunschweig NJW **1951** 932; BGH NStZ **2001** 195; OLG Hamm MDR **1968** 779; *Sch/Schröder/Perron* aaO.

906 BGHSt **6** aaO: „Vertiefung des Betrugsschadens"; BGH NStZ **2001** 195.

sche Vorspiegelungen zur Verdeckung der Untreue für eine straflose Nachtat. Bei Zufügung eines neuen Schadens oder wenn der Täter durch die Untreue keinen Vorteil erstrebt oder erlangt hatte, ist ein der Untreue nachfolgender Betrug eine selbständige Straftat.[907]

Computerbetrug (§ 263a; *Tiedemann* LK Rdn. 309; *Lenckner/Winkelbauer* CR **1986** 655). Wegen der lückenschließenden Funktion des § 263a spricht aber auch viel für eine Exklusivität mit Vorrang des § 266.

264 **Diebstahl** (§ 242).[908] Anstiftung zur Untreue kann tateinheitlich mit Diebstahl in mittelbarer Täterschaft zusammentreffen (BGH 1 StR 532/56 v. 24.9.1957, S. 20); ebenso zwischen

Erpressung und Anstiftung zur Untreue (RGSt **72** 75, 77);

Gebührenüberhebung (§ 352);[909] die Vorschrift schließt den § 266 nicht aus (BGH NJW **1957** aaO; **aA** OLG Karlsruhe NStZ **1991** 240).

265 Bei **Hehlerei** (§ 259) hingegen kommt i.d.R. nur Tatmehrheit mit Teilnahme an der Untreue in Betracht (BGHSt **22** 206, 208f). Zur Abgrenzung von Hehlerei gegen Beihilfe zur Untreue siehe RG Rspr. **8** 507 und RG LZ **1923** 138: Vollendung ungetreuen Schleuderverkaufs durch Absatz, Beihilfe zur Untreue durch Annahme der Ware; s. aber auch zur notwendigen Teilnahme in solchen Fällen Rdn. 204.

Tateinheit soll ferner möglich sein mit **Missbrauch von Scheck- und Kreditkarten** (§ 266b), wenn die Merkmale des § 266 bereits aus anderen Gründen vorliegen,[910] doch sind dafür keine geeigneten Fallgestaltungen ersichtlich und von den genannten Autoren auch nicht namhaft gemacht. Der bloße Kartenmissbrauch unterfällt nach h.M. schon nicht dem Tatbestand des § 266.[911]

Parteiverrat (§ 356);[912]

266 **Parteiengesetzverletzung:** Nach § 31d PartG wird mit Freiheitsstrafe bis zu 3 Jahren oder Geldstrafe bestraft, wer in der Absicht, die Herkunft oder die Verwendung der Mittel der Partei oder des Vermögens zu verschleiern oder die öffentliche Rechenschaftslegung zu umgehen, (1.) unrichtige Angaben über die Einnahmen oder über das Vermögen der Partei in einem beim Präsidenten des Deutschen Bundestages eingereichten Rechenschaftsbericht bewirkt oder einen unrichtigen Rechenschaftsbericht beim Präsidenten des Deutschen Bundestages einreicht oder (2.) als Empfänger eine Spende in Teilbeträge zerlegt und verbucht oder verbuchen lässt oder (3.) entgegen § 25 Abs. 1 Satz 3 PartG eine Spende nicht weiterleitet. Nach der von *Saliger* (Parteiengesetz und Strafrecht, S. 663–666) begründeten und seitdem von Schrifttum und Rechtsprechung übernommenen[913] Auffassung soll dieses Delikt mit Untreue in Idealkonkurrenz stehen, doch kann das weder in der Begründung noch im Ergebnis überzeugen. Im Kern geht es um 2 Argumente:

---

907 BGH LM § 263 Nr. 34 = BGH NJW **1955** 508, 509; RGSt **63** 186, 193 a.E.; RGSt **77** 34, 35.

908 BGHSt **17** 316 f; allerdings ist die Annahme von Untreue in den dort angeführten Urteilen BGH LM Nr. 4 und BGH 3 StR 335/53 v. 3.12.1953 bei Dallinger MDR **1954** 399 bedenklich; Rdn. 129 „Forstbeamte"; desgleichen in RGSt **77** 34, 38.

909 BGH NJW **1957** 596, 597; BGH NJW **2006** 3222 = JR **2007** 202 m. Anm. *Kuhlen*; *Fischer* Rdn. 195; *Sch/Schröder/Perron* Rdn. 54.

910 *Lackner/Kühl* § 266b Rdn. 9; *Sch/Schröder/Perron* § 266b Rdn. 14.

911 Begründung o. Rdn. 25, 178; sieht man dies anders, geht § 266b richtigerweise als speziellerer Tatbestand vor, s. näher LK[11]/*Schünemann* Rdn. 168 u. ferner *Gribbohm* LK[11] § 266b Rdn. 51; *Fischer* § 266b Rdn. 23; *Lackner/Kühl* § 266b Rdn. 9 mit der Annahme von „Spezialität i.w.S. (einer) abschließenden Sonderregelung"; ähnlich *Weber* NStZ **1986** 481, 484 mit der Annahme einer „Exklusivität" des § 266b.

912 RGSt **69** 333, 336 f gegen RG JW **1934** 428.

913 *Lampe* in Erbs/Kohlhaas, Strafrechtliche Nebengesetze, 180. ErgLfg. 2010, PartG § 31d Rdn. 43 f; Ipsen/*Saliger*, ParteienG, § 31d Rdn. 134; *Bosch* in: Kersten/Rixen, PartG, § 31d Rdn. 98; *Lenski*, Parteiengesetz, § 31d PartG Rdn. 42; BGHSt **56** 203, 222; **60** 94, 111 f.

dass der Gesetzgeber bei Schaffung der Sondervorschrift des § 31d PartG durch das PArtGÄndG 8 vom 28.6.2002 (BGBl I 2268) die Anwendbarkeit des allgemeinen Strafrechts nicht habe ausschließen wollen; und dass es um unterschiedliche Rechtsgüter gehe, weil § 266 das Vermögen schütze, § 31d PartG dagegen das Vertrauen der Öffentlichkeit in die Richtigkeit der Rechnungslegung der Parteien.[914] Aber wenn man die Absichten des Gesetzgebers – wie es geboten ist – auf den damaligen Rechtszustand (sprich die Praxis der Strafrechtspflege) projiziert, so zeigt sich die Vorstellung einer sowohl **lücken-** als auch **abschließenden Regelung**,[915] die mithilfe einer „speziellen Strafnorm" eine „spezifische Strafe" vorsehen sollte. Dieser Absicht einen Leerlauf zu attestieren, weil BGHSt **51** 100, 116ff plötzlich in einem falschen Rechenschaftsbericht eine Parteienuntreue entdeckte, heißt das Verhältnis von Gesetzgebung und Rechtsprechung auf den Kopf stellen. Und dass es sich beim „Vertrauen der Bevölkerung in die Richtigkeit der Rechtsrechnungslegung der Parteien", diesem ominösen Passepartout im Rechtsgutsjargon, und dem Vermögen der Parteien um unterschiedliche Rechtsgüter handele, liefert auf der Konkurrenzebene überhaupt kein triftiges Argument, denn die Zahl der Straftatbestände, die mehrere Rechtsgüter schützen, ist Legion. Es ist deshalb kein zureichender Grund ersichtlich, warum der in der Logik verankerte Grundsatz „lex specialis derogat legi generali" im Verhältnis zwischen § 266 StGB und § 31d PartG nicht eingreifen soll, und mehr noch: Indem § 31d Abs. 1 Satz 2 PartG eine strafbefreiende Selbstanzeige vorsieht, nach der die Partei gem. § 23b Abs. 2 Satz 2 PartG nur einer Art Bereicherungshaftung unterliegt, wird die zur Begründung des Untreueschadens dienende Sanktion des § 31c PartG nachträglich zur Disposition des Täters gestellt.

Postgeheimnisbruch (Unterdrückung von Postsendungen, § 354 Abs. 2 Nr. 2; BGH LM § 350 Nr. 4; RGSt **72** 193, 194f). **267**

Rechtsbeugung (§ 336; BGHSt **35** 224 mit im Erg. zust. Anm.v. *Otto* JZ **1988** 883); falsch, weil der Richter entweder zur Streitentscheidung (dann § 336) oder zur Interessenwahrnehmung (dann § 266) verpflichtet ist.

Steuerhinterziehung (§ 370 AO).[916]

Unterschlagung (§ 246).[917] Wenn die auf eine fremde Sache bezogene Untreuehandlung bereits in der Absicht rechtswidriger Zueignung dieser Sache erfolgt, so tritt § 246 Abs. 1 aufgrund seiner Subsidiaritätsklausel zurück.[918] Im Verhältnis zur veruntreuenden Unterschlagung (§ 246 Abs. 2) droht § 266 jedoch keine höhere Strafe an, so dass diese Klausel nicht greift; nach h.M. soll aber § 246 Abs. 2 nach „allgemeinen Grundsätzen" zurücktreten, wobei auch auf die frühere Rspr. Bezug genommen wird, die von einer stillschweigenden Subsidiarität des § 246 a.F. ausging.[919] Richtigerweise ist aber der auf **268**

---

914 *Saliger*, Parteiengesetz und Strafrecht, S. 664f, dem sich alle anderen ohne eigene Argumente angeschlossen haben.

915 Die maßgebliche Passage in der Begründung des Gesetzesentwurfs lautet: „Die Vorgänge um die Finanzen einiger Parteien und die Aufarbeitung der hiermit verbundenen Straftaten durch die Staatsanwaltschaften und die Gerichte haben deutlich gemacht, dass es für unerlaubte Handlungen im Rahmen des Parteienfinanzierungsrechts **spezielle Strafnormen** geben muss, die **spezifische Strafen für die Täter** vorsehen müssen. Mithilfe des allgemeinen Strafrechts war eine der Bedeutung der Vorgänge angemessene Aufklärung nicht möglich. Der neu eingeführte Paragraph 31 d schließt diese Lücke." (BT-Dr **14**/8778 S. 17, Hervorhebung vom Verf.).

916 BGHSt **5** 61, 62, 64, 66 zu § 396 RAbgO a.F.; BGH LM Nr. 22; BGH StV **1996** 432; BGH NJW **2007** 2864.

917 Zur Rechtslage nach § 246 a.F., d.h. bis 31.3.1998, s. LK[11]/*Schünemann* Rdn. 169.

918 *Sch/Schröder/Perron* Rdn. 55; *Lackner/Kühl* Rdn. 23.

919 *Sch/Schröder/Perron* Rdn. 55; *Lackner/Kühl* Rdn. 23; BGHSt – GrS – **14** 38, 46f; BGH wistra **1991** 213, 214; **and.** OLG Koblenz GA **1975** 122, 123; *Schröder* NJW **1963** 1960, die zur Ausschöpfung des Unrechtsgehalts im Einklang mit der früheren Rechtsprechung RGSt **69** 58, 63; **71** 106, 108; **73** 212, 215f. Idealkonkurrenz von § 266 und § 246 a.F. annahmen.

diese Situation exakt zugeschnittene Tatbestand des § 246 Abs. 2 als lex specialis zu § 266 anzusehen. Fasst der Täter dagegen den Zueignungsvorsatz erst nach vollendeter Untreue, so besteht Realkonkurrenz mit Unterschlagung.[920] Wiederholte Betätigungen der Absicht, die fremde Sache unter dauerndem Ausschluss des Eigentümers für eigene Zwecke zu benutzen, erfüllen nicht den Unterschlagungstatbestand, weil Zueignung im Sinne des § 246 die erstmalige Begründung der Sachherrschaft bzw. des Eigenbesitzes meint.[921]

Urkundenfälschung (§ 267).[922] Jedoch besteht Tatmehrheit, wenn auf eine vollendete Untreue die Urkundenfälschung mit neuem Vorsatz folgt (RG LZ **1915** 1026).

Urkundenunterdrückung (§ 274 Abs. 1 Nr. 1; BGH LM § 350 Nr. 4).

269 **Verwahrungsbruch** (im Amt; § 133 Abs. 3);[923] mit

Vorenthalten und Veruntreuen von Arbeitsentgelt (§ 266a), einem „untreueähnlichen" Delikt[924] bzw. einem „Tatbestand im Grenzbereich von Untreue und Betrug",[925] kommt eine Konkurrenz nur in Betracht, falls man § 266a als einen Sonderfall zu § 266 ansieht; in diesem Fall müsste Spezialität des § 266a angenommen werden.[926] Wenn man dagegen mit der h.M. ein für § 266 ausreichendes Treueverhältnis zwischen dem Arbeitgeber und dem Arbeitnehmer verneint,[927] so erfasst § 266a ein von § 266 straflos gelassenes Verhalten, so dass es aus tatsächlichen Gründen nicht zu einer Konkurrenz kommen kann.

270 **2.** Nicht auf der Konkurrenz-, sondern auf der Tatbestandsebene bestimmte sich nach der jahrzehntelangen Rechtsprechung das Verhältnis zu den **Insolvenzstraftaten**, speziell zum **Bankrott** (§§ 283 ff).[928] Denn die Organe einer juristischen Person und die

---

920 *Lackner/Kühl* Rdn. 23; *Lenckner* JZ **1973** 796, 2 a.E.; *Sch/Schröder/Perron* Rdn. 55; **aA** BGH GA **1955** 271, 272; RGSt **69** 58, 64; *Fischer* Rdn. 195: Idealkonkurrenz.

921 BGHSt – GrS – **14** 38, 45; *Schünemann* JuS **1968** 117 f; **and.** OLG Stuttgart NJW **1973** 1385, 1386; *Bockelmann* JZ **1960** 623 ff; *Baumann* NJW **1961** 1143; *Lenckner* JZ **1973** 796, die den Unterschlagungstatbestand für erfüllt halten und lediglich unter dem Gesichtspunkt der straflosen Nachtat zurücktreten lassen. S. auch *Vogel* LK § 246 Rdn. 50 ff m.w.N.

922 BGHSt **18** 312, 313; RGSt **72** 193, 195; OLG Köln NJW **1963** 1992, 1994; *Blei* BT § 65 VII; *Fischer* Rdn. 195; § 267 Rdn. 59; *Lackner/Kühl* Rdn. 23; *Sch/Schröder/Perron* Rdn. 54.

923 BGHSt **5** 295, 296; BGH NJW **1953** 1924; RGSt **73** 6, 8 je zu § 348 Abs. 2 a.F.

924 *Gribbohm* LK[11] § 266a Rdn. 11.

925 *Sch/Schröder/Perron* § 266a Rdn. 2.

926 So auch *Fischer* § 266a Rdn. 37.

927 *Gribbohm* LK[11] § 266a Rdn. 2.

928 **Schrifttum:** *Arloth* Zur Abgrenzung von Untreue und Bankrott bei der GmbH, NStZ **1990** 570; *Bittmann* Das Ende der Interessentheorie – Folgen auch für § 266 StGB?, wistra **2010** 8; *Brand* Untreue und Bankrott in der KG und GmbH & Co KG pp. (2010); *ders.* Abschied von der Interessentheorie – und was nun? NStZ **2010** 9; *Dehne-Niemann* Ein Abgesang auf die Interessentheorie bei der Abgrenzung von Untreue und Bankrott, wistra **2009** 417; *Flum* Der strafrechtliche Schutz der GmbH gegen Schädigungen mit Zustimmung der Gesellschafter (1990); *Gössel* Anm. zu BGH, Urteil v. 6.11.1986 – 1 StR 327/86 (BGHSt 34, 221), JR **1988** 256; *Grub* Die insolvenzstrafrechtliche Verantwortlichkeit der Gesellschafter von Personenhandelsgesellschaften (1995); *Habenicht* Praktische Aspekte einer Neuausrichtung der strafrechtlichen Organ- und Vertreterhaftung (§ 14 StGB), JR **2011** 17; *Habetha* Bankrott und Untreue in der Unternehmenskrise, NZG **2012** 1134; *ders./Klatt* Die bankrottstrafrechtliche Organhaftung nach Aufgabe der Interessenformel, NStZ **2015** 671; *Herzberg* Die Verantwortung für Arbeitsschutz und Unfallverhütung im Betrieb (1984); *Kasiske* Strafbare Existenzgefährdung der GmbH und Gläubigerschutz, JR **2011** 235, 239 ff; *Labsch* Die Strafbarkeit des GmbH-Geschäftsführers im Konkurs der GmbH, wistra **1985** 59; *ders.* Einverständliche Schädigung des Gesellschaftsvermögens und Strafbarkeit des GmbH-Geschäftsführers – BGH NStZ 84 118, JuS **1985** 602; *Lampe* Unternehmensaushöhlung als Straftat, GA **1987** 241; *Leipold/Schaefer* Vermögensverschiebung des GmbH-Geschäftsführers in der Krise – Bankrott oder Untreue?, NZG **2009** 937; *Mohr* Bankrottdelikte und übertragende Sanierung (1993); *Momsen* Neue Akzente für den Untreuetatbestand – Der Fall „Bremer Vulkan" im Lichte der Abwendung der neueren

Beauftragten eines Betriebsinhabers sollten nach der lange Zeit in ständiger Rechtsprechung vertretenen **Interessentheorie** nur dann „als Organ" bzw. „aufgrund des Auftrages" handeln und damit gem. § 14 die auf den Gemeinschuldner zugeschnittenen Sonderdelikte der §§ 283 ff erfüllen können, wenn sie im Interesse des Gemeinschuldners (in der Praxis zumeist: der Aktiengesellschaft oder der GmbH als des Unternehmensinhabers bzw. sämtlicher Gesellschafter) handeln; wenn sie dagegen zum eigenen Vorteil und damit allein im eigenen Interesse Vermögensbestandteile beiseite schaffen, sollten sie ausschließlich den Untreuetatbestand erfüllen.[929] Das läuft für den Regelfall auf eine **Alternativität** von § 266 und § 283 und nur in seltenen Fällen auf die Annahme von Idealkonkurrenz hinaus, etwa wenn der Täter Vermögenswerte des Unternehmens durch ein und dieselbe Handlung teils für sich und teils für den Unternehmensinhaber beiseite schafft, also sowohl in dessen als auch im eigenen Interesse handelt (BGHSt **30** 127, 130); ferner wenn er mit Zustimmung und deshalb eo ipso im Interesse des Unternehmensinhabers handelt,[930] sein Handeln aber auch im Rahmen der Untreue pflichtwidrig bleibt, vor allem also, wenn bei einer GmbH mit Zustimmung oder sogar auf Anweisung aller Gesellschafter eine zur Unterschreitung des Stammkapitals führende Ausschüttung erfolgt (dazu näher Rdn. 313). Auch kriminalpolitisch ist die aus der Interessentheorie folgende Alternativität die richtige Lösung, denn wer ein Vermögensdelikt begeht, beeinträchtigt dadurch eo ipso latent die Befriedigungschancen der Gläubiger des Vermögensträgers, deren kumulativer Schutz deshalb überflüssig ist.

Im Gegensatz zur Interessentheorie steht die im neueren Schrifttum herrschende, 271
von *Lenckner* begründete **Funktionentheorie**, durch die der Bereich der Idealkonkurrenz zwischen Untreue und Bankrott erheblich erweitert wird. Für die Anwendung des § 14 und damit des § 283 soll es hiernach schon ausreichen, wenn das Handeln des Vertreters „seiner Art nach als Wahrnehmung der Angelegenheiten des Vertretenen" erscheint.[931] Das dehnt jedoch das Handeln für einen anderen gemäß § 14 über den vom Gesetzgeber gewollten Anwendungsbereich hinaus aus und ist auch aus kriminalpolitischen Gründen abzulehnen, weil die der Interessentheorie entsprechende Alternativität die Destinatäre des Strafrechtsschutzes – gegenüber Dritten der Vermögensinhaber, gegenüber diesem einschließlich der für ihn Handelnden dessen Gläubiger – adäquat bezeichnet. Zwar hatten in jüngster Zeit der 3. (NStZ **2009** 437) und dann der 1. StS des BGH (NStZ-RR **2009** 373)[932] in obiter dicta eine Abkehr von der Interessentheorie angedeutet, und der 3. StS hatte einen diesbezüglichen Anfragebeschluss gefasst (NZG **2011** 1311),

---

Rechtsprechung von der Interessentheorie, FS Schöch (2010) 567; *Pohl* Bankrott durch faktisches Vertreterhandeln, wistra **2013** 329; *Radtke* Die strafrechtliche Organ- und Vertreterhaftung (§ 14 StGB) vor der Neuausrichtung?, JR **2010** 233; *Schünemann* Unternehmenskriminalität und Strafrecht (1979); *Tiedemann* Die strafrechtliche Vertreter- und Unternehmenshaftung, NJW **1986** 1842; *ders.* LK Vor § 283 Rdn. 84 ff; *Weber* Anm. zu BGH, Urteil v. 6.11.1986 – 1 StR 327/86, StV **1988** 16; *Wehleit* Die Abgrenzung von Bankrott und Untreue, Diss. Kiel 1985; *Winkelbauer* Strafrechtlicher Gläubigerschutz im Konkurs der KG und der GmbH & Co KG, wistra **1986** 17; *ders.* Anm. zu BGH, Urteil v. 6.11.1986 – 1 StR 327/86 (BGHSt 34, 221), JR **1988** 33.

929 BGH GA **1963** 307; BGH NJW **1969** 1494; BGH bei Holtz MDR **1979** 457; BGHSt **28** 371; **30** 127; **34** 221; BGH JR **1988** 254; zust. *Schünemann* LK § 14 Rdn. 50 ff; *ders.* Unternehmenskriminalität und Strafrecht S. 152 f; im Kern auch *Flum* S. 138 ff.

930 BGHSt **34** 221, 223 f; BGHR § 266 Abs. 1 Konkurrenzen 1.

931 *Sch/Schröder/Lenckner*[25] § 14 Rdn. 26; zust. oder ähnlich *Sch/Schröder/Perron* § 14 Rdn. 26; *Arloth* NStZ **1990** 570 mit instruktiver Darstellung der Kontroverse; *Gössel* JR **1988** 256 ff; *Grub* S. 131 ff; *Herzberg* S. 91 ff; *Labsch* wistra **1985** 59 ff; *ders.* JuS **1985** 602, 607; *Lampe* GA **1987** 241, 251 ff; *Mohr* S. 62 ff; *Tiedemann* NJW **1986** 1844; *ders.* LK Vor § 283 Rdn. 84 ff (mit der Einschränkung der Interessenformel auf eine Indizwirkung); *Weber* StV **1988** 17 ff; *Wehleit* S. 62 ff; *Winkelbauer* wistra **1986** 19; *ders.* JR **1988** 34.

932 Dazu instruktiv und m. z.w.N. *Kasiske* JR **2011** 235, 239 ff, ferner *Radtke* JR **2010** 233; *Habenicht* JR **2011** 17.

aber ihr „schlagendstes" Argument (die angeblich unterschiedliche Behandlung von Einzelkaufleuten und Gesellschaftsorganen, BGH NStZ **2009** 439 Tz. 20) schlägt auf sie zurück: Der Einzelkaufmann ist ja auch nur maximal aus einem Delikt (§ 283 und niemals § 266) strafbar, so dass erst die intendierte Bestrafung des Organs sowohl aus § 266 als auch aus § 283 (wenn auch in Idealkonkurrenz) die Ungleichheit herstellen würde. Daran würde auch der dem BGH möglicherweise vorschwebende dogmatische Anschluss an das von *Radtke* (MK § 14 Rdn. 62ff; MK Vor § 283 Rdn. 57f) entwickelte sog. *Zurechnungsmodell* nichts ändern, sondern nur den zusätzlichen Kritikpunkt einer Ersetzung der genuin strafrechtlichen durch eine zivilistische Konstruktion begründen (dazu näher *Schünemann* LK § 14 Rdn. 11, 52). Solange der von *Kasiske* mit guten Gründen geforderte Vorrang des § 283 auch bei existenzgefährdenden Eingriffen in das Gesellschaftsvermögen (JR **2011** 241f, dazu näher u. Rdn. 313) vom BGH nicht akzeptiert ist, durfte deshalb die Interessentheorie nicht aufgegeben werden. Gleichwohl hat nunmehr genau dies der BGH getan,[933] ohne in der Sache neue Argumente vorzubringen. Was dabei völlig unberücksichtigt geblieben ist, ist das in der Untreueentscheidung des BVerfG dekretierte *Präzisierungsgebot* und das aus ihm abzuleitende Verbot, unter Aufgabe einer jahrzehntelangen Rechtsprechung den Strafbarkeitsbereich auszudehnen (o. Rdn. 25, 39). Zu den dadurch aufgeworfenen neuen Problemen s. *Habetha, Habetha/Klatt* und *Pohl* (Fn. 928). Konsequenz ist laut BGH die Annahme von **Idealkonkurrenz** zwischen Untreue und Bankrott, doch wird im Schrifttum nunmehr mit beachtlichen Gründen erst recht eine Verneinung der Untreue vermöge der strengen Gesellschaftertheorie (u. Rdn. 313) propagiert (*Seier* Rdn. 332f; *Trüg* NStZ **2013** 717).

272 **3.** Die Rechtsfigur des **Fortsetzungszusammenhanges** spielte bis zu der grundsätzlichen Absage in BGHSt – GrS – **40** 138 bei der Untreue eine erhebliche Rolle (eingehende Darstellung bei *Hübner* LK[10] Rdn. 111). Mittlerweile hat die Rechtsprechung auch speziell für § 266 die Möglichkeit einer fortgesetzten Tat ausgeschlossen.[934] Daraus ergeben sich jedoch für drei spezifische Konstellationen erhebliche Probleme: Wenn einerseits ein Gesamtschaden und andererseits verschiedene Einzelhandlungen feststehen, eine Verteilung von Schadensteilen auf einzelne Handlungen aber nicht möglich ist, soll nach dem Grundsatz in dubio pro reo angenommen werden, dass der Gesamtschaden durch eine Handlung verursacht worden ist.[935] Wenn die Strafverfolgung auch nur wegen einer einzelnen dieser Handlungen verjährt wäre, soll allenfalls die Möglichkeit bestehen, auf eine spätere Verschleierungshandlung in unverjährter Zeit zurückzugreifen, die zwar an sich eine straflose Nachtat ist, mit Verjährungseintritt der vorangegangenen Untreue aber strafbar werden soll.[936] Unklar bleibt schließlich, wie das Verhältnis zwischen einer Untreuehandlung, die zunächst zu einer schädigenden Vermögensgefährdung führt, und der anschließenden Herbeiführung des vollen Substanzschadens zu beurteilen ist. Es spricht deshalb viel dafür, dass durch die radikale Verabschiedung der Rechtsfigur der fortgesetzten Tat das Kind mit dem Bade ausgeschüttet worden ist und dass jedenfalls bei der **vom Rechtsgut her zu begründenden Handlungseinheit**, die über einen sich stufenweise intensivierenden Vermögensnachteil hergestellt wird, an der

---

933 BGHSt **57** 229; StV **2017** 79.

934 BGH wistra **1995** 144, 146; Beispiele bei *Bittmann/Dreier* NStZ **1995** 108; BayObLG NJW **1996** 268, 271; OLG München NJW **1994** 3113.

935 BGH NStZ **1994** 586; krit. *Sch/Schröder/Stree/Sternberg-Lieben* Vor § 52 Rdn. 33 m.w.N.

936 BGH NStZ **1994** 586; allg. BGHSt **38** 366, 368f; *Rissing-van Saan* LK Vor § 52 Rdn. 163f; zur Kritik *Sch/Schröder/Stree/Sternberg-Lieben* Vor § 52 Rdn. 136 m.w.N.

Figur einer einzigen fortgesetzten Handlung festgehalten werden sollte.[937] Zur bloßen Schadensvertiefung als **mitbestrafte Nachtat** s. BGH NStZ **2011** 160.

§ 10 Strafzumessung, Nebenstrafrecht, Verfahrensrecht

I. Die Strafe

1. Die **Regelstrafe** war ursprünglich Gefängnis; als Nebenstrafe war die Aberkennung der bürgerlichen Ehrenrechte zulässig. Bei Vorteilsuntreue konnte nach dem damaligen Abs. 2 zusätzlich Geldstrafe ausgesprochen werden. Das Gesetz v. 26.5.1933 machte sie obligatorisch. Das 1. StrRG (Entstehungsgeschichte Absatz 4 Nr. 2) hatte es bei diesen Strafdrohungen unter Umwandlung der Gefängnisstrafe in die Einheits-Freiheitsstrafe belassen; jedoch strich es die Strafe des Ehrverlustes. Die gegenwärtige Strafdrohung, Freiheitsstrafe bis zu 5 Jahren *oder* Geldstrafe, beruht auf dem EGStGB (zu den dabei anfallenden interpretatorischen Finessen *Hübner* LK[10] Rdn. 112). Geldstrafe neben Freiheitsstrafe ist seitdem nur unter den Voraussetzungen des § 41 zulässig. Ab einer Freiheitsstrafe von 1 Jahr kann der Verurteilte fünf Jahre lang nicht zum GmbH-Geschäftsführer bestellt werden (§ 6 II Nr. 3e GmbHG). 273

Grundsätze der **Strafzumessung**: § 46. Besondere Strafmilderungsgründe: BGHSt **8** 254, 260; bedingter Vorsatz und bloße Vermögensgefährdung können strafermäßigend wirken (BGH 1 StR 87/53 v. 8.5.1953); desgleichen die nachträgliche Zustimmung des Geschädigten. Wegen der Gesamtstrafenbildung bei mehreren tatmehrheitlich zusammentreffenden Taten s. *Rissing-van Saan* LK § 53 Rdn. 10 ff. Die Schuldhöhe ist auch vom Ausmaß des Schadens abhängig, so dass dieses festgestellt werden muss (ebenso *Saliger* SSW Rdn. 110; *Dierlamm* MK Rdn. 256; nach BVerfGE **126** 170, 228 f bereits für den Schuldspruch erforderlich). Dabei soll der endgültige „Erfüllungsschaden" maßgeblich sein, wenn sich der ursprüngliche Gefährdungsschaden dazu „materialisiert" hat (BGHSt **61** 48, 74 m.w.N. – Nürburgring). 274

2. Den **besonders schweren Fall** der Untreue hatte die Novelle v. 26.5.1933 eingeführt. Ihre Strafandrohung von Zuchthaus bis zu 10 Jahren an Stelle von Gefängnis hat das 1. StrRG in Freiheitsstrafe gleichen Höchstmaßes umgewandelt. Das EGStGB hat es dabei belassen. Siehe auch die Entstehungsgeschichte Rdn. 8. Da es sich bei dem besonders schweren Fall um einen allgemeinen Strafzumessungsgrund handelt,[938] wird die Untreue durch ihn nicht zum Verbrechen.[939] Dies ist von Bedeutung z.B. für die Straflosigkeit des Versuchs (Rdn. 260). 275

a) Zum **Begriff** des besonders schweren Falles allgemein BGHSt **5** 124, 130; BGH NJW **1953** 1480, 1481; *Jescheck/Weigend* § 26 V; *Lackner/Kühl* § 46 Rdn. 7; *Sch/Schröder/Stree/Kinzig* Vorb. §§ 38 ff Rdn. 47. Danach liegt ein besonders schwerer Fall (nur) vor, wenn die Tat nach ihrem gesamten Tatbild die erfahrungsgemäß vorkommenden und deshalb vom Gesetzgeber bereits bedachten Fälle an Strafwürdigkeit so weit übertrifft, dass der 276

937 Ebenso *Sch/Schröder/Stree*[25] Vor § 52 Rdn. 31; im Ergebnis ähnlich BGHR § 266 Abs. 1 Konkurrenzen 2; für die Lösung über die Rechtsfigur der materiellen Beendigung und Verjährungsbeginn erst mit der letzten Beendigungshandlung BayObLG NJW **1996** 268, 271; zur Annahme einer natürlichen Handlungseinheit BGH wistra **2010** 345; **2015** 269; **2016** 152.

938 Vgl. BGHSt **26** 104, 105; BGHSt **18** 66, 68.

939 § 12 Abs. 3; *Hilgendorf* LK § 12 Rdn. 17 ff; so schon zur früheren Rechtslage BGHSt **2** 181; BGHSt **3** 47, 48.

ordentliche Strafrahmen nicht mehr ausreicht.[940] Die in dem Gesetz v. 26.5.1933 angeführten Beispiele besonders schwerer Fälle hatte das 3. StrÄG zwar gestrichen (Entstehungsgeschichte Abs. 4 Nr. 1); immerhin boten sie weiterhin einen gewissen Anhalt. So sah BGH 4 StR 175/75 v. 28.8.1975 bei *Dallinger* MDR **1976** 16 einen besonders schweren Fall bei außerordentlich hohem Vermögensschaden, bei außergewöhnlicher Stärke und Hartnäckigkeit verbrecherischen Willens oder bei besonderer Gefährlichkeit der angewendeten Mittel als gegeben an (ebenso BGH 1 StR 582/76 v. 19.10. 1976).

277 **b)** Durch das 6. StrRG hat der Gesetzgeber die sog. **Regelbeispielstechnik** übernommen, die erstmals durch das 1. StrRG in § 243 eingeführt worden und in dogmatischer Hinsicht nach wie vor sehr umstritten ist.[941] Bei § 266 Abs. 2 kommt die zusätzliche Problematik hinzu, dass der Gesetzgeber in wenig glücklicher Weise einfach auf die Regelbeispiele des § 263 Abs. 3 verwiesen hat, die aber für die Untreue weitgehend deplaziert sind. § 263 Abs. 3 lautet:

> *(3) In besonders schweren Fällen ist die Strafe Freiheitsstrafe von sechs Monaten bis zu zehn Jahren. Ein besonders schwerer Fall liegt in der Regel vor, wenn der Täter*
> 1. *gewerbsmäßig oder als Mitglied einer Bande handelt, die sich zur fortgesetzten Begehung von Urkundenfälschung oder Betrug verbunden hat,*
> 2. *einen Vermögensverlust großen Ausmaßes herbeiführt oder in der Absicht handelt, durch die fortgesetzte Begehung von Betrug eine große Zahl von Menschen in die Gefahr des Verlustes von Vermögenswerten zu bringen,*
> 3. *eine andere Person in wirtschaftliche Not bringt,*
> 4. *seine Befugnisse oder seine Stellung als Amtsträger missbraucht oder*
> 5. *einen Versicherungsfall vortäuscht, nachdem er oder ein anderer zu diesem Zweck eine Sache von bedeutendem Wert in Brand gesetzt oder durch eine Brandlegung ganz oder teilweise zerstört oder ein Schiff zum Sinken oder Stranden gebracht hat.*

278 **c)** Von diesen Regelbeispielen, die gemäß § 266 Abs. 2 n.F. bei der Untreue „entsprechend gelten", passt Nr. 1 deshalb schlecht, weil ein gewerbsmäßiges oder bandenmäßiges Handeln zur fortgesetzten Begehung für die Untreue ebenso atypisch[942] ist wie die (nur für den Betrug einen Sinn ergebende) Kombination mit der Urkundenfälschung. Vom Regelbeispiel Nr. 2 macht bei § 266 nur der „Vermögensverlust großen Ausmaßes" einen Sinn (während die Absicht, durch „die fortgesetzte Begehung eine große Zahl von Menschen in die Gefahr des Verlustes von Vermögenswerten zu bringen", wegen des in der Regel höchstpersönlichen Rechtsverhältnisses zwischen Geschäftsherrn und Treupflichtigem bei § 266 kaum praktisch wird). Dabei soll der Begriff des „Verlusts" enger als der des Vermögensschadens bzw. -nachteils zu verstehen sein und bei einem bloßen *Gefährdungsschaden* (dazu o. Rdn. 177 ff) grundsätzlich nicht erfüllt sein, sondern erst in Frage kommen, wenn der Geschädigte seine eigene Leistung voll erbracht hat (BGHSt **48** 354).[943] Umstritten ist, ob die für den Betrug vom 1. StS gegebene numerische Definition des „großen Ausmaßes", das ab einem Wert von 50.000 € gegeben sein soll (BGHSt **48**

---

940 BGHR § 266 Abs. 2 Gesamtwürdigung 1, 2.

941 *Vogel* LK § 243 Rdn. 2 ff; *Sch/Schröder/Eser/Bosch* § 243 Rdn. 1 ff; *Calliess* NJW **1998** 929; *Hirsch* FS Gössel (2002) 287 ff; *Eisele* Die Regelbeispielmethode im Strafrecht (2004) S. 191 ff, 383 ff.

942 Vgl. allerdings BGH wistra **2002** 63; NStZ-RR **2003** 297. Bei der Gewerbsmäßigkeit rügt *Dierlamm* MK Rdn. 301 einen Verstoß gegen das Doppelverwertungsverbot.

943 Zust. *Maurach/Schroeder/Maiwald* BT 1 Rdn. 57; *Krüger* wistra **2004** 146 f; *Lang/Eichhorn* NStZ **2004** 530; *Rotsch* ZStW **117** (2005), 596 (mit Änderungsvorschlag de lege ferenda); krit. *Hannich/Röhn* NJW **2004** 2064.

360), ohne Weiteres auch für § 266 gelten soll (vom BGH offen gelassen auf S. 364). Dies wird teilweise mit der Erwägung bestritten, dass bereits die nach der polizeilichen Kriminalstatistik durchschnittliche Schadenssumme fast 100.000 € erreiche, so dass ein Schaden erst ab einer höheren Summe das für die Annahme eines besonders schweren Falles erforderliche Gewicht erreiche.[944] Demgegenüber ist aber auf die eingeschränkte Repräsentativität des statistisch erfassten Befundes hinzuweisen; wegen des großen Dunkelfeldes liegt es nahe, dass die registrierten Fälle bereits überdurchschnittlich schwer sind. Dennoch wird die vom BGH vorgenommene „Herabzonung" der besonders schweren Fälle der heutigen gesellschaftlichen Wirklichkeit mit in Milliardenbeträge hineinreichenden Schäden (Beispiele o. Fn. 21) nicht gerecht.[945]

d) Von den weiteren drei Regelbeispielen passt nur Nr. 3, während das Regelbeispiel 279
der Nr. 4 aus Rechtsgründen bei § 266 äußerst dubios ist, weil die Stellung als Amtsträger in der Regel überhaupt erst die Täterqualifikation (kraft „behördlichen Auftrags") begründet, so dass Nr. 4 letztlich auf eine Verletzung des **Doppelverwertungsverbotes** (§ 46 Abs. 3) hinausläuft.[946] Nr. 5 ist schließlich auf § 266 überhaupt nicht anwendbar, weil die darin geforderte „Vortäuschung" Tathandlung des Betruges, nicht aber der Untreue ist.

e) Die Verweisung in § 266 Abs. 2 auf § 263 Abs. 3 stellt deshalb eine kapitale **Fehl-** 280
leistung des Gesetzgebers dar, die man mit guten Gründen wegen offensichtlicher Unvernunft für rechtsstaatswidrig und somit nichtig erklären könnte.[947] Es ist hier deshalb besonders wichtig, dass der Richter bei der Regelbeispielstechnik nicht gehindert ist, einen besonders schweren Fall abzulehnen, obwohl ein Regelbeispiel verwirklicht ist.[948] Noch wichtiger ist, dass es auch bei der Regelbeispielstechnik **unbenannte besonders schwere Fälle** gibt,[949] deren Voraussetzungen schon vorstehend charakterisiert worden sind.

f) Die Annahme eines besonders schweren Falles ist nicht an täterschaftliche Un- 281
treue gebunden; sie ist ebenso bei der Teilnahme, auch bei der Beihilfe möglich (BGH 3 StR 178/56 v. 27.9.1956); denn die Frage ist für jeden Tatgenossen besonders zu prüfen.[950] Die Prüfung betrifft die **Strafzumessung** und unterliegt deshalb nur einer eingeschränkten revisionsrechtlichen Überprüfung auf Rechtsfehler.[951]

g) Nach Abs. 2 gilt § 243 Abs. 2 entsprechend. Demgemäß ist ein **besonders schwe-** 282
rer Fall ausgeschlossen, wenn die ungetreue Tat sich auf eine **geringwertige Sache**

944 *Saliger* SSW Rdn. 112; *Seier* Rdn. 37; *Dierlamm* MK Rdn. 302, der darüber hinaus die Vorschrift wegen ihrer Unbestimmtheit für verfassungswidrig hält; krit. auch *Hoyer* SK Rdn. 126; *Golombek/v. Tippelskirch* NStZ **2004** 532; dem BGH zust. aber *Beukelmann* HK-GS Rdn. 47 unter Hinweis darauf, dass laut PKS 2008 nur in 12,7% der Fälle ein Schaden über 50.000 € eingetreten sei.

945 Vgl. auch die Kritik von *Schünemann* FS Mehle S. 613, 616 ff zur entspr. Grenzziehung bei § 370 AO.

946 Zust. *Saliger* SSW Rdn. 112; *Hoyer* SK Rdn. 127; *Sch/Schröder/Perron* Rdn. 53; *Beukelmann* HK-GS Rdn. 46; *Dierlamm* MK Rdn. 304; *Esser* AnwK Rdn. 253; *Wittig* in v. Heintschel-Heinegg Rdn. 59; *Fischer*, Rdn. 189, der bemerkt, dadurch werde die Amtsuntreue zur Quasi-Qualifikation erhoben; **and.** aber die Rspr., BGH NStZ **2000** 592 = StV **2001** 110, nur scheinbar abw. BGH 3 StR 68/04 (NStZ **2004** 559).

947 Krit. auch *Saliger* SSW Rdn. 111; *Sch/Schröder/Perron* Rdn. 53; *Dierlamm* MK Rdn. 300; *Hoyer* SK Rdn. 124.

948 BGHSt **23** 254, 257; **29** 319, 322 m. Anm. *Bruns* JR **1981** 324; **33** 370, 375; *Vogel* LK § 243 Rdn. 8; *Sch/Schröder/Eser/Bosch* § 243 Rdn. 1.

949 BGHSt **23** 254, 257; **29** 319, 322; auf deren Bedeutung im vorliegenden Zusammenhang verweist *Sch/Schröder/Perron* Rdn. 53.

950 BGH 1 StR 201/57 v. 7.6.1957; RGSt **69** 164, 170.

951 RGSt **69** 164, 169; uneinheitlich zur „Kontrolldichte" BGH NStZ **1982** 464 einerseits, 465 und BGH StV **1988** 253 andererseits; s. ferner BGHSt **29** 319, 322 ff; **33** 370, 375; BGH NStZ-RR **2003** 297.

bezieht. Bei der vorgeschriebenen entsprechenden Anwendung ergibt sich aus der Struktur der Untreue als einer allgemeinen Vermögensstraftat weiter, dass auch dann keine besondere Schwere des Falles gegeben ist, wenn der in dem zu betreuenden Vermögen durch die Tat angerichtete Schaden andere Vermögenswerte als Sachen betrifft und ein geringes Maß nicht überschreitet (*Bockelmann* BT/1 § 18 VII; *Dreher* FS Welzel S. 929 – unstr.; vgl. auch BGHSt **5** 263, 265ff).

II. Nebenstrafrechtliche Sondervorschriften

283 **1. Depotunterschlagung.**[952] Die in gesetzlicher Überschrift, aber – da es sich um keinen Unterschlagungstatbestand handelt – missverständlich so genannte Vorschrift des § 34 DepotG bedroht mit Freiheitsstrafe bis zu 5 Jahren oder mit Geldstrafe einen **Kaufmann**, der über ihm zur Verwahrung oder zum Pfand anvertraute, von ihm als Kommissionär für den Kommittenten oder als Eigenhändler (§ 31) für den Kunden in Besitz gehaltene Wertpapiere i.S. des § 1 Abs. 1, über einen Sammelbestand solcher Wertpapiere oder über einen Anteil daran – eigenen oder fremden Vorteils wegen – rechtswidrig verfügt oder den Sammelbestand oder Anteil pflichtwidrig (§ 6 Abs. 2) verringert. Die Bestimmung gilt „abgesehen von den Fällen der §§ 246, 266 StGB“, greift also nur dann ein, wenn nicht ohnehin der Tatbestand des § 266 (§ 246) gegeben ist, und ist also **subsidiär.**[953]

284 **2. Sozialversicherungsuntreue:** Die früher in reicher Zahl existierenden Straftatbestände des Nebenstrafrechts über untreueähnliche Delikte bei der Abführung von **Sozialversicherungsbeiträgen**[954] sind durch das 2. WiKG ausnahmslos aufgehoben und durch **§ 266a** ersetzt worden.

285 **3. Zu früheren Sondervorschriften** siehe die Übersicht bei *Hübner* LK[10] Rdn. 116.

III. Verfahrensrechtliches

286 **1.** Ein **Strafantrag** ist nach Abs. 2 i.V.m. §§ 247, 248a Voraussetzung der Strafverfolgung, wenn durch die Tat ein **Angehöriger** (§ 11 Abs. 1 Nr. 1), der Vormund oder der Betreuer verletzt, d.h. in seinem Vermögen geschädigt ist; wenn der Verletzte – das ist hier auch der in keinem näheren Verhältnis (als Angehöriger oder Vormund) zum Täter Stehende – mit dem Täter in häuslicher Gemeinschaft lebt; oder wenn die ungetreue Handlung in dem zu betreuenden Vermögen nur geringen Schaden verursacht hat (Rdn. 282). In dem letztgenannten Fall wird die Tat, ohne Rücksicht auf einen wirksamen Strafantrag, von Amts wegen verfolgt, wenn die Staatsanwaltschaft dies aus besonderem öffentlichen Interesse für geboten hält.

---

952 Ges. über die Verwahrung und Anschaffung von Wertpapieren, neugefasst 11.1.1995, BGBl. I 34. **Schrifttum:** *Fichtner* Die börsen- und depotrechtlichen Strafvorschriften und ihr Verhältnis zu dem Eigentums- und Vermögensdelikten des StGB, Tübinger jur. Diss. (1993); *Heinsius/Horn/Than* Depotgesetz (1975), zit. *Heinsius*; *Lisnik* Depotgesetz und Bestimmungen über die Depotprüfung (1939); *Luetgebrune* Die Straftatbestände des Depotgesetzes und die neuere Rechtsprechung des Reichsgerichts, JW **1931** 3049; *Opitz* Depotgesetz[2] (1955); *Otto* Bankentätigkeit und Strafrecht (1983) S. 28 ff; *Quassowski/Schröder* Bankdepotgesetz (1937); *Riecke* Bankdepotgesetz (1937); *Riesser/Bernstein* Das Bankdepotgesetz[5] (1928); *Tiedemann/Cosson* Straftaten und Strafrecht im deutschen und französischen Bank- und Kreditwesen (1973); *Bröker* MK Bd. 6 § 34 DepotG; *Wehowsky* in: Erbs/Kohlhaas § 34 DepotG (182. Lfg. 2010). – Siehe auch *Weber* FS Dreher S. 567.

953 Allg.M., z.B. *Heinsius* Rdn. 1, 3; *Otto* Bankentätigkeit S. 28; *Wehowsky* Rdn. 1.

954 Übersicht bei *Hübner* LK[10] Rdn. 115.

Das Antragserfordernis galt nach der ursprünglichen systematischen Stellung in Abs. 3 auch bei Untreue in einem besonders schweren Falle,[955] was in Ermangelung eines abweichenden Regelungswillens im 6. StrRG weiterhin gilt. Allerdings kommen hierfür allein die Fälle des § 247 in Betracht; bei geringem Schaden (§ 248a) ist ein besonders schwerer Fall ausgeschlossen (§ 266 Abs. 2, § 243 Abs. 2). Ist kein Antrag nach § 247 gestellt, so wirkt dies zwar zugunsten der durch das besondere persönliche Verhältnis privilegierten Tatbeteiligten, hindert jedoch nicht die Strafverfolgung anderer Tatteilnehmer.[956] Schädigt eine einheitliche Tat das Vermögen eines Angehörigen (des Vormunds, eines Hausgenossen) und zugleich einer anderen, beziehungslosen Person, so ist die Tat von Amts wegen nur insoweit verfolgbar, als sie die beziehungslose Person betrifft, im Übrigen nur, wenn der Verletzte Strafantrag gestellt hat. Zur Strafverfolgung ungetreuen Verhaltens, durch das eine GmbH geschädigt wird, deren Geschäftsanteile sich in der Hand Familienangehöriger des Täters befinden, bedarf es nach der neueren Rspr. grundsätzlich ebenfalls eines Strafantrags (BGH NStZ-RR **2005** 86; ferner BGH NJW **2003** 2924, 2926; NStZ-RR **2004** 111 für eine nichteheliche Lebensgemeinschaft), aber nur im Rahmen von deren Verfügungsbefugnis; für den Fall einer konkreten Existenzgefährdung der GmbH (dazu u. Rdn. 313) entfällt deshalb das Antragserfordernis (so bereits BGH NStZ-RR **2005** 86; bestätigt in BGH NStZ-RR **2007** 79; krit. *Bittmann/Richter* wistra **2005** 53). 287

Im Übrigen, insbesondere zu den einzelnen Begriffen (Angehöriger, Verletzter, häusliche Gemeinschaft, Geringwertigkeit) siehe näher bei den Ursprungsvorschriften (§§ 11, 243, 247, 248a); dort auch zum Erfordernis des Strafantrags und zum Irrtum hierüber, ferner bei §§ 77 ff; zum öffentlichen Interesse an der Strafverfolgung bei § 230. Zum Beginn der **Verjährung** o. Rdn. 261. 288

2. Wahlfeststellung. Die Rechtsprechung hält eine Verurteilung auf wahldeutiger Grundlage für 289

zulässig: zwischen Untreue und Unterschlagung – Veruntreuung –;[957] ferner zwischen Untreue und Betrug.[958]

unzulässig: zwischen Untreue und Hehlerei (BGHSt **15** 266, 267); zwischen Untreue und Diebstahl (BGHSt **25** 182, 186).

3. Der Begriff des durch eine Untreue **Verletzten** wurde früher für die mittlerweile aufgehobene Vereidigungsvorschrift des § 61 Nr. 2 StPO weit ausgelegt und schloss nach BGHSt **4** 202 bei der Untreue zum Nachteil einer GmbH auch deren Gesellschafter ein (nicht den Geschäftsführer: BGH StV **1988** 55), bei der Untreue des Vorstands einer AG auch die Aktionäre. Genau entgegengesetzt wird für die Stellung eines Klageerzwingungsantrages gem. §§ 172 ff StPO der Begriff des Verletzten überaus restriktiv interpretiert: Nach OLG Braunschweig MDR **1971** 1028 ist ein Verband zur Förderung gewerblicher Interessen nach § 13 Abs. 1 UWG durch Untreue z.N. eines seiner Mitglieder nicht verletzt, und auch bei einer gegen eine Kapitalgesellschaft begangenen Untreue soll nur die Gesellschaft selbst und nicht der einzelne Gesellschafter Verletzter sein (OLG Celle NJW **2007** 1223; OLG Stuttgart NJW **2001** 840; OLG Braunschweig wistra **1993** 31 m. krit. Bespr. *Zielinski* wistra **1993** 6; vgl. auch OLG Brandenburg NJ **2008** 518; zutr. Kritik bei 290

955 Ebenso für den Betrug *Fischer* § 263 Rdn. 228.
956 BGH 1 StR 523/61 v. 23.1.1962; BGH NJW **2003** 3283, 3285; *Lackner/Kühl* § 247 Rdn. 3; *Sch/Schröder/Eser/Bosch* § 247 Rdn. 15; *Herzberg* ZStW **88** (1976) 88.
957 OLG Braunschweig JZ **1951** 235 m. zust. Anm. *Schönke*; auf Grund des Vorlagebeschlusses des 2. StS v. 2.11.2016 (2 StR 495/12) ist jetzt mit einer Grundsatzentscheidung des GrS zu rechnen.
958 BGHSt **23** 304, 306; BGH GA **1970** 24; OLG Hamburg JR **1958** 28 m. zust. Anm. *Nüse* aaO S. 29.

Tiedemann FS Mehle S. 625ff). Das bedeutet eine auffällige Diskrepanz zu der sonst weiten Auslegung des Verletztenbegriffs und zeitigt kriminalpolitisch äußerst missliche Konsequenzen, weil die Verfolgung von Schädigungshandlungen, hinter denen etwa die Gesellschaftermehrheit oder (bei der AG) eine Kollusion von Vorstand und Aufsichtsrat steht, dadurch der gerichtlichen Kontrolle entzogen wird (*Roxin/Schünemann* Strafverfahrensrecht § 41 Rdn. 6).

291 **4.** Wegen der **Hinweispflicht aus § 265 StPO** beim Wechsel zwischen dem Missbrauchs- und dem Treubruchtatbestand (oder umgekehrt) siehe Rdn. 31. Kein Hinweis ist nötig darauf, dass ein (unbenannter) besonders schwerer Fall angenommen werden könne.[959]

292 **5. Zuständigkeit** der Wirtschaftsstrafkammer § 74c Abs. 1 Nr. 6a) GVG i.d.F. des Art. 2 Nr. 7 StVÄG 1979 (BGBl. I **1978** 1645, 1651).

§ 11
Sonderformen: Amts-, Bank- und Gesellschaftsuntreue

I. Amts-, insbesondere Haushaltsuntreue

Schrifttum

Däke Strafen für Verschwender. Warum der Tatbestand der Amtsuntreue eingeführt werden muß, Die Steuerberatung **1994** 418; *Dippel* Ämzerpatronage durch politische Parteien, NordÖR **2009** 102; *Fabricius* Strafbarkeit der Untreue im Öffentlichen Dienst, NStZ **1993** 414; *Händel* Eigenmächtige Vermietung von Schulräumen, Verwaltungsrundschau **1978** 95; *Kiethe* Die Grenzen der strafrechtl. Verantwortlichkeit von Bürgermeistern, NStZ **2005** 529; *Kohlmann/Brauns* Zur strafrechtlichen Erfassung der Fehlleitung öffentlicher Mittel (1979); *Kuhn* Indemnität für ehrenamtliche Gemeinderatsmitglieder? BayVBl. **1989** 169; *Mansdörfer* Amtsuntreue bei kommunaler Verwaltungs- und Wirtschaftstätigkeit, DVBl. **2010** 479; *Munz* Haushaltsuntreue (2001); *Nettesheim* Können sich Gemeinderäte der „Untreue" schuldig machen? BayVBl. **1989** 161; *Neye* Die „Verschwendung" öffentlicher Mittel als strafbare Untreue, NStZ **1981** 369; *Neye* Untreue im öffentlichen Dienst (1981); *Ostendorf/Batschko* Von der Untreue der Regierenden, Recht und Politik **1988** 192; *Reck* Untreue im Rahmen der Veräußerung von Treuhandunternehmen bei mehreren Handlungsalternativen, wistra **1996** 127; *Schmidt-Hieber* Strafbarkeit der Ämterpatronage, NJW **1989** 558; *Schmidt-Hieber/Kiesswetter* Parteigeist und politischer Geist in der Justiz, NJW **1992** 1790; *Schultz* Amtsuntreue, MDR **1981** 372; *Schünemann* Haushaltsuntreue als dogmatisches und kriminalpolitisches Problem, StV **2003** 463; *ders.* Unverzichtbare Gesetzgebungsmaßnahmen zur Bekämpfung der Haushaltsuntreue und der Verschwendung öffentlicher Mittel (2012); *Soyka* Die „Goldfüller-Gier": Untreue zu Lasten der Bundesrepublik durch Abgeordnete des Deutschen Bundestags?, JA **2011** 566; *Steinert* Die Haushaltsuntreue nach der Schäch-Entscheidung des BVerfG, HRRS **2014** 58; *Stoffers* Untreue durch Zusage der Übernahme von Geldsanktionen und Verteidigungskosten, JR **2010** 239; *von Selle* Parlamentarisches Budgetrecht und Haushaltsuntreue in Zeiten „neuer Steuerungsmodel le", JZ **2008** 178; *Weber* Können sich Gemeinderatsmitglieder durch ihre Mitwirkung an Abstimmungen der Untreue (§ 266) schuldig machen? BayVBl. **1989** 166; *Wolf* Die Strafbarkeit der rechtswidrigen Verwendung öffentlicher Mittel, 1997.

293 1. Die *Täterqualifikation* ist bereits oben Rdn. 49, 75, 148f ausführlich behandelt worden, sie folgt vielfach aus Gesetz (nämlich der gesetzlichen Kompetenzregelung) oder auch aus behördlichem Auftrag, indem die eingeräumte Amtsstellung die Obhuts-

959 BGH LM StPO § 265 Nr. 17; allg. BGHSt **29** 274, 279f; *Schlothauer* StV **1986** 213, 221.

herrschaft über das Vermögen des Staates oder anderer öffentlich-rechtlicher Körperschaften, häufig auch eine formelle Verpflichtungs- oder Verfügungsmacht begründet. Die *Pflichtwidrigkeit* ergibt sich in vielen Fällen schon aus der formellen Missachtung der maßgeblichen Ansätze im Haushaltsplan, etwa wenn aus einem Haushaltstitel für Katastrophenhilfe Bundeswehrpanzer angeschafft werden. Das Hauptproblem liegt deshalb im *Vermögensschaden*. Unstr. ist, dass § 266 auch das öffentliche Vermögen schützt, so dass namentlich dann ohne weiteres eine Amtsuntreue vorliegt, wenn dieses für nicht öffentliche Zwecke verwendet wird, z.B. für die persönliche Bereicherung des Amtsträgers selbst.[960] Die spezifische Problematik der Haushaltsuntreue tritt dann auf, wenn der Täter die von ihm zu bewirtschaftenden Mittel zwar für die öffentliche Hand, aber unter Missachtung der haushaltsrechtlichen Festsetzungen verwendet, denn dann scheint das spezifische Unrecht auf den ersten Blick nicht in der *Schädigung* fiskalischer Interessen, sondern in der *Verfälschung des Staatswillens* zu liegen und deshalb nicht eigentlich das Vermögen als Rechtsgut des Untreuetatbestandes, sondern nur die *Haushaltshoheit* als Spezialfall einer Dispositionsbefugnis zu verletzen (s. auch *Schultz* MDR **1981** 372). Ob ein Beamter Mittel, die für die Katastrophenhilfe bestimmt sind, zum Ankauf eines von der Bundeswehr benötigten Panzers verwendet oder sie (weil für die Katastrophenhilfe nicht benötigt) nicht ausschöpft, scheint für den ökonomischen Saldo des Staates keinen Unterschied zu machen. In der auf eine reduktionistische Interpretation des Untreuetatbestandes festgelegten Literatur wird deshalb vielfach behauptet, dass der Schutz der Dispositionsfreiheit des Haushaltsgesetzgebers vom Strafgrund der Untreue nicht mehr gedeckt sei, weshalb keine Untreue vorliege, solange die verausgabten Mittel der öffentlichen Gesamtaufgabe des betreffenden Vermögensträgers dienten und deshalb materiell nicht zweckwidrig seien (dezidiert *Saliger* SSW Rdn. 96; *ders.* ZStW **112** [2000] 562, 591ff; *Dierlamm* MK Rdn. 219, 223; *Esser* AnwK Rdn. 205; *Rübenstahl/Wasserburg* NStZ **2004** 521). Aber das beruht auf der schon im Ansatz falschen Prämisse, bei § 266 müsse zur unerlaubten Schädigung des Geschäftsherrn durch den Treupflichtigen noch ein weiterer qualifizierter Unwert hinzukommen (dagegen oben Rdn. 111ff) und läuft abermals auf die Propagierung einer Klassenjustiz hinaus, weil ein nur für das Hantieren mit Sachen zuständiger, untergeordneter Mitarbeiter bei der Bestrafung wegen Diebstahls oder Veruntreuung nicht damit gehört würde, er habe doch nur anderweitige öffentliche Interessen wahrnehmen wollen (Beispiel: Ein Arbeiter im Kleiderlager der Bundeswehr verteilt die nach dem Rückzug aus Afghanistan nicht mehr benötigten Feldstiefel an sogenannte Hartz-IV-Empfänger). Dass es nicht um inhaltliche, sondern um rein kompetenzielle Fragen außerhalb des Schutzzwecks des § 266 gehen würde, trifft auch allenfalls für den fiskalischen Bereich zu. In dem riesigen Bereich der Transferzahlungen ohne marktkonforme Gegenleistung erleidet der Staat dagegen eo ipso Vermögenseinbußen, die ihm eben nur auf der Basis einer verfassungsmäßigen und rechtlich korrekten Willensbildung durch seine zuständigen Organe zugefügt werden dürfen. Das Problem lässt sich auch nicht über einen die persönlichen Verhältnisse berücksichtigenden „individuellen Schadenseinschlag" lösen, weil der Staat seine Mittel grundsätzlich für alle öffentlichen Aufgaben einsetzen kann, so dass die Übertragung dieser für private Vermögen entwickelten Rechtsfigur auf das Vermögen der öffentlichen Hand außerhalb des Fiskalbereiches fehl geht (dazu näher u. Rdn. 295). Während die ältere Rechtsprechung im Wesentlichen auf dieser Linie lag, wobei die Verfahren zumeist Beamte in unteren und mittleren Diensträngen betrafen, hat sie in neuerer Zeit, in der auch Amtsträger in Führungsposi-

---

960 BGHSt **13** 315f; **18** 312f; zur Zweckentfremdung der Mittel für politische Bildung zum Besuch einer Theateraufführung OLG Koblenz NJW **1999** 3277; zur Anschaffung von Goldfüllern durch Abgeordnete *Soyka* JA **2011** 566ff.

tionen bis hin zu Ministern angeklagt waren, eine weit großzügigere, aber im Einzelnen wechselhafte und teilweise widersprüchliche Linie verfolgt:

294 **2.** Die älteste Fallgruppe bildet in der Rechtsprechung die **Einrichtung und Führung schwarzer Kassen,**[961] wenn also ein Beamter staatliche Mittel aus dem amtlich kontrollierten Bereich in eine allein ihm zur Verfügung stehende Kasse überführt, um daraus von Fall zu Fall zugunsten öffentlicher Interessen nach eigenem Befinden zu disponieren. Im staatlichen Bereich hat die Rspr. (and. als im privaten Bereich, dazu Rdn. 228) darin seit langem und unter Billigung der h.L.[962] eine schädigende Vermögensgefährdung und deshalb eine (vollendete) Untreue gesehen,[963] weil die ordnungsmäßige Haushaltsüberwachung beeinträchtigt, der Staat in der Verfügungsfreiheit über seine Mittel eingeengt werde und diese ihm dort fehlten, „wo sie hätten sein sollen"; die spätere Verwendung im Staatsinteresse sei nur tatbestandsunerhebliche Wiedergutmachung. Auch BGH LM Nr. 16 lässt das Fehlen der Mittel am rechten Ort dann genügen, wenn die Mittel vor der Behörde verborgen gehalten werden, so dass ihr der Zugriff auf sie verwehrt ist.[964] Nach der Gegenmeinung soll die bloße Bildung einer schwarzen Kasse aber für den Fall, dass der Täter den Inhalt entsprechend der Haushaltslage verwenden will, noch keine schädigende Vermögensgefährdung begründen, weil für diese Konstellation keine strengere Beurteilung Platz greifen könne als für den Fall, dass die Vermögenseinbuße durch mit Ersatzwillen bereitgehaltene flüssige Mittel kompensiert wird (Rdn. 220, argumentum a fortiori).[965] Aber das kann nur für den fiskalischen Bereich gelten, weil im Bereich der Transferzahlungen eine Verausgabung ohne (in der Regel nur durch den Haushaltsansatz zu leistende) Legitimation immer einen Schaden der öffentlichen Hand verursacht (näher Rdn. 296 f).

295 **3.** Auch sonst hat es die Rspr. bis in die 90er Jahre des vorigen Jahrhunderts durchweg als eine Untreue qualifiziert, wenn wie im *BND-Fall* **Haushaltsmittel**, die am Jahresende verfallen wären, durch haushaltstechnische Verlagerung einer anderen Behörde zur Verfügung gestellt wurden, falls hier über sie nach Gutdünken eigenmächtig verfügt werden kann,[966] oder wenn wie im *Kulturamtsleiter-Fall* eine Verpflichtung begründet oder Ausgaben für eine Anschaffung getätigt wurden, die nicht zwingend ist und bei der der Verwalter des Haushaltstitels an Stelle der dafür zuständigen Institution sein eigenes Ermessen ausübt.[967] Ähnlich gelagert war auch der *Schulleiterfall,*[968] bei dem ein Schulleiter den Träger der Schule vorgetäuschte Portokosten bezahlen ließ, um davon die Teilnahme der Schule an einer Ausstellung zu unterstützen, deren Bezuschussung der Trä-

---

961 Dazu bereits *Bruns* Untreue durch Bildung schwarzer Kassen, ZAKDR **1941** 268; *Weimann* Die Strafbarkeit der Bildung sog. schwarzer Kassen gem. § 266 StGB (Untreue), Tübingen jur. Diss. (1996). Zum privaten Bereich s. Rdn. 179.

962 *Bruns* ZAKDR **1941** 268 m.w.N.; *Beukelmann* HK-GS Rdn. 31; *Fischer* Rdn. 129–131; *Lackner/Kühl* Rdn. 17a; *Maurach/Schroeder/Maiwald* 1 § 45 Rdn. 41; *Sch/Schröder/Perron* Rdn. 45c; *Ransiek* NJW **2007** 1727; *ders.* NJW **2009** 95; differenzierend *Sax* JZ **1977** 749.

963 RGSt **71** 155; **75** 227; BGH GA **1956** 121, 154; krit. *Hefendehl*, Vermögensgefährdung und Exspektanzen (1994) S. 288 ff; eingehend *Schünemann* StraFo **2010** 1, 4 ff.

964 Zahlr. weit. Nachw. aus der unveröff. BGH-Rechtsprechung bei *Hübner* LK[10] Rdn. 98.

965 *Hefendehl* (Fn. 963) S. 288 ff; *Schünemann* LK[11] Rdn. 148; *Hübner* LK[10] Rdn. 98; *Sch/Schröder/Lenckner*[25] Rdn. 45; *Saliger* SSW Rdn. 77.

966 BGHSt **40** 287, 294 ff, dazu *Herdegen* NStZ **1995** 202; *Kudlich* JuS **1997** 507.

967 BGH Wistra **1985** 69 = NStZ **1984** 549.

968 BGH NStZ **1986** 455 (wobei der BGH konstruktiv auf den rein formalen Gesichtspunkt abhebt, dass der Schaden schon mit der nicht geschuldeten Auszahlung eingetreten sei; statt Untreue kam Betrug in Betracht).

ger abgelehnt hatte. Aufgrund der neueren Entscheidungen des BGH muss heute aber ernsthaft die Frage gestellt werden, ob die Rechtsfigur der Haushaltsuntreue danach überhaupt noch einen nennenswerten Anwendungsbereich aufweist. In der sog. *Bugwellen*-Entscheidung hat der 1. StS anlässlich des Verhaltens eines Generalintendanten, der für das bevorstehende Haushaltsjahr mit einer Haushaltsüberschreitung in Höhe von 2 Mio. DM rechnete, bei der Planung des Theaterbetriebes aber keine Maßnahmen ergriff, um diese Überschreitung auszuschließen, eine *dreistufige* Prüfung entwickelt: Zunächst sei zu untersuchen, ob die Mittel überhaupt dem öffentlichen Zweck gemäß eingesetzt worden sind, wofür es ausreiche, dass der Mitteleinsatz „grundsätzlich den vorgegebenen Zwecken" entspricht.[969] Auf der zweiten Stufe sei zu unterscheiden, ob es um ein normales fiskalisches Geschäft geht oder aber um staatliche Subventionen und Kunstförderung. Hier würde es darauf ankommen, ob die durch die beanstandete Verfügung erlangte Gegenleistung „ihren Preis wert ist".[970] Auch wenn dies zu bejahen ist, könne jedoch auf der dritten Stufe unter „besonderen Voraussetzungen" eine Untreue in Betracht kommen, indem die für den individuellen Schadenseinschlag bei Privatpersonen geltenden Grundsätze auf die Fälle der Haushaltsuntreue übertragen würden. Von einem Schaden sei dann zu sprechen, wenn (1) eine wirtschaftlich gewichtige Kreditaufnahme erforderlich, wenn (2) die Dispositionsfähigkeit des Haushaltsgesetzgebers in schwerwiegender Weise beeinträchtigt oder wenn dieser (3) durch den Mittelaufwand insbesondere in seiner politischen Gestaltungsbefugnis beschnitten wird.[971] Die nächste Grundsatzentscheidung („*Brandenburger Sozialministerium*") betraf die Entscheidung auf Abteilungsleiterebene, Ende des Jahres noch im Rahmen von Subventionen im Gesundheitswesen Haushaltsmittel dieses Jahres an ein mit der Betreuung der Subvention betrautes privates Gesundheitsinstitut auszuzahlen, obwohl dafür kein aktueller Bedarf bestand, die Auszahlung deshalb gegen Haushaltsrecht verstieß und es zudem um freiwillige Leistungen ging. Gleichwohl hat der 5. StS (neben anderen Überlegungen) eine ausreichende Kompensation im Wege der Gesamtsaldierung von Leistung und Gegenleistung in der Erfüllung sozialer Aufgaben gesehen, weil nicht davon ausgegangen werden könne, dass der Haushaltsgesetzgeber die verspätete Verwendung der Mittel in einem folgenden Haushalt als nutzlos ansehe, so dass bei Verstößen gegen die zeitliche Bindung des Haushaltsplans für sich allein noch kein Vermögensnachteil anzunehmen sei.[972] Anders und weit strenger lehnte der 2. StS im Fall „*Aussiedlergemeinschaftsunterkunft*" eine Kompensation der wegen einer fiktiv vermehrten Platzzahl vom Landrat überhöhten Subventionen durch den Verzicht des Betreibers auf einen noch nicht fälligen Anspruch ab,[973] und im Fall „*Holzbackstube*" hat der 5. StS trotz zweckentsprechender Subventionsgewährung wegen des Verstoßes gegen von ihm als „materiell" qualifizierte Vergaberichtlinien (konkret: Verbot der Förderung eines vorzeitig begonnen Vorhabens des Bruders des die Förderung forcierenden Ministers) ebenfalls einen Schaden bejaht.[974] Ähnlich hat der 1. StS im Fall „*Kreditaufnahme* für Baumaßnahmen" einen Schaden in Gestalt der Zinsbelastung bejaht (NStZ **2011** 520; aufgehoben durch die Kammerentscheidung BVerfG NJW **2013** 365 wegen nicht notwendig im Ergebnis, aber in der Entscheidungsbegründung liegenden Verletzung des Verschleifungsverbots).

969 BGHSt **43** 293, 298, dazu *Bieneck* wistra **1998** 249; *Bittmann* NStZ **1998** 495; *Brauns* JR **1998** 381.
970 BGHSt **43** 298.
971 BGHSt **43** 299.
972 BGH NStZ **2001** 248, 251; dazu *Berger* JR **2002** 118; *Wagner* NStZ **2001** 371.
973 BGH Wistra **2002** 300 ff; näher dazu *Schünemann* StV **2003** 463, 467 ff.
974 BGH NJW **2003** 2179.

296 **4.** Die innere Widersprüchlichkeit dieser Entscheidungen sticht ins Auge. Im *Bugwellen*-Fall wurde ein vom Haushaltsgesetzgeber nicht gedeckter Aufwand für die Versorgung der Bevölkerung mit Kultur betrieben, den der 1. StS jedoch deshalb für die Untreue nicht ausreichen ließ, weil er mit Hilfe eines an sich das Äquivalenzverhältnis wahrenden Deckungsgeschäfts (mit Regisseuren, Bühnenbildnern etc.) abgewickelt wurde. Aber das strafrechtliche Problem liegt *nicht* in einer Äquivalenzstörung im *Deckungsverhältnis*, sondern (zivilrechtlich gesprochen) in dem fehlenden Rechtsgrund im *Zuwendungsverhältnis*, weil die Bürger auf eine derartig opulente Kunst („kulturelle Trockenbeerenauslese") keinen Anspruch besitzen und auch nicht vom Haushaltsgesetzgeber eingeräumt bekamen. Im Fall „Brandenburger Sozialministerium" ging es um den umgekehrten Fall, weil nicht etwa Haushaltsüberschreitungen vorgenommen, sondern Haushaltsreste ausbezahlt wurden, obwohl die Auszahlungsbedingungen nicht erfüllt waren und auch eine Haushaltsübertragung in das nächste Haushaltsjahr, das den betreffenden Titel nicht mehr enthielt, von Rechts wegen ausgeschlossen war. Obwohl die Geldbeträge definitiv in das Vermögen des privaten Gesundheitsinstitutes flossen, hat der BGH hier also die bloße Möglichkeit, dass sie künftig in einer haushaltsgemäßen Weise verwendet würden, als ausreichende Kompensation akzeptiert. In Widerspruch hierzu ist dagegen in den ähnlich gelegenen Fällen „Aussiedlergemeinschaftsunterkunft" vom 2. StS und „Holzbackstube" vom 5. StS eine Kompensation verneint worden. Das eigentliche Patent der *Bugwellen*-Entscheidung des BGH, die am privaten Vermögen im Betrugstatbestand entwickelten Regeln des sog. *individuellen Schadenseinschlages*[975] auch für jenes weitaus größte Betätigungsfeld der öffentlichen Hand auszuprobieren, das in Transferleistungen im öffentlichen Interesse (konkret in mittelbarer Form durch Subventionierung des Kulturangebots) besteht und bei dem deshalb jede Ausgabe, wenn man sie unter der für das private Vermögen geltenden Perspektive der Gewinnmaximierung oder mindestens Bestandserhaltung betrachtet, zu einer Vermögensminderung führt, ist dogmatisch nicht überzeugend. Der gewissermaßen harte Kern des individuellen Schadenseinschlages besteht in der Erkenntnis, dass es vom Zustand des individuellen Vermögens abhängt, ob dessen Inhaber mit einem Gegenstand überhaupt etwas anfangen kann, widrigenfalls der erworbene Gegenstand für ihn nicht mit dem Verkehrswert, sondern nur mit dem Wiederverkaufswert angesetzt werden kann.[976]

297 Wenn etwa ein Rentner, dessen Vermögensverhältnisse nur einen Urlaub mit Paddelboot zulassen, eine Hochseeyacht erhält, so kann er mit dieser überhaupt nichts anfangen und sie (wenn er die Bilanz seines Vermögens ziehen würde) deshalb nur mit dem Wert aktivieren, den er bei der Wiederveräußerung erzielen könnte. Diese Grundsätze kann man auch auf den **fiskalischen** Bereich übertragen, so wenn etwa ein Beamter einen Computer anschafft, der sich zwar für ihn persönlich zum Surfen im Internet eignet, für die dienstlichen Aufgaben aber unbrauchbar ist, oder wenn etwa eine kleine Gemeinde ein protziges Verwaltungsgebäude oder Theater baut, obwohl von vornherein nicht mit einer angemessenen Auslastung des Gebäudes zu rechnen ist.[977] Für den Bereich der **Transferzahlungen** sind diese Gesichtspunkte aber nicht verwertbar – ebenso wenig wie die andere, sogar bei § 263 StGB wegen des Prinzips der Unmittelbarkeit von Anfang an dubiose Untergruppe des individuellen Schadenseinschlages, die nach der Melkmaschinen-Entscheidung durch den Zwang zu künftigen weiteren, für das Vermö-

---

975 *Tiedemann* LK § 263 Rdn. 177 ff; *Hefendehl* MK § 263 Rdn. 688 ff.

976 Eingehend *Tiedemann* LK § 263 Rdn. 177 ff; *Kindhäuser* NK § 263 Rdn. 307 ff; für die Haushaltsuntreue bevorzugt von *Munz* Haushaltsuntreue, S. 164 ff.

977 Diese Prüfung ist bei BGH NStZ **2011** 263 zu vermissen. Zahlreiches weiteres Fallmaterial bei *Neye* S. 40 ff; *Kohlmann/Brauns* S. 28 ff.

gen nachteiligen Transaktionen gekennzeichnet sein soll.[978] Wenn der BGH in der *Bugwellen*-Entscheidung daraus die drei Unterfallgruppen der wirtschaftlich gewichtigen Kreditaufnahme, der schwerwiegenden Beeinträchtigung der Dispositionsfähigkeit des Haushaltsgesetzgebers oder der Beschneidung in der politischen Gestaltungsbefugnis gemacht hat,[979] so fehlt es schon an der Ähnlichkeitsbasis, denn weil bei Privatleuten die Finanzmittel normalerweise begrenzt sind, so dass sie von einer unwirtschaftlichen Ausgabe selbst dann im Mark getroffen werden können, wenn die erworbene Leistung für den Sultan von Brunei ihren Preis wert wäre, besorgt sich der moderne Staat seine Finanzmittel zwar nicht nach Willkür, aber jedenfalls nach Bedarf durch Steuern oder Kreditaufnahmen, so dass der Sturz des Privatmannes „ins Finanzchaos", der den berechtigten Kern dieser Fallgruppe abgibt, beim Staat überhaupt nicht praktisch werden kann. Wie schon in den Rezensionen der *Bugwellen*-Entscheidung zutreffend bemerkt worden ist,[980] stellt der BGH damit an die Haushaltsuntreue so hohe Anforderungen, dass die Haushaltsüberschreitung aus dem Untreuetatbestand weitgehend herausexpediert wird.

Wenn man bei der Prüfung des Schadens im Bereich staatlicher Transferzahlungen **298**
statt dessen, wie schon erwähnt, beim *Zuwendungsverhältnis* als Ort der fraglichen Kompensation ansetzt,[981] so lässt sich nicht bestreiten, dass die Verausgabung von Geld für soziale Zwecke das öffentliche Vermögen ohne vermögensmäßige Kompensation verringert, also schädigt. Dagegen lässt sich auch nicht mit der Bugwellenentscheidung einwenden, es genüge die „grundsätzliche Verfolgung" der öffentlichen Zwecke. Denn bei dem seine Mittel chronisch überziehenden „Schuldenstaat" der Gegenwart bedeutet jede Ausgabe, die nicht eine von Gesetzes wegen bestehende oder vom zuständigen Organ festgesetzte Verpflichtung erfüllt, eine zweckwidrige Verwendung, und d.h.: Verschwendung öffentlicher Mittel (vgl. auch bereits RG HRR **1938** Nr. 864). Ebenso wenig überzeugend ist der Versuch, die Missachtung der Kompetenzvorschriften oder der damit verbundenen sachlichen und zeitlichen Bindung der verfügbaren Mittel (§ 27 HGrG)[982] als „rein formelle Haushaltsrechtsverstöße" als vom Strafgrund des § 266 nicht mehr gedeckt zu bezeichnen (*Saliger* SSW Rdn. 96; ähnlich *Dierlamm* MK Rdn. 219 ff; *Kiethe* NStZ **2005** 529, 533). Denn weil der festgestellte Haushaltsplan die wirtschaftliche Grundentscheidung für die zentralen Bereiche der Politik während des Planungszeitraums enthält, die auf der staatlichen Ebene nur vom Parlament kraft seines Budgerechts vorgenommen werden kann,[983] bedeutet die Verausgabung öffentlicher Mittel außerhalb dieser Legitimation so wenig eine bloße Missachtung der Dispositionsbefugnis, wie wenn der Pfleger eines Atheisten dessen Geld für die Zeugen Jehovas spenden würde. Es gibt auch keinen seriösen Grund, hiervon abzuweichen, weil das Haushaltsrecht elastisch genug ist, um auf unvorhergesehene Situationen zu reagieren: So können etwa gem. § 37 BHO mit Einwilligung des Bundesfinanzministeriums im Falle eines unvorhergesehenen und unabweisbaren Bedarfs über- und außerplanmäßige Ausgaben getätigt werden, so dass es jedem Amtsträger zuzumuten wäre, eine solche zu beantragen und im Fall einer Ablehnung auf die Ausgabe zu verzichten. Erst recht gilt dies angesichts der „neuen Steuerungsmodelle", die durch das Haushaltsrechts-Fortentwicklungsgesetz

978 BGHSt **16** 321.
979 BGHSt **43** 299.
980 *Bieneck* Wistra **1998** 251; *Bittmann* NStZ **1998** 495, 497.
981 Dazu und zu den Konsequenzen eingehend *Schünemann* StV **2003** 463, 467 ff.
982 Gesetz über die Grundsätze des Haushaltsrechts des Bundes und der Länder (Haushaltsgrundsätzegesetz) v. 19.8.1969, BGBl. I 1273.
983 St. Rspr. des BVerfG, s. BVerfGE **45** 1, 32; **70** 324, 355; **79** 311, 328 f.

vom 22.12.1997[984] den Entscheidungsspielraum der „dezentralen Organisationseinheiten" gem. § 6a HGrG außerordentlich erweitert haben.[985]

299 **5.** Auch das Handeln an sich zuständiger Organe wird durch die allgemeinen Haushaltsgrundsätze der **Wirtschaftlichkeit und Sparsamkeit**[986] beschränkt. Freilich gewähren diese – ähnlich wie bei einer unternehmerischen Entscheidung (dazu Rdn. 113, 117) – einen erheblichen Ermessens- bzw. Beurteilungsspielraum. Ein Beispiel bietet die in einem vom Ausgang her offenen Rechtsstreit bewilligte Abfindung (BGH NStZ-RR **2005** 83). Aber „evidente und schwerwiegende Verstöße jenseits der bestehenden Entscheidungsspielräume" sind auch nach der vom BVerfG geforderten restriktiven Tatbestandsauslegung auf jeden Fall pflichtwidrig.[987] Zwar muss der Schaden nach strafrechtlichen Grundsätzen selbständig geprüft werden, aber bei einer groben Verletzung der genannten Grundsätze kann man sich weder bei fiskalischem Handeln noch bei Transferzahlungen eine ausreichende Kompensation vorstellen.

300 **6.** Als Beispiele für eine zum Wegfall des Schadens führende **Kompensation** sind in der Rspr. dagegen die Bezahlung einer dringend erforderlichen Reparatur aus einem dafür nicht bestimmten Haushaltstitel[988] oder ein anderweitiger „Tausch" von Haushaltstiteln[989] angeführt worden. Eine als Kompensation dienende Rechtspflicht soll nach BGH NJW **1991** 990 auch aus der beamtenrechtlichen Fürsorgepflicht folgen und die Übernahme der Kosten der **Verteidigung** in einem Strafverfahren gegen den Beamten aus Anlass seiner Amtsführung betreffen können. Dies kann aber bei Vorsatzdelikten nur unter dem Vorbehalt der Rückforderung im Falle der Verurteilung rechtens sein und – auch bei einem Minister als Angeklagtem – nicht die im freien Markt üblichen Honorare abdecken, weil der Staat sich mit sich selbst in Widerspruch setzen würde, wenn er höhere als die im RVG geregelten und bei der Auslagenerstattung im Freispruchsfall ausnahmslos zugrunde gelegten[990] Verteidigerhonorare bei seinen Beamten als für eine sachgemäße Verteidigung notwendig qualifizieren wollte.[991] Die Bezahlung derartiger Honorare aus der Staatskasse bedeutet deshalb ebenso eine Untreue wie die Bezahlung einer gegen den Amtsträger im Zusammenhang mit seiner dienstlichen Tätigkeit verhängten **Geldstrafe** durch den Dienstherrn.[992]

301 **7.** In krassen Fällen (deren Zahl freilich nach Presseberichten in letzter Zeit zunimmt) führt auch die **Ämterpatronage** zu einem Vermögensnachteil i.S. des § 266,

---

984 BGBl. I 1997 S. 3521.

985 Dazu näher *v. Selle* JZ **2008** 178 ff, der sich allerdings trotzdem der „reduktionistischen Linie" anschließt, die es darauf anlegt, die eigenmächtige Mittelverschwendung nach „Gutsherrenart" (*Jakobs* u. 3. StS im Mannesmannfall) aus § 266 zu eliminieren.

986 § 6 Abs. 1 HGrG, dazu *B. Fischer* JZ **1982** 6; *Grupp* JZ **1982** 231; für den Bund § 7 Abs. 1 BHO; für den Bereich der Sozialversicherung § 4 Abs. 4 SGB V; BGHSt **61** 48, 70 – Nürburgring.

987 BVerfGE **126** 170, 217 f; *Soyka* JA **2011** 566 ff.

988 BGH NStZ **1984** 550.

989 BGHSt **40** 294 f.

990 § 464a II Nr. 2 StPO i.V.m. § 91 II ZPO, dazu BVerfG NJW **1985** 727; BGH Rpfleger **1979** 412; OLG Düsseldorf OLGSt. § 464a S. 1; OLG Koblenz OLGSt. § 464a S. 19.

991 Ähnl. sogar für den privaten Bereich – aber hier nicht überzeugend, weil die gesetzl. Gebühren des Verteidigers in komplizierteren Strafsachen für eine sachgemäße Wahrnehmung seiner Aufgaben kein ausreichendes Äquivalent darstellen – *Fischer* Rdn. 84a.

992 BGHSt **37** 226 m. Anm. *Hillenkamp* JR **1992** 75; *Wodicka* NStZ **1991** 487; *Müller-Christmann* JuS **1992** 379; a.M. *Kappka* NJW **1992** 2797; kaum nachvollziehbar nach dem Kriterium des Umweltcontrolling differenzierend *Ebenroth/Willburger* BB **1991** 1943 f.

wenn also ein hochdotiertes öffentliches Amt an einen *Günstling* (i.d.R. einen sog. *Parteifreund*) vergeben wird, der entweder die Laufbahnvoraussetzungen nicht erfüllt oder durch die Anforderungen des Amtes in seiner Leistungsfähigkeit offensichtlich überfordert wird.[993] Die **strukturelle Ämterpatronage** dagegen, die in der inzwischen eingebürgerten Behandlung attraktiver Beamtenpositionen als für die Interessen der eigenen Klientel verfügbares Beutegut durch die etablierten politischen Parteien zum Ausdruck kommt,[994] bedeutet zwar einen eklatanten und für die Qualität des öffentlichen Dienstes verhängnisvollen Verfassungsbruch (Art. 33 Abs. 2 GG!), ist aber als solche nicht als Untreue fassbar.[995]

8. Ob der Untreuetatbestand in strafrechtlicher Hinsicht ausreicht, um die immer 302
wieder in großem Umfang festzustellende **Fehlleitung öffentlicher Mittel** einzudämmen, ist seit langem und weiterhin sehr umstritten (näher *Schünemann* Unverzichtbare Gesetzgebungsmaßnahmen, passim).

II. Bank- und Kredituntreue

Schrifttum

Aldenhoff/Kuhn § 266 StGB – Strafrechtliches Risiko bei der Unternehmenssanierung durch Banken?, ZIP **2004** 103; *Barta* Die Haftung der depotführenden Bank bei churning des Anlageberaters pp., BKR **2004** 433; *Bittmann* Risikogeschäft – Untreue – Bankenkrise, NStZ **2011** 361; *Böttcher* Bankvorstandshaftung im Rahmen der Sub-Prime Krise, NZG **2009** 1047; *Brüning/Samson* Bankenkrise und strafrechtliche Haftung wegen Untreue gem. § 266 StGB, ZIP **2009** 1089; *Doster* Strafrechtliche Ermittlungsverfahren gegen Bankmitarbeiter wegen des Verdachts der Untreue, WM **2001** 333; *Gallandi* Die Untreue von Bankverantwortlichen im Kreditgeschäft, wistra **2001** 281; *ders.* Strafrechtliche Aspekte der Asset Backed Securities, wistra **2009** 41; *Hermann* Die Begrenzung pp. am Beispiel der Bankenuntreue (2011); *Hoppe/Lehleiter* Die Haftung des Bankverantwortlichen bei der Kreditvergabe, BKR **2007** 178; *Kasiske* Aufarbeitung der Finanzkrise durch das Strafrecht? Zur Untreuestrafbarkeit durch Portfolioinvestments in Collateralized Debt Obligations via Zweckgesellschaften, in: Schünemann (Hrsg.), Die sogenannte Finanzkrise – Systemversagen oder global organisierte Kriminalität? (2010) 13; *Keller/Sauer* Zum Unrecht der so genannten Bankenuntreue, wistra **2002** 365; *Kempf/Lüderssen/Volk* Die Finanzkrise, das Wirtschaftsstrafrecht und die Moral (2010); *Knauer* Die Strafbarkeit der Bankvorstände für mißbräuchliche Kreditgewährung, NStZ **2002** 399; *Kiethe* Die zivil- und strafrechtliche Haftung von Vorstandsmitgliedern eines Kreditinstituts für riskante Kreditgeschäfte, WM **2003** 861; *Lutter* Zur Rechtmäßigkeit von internationalen Risikogeschäften durch Banken der öffentlichen Hand, BB **2009** 786; *Rönnau* Globale Finanzkrise – Quellen möglicher Strafbarkeitsrisiken, in: Schünemann (Hrsg.), Die sogenannte Finanzkrise – Systemversagen oder global organisierte Kriminalität? (2010) 43; *Schlüter* Bankenhaftung bei fehlgeschlagenen Immobilienerwerbertreuhandmodellen, DZWir **2002** 96; *Schmitt* Untreue von Bank- und Sparkassenverantwortlichen bei der Kreditvergabe, BKR **2006** 125; *ders.* Zur Untreue durch Kreditbewilligung, Festschrift Nobbe (2009) 1009; Schünemann (Hrsg.), Die sogenannte Finanzkrise – Systemversagen oder global organisierte Kriminalität? (2010) sowie ibid., S. 71; *Steiner* Bankenkrise und strafbare Untreue (§ 266 StGB), ZfK **2009** 709; *ders.* Neues BGH-Urteil zu strafrechtlicher „Untreue“ durch Vergabe von Risikokrediten, ZfK **2010** 98; *Strate* Der Preis der Freiheit – strafrechtliche Verantwortlichkeiten in der Finanzkrise, Bucerius Law Journal **2009** 78; *Vortmann* Schadensersatzpflicht der kontoführenden Bank wegen pflichtwidriger Verwendung von Fremdgeldkonten, BKR **2007** 449.

---

993 Zu den entsprechenden Schadensproblemen beim Anstellungsbetrug siehe *Tiedemann* LK § 263 Rdn. 223 ff; *Hefendehl* (Fn. 949) S. 379 ff; *ders.* MK § 263 Rdn. 567 ff; *Satzger* SSW § 263 Rdn. 190 ff.; eingehende Untersuchung bei *Krell* (2015).
994 *von Arnim* Staat ohne Diener (1993) 127 ff.
995 Weitergehend *Schmidt-Hieber* NJW **1989** 560 f; wie hier *Sch/Schröder/Perron* Rdn. 44; *Saliger* ZStW **112** (2000) 563, 600 ff; *ders.* SSW Rdn. 95 f; *Wittig* in v. Heintschel-Heinegg Rdn. 45.1.; *Krell* (2015) S. 182 ff.

303 **1.** Von **Kredit**- oder **Bankuntreue** spricht man, wenn das zuständige Organ einer Bank einen Kredit herausreicht, bei dem der Rückzahlungsanspruch wegen fehlender Bonität des Kreditnehmers von vornherein so weitgehend entwertet ist, dass er als wirtschaftlich vollwertige Kompensation für den hingegebenen Darlehensbetrag nicht in Frage kommt, und wenn die Forderung auch nicht hinreichend gesichert ist.[996] Weil es (abgesehen von den sogleich zu behandelnden Sanierungskrediten) nicht vorstellbar ist, dass ein Bankmanager berechtigt ist, seine Bank auf diese Weise vorsätzlich zu schädigen, kann hier die Pflichtwidrigkeit im Grunde genommen aus der vorsätzlichen Schädigung rückgeschlossen werden. Dass die Rechtsprechung sich dennoch bei der Kredituntreue intensiver mit den Problemen der Pflichtwidrigkeit beschäftigt hat, hängt damit zusammen, dass der in solchen Fällen zur Debatte stehende „Gefährdungsschaden" schon objektiv und damit erst recht subjektiv schwer zu fassen ist (näher o. Rdn. 226ff), so dass die Feststellung einer vorsätzlichen Pflichtverletzung in der Praxis für die Feststellung des Schädigungsvorsatzes eine wichtige vorgreifliche Rolle spielt. Dabei schafft die hier relativ weit reichende Reglementierung durch abstrakte Normen und Maßstäbe eine Versuchung, die Pflichtwidrigkeit aus der abstrakten Regelverletzung herzuleiten, so wenn der Bankvertreter die ihm bei Avalkrediten gezogene Grenze nicht einhält (BGH wistra **1985** 191; NStZ/A **1988** 99) oder sonst die ihm eingeräumte Befugnis erheblich überschreitet (BGH wistra **1988** 305; **1992** 26) oder wenn bei Großkrediten die Grundsätze des § 18 KWG nicht eingehalten oder die bankinternen Beleihungsrichtlinien und Beschränkungen nicht beachtet werden.[997] In zwei Grundsatzentscheidungen hat der 1. Strafsenat des BGH jedoch mit Recht ausgesprochen, dass eine Verletzung formeller Prüfungspflichten nicht ausreicht, solange die Entscheidungsträger ihrer Prüfungs- und Informationspflicht bezüglich der Vermögensverhältnisse des Kreditnehmers insgesamt ausreichend nachkommen, wofür als (bloße) Gegenindizien angeführt wurde, dass die Entscheidungsträger nicht die erforderliche Befugnis besaßen,[998] dass im Zusammenhang mit der Kreditgewährung Mitverantwortliche oder Aufsichtspersonen unrichtig oder unvollständig informiert wurden, die vorgegebenen Zwecke nicht eingehalten oder die Höchstkreditgrenze überschritten wurden oder dass schließlich die Entscheidungsträger eigennützig handelten.[999] In einer späteren Entscheidung ist klar gestellt worden, dass die im Untreuetatbestand vorausgesetzte Prüfungspflicht und die formelle Regelung in § 18 KWG zwar nicht deckungsgleich sind, dass aber eine gravierende Missachtung der formellen Prüfungspflichten auch eine Pflichtwidrigkeit im Sinne des § 266 StGB begründet.[1000] Das ist in der Sache beifallswürdig, wenn auch nicht im Sinne der im Schrifttum daran geknüpften Zweistufentheorie (o. Rdn. 109), sondern als Forderung einer objektiven Zurechnung zwischen Pflichtwidrigkeit und Schaden, dergestalt dass nur eine Verletzung solcher Prüfungspflichten tatbestandsmäßig ist, die sich in einem

---

996 Beispiele aus der älteren Rspr.: wenn die wirtschaftliche Lage eines Unternehmens so verzweifelt ist, dass es nicht mehr gesundungsfähig erscheint (RGSt **61** 211, 212f); wenn ein Darlehen an eine finanzschwache und illiquide Filmgesellschaft ausgeliehen (BGH 5 StR 203/54 v. 28.9.1954) oder ein Kredit verbotswidrig gegen ungenügende Sicherheit hingegeben wird (BGH 1 StR 611/57 v. 28.1.1958).

997 *Nack* NJW **1980** 1600; *ders.* in: Müller-Gugenberger/Bieneck 4. Aufl. 2006 § 66 Rdn. 79ff; ausführl. und diff. *Laskos* S. 72ff, 87f; *Feigen* FS Rudolphi S. 445, 449ff; *Ignor/Sättele* FS Hamm S. 211, 215ff.

998 Die vom 1. StS zusätzlich genannte Vernachlässigung der Informationspflicht ist zirkulär.

999 BGHSt **46** 30, 32, 34; hierzu *Dierlamm/Links* NStZ **2000** 656; *Luttermann* ZIP 2000 1212; *Otto* JR **2000** 517; *Gallandi* wistra **2001** 281; *Doster* WM **2001** 333; *Knauer* NStZ **2002** 399; *Schünemann* NStZ **2005** 473, 475ff.

1000 BGHSt **47** 148, 152 m. Bespr. *Klanten* DStR **2002** 1190; *Knauer* NStZ **2002** 399; *Kühne* StV **2002** 198; *Keller/Sauer* wistra **2002** 365; *Aldenhoff/Kuhn* ZIP **2004** 103; ebenso die Entscheidung im Fall „WestLB" BGH wistra **2010** 21ff. Vgl. auch *Beukelmann* HK-GS Rdn. 37.

durch die pflichtwidrige Kreditvergabe eingetretenen Vermögensschaden realisiert (so ganz deutlich BGHSt **46** 30, 34; allg. *Schünemann* NStZ **2005** 473, 475). Soweit in Rechtsprechung (BGHSt **46** 30, 35) und Schrifttum (*Fischer* Rdn. 73) für den Fall von Gremienentscheidungen unterschiedliche Verantwortlichkeiten angenommen werden, weil sich etwa der Vorstandsvorsitzende auf den Bericht des Kreditsachbearbeiters und des Kreditvorstands verlassen dürfe – ähnlich die Mitglieder eines Kreditausschusses –, spielt dies im Ergebnis für die Subsumtion unter § 266 deshalb keine Rolle, weil dafür ja eine vorsätzliche Vermögensschädigung erforderlich ist und deshalb ein Beteiligter, der aufgrund tatsächlicher Anhaltspunkte einen Schadenseintritt für möglich hält und in Kauf nimmt (näher o. Rdn. 244f), nicht gleichzeitig davon ausgehen kann, die Darstellungen der anderen Beteiligten seien verlässlich. Zum Zeitpunkt des Schadenseintritts instruktiv BGH wistra **2010** 21 („WestLB"); zur Bankuntreue in der sog. Finanzkrise o. Rdn. 140 sowie BGH ZIP **2016** 2467 (HSH-Nordbank).

2. Besondere Grundsätze gelten für den Fall des **Sanierungskredits**, wenn ein Dar- **304**
lehensgeber das bisherige Darlehen zu verlieren droht und deshalb dem Schuldner noch einmal weiteren Kredit in der Hoffnung gewährt, dass dadurch dessen Sanierung gelinge und er auch zur Bedienung des früheren Kredits wieder in der Lage sein werde. Das Sanierungsrisiko durch Kreditgewährung an eine überschuldete Firma einzugehen, ist nicht schlechtweg pflichtwidrig,[1001] zumal dann nicht, wenn der Sanierungskredit von einer mit staatlichen Mitteln gespeisten Gesellschaft gewährt wird, deren Zweck es gerade ist, notleidende Firmen wieder lebensfähig zu machen. Darüber hinaus hat der BGH unter Billigung des Schrifttums[1002] ausgesprochen, dass die Pflichtwidrigkeit eines für sich allein hochriskanten Sanierungskredits „bei einem wirtschaftlich vernünftigen Gesamtplan, der auf einem einheitlichen Erfolg angelegt ist und bei dem erst nach einem Durchgangsstadium der Sanierung ein Erfolg erzielt wird", entfallen kann (BGHSt **47** 148, 153). Das ist nach den hier für maßgeblich erklärten Grundsätzen der *rationalen Entscheidungstheorie* weniger sensationell, als es im Schrifttum empfunden worden ist, denn es versteht sich von selbst, dass bei der Risikoabwägung die Chance, den anderenfalls verlorenen Erstkredit doch noch zu realisieren, mit der dafür sprechenden Wahrscheinlichkeit in die Gesamtverrechnung eingesetzt werden muss. Schon das Reichsgericht hat (allerdings im Rahmen des Vorsatzes) dieselbe Maxime vertreten und zugleich das pflichtwidrige Risikogeschäft dahin umschrieben, dass der Täter „wie beim Glücksspiel alles auf eine Karte setzt" (RGSt 61 211, 213).

III. Gesellschafts- und Organuntreue

Schrifttum

Achenbach Schwerpunkte der BGH-Rechtsprechung zum Wirtschaftsstrafrecht, BGH-Festgabe Wiss. (2000) 593; *Adams* Aktienoptionspläne und Vorstandsvergütungen, ZIP **2002** 1325; *Adick* Organuntreue (§ 266) und Business Judgement (2010); *Arens* Untreue im Konzern (2010); *Arloth* Zur Abgrenzung von Untreue und Bankrott bei der GmbH, NStZ **1990** 570; *Arnold* Untreue durch Schädigung des Unternehmens durch den Vorstand bzw. die Geschäftsführung, Jura **2005** 844; *ders.* Untreue im GmbH- und Aktien-Konzern (2006); *Auer* Gläubigerschutz durch § 266 StGB bei der einverständlichen Schädigung einer Gesellschaft mit beschränkter Haftung, Diss. Berlin 1991; *Barta* Die Haftung der depotführenden Bank bei

1001 RGSt **61** 211, 213; RGSt **66** 255, 261.
1002 *Feigen* FS Rudolphi S. 454 f; *Saliger* SSW Rdn. 99; *ders.* HRRS **2006** 18 f; *Ignor/Sättele* FS Hamm, S. 216; *Dierlamm* MK Rdn. 239; *Beukelmann* HK-GS Rdn. 37; ähnlich *Seier* Rdn. 287.

churning des Anlageberaters pp., BKR **2004** 433; *Bauer* Untreue durch Cash-Pooling im Konzern (2008); *Bauer/Arnold* Mannesmann und die Folgen für Vorstandsverträge, DB **2006** 546; *Beckemper* Untreuestrafbarkeit des GmbH-Gesellschafters bei einverständlicher Vermögensverschiebung, GmbHR **2005** 592; *Bittmann/Terstegen* Auswirkungen der Rechtsprechung der Zivilgerichte zur Haftung im qualifizierten faktischen GmbH-Konzern auf das Strafrecht, wistra **1995** 249; *Bittmann/Richter* Zum Geschädigten bei der GmbH- und der KG-Untreue, wistra **2005** 51; *Bittmann/Rudolph* Untreue des GmbH-Geschäftsführers trotz Anordnung der Insolvenzverwaltung?, wistra **2000** 401; *Bosch* Unternehmerischer Handlungsspielraum des Vorstandes zwischen zivilrechtlicher Verantwortung und strafrechtlicher Sanktion, JZ **2009** 225; *Böttcher* Bankvorstandshaftung im Rahmen der Sub-Prime Krise, NZG **2009** 1047; *Brammsen* Strafbare Untreue des Geschäftsführers bei einverständlicher Schmälerung des GmbH-Vermögens? DB **1989** 1609; *ders.* Aufsichtsratsuntreue, ZIP **2011** 1504; *ders.* Vorstandsuntreue, wistra **2009** 85; *Brand* Untreue und Bankrott in der KG und GmbH & Co KG (2010); *ders./Sperling* Untreue zum Nachteil von Idealvereinen, JR **2010** 473; *Busch* Konzernuntreue (2004); *Dahl/Schmitz* Haftung des GmbH-Geschäftsführers aus § 64 II GmbHG bei Begleichung von Drittverbindlichkeiten mit zuvor von verbundenen Konzerngesellschaften zur Verfügung gestellten Mitteln, NZG **2008** 532; *Daniels* Das Mannesmann-Verfahren – Erwiderung zu Jahn, ZRP **2004** 270; *Deiters* Organuntreue durch Spenden und prospektiv kompensationslose Anerkennung, ZIS **2006** 152; *Dittrich* Die Untreuestrafbarkeit von Aufsichtsratsmitgliedern bei der Festsetzung, überhöhter Vorstandvergütungen (2007); *Diversy/Weyand* Insolvenzverwalter und Untreuetatbestand, ZInsO **2009** 802; *Eisele* Untreue in Vereinen mit ideeller Zielsetzung, GA **2001** 377; *Ewald* Untreue zwischen „verbundenen Unternehmen“, Diss. Bochum 1981; *Fleck* Mißbrauch der Vertretungsmacht oder Treubruch des mit Einverständnis aller Gesellschafter handelnden GmbH-Geschäftsführers aus zivilrechtlicher Sicht, ZGR **1990** 31; *Fleischer* Konzernuntreue zwischen Straf- und Gesellschaftsrecht: Das Bremer Vulkan-Urteil, NJW **2004** 2867; *ders.* Das Mannesmann-Urteil des Bundesgerichtshofs: Eine aktienrechtliche Nachlese, DB **2006** 542; *ders.* Aktienrechtliche Legalitätspflicht und „nützliche“ Pflichtverletzungen von Vorstandsmitgliedern, ZIP **2005** 141; *Flore/Burmann* Gemeinnützige GmbH: Strafrechtliche Risiken und Vorsorgemaßnahmen, GmbH-StB **2000** 339; *Flum* Der strafrechtliche Schutz der GmbH gegen Schädigungen mit Zustimmung der Gesellschafter (1990); *Fuhrmann* Die Bedeutung des „faktischen Organs“ in der strafrechtlichen Rechtsprechung des Bundesgerichtshofs, Festschrift Tröndle S. 139; *Geerds* Zur Untreuestrafbarkeit von Aufsichtsratsmitgliedern kommunaler Gesellschaften, Festschrift Otto (2008) 561; *Gehrlein* Einverständliche verdeckte Gewinnentnahmen der Gesellschafter als Untreue (§ 266 StGB) zu Lasten der GmbH?, NJW **2000** 1089; *ders.* Strafbarkeit von Vorständen wegen leichtfertiger Vergabe von Unternehmensspenden, NZG **2002** 463; *Gribbohm* Strafrechtliche Untreue zum Nachteil der GmbH durch den GmbH-Geschäftsführer und die zivilrechtlichen Folgen, DStR **1991** 248; *ders.* Untreue zum Nachteil der GmbH, ZGR **1990** 1; *Groß* Die strafrechtliche Verantwortlichkeit faktischer Vertretungsorgane bei Kapitalgesellschaften (2007); *Grub* Die insolvenzrechtliche Verantwortlichkeit der Gesellschafter von Personenhandelsgesellschaften (1995); *Grunst* Untreue zum Nachteil von Gesamthandsgesellschaften pp., BB **2001** 1537; *Gübel* Die Auswirkungen der faktischen Betrachtungsweise auf die strafrechtliche Haftung faktischer GmbH-Geschäftsführer (1994); *Hanft* Strafrechtliche Probleme im Zusammenhang mit der Einmann-GmbH (2006); *ders.* Bewilligung kompensationsloser Anerkennungsprämien durch den Aufsichtsrat einer Aktiengesellschaft als Untreue – Fall Mannesmann, Jura **2007** 58; *Hartung* Der Rangrücktritt eines GmbH-Gläubigers – eine Chance für Wirtschaftskriminelle? NJW **1995** 1186; *ders.* Kapitalersetzende Darlehen – eine Chance für Wirtschaftskriminelle, NJW **1996** 229; *Heidel* „Wes Brot ich ess, des Lied ich sing“ – Vergütung von Vorständen nach dem Erfolg des Konzerns – Anknüpfungspunkt für strafrechtliche Haftung? Festschrift Mehle (2009) 247; *Hellmann* Verdeckte Gewinnausschüttung und Untreue des GmbH-Geschäftsführers, wistra **1989** 214; *Helmrich/Eidam* Untreue durch Verzicht auf Schadenersatzforderungen gegen (ehemalige) Führungskräfte einer AG?, ZIP **2011** 257; *Hentschke* Der Untreueschutz der Vor-GmbH vor einverständlichen Schädigungen (2002); *Hilgard* Churning, WM **2006** 409; *Hinderer* Insolvenzstrafrecht und EU-Niederlassungsfreiheit am Beispiel der englischen private company limited by shares (2010); *Hirmer* Zivil- und strafrechtliches Verbot pflichtwidriger Schädigungen für Vorstandsmitglieder von unabhängigen und durch Beherrschungsvertrag gebundenen Aktiengesellschaften (1984); *Höf* Untreue im Konzern (2006); *Hoffmann* Untreue und Unternehmensinteresse (2010); *Hoffmann-Becking* Vorstandsvergütung nach Mannesmann, NZG **2006** 127; *Hohn* Eigenkapitalregeln, Kompetenzverteilungsordnung und Zustimmungen zu Vermögensschädigungen bei Kapitalgesellschaften, Festschrift Samson (2010) 315; *ders./Rönnau* Die Festsetzung (zu) hoher Vorstandsvergütungen durch den Aufsichtsrat – ein Fall für den Staatsanwalt? NStZ **2004** 113; *Hüffer* Mannesmann/Vodafone: Präsidiumsbeschlüsse des Aufsichtsrats für die Gewährung von „Appreciation Awards“

an Vorstandsmitglieder, BB **2003** Beilage 7, Heft 43; *Jahn* Lehren aus dem „Fall Mannesmann", ZRP **2004** 179; *ders.* Nach dem Mannesmann-Urteil des BGH: Konsequenzen für Wirtschaft, Justiz und Gesetzgeber, ZIP **2006** 738; *John* Zum Mißbrauch der Vertretungsmacht durch Gesellschaftsorgane, GmbHR **1983** 90; *Kaepplinger* Zur aktienrechtlichen Zulässigkeit von Abfindungszahlungen, NZG **2003** 573; *Kallmeyer* Vorstandsbezüge – viel Lärm um nichts?, ZIP **2002** 1663; *Kasiske* Existenzgefährdende Eingriffe in das GmbH-Vermögen mit Zustimmung der Gesellschafter als Untreue, wistra **2005** 81; *ders.* Strafbare Existenzgefährdung der GmbH und Gläubigerschutz, JR **2011** 235; *J. Kaufmann* Organuntreue zum Nachteil von Kapitalgesellschaften (1999); *Keller/Sauer* Zum Unrecht der so genannten Bankenuntreue, wistra **2002** 365; *Keller, R.* Strafbare Untreue und Gemeinwohlbindung von Gesellschaftsvermögen, Festschrift Puppe (2010) 1189; *Kiethe* Die Unangemessenheit des Honorars – Haftungs„falle" für Unternehmensberater und -sanierer?, BB **2005** 1801; *ders.* Die zivil- und strafrechtliche Haftung von Aufsichtsräten für Geschäftsrisiken, WM **2005** 2122; *ders.* Die zivil- und strafrechtliche Haftung von Vorstandsmitgliedern einer Sparkasse für riskante Kreditgeschäfte, BKR **2005** 177; *Kohlmann* Untreue zum Nachteil des Vermögens einer GmbH trotz Zustimmung sämtlicher Gesellschafter? Festschrift Werner S. 387; *ders.* „Vor-GmbH" und Strafrecht, Festschrift Geerds (1995) S. 675; *ders.* Rdn. 54 ff Vor § 82, in: Hachenburg GmbH-Gesetz 8. Aufl. (1994); *ders.* Die strafrechtliche Verantwortlichkeit des GmbH-Geschäftsführers (1990) (zit. *Kohlmann*); *Kort* Das „Mannesmann"-Urteil im Lichte von § 87 AktG, NJW **2005** 333; *ders.* Mannesmann: Das „Aus" für nachträglich vorgesehene Vorstandsvergütungen ohne Anreizwirkung?, NZG **2006** 131; *Kraatz* Zu den Grenzen einer „Fremdrechtsanwendung" im Wirtschaftsstrafrecht am Beispiel der Untreuestrafbarkeit des Direktors einer in Deutschland ansässigen Private Company Limited by Shares, JR **2011** 58; *Krause* Konzerninternes Cash Management – der Fall Bremer Vulkan pp., JR **2006** 51; *ders.* Zur Vermögensbetreuungspflicht entsandter Aufsichtsratsmitglieder (§ 101 Abs. 2 AktG) gegenüber dem Entsendenden, Festschrift Hamm (2008) 341; *Krawczyk* Untreue zum Nachteil einer konzernabhängigen GmbH, NZG **2009** 1176; *Krekeler/Werner* Verdeckte Gewinnausschüttung als Untreue, StraFo **2003** 374; *dies.* Unternehmer und Strafrecht (2006); *Krüger* Genossenschaftsuntreue, ZfgG 60 (2010) 221; *Labinski* Zur strafrechtlichen Verantwortlichkeit des directors einer englischen Limited (2010); *Labsch* Einverständliche Schädigung des Gesellschaftsvermögens und Strafbarkeit des GmbH-Gesellschafters, JuS **1985** 602; *ders.* Die Strafbarkeit des GmbH-Geschäftsführers im Konkurs der GmbH, wistra **1985** 1, 85; *Lamann* Untreue im GmbH-Konzern (2007); *Lange* Die Belohnung von Vorstandsmitgliedern auf Veranlassung des Aufsichtsrats, ArbuR **2004** 83; *Lassmann* Untreue zu Lasten gemeinnütziger Stiftungen – Strafbarkeitsrisiken im Non-Profit-Bereich, NStZ **2009** 473; *Laub* Grenzen der Spendenkompetenz des Vorstands, AG **2002** 308; *Leimenstoll* Zur Untreue im Konzernverbund, ZIS **2010** 143; *Leipold* Strafrechtlicher Pflichtenkatalog des Aufsichtsrats Festschrift Mehle (2009) 347; *Leipold/Schaefer* Vermögensverschiebung des GmbH-Geschäftsführers in der Krise – Bankrott oder Untreue?, NZG **2009** 937; *Lichtenwimmer* Untreueschutz der GmbH gegen den übereinstimmenden Willen der Gesellschafter? (2008); *Liebers/Hoefs* Anerkennungs- und Abfindungszahlungen an ausscheidende Vorstandsmitglieder, ZIP **2004** 97; *Lindemann* Die strafrechtliche Verantwortlichkeit des faktischen Geschäftsführers, Jura **2005** 305; *Lipps* Nochmals: Verdeckte Gewinnausschüttung bei der GmbH als strafrechtliche Untreue? NJW **1989** 502; *Livonius* Untreue wegen existenzgefährdenden Eingriffs – Rechtsgeschichte?, wistra **2009** 91; *Loeck* Strafbarkeit des Vorstands der Aktiengesellschaft wegen Untreue (2006); *Lüderssen* Gesellschaftsrechtliche Grenzen der strafrechtlichen Haftung des Aufsichtsrats, Festschrift Lampe (2003) 727; *ders.* Zur Konkretisierung der Vermögensbetreuungspflicht in § 266 Strafgesetzbuch durch § 87 Abs. 1 Satz 1 Aktiengesetz pp., Festschrift Schroeder (2006) 569; *Martin* Bankuntreue (2000); *Maurer* Untreue bei der juristischen Person unter besonderer Berücksichtigung des Eigenkapital(ersatz)rechts, GmbHR **2004** 1549; *Maurer/Odörfer* Strafrechtliche Aspekte der GmbH & Co. KG in der Krise (2), GmbHR **2008** 412; *Meilicke* Verdeckte Gewinnausschüttung: strafrechtliche Untreue bei der GmbH? BB **1988** 1261; *Meyer* Untreuehandlungen im Rahmen kommunaler Aufgabenerfüllung, Hessische Städte- und Gemeindenzeitung **2009** 306; *Mihm* Strafrechtliche Konsequenzen verdeckter Gewinnausschüttungen (1998); *Mödl* Pflichten des einzigen Gesellschafters gegenüber „seiner" GmbH – BGHZ 149, 10, JuS **2003** 14; *Mosiek* Anwendbarkeit ausländischen Gesellschaftsrechts im Rahmen der Untreue zum Nachteil einer EU-Auslandsgesellschaft, HRRS **2010** 424; *Muhler* Darlehen von GmbH-Gesellschaftern im Strafrecht, wistra **1994** 283; *Müller-Christmann/Schnauder* Durchblick: Zum strafrechtlichen Schutz des Gesellschaftsvermögens, JuS **1998** 1080; *Niedernhuber* Strafrechtliche Risiken des konzernweiten Cash Pooling (2016); *Nuß* Untreue der Vertretungsorgane von Kapitalgesellschaften durch Vergabe von Spenden, Festschrift Kohlmann (2003) 187; *Olscher* Untreue und Veruntreuung zum Nachteil einer Gesellschaft, Der Gesellschafter **1988** 20; *Otto* Aktienstrafrecht (1997) Rdn. 20–64 Vor § 399; *Peltzer* Das Mannesmann-

Revisionsurteil aus der Sicht des Aktien- und allgemeinen Zivilrechts, ZIP **2006** 205; *Perron* Das Mannesmann-Verfahren vor den deutschen Strafgerichten, SchwZStr **2007** 180; *Radtke* Einwilligung und Einverständnis der Gesellschafter bei der sog. GmbH-rechtlichen Untreue, GmbHR **1998** 311, 361; *ders.* Untreue (§ 266 StGB) zu Lasten von ausländischen Gesellschaften mit faktischem Sitz in Deutschland?, GmbHR **2008** 729; *Radtke/Hoffmann* Gesellschaftsrechtsakzessorietät bei der strafrechtlichen Untreue zu Lasten von Kapitalgesellschaften? – oder: „Trihotel" und die Folgen, GA **2008** 535; *Ransiek* Untreue im GmbH-Konzern, Festschrift Kohlmann (2003) 207; *ders.* Untreue zum Nachteil einer abhängigen GmbH – „Bremer Vulkan", wistra **2005** 121; *ders.* Anerkennungsprämien und Untreue – Das „Mannesmann"-Urteil des BGH, NJW **2006** 814; *ders.* „Verstecktes" Parteivermögen und Untreue, NJW **2007** 1727; *Reiß* Das Steuerrecht als Erkenntnisquelle des Gesellschaftsrechts und des Untreuestrafrechts am Beispiel der verdeckten Gewinnausschüttung? Steuer und Wirtschaft (StuW) **1992** 233; *ders.* Verdeckte Gewinnausschüttungen und verdeckte Entnahmen als strafbare Untreue des Geschäftsführers? wistra **1989** 81; *Richter* Der Konkurs der GmbH aus der Sicht der Strafrechtspraxis, GmbHR **1984** 113 und 137; *Rixe* Die aktien- und strafrechtliche Beurteilung nachträglicher Anerkennungsprämien (2010); *Rönnau* Haftung der Direktoren einer in Deutschland ansässigen englischen private company limited by shares nach deutschem Strafrecht pp., ZGR **2005** 832; *ders.* Untreue zu Lasten juristischer Personen und Einwilligungskompetenz der Gesellschafter, Festschrift Amelung (2009) 247; *ders.* Untreuerisiken durch Cash Pool-Teilnahme für Geschäftsführer einer faktisch abhängigen GmbH, Festschrift Samson (2010) 423; *ders./Hohn* Die Festsetzung (zu) hoher Vorstandsvergütungen durch den Aufsichtsrat – ein Fall für den Staatsanwalt?, NStZ **2004** 113; *Saliger* Untreue bei Stiftungen, in: Walz/Hüttemann/Rawert/Schmidt (Hrsg), Bucerius Law School: Non Profit Yearbook (2005) 209; *ders.* Schutz der GmbH-internen Willensbildung durch Untreuestrafrecht?, Festschrift Roxin II (2011) 1053; *Sauer* Zur Strafbarkeit eines Vorstands wegen Untreue auf Grund des Sponsorings eines Sportvereins, wistra **2002** 465; *Schäfer* Die Strafbarkeit der Untreue zum Nachteil einer KG, NJW **1983** 2850; *ders.* Untreue zum Nachteil von GmbH, GmbHR **1992** 509; *ders.* Zur strafrechtlichen Verantwortlichkeit des GmbH-Geschäftsführers, GmbHR **1993** 717, 780; *Schilha* Die Aufsichtstätigkeit in der Aktiengesellschaft im Spiegel strafrechtlicher Verantwortung (2008); *Schlösser* Die Strafbarkeit des Geschäftsführers einer private company limited by shares in Deutschland, wistra, **2006** 81; *ders.* Vertraglich vereinbarte Integritätsklauseln und strafrechtliche Haftung der Unternehmensleitung, wistra **2006** 446; *ders.* Europäische Aktiengesellschaft und deutsches Strafrecht, NZG **2008** 126; *Schlösser/Mosiek* Anwendbarkeit ausländischen Gesellschaftsrechts im Rahmen der Untreue zum Nachteil einer EU-Auslandsgesellschaft, HRRS **2010** 424; *Schnauder* Zum strafrechtlichen Schutz des Gesellschaftsvermögens, JuS **1998** 1080; *Schramm* Untreue durch Insolvenzverwalter, NStZ **2000** 398; *ders.* Untreue und Konsens (2005); *ders./Hinderer* Die Untreue-Strafbarkeit eines Limited-Directors pp., ZIS **2010** 494; *Schünemann* Organuntreue – Das Mannesmann-Verfahren als Exempel? (2004); *Schüppen* Transaction-Boni für Vorstandsmitglieder der Zielgesellschaft – Business-Judgement oder strafbare Untreue?, Festschrift Tiedemann (2008) 749; *Schulte* Abgrenzung von Bankrott, Gläubigerbegünstigung und Untreue bei der KG, NJW **1983** 144 und 1773; *Schulte* Strafbarkeit der Untreue zum Nachteil der KG? NJW **1984** 1671; *Schultz* Schädigung von Personenhandelsgesellschaften durch Interne, BB **1988** 572; *Seher* Die aktienrechtliche Untreue in rechtsvergleichender Darstellung (1965); *Seibt/Schwarz* Aktienrechtsuntreue, AG **2010** 301; *Siegmann/Vogel* Die Verantwortlichkeit des Strohmanngeschäftsführers einer GmbH, ZIP **1994** 1821; *Soyka* Untreue zum Nachteil von Personengesellschaften (2008); *Spindler* Vorstandsvergütungen und Abfindungen auf dem aktien- und strafrechtlichen Prüfstand – Das Mannesmann-Urteil des BGH, ZIP **2006** 349; *Stapelfeld* Zum Schutzgesetzcharakter der §§ 266, 266a StGB in Bezug auf Untreuedelikte der GmbH-Geschäftsführer, BB **1991** 1501; *Steiner* Mannesmann-Prozess: Untreue-Vorwurf wäre rechtlich nicht haltbar gewesen, in: Zeitschrift für das gesamte Kreditwesen (ZfK) **2006** 1264; *Stölting* Das tatbestandsmerkmal des fremden Vermögens bei der Untreue zum Nachteil von Personengesellschaften am Beispiel der GmbH & Co. KG (2010); *Taschke* Straftaten im Interesse von Unternehmen – auch strafbar wegen Untreue?, Festschrift Lüderssen (2002) 663; *Tiedemann* Untreue bei Interessenkonflikten. Am Beispiel der Tätigkeit von Aufsichtsratsmitgliedern, Festschrift Tröndle S. 319; *ders.* Der Untreuetatbestand – ein Mittel zur Begrenzung von Managerbezügen?, Festschrift Weber (2004) 319; *ders.* Zur Klageerzwingungsbefugnis von Aktionären und GmbH-Gesellschaftern, insb. bei Organuntreue, Festschrift Mehle (2009) 625; *ders.* GmbH-Strafrecht. §§ 82–85 GmbHG und ergänzende Vorschriften, 5. Aufl. (2010), Sonderausgabe aus Scholz, Kommentar zum GmbHG, 10. Aufl. (2010); *Tsambikakis* Aktuelles zum Strafrecht bei GmbH und GmbH & Co, GmbHR **2005** 331; *Ulmer* Schutz der GmbH gegen Schädigung zugunsten ihrer Gesellschafter? Festschrift Pfeiffer S. 853; *Volk* Untreue und Gesellschaftsrecht. Ein Dschungelbuch, Festschrift Hamm (2008) 803; *Vonnemann* Strafbarkeit von GmbH-

Geschäftsführern wegen Untreue zu Lasten der GmbH bei Zustimmung der Gesellschafter? GmbHR **1988** 329; *Wagner* Strafrechtliche Risiken bei MBO wistra **1992** 161; *Wagner/Hermann* Verdeckte Gewinnausschüttung bei der Ein-Personen-GmbH, einmal nicht nur steuerrechtlich, BB **1999** 608; *T. Wagner* Die Untreue des Gesellschafters in der einfachen und konzernierten Einmann-GmbH: zugleich eine strafrechtliche Bestimmung des existenzvernichtenden Eingriffs (2005); *Wattenberg* Zentrales Cash-Management als Untreuetatbestand im Konzernverbund, StV **2005** 523; *Wehlert* Die Abgrenzung von Bankrott und Untreue (1985); *Weiß* Strafbarkeit der Geschäftsführer pp., GmbHR **2011** 350; *Wellkamp* Organuntreue zum Nachteil von GmbH-Konzernen und Aktiengesellschaften, NStZ **2001** 113; *Wessing/Krawczyk* Untreue zum Nachteil einer konzernabhängigen GmbH, NZG **2009** 1176; *Winkelbauer* Strafrechtlicher Gläubigerschutz im Konkurs der KG und der GmbH & Co. KG, wistra **1986** 17; *Witte/Mehrbrey* Aufsteigende Darlehen im GmbH-Konzern, MDR **2007** 7; *Wodicka* Die Untreue zum Nachteil der GmbH bei vorheriger Zustimmung aller Gesellschafter (1993); *Wolf* Die Strafbarkeit der rechtswidrigen Verwendung öffentlicher Mittel (1998); *Wollburg* Unternehmensinteresse bei Vergütungsentscheidungen oder: Verstieß die Zahlung der Mannesmann-Prämien gegen das Unternehmensinteresse der Mannesmann-AG?, ZIP **2004** 646; *Wölper* Steuerung des Verhaltens von Gemeindebediensteten im Umgang mit öffentlichen Haushaltsmitteln durch Strafrecht? (2006); *Zech* Untreue durch Aufsichtsratsmitglieder einer Aktiengesellschaft (2007); *Zieschang* Haftstrafe für Verwalter wegen Untreue?, NZM **1999** 393; *ders.* Strafbarkeit des Geschäftsführers einer GmbH wegen Untreue trotz Zustimmung sämtlicher Geschäftsführer?, Festschrift Kohlmann (2004) 351; *Zwiehoff* Untreue durch den Aufsichtsrat bei nichtorganschaftlichem Handeln?, Festschrift Eisenhardt (2007) 57.

Wie das umfangreiche Schrifttumsverzeichnis zeigt, bildet die Fallgruppe der Gesellschaftsuntreue (typischerweise in Form einer Untreue des **Gesellschaftsorgans** i.w.S.) heute das theoretisch komplizierteste und praktisch wichtigste Anwendungsfeld des gesamten Untreuetatbestandes (zu den Gründen o. Rdn. 14f). Nachfolgend werden die für die jeweilige Gesellschaftsform spezifischen Probleme bei der *Täterqualifikation*, der *Pflichtwidrigkeit* und dem *Vermögensnachteil* behandelt. 305

1. GmbH-Untreue. Mit der Entwicklung dieser Gesellschaftsform zur dominierenden Figur des deutschen Wirtschaftslebens ist die Untreue im GmbH-Bereich zur kriminalpolitisch wichtigsten Erscheinungsform des § 266 StGB geworden, die eine Fülle bis heute nicht endgültig beantworteter dogmatischer Zweifelsfragen aufwirft, welche allesamt mit dem Widerspruch zwischen dem körperschaftlich strukturierten Außenverhältnis der GmbH und ihrer zumeist nicht anders als bei den Personengesellschaften organisierten („personalistischen") Binnenstruktur zusammenhängen. 306

a) Das zeigt sich bereits bei der Frage, ob als Träger des GmbH-Vermögens im Strafrecht die GmbH als juristische Person oder deren Gesellschafter als die dahinter stehenden natürlichen Personen anerkannt werden sollen. Nach ständiger Rechtsprechung und völlig herrschender Meinung findet insoweit keine „Befreiung des Strafrechts vom zivilistischen Denken" statt, vielmehr schützt § 266 die GmbH selbst als Vermögensinhaber.[1003] Immerhin wirkt sich die materielle Vermögensträgerschaft der GmbH-Gesellschafter dahin aus, dass eine mit ihrem Einverständnis erfolgte Schädigung der GmbH nur in engen Grenzen pflichtwidrig ist (näher c). Solange die Gründung der GmbH noch nicht abgeschlossen, diese also als **Vorgesellschaft** noch nicht im Handelsregister eingetragen ist, kommt es sogar ausschließlich auf das Einverständnis der Gründungsge- 307

1003 So bereits RGSt **42** 278f; BGHSt **3** 23 25; **3** 32, 39f; BGH wistra **1983** 71; **1987** 216, 335f; *Tiedemann* Rdn. 15 vor §§ 82ff; *Hachenburg/Kohlmann* Rdn. 60 vor § 82; *Kohlmann* Rdn. 171; *Brammsen* DB **1989** 1609, 1610; *Schmid* M-G/B § 26 Rdn. 57f; *Reiss* StuW **1992** 233f, 240f; and. im Ergebnis *Sch/Schröder/Perron* Rdn. 21b; *Hoyer* SK Rdn. 73.

sellschafter an.[1004] Denn diese sind noch die alleinigen Vermögensträger (BGHZ **80** 129, 135) und potentiellen Geschädigten, etwa wenn der (sei es auch nur faktische) Gründungs-Geschäftsführer das Gesamthandsvermögen durch überhöhten Gründungsaufwand vermindert.

308 **b) aa)** Spezifischer Täter der GmbH-Untreue ist der **Geschäftsführer**, der gemäß §§ 35f GmbHG eine gesetzliche Verfügungs- und Verpflichtungsmacht besitzt und den als Organ gemäß § 43 GmbHG eine qualifizierte Vermögensfürsorgepflicht im Verhältnis zur GmbH trifft,[1005] dagegen nicht im Verhältnis zu ihren Gesellschaftern (BGHSt **51** 29, 31ff; *Tiedemann* GmbH-Untreue Vor § 82 Rdn. 8). Dies gilt gemäß § 44 GmbHG auch für den stellvertretenden Geschäftsführer.[1006] Weil die Täterqualifikation aus der Obhutsherrschaft erwächst, kommt sie in demselben Umfang in Fortfall, in dem die Geschäftsführerfunktionen im *Insolvenzverfahren* auf den vorläufigen oder endgültigen Insolvenzverwalter übertragen werden.[1007]

309 **bb)** Wegen der gesetzlichen Festlegung des Pflichtenkreises ändern Absprachen zwischen den Gesellschaftern und dem eingetragenen Geschäftsführer, dass dieser nur als **Strohmann** fungieren soll, an seiner Täterqualifikation an sich nichts (eingehend *Siegmann/Vogel* ZIP **1994** 1821ff). Doch wird das in erster Linie für die Geschäftsführer-Sonderdelikte der §§ 82, 84 GmbHG praktisch, während im Rahmen des § 266 etwa bei einer die GmbH schädigenden Passivität des Strohmann-Geschäftsführers regelmäßig ein entsprechendes Einverständnis der Gesellschafter vorliegen wird, das die Pflichtwidrigkeit u.U. entfallen lässt (u. Rdn. 313ff). Praktisch wichtiger ist deshalb in den Strohmannfällen die strafrechtliche Verantwortlichkeit des an seiner Stelle tätigen **faktischen Geschäftsführers**, die sich für den Treubruchtatbestand schon aus dem Gesetzeswortlaut ergibt (scil. tatsächliches „Treueverhältnis", dazu näher Rdn. 76ff). Nach h.M. soll eine Erfüllung des Missbrauchstatbestandes durch den faktischen Geschäftsführer dagegen ausscheiden, weil dieser ein für die GmbH rechtswirksames Verhalten voraussetze.[1008] Aus den in Rdn. 40f dargelegten Gründen muss es aber auch insoweit für die Täterstellung des faktischen Geschäftsführers ausreichen, wenn seine Handlungen nach den Grundsätzen der Duldungs- oder Anscheinsvollmacht für die GmbH rechtsgeschäftliche Rechtswirkungen auslösen. Umstritten ist, welche Anforderungen im Einzelnen an die Stellung als faktischer Geschäftsführer zu richten sind. Das Problem stellt sich auch hier wieder in erster Linie für die formellen Geschäftsführerdelikte der §§ 82, 84 GmbHG, denn bei § 266 ist ja auch unterhalb der Geschäftsführungsebene jede das GmbH-Vermögen schädigende Ausübung einer Obhutsherrschaft tatbestandsmäßig. Für § 266 begegnet es deshalb keinen Bedenken, mit der Rechtsprechung eine faktische Geschäftsführung dann zu bejahen, wenn sich der Betreffende im Einverständnis mit den Gesell-

1004 BGHSt **3** 23, 25; BGHR § 266 Abs. 1 Nachteil 27; BGH wistra **1989** 264, 266; **2000** 178; ebenso *Gribbohm* ZGR **1990** 1, 6; *Kohlmann* Rdn. 51, 173, 195; *ders.* FS Geerds S. 675ff; *Tiedemann* GmbH-Strafrecht Vor § 82 Rdn. 13, 23; für Gleichstellung von Vor-GmbH und GmbH *Schäfer* GmbHR **1993** 717, 720; eingehend *Hentschke* Untreue-Schutz.

1005 Unstr., s. nur *Tiedemann* GmbH-Strafrecht, Vor § 82 Rdn. 7 (zum Missbrauchs-) und 8 (zum Treubruchtatbestand); BGHSt **51** 29, 31.

1006 BGHSt **6** 314; *Kohlmann* Rdn. 200.

1007 *Tiedemann* GmbH-Strafrecht Vor § 82 Rdn. 7; nach altem Recht zu den Fällen der Sequesterbestellung s. BGHR § 266 Abs. 1 Treubruch 2, der Einsetzung eines Konkursverwalters BGHR § 266 Abs. 1 Vermögensbetreuungspflicht 20; **aM** nach neuem Recht *Bittmann/Rudolph* wistra **2000** 401ff.

1008 BGHSt **5** 61, 63; *Sch/Schröder/Lenckner* Rdn. 4; *Kohlmann* Rdn. 177.

schaftern mit der Geschäftsführung tatsächlich befasst und hierbei ein Übergewicht über den eingetragenen Geschäftsführer besitzt.[1009]

cc) Nach den Grundsätzen der faktischen Geschäftsführung bestimmt sich auch die Verantwortlichkeit des sog. **aktiven Mehrheitsgesellschafters,** der durch seine unmittelbar das Vermögen der GmbH schädigenden Handlungen den Tatbestand des § 266 als Täter erfüllt.[1010] Soweit sich ein Gesellschafter dagegen auf Anweisungen an den Geschäftsführer beschränkt, er also seine gesetzliche Rolle nicht überschreitet, kommt nach traditioneller Auffassung nur eine strafrechtliche Verantwortlichkeit wegen Anstiftung des Geschäftsführers zur Untreue in Betracht.[1011] Mittlerweile sind hierfür jedoch besondere Regeln der **Konzernuntreue** entwickelt worden, bei der einerseits an die Pflichtwidrigkeit qualifizierte Voraussetzungen gestellt (nachfolgend Rdn. 313), andererseits dem Konzernherrn eine eigene Täterstellung zugesprochen wird (u. Rdn. 331 f). 310

c) Besondere Probleme werden bei der GmbH-Untreue von der **Pflichtwidrigkeit** als Voraussetzung des Missbrauchs bzw. der Treupflichtverletzung aufgeworfen. 311

aa) Entsprechend den allgemeinen Grundsätzen zur Begründung der Pflichtwidrigkeit (Rdn. 110) bestimmt sich diese bei der GmbH nach folgender Reihenfolge: der gesetzlichen Regelung, der Satzung, dem Anstellungsvertrag des Geschäftsführers, den von den Gesellschaftern festgelegten Grundsätzen der Geschäftspolitik, den durch Gesellschafterbeschluss erteilten rechtsverbindlichen Weisungen, der rechtswirksamen Einverständniserklärung der Gesellschafter und dem allgemeinen Schädigungsverbot.[1012] Besondere Probleme wirft die Pflichtwidrigkeit bei **mehrköpfigen Organen** auf. Nach herkömmlicher Auffassung wird die strafrechtliche Verantwortlichkeit eines Geschäftsführers, der von seinen Mitgeschäftsführern überstimmt wird, nur dann beseitigt, wenn er jedes rechtlich zulässige Mittel ergriffen hat, um das Zustandekommen des schädigenden Beschlusses zu verhindern.[1013] Zwar lässt das (freilich Drittschädigungen betreffende!) Lederspray-Urteil des BGH in dieser Hinsicht eine gewisse Restriktionstendenz erkennen, weil es nur noch davon spricht, dass der Geschäftsführer zur Herbeiführung einer rechtmäßigen Kollegialentscheidung „alles ihm Mögliche und Zumutbare" tun müsse.[1014] Für § 266 kann diese Frage aber offenbleiben, weil der Geschäftsführer einer GmbH gegenüber dem Vermögen der GmbH (anders als gegenüber den Rechtsgütern von 312

1009 BGHSt **3** 32, 37 f; **6** 315 f; **21** 101; **31** 118 f; BGH wistra **1984** 178; BGH NStZ **1996** 540 f; BGH NStZ **2014** 93; eingehende Darstellung bei *Fuhrmann* FS Tröndle S. 139 ff; *Gübel* S. 101 ff; zur Kritik *Kratzsch* ZGR **1985** 506, 525 f; *Tiedemann* § 84 Rdn. 16 ff und Wirtschaftsstrafrecht BT Rdn. 405; *Kohlmann* Rdn. 19; allg. zu den Problemen der faktischen Vertretungsverhältnisse *Schünemann* LK § 14 Rdn. 70 ff.

1010 BGHR § 266 Abs. 1 Vermögensbetreuungspflicht 25.

1011 Eingehend *Flum* S. 221 ff; *Tiedemann* GmbH-Strafrecht Vor § 82 Rdn. 13; and. *Richter* GmbHR **1984** 144, der schon früher bei Beeinträchtigung des Stammkapitals Täterschaft annahm.

1012 Instruktiv *Kohlmann* Rdn. 202.

1013 *Kohlmann* Rdn. 176 und *Tiedemann* Wirtschaftsstrafrecht AT Rdn. 186 m.w.N.; für Aufsichtsratsmitglieder bei einer Aktiengesellschaft BGHSt **9** 203, 216, allerdings als obiter dictum.

1014 BGHSt **37** 106, 126, 131; ob dafür das Eintreten für die rechtmäßige Beschlussalternative in Aussprache und Abstimmung genügt, bleibt offen und wird auch in den Rezensionen nicht erörtert, die sich auf die Kausalitätsfrage konzentrieren, s. *Kuhlen* NStZ **1990** 566 f; *Samson* StV **1991** 182 ff; *Puppe* JR **1992** 30 ff; *Brammsen* Jura **1991** 533 f; *Hilgendorf* NStZ **1994** 561 ff; *Hoyer* GA **1996** 160, 172 ff; *Deutscher/Körner* wistra **1996** 327, 330 ff; *Jakobs* FS Miyazawa (1995) S. 419 ff; s. aber die Ansätze bei *Neudecker* Die strafrechtliche Verantwortlichkeit der Mitglieder von Kollegialorganen (1995) S. 248 ff; *Weißer* Kausalitäts- und Täterschaftsprobleme bei der strafrechtlichen Würdigung pflichtwidriger Kollegialentscheidungen (1996); *Suárez González* in Schünemann/Suárez González Bausteine S. 49 ff.

Dritten) von vornherein eine Übernahmegarantenstellung besitzt, die ihn (bei einer gegen seinen Willen beschlossenen Schädigung der Gesellschaft) jedenfalls zur *Warnung* der Gesellschafter verpflichtet.[1015]

313 **bb)** Umstritten ist, inwieweit das **Einverständnis der Gesellschafter** die Pflichtwidrigkeit gegenüber der GmbH beseitigt. Dabei ging es meistens um Entnahmen aus dem Gesellschaftsvermögen, die (namentlich bei einer **Einmann-GmbH**) außerhalb der förmlichen Vorschriften des GmbH-Rechts, u.U. als *verdeckte Gewinnausschüttung*, u.U. sogar ohne einen Gewinn und damit aus der Substanz erfolgen. Hierzu sind **vier** verschiedene Auffassungen denkbar, von denen drei (mit im Einzelnen noch weiteren Nuancierungen) die gegenwärtige Diskussion bestimmen; deren Bezeichnungen sind erstmals von *Schünemann* LK[11], § 266 Rdn. 125c) vorgeschlagen und weithin akzeptiert worden. Das Reichsgericht vertrat die *strenge Körperschaftstheorie*, nach der die Gesellschafter eine Schädigung des Gesellschaftsvermögens nicht gestatten könnten, so dass die Pflichtwidrigkeit einer Schädigung auch bei Zustimmung aller Gesellschafter nicht entfallen sollte.[1016] Das ist aber schon deshalb verfehlt, weil die Gesellschafter gemäß § 29 GmbHG Anspruch auf den Jahresüberschuss bzw. den Bilanzgewinn haben, worauf durch einen im allseitigen Einverständnis formlos möglichen Gesellschafterbeschluss[1017] Vorschüsse bewilligt werden können. Der BGH hat deshalb in zahlreichen Entscheidungen eine *eingeschränkte Körperschaftstheorie* entwickelt, wonach die Zustimmung aller Gesellschafter die Pflichtwidrigkeit einer Schmälerung des GmbH-Vermögens insoweit entfallen lassen soll, wie sich die gesamte Transaktion im Rahmen der Grundsätze eines ordentlichen Kaufmanns bewegt.[1018] Hierbei wird aber verkannt, dass die GmbH schon in zivilrechtlicher Hinsicht kein vom Interesse der Gesellschafter abweichendes, eigenständiges „GmbH-Interesse" besitzt, weshalb die Gesellschafter bei der Verfolgung eigener Interessen zum Nachteil der GmbH grundsätzlich frei und nur an die Schranken der zwingenden Vorschriften des GmbHG gebunden sind.[1019] Im neueren Schrifttum ist deshalb die *eingeschränkte Gesellschaftertheorie* im Vordringen begriffen, die bei Zustimmung der Gesellschafter nur dann die Pflichtwidrigkeit einer Schädigung der GmbH bejaht, wenn entweder die zwingenden Vorschriften des GmbH-Rechts über die Kapitalerhaltung verletzt sind (§§ 30 ff GmbHG) oder aber eine Existenzgefährdung der GmbH ausgelöst wird (was bei einer in diesem Fall nach sog. *Zerschlagungswerten* aufzustellenden Bilanz in der Regel ebenfalls auf eine Auszehrung des gesetzlich garantierten Stammkapitals hinausläuft).[1020] Selbst diese Grenze wird aber von der im Schrifttum

1015 Zutr. *Kohlmann* Rdn. 176.

1016 RGSt **71** 353 f.

1017 S. §§ 48 Abs. 2, 51 Abs. 3 GmbHG und dazu *Lutter/Hommelhoff* GmbH-Gesetz, 17. Aufl. 2009, § 29 Rdn. 45 f.

1018 BGHSt **9** 216; **30** 127; **34** 379; ähnlich mit der Formel vom „Rechtsmissbrauch" BGHR § 266 Abs. 1 Nachteil 37; OLG München NJW **1994** 3112, 3114; zust. *Hübner* LK[10] Rdn. 87; zum Sonderfall der vermögenslosen GmbH unentschieden BGHR § 266 Abs. 1 Vermögensbetreuungspflicht 20.

1019 So die zivilrechtliche Rspr., s. BGHZ **31** 258, 278; **95** 330, 340; BGH NJW **1974** 1088, 1089; BGH NJW **1984** 1037; eingehend *Ulmer* FS Pfeiffer S. 853, 854 f.

1020 Instruktiv *Ulmer* FS Pfeiffer S. 853, 868; *Brammsen* DB **1989** 1609 ff; ferner *Fleck* ZGR **1990** 31 ff; *Flum* S. 147 ff; *Kohlmann* FS W. Werner (1984) 387 ff; *Gribbohm* ZGR **1990** 1 ff; *Schäfer* GmbHR **1993** 789 ff; *Vonnemann* GmbHR **1988** 329 ff; *Achenbach* BGH-Festgabe Wiss. S. 593, 598 f; auch der BGH hatte sich in der Grundsatzentscheidung BGHSt **35** 333, 336 ff dieser Sicht angeschlossen, ohne darin freilich mit der älteren Rechtsprechung definitiv zu brechen; in der anschließenden Rspr. wurde deshalb wieder auf die verschwommenen Kriterien der „wirtschaftlichen Gefährdung" (BGHR § 266 Abs. 1 Nachteil 18), der „Liquiditätsgefährdung" (BGH NStZ **1995** 185, 186; BGHR § 266 Abs. 1 Nachteil 25, 33, 37) oder der „Rechtsmissbräuchlichkeit" (BGHR § 266 Abs. 1 Nachteil 23; BGH NStZ **1996** 540, 542) zurückgegriffen.

ebenfalls einflussreichen *strengen Gesellschaftertheorie* geleugnet, die in § 266 allein das Interesse der Gesellschafter (nicht aber Interessen von Gläubigern an der Fortexistenz der GmbH) geschützt sieht und deshalb die Pflichtwidrigkeit selbst bei einer Zerstörung der GmbH verneint, wenn nur die Zustimmung aller Gesellschafter vorgelegen hat.[1021]

cc) Die Entscheidung zwischen diesen Theorien ist dadurch erschwert worden, dass **314** das wegen der Zivilrechtsaffinität des Untreuetatbestandes (dazu o. Rdn. 110) relevante GmbH-Recht in seinen Konstruktionen durch den Gesellschaftsrechtssenat des BGH und jüngst auch in seiner Ausgestaltung durch den Gesetzgeber permanenten Wandlungen unterworfen worden ist. Seit der Autokran-Entscheidung vom 16.8.1985[1022] hat die Rechtsprechung den Schutz der Gläubiger einer Einmann-GmbH mit der durch Rechtsfortbildung entwickelten Rechtsfigur des **„qualifizierten faktischen Konzerns"** und dabei durch eine analoge Anwendung der Regeln über den aktienrechtlichen Vertragskonzern sichergestellt, wobei die Einzelvoraussetzungen für einen Durchgriff der Gläubiger auf den Alleingesellschafter zunächst immer extensiver,[1023] schließlich aber sehr restriktiv bestimmt wurden.[1024] Die Analogie zu den aktienrechtlichen Vorschriften bot u.a. die Möglichkeit, auch die gesetzlichen Vertreter des herrschenden Unternehmens etwa analog § 309 II AktG im qualifizierten faktischen GmbH-Konzern persönlich haftbar zu machen[1025] Die seit dem Video-Urteil[1026] im Schrifttum immer heftiger artikulierte Kritik machte demgegenüber geltend, dass es nicht um *Konzernrecht*, sondern um die allgemeinen Fragen der *Durchgriffshaftung* gehe;[1027] und da sich auch der neue Vorsitzende des zuständigen II. Zivilsenats des BGH und ein weiteres Senatsmitglied in verschiedenen Publikationen dieser Ansicht angeschlossen hatten,[1028] konnte es nur noch als eine Frage der Zeit erscheinen, wann der BGH die Rechtsfigur des qualifizierten faktischen GmbH-Konzerns im Wege einer „Rechtsrückbildung" wieder kassieren würde. Genau dies ist sodann nach der in den Rezensionen völlig überwiegenden Auffassung[1029] in der Entscheidung „Bremer-Vulkan" vom 17.9.2001[1030] geschehen, indem in Leitsatz Nr. 1 lapidar ausgesprochen wurde, dass der Schutz einer abhängigen GmbH gegen Eingriffe ihres Alleingesellschafters nicht dem (bei der Rechtsfigur des „qualifizierten faktischen Konzerns" jedenfalls partiell analog herangezogenen) Haftungssystem des Konzernrechts des Aktiengesetzes folge. Zwar wurde dessen ungeachtet, wie der BGH unter I 1 der Entscheidungsgründe ausdrücklich aussprach, vom Ergebnis her das Schutzniveau des

1021 *Sch/Schröder/Perron* Rdn. 21b; *Fischer* Rdn. 99; tendenziell, aber gegenüber der Rspr. resignierend auch *Seier* Rdn. 332; *Labsch* JuS **1985** 602; *ders.* wistra **1985** 7; *Kasiske* wistra **2005** 81 ff; *ders.* JR **2011**, 236 ff; *Nelles* S. 483 ff, 512 ff; *Schramm* Untreue S. 123; in der Begründung umgekehrt, im Ergebnis aber ebenso *Reiss* wistra **1989** 81, 83 ff; *ders.* StuW **1992** 241, der statt dessen § 283 StGB anwendet, dazu Rdn. 211 f.

1022 BGHZ **95** 330 = NJW **1986** 188 = LM § 13 GmbHG Nr. 15.

1023 BGHZ **107** 7 = NJW **1989** 1800 = LM § 30 GmbHG Nr. 27 – Tiefbau; BGHZ **115** 187 = NJW **1991** 3142 = LM H. 1/1992 § 302 AktG 1966 Nr. 4 (m. Anm. *Heidenhain*) – Video.

1024 BGHZ **122** 123 = NJW **1993** 1200 = LM H. 7/1993 § 302 AktG 1965 Nr. 6 (m. Anm. *Heidenhain*) – TBB.

1025 *Emmerich/Habersack* Aktien- und GmbH-Konzernrecht, 6. Aufl. 2010, Anh. § 318 Rdn. 3, 39; *Hoffmann* NZG **2002** 68 (74).

1026 BGHZ **115** 187.

1027 S. bis zum TBB-Urteil *Hommelhoff/Stimpel/Ulmer* (Hrsg.), Der qualifizierte faktische GmbH-Konzern (1992); für die Zeit danach *Röhricht*, FS BGH-Prax., S. 83, 86 ff; *Ulmer* und *Wiedemann*, in: FS BGH-Wiss., Bd. II S. 273, 302 ff, 337, 347 ff.

1028 *Röhricht* aaO; *Goette*, ZHR-Beiheft Nr. 70, S. 11, 21 ff.

1029 *Altmeppen* ZIP **2001** 1837; *Bitter* WM **2001** 2133; *Goette* DStR **2001** 1857; *Hoffmann* NZG **2002** 68; *Kessler* GmbHR **2001** 1095; *Römermann* GmbHR **2001** 1015; *Ulmer* ZIP **2001** 2021; *Wilken* DB **2001** 2383; **and.** nur *Cahn* ZIP **2001** 2159; *K. Schmidt* NJW **2001** 3577, gegen diesen *Altmeppen* NJW **2002** 321.

1030 BGHZ **149** 10.

TBB-Urteils beibehalten, weil der Alleingesellschafter „bei Eingriffen in ... Vermögen und Geschäftschancen (der GmbH) angemessene Rücksicht auf ihre seiner Disposition entzogenen eigenen Belange zu nehmen hat", woran es fehle, „wenn (die GmbH) infolge der Eingriffe ihres Alleingesellschafters ihren Verbindlichkeiten nicht mehr nachkommen kann". Indem bei der rechtlichen Begründung die Analogie zum Konzernrecht des Aktiengesetzes durch einen Hinweis auf die Vorschriften über die Erhaltung des Stammkapitals (§§ 30f, 43 III GmbHG) ersetzt wurde, wurde dann aber auch die Brücke über die §§ 309 II und 317 III AktG zu einer eigenen Schadenersatzhaftung der Organmitglieder der herrschenden Gesellschaft abgebrochen, weshalb der BGH lakonisch feststellte, „sowohl der Erstattungsanspruch nach § 31 GmbHG als auch der Anspruch der Gesellschaft wegen eines bestandsvernichtenden Eingriffs in ihr Vermögen und ihre Geschäftschancen ... richtet sich grundsätzlich allein gegen den Gesellschafter, nicht auch gegen dessen Organe". Als einzige Möglichkeit für einen direkten Schadenersatzanspruch gegen die Organe blieb für den BGH damit die deliktische Haftung über § 823 II BGB i.V. mit der Erfüllung von Straftatbeständen übrig, vor allem § 266 StGB.

315 In welche Schwierigkeiten diese in der Entscheidung „Bremer Vulkan" des 2. Zivilsenats proklamierte Ersetzung der Theorie vom faktischen GmbH-Konzern durch eine Rückverweisung ins Strafrecht die bis dahin eine Verweisung ins GmbH-Recht praktizierende und plötzlich von einem Zirkelschluss bedrohte Strafrechtsprechung gestürzt hat, macht die Entscheidung des 5. Strafsenats zu demselben Fall deutlich. Einerseits wurde in der Verwaltung des Cash Pools durch die Obergesellschaft ein (überzeugender, s. Rdn. 158) Grund für die Annahme einer Vermögensfürsorgepflicht für die Untergesellschaft gefunden (BGHSt **49** 147, 162), andererseits war deren Einschränkung auf eine bloße Existenzvernichtungshaftung (BGHSt **49** 147, 163 re. u.) damit kaum zu vereinbaren. Aber damit nicht genug, hat der 2. Zivilsenat in der „Trihotel"-Entscheidung auch die Konstruktion eines direkt gegen den „Konzernherrn" gerichteten deliktischen Schadensersatzanspruchs der GmbH-Gläubiger preisgegeben und ist auf einen nur noch der GmbH selbst zustehenden Anspruch aus § 826 BGB und damit auf eine bloße „Innenhaftung" übergeschwenkt,[1031] woraus im Schrifttum prompt gefolgert worden ist, dass damit (weil die Gesellschaft gegen ihre jederzeit zur Auflösung befugten Gesellschafter keine eigenen Bestandsrechte haben könne) jeglicher strafrechtlichen Untreuekonstruktion die privatrechtliche Basis entzogen sei.[1032] Zwar hat sich der 2. Strafsenat davon nicht beirren lassen, weil „die Einschränkung der zivilrechtlichen Dispositionsbefugnis des Alleingesellschafters und der Umfang seiner eigenen strafrechtlichen Vermögensbetreuungspflicht nicht deckungsgleich" seien; „die Frage, in welchen Fällen die Treupflicht des Gesellschafters gegenüber seine Gesellschaft ... zur Vermögensbetreuungspflicht erstarkt", sei „von dem Wechsel zu einer deliktsrechtlichen Haftungskonstruktion unberührt", und jedenfalls im Umfang der (strafrechtlichen) Bremer Vulkan-Entscheidung sei „an der Annahme einer solchen Pflicht festzuhalten" (BGHSt **54** 52, 59f). Die Ersatzpflicht der Geschäftsführer bei Verursachung der Zahlungsunfähigkeit der GmbH gemäß dem durch das MoMiG eingeführten § 64 S. 3 GmbHG regele nur dessen Verantwortlichkeit und schließe die Existenzvernichtungshaftung des Gesellschafters nicht aus (BGHSt **54** 52, 60 – sog. Refugium-Entscheidung). Aber mit der konstruktiven Ablösung vom Gesellschaftsrecht hat der BGH einerseits (zu Recht, s.o. Rdn. 110) die Konsequenz gezogen,

---

1031 BGHZ **173** 246; fortgesetzt in BGH NJW **2008** 655, 2437; NJW-RR **2008** 629, 918; BGHZ **179** 344; aus der gesellschaftsrechtlichen Literatur *Altmeppen* NJW **2007** 2657; *Goette* DStR **2007** 1593; *Habersack* ZGR **2008** 533; *Jakob* GmbHR **2007** 796; *Lieder* DZWIR **2008** 145ff; *Schanze* NZG **2007** 681; *Schmidt* GmbHR **2008** 449; *Schwab* ZIP **2008** 341; *Ulrich* GmbHR **2008** 810; *Wackerbarth* JZ **2008** 1166.

1032 *Weller* ZIP **2007** 1681, 1688; *Livonius* wistra **2009** 91, 93f.

dass das strafrechtliche Unrecht nicht aus der zivilrechtlichen Pflichtwidrigkeit als ratio essendi abzuleiten ist, sondern nur durch zivilrechtliche Rechtfertigungsgründe ausgeschlossen werden kann; und andererseits hat er noch kein selbständiges strafrechtliches Kriterium gefunden, sondern benutzt nur das völlig verschwommene Bild, die Treupflicht könne „zur Vermögensbetreuungspflicht erstarken". Eine dogmatisch überzeugende Einordnung der aktuellen Gerichtspraxis steht deshalb noch aus. Dabei muss zwischen der Frage der Rechtfertigung (=Beseitigung der Pflichtwidrigkeit) durch das Einverständnis der Gesellschafter und der Frage der Täterqualifikation getrennt werden:

(1) Nach Meinung von *Radtke/Hoffmann* (GA **2008** 535, 548ff) soll die Konstruktion **316**
der Trihotel-Entscheidung über einen nicht den Gläubigern, sondern der GmbH selbst zustehenden Anspruch aus § 826 BGB ein „Existenzeigeninteresse" der Gesellschaft belegen, woraus die Richtigkeit der eingeschränkten Körperschaftstheorie folgen würde. Aber in Wahrheit führt sich dadurch die Konstruktion selbst ad absurdum, denn weil die GmbH von ihren Gesellschaftern ebenso nach Willkür aufgelöst werden kann wie sie gegründet wurde, kann es in einem nicht an formale Rechtstitel, sondern immer auch an eine geldwerte Substanz anknüpfenden Vermögensstrafrecht (s.o. Rdn. 166 zum integrierten Vermögensbegriff) immer nur um die Beeinträchtigung des für die Gesellschafter unantastbaren Stammkapitals gehen. Weil diese Begrenzung durch die verschwommenen Formeln der eingeschränkten Körperschaftstheorie nicht garantiert und durch die Generalklausel der „guten Sitten" vollends aufgeweicht wird, verdient die **eingeschränkte Gesellschaftertheorie** den Vorzug. Sie spannt nicht (wie die eingeschränkte Körperschaftstheorie) den Strafrechtsschutz weiter als die zivilrechtliche Bestandsgarantie (was das Verhältnis von Strafrecht und Zivilrecht auf den Kopf stellen würde) und bietet anders als diese eine klare Abgrenzung, ohne in den Fehler der strengen Gesellschaftertheorie zu verfallen und die mit eigener Rechtspersönlichkeit ausgestattete GmbH auch dort als einen bloßen Mantel der Gesellschafter zu behandeln, wo deren Entscheidungsgewalt durch zwingendes GmbH-Recht aufgehoben ist und deshalb das gesetzlich garantierte Vermögen der GmbH nicht anders als etwa dasjenige des Staates oder anderer Körperschaften das in § 266 geschützte Rechtsgut darstellt. Dass das von den Strafsenaten des BGH gegenwärtig benutzte Kriterium der Existenzvernichtung sogar eher noch restriktiver ist, zeigt sich an den Ergebnissen der Entscheidungen, in denen durchweg eine tatrichterliche Verurteilung aufgehoben und die Sache mit strengen Prüfungsauflagen zurückverwiesen wird.[1033]

Von dieser Vorklärung aus ergeben sich für die einzelnen Fallgruppen folgende Lö- **317**
sungen: Substanzausschüttungen in Form von Geld- oder Sachleistungen an Gesellschafter oder Geschäftsführer wie auch das sonstige Fortschaffen von Vermögensbestandteilen der GmbH sind auch bei Zustimmung aller Gesellschafter pflichtwidrig, wenn dadurch das eingetragene **Stammkapital** unterschritten **und** die Existenz der GmbH **konkret gefährdet** wird.[1034] Dazu gehört auch ein nach den Vermögensverhältnissen und dem Geschäftsbetrieb der GmbH unverhältnismäßiger Aufwand (einschließlich Par-

1033 So auch in der Entscheidung BGH NJW **2003** 2996, wo allerdings die aktuelle BGH-Rspr. dahin interpretiert wird, dass die konkrete Existenzgefährdung „jedenfalls bei einem Angriff auf das Stammkapital" vorliege (S. 2998); richtigerweise sollte man diese Voraussetzungen aber kumulativ verstehen.

1034 So bisher schon BGHSt **3** 23f; **3** 32, 40; **9** 203, 211; **34** 379; **35** 333; BGH NStZ **1984** 118, 119; BGH wistra **1982** 148, 149; **1986** 262; **1987** 336; NZG **2011** 1238; BGH StV **2014** 88 Tz. 30; *Tiedemann* Rdn. 8 vor §§ 82ff; *Hachenburg/Kohlmann* Rdn. 188 Vor § 82; *Brammsen* BB **1989** 1609, 1614; *Gribbohm* ZGR **1990** 1, 7; *Kohlmann* FS W. Werner (1984) 397, 404; *ders.* Rdn. 182; *Müller-Gugenberger/Bieneck/Schmid* § 31 Rdn. 83ff; *Richter* GmbHR **1984** 137, 144; *Rönnau* (2014).

teispenden u.ä.), der freilich nur in Ausnahmefällen zu einer Unterschreitung des Stammkapitals führen wird. Die Vergabe von Darlehen seitens der GmbH (namentlich an Gesellschafter oder Geschäftsführer[1035] oder im Rahmen eines Cash Pooling im Konzern, dazu o. Rdn. 158) kann nur dann zu einer Beeinträchtigung des Stammkapitals führen, wenn der (an sich als Kompensation dienende) Rückzahlungsanspruch mangels Zahlungswilligkeit oder Zahlungsfähigkeit des Darlehensnehmers entwertet ist oder wenn die GmbH dadurch in die Gefahr der Illiquidität gerät (s. auch § 30 I, 2 GmbHG). Soweit gemäß § 43a GmbHG die Gewährung von Krediten an Geschäftsführer durch Zugriff auf das Stammkapital von Gesetzes wegen pflichtwidrig ist, entfällt gleichwohl bei ausreichender Bonität des Geschäftsführers der Vermögensschaden und damit die Tatbestandsmäßigkeit.[1036] Nach der neuen Rechtslage des GmbH-Rechts auf Grund des MoMiG[1037] gilt das auch für den Fall, dass der Gesellschafter ein eigenkapitalersetzendes Darlehen an die GmbH gegeben hat und ihm dieses zurück gewährt wird. Nach der früheren Regelung der §§ 32a, b GmbHG a.F. war dessen Rückzahlung eo ipso auch im Rahmen des § 266 pflichtwidrig.[1038] Nunmehr folgt aus den §§ 30 Abs. 1 S. 2, 64 S. 3 GmbHG, dass § 266 nur erfüllt ist, wenn entweder die Bonität des Gesellschafters fehlt oder durch den Liquiditätsabfluss die Zahlungsunfähigkeit der GmbH herbeigeführt wird.[1039] Das gleiche gilt bei dem Erwerb eigener Geschäftsanteile bzw. der Einziehung von Geschäftsanteilen unter Missachtung der §§ 33 f GmbHG, wenn dadurch das Stammkapital angegriffen wird.[1040]

318 Soweit das Stammkapital der GmbH nicht angegriffen und ihre Existenz nicht gefährdet wird, sind dagegen alle im Einverständnis der Gesellschafter erfolgenden Schmälerungen ihres Vermögens nicht pflichtwidrig, wobei dieses Einverständnis auch *formlos*, aber mit strafrechtlicher Wirksamkeit nur *vor* der Tathandlung hergestellt werden kann. Beim Handeln des Gesellschafter-Geschäftsführers einer **Einmann-GmbH** liegt es deshalb eo ipso vor.[1041] Insbesondere kann die Pflichtwidrigkeit einer im Einverständnis aller Gesellschafter erfolgenden Transaktion auch nicht etwa damit begründet werden, dass es sich dabei in steuerlicher Hinsicht um eine **verdeckte Gewinnausschüttung** handelt.[1042] In einer Gesellschafterversammlung kann das Einverständnis auch durch einen gesellschaftsrechtlich wirksamen **Mehrheitsbeschluss** hergestellt werden (*Tiedemann* GmbH-Strafrecht Vor § 82 Rdn. 10), doch müssen selbstverständlich die Zustimmungserklärungen den an eine wirksame Einwilligung zu stellenden Anforderungen genügen, sind also etwa bei unzulänglicher Aufklärung unwirksam (BGH NJW **2003** 2996, 2999; *Tiedemann* aaO). Dazu ist mindestens erforderlich, dass auch die Minderheitsgesellschafter mit der Angelegenheit befasst waren (BGHSt **55** 266, 279 f. – „Kölner Müll II").

1035 Dazu näher *Kohlmann* Rdn. 185, 204 m.w.N.

1036 Zutr. *Kohlmann* Rdn. 204 f gegen *Richter* GmbHR **1984** 137, 145.

1037 Gesetz zur Modernisierung des GmbH-Rechts und zur Bekämpfung von Missbräuchen vom 23.10.2008 (BGBl. I, S. 2026).

1038 *Kohlmann* Rdn. 186, 207; *Richter* GmbHR **1984** 137, 141, 146; vgl. aber auch *Ulmer* FS Pfeiffer S. 853, 965 f; *Gribbohm* ZGR **1990** 1, 7; eingehend *Hartung* NJW **1996** 229 ff.

1039 OLG Stuttgart wistra **2010** 34, dazu *Maurer/Wolf* wistra **2011** 327; *Bittmann* wistra **2009** 102; offen gelassen von AnwKomm-*Esser* Rdn. 291.

1040 BGHSt **9** 203, 214 ff; *Gribbohm* ZGR **1990** 1, 7; *Kohlmann* Rdn. 187, 208.

1041 Zur Untreue durch Antastung des Stammkapitals einer Einmann-GmbH siehe BGH NStZ **1982** 465; *Kohlmann* Rdn. 182.

1042 BGHSt **35** 333 f; *Brammsen* DB **1989** 1609, 1612; *Ulmer* FS Pfeiffer S. 853, 863; *Gribbohm* ZGR **1990** 1, 3 ff; *Lipps* NJW **1989** 502 ff; *Reiss* StuW **1992** 240; *Meilicke* BB **1988** 1261 ff und *Hellmann* wistra **1989** 214 ff gegen BGHSt **34** 379; *Kohlmann* Rdn. 191; eingehend *Mihm* Strafrechtliche Konsequenzen verdeckter Gewinnausschüttungen (1998) S. 101 ff.

(2) Ob die **Gesellschafter** (ggf. die für die Konzernobergesellschaft handelnden Organe) neben dem GmbH-Geschäftsführer die **Täterqualifikation** des Untreuetatbestandes besitzen, ist für die Anhänger der (asymmetrischen) Zivilrechtsakzessorietät (o. Rdn. 109) und die sich vielfach ihrer Terminologie bedienenden Rechtsprechung nur mit schiefen Bildern nach Art der „Erstarkung der Treupflicht zu einer Vermögensbetreuungspflicht" (BGHSt **54** 59) fassbar.[1043] Wenn *Saliger* SSW § 266 Rdn. 93 die „faktische Herrschaft im Konzern" für die Vermögensbetreuungspflicht ausreichen lassen will, verlässt er also im Grunde seine eigenen Prämissen. Andererseits würde man auch die Prinzipien der Täterschaft beim Garantensonderdelikt verkennen, wenn man dafür jede faktische Einwirkungsmöglichkeit ausreichen lassen wollte. Wie bei Garantenstellungen allgemein, ist auch für das „Treueverhältnis" in § 266 StGB im besonderen nötig, dass das fremde Vermögen dem potentiellen Untreuetäter **anvertraut** und dadurch eine **Herrschaftsposition** begründet ist, die eine Beschädigung des Vermögens „von innen heraus" ermöglicht (s. dazu o. Rdn. 32ff). Die Gesellschafter einer GmbH können nun aber auf das Vermögen der GmbH nicht direkt zugreifen, sondern sind hierfür auf das Handeln des Geschäftsführers angewiesen. Und ihre Befugnis zur Anweisung des Geschäftsführers gem. § 37 GmbHG (vgl. dazu nur *Stephan/Tieves* MK-GmbHG § 37 Rdn. 115ff), die als Basis für ein „gesetzliches Treueverhältnis" in Betracht käme, endet ebenso wie die Rechtswirkung ihres Einverständnisses mit einer Verringerung des GmbH-Vermögens (o. Rdn. 313f) an der Grenze der Existenzgefährdung, so dass eine darauf zielende Anweisung den Geschäftsführer nicht zu binden vermag (§ 134 BGB). Es sprechen deshalb nach wie vor die besseren Gründe dafür, das Handeln der Gesellschafter nur dann als täterschaftliche Untreue (und nicht bloße Anstiftung des Geschäftsführers) zu qualifizieren, wenn sie eine direkte Obhutsherrschaft über fremdes Vermögen ausüben wie im exemplarischen Fall des *Cash Pool*-Managements, denn hier übt dessen Verwalter die Herrschaft über die eingebrachten Barmittel in Form einer Geschäftsbesorgung aus.[1044] Soweit die Gesellschafter einer GmbH die Geschäftsführer dagegen nur mit Einzelweisungen zur Geschäftsführung versehen können,[1045] üben sie dadurch die Geschäftsführung und die Herrschaft über das GmbH-Vermögen noch nicht selbst aus und wären deshalb nur taugliche Täter des Treubruchtatbestandes, wenn man dafür (wie es dem BGH in der Bremer Vulkan-Entscheidung BGHSt **49** 147, 163 vorgeschwebt hat) auf die für Wirtschaftsunternehmen von der h.L. mit Recht abgelehnte[1046] und bei Garantensonderdelikten wie § 266 ohnehin überflüssige Figur der „mittelbaren Täterschaft kraft Organisationsherrschaft" zugreifen würde. Zwar könnte man wegen der in ihrer Anweisungsgewalt liegenden rudimentären Herrschaft daran denken, dass im Verhältnis zu den Geschäftsführern keine bloße **Anstiftung** (so *Tiedemann* GmbH-Strafrecht Vor § 82 Rdn. 19; *ders.* JZ **2005** 47), sondern ggf. **Mittäterschaft** vorliege. Das traditionelle Gegenargument, die Gesellschafter treffe im Verhältnis zur Gesellschaft keine Treupflicht, weil sie mit ihr nicht fremde, 319

1043 Nachw. des einschlägigen Schrifttums bei *Seier* Rdn. 383 Fn. 761. *Seier* selbst ist skeptisch und bezweifelt in Rdn. 385, dass der BGH eine tatbestandsmäßige Betreuungspflicht der Gesellschafter angenommen habe, was aber jedenfalls bei Transferierung von Geldern der Untergesellschaft in die Einflusssphäre der Gesellschafterin (=der Konzernobergesellschaft) eindeutig zutrifft (s. BGHSt **54** 52, 58 Rdn. 25).

1044 Vgl. o. Rdn. 158 sowie *Schünemann* LM Nr. 1 zu § 309 AktG 1965 Bl. 8; *Schramm* Untreue S. 161f; *Kasiske* wistra **2005** 84; *Tiedemann* GmbH-Strafrecht Vor § 82 Rdn. 18.

1045 *Lutter/Hommelhoff* GmbH-Gesetz, 17. Aufl. 2009, § 37 Rdn. 17ff; *Michalski* GmbHG, 2. Aufl. 2010, § 37 Rdn. 16ff; *Paeffgen* in Ulmer/Habersack/Winter Großkomm GmbHG 2006, § 37 Rdn. 18ff.

1046 *Roxin* AT II § 25 Rdn. 129ff; *Schünemann* LK § 25 Rdn. 131f; *ders.* Roxin-Feschrift II S. 803ff; *Joecks* MK § 25 Rdn. 131f; *Schönke/Schröder/Cramer/Heine* § 25 Rdn. 25b; dafür aber *Hefendehl* GA **2004** 586; *Nack* GA **2006** 342ff.

sondern eigene Vermögensinteressen verfolgten, ist im Kontext der strengen Gesellschaftertheorie konsequent,[1047] aber zugleich folgenlos, weil deren Einverständnis nach dieser Theorie eo ipso die Pflichtwidrigkeit beseitigt. Im Schrifttum nimmt deshalb mittlerweile die Bejahung zu,[1048] die aber vor dem Problem steht, dass die Täterstellung bei § 266 der Sonderfall einer Garantenstellung ist und eine solche im Verhältnis zwischen Gesellschafter und GmbH zumeist abgelehnt wird.[1049] Zur Auflösung dieses Widerspruchs kämen zwei Alternativen in Betracht: dass die Ergreifung von Geschäftsführungsmaßnahmen durch Anweisungen an die Geschäftsführer im freien Belieben der Gesellschafter stünde, so dass sie diese Herrschaft nicht ausüben müssten, aber wenn sie es doch tun, nicht missbrauchen dürften; oder durch die Bejahung einer Garantenstellung bezüglich der Erhaltung des Stammkapitals. Für die erste Alternative könnte die Begründung und zugleich Beschränkung einer Insolvenzantragspflicht der GmbH-Gesellschafter in § 15a Abs. 3 InsO auf den Fall der Führungslosigkeit der GmbH (im Sinn von § 10 Abs. 2 S. 2 InsO) sprechen, der den Gesellschaftern ausdrücklich erlaubt, selbst bei erkannter Überschuldung der GmbH untätig zu bleiben, solange es einen Geschäftsführer gibt. Damit wollte der Gesetzgeber aber zweifellos nicht auch die Erlaubnis erteilen, die GmbH aktiv in die Überschuldung zu stürzen. Aber bei genauer Analyse wäre das ein Zirkelschluss, denn es ist ja gerade die Frage, ob die Gesellschafter „stürzen" oder nur zum Stürzen anstiften. Gegen ihre Täterschaft spricht schließlich, dass bzw. wenn sie den Geschäftsführer zur Tatausführung benötigen, er ihnen also die Tatherrschaft verstellt und durch auf eine Existenzvernichtung zielende Anweisung, die er aus Rechtsgründen nicht ausüben darf, auch nicht gebunden wird. Erst wenn der Gesellschafter sein Weisungsrecht „exzessiv" oder „extrem" ausüben und dadurch zum **faktischen Geschäftsführer** avancieren würde,[1050] ließe sich deshalb eine reale Obhutsherrschaft über das fremde Vermögen und damit auch eine Täterstellung begründen.

320 **2. Aktienuntreue.** Weil die Separierung des Vermögens der Gesellschaft von demjenigen der Gesellschafter bei der AG weitaus strenger durchgeführt ist als bei der GmbH, stellt sich das untreuestrafrechtliche Hauptproblem der GmbH, nämlich die Verminderung des Gesellschaftsvermögens im Einverständnis aller Gesellschafter, hier nur in Ausnahmefällen. Andererseits ergeben sich hier spezifische Täterschaftsprobleme, die aus der komplizierten inneren Struktur der AG resultieren.

321 **a)** Keinerlei Schwierigkeiten bereitet die Täterstellung des **Vorstandes**, der das zentrale Geschäftsführungsorgan der AG darstellt und ihre Geschäfte gemäß § 76 Abs. 1 AktG weisungsfrei und unter eigener Verantwortung zu führen hat. Die Täterstellung der Vorstandsmitglieder (vgl. bereits oben Rdn. 50) ist deshalb mit Recht einhellig aner-

1047 S.o. Fn. 1021 und besonders prägnant *Schramm* Untreue S. 127 f.

1048 *Bauer* Untreue S. 236 ff; *Beckemper* GmbHR **2005** 592, 596; *Fleischer* NJW **2004** 2868 f; *Radtke/Hoffmann* GA **2008** 550 f (für existenzgefährdende Dispositionen); *Ransiek* FS Kohlmann (2003) 219 ff; *ders.* wistra **2005** 124; *ders.* in Ulmer/Habersack/Winter Großkomm GmbHG 2008, vor § 82 Rdn. 21 ff (nur auf das Stammkapital bezogen); *Richter* GmbHR **1984** 137, 144; *ders.* NZI **2002** 122; *Wodicka* (1993) 297 ff; **aA** LG Berlin, NStE Nr. 39; *Sch/Schröder/Perron* Rdn. 26; *Seier* Untreue Rdn. 334 unter Hinweis auf den daraus resultierenden Selbstwiderspruch der Rspr.; *Tiedemann* Wirtschaftsstrafrecht AT Rdn. 186a, 218a; *ders.* JZ **2005** 45 f; *Livonius* wistra **2009** 91, 93; vgl. auch *Flum* S. 221 ff; *Gribbohm* ZGR **1990** 1, 22.

1049 *Tiedemann* Wirtschaftsstrafrecht AT Rdn. 218a; *ders.* GmbH-Strafrecht Vor § 82 Rdn. 13; *Schünemann* LK[11] § 266 Rdn. 125b; *ders.* Organuntreue S. 17.

1050 *Tiedemann* GmbH-Strafrecht Vor § 82 Rdn. 13 unter Hinweis auf BGH NJW **1997** 66 („Sachsenbau").

kannt.[1051] Die Vermögensbetreuungspflicht folgt hier wie üblich aus der Herrschaft über die zur Betreuung anvertrauten Angelegenheiten des Geschäftsherrn. Nach h.M. soll deshalb die gem. § 87 AktG dem Aufsichtsrat vorbehaltene Regelung der Bezüge der Vorstandsmitglieder außerhalb von deren Treuepflichten stehen, weshalb im „Mannesmann-Urteil" der Vorstandsvorsitzende *Esser* nur wegen Teilnahme an einer ungetreuen Vermögensverfügung des Aufsichtsratsausschusses belangt wurde.[1052] Weil die dem Vorstand obliegende Geschäftsbesorgung regelmäßig in unternehmerischem Handeln bestehen wird, zu dem das Abschätzen und vernünftig abgewogene Eingehen von Risiken dazugehört, besitzen die Vorstandsmitglieder einen entsprechenden Handlungsspielraum, der in § 93 Abs. 1 Satz 2 AktG als „Business Judgement Rule" positiviert worden ist (dazu näher o. Rdn. 113). Wie bereits oben dargelegt ist, findet eine zusätzliche Einschränkung der strafrechtlichen Verantwortlichkeit auf „gravierende Pflichtverletzungen" selbst bei Überschreitung dieses Handlungsspielraumes nicht statt.[1053] Obwohl auch der 1. Strafsenat des BGH im Kinowelt-Urteil anerkannt hat, dass eine Überschreitung der äußersten Grenzen unternehmerischer Entscheidungsfreiheit auch eine für § 266 ausreichende und in diesem Sinne gravierende Pflichtwidrigkeit begründe,[1054] möchten manche Stimmen im Schrifttum immer noch selbst bei Überschreitung dieser „äußersten Grenzen" den Vorstandsmitgliedern eine zusätzliche „schmale Schutzzone zugestehen", in der zwar eine zivilrechtliche Haftung, aber noch keine strafrechtliche Verantwortlichkeit eingreifen würde, welche erst in den Fällen einer „evidenten Unvertretbarkeit" am Platze sei.[1055] Aber das findet dogmatisch keinen Anhalt im Gesetz, läuft kriminalpolitisch auf die Propagierung eines Klassenstrafrechts hinaus und macht in methodologischer Hinsicht keinen Sinn, weil hinter die schon schwammige Formel der „äußersten Grenzen" eine noch schwammigere geschaltet werden soll.[1056]

Mit der in der vorliegenden Kommentierung der Untreue vollständig gezogenen Konsequenz der Struktur des § 266 als eines Erfolgsdelikts und der daraus folgenden regelmäßigen Ableitung der Pflichtwidrigkeit aus der vorsätzlichen Schädigung wirkt die „Business Judgement Rule" auch weniger als eine Verbots- denn als eine Erlaubnisnorm, kalkulierte Geschäftsrisiken eingehen zu dürfen, und relativiert dadurch abstrakte Sorgfaltsnormen, die für den konkreten Fall in keinem Schutzzweckzusammenhang mit einem Vermögensnachteil stehen. Ähnlich wie eine Verletzung abstrakter Straßenverkehrsvorschriften, die die Zurechnung eines schädlichen Erfolges nicht begründen kann, wenn der Verkehrsteilnehmer die Sorgfaltsanforderungen der konkreten Verkehrssitua- 322

1051 BGH StV **1995** 302, 303; NJW **2006** 522, 530; BGHSt **54** 148, 158; *Seier* Rdn. 235; AnwK-*Esser*, Rdn. 295; *Tiedemann* Wirtschaftsstrafrecht BT Rdn. 3a und 403 m.w.N.
1052 BGH NJW **2006**, 522, 530, Tz. 79 f, wobei aber nach Lage des Falles nicht (so der BGH) Beihilfe, sondern Anstiftung anzunehmen gewesen wäre; AnwK-*Esser*, Rdn. 296 m.w.N.
1053 Dazu bereits *Schünemann* Organuntreue S. 28 f; *ders.* NStZ **2005** 476; *ders.* NStZ **2006** 196, 197 ff; Leitsatz 2 in dem Mannesmann-Urteil des 3. Strafsenats, BGHSt **50** 331, 332.
1054 NJW **2006** 453, 454 f. Allerdings ist diese Auslegung der Kinowelt-Entscheidung aus grammatischen Gründen nicht eindeutig, vgl. *Schünemann* NStZ **2006** 196, 198 mit ergänzenden Darlegungen in Fn. 25, wie wohlwollend der 1. Strafsenat in dieser Entscheidung eine extrem spekulative Investition noch in den Rahmen des tolerierbaren unternehmerischen Risikos eingeordnet hatte.
1055 AnwK-*Esser*, Rdn. 297; *Ransiek* ZStW 116 (**2004**), 634, 677; SSW-*Saliger*, Rdn. 91; *Tiedemann* Wirtschaftsstrafrecht BT Rdn. 4a; *Bosch/Lange*, JZ **2009** 225, 232
1056 Die Theorie der „evidenten Unvertretbarkeit" wird auch vertreten von *Zech* Untreue, S. 216, mit der aparten Zuspitzung, dass schon eine einzige Meinung im Schrifttum die Vertretbarkeit begründe – was in einem Zeitalter der mit hohem finanziellen Aufwand engagierten Rechtsgutachter (erstmals durchgeführt in der großen Parteispendenaffäre der achtziger Jahre des vorigen Jahrhunderts, siehe *Schünemann* in De Boor/Pfeiffer/Schünemann, Parteispendenproblematik [1986] S. 35 ff, 66 f) eine „evident unvertretbare Persilscheinlösung" bedeuten würde.

tion beachtet hat, kann deshalb auch nicht aus abstrakten Regelungen wie etwa dem **Deutschen Corporate Governance Kodex** auf eine untreuerelevante Vermögensfürsorgepflichtverletzung geschlossen werden.[1057]

323 **b)** Grundsätzlich sind auch die Mitglieder des **Aufsichtsrats** taugliche Untreuetäter, und zwar zum einen in ihrer **Überwachungsfunktion** gemäß §§ 111 Abs. 1, 116, 93 AktG, zum anderen in den im AktG eigens geregelten Fällen, in denen sie ausnahmsweise Angelegenheiten der **Geschäftsführung** wahrnehmen (instruktiv BGHSt **61** 48 – Nürburgring).

324 **aa)** Das Reichsgericht hat bereits in einer zu § 266 a.F. ergangenen Entscheidung vom 21.11.1882 ausgesprochen, dass der Aufsichtsrat sowohl hinsichtlich der Führung von Prozessen gegen Mitglieder des Vorstands als auch hinsichtlich seiner allgemeinen Überwachungsaufgabe tauglicher Untreuetäter ist und die Pflicht hat, „im Interesse der Gesellschaft zu handeln" (RGSt **7** 275, 280f). Der Bundesgerichtshof hat sich, soweit ersichtlich, zum ersten Mal mit einem durch GmbH-Gesellschaftsvertrag eingerichteten Aufsichtsrat zu befassen gehabt und dessen Überwachungspflichten ohne Weiteres für eine Täterschaft wegen GmbH-Untreue nach § 81a GmbHG a.F. für ausreichend erklärt (BGHSt **9** 203, 210). Nach der grundlegenden Arbeit von *Tiedemann* (FS Tröndle S. 319ff) finden sich sodann in der BGH-Entscheidung zum Fall „SSV Reutlingen" prinzipielle Ausführungen zur Täterqualifikation eines Aufsichtsrats, dessen „Hauptpflicht in der Überwachung der Geschäftsführung besteht"[1058] und dessen Anstiftungshandlung gegenüber einem Vorstandsmitglied zu mehreren Handlungen der Missbrauchsuntreue für den Aufsichtsrat sogar als eine täterschaftliche Treubruchuntreue gewürdigt wurde.[1059] Dagegen wurde in der „Hartz"-Entscheidung des BGH zwar die Täterqualifikation des Aufsichtsrats bekräftigt, aber[1060] nur wegen Anstiftung zur Untreue seitens des den Aufsichtsrat illegal zum Nachteil der AG bereichernden Vorstands verurteilt (BGHSt **54** 148, 162). Hierbei bringt es der weite unternehmeriche Spielraum des Vorstandes mit sich, dass Entsprechendes auch für den Aufsichtsrat gilt, denn dieser hat bei seiner Kontrolltätigkeit selbstverständlich den dem Vorstand eingeräumten Geschäftsführungsspielraum zu respektieren, weil er ja sonst selbst rechtswidrig die Geschäftsführung an sich reißen würde (so auch Leitsatz 2b der klassischen ARAG-Garmenbeck-Entscheidung BGHZ **135** 244). Ohnehin verweist § 116 AktG auf die entsprechende Regelung der Sorgfaltspflicht und Verantwortlichkeit der Vorstandsmitglieder in § 93 AktG und damit auf die dort in Abs. 1 S. 2 enthaltene „Business Judgement Rule".

325 **bb)** Eine direkte und hier sogar die Missbrauchsuntreue einschließende Täterqualifikation besitzen die Aufsichtsratsmitglieder in den Fällen, in denen ihnen ausnahms-

---

1057 Dazu näher AnwK-*Esser* Rdn. 299.

1058 Zu den Überwachungspflichten als Grund einer Untreue auch *Leipold* FS Mehle S. 347ff; über die seit dem KonTraG vom 5.3.1998 (BGBl. 1998 I 786) intensivierten Kontrollpflichten des Aufsichtsrats *Windolph* NStZ **2000** 522ff.

1059 BGHSt **47** 187ff, 200f (ebenso bereits BGH wistra **1999** 418, wo in der Anstiftung eines Prokuristen zur ungetreuen Schädigung der Aktiengesellschaft eine Treubruchuntreue des Aufsichtsrats gesehen wurde). Im Hinblick auf die verbreitete Legende, die Strafjustiz würde den Untreuetatbestand zu unerträglich rigidem Vorgehen missbrauchen, verdient das für sechs Untreuefälle festgesetzte Strafmaß festgehalten zu werden, nämlich eine Gesamtgeldstrafe von 130 Tagessätzen, die wegen einer in der Revision vorgenommenen Verfahrensbeschränkung vom BGH sogar noch aufgehoben wurde (BGHSt **47** 187, 188).

1060 Ähnlich wie im Mannesmann-Fall nur Teilnahme (irrig wohl sogar nur Beihilfe) des Vorstands an seiner die AG schädigenden Bevorzugung durch den Aufsichtsrat angenommen wurde, s.o. bei Fn. 1052.

weise **Geschäftsführungs- und Vertretungsaufgaben** zugewiesen sind. Die Prüfung und Verfolgung von Ersatzansprüchen gegen Vorstandsmitglieder ist nach der zitierten Entscheidung BGHZ **135** 244 zwar noch Teil der Kontrollaufgabe gemäß § 111 Abs. 1 AktG, doch ist dem Aufsichtsrat bereits hierfür in § 113 AktG eine entsprechende Vertretungsbefugnis zugewiesen worden, deren die AG schädigende Ausübung den Missbrauchstatbestand erfüllen kann. Zu beachten ist hierbei, dass in der als Kronzeuge für den unternehmerischen Ermessensspielraum geltenden ARAG-Garmenbeck-Entscheidung BGHZ **135** 244ff ausdrücklich ausgesprochen worden ist, dass dieser Spielraum **nicht** für die Frage gilt, ob der Aufsichtsrat Schadensersatzansprüche gegen ein Vorstandsmitglied verfolgt oder davon Abstand nimmt; vielmehr müsse er aufgrund einer sorgfältigen und sachgerecht durchzuführenden Risikoanalyse abschätzen, ob und in welchem Umfang die gerichtliche Geltendmachung zu einem Ausgleich des entstandenen Schadens führt, und dürfe davon nur dann ausnahmsweise absehen, wenn gewichtige Gründe des Gemeinwohls dagegen sprechen und diese Umstände die Gründe, die für eine Rechtsverfolgung sprechen, überwiegen oder ihnen zumindest gleichwertig sind, während anderen, außerhalb des Unternehmenswohls liegenden, die Vorstandsmitglieder persönlich betreffenden Gesichtspunkten nur in Ausnahmefällen Gewicht gegeben werden dürfe; „die Verfolgung der Schadensersatzansprüche gegenüber einem Vorstandsmitglied muss die Regel sein.“.[1061]

Um eine unternehmerische Entscheidung mit einem entsprechenden Beurteilungsspielraum geht es dagegen bei der dem Aufsichtsrat gemäß § 87 AktG obliegenden Festsetzung der **Vorstandsbezüge**, auch wenn die heutige Fassung, die durch das VorstAG[1062] geschaffen worden ist, einige freilich recht allgemein gehaltene Richtlinien aufgestellt und damit den ärgsten Auswüchsen der Vorstandsbesoldung einen Riegel vorzuschieben versucht hat. In einem der spektakulärsten Wirtschaftsstrafverfahren der letzten Jahrzehnte wegen der Gewährung von Anerkennungsprämien („appreciation awards“) anlässlich der Übernahme der Mannesmann AG durch das weitaus kleinere britische Unternehmen Vodafone Airtouch Plc. hat der 3. Strafsenat des BGH in seinem Urteil vom 21.12.2005 (BGHSt **50** 331f) einerseits den „weiten Beurteilungs- und Ermessensspielraum (bei) unternehmerischen Führungs- und Gestaltungsaufgaben“ ausdrücklich anerkannt (BGHSt **50** 331, 336), andererseits aber im konkreten Fall, in dem eine nachträgliche und deshalb **kompensationslose** Anerkennungsprämie gewährt worden war, jeglichen Handlungsspielraum verneint und eine das Vermögen der Mannesmann AG schädigende Verletzung der Vermögensfürsorgepflicht angenommen (BGHSt **50** 331, 336–341; ebenso das „Hartz“-Urteil des 5. Strafsenats anlässlich umfangreicher Leistungen an den VW-Betriebsratsvorsitzenden, BGHSt **54** 148, 158f). Diese Lösung hat allerdings nicht nur das apologetische, dank der Verteidiger und der von ihnen sowie von den Heimatunternehmen der Angeklagten mit der Deutschen Bank an der Spitze beauftragten Rechtsgutachter weit zahlreichere, sondern auch das kritische Lager nicht zu überzeugen vermocht. Sie dürfte zwar in der Tat aktienrechtlich angreifbar sein, doch dürfte das im Ergebnis deswegen keine Rolle spielen, weil bei der Bewilligung zahlreicher Anerkennungsprämien (u.a. für den wenige Monate amtierenden Vorstandsvorsitzenden *Esser* in Höhe von ca. 16 Mio. € zuzüglich zu den zuvor schon vereinbarten Abfindungen von 17 Mio. €) seitens des Aufsichtsratspräsidiums der Mannesmann AG eine ganze Anzahl gravierender Ermessensfehler vorgefallen war, die sich dem ersichtlich die Perspektive des angeklagten Deutsche Bank-Vorstandsvorsitzenden *Ackermann* wiedergebenden Rechtsgut- 326

1061 BGHZ **135** 244 Leitsätze 3 und 4 sowie Tz. 26 im Anschluss an *Jaeger* WiB **1997** 10, 15; *Raiser* NJW **1996** 552, 554.
1062 Gesetz zur Angemessenheit der Vorstandsvergütung vom 31.7.2009, BGBl. I 2509.

achten von *Hüffer*[1063] entnehmen lassen.[1064] Anstelle weiterer Analysen zu diesem strafrechtsdogmatisch eher uninteressanten, für die Geschichte des Wirtschaftsstrafrechts der Bundesrepublik aber bedeutenden Fall muss hier auf die überbordende einschlägige Literatur verwiesen werden.[1065]

327 **c)** Für ein Einverständnis der **Aktionäre** mit das Gesellschaftsvermögen schädigenden Handlungen des Vorstands oder (im Rahmen seiner Zuständigkeit) des Aufsichtsrats bzw. für ein rechtswirksames Einverständnis des Aufsichtsrats mit Schädigungshandlungen des Vorstands ist bei der Aktiengesellschaft in der Praxis kaum Raum. Eine derartige Zustimmung des Aufsichtsrats wäre selbst pflichtwidrig und deshalb eo ipso unbeachtlich (*Schramm* Untreue S. 141; arg. § 93 Abs. 4 S. 2 AktG). Bis heute weitgehend ungeklärt ist aber die Frage, inwieweit die Aktionäre selbst eine Schädigung des AG-Vermögens durch einen zustimmenden Hauptversammlungsbeschluss gestatten können. Nach der wohl h.L. soll das im Rahmen der Eigenverantwortung des Vorstands mangels Kompetenz der Hauptversammlung nicht wirksam sein.[1066] Die entgegengesetzte Auffassung will die zum GmbH-Recht entwickelten Grundsätze anwenden.[1067] Der BGH hat bis vor Kurzem das Einverständnis der Aktionäre (sogar wenn es in einem Hauptversammlungsbeschluss über die Verwendung des Bilanzgewinns erklärt worden wäre) auch dann für unwirksam und den Untreuetatbestand deshalb für erfüllt erklärt, wenn dieses gegen Normen zum Schutz anderweitiger Interessen verstieß, beispielsweise gegen das Verbot der Begünstigung von Betriebsratsmitgliedern gemäß § 78 S. 2 BetrVG.[1068] Seit dem Beschluss des 1. Strafsenats vom 13.9.2010 im Erlanger Siemens-Fall, durch den die im Schrifttum schon vorher zu findende Forderung eines Schutzzweckzusammenhanges zwischen einer zur Begründung der Einschränkung der Dispositionsfreiheit herangezogenen außerstrafrechtlichen Rechtsnorm und dem Vermögensinteresse des Geschäftsherrn als berechtigt anerkannt worden ist (BGHSt **55** 288 ff u. dazu o. Rdn. 114, 233), wird sich die zuvor vom BGH angenommene Einschränkung der Dispositionsbefugnis der Hauptversammlung nicht mehr halten lassen. Jedenfalls dann, wenn das AktG eine Mit-

---

1063 Beilage 7 zum Betriebs-Berater 2003, Heft 43 v. 20.10.2003.

1064 Eingehend *Schünemann* Organuntreue S. 42 ff; der 3. Strafsenat ist darauf nur im Rahmen des subjektiven Tatbestandes pauschal zu sprechen gekommen, s. NJW **2006** 522, 531 Tz. 85 f und dazu *Schünemann* NStZ **2006** 196, 199.

1065 Vgl. bereits o. Rdn. 114, ferner *Alwart* JZ **2006** 546; *Bauer/Arnold* DB **2006** 546; *Bernsmann* GA **2007** 219; *Beukelmann* NJW-Spezial **2009** 152; *Brand* AG **2007** 681; *Brauer/Dreier* NZG **2005** 57; *Cappel* KritV **2008** 94; *Daniels* ZRP **2004** 270; *Dauner-Lieb* DB **2008** 567; *Dittrich* Die Untreuestrafbarkeit von Aufsichtsratsmitgliedern bei der Festsetzung überhöhter Vorstandsvergütungen (2007); *Dreher* AG **2006** 213; *Fleischer* DB **2006** 542; *Fonk* NZG **2005** 248; *ders.* NZG **2006** 813; *Hanft* Jura **2007** 58; *Hoffmann-Becking* NZG **2006** 127; *Hohn* wistra **2006** 161; *Jahn* ZRP **2004** 179; *ders.* ZIP **2006** 738; *Kort* AG **2006** 106; *ders.* DStR **2006** 799; *ders.* NZG **2006** 131; *ders.* DStR **2007**, 1127; *ders.* EWiR **2007** 481; *Krause* StV **2006** 307; allg. *ders.* NStZ **2011** 57; *Nussbaum* Abfindungen und Anerkennungsprämien für Vorstandmitglieder deutscher Aktiengesellschaften (2009); *Peltzer* ZIP **2006** 205; *Poguntke* ZIP **2011** 893; *Ransiek* AG **2009** 782; *ders.* NJW **2006** 814; *Reiner/Geuter* EWiR **2006** 187; *Rönnau* NStZ **2006** 218; *Rolshoven* Die gesellschaftsrechtliche Zulässigkeit von Anerkennungsprämien (2006); *Säcker* BB **2006** 897; *ders.* JZ **2006** 1151; *Schünemann* Organuntreue (2004); *Spindler* ZIP **2006** 349; *Steiner* Kreditwesen **2006** 109; *ders.* Kreditwesen **2006** 1264; *Vahle* Kriminalistik **2006** 125; *Vogel/Hocke* JZ **2006** 568; *Wegner* PStR **2006** 26; *Wessing* EWiR **2009** 787; *Zech* (2007). Ferner o. Rdn. 114.

1066 *Fischer* Rdn. 102; näher *Rönnau*, FS Amelung (2009) 247, 267 f; früher schon *Wellkamp* NStZ **2001** 113, 116 ff. Auch *Lackner/Kühl* Rdn. 20b.

1067 *Dierlamm* MK Rdn. 159; Sch/Schröder/*Perron* Rdn. 21c; *Tiedemann* Wirtschaftsstrafrecht AT Rdn. 217; *Wittig* Wirtschaftsstrafrecht § 20 Rdn. 75; *dies.* in v. Heintschel-Heinegg Rdn. 22.2.

1068 BGHSt **54** 148, 158 unter Hinweis auf BGHSt **50** 331, 342; **52** 323, 335; zust. *Fischer* Rdn. 40; krit. *Satzger* NStZ **2009** 297, 300; *U. Fischer* BB **2007** 997, 1000.

wirkungsbefugnis der Aktionäre bzw. einen Hauptversammlungsbeschluss ausdrücklich vorsieht, wird ein tatbestandsausschließendes Einverständnis mit einer das Vermögen der AG vermindernden Geschäftsführungsmaßnahme in denselben Grenzen wie bei der GmbH für wirksam zu erachten sein.[1069]

3. Untreue im Rahmen von Personengesellschaften

a) Auch wenn inzwischen die zivilistische Doktrin den Personengesellschaften OHG und KG und neuerdings auch der GbR Teilrechtsfähigkeit zuspricht,[1070] ist ihr den Gesellschaftern zur gesamten Hand zustehendes Vermögen nach traditioneller und heute noch im Strafrecht gültiger Auffassung nicht als solches, sondern als Vermögen der Gesellschafter durch § 266 geschützt.[1071] Hieraus folgt wiederum, dass es auf das Einverständnis aller Gesellschafter ankommt, so dass ein die Schädigung des gesamthänderischen Vermögens nicht akzeptierender Gesellschafter jedenfalls in seinem Vermögen den Nachteil erleidet.[1072] **328**

b) Besonderes könnte für die **GmbH & Co. KG** gelten. Die neuere BGH-Rechtsprechung behandelt sie jedoch ebenfalls wie eine normale Personengesellschaft, was von der h.L. mit Recht gebilligt wird.[1073] Demgemäß kann etwa der Alleingesellschafter-Geschäftsführer einer Einpersonen-GmbH & Co. KG nicht zum Nachteil seiner Kommanditistenstellung (BGH wistra **1987** 216f), sondern allenfalls zum Nachteil der Komplementär-GmbH eine Untreue begehen, wenn die o. Rdn. 313ff aufgeführten Voraussetzungen einer Existenzvernichtungshaftung vorliegen. **329**

4. Die englische Limited als Exempel ausländischer Gesellschaftsformen.[1074] **330**
Auf Grund der Rechtsprechung des EuGH[1075] erkennt auch die deutsche Rechtsprechung die Rechtsfähigkeit von EU-domizilierten Gesellschaften nach der sog. Gründungstheorie

---

1069 Vgl. bereits *Schramm* Untreue S. 143; *Esser* AnwK Rdn. 301 m.w.N.; *Hoffmann* Untreue S. 176ff; offen gelassen von BGHSt **55** 266, 280f.
1070 §§ 124 I, 161 II HGB; BGHZ **146** 341.
1071 St. Rspr., s. BGHSt **34** 221, 222f; BGH NJW **1992** 250, 251; **2003** 2996, 2999; NStZ **1991** 432; wistra **1984** 71; NJW **2011** 3733; **2013** 3590; ebenso die h.L., s. *Kohlmann* FS Geerds (1995) 675, 680; *Esser* AnwK Rdn. 306f; *Saliger* SSW Rdn. 88; *Seier* Rdn. 361f; Müller-Gugenberger/Bieneck/*Schmid* § 31 Rdn. 21; *Zieschang* NZM **1999** 393, 394; i.E. auch *Dierlamm* StraFo **2005** 397, 399; **aA** *Soyka* Untreue zum Nachteil von Personengesellschaften (2008) 96ff, 137; *K. Schmidt* JZ **2014** 878; zur KG-Untreue *Bittmann/Richter* wistra **2005** 51ff; *Brand* Untreue (Fn. 928) passim.
1072 BGH wistra **1991** 183; näher *Seier* Untreue Rdn. 365 m.w.N.
1073 BGHSt **34** 222f; BGH wistra **1991** 183; BGH NJW **2003** 2999; zust. *Tiedemann* GmbH-Strafrecht vor § 82 Rdn. 22; *Seier* Untreue Rdn. 366f.
1074 **Schrifttum:** *Altenhain/Wietz* NZG **2008** 569; *Beckemper* ZJS **2010** 554; *Bittmann* ZGR **2009** 930; *ders.* wistra **2010** 303; *Hinderer* Insolvenzstrafrecht und EU-Niederlassungsfreiheit am Beispiel der englischen private company limited by shares (2010); *Hoffmann*, in: Sandrock/Wetzler (Hrsg.), Deutsches Gesellschaftsrecht im Wettbewerb der Rechtsordnungen (2004), 227; *Kienle* GmbHR **2007** 696; *Kraatz* JR **2011** 58; *Labinski* Zur strafrechtlichen Verantwortlichkeit des directors einer englischen Limited (2010); *Mankowski* GmbHR **2010** 822; *ders./Bock* ZStW **120** (2008) 704, 756f; *Maul/Schmidt* BB **2003** 2297; *Müller-Gugenberger* FS Tiedemann (2008) 1003; *Mosiek* StV **2008** 94; *Pattberg* Die strafrechtliche Verantwortlichkeit des Directors einer englischen Limited in Krise und Insolvenz (2010); *Radtke* GmbHR **2008** 729; *ders.* EuZW **2009** 404; *ders.* NStZ **2011** 556; *Richter* FS Tiedemann (2008) 1023; *Rönnau* ZGR **2005** 823; *ders.* NStZ **2011** 558; *Rubel/Nepomuck* EWiR **2010** 761; *Schlösser* wistra **2006** 81; *Schlösser/Mosiek* HRRS **2010** 424; *Schramm/Hinderer* ZIS **2010** 494; *Schumann* DB **2004** 743; *ders.* ZIP **2007** 1189; *Wegner* GWR **2010** 267; *Weiß* Strafbare Insolvenzverschleppung durch den Director einer Ltd. (2009); *Worm* Die Strafbarkeit eines directors einer englischen Limited nach deutschem Strafrecht (2009).
1075 Vor allem die sog. Inspire Art-Entscheidung vom 30.09.2003 – C 167/01, BB **2003** 2195.

unabhängig von ihrem Verwaltungssitz nach dem Recht an, nach dem sie gegründet wurden, wodurch sich insbesondere Briefkastengesellschaften auch in Deutschland einer in ihren strafrechtlichen Konsequenzen noch gar nicht absehbaren Anerkennung erfreuen. Ein Urteil des 5. Strafsenats vom 13.04.2010 (BGH wistra **2010** 268 ff) hatte sich mit einer Limited (genau: Private Company limited by Shares) zu befassen, die nach dem Recht der Britischen Jungferninseln gegründet und nach den tatrichterlichen Feststellungen dazu bestimmt war, als Teil eines auf Hinterziehung russischer Einfuhrabgaben gerichteten Unternehmensgeflechts zu agieren. Nach herrschender, auch vom BGH am Beispiel der auf den Jungferninseln gegründeten Limited geteilter Meinung ist zur Bestimmung der Pflichten ihres „Directors" im Rahmen des Untreuetatbestandes auf das ausländische Gesellschaftsrecht zurückzugreifen.[1076] Das soll nach Teilen der Literatur allerdings unzulässig sein, wenn die betreffenden Institute des ausländischen Rechts im deutschen Gesellschaftsrecht keine Entsprechung fänden.[1077] *Tiedemann*, der die Notwendigkeit zur Ausfüllung des Untreuetatbestandes durch das ausländische Gesellschaftsrecht aus der seiner Meinung nach akzessorischen Natur der Vermögensbetreuungspflicht ableitet (GmbH-Strafrecht vor § 82 Rdn. 67), möchte dieser Konsequenz dadurch entgehen, dass die Pflichtwidrigkeit bei der Untreue eindeutig feststehen müsse (ebenso *Radtke* GmbHR **2008** 731), doch ist schwer einzusehen, dass ein so verschwommenes Kriterium die Reichweite der Verweisung auf ausländisches Gesellschaftsrecht steuern soll. Wenn man die Struktur des § 266 als eines Vermögensverletzungsdelikts ernst nimmt, hat das ausländische Gesellschaftsrecht ohnehin nur die Funktion von möglichen Erlaubnissen zur Schädigung des Geschäftsherrn. Hierüber wird sich der Director der Limited aber vorher zweifellos informieren, zumal es ihm ohne Weiteres zugemutet werden kann, wenn er denn schon das Amt des Directors in einem solchen Gebilde einnimmt, sich über die maßgeblichen Statuten etwa der britischen Jungferninseln zu vergewissern. Entgegen den besorgten Literaturmeinungen erscheint ein über das deutsche Recht hinausgehender Vertrauensschutz deshalb nicht geboten. Und was die Verweisungstechnik anbetrifft, so ist diese schlicht eine Folge der Europäisierung, die gesellschaftsrechtlichen Regeln aus dem EU-Raum für den Innenraum dieser Gebilde auch bei Handlungen auf deutschem Boden Verbindlichkeit zuschreibt.

5. Konzernuntreue

331 **a)** Von festen Konturen eines besonderen Untreuetypus der „Konzernuntreue" kann nach den mehrfachen überraschenden Wendemanövern, die der Gesellschaftsrechtssenat des BGH innerhalb weniger Jahre durchgeführt hat (o. Rdn. 314 ff), und den bisher nur punktuellen Reaktionen der Strafsenate des BGH auch nicht ansatzweise gesprochen werden. Wie *Tiedemann* (GmbH-Strafrecht, Vor § 82 Rdn. 18) mit Recht feststellt, ist die für § 266 zentrale Frage nach der Vermögensbetreuungspflicht der Muttergesellschaft durch das Bremer Vulkan-Urteil BGHSt **49** 159 keinesfalls gelöst, weil hier die Besonderheit der Geschäftsbesorgung des Cash Pools durch die Konzernherrin existierte, aus der die Verwaltungsmacht und die daraus resultierende Täterqualifikation unschwer abzu-

---

1076 *Tiedemann* GmbH-Strafrecht Vor § 82 Rdn. 67; *Fischer* Rdn. 101; *Bittmann* ZGR **2009** 930, 952; *Mankowski/Bock* ZStW **120** (2008) 704, 757; *Radtke* GmbHR **2008** 729, 734; *Ransiek/Hüls* ZGR **2009** 157, 175; *Richter* FS Tiedemann 1023, 1034; *Rönnau* ZGR **2005** 832, 854; *ders.* ZStW **119** (2007) 887, 905 f; *Pattberg* Verantwortlichkeit S. 262, 287; *Worm* Strafbarkeit S. 108 f; *Schmitz* in: Jorden/Swarcz (Hrsg.) Europäisierung des Strafrechts in Polen und Deutschland (2007), S. 199; BGH wistra **2010** 268, 269 f; *Bittmann* wistra **2010** 303; *Beckenbach* ZJS **2010** 554; *Schramm/Hinderer* ZIS **2010** 494 ff.

1077 *Rönnau* ZGR **2005** 832, 850; *Schlösser* wistra **2006** 81, 88.

leiten waren (näher o. Rdn. 158). Ein „Lackmustest" liegt deshalb erst in der Refugium-Entscheidung BGHSt **54** 52, 57ff, wo es um die schlichte Abforderung unverzichtbarer Mittel der Untergesellschaft durch die Obergesellschaft und damit um die spiegelbildlich als Grenze eines wirksamen Einverständnisses der GmbH-Gesellschafter benutzte Figur des „existenzvernichtenden Eingriffs" ging. Weil dafür wiederum der Geschäftsführer der Untergesellschaft unproblematisch als Untreuetäter verantwortlich ist, ergibt sich eine verblüffend einfache Lösung der Probleme, wenn man mit *Tiedemann*[1078] und der oben Rdn. 319 vertretenen Auffassung grundsätzlich allein den Geschäftsführer als Täter qualifiziert, dagegen die Gesellschafter nur als Teilnehmer, sofern sie nicht wie im Fall „Sachsenbau" (o. Rdn. 319) durch extensive Weisungserteilung die Rolle eines faktischen Geschäftsführers usurpieren. Weil der Anstifter gemäß § 26 aus demselben Strafrahmen bestraft werden kann wie der Täter, würden hierdurch keine kriminalpolitischen Unzuträglichkeiten zu besorgen[1079] und auf der anderen Seite die zahlreichen Unsicherheiten zu vermeiden sein, die die gegenwärtige Rechtsprechung bezüglich der Frage der Täterqualifikation von Gesellschaftern kennzeichnen. bedürfte es dann nicht.

b) Dem Anweisungsrecht der GmbH-Gesellschafter gem. § 37 Abs. 1 GmbHG entspricht im Aktienrecht das Weisungsrecht der Obergesellschaft bei Abschluss eines **Beherrschungsvertrages** gem. §§ 291, 308 AktG, das nach h.M. ebefalls seine Grenze in der Lebensfähigkeit der Untergesellschaft findet (*Emmerich/Habersack* Aktien- und GmbH-Konzernrecht, § 308 AktG Rdn. 60ff). Die Rechtsprobleme der „Konzernuntreue"[1080] stellen sich deshalb hier in gleicher Weise. **332**

1078 GmbH-Strafrecht, Vor § 82 Rdn. 13, 17ff; *ders.* Wirtschaftstrafrecht AT Rdn. 218a und BT Rdn. 392; *ders.* JZ **2005** 45; *Schünemann* Organuntreue S. 17; *ders.* LM AktG 1965 zu § 309 Nr. 1, Bl. 901, 903; dazu ferner o. Rdn. 319.

1079 Unter Vorbehalt der Frage einer Strafmilderung gem. § 28 Abs. 1 StGB, die noch weiter zu untersuchen wäre (allg. dazu o. Rdn. 257).

1080 Vgl. dazu die einander vielfältig widersprechenden und keine endgültige Klärung bringenden Stellungnahmen des neueren Schrifttums, beispielsweise *Seier* Untreue Rdn. 369ff; *Saliger* SSW Rdn. 92f; *Arnold* Untreue; *Bauer* Untreue; *Busch* Konzernuntreue; *Arens* Untreue; *Höf* Untreue im Konzern (2006); ferner zur Entscheidung BGHSt **54** 52 die Anmerkung von *Bittmann* GmbHR **2009** 1206; *Leimenstoll* ZIS **2010** 143; *Römermann* EWiR **2009** 789; *Wessing/Krawczyk* NZG **2009** 1176; *Brand* Der Konzern **2010** 285; *Tröger/Dangelmayer* ZGR **2011** 558.

Sachregister

Die Ziffern verweisen auf die Randnummern

www.ingramcontent.com/pod-product-compliance
Lightning Source LLC
LaVergne TN
LVHW082051011026
849162LV00019B/411